经以济世

社稷开来

贺教育部

哲学又向项目

成至立项

教育部哲学社会科学研究重大课题攻关项目
"十三五"国家重点出版物出版规划项目

中华文化的跨文化阐释与对外传播研究

INTERCULTURAL INTERPRETATION
AND COMMUNICATION
OF CHINESE CULTURE

李庆本 等著

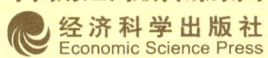

中国财经出版传媒集团
经济科学出版社
Economic Science Press

图书在版编目（CIP）数据

中华文化的跨文化阐释与对外传播研究/李庆本等著. --北京：经济科学出版社，2021.11
教育部哲学社会科学研究重大课题攻关项目"十三五"国家重点出版物出版规划项目
ISBN 978 – 7 – 5218 – 3202 – 0

Ⅰ.①中… Ⅱ.①李… Ⅲ.①中华文化 – 文化传播 – 研究 Ⅳ.①G125

中国版本图书馆 CIP 数据核字（2021）第 248422 号

责任编辑：孙丽丽　戴婷婷
责任校对：杨　海　郑淑艳
责任印制：范　艳

中华文化的跨文化阐释与对外传播研究
李庆本　等著
经济科学出版社出版、发行　新华书店经销
社址：北京市海淀区阜成路甲 28 号　邮编：100142
总编部电话：010 – 88191217　发行部电话：010 – 88191522
网址：www.esp.com.cn
电子邮箱：esp@ esp.com.cn
天猫网店：经济科学出版社旗舰店
网址：http：//jjkxcbs.tmall.com
北京季蜂印刷有限公司印装
787×1092　16 开　32.25 印张　610000 字
2022 年 6 月第 1 版　2022 年 6 月第 1 次印刷
ISBN 978 – 7 – 5218 – 3202 – 0　定价：128.00 元
(图书出现印装问题，本社负责调换。电话：010 – 88191510)
(版权所有　侵权必究　打击盗版　举报热线：010 – 88191661
QQ：2242791300　营销中心电话：010 – 88191537
电子邮箱：dbts@ esp.com.cn)

课题组主要成员

首 席 专 家	李庆本
子课题负责人	王　宁　阎纯德　柴省三　李　萍
课题组主要成员	郭景华　朱睿达　于培文　孙亚鹏
	李学萍　李　婷　罗智勇　郑　雯
	张　欣　吴　娇　石　姗　杨海涛
	胡珍子　蔡柯欣

总 序

哲学社会科学是人们认识世界、改造世界的重要工具，是推动历史发展和社会进步的重要力量，其发展水平反映了一个民族的思维能力、精神品格、文明素质，体现了一个国家的综合国力和国际竞争力。一个国家的发展水平，既取决于自然科学发展水平，也取决于哲学社会科学发展水平。

党和国家高度重视哲学社会科学。党的十八大提出要建设哲学社会科学创新体系，推进马克思主义中国化、时代化、大众化，坚持不懈用中国特色社会主义理论体系武装全党、教育人民。2016年5月17日，习近平总书记亲自主持召开哲学社会科学工作座谈会并发表重要讲话。讲话从坚持和发展中国特色社会主义事业全局的高度，深刻阐释了哲学社会科学的战略地位，全面分析了哲学社会科学面临的新形势，明确了加快构建中国特色哲学社会科学的新目标，对哲学社会科学工作者提出了新期待，体现了我们党对哲学社会科学发展规律的认识达到了一个新高度，是一篇新形势下繁荣发展我国哲学社会科学事业的纲领性文献，为哲学社会科学事业提供了强大精神动力，指明了前进方向。

高校是我国哲学社会科学事业的主力军。贯彻落实习近平总书记哲学社会科学座谈会重要讲话精神，加快构建中国特色哲学社会科学，高校应发挥重要作用：要坚持和巩固马克思主义的指导地位，用中国化的马克思主义指导哲学社会科学；要实施以育人育才为中心的哲学社会科学整体发展战略，构筑学生、学术、学科一体的综合发展体系；要以人为本，从人抓起，积极实施人才工程，构建种类齐全、梯队衔接的高校哲学社会科学人才体系；要深化科研管理体制改革，发挥高校人才、智力和学科优势，提升学术原创能力，激发创新创造活力，建设中国特色新型高校智库；要加强组织领导、做好统筹规划、营造良好学术生态，形成统筹推进高校哲学社会科学发展新格局。

哲学社会科学研究重大课题攻关项目计划是教育部贯彻落实党中央决策部署的一项重大举措，是实施"高校哲学社会科学繁荣计划"的重要内容。重大攻关项目采取招投标的组织方式，按照"公平竞争，择优立项，严格管理，铸造精品"的要求进行，每年评审立项约40个项目。项目研究实行首席专家负责制，鼓励跨学科、跨学校、跨地区的联合研究，协同创新。重大攻关项目以解决国家现代化建设过程中重大理论和实际问题为主攻方向，以提升为党和政府咨询决策服务能力和推动哲学社会科学发展为战略目标，集合优秀研究团队和顶尖人才联合攻关。自2003年以来，项目开展取得了丰硕成果，形成了特色品牌。一大批标志性成果纷纷涌现，一大批科研名家脱颖而出，高校哲学社会科学整体实力和社会影响力快速提升。国务院副总理刘延东同志做出重要批示，指出重大攻关项目有效调动各方面的积极性，产生了一批重要成果，影响广泛，成效显著；要总结经验，再接再厉，紧密服务国家需求，更好地优化资源，突出重点，多出精品，多出人才，为经济社会发展做出新的贡献。

作为教育部社科研究项目中的拳头产品，我们始终秉持以管理创新服务学术创新的理念，坚持科学管理、民主管理、依法管理，切实增强服务意识，不断创新管理模式，健全管理制度，加强对重大攻关项目的选题遴选、评审立项、组织开题、中期检查到最终成果鉴定的全过程管理，逐渐探索并形成一套成熟有效、符合学术研究规律的管理办法，努力将重大攻关项目打造成学术精品工程。我们将项目最终成果汇编成"教育部哲学社会科学研究重大课题攻关项目成果文库"统一组织出版。经济科学出版社倾全社之力，精心组织编辑力量，努力铸造出版精品。国学大师季羡林先生为本文库题词："经时济世　继往开来——贺教育部重大攻关项目成果出版"；欧阳中石先生题写了"教育部哲学社会科学研究重大课题攻关项目"的书名，充分体现了他们对繁荣发展高校哲学社会科学的深切勉励和由衷期望。

伟大的时代呼唤伟大的理论，伟大的理论推动伟大的实践。高校哲学社会科学将不忘初心，继续前进。深入贯彻落实习近平总书记系列重要讲话精神，坚持道路自信、理论自信、制度自信、文化自信，立足中国、借鉴国外，挖掘历史、把握当代，关怀人类、面向未来，立时代之潮头、发思想之先声，为加快构建中国特色哲学社会科学，实现中华民族伟大复兴的中国梦做出新的更大贡献！

教育部社会科学司

前　言

中华文化是中华各民族在悠久的历史中所创造的物质成果和精神成果的总和，是海内外中华儿女共有的精神家园，是世界文明的有机组成部分。在历史的长河中，中华文化为人类历史与世界文明做出了重大贡献，中华文化对外传播的历史就是中华民族为世界文明贡献智慧的历史。

梁启超在《中国史叙论》（1901）中曾把中国历史划分为"中国之中国""亚洲之中国""世界之中国"三个阶段。[①] "中国之中国"是华夏各民族在中华大地上交流与融合的时代，"亚洲之中国"是中华民族与亚洲其他民族相互交流借鉴的时代，而"世界之中国"则是中华民族与世界范围其他民族相互交流借鉴的时代。中华民族的历史是一部文化交流范围不断扩大的历史，范围虽有不同，但文化交流与融合的实质却亘古未变。

中华民族之所以能绵延几千年，保持旺盛的生命力，最重要的原因就是中华文化具有包容性和开放性，这是中华文化的本质特征。凡是与包容性和开放性原则相违背的，例如夜郎自大、闭关锁国、盲目排外，诸如此类，都无法反映中华文化发展的总体趋势，都是与中华文化的本质特征背道而驰的。习近平总书记2019年5月在亚洲文明对话大会开幕式的讲话中指出："今日之中国，不仅是中国之中国，而且是亚洲之中国、世界之中国。未来之中国，必将以更加开放的姿态拥

[①] 梁启超：《中国史叙论》，引自《饮冰室文集之六》，中华书局1989年版，第11～12页。

抱世界，以更有活力的文明成就贡献世界。"① 这充分展示了中华文化的包容性和开放性。

中华文化之所以能够在世界上长盛不衰、发挥持久的影响力，根本原因在于中华文化具有特殊魅力和普遍价值，二者紧密相联，缺一不可。在研究中华文化对外传播的过程中，我们必须清醒地认识到：只强调中华文化的特殊性是无法正确揭示中华文化对外传播的一般规律的，是无法解释中华文化为什么会产生如此长久的世界影响力的。中华文化的对外传播与西方殖民主义时期的文化殖民和文化入侵是截然不同的，差别就在于，中华文化是在平等交流与对话的过程中逐渐走向世界的，是以"随风潜入夜，润物细无声"的形式发挥持久影响力的。这就要求我们必须突破"文化中心主义"的羁绊，站在整个世界格局的高度，用"人类命运共同体"的理念来看待、来研究中华文化的对外传播。只有这样，才能够正确理解和阐释中华文化对外传播的历史，才能深入推进中华文化对外传播的研究。基于此，我们必须突破以往研究中的"影响研究模式"，采用跨文化阐释学作为学术支持来研究中华文化的对外传播。

研究中华文化的对外传播，其理论核心在于跨文化阐释学的建构。所谓跨文化阐释，就是不同文化、不同语言、不同文本、不同能指之间开放式的相互转换与生发。不同文化虽然在整体结构上存在差异，但其构成元素却有着共通性，完全可以在不同文化之间进行合理有效的跨文化阐释，文化差异也就可以归结为同素异构的问题。因此，跨文化阐释学能从学理上超越以往以评判文化优劣为旨归的简单生硬的模块化比较，辨明文化之间平等的间性关系。如能系统科学地对跨文化阐释学进行建构与完善，无疑能对我们的文学研究、美学研究与文化研究的长足发展提供理论与方法论方面积极有效的借鉴与佐助，无疑可以系统推进目前中国阐释学的研究。

跨文化阐释学研究的主要问题是"古今中外"问题。"古今"为时间维度，"中外"为空间维度。长期以来，在我们的比较文化研究中，存在着一种将时间维度与空间维度叠加在一起的倾向，由此形

---

① 习近平：《深化文明交流互鉴、共建亚洲命运共同体》，载于《人民日报》2019年5月16日。

成了"中为古""西为今"的中西二元论模式,这种模式实际上是西方中心主义的一种变种,在全球化背景下,既不符合事实,也不利于中外文明交流互鉴。人类命运共同体理念强调,人类只有一个地球,各国共处一个世界,国际社会你中有我、我中有你,这就为破解中西二元论模式提供了理论指导。跨文化阐释学研究首先要分割时间与空间两种维度的叠加,将中西文化的时间关系(古与今)复原为中西文化的空间关系,将西方阐释学中的时间维度转化为跨文化阐释的空间维度,追求不同民族文化之间的双向交流与平等对话。跨文化阐释学要求超越中西二元论模式,主张将以往研究中割裂开来的"西学东渐"和"中学西渐"作为一个整体来看待,将"世界与中国"的言说方式转变为"世界的中国"言说方式。跨文化阐释学要求确立"各美其美、美人之美、美美与共、天下大同"的基本理念,反对任何形式的文化中心主义和民粹主义,立足现实,不忘本来,吸收外来,面向未来,实现中外学术研究跨越中外与古今的平等交流与对话。这对于真正突破西方中心主义、建构中国特色学科体系、有效推进中国学术走出去,无疑具有重大的理论价值和实践意义。

近年来,中华典籍翻译研究受到国内外学界普遍关注,并取得了相当数量的成果。与此同时,国内相关研究中也出现了采用跨文化阐释的方法研究中西文学与文化的著作。但总体而言,将中华典籍翻译与跨文化阐释学结合起来进行研究的成果尚不多见。翻译不仅是语言的转换,同时也是跨文化的阐释。通过中华典籍英译的研究以及跨文化阐释学理论研究,探讨中西两大文明交流与对话的有效途径,可以更好地推进中华文化的对外传播。

中华经典浩如烟海,研究全部中华经典的英译是不可能的,只能选择经、史、子、集四类典籍中最有代表性的经典加以研究。本课题组采取了以下思路进行研究:首先,从《周易》《诗经》"四书"《楚辞》等经典文本英译版本的考察入手,探讨这些版本的流变情况;其次,选取经典英译本加以重点剖析,分析其翻译目的、翻译策略和翻译风格;最后,上升到跨文化层面,探讨英译者或研究者对中国经典的跨文化阐释。我们重点探讨了以下三个问题:第一,不同中华经典英译的历史背景和翻译动机是什么？第二，来自不同文化背景的译者是依据什么标准进行中华经典翻译的？第三，这些译本对中西文化交流和理解产生了怎样的效果？

《易经》是中国最古老的文献之一，被儒家尊为"群经"之首。《易》之为书，广大悉备，涉及并深刻影响了中国传统的哲学、宗教、文学、艺术、数学、天文、物理、医学、政治、军事等诸多领域，由《易经》等中华元典所孕生发展而来的"阴阳两仪"等中华民族固有的思维模式更是中华文化的主要精义。《易经》在海外的传播已有相当长的历史，迄今已出现了逾百十个英译本。但由于《易经》本身的符号、文字表述体系的深晦，以及"易学"经过数千年发展的浩繁、庞杂，海外汉学对于《易经》的认识、理解、阐发、译介与《论语》《老子》等经典的情况相比，进展仍相当缓慢。本课题结合海外易学界的较新考察，对现有《易经》英译版本流变进行了认真梳理，重点考察了不同时期具有代表性的六个英译本：理雅各译本，卫礼贤译本，林理彰译本，鲁特译本，汪榕培、任秀桦译本，傅惠生译本，分析各家在由中向西传播《易经》及易学上的跨文化阐释问题。由于语言是文化的重要载体，透过翻译文本的表层考察文化接受的深层，如此，可以从《易经》英译这一点投映出中西跨文化交流的某些史与实，并进而探讨中西跨文化相互阐释的方法与途径，可以更好地推进中西相互理解。

《诗经》在西方的传播和研究整体经历了从以欧洲为中心到以美国为中心的转移。美国的《诗经》研究在欧洲已有研究成果的基础上，彻底挣脱了经学和神学的束缚，无论是从研究领域、研究方法还是研究的成果都有了更为学术化的突破。有人称美国的汉学为中国学，因为和欧洲汉学对于纯文学文本的关注不同，美国从社会、政治等多视角对中国文学进行研究，试图展现更为立体的中国文学和文化。美国的跨学科汉学研究把对中国文学、文化的关注扩大到整个社会学科的领域，这无疑为中国文学、文化的传播起到极大的推动作用。本课题以苏源熙的《中国美学问题》为基础，结合苏源熙的比较文学观、哲学观分析苏源熙对《诗经》的跨文化阐释，以及该阐释对当代汉学、比较文学以及语言文化推广的深远意义。苏源熙是美国当代比较文学研究的著名学者，同时也是美国汉学新方向研究的代表人物。他的研究不拘泥于一个单一的领域，还涉及不同的年代、主题和类型，苏源熙没有把中国文学和文化作为一个特殊的学科来看待，换言之，他关注的不是中国文学和文化的"差异性"，而是作为人类文明瑰宝的中国文学和文化本身。同时，他对文本的分析又绝不局限于对文本本身的关注，与历史、哲学、文化等多种领域紧密联系的特点在其研究著作中均有体现。

对"四书"英语单译本研究和对"四书"英语全译本研究意义有所不同。"四书"的四个文本叙述的是尧、舜、禹、汤、文、武、周公、孔、孟的思想及道统，成书时代不同，实际思想观点也不尽相同，四个文本共同构成了儒学的基本思想体系。朱熹按照儒学内容由浅入深进修的顺序编订排列"四书"的次序：《大学》在前，《论语》《孟子》次之，《中庸》最后。之所以这样排列，是因为：先读《大学》，"以定其规模"，因为《大学》系统地体现了儒家思想，是"四书"的总纲；次读《论语》，"以立其根本"，因为《论语》以"仁"与"礼"为中心，多方位地论证了孔子的伦理、政治、教育等思想；再读《孟子》，"以观其发越"，因为《孟子》阐明和发展了孔子的仁义、王道、心性等理论；最后读《中庸》，"以求古人微妙处"，因为《中庸》以"人心惟危，道心惟微，惟精惟一，允执厥中"十六字为中心，论述了性命、道心、人心、中一、理欲、天命、人性、中庸之道等儒家思想的精髓与微妙的心法等（《朱子语类》卷十四）。朱熹的"四书"编排顺序前后呼应，脉络明晰，形成了按照理学思想架构的儒学新体系。但是，如果"四书"文本的英语译者，只翻译研究其中的一个文本，译者势必会重点关注该文本所涉及的儒学思想，这样做不可避免地会无法兼顾该文本与其他文本的有机联系，翻译和研究就会出现"只见树木，不见森林"的偏颇现象，"四书"全部思想体系的渐进性和完整性就难以呈现出来。而"四书"英语全译本的译者则不然，他们翻译"四书"时，是把四个文本作为一个有机整体进行翻译，这样对四个文本所包含的学术文化思想理解和阐释就会全面、系统，进而呈现出的四个文本的译本之间的联系也会更为完整清楚。因此，对"四书"英语全译本展开研究，能够洞察全译本译者对"四书"四个文本所代表的儒家思想发展的不同阶段和不同方面的不同态度和不同评价，能看出他们对"四书"全文本的总体翻译思想、翻译策略以及总体看法。由于"四书"文本的特殊性，虽然单译本很多，但全译本数量有限，本研究涵盖三部全译本：英国伦敦会传教士柯大卫 1828 年译本《四书译注》；英国伦敦会传教士、汉学家理雅各 1861 年"四书"译本，即其《中国经典》译著的第一、二卷；中国翻译家郑麐 1948 年译本《古籍新编四书英译》。柯大卫、理雅各和郑麐在"四书"英译过程中，作为译者，他们在其译文中都有"现身"，三位译者的社会文化背景、所处的社会主流意识形态、个人生活经历以及教育背景对他们的翻译动机和目的、翻译思想、译本文本构成形式，尤其是副文本的构成形式、翻译方法的选择等方面都产生了显著的影响。"四书"英语全译本的翻译，实际上是以基督教为核心的西方文化和以儒家思想为代表的东方文化之间的相遇、冲突、理解与相互阐释的过程。

《离骚》是我国古代最早的长篇抒情诗，由于其鲜明的艺术特点和丰富的历史价值，历来受到学者的极大关注。与国内汗牛充栋的研究成果、长达两千余年的研究历史相比，国外学者对《离骚》的研究则相对少得多、晚得多。作为《楚辞》的开篇之作，《离骚》在海外的传播与研究不可避免地与《楚辞》结合在一起。我们以霍克思、许渊冲和卓振英三家《离骚》英译文为研究对象，以《离骚》原文为标准，兼顾语言学研究和文化研究，简要概述三家译文在诗歌语言和形式上的不同，重点考察三位译者对《离骚》中神话故事、天文历法、花草名物等文化语汇的处理，分析译者翻译目的及其翻译策略之间的相互关系。通过对三家译文进行比较分析，从诗歌形式、译文风格特征两方面看《离骚》整体是如何被翻译的，看不同时代不同文化背景的译者依据什么样的标准对文本进行解读、翻译甚至改写；同时，作为我国最早的长篇抒情诗，《离骚》语言古雅，涵盖了大量中国上古时期的神话、天文、巫术、民俗、植物等多方面文化因素，通过分析译者对文化语汇的处理剖析不同译者的跨文化阐释，在传递原文的文学价值之余，审视译文在何种程度上传达了《离骚》原文本所承载的思想、文化等价值。就理论视角而言，首先采用中西方传统语言学视角翻译理论中的形式和意义二元论,参照经典注释文本,结合原文,从语言学层面讨论译文的诗歌形式及语言风格。其次以美国翻译理论家安德烈·勒菲弗尔(Andre Lefevere)和英国学者苏珊·巴斯奈特(Susan Bassnett)的文化翻译理论为指导,考察译者在翻译过程中所受到的制约,讨论三家译本所呈现的风格及译者的跨文化阐释。同时结合汉斯·弗米尔(Hans Vermeer)的翻译"目的论",分析三位译者的英译目的与具体的翻译策略、翻译方法之间的联系。

从中华经典外译的跨语际传播,到中华经典跨媒介传播,是中华文化对外传播的必然要求。跨媒介传播是指信息在不同媒介之间的流布与互动,它至少包含两层含义:其一是指相互信息在不同媒介之间的交叉传播与整合;其二是指媒介之间的合作、共生、互动与协调。跨文化的跨媒介传播,摆脱了单一的语言媒介的限制,采用图像、声音、灯光、色彩等多种媒介方式,借助电子、网络新媒介手段,依靠电影电视、网络游戏等艺术形式,可以更有效地对外传播中华文化。本课题主要从中国古典文学名著在域外的影视及电子游戏改编这一角度来探讨中华文化经典跨媒介传播,通过对《木兰诗》《三国演义》《西游记》等中国古典文学名著的跨文化影像改编现象的分析,揭示跨媒介跨文化传播的深层机制,分析来自中国的素材和资源如何经过异质文化的加工和改编最终被投放到文化市场的过程,从而为中华文化对外传播提供历史经验和参照。

根据《乐府诗集》的版本,《木兰诗》不过是一篇300多字的中国古诗。讲的是花木兰代父从军、历经艰苦、荣归故里的故事。在亿万中国人的印象中,花木兰既是巾帼英雄,更是贤淑明理、替父分忧的孝女,曾被列为中国"二十四孝女"之一。迪士尼版的动画影片《木兰》(Mulan),完全剔除了原作的淑女形象和孝道观念,而代之以美利坚的精神核心:女权主义与个人主义,甚至夹带着现代女权主义者的传奇色彩。这表明了美国人对女性独特的欣赏角度,由此,中国原著中的文化价值观也被搁置甚至完全消解。《木兰诗》作为脍炙人口的中国故事,有着优美的东方情调。迪士尼版的动画影片《木兰》在将这一地区符号国际化的过程中,虽然演绎的是美国人的价值观念和思维方式,但是很好地保留了原著中具有东方情调的情景和神韵。迪士尼公司为花木兰设计了典型中国美女的形象：鹅蛋脸、樱桃小口、苗条的身材；将故事放置在一个由长城、佛岩和皇官等文化符号所构成的背景中；长笛、古筝、二胡等东方乐器与西乐和鸣；而特地创制的中国家庭卫士龙和蟋蟀，不仅为影片带来喜剧效果，还使它具有了某种东方神秘的色彩。迪士尼的影视制作是一种大投入也是大回报的制作过程，一定程度上，影视的制作必须首先考虑吸引观众、收回资金投入。因此，好莱坞的影视制作规则几乎囊括了所有的商业盈利点，比如英雄主义的因素、爱情的因素、搞笑幽默的因素、神秘魔幻色彩的因素、明星的因素等。商业模式的潜规则存在是好莱坞影片的必然特点。当然，在中国名著的域外改编过程中，不同的文化类型对影像改编和影像传播都有一定影响。但是，《木兰诗》作为中国的文化资源变成别国的文化影像产品，最后又投放到了中国市场，我们该从中反思点什么？我们在文化全球化、影像化成为必然的世界文化软实力竞争中又该如何抓住属于我们的机遇？这些都是《木兰诗》跨文化影像改编研究中折射出的问题，也是中国古典名著跨文化影像改编研究面临的共同问题。

《三国演义》是中国古典四大名著之一，国内外的传播非常广泛，不仅影响了一代又一代的中国人，在我们的邻国日本也受到了极大的推崇。日本的文学以及其他众多艺术形式都受到了《三国演义》的影响。进入21世纪，随着计算机技术和网络技术的普及，电子游戏获得了快速的发展。作为一种新生的媒介，电子游戏媒介成为文化传播和接受的不可忽视的力量，电子游戏和以《三国演义》为代表的传统文学文化经典的结合已经成为一种十分普遍的现象，而二者之间的相互影响与作用也成为人们关注的焦点。而提到日本的三国题材游戏，便不得不提到日本光荣公司旗下的两款经典之作——"三国志"系列与"真·三国无双"系列游戏。"三国志"是一款以历史模拟为题材的策略类游戏，自1989年第一版开始，至今已经另有12部续作，是整个三国游戏中的一棵常青树。而"真·三国无双"系列则是光荣公司研发的另一款三国游戏大作，该游戏是典型的动作角色扮演类游戏，在2001年初开始发售，并在日本新力电脑娱乐公司所设计的PS2平台运行。"真·三国无双"是 PS 平台上由格斗游戏"三国无双"改编而来的作品，其发售之初便受到了玩家的热捧，成为 PS2 平台上炙手可热的游戏之一，并在随后十多年间陆续在各个平台推出多部续作，由此无双系列已成为多平台全面发展的一个庞大的游戏系列。游戏内容主要是选择操作一位三国人物去挑战三国时代中的著名战役，体验"一夫当关，万夫莫敌"以及于行伍之中"取敌将首级如探囊取物"的历史情境，但是在系列作品中都有难度模式的调节，难度越高，玩家扮演的武将在战场上发挥的作用越小，赢得游戏胜利的难度也就越大，对玩家的操作、意识等诸层面的考验也会越大。从 2001 年的"真·三国无双"第一部作品到 2013 年"真·三国无双"系列第七部上市与玩家见面，12 年间该系列游戏共有七部作品面世，且每一部都会有增添额外内容的"猛将传"在本传之后放出，由于每部作品都叫好又叫座，以至于后来很多游戏都有这款游戏的影子。"真·三国无双"系列游戏的人物、情节以及故事背景等都是以小说《三国演义》为底本进行塑造的，从中国的古典小说《三国演义》到日本的游戏"真·三国无双"，这其中包含了较为复杂的跨越，既有跨国别跨文化的，又有跨载体跨媒介的，因此需要我们以"跨越"为核心议题，从国别文化与载体媒介两个角度入手，对这个"从中国古典小说到日本当代流行电子游戏"的传播过程进行动态的描绘与分析。

　　《西游记》在域外的改编作品，无论主题、人物，还是情节结构，都产生了较大的变化。就主题而言，最典型的变化是原著中被淡化的婚恋主题得到了重新重视，在美国版《西游记》中，甚至出现了唐僧与观音恋爱的情节。在人物形象上，原著中被尊为权威的观音形象在域外被弱化，甚至消解。在故事结构上，原著《西游记》中的情节线索也大多被颠覆。随着电影、电视、数字媒介等的出现，《西游记》在域外的改编文本体现出了古今不同、国内外不同的审美趣味。首先，现代社会风尚在《西游记》的跨文化改编作品中体现较多，比如故事情节和人物对话中"搞笑佐料"的无处不在，对权威人物形象的颠覆等。其次，改编国的传统审美倾向和民族情调对《西游记》作品也产生了很大影响。比如日本民族"幽玄""物哀"的审美色彩，与日本版《西游记》历来由女性扮演三藏法师的传统不无关系，也与日本版的三藏法师"屡屡掉泪"的情节不无关系。另外,不同版本的《西游记》往往带有不同国家的意识形态和文化价值倾向。比如美国版的《美猴王》宣扬独立精神和个人主义原则,并打上了西方文化精神的烙印。日本版的《西游记》则强调团队精神和伙伴关系,推崇勇气和坚信正义之心的重要性。总之,无论是日本版的《西游记》还是美国版的《美猴王》,虽然资源和故事来源于中国,但在域外影像改编的过程中,在改编艺术、审美趣味、文化价值观念上都出现一系列的变异现象,更多地带有了他国的价值观念和文化特征。这种种误读与变异都有一定的典型性,值得我们在跨媒介影视改编理论中深入研究。

在如今的中国学术界,国际中国学研究已成为一门引人注目的显学。这一学科的迅速发展,意味着我国学术界对中国文化所具有的世界历史性意义的认识日益深化;也意味着我国学术界越来越多的人士开始意识到,中国的文化作为人类的共同的精神财富,对它的研究事实上具有世界性。这标志着近年来我国人文科学的学术观念发生了重要的转变,实现了重大的提升。然而,目前汉学研究对近年来海外汉学与中国学的最新研究成果及发展趋势尚缺乏及时的梳理和总结。21世纪海外汉学有着新的发展和各自的特色,而汉学研究的百花齐放和中国的崛起密不可分。

在当今世界,中国扮演着越来越重要的角色,经济贸易的吸引力同时带动了西方对中国文化深入了解的需求。在有着悠久汉学研究传统的国家,如法国、英国等,除了对中国古代思想以及诗词歌赋的翻译与研究之外,在新世纪更加关注当代中国学的研究。北美的中国学研究延续20世纪的发展态势,在新世纪取得了令人瞩目的成就,在传统汉学领域也是走在了西方的前列。随着近十几年新视角、新课题的涌现、文献资源数量的增加、中国与北美地区学术交流日益频繁,对这段时期的学术概况进行回顾并探究发展趋势是非常有必要的。我们对新世纪以来北美中国文学的研究新情况进行梳理,介绍了从先秦到现当代各个历史分期主要学者的重要著作和文章概要,同时对北美在文学研究领域最新的文学文化史观、华裔学术群体、博士培养和数字化文献资源等情况也有概述,以期为读者提供一份该领域的研究概述和文献资源方面的参考。21世纪的日本中国学研究涉及范围广阔,除了传统意义的文史哲之外，也涉及社会、政治、经济等社会科学研究。新世纪以来日本中国学有以下两个新特点：第一，不论研究者国籍，展开共同、平等的学术讨论；第二，打破地域围限，关注多国互动与国际整体环境。中韩自1992年建交以后，关系发展迅速，尤其是进入21世纪后，在许多领域都有重大发展，这也带动了韩国的中国学研究。大体来看，21世纪以来，韩国的中国学研究具有以下特点：第一，总量上开始领先他国，但高质量研究数量不多；第二，传统人文学科总体仍占优势；第三，社科类研究急剧增加，但缺少"中国通"式的研究人才。

近年来，随着中国综合国力的提升，中国国际影响力已取得显著提高，其他国家公众了解中国的需要也越来越迫切，这为中国文化走出去提供了良好的契机。然而，在中国整体国际影响力中，文化影响力依然不尽如人意。从目前所显示的中外文化交流数据以及本课题组所做的中华文化跨文化认知的调研来看，国际上对中国文化的了解依然很有限，中外文化交流"逆差"现象并没有从根本上改观，文化影响力与我国的经济实力依然存在着失衡的现象。这必然会带来一种后果，就是我国经济、军事等硬实力越发达，就越会引起其他国家的担忧，抵制力量就越来越大。我们要消除这种担忧，就必须要重视中华文化的对外传播，要让国外民众普遍认识到，中华文化走出去是为了加深不同文化之间的相互理解，而不是文化入侵。要做到这一点，显然需要首先了解国外民众对中华文化的认知现状。从这个意义上讲，开展中华文化国际认知的实证调研工作，其意义不言自明。

基于上述考虑，我们从中国文化的典型载体域中，选择若干有代表性的载体、实体、象征物等，分别对来华留学生和海外孔子学院学员进行深入的认知调查，准确了解他们对中国文化的认知内容、认知途径和认知程度，分析其认知的深度和广度。调查内容涉及中国传统医学、中国文学与艺术（包括电影、歌曲、小说、电视剧、诗歌、京剧等）、饮食、传统节日、历史人物、旅游景点、历史名城、代表性建筑、大学等方面。调查问卷认知程度和认可度均采用李氏（Likert）五级量表和多项选择相结合的方式进行调研，即所有项目要么采用李氏五级量表，比如"非常了解、比较了解、一般了解、不太了解、不知道"，或"非常熟悉、比较熟悉、一般、不太熟悉、没听说过"等方式进行调查，要么采用限制性选择的方式进行调查。调查项目则包括以下三个维度：第一，对调查内容的认知程度；第二，对调查内容的认知途径（比如：报纸、杂志、广播、电视、图书、网络、老师、同学、朋友、父母、教材等）；第三，对调查内容的认可程度（非常喜欢、比较喜欢、一般、不太喜欢、很不喜欢）。

基于上述"中华文化国际认知信息采集"的调查内容，我们借助国际上通用的社会科学统计分析软件包（SPSS 17.0）对调查数据进一步分析、挖掘，获得中国文化国际认知的若干指标。具体检验和分析内容包括：第一，信度估计，考察调查问卷数据的可靠程度，以确保调查分析和研究结果的可靠性。第二，内容效度分析，邀请国内部分社会学、文化传播学、历史学、语言学等领域的专家若干名，对调查问卷进行内容评判，获得调查问卷的效度指标。第三，计算来华留学生与孔子学院学员对中国文化项目的认知度指标和认可度指标以及文化项目的影响度指标。认知度指标反映的是某一调查项目在受调查者群体中的知名度；认可度指标则反映的是某一调查项目在受调查者群体中的认可倾向度；影响度指标反映的是某一文化项目或要素在所有项目中的相对影响程度，通常用排列顺序来表示，比如，最受外国留学生欢迎的中国当代小说是什么，留学生最爱听的流行歌曲是什么等。各项指标的计算公式如下：认知指标：$CI_j = SS_j/TS_j$，其中 SS_j 表示所有被调查对象在第 j 个项目上的分数之和，TS_j 表示该项目满分与被调查人数之乘积。CI_j 的取值范围在 0 和 1 之间，CI_j 越大，表示项目在留学生中的认知度越高，反之，认知度越低；认可度指标：$PI_j = FF_J/TT_J$，其中，FF_J 表示留学生在第 J 个认知倾向性项目上的测验平均得分，TT_J 则表示该项目的总分。PI_j 的取值范围在 0 和 1 之间，PI_j 越大，表示项目在留学生中的认可度越高，反之，认可度就越低。第四，统计认知途径指标，以"留学生跨文化认知信息库"的调查内容为基础，采用饼状图、柱状图等形式将调查项目的认知途径频次呈现出来。第五，文化认知、文化认可度与留学生年龄之间的相关分析。第六，文化认知、文化认可度与留学生在华学习时间、居住时间之间的相关分析。第七，文化认知、文化认可度与不同国籍之间的关系研究。第八,认知途径与文化认知、文化认可度之间差异性检验(卡方检验)。

近年来,我们虽然在中华文化对外传播方面加大了人力、财力与物力的投入,但是,如何适应传播对象国的文化政策与接受视阈,如何由浅入深、循序渐进地推进我们的文化传播,如何更为节约有效地将数量优势转化为质量优势,都需要我们更为严谨细致地加以探讨和改进。世界不同国家的汉语学习者体现了不同国家、不同民族、不同文化、不同阶层的民众对于中华文化最直接、最真切的预期、体认与需求。通过对汉语学习者进行全面系统的调研,可以为中华文化走出去提供丰富且可信的数据与材料。通过多种渠道采集数据,采用问卷调查、教学机构调查和个案访谈等方式,建立"中华文化国际认知信息库",并基于信息库进行深度分析和挖掘,提供最典型的中国文化认知标示,可以为不同文化要素或项目的推广、传播提供决策参考。

通过问卷调查的方式,课题组对北美洲、欧洲、拉丁美洲和亚洲的2898名调查对象进行了调研,主要调查他们对中华物质文化和中华非物质文化的认知程度、认知途径和认知倾向。调查发现,调查对象对中华物质文化的认知普遍高于对中华非物质文化的认知,尤其对与日常衣食住行相关的物质文化认知度都较高。对显性文化现象认知度高,对隐性文化价值认知度低,对中华非物质文化中诸如文学、哲学、伦理、政治等深层文化的认知普遍较低,但是其中也情况各异,对儒学思想标志性人物和著作的认知度高,对中国古代文学家、文学经典的认知度高于对中国现当代作家的认知度。调查对象对中华文化的认知呈现出浅层化、体验化、娱乐化和偶然性的特点。我们建议,在未来的工作中,应该加大对中华非物质文化和中国现当代文化的传播力度。

中华文化国际认知的实证研究,内容丰富,意义重大,但过程却异常艰辛。问卷调查环节是中华文化国际认知实证研究工作进程中的第一步,虽然是第一步,却是最困难的一步。由于来自不同国家和地区的留学生在学习汉语和中华文化的时候,有着不同的目的和要求,而自身又有着不同的文化习惯,在采集留学生跨文化认知信息的时候,会受到诸多主观因素的干扰。而在海外进行调研,受到的干扰更多,遇到的困难更复杂。课题组发出问卷若干份,而能够收回的问卷常常不足十分之一,其中有效问卷更是寥寥无几。因此,跨文化认知信息的采集是十分困难的,获得的数据弥足珍贵,值得珍惜。

近年来,我国积极实施文化产品和服务"走出去"战略,取得了积极成果。主要体现在以下几个方面:其一,20世纪80年代以来,我国的杂技、武术、京剧、芭蕾舞、民乐、交响乐、地方戏剧、木偶、文物展览、工艺品展览纷纷通过商业渠道走向国际文化市场。其中,杂技、文物已经成为我国对外开展商演、商展的拳头产品。其二,广播影视产品出口也取得了显著成果。其三,出版物的对外贸易也有了新的进展。近年来,随着我国汉语国际推广战略的实施,文化的传播与交流途径表现出了以下明显的特征:一是外国来华留学生的规模持续增加;二是海外孔子学院(课堂)数量迅速增加;三是汉语教师和汉语志愿者规模持续增加。在华留学生已经成为中国文化的重要消费者、评价者和传播者之一,是进行跨文化交流研究的重要渠道。截至2018年底,孔子学院总数达到548所,孔子课堂总数达1 193个,覆盖154个国家和地区。孔子学院已经成为我国对外文化传播的重要窗口。

我国文化产品和服务"走出去"工作虽然取得了很大成绩,但规模和影响与我国的国际地位还不相称。从目前文化贸易状况看,我国文化产品在与欧美发达国家文化产品的竞争中始终处于劣势,文化贸易进口尤其是国外知名文化品牌输入后可获得高额回报,而我们输出的文化产品和服务则获利甚微甚至无利可获。在出口产品中,50%以上是游戏、文教娱乐和体育设备及器材等硬件产品,而文化软件产品(指文化内容和文化服务)的出口还是一个薄弱环节。即使在出口的软件产品中,主要也是影视音像制品、图书、表演艺术的杂技、魔术、音乐歌剧等,其他的品种则往往因为地域性太强、国际认同感差而很难"走出去"。

目前美国文化在世界上依然属于强势文化,这与其文化对外传播的成功策略不无关系。长期以来,美国运用新闻、出版、无线电广播、电影、电视、录像带以及互联网等手段,通过在其他国家设立文化中心、图书馆,举办各种图书交流活动,举行讲座和研讨班,进行英语教学、人员往来、艺术作品展览、音乐舞蹈表演和向其他国家的美国文化研究提供支持等方式来扩大与其他国家的文化交流,宣传美国的政策,向其他国家输出美国的价值观、民主制度和自由市场制度;另外，美国还利用文化产业贸易渠道，大力开拓和占领世界文化市场。像电影、电视节目、音乐、书籍和电脑软件等流行文化产品成为美国最大的出口产品，每年都能获得丰厚的经济效益。美国主要新闻媒体发布的信息量是世界其他国家发布的总信息量的100倍，世界上75%的电视节目与60%的广播节目是由美国生产和制作的，美国电影生产总量只占世界电影的6%，而放映时间却占世界总放映时间的一半以上。美国对外文化传播的成功经验表明：除了政府推动之外，要特别重视民间及文化产业在文化传播中的重要作用。

在文化方面，中国和欧洲都拥有悠久的文化传统，但在利用文化产业传播自己的文化方面，欧洲明显走在了中国的前头。欧盟各国政府在文化方面的政策主要是通过公共财政支持来促进文化发展。欧盟推行了一系列的项目，如文化2000、欧盟结构基金等。欧盟也十分重视欧洲国家内部民间的文化交流，每年都有一些城市被选为"欧洲文化城市"，在这些城市中经常举办各种文化活动。另外，还有"欧盟兄弟城镇计划""欧洲文化遗产日""欧洲电影年""欧洲自行车与划船赛""欧洲文化艺术节"等。这些文化活动为欧洲各民族、各国家和各地区之间的文化交流起到了巨大的推动作用。在影视、出版、电子产品等具体的文化产业领域，在欧盟的框架下统一文化市场、整合文化资源等措施也都促进了欧洲文化的发展。欧盟力图在其内部建立共同市场，使文化产业的人员、产品、资本以及服务能够自由流通。欧盟采取了很多举措来推动这样一个市场的建立，比如推行 Regnet 计划，整合了欧洲10个国家的博物馆、图书馆、计算机方面的资源，为文化产品和服务建立了一个电子商务平台。在欧洲，传媒产业被看作非常重要的增长点。

日本战后成功利用奥运会和大阪世博会推广和宣传本国文化，现在日本的文化产业总值超过电子和汽车产业之和，日本出口美国的动漫产业总值超过钢铁总值。韩国利用汉城奥运会和与日本共同举办足球世界杯的机会，借助 IT 信息技术优势，利用成熟的产业技术，引导文化产业形成外向规模，成功进行了文化产业的嫁接和产业转移，取得了世界第五大文化产品与服务出口国、世界第五大知识产权国的美誉。上述美欧亚发达国家在传播自己的文化方面的做法都值得我们学习和借鉴。

海外主流媒体对"中华文化走出去"的报道,能够在一定程度上反映国外民众对中华文化对外传播的舆情,从而可以为制定对外文化传播政策提供参考。课题组利用自主研发的外媒报道分析系统（News Monitor）,通过互联网技术和语言信息处理技术实时分析国外主流媒体报道中国的情况,及时了解海外民众对中华文化走出去及孔子学院的舆情,从学术研究角度探讨中华文化走出去进程中中国对外传播政策的利弊得失,作为政府机构调整对外传播政策的参考。

从现实角度来看,中国文化走向世界可以通过三个方面来实现:孔子学院的普及性工作,通过学术出版而达到的高层次对话,以及与国际汉学界合作共同推介中国文化。而在具体方面,中国学者则不仅应在国际中国研究领域发挥领军作用,同时也应对一些具有普遍意义的基本理论问题的研究发出中国学者的独特声音。此外,对外国文化学术的研究,我们也要至少达到与外国同行平等讨论和对话的境地。如果上述三个方面都有所突破的话,中国文化软实力就一定能够得到大幅度提升。

摘 要

本书以跨文化阐释学为理论依据，从传播者的角度研究中华文化经典外译与跨媒介对外传播，从接受者的角度研究中国文化的国际接受与认知，力图采用理论与实证相结合的方法，探讨中华文化对外传播的理论与实践、历史与现状、文本与现实、方式与途径等问题，在此基础上对中华文化对外传播进行深层思考，并对中华文化走出去提出建议。本书内容包括以下四编：

第一编是对跨文化阐释的理论界定与分析，包括第一章和第二章。这部分重点探讨跨文化阐释的内涵与实质，分析跨文化阐释的空间性特征，强调阐释的实质就是沟通与传播，是连接传播者与接受者的中介与桥梁；而跨文化阐释是用一个民族的语言、符号、文化来解说另一个民族的语言、符号、文化，它要求阐释者能够暂时放弃自己的文化立场，设身处地地考虑对方的文化处境、理论场域，用对方的语言或用对方听得懂的语言来阐述、解释自己的思想、理论与文化，从而达到不同文化之间沟通理解的目的。因此，与一般阐释学局限于同一文化传统内注重时间阐释不同，它更加注重和强调不同文化传统之间阐释的空间性。跨文化阐释是中华文化对外传播的内在实质，而中华文化的对外传播则是跨文化阐释的重要实现形式，两者紧密相连，不可分割。对跨文化阐释的本质、特点及功能的理论界定是为中华文化对外传播提供学术支撑和理论依据。

第二编侧重从传播者角度研究中华文化经典外译与跨媒介传播，包括第三章至第九章，是本书的重点。这部分侧重历史经典文本的考察。第三章到第六章主要从《周易》《诗经》"四书"《楚辞》这些经典文本外译版本的考察入手,探讨这些版本的流变情况;选取经典英译本加以重点剖析,分析其翻译目的、翻译策略和翻译风格;最后,上升到跨文化层面,探讨英译者对中国经典的跨文化阐释。中华文化经典外译是中华文化经典在语言翻译层面的传播,是书面媒体的传播方式。中国古典文学名著跨文化影像改编是指中华文化信息在不同媒介之间的流布与互动,既是信息在不同媒介之间的交叉传播与整合,又是媒介之间的合作、共生、互动与协调,因此是一个从跨语际实践到跨媒介传播的深化过程。第七章到第九章通过《木兰诗》《三国演义》《西游记》等中国古典文学名著的跨文化影像改编现象的分析,揭示跨媒介传播的深层机制,分析来自中国的素材和资源如何经过异质文化的加工和改编从而为国外观众所接受的过程,由此为中华文化对外传播提供历史经验和参照。

第三编侧重从接受者的角度研究中国文化的国际接受和认知,包括第十章和第十一章。这部分侧重现实实证考察,分析国际中国文化研究的现状及发展趋势,考察将汉语作为外语的学习者(来华留学生及海外孔子学院学员)以及海外主流媒体对中华文化的认知与报道。所谓国际中国文化研究,即传统意义上的海外汉学与中国学研究,其实质就是海外学者对中华文化的跨文化阐释。海外汉学本身实为中国人文学科在域外的延伸,它的迅速发展,意味着学术界对中国文化世界历史性意义的认识日益深化,因此成为进一步促进中国文化走出去的重要一环。基于此,本书第十章主要以新世纪以来欧洲、北美及东亚(韩国、日本)汉学家的中国文化研究作为研究对象,通过对其研究成果进行解析、归纳和总结,探讨他们对中国文化的认识、评价以及他们所采用的研究方法或接纳态度,并探寻他们的价值判断和批评方法对于中国文化自身产生了怎样的影响,同时,进一步挖掘中外之间文化交流与融合的途径和形态,分析新世纪以来海外汉学(中国学)的发展趋势。第十一章中华文化国际接受的实证研究,首先采用问卷调查的方式,分析与探讨来华留学生与孔子学院学员对中华文化认知与接受的内容、过程、方式、途径,在此基础上,总结富有针对性和操作性的推广手段和传播机制,推动中国文化的对外传播。然后利用北京语言大学首都国际文化研究基地外媒报道分析中心自主研发的"外媒报道分析系统",实时抓取国外55家主流媒体英文网站中的涉华报道。依据其数据,对"中国文化走出去"总体的报道情况进行分析,并依次从近年来重要的文化输出渠道"一带一路"、作为汉文化宣传大使的"孔子学院"、一直以来文化输出的主要载体"影视书籍",以及近年来中国热门"娱乐软件"输出这几个方向进行分析。

第四编(即第十二章)是中华文化对外传播的深层思考与政策建议,从实践层面重点探讨了中华文化对外传播的理由,并结合目前中华文化对外传播的现状,对中国文化的对外传播提出切实可行的对策建议,提出中国文化走出去,不是文化侵略,而是为了让世界更好地了解中国。中国文化走向世界可以通过三个方面来实现:孔子学院的普及性工作,通过学术出版而达到的高层次对话以及与国际汉学界的合作共同推介中国的文化学术。

Abstract

　　Based on the theory of cross-cultural hermeneutics, this book studies from the perspective of disseminators the translation and cross-media communication of Chinese cultural classics, and from the perspective of recipients the international perception and reception of Chinese culture. It adopts theoretical and empirical approaches to analyzing the theory and practice, history and status quo, texts and reality, and means and channels of international communication of Chinese culture. With an in-depth reflection on the spreading of Chinese culture to the world, it puts forward policy suggestions for Chinese culture's going global. The book is structured as follows:

　　Part One (Chapters 1 - 2) is devoted to the theoretical definition and analysis of cross-cultural interpretation, focusing on its connotation, nature, and spatiality. It points out that, as a bridge between disseminators and recipients, interpretation is communication in essence. In the process of cross-cultural interpretation, the interpreter uses one language and culture to decipher another language and culture. To achieve successful communication and understanding between the two different cultures, the interpreter has to step out of his or her own culture and into the other. With the overall situations of the recipients kept in mind, the interpreter expounds the thoughts and theories in his or her own culture in a language that is comprehensible to the recipients from the other culture. Therefore, unlike general hermeneutics, which concentrates more on temporal interpretation within a cultural tradition, cross-cultural interpretation emphasizes the spatial interpretation between two different cultural traditions. Cross-cultural interpretation and the global communication of Chinese culture go hand in hand in that the former is the core essence of the latter while the latter is one important means of realizing the goal of the former. The theoretical definition of the nature, characteristics and functions of cross-cultural interpretation provides academic and theoretical supports for the international communication of Chinese culture.

Part Two (Chapters 3 – 9), the main body of the book, deals with the translation and cross-media communication of Chinese cultural classics from the perspective of disseminators. Based on the translated versions of the Chinese classics of *Yijing* (*The Book of Changes*), *The Book of Songs*, *The Four Books*, and *Lisao* (*On Encountering Sorrow*), Chapters 3 – 6 conduct the study in this way: firstly, there is an investigation on the evolutions of the translations of these classics; secondly, some influential English translations are chosen to analyze their skopos, strategies and styles; and finally, the translators' cross-cultural interpretation of the Chinese classics will be explored. While the translating of Chinese cultural classics is their dissemination at the inter-lingual level by means of written media, the cross-cultural image adaptation of Chinese literary classics refers to the spreading and interaction of Chinese culture between different media. It involves cross-dissemination and integration of cultural information as well as cooperation, interaction and coordination between different media. Hence, it is a deepening process from inter-lingual interaction to cross-media communication. Chapters 7 – 9, through the analysis of the cross-cultural image adaptation of well-known Chinese literary works such as *Ballad of Mulan*, *Romance of the Three Kingdoms* and *Journey to the West*, reveals the underlying mechanism for cross-media communication, and analyzes how Chinese motifs are processed and adapted by other cultures and how they are accepted by foreign audiences, thus providing constructive feedback and reference for the global communication of Chinese culture.

Part Three (Chapters 10 – 11) empirically studies the international cognition and reception of Chinese culture from the perspective of recipients, analyzes the status quo and development trend of the international studies of Chinese culture, and conducts surveys on the Chinese culture cognition among international Chinese language learners (including international students in China and students of Confucius Institutes in foreign countries) and studies reports on China by overseas mainstream media. The international Chinese Studies, traditionally Sinology or Chinese Studies, is in nature the cross-cultural interpretation of Chinese culture by foreign Sinologists. Overseas Sinology in itself is an international extension of Chinese humanities studies and its rapid development means that the international academic community has an increasing identification with and a deeper understanding of the significance of Chinese culture in the world; in view of this, it has become an important part to further Chinese culture's going global. Chapter 10 focuses on the researches of Chinese culture in Europe, North America and East Asia (especially South Korea and Japan) since the turn of the new century. Through the analysis, induction and summary of these research findings, this part of the book aims to find how the Sinologists from the above-mentioned regions perceive and evaluate Chinese culture and how they conduct their researches; what influences their value judgment and criticism methodologies have on Chinese culture; the ways of global cultural exchange and integration in these regions; and the development trend of international Sinology (Chinese studies). Chapter 11 is an empirical study on the international reception of Chinese culture. First of all, this part of the book, by means of questionnaires, discusses the content, process, ways and channels of cognition and acceptance of Chinese culture by international students in China and those of Confucius Institutes, and summarizes the feasible ways and communication mechanisms to facilitate the global dissemination of Chinese culture. Then, we select and study some real-time China-related reports on the English websites of 55 foreign mainstream media by using the "Foreign Media Report Analysis System" developed by the Foreign Media Report Analysis Center of Capital International Cultural Research Base of Beijing Language and Culture University. Based on these data, we firstly analyze the overall reporting about "Chinese Culture Going Global", and then conduct an analysis of five important means of Chinese culture's going global, viz, the Belt and Road Initiative; Confucius Institutes; film, television and book; and online entertainment software.

Part Four (Chapter 12) includes the in-depth reflection and policy suggestions on the international communication of Chinese culture. This part discusses the realistic and theoretical significance of the overseas spreading of Chinese culture, and proposes feasible strategies for the global communication of Chinese culture. It is pointed out that the global communication of Chinese culture is an opportunity for the world to better understand China rather than a cultural invasion. The going global of Chinese culture can be realized through three means: the popularization efforts by Confucius Institutes, high-level academic dialogs by scholastic publishing, and China's further cooperation with international academia to promote Chinese studies.

目 录
Contents

第一编
理论的界定分析 1

第一章 ▶ 跨文化阐释的理论界定 3
  第一节 阐释的多重含义 3
  第二节 跨文化阐释学的理论构想 12
  第三节 跨文化阐释的三维模式 22

第二章 ▶ 跨文化阐释的特点及功能 36
  第一节 跨文化阐释的空间性 36
  第二节 翻译与跨文化阐释 47
  第三节 跨文化阐释与中国文学走出去 63

第二编
传播的经典文本 81

第三章 ▶《易经》英译与跨文化阐释 83
  第一节 《易经》英译版本流变 84
  第二节 国内外《易经》的英译 91
  第三节 《易经》英译中的跨文化阐释 114

第四章 ▶《诗经》英译与跨文化阐释　131

  第一节　《诗经》英译概况与研究趋势　132

  第二节　苏源熙对《诗经》的跨文化阐释　139

  第三节　《诗经》跨文化阐释的价值与意义　159

第五章 ▶ "四书"英译与跨文化阐释　168

  第一节　"四书"英译本流变过程　169

  第二节　译者对"四书"的跨文化阐释　171

  第三节　"四书"全译本的价值　180

第六章 ▶《离骚》英译与跨文化阐释　187

  第一节　《离骚》英译及其研究　187

  第二节　文化语汇的处理及跨文化阐释　198

  第三节　三部译本异同探析　217

  第四节　《离骚》英译的价值与意义　231

第七章 ▶《木兰诗》的跨媒介对外传播　237

  第一节　传统文艺形式下木兰的形象塑造　239

  第二节　影视媒介下木兰的形象呈现　243

  第三节　数字化时代木兰的未来　259

第八章 ▶《三国演义》的跨媒介对外传播　272

  第一节　《三国演义》在日本传播的历史与现状　274

  第二节　"真·三国无双"系列游戏的跨媒介特点　279

  第三节　经典传播与电子游戏的相互作用　293

第九章 ▶《西游记》的跨媒介对外传播　302

  第一节　《西游记》的跨媒介改编　302

  第二节　《西游记》域外传播的特点　309

  第三节　《西游记》跨媒介对外传播的启示　313

第三编

接受的现实实证 321

第十章 ▶ 国际中国文化研究的现状及趋势 323

第一节 新世纪欧洲汉学研究的现状及趋势 324

第二节 新世纪北美中国文学研究的现状及趋势 343

第三节 新世纪东亚中国学研究的现状与趋势 373

第十一章 ▶ 中华文化国际认知的实证研究 389

第一节 中华文化国际认知的调研报告 390

第二节 国外主流媒体"中国文化走出去"报道分析报告 402

第四编

实践的反思建议 417

第十二章 ▶ 中华文化对外传播的深层思考与对策建议 419

第一节 中华文化对外传播的理由 419

第二节 中华文化对外传播的对策建议 432

参考文献 441

后记 459

Contents

Part 1
Theoretical Construction   1

Chapter 1 What is Cross-cultural Interpretation   3

    1.1   Polysemousness of Interpretation   3

    1.2   Theoretical Conception of Cross-cultural Hermeneutics   12

    1.3   Three-dimensional Model of Cross-cultural Interpretation   22

Chapter 2 Characteristics and Function of Cross-cultural Interpretation   36

    2.1   Spatiality of Cross-cultural Interpretation   36

    2.2   Translation and Cross-cultural Interpretation   47

    2.3   Cross-cultural Interpretation and Chinese Literature Going Global   63

Part 2
International Communication of Chinese Classics   81

Chapter 3 The English Translation and Cross-cultural Interpretation of *Yijing*   83

    3.1   Oversea Spreading of English Versions of *Yijing*   84

    3.2   English Translation of *Yijing*   91

    3.3   Cross-cultural Interpretation in the English Translation of *Yijing*   114

Chapter 4 The English Translation and Cross-cultural Interpretation of
***The Book of Songs*   131**

    4.1   General Survey of English Translation of *The Book of Songs*　　132

    4.2   Haun Saussy's Cross-cultural Interpretation of *The Book of Songs*　　139

    4.3   Values of Cross-cultural Interpretation of *The Book of Songs*　　159

Chapter 5 The English Translation and Cross-cultural Interpretation of
***The Four Books*   168**

    5.1   International Dissemination of the English Versions of
The Four Books　　169

    5.2   Cross-cultural Interpretation of the Complete Texts of
The Four Books　　171

    5.3   Values of the Translations of the Complete Texts of *The Four Books*　　180

Chapter 6 The English Translation and Cross-cultural Interpretation
of *Lisao*   187

    6.1   Study on the English Translation of *Lisao*　　187

    6.2   Cross-cultural Interpretation of Culturally-loaded Words in *Lisao*　　198

    6.3   Analysis of the Differences of the Three Translated Versions of *Lisao*　　217

    6.4   Values of the English Translation of *Lisao*　　231

Chapter 7 The Cross-media Communication of *Ballad of Mulan*   237

    7.1   The Image of Mulan in Traditional Literary Form　　239

    7.2   The Image of Mulan in Film and Television Media　　243

    7.3   The Future of Mulan in Digital Age　　259

**Chapter 8 The Cross-media Communication of *Romance of the*
***Three Kingdoms*   272**

    8.1   Spreading of *The Romance of the Three Kingdoms* in Japan　　274

    8.2   Cross-media Characteristics of *Shin Sangokumusou* Series Games　　279

    8.3   Interaction between Classic Communication and Video Games　　293

Chapter 9 The Cross-media Communication of *Journey to the West*   302

    9.1   Cross-media Adaptation of *Journey to the West*　　302

9.2　Characteristics of the Oversea Circulation of *Journey to the West*　309

9.3　Enlightenment from Cross-media Communication of *Journey to the West*　313

Part 3
Empirical Evidence for the Reception of Chinese Culture　321

Chapter 10　General Survey of International Studies on Chinese Culture　323

10.1　Current Sinology Researches in Europe　324

10.2　Current Researches of Chinese Literature in North America　343

10.3　Current Chinese Studies in East Asia　373

Chapter 11　Empirical Study on International Cognition of Chinese Culture　389

11.1　Research Report on International Cognition of Chinese Culture　390

11.2　Analysis Report of Foreign Mainstream Media Reports on "Chinese Culture Going Global"　402

Part 4
Reflection and Suggestions on Practice　417

Chapter 12　In-Depth Thinking and Countermeasures on the International Communication of Chinese Culture　419

12.1　Significance of the Global Communication of Chinese Culture　419

12.2　Countermeasures and Suggestions on the Global Communication of Chinese Culture　432

References　441

Postscript　459

第一编

理论的界定分析

第一部

理論的考察

第一章

跨文化阐释的理论界定

跨文化阐释学就是以跨文化阐释现象为研究对象的学问。所谓跨文化阐释，是用一个民族的语言、符号、文化来解说另一个民族的语言、符号、文化，它要求阐释者能够暂时放弃自己的文化立场，设身处地地考虑对方的文化处境、理论场域，用对方的语言或用对方听得懂的语言来阐述、解释自己的思想、理论与文化，从而达到不同文化之间沟通理解的目的。因此，它更加注重和强调阐释的空间性。

跨文化阐释学这门学问虽然是新兴的，但跨文化阐释现象却自古就有。按照现代阐释学的理念，理解本身就是阐释，因此只要发生不同文化之间的相互理解，就会有跨文化阐释现象的存在。跨文化阐释学的理论研究，以中华文化的对外传播为出发点，借鉴现代阐释学的理论和方法，总结中外文化交流过程中所发生的跨文化理解、跨文化阐释的一般规律，从而为中华文化对外传播提供理论支持。

第一节 阐释的多重含义

跨文化阐释学是从阐释学发展而来，因此为了说明何为跨文化阐释，我们需要首先了解何为阐释。在西方阐释学的历史中，阐释具有多重不同的含义。

"阐释"这一术语源于拉丁语 interpres，意思是说在两者之间的一个媒介，因此阐释具有传播、沟通、传译的意思。阐释有两个维度：时间维度和空间维度。从时间上,年代久远的古代文献因为时间的阻隔而无法被当代的人所理解,因而需要阐释;从空间上,异族他国的文字因空间的阻隔而无法为本族和本国人所理解,因而也需要阐释。从这个意义上讲,阐释一词本身就具有跨文化的涵义,既跨越古今文化,又跨越不同的民族文化。前者构成了阐释的时间维度,后者构成了阐释的空间维度。

作为以阐释为研究对象的学问,"阐释学"(Hermeneutik)一词则来源于赫尔墨斯(Hermes)。赫尔墨斯是古希腊神话中诸神的一位信使的名字,他生而带有双翼的双足,其主要任务是来往于奥林匹亚山上的诸神与世俗人间之间,传递诸神的旨意,而且是把人类不可理解的旨意翻译转化为一种人类能够理解的语言。

一、语言学意义上的阐释

在西方文化语境中,阐释学发展的第一阶段是基督教释经学(exegesis),其代表人物是圣奥古斯丁(Saint Augustine, 354-430)。释经学的任务在于用世俗的语言去阐释《圣经》本文、教义中晦涩难懂的涵义。但是按照奥古斯丁的理论,人们使用的世俗语言又可以分为内在词和外在词。内在词是人们心灵内部的语言,外在词是指与声音等外在现象相联系的语词;在每一种语言中,语词都有不同的发音,这说明语词不能通过人们的舌头表明自身的真实存在;真正的语词,即内心中的语词,是独立于感性现象的。① 所以只有用内在词才能解释上帝的语词。

到了18世纪,阐释学逐渐从释经学中分离出来,成为一门独立的学问。在此过程中,德国神学家和哲学家施莱尔马赫(Friedrich Ernst Schleiermacher, 1768-1834)作出了重要贡献。确如杨慧林所言:施莱尔马赫"之所以被称为'现代解释学之父',确实是因为他使关于'解释'的理论不再仅仅限于释经活动,却要诉诸普遍的人类理解问题。因此,解释学被重新定义为'理解的艺术';也就是说:非但神圣的文本有待于解释,诉诸理解的一切对象、乃至理解活动本身,都被认为必然包含着一系列的解释和误读。"②

由于施莱尔马赫强调解释不仅仅局限于对圣经的解释,因而也就颠覆了奥古斯丁对外在语词的贬斥。在他看来,对文本的阐释包含着两个方面:一是对书写材料的语法学意义上的理解;一是一种心理感知性(psychological feeling/under-

---

① 洪汉鼎:《诠释学——它的历史和当代发展》,人民出版社2001年版,第34页。
② 杨慧林:《基督教的底色与文化延伸》,黑龙江人民出版社2002年版,第37~38页。

standing）的理解。这两者在对文本的理解和阐释上是有机统一的。所以他说："理解只是这两个环节的相互作用（语法的和心理学的）""这两种解释同样重要，如果我们说语法的解释是低级的解释，而心理学的解释是高级的解释，这是不正确的。"① 对文本的阐释首先必须从语义学本源去探讨字、词、句、章，去对文本进行解码式的研究，然后才能从跨文化、跨历史乃至超验的本质方面去阐释叙述的本质。他指出："每一语词基本上有一种意思，甚至小词也不例外；只有凭借理解语词的基本意思，我们才能开始理解它的转义用法（'它的意义的多样性'）。"②

在此基础上，他又把理解划分为三种：一是作者与读者双方都分享的理解；二是作者所特有的理解；三是读者所特有的理解。③ 而对于不同文本、不同文化中阻隔作者和读者间的历史距离（也可以是文化的距离）只能通过批判性的阐释和重构来加以克服。④ 从整体上看，施莱尔马赫阐释学的前提是语言学，阐释学的任务主要是理解和把握作者的语言所表达的含义。因此，虽然他在某种程度上摆脱了释经学中《圣经》的无可置疑的权威性，重新构建了作者的无可争辩的权威性。所以他说："解释的重要前提是，我们必须自觉地脱离自己的意识（Gesinnung）而进入作者的意识。"⑤ 这是明显的作者中心论。

二、认识论意义上的阐释

西方阐释学的历史发展中，德国哲学家狄尔泰（Wilhelm Dilthey，1833－1911）是一位举足轻重的人物。其主要贡献在于，他明确划分了自然科学和精神科学的界限，并为精神科学奠定了认识论基础。这一认识论基础，就是理解和阐释。在他看来，自然科学与精神科学的区别在于，自然科学是以事实为对象的，这些事实是从外部作为现象和一个个给定的东西出现在意识中的，而在精神科学中，这些事实则是从内部作为实在和作为活的联系更原本地出现的，这些联系是

---

① ［德］施莱尔马赫：《诠释学讲演（1819~1832）》，洪汉鼎译，见洪汉鼎主编：《理解与解释——诠释学经典文选》，东方出版社2001年版，第51页。
② ［德］施莱尔马赫：《诠释学箴言（1805~1810）》，洪汉鼎译，见洪汉鼎主编：《理解与解释——诠释学经典文选》，东方出版社2001年版，第24页。
③ ［德］施莱尔马赫：《诠释学箴言（1805~1810）》，洪汉鼎译，见洪汉鼎主编：《理解与解释——诠释学经典文选》，东方出版社2001年版，第25页。
④ 参见王海龙：《对阐释人类学的阐释》，见克利福德·吉尔兹著，王海龙、张家瑄译：《地方性知识》，中央编译出版社2004年版，第3~4页。
⑤ ［德］施莱尔马赫：《诠释学箴言（1805~1810）》，洪汉鼎译，见洪汉鼎主编：《理解与解释——诠释学经典文选》，东方出版社2001年版，第23页。

本原性的，而不是通过补充性的推论和假设的联系给定的。对于自然科学，我们只能采用说明的认识论方法，而对于精神科学，我们则要采用理解这一认识论方法。所以他有一句名言：我们说明（erklaren）自然，我们理解（verstehen）精神。说明，就是通过观察和实验将个别事例归于一般规律之下，就是从原则或整体上进行说明性和描述性的因果解释；而理解，则是通过自身内在的体验去进入他人内在的生命，进而进入人类精神世界。这就更加明确地界定了理解在人类认识活动中的作用。他指出："如果系统的精神科学由这种对个别物的客观把握中推出普遍的合规则的关系和包罗万象的联系，那么理解（verstaendnis）和阐释（auslegung）的过程对于这种精神科学就总是基础。因此，这种科学完全像历史学一样，其确实性依赖于对个别物的理解是否能被提高为普遍有效性（Allgemeingultigkeit）。所以在精神科学上我们从一开始就面临了一个它不同于一切自然科学的自身特有的问题。"① 这样，他就把理解和阐释看成是整个人类精神科学的基础。

在这里，狄尔泰还提出了阐释学的一个很重要的问题。在他看来，阐释学虽然是一门精神科学，但却不是主观随意的，并不是你愿意如何阐释就如何阐释，而是具有客观的普遍有效性。如果说，康德的《纯粹理性批判》是要解决自然科学的普遍有效性问题，即解决我们关于自然的认识的先天综合判断何以可能的问题，那么狄尔泰所要解决的问题则是精神科学的普遍有效性问题，即解决我们对于人的存在及其所创造的东西的理解何以可能的问题。在他那里，解决这样的问题似乎并不困难。因为精神科学所探讨的对象是精神世界，这是我们人类主体的精神创造，我们并不需要像在自然世界里那样去探究我们的主体与外在的客体如何统一的问题，精神世界中认识的客观对象就是我们人类自身，我们在精神世界中的认识活动无非是发现我们自身的本质。因此从我个人出发，基于人类的共同性，就可以发现人类自身的普遍性，理解无非是在你中重新发现我。他指出："从我们呱呱坠地，我们就从这个客观精神世界获取营养。这个世界也是一个中介，通过它我们才得以理解他人及其生命表现。因为，精神客观化于其中的一切东西都包含着对于你和我来说是共同性的东西。"② 在狄尔泰那里，理解就是对他人及其生命表现的理解，理解的范围包括从人们在实际生活中所建立的生活方式、交往形式以及目的性关系到道德、法律、宗教、艺术、科学和哲学。所有这一切，都是人类创造性的作品，都体现了一个时代、一个地区的观念、内心生活

---

① ［德］狄尔泰：《诠释学的起源（1900）》，洪汉鼎译，见洪汉鼎主编：《理解与解释——诠释学经典文选》，东方出版社2001年版，第75页。

② ［德］狄尔泰：《对他人及其生命表现的理解（1910）》，李超杰译，见洪汉鼎主编：《理解与解释——诠释学经典文选》，东方出版社2001年版，第97页。

和理想的共同性，都是人类生命表现的具体形式。而阐释就是"有关持续稳定的生命表现的技术性的理解""是在对残留于著作中的人类生存的解释中完成的"；所谓阐释学就是"关于这一技术的科学"。① 在这个意义上，阐释（auslegung）就是理解（verstehen）。区别只是在于阐释是带有技术性的方法程序的理解。理解固然是对生命表现的理解，但这种理解有时是不能轻易达到的，因此需要一种理解的技术，或者说一种方法程序。对于狄尔泰而言，这种技术性的方法程序，首先是指由己及人的类比推理，其次是指由人及物、由个别性到共同性、由局部到整体的归纳推理。不过，狄尔泰的归纳是指从个别的事物中推导出一个结构、一个顺序系统，一个包含各个部分的整体，而不是像在自然科学中那样推导出一般规律。正是结构、顺序系统和整体决定了所有不确定性事物的确定性。例如，每一个单独的词语都是不确定的，都具有多义性，但当我们把它置于语境整体中，其意义就可以得到确定。由此看来，尽管狄尔泰区分了精神科学与自然科学，但他最终的落脚点却是要说明精神科学与自然科学一样都具有客观性和普遍有效性。所以，当他把阐释或解释看成是一种归纳推理的时候，他才会认为："归纳对自然科学与精神科学是共同的。"② 尽管归纳的具体表现形式在自然科学和精神科学那里是不同的，但在都要达到客观性与普遍有效性上却是一致的。这也是我们之所以将他的阐释学称之为认识论阐释学的原因所在。

由于狄尔泰将阐释学的任务看成是对生命表现和人类生存的理解和阐释，因此，这也就预示着西方阐释学从认识论阐释学向海德格尔、伽达默尔的本体论阐释学的发展。不过在具体阐述和分析本体论阐释学之前，我们先要分析以往在西方阐释学历史中被忽略的弗洛伊德的精神分析阐释学。

三、心理学意义上的阐释

弗洛伊德的精神分析学在现代心理学的发展中所占有的重要地位自不待言，实际上，它在阐释学的发展中也具有十分重要的意义。阐释学中所谓的"误读"这一概念是在弗洛伊德那里得到十分深刻的界定的。在他看来，"误读"（misreading）这一现象跟日常生活中的"口误"（slip of the tongue）、"误听"（mishearing）、"遗忘"（forgetting）、物体的"误置"（mislaying）一样，都属于"失误动作"（fehlleistungen）。而所有这一切的失误动作都与精神分析有关，都需要

---

① ［德］狄尔泰：《对他人及其生命表现的理解（1910）》，李超杰译，见洪汉鼎主编：《理解与解释——诠释学经典文选》，东方出版社2001年版，第106页。
② ［德］狄尔泰：《对他人及其生命表现的理解（1910）》，李超杰译，见洪汉鼎主编：《理解与解释——诠释学经典文选》，东方出版社2001年版，第109页。

从精神分析学的角度来加以解释。所以他说："倘若你能让我们明白，为什么一个耳聪目明的人能够在大白天看或听到了根本不存在的事物，为何一个人突然想到自己正在受到迄今为止他最喜爱的人的迫害，为什么人会提出最精妙的论点证实那些连儿童都视为荒谬的幻想，那么，我们就会觉得有必要了解一点精神分析。"① 而这样的失误动作并不是人在犯病时的生病症状，而是健康人在日常生活中经常出现的现象。之所以会出现这种现象，最根本的原因在于在我们的意识中存在着隐秘的潜意识，由于它受到压抑，所以会以一种变形的方式出现在人的行为中，导致人的动作失误。弗洛伊德曾举一个误读的例子来说明这一点：某人在一陌生城市闲逛，尿急了，突然在一栋房子的二楼的大布告牌子上看见"Closet-House"（厕所）的字样，他惊讶这个牌子为什么挂得这么高，随后便发现这个字原来是"Corset-House"（紧身胸衣行）。对此误读，弗洛伊德的解释是"（早先）思想的后像扰乱了新的知觉"②，这无异于说，"前理解"是造成误读的原因，我们从中的确会发现现代阐释学的影子。

弗洛伊德对阐释学的主要贡献还在于他对梦的解释上。他将人的梦分为显梦和隐梦两种：显梦，指的是梦的表面现象，即一般所说的梦境，它是隐梦的化装，类似于假面具；隐梦，指的是梦背后的意念，即梦的真实意思，类似于假面具所掩盖的愿望。他指出，人做梦就是潜意识企图通过伪装混过检查进入梦境的过程，也就是隐梦成为显梦的过程。梦的工作方式包括：（1）凝缩（condensation），通过凝缩，"某些同性质的隐梦成分在显梦中混合进而融为一体"③；（2）移植，通过移植，"一个潜意识的成分不是被自己的一部分所替代，而是被某个较远的事物所替代——即被一个暗喻所替代"④；（3）表征，即将梦的思想转换为视觉意象。弗洛伊德还发展了一整套可资操作的释梦原则与方法。他认为释梦并非随意性的，而有着客观的标准与方法。释梦者首先要了解梦者的生活经历、兴趣爱好以及日常琐事，以便了解梦的各个成分的来源与内涵，其次还要利用自由联想，揭露梦的伪装，同时利用象征知识，解释显梦的元素与隐梦之间的关系。

总之，我们认为弗洛伊德对阐释学主要有两点贡献：一是提出了阐释学的"误读"与"前理解"问题；二是指出了作者（梦者）并不必然具有对自己作品（梦境）的解释权，而必须通过释梦者（读者）的解释，这种解释不是主观随意的，而是有着客观标准。

---

① ［奥］弗洛伊德：《精神分析引论》，彭舜译，陕西人民出版社2006年版，第15页。
② ［奥］弗洛伊德：《精神分析引论》，彭舜译，陕西人民出版社2006年版，第61页。
③ ［奥］弗洛伊德：《精神分析引论》，彭舜译，陕西人民出版社2006年版，第167页。
④ ［奥］弗洛伊德：《精神分析引论》，彭舜译，陕西人民出版社2006年版，第170页。

四、本体论意义上的阐释

西方阐释学无疑是在伽达默尔那里得到完全确立的。伽达默尔之所以能够完成这一任务,归功于胡塞尔的现象学和海德格尔的存在论哲学。胡塞尔认为:虽然我们无法把握客观世界,但我们可以清楚地知道,客观世界中的事物是如何直接呈现于我们人类的意识中的。因此人类主体认识世界就是把握呈现在意识中的世界,这就是胡塞尔所说的现象学还原,而对于没有呈现在人类意识中的世界,我们只能悬置起来放在括号中。海德格尔沿着这一思路,进而提出以往阐释学的缺陷在于没有从本体论上去探讨理解问题,即没有把存在(Sein)和存在者(Seindes)分开,所以以往阐释学所探讨的只是存在者,这是阐释学的认识论和方法论问题,而不是阐释学的根本问题,或本体论问题。理解的根本问题是我们何以能够理解的问题,而不是如何理解的问题。只有解决了何以理解这一本体论问题,才可以解决如何理解的方法论问题。对于我们何以理解的问题,海德格尔的解释是我们人类主体作为此在,不同于一般的存在者,它是一种与存在打交道的特殊存在者,它能够找到一般存在的意义,所以我们可以理解世界的本体存在。与胡塞尔不同的是,海德格尔认为,人类主体并非先验地存在的,而是在世界中存在的。由于人与世界共在,所以在经验世界中存在的人,就可以把握作为本体的存在。海德格尔说:"哲学是普遍的现象学存在论,它是从此在的诠释学出发的,而此在的诠释学作为生存论的分析工作,则把一切哲学发问的主导线索的端点固定在这种发问所从之出且所向之归的地方上了。"①

伽达默尔的本体论阐释学所要解决的正是关于理解和阐释的这一本体论问题。他在《真理与方法》第二版序言中明确指出,他的阐释学的意图并不在于某种古老的解释学所从事的那种关于理解的"技法",而是阐释超越我们的意愿和行为对我们所发生的东西。所谓"超越我们的意愿和行为对我们所发生的东西",就是对象直接呈现在人的意识中的东西,它不同于外在于人的经验的客观世界,也不是人的主观世界可以随意改变的。这就是阐释学所要研究的东西。一方面它是在人的意识中存在的;另一方面它又是普遍的。由前者,阐释学必须放弃实证主义从具体到抽象的归纳方法;由后者,阐释学也必须放弃理性主义由一般到具体的演绎方法。对于伽达默尔来说,阐释学所应采取的方法就是现象学方法,即让对象直接呈现在人的意识中,通过内心体验去研究对象在人的意识中直接呈现

---

① [德]海德格尔:《存在与时间》,陈嘉映、王庆节译,生活·读书·新知三联书店1987年版,第511页。

的东西。这样一来，阐释和理解并不是体验或重构某个陌生意识，并不是使自己置身于他人的思想之中并设身处地地领会他人的体验。理解是对呈现于意识的东西的理解，这就是"视界融合"（Horizontverschmelzung）。这个呈现于意识的东西就是存在，就是真理。理解就是对存在者的存在的理解。理解是一种创造性的行为，而不是一种复制的行为，它是建构，而不是重构。所以阐释不是通达真理的方法和途径，阐释本身就是本体。

同时，由于人类主体在世界中存在，而不是一种先验存在，所以我们人类的理解不可避免地带有某种成见。在伽达默尔看来，我们要对任何文本有正确的理解，就一定要在某个特定的时间和某种特定的际遇中对它理解。由此他提出了"效果历史"（Wirkungsgeschichte）这一概念："真正的历史对象根本就不是对象，而是自己和他者的统一体，或一种关系，在这关系中同时存在着历史的实在以及历史理解的实在。一种名副其实的阐释学必须在理解本身中显示历史的实在性。因此我就把所需要的这样一种东西称之为'效果历史'。理解按其本性乃是一种效果历史事件。"① 理解的效果历史不是要抛弃理解的成见，实际上它是无法抛弃的，而是基于这种成见与所理解的东西会合。所以我们也可以把理解看成是对话过程。对话当然需要寻求或创建一种共同语言，需要克服自身的特殊性，也需要克服他者的特殊性，从而获得一种更高的普遍性。但这种普遍性的获得并不是要抹杀各自的特殊性，而是要在一个更大的总体格局中体验他者的特殊性，分享他者的特殊性。由此他就发展出一种多元性的统一模式。这样一来，伽达默尔的阐释学也就有可能走向一种跨文化的阐释学。

不过，按照约斯·德·穆尔的看法，尽管伽达默尔建构性的对话型阐释学似乎比狄尔泰的重构性的独白型阐释学更适合跨文化阐释学，尤其是它似乎更适合于要应付文化碰撞戏剧性加剧的当代，但"它忽略了跨文化对话和阐释实践中特有的困难"。约斯·德·穆尔认为，伽达默尔似乎忽视了在跨文化境遇中经常会出现的不对称性，其中最重要的就是语言的不对称性。穆尔指出："在跨文化际遇中，'会话伙伴'（无论两个人，还是人与文本）常操持不同的母语。在很多情况下，这就意味着，为了寻找或创造一种共同语言，往往只能使用其中的一种语言进行会话和解释。例如，只有很少的西方人能够说与读中文，所以中国哲学和西方哲学之间的对话通常是使用英语，因为这种语言实际上已经成了知识分子进行思想交流的国际标准。"② 在这里，穆尔的确给我们提出了一个很现实的问题，实际上，任何跨文化阐释都不可避免地遭遇到语言的瓶颈。理想的状态当然

---

① ［德］伽达默尔：《真理与方法》第1卷，商务印书馆2010年版，第424页。
② ［荷］约斯·德·穆尔：《阐释学视界——全球化世界的文化间性阐释学》，麦永雄、方颔玮译，见《外国美学》第20辑，商务印书馆2012年版，第312～336页。

是在当今世界出现一种能够为世界各国各民族都能掌握和理解的共同语言，而实际上，这是不可能实现的。因此，不同文化之间的对话和相互理解也就必须另辟蹊径。

五、解构论意义上的阐释

德里达就是这样的另辟蹊径者。在西方阐释学语境中，阐释之意义的思考始终摆脱不了逻各斯中心主义的羁绊。人们总是试图为阐释寻找一个安身立命的基点和本源，而这个基点和本源就是逻各斯（logos）。从拉丁文的词源追溯来看，"逻各斯"——"logos"有"ratio"与"oratio"两个层面的意义。"ratio"与"oratio"都是拉丁文。"ratio"的意义是指"理性"——"reason"，即内在的思想的自身，也就是海德格尔所阐释的"思"——"denken（thinking）"；"oratio"的意义是指"言说"——"speaking"，即内在的思想的表达，也就是海德格尔所论释的"言"——"sprechen（speaking）"。换言之，"逻各斯"具有"思想"（thinking）与"言说"（speaking）这两个层面的意义。伽达默尔曾提示我们，"逻各斯"虽然通常被翻译为"理性"或者"思考"，但它的原初与主要意义就是"语言"——"language"，作为理性动物的人实质上是"拥有语言的动物"。简言之，"逻各斯"即是"思"与"言"的混合体。逻各斯中心主义就是将人类与世界置于这样的一个逻各斯的基点上，也就是置于理性与语言的基点上。在德里达看来，西方传统哲学都是以逻各斯为本源、为本体、为终极的，它可以以存在、理念、物自体、太一等不同的形式出现，尽管形式不同，但寻找本源、本体、终极的愿望是相同的，所以从赫拉克利特到胡塞尔、海德格尔，一部西方在场形而上学的发展史就是一部"逻各斯"——"语音"自我言说、自我倾听的发展史。德里达所要解构的其实就是这样一种存在于西方哲学传统中的逻各斯中心主义。因为逻各斯中心主义预先设定了一种权力等级关系。按照逻各斯中心主义的思路，在语音与书写中，其实存在着语音高于书写、声音高于文字的关系。所以逻各斯中心主义其实就是语音中心主义。德里达的解构阐释学在解构逻各斯中心主义的同时，也解构了语音中心主义。

无论怎样，阐释学是关于理解和意义的学问。如果说阐释不是在寻找意义，那么阐释还能是什么？人们自然都会诘问德里达这个问题。而德里达给人的印象的确像是在解构阐释本身，所以德里达的解构阐释学也可能被人误解为非阐释学。我们认为没有必要过分夸大德里达解构哲学对阐释学的冲击力。实际上，德里达所要表达的，无非就是任何词语皆没有固定的意义，其意义依赖于它所呈现于其中的语境或视界。不过，这种视界可以向四面八方拓展，没有终结。每一个词语都可以从它原来的语境中抽离出来，转换到另一个语境，如此，新的意义就会源源不断地产生。简言之,德里达的解构哲学无非是将意义从语言的囚笼中解放出来,他的阐释学仍然是对意义的追问,仍然是在西方阐释学传统中发展起来的。正像穆尔所言:德里达解构阐释学的目的不在于视界的拓展(如同狄尔泰那样),也不在于视界的融合(如同伽达默尔那样),而在于视界的播撒。德里达似乎要推进一种无政府主义的多边会谈,以取代独白或者对话。更重要的是,德里达的解构阐释学还为跨文化阐释学提供了某种契机,使得跨文化阐释学能够在德里达对种族中心主义的批判中呼之欲出。德里达认为,拒绝把某种确定的意义指派给文本或谈话伙伴的言论,是一种尊重"他者的他者性"的行为。① 而这一点对于跨文化阐释学是非常重要的。

在西方阐释学的发展中,阐释被赋予了不同涵义。前面我们追索了语言学意义上的阐释(施莱尔马赫)、认识论意义上的阐释(狄尔泰)、心理学意义上的阐释(弗洛伊德)、本体论意义上的阐释(海德格尔和伽达默尔)、解构论意义上的阐释(德里达)。我们还可以继续追寻下去,如人类学意义上的阐释(吉尔兹)、文化学意义上的阐释(赛义德和斯皮瓦克)等。在文学阐释学中,我们又可以将阐释划分为以作者为中心的阐释、以世界为中心的阐释、以作品为中心的阐释和以读者为中心的阐释。这一切,其实都在提醒我们这样一个简单的道理,对阐释的探讨可以有不同的路径和方向,阐释的多义性也提示我们必须扩大研究视野,在一个更广阔的背景下来思考和探讨阐释学的问题。在这一点上,笔者非常认同穆尔所提出的"万花筒视界"(Kaleidoscoping horizons)的观点。所谓"万花筒视界",就是强调视界的多元性,就是要努力克服种族中心主义的视界,"在这种万花筒式的体验中,自我与他者之间的区别日益变得模糊不清与模棱两可。"② 这种"万花筒视界"其实就是一种跨文化阐释学的多维模式。

第二节 跨文化阐释学的理论构想

尽管有不少学者认为西方阐释学无法为跨文化阐释学提供理论支持,因为跨文化阐释学只有在不同于西方阐释传统的基础上才能发展起来,但我们认为跨文化阐释学也不应该完全放弃西方阐释学的学术资源。在全球化背景下,跨文化阐释应该将西方阐释学传统中的时间维度,转化为阐释的空间维度,重新思考全球

---

①② [荷]约斯·德·穆尔:《阐释学视界——全球化世界的文化间性阐释学》,麦永雄、方颖玮译,见《外国美学》第20辑,商务印书馆2012年版,第312~336页。

范围内不同民族、不同文化之间的关系，寻求跨文化理解与对话的可能性和途径。在这里，空间维度的介入意味着首先承认不同民族文化的差异性，承认不同民族文化在这个世界上存在的合理性，在此基础上，以一种"多元化的普遍主义"追求和寻找多边对话的共同规则和交流理解的有效途径。尽管这一途径的获取是非常艰难的，但人类想要在全球生态危机日趋严重的情况下继续生存下去，就必须放弃狭隘的种族中心主义，必须不断寻找跨文化理解和对话的有效途径，以共同应对人类生存发展面临的共同挑战。

一、阐释学的中国语境

在中国国内，阐释学研究经历了西方阐释学研究、中国阐释学研究和跨文化阐释学研究三个阶段。早在20世纪60年代，国内翻译的一些哲学论文中已出现了"诠释学"这一词。20世纪80年代初，随着我国对外开放政策的实施，西方诠释学也进入中国。1984年，张隆溪在《读书》发表题为《仁者见仁、智者见智——关于阐释学与接受美学》的论文，是国内最早介绍西方阐释学的文章。1986年，在一些学者的倡导和支持下，中国社会科学院《哲学译丛》出版了一部《德国哲学解释学专辑》。1987年秋，北京社会科学院和现代外国哲学学会在深圳举办了首届诠释学学术讨论会，邀请德国杜塞尔多夫大学哲学系金置（Lutz Geldsetzer）教授作了"何谓诠释学？"的专题报告。自此，阐释学在我国学术界发展起来。

（一）中国的西方阐释学研究

国内学界在西方阐释学研究方面所取得的成果首先是对西方阐释学经典著作的翻译。从20世纪80年代后期开始，国内学术界翻译了大量的西方阐释学经典著作，如海德格尔的《存在与时间》（生活·读书·新知三联书店1987年版）与《存在论：实际性的解释学》（人民出版社2009年版）、伽达默尔的《真理与方法》（辽宁人民出版社1987年版；上海译文出版社1992年版、1999年版；商务印书馆2007年版、2010年版）、利科的《诠释学与人文科学》（河北人民出版社1987年版）与《解释的冲突》（商务印书馆2008年版）、姚斯与霍拉斯的《接受美学与接受理论》（辽宁人民出版社1987年版）、赫施的《解释的有效性》（生活·读书·新知三联书店1991年版）、洪汉鼎编的《理解与解释——诠释学经典文选》（东方出版社2001年版）、吉尔兹的《地方性知识：阐释人类学论文集》（中央编译出版社2004年版）、艾柯等的《诠释与过度诠释》（生活·读书·新知三联书店2005年版）、阿佩尔的《哲学的改造》（上海译文出版社2005年版）、姚斯的《审美经验与文学解释学》（上海人民出版社2006年版）、理查德的《诠释学》（商务印书馆2012年版）等。

其次是对西方阐释学的研究专著，如张汝伦的《意义的探究——当代西方释义学》（辽宁人民出版社1986年版）、殷鼎的《理解的命运——解释学初论》（生活·读书·新知三联书店1989年版）、严平的《走向解释学的真理——伽达默尔哲学述评》（东方出版社1998年版）、洪汉鼎的《当代哲学诠释学导论》（台北五南图书出版股份有限公司2008年版）、《理解的真理——真理与方法解读》（山东人民出版社2001年版）、《诠释学——它的历史与当代的发展》（人民出版社2001年版）、章启群的《意义的本体论——哲学诠释学》（上海译文出版社2002年版）、陈海飞的《解释学基本理论研究》（中共党史出版社2005年版）、何卫平的《解释学之维》（人民出版社2009年版）。另外是对西方阐释学从哲学向其他学科的扩展，如金元浦的《文学解释学》（东北师范大学出版社1997年版）、张政文的《马克思主义文学阐释观的哲学研究》（黑龙江人民出版社2005年版）、周庆华的《文学阐释学》（台北里仁出版社2009年版）、梁慧星的《民法解释学》（中国政法大学出版社1995年版）、梁治平的《法律解释问题》（法律出版社1998年版）、陈金钊的《法律解释的哲理》（山东人民出版社1999年版）、彭公亮的《审美理论的现代诠释——通向澄明之境》（武汉出版社2002年版）。特别要提出的是洪汉鼎主编的"诠释学与人文社会科学丛书"，深入到文学、历史学、神学、法学、自然科学各个领域：李建盛的《理解事件与文本意义——文学诠释学》、韩震、孟鸣歧的《历史、理解、意义——历史诠释学》、杨慧林的《圣言、人言——神学诠释学》、谢晖、陈金钊的《法律：诠释与应用——法律诠释学》以及黄小寒的《自然之书读解——科学诠释学》等。

（二）中国阐释学的创建

在研究西方阐释学的过程中，国内学界试图运用西方阐释学的观念与方法，重构我国自己的阐释学传统，以完成传统注释理论的当代转化。汤一介先生早在1998年就发表了一篇题为"能否创建中国的解释学"的论文，继后于2000年《中国社会科学》第1期上又发表了"再论创建中国解释学问题"，推动了阐释学在中国哲学研究中发展。随后还有刘耘华的《诠释学与先秦儒家之意义生成——〈论语〉、〈孟子〉、〈荀子〉对古代传统的解释》（上海译文出版社2002年版）、李清良的《中国阐释学》（湖南师范大学出版社2001年版）、周广庆的《中国古典解释学导论》（中华书局2002年版）、黄俊杰的《中国孟学诠释史论》（社会科学文献出版社2004年版）、周裕锴的《中国古代阐释学研究》（上海人民出版社2003年版）、李珺平的《中国古代抒情理论的文化阐释》（北京大学出版社2005年版）、曹海东的《朱熹经典解释学研究》（湖北人民出版社2007年版)、孔祥龙的《孔子的现象学阐释九讲》（华南师范大学出版社 2009 年版）、赖贤宗的《佛教阐释学》（北京大学出版社 2009 年版）、《道家诠释学》、《儒家诠释学》（北京大学出版社 2010 年版）、杨雅丽的《〈礼记〉语言学与文化学阐释》（人民出版社 2011 年版）。特别值得一提的是洪汉鼎主编的《中国阐释学》学术刊物，以建立"中国阐释学"为宗旨，为推动中国阐释学研究做出了贡献。

（三）跨文化阐释研究在中国方兴未艾

从广义上讲，上述中国学者对西方阐释学经典的翻译与研究以及运用阐释学理论对中国阐释学的整理与研究，都属于跨文化阐释的范畴，只是尚缺乏跨文化阐释学的自觉意识。而严格意义上的跨文化阐释学研究则是指具备跨文化阐释学的自觉意识，旨在推动中西文化的平等交流与对话而进行的阐释学研究。在这方面，国内学界也取得了一定的成果，如成中英的《从中西互释中挺立——中国哲学与中国文化的新定位》（中国人民大学出版社 2005 年版）、张隆溪的《道与逻各斯——东西方文学阐释学》（江苏教育出版社 2006 年版）、叶舒宪的《原型与跨文化阐释》（暨南大学出版社 2002 年版）、李天刚的《跨文化的诠释——经学与神学的相遇》（新星出版社 2007 年版）、刘耘华的《诠释的圆环——明末清初传教士对儒家经典的解释及其本土回应》（北京大学出版社 2005 年版）、金学勤的《〈论语〉英译之跨文化阐释》（四川大学出版社 2009 年版）、鲁苓的《视野融合：跨文化语境中的阐释与对话》（社会科学文献出版社 2004 年版）、李砾的《阐释与跨文化阐释》（广东人民出版社 2006 年版）等。上述跨文化阐释学的研究著作，分别属于哲学、历史、文学、宗教学、译介学，可以看作是跨文化阐释学在各学科领域的展示。成中英的《从中西互释中挺立——中国哲学与中国文化的新定位》（中国人民大学出版社 2005 年版），主要从哲学研究的角度，分析了中国文化的特性与价值，对中西文化的互相阐释进行了大胆的尝试（如采用怀海特的象征指涉理论来阐释《易经》和《道德经》），进而论证了使中国哲学和中国文化走向现代化与世界化的重要性。张隆溪的《道与逻各斯》成书于 20 世纪 90 年代初，最初是用英文写的，原名是 The Tao and the Logos: Literary Hermeneutics, East and West，作者希望"不顾深刻的文化差异而发现其中共同的东西"，于是他把在哲学层次上讨论较多的阐释学引入到文学批评上来，并采用了文化求同的理论策略，锋芒直指"欧洲中心主义"和"东西文化二元对立"的偏见。叶舒宪的《原型与跨文化阐释》一书，运用原型批评理论，从跨文化阐释的角度，对中国文学中的美人幻梦原型、俄狄浦斯主题、性爱主题、中国神话宇宙观的原型模式、中国"鬼"的原型、原型与汉字、中国上古英雄史诗等问题，进行了深入解析，既讨论了富有民族特色的原型，又注意到了跨文化普遍性的原型。

特别是书中提出的"三重证据法",在王国维的纸上材料与地下考古材料互相印证的"二重证据法"的基础上,增加跨文化的民族学与民俗学材料作为参照性的旁证,是对跨文化阐释学方法论的极大发展,具有重要的学术价值。李天刚的《跨文化的诠释》一书以明末清初来华的天主教耶稣会为媒介,研究16世纪以来的中西文化交流。作者采用"跨文化诠释"的方法,重新审视四百年前发生的"经学与神学相遇"的历史,讨论在当时学者之间发生的"中国礼仪之争""儒学宗教性"等问题,认为中西方学者之间的初次相遇,其意义超出"天文""地理""历算""火炮"等器物层面,而有着更加深入的精神交往。金学勤的《〈论语〉英译之跨文化阐释》一书,以理雅各和辜鸿铭的《论语》英译的个案考察,探讨了翻译中的跨文化阐释问题。

此外,乐黛云所倡导的"跨文化对话",严绍璗提出的文学"变异体"与发生学、曹顺庆提出的比较文学"变异学",周宁提出的跨文化形象学,虽不是以建立跨文化阐释学为出发点,但也都触及了跨文化阐释学中的许多实质性问题,都可作为跨文化阐释学理论建构的重要学术资源。

在研究论文方面,近些年来直接以"跨文化阐释"为题的论文逐渐多了起来。如李庆本的《跨文化阐释与世界文学的重构》(《山东社会科学》2012年第3期)一文主要讨论了跨文化阐释在中国文学如何成为世界文学过程中所发挥的作用问题。李兰生在《中外文化关键词的语义清理与跨文化阐释》(《中南大学学报》(社会科学版)2003年第2期)一文中认为:在全球化语境下,从比较文化视角对中外文化中的关键词进行认真的跨文化语义清理和阐释,是一个十分有意义的研究课题。吴佩芳在《文学经典在跨文化阐释中的接受与变异——论〈双城记〉在汉语外国文学史的经典化》(《语文学刊》2011年第1期)认为,外国文学史的编写是对异域经典的一次跨文化重构。李游在其学位论文《典籍的多元阐释与跨文化建构——以〈论语〉文化成分的翻译为例》,选取《论语》不同时期四个优秀译本(理雅各、辜鸿铭、安乐哲、丘氏兄弟)为研究对象,通过对三个相互关联的儒家核心概念"仁""礼""天"所对应的不同英译文的比较研究,分析文化成分在译语中的多元阐释与意义建构,旨在为中国典籍翻译提供多维视角。张智圆的《跨文化文学阐释的理论与实践》(《求是学刊》1996年第5期)对港台学者提出的"阐发研究"进行了述评,并总结出海内外学者阐发研究的四种类型:模式演绎、圆览旁通、中西文论的比照与体系的重建和误读。

上述国内关于跨文化阐释学的研究,为跨文化阐释学理论的系统建构提供了重要的学术资源,但很显然,这些研究仍然是例证性的,既缺乏建立跨文化阐释学的明确的学科意识,也缺乏有系统、成体系的跨文化阐释学理论梳理,更缺乏将跨文化阐释学与中华文化对外传播有机联系起来的明确的问题意识。这需要我们在现有跨文化阐释学已取得的成果的基础上，从中华文化对外传播的实际出发，借鉴国外跨文化阐释学的最新成果，明确问题意识，加强理论的针对性、系统性和有效性，进一步提升和拓展跨文化阐释学的系统研究，以便有效地为中华文化对外传播提供理论支撑。

二、何为跨文化阐释学

跨文化阐释学是阐释学与跨文化研究相结合而产生的新兴学问。在20世纪70年代，港台学者提出了比较文学的"阐发研究"的概念，引起学界的关注。2006年，北京大学出版社出版的普通高等教育"十五"国家级重点教材《比较文学原理新编》（乐黛云、陈跃红、王宇根、张辉著）将"跨文化阐释"界定为比较诗学的方法论。而实际上，阐释不仅是方法，同时也是本体，因此可以将跨文化阐释界定为本体论。德国著名理论家伊赛尔曾在《解释的范围》（2000年）一书中提出"我释故我在"（We interpret, therefore we are）[①] 的命题，就是把跨文化阐释作为本体论来看的。在全球化背景下，不同文化之间的跨文化对话、理解是一种既成的事实，将"跨文化阐释"上升为一门独立的学问来进行研究的条件已经成熟。

（一）跨文化阐释学的定义

跨文化阐释，首先要从空间意义上来进行界定，即用一个民族的语言、符号、文化来解说另一个民族的语言、符号、文化，它要求阐释者能够暂时放弃自己的文化立场，设身处地地考虑对方的文化处境、理论场域，用对方的语言或用对方听得懂的语言来阐述、解释自己的思想、理论与文化，从而达到不同文化之间沟通理解的目的。跨文化阐释学就是以这种跨文化阐释现象为研究对象的学问。在空间维度的基础上，我们也可以从时间维度来进行跨文化阐释学的研究。

跨文化阐释学与阐释学、译介学、跨文化交际学有极大的关联性，同时又与上述几个学科存在着差异。具体而言，阐释学包含本民族文化内的阐释和不同文化之间的阐释，而跨文化阐释学则主要研究的是不同文化之间的阐释；译介学主要研究的是语言翻译问题，跨文化阐释学则除了语言翻译问题之外，还涉及非语言（如音乐、舞蹈、雕塑、影视等艺术符号及其他文化符号）翻译问题；跨文化交际学主要属于语言学及应用语言学，主要研究口头语言的跨文化交际问题，而跨文化阐释学则主要属于哲学、美学及文学范畴，研究的范围也更加广泛。这种

---

① Wolfgang Iser, *The Range of Interpretation*. New York: Columbia University Press, 2000: 1.

差异形成了跨文化阐释学的独特价值,也是这门学科之所以成立的依据。

人类在自身历史发展过程中创造的物质财富和精神财富丰富多彩,各民族文化各具特色,但这些物质成果和精神成果无非都是为了满足自身生存与发展的物质需要和精神需要。满足需要的不同方式和手段决定了各民族文化的差异性,人类生存与发展需要的共同性则决定了不同文化的相通性。人类物质需要的三种最基本形式是吃、穿、住,精神需要的三种最基本形式是智、情、意。人类共同的生存需要和生命本质构成了跨文化阐释的本体,这也为解决跨文化阐释之所以可能的问题以及跨文化阐释学之所以能够成立的问题找到了一把钥匙。

赫施的《解释的有效性》(王才勇译,生活·读书·新知三联书店1991年版)与艾柯等的《诠释与过度诠释》(王宇根译,香港:牛津大学出版社1995年版)都集中谈论了阐释的有效性问题。由于跨文化阐释学是一门关于意义的学问,而意义则具有不确定性的特点,因此就给阐释者提供了极大的发挥空间。但这种情况的存在并不意味着可以无节制无原则地进行过度阐释,而必须以所阐释的对象文本为依据,并为阐释者所属时代的阐释规则所制约,因而有一个阐释的有效性问题。跨文化阐释不应忽视阐释对象本身的文化特点,要正确处理好不同文化的共同性与特殊性的关系问题,既不能因为存在着过度阐释的情况就否认跨文化阐释存在的必要性,也不可因为跨文化阐释的必要性而忽视跨文化阐释的有效性问题。判定跨文化阐释是否有效的标准不在于是否揭示了"作者意图"和"读者意图",而主要在于能否解释"作品意图",最终标准是看能否从不同文化语境的作品中揭示出人类共同的生存需要和生命本质。

就目前所掌握的外文文献来看,跨文化阐释学(intercultural hermeneutics)作为一个独立概念的提出是在20世纪90年代,仍然来源于宗教学界。1996年,世界基督教协进会在《使命国际评论》杂志发表题为《论跨文化阐释学》的报告,明确使用了跨文化阐释学这一概念。[①] 2000年,《使命国际评论》杂志又发表了维纳·卡尔的《跨文化阐释学——语境解释》的论文,对跨文化阐释学作出了进一步的界定。[②] 2003年,位于肯尼亚内罗毕的行动出版社出版了玛努斯的专著《跨文化阐释学在非洲》,作者在书中指出,并不存在一个普遍的阐释学,只有根植于不同文化语境的阐释学[③]。2004年,拉脱维亚大学东方研究系的恩曼尼斯发表了《跨文化阐释学方法论再思考》一文,对跨文化阐释学的方法论进行了

---

① World Council of Churches, "On Intercultural Hermeneutics," *Intercultural Review of Mission* 85. 337 (1996): 241 – 252.

② Werner Kahl, "Intercultural Hermeneutics-Contextual Exegesis," *Intercultural Review of Mission* 89. 354 (2000): 421 – 433.

③ Ukachukwu Chris Manus, *Intercultural Hermeneutics in Africa: Methods and Approaches*. Nairobi: Action Publishers, 2003.

界定。① 2005 年，韦斯利·阿瑞拉雅发表《跨文化阐释学——未来的承诺?》，对跨文化阐释学这个术语的含义进行了辨析，提出跨文化阐释学作为一个术语虽然是最近才出现的，但跨文化阐释学实际上产生于基督教与其他信仰和文化发生接触的历史时期。② 同一年，宾斯波艮发表《走向后 9·11 和解的跨文化阐释学》，提出建立不同文化相互理解和对话的跨文化阐释学的观点。③ 2009 年，文斯·莫拉塔发表《跨文化阐释学与跨文化主体》一文，运用伽达默尔阐释学理论，对主体间性和跨文化阐释等概念进行了界定，并认为跨文化主体存在于不同文化的交流之中而不是之上。④ 2011 年，荷兰学者约斯·德·穆尔发表《阐释学视野：全球化世界的跨文化阐释学》一文，从跨文化阐释学的三种不同类型（重构、建构与解构）以及把这些类型与前现代、现代与后现代社会相联系，讨论狄尔泰、伽达默尔和德里达的阐释学，同时采用西方哲学家（例如威尔金斯、莱布尼茨和德里达）以及中国艺术家徐冰对汉语的解释进行举例，从而阐明论点：来自不同文化的人如何互相理解，从而进行真正的对话。⑤

（二）跨文化阐释的历史发展

尽管跨文化阐释学作为一门学问的提出是比较晚近的事情，但跨文化阐释现象却是自古就有的。西方古代跨文化阐释有两种主要方式，即译介学方式和阐释学方式。西方译介学虽然起源于古希腊罗马时代，但真正发展起来则要归因于《圣经》翻译。1380 年至 1384 年，《圣经》开始译入英国；1522 年，宗教改革家马丁·路德出版了《圣经》德文版，之后又发表了著名的《翻译通信》，就《圣经》翻译与"德语化"问题进行了仔细的辨析，奠定了西方译介学的古典范式。17 世纪，德莱顿、蒲柏和伏尔泰等又将这种古典范式中的"直译"与"意译"的辨析推进到比较语言学和语用学的新阶段。他们强调语义成分和语法结构的细密分析，对后来西方译介学的发展产生了重大影响。

而在中国，早在先秦时期，孔子就提出解释《诗经》的"告往知来"（《论

---

① Kaspars Eihmanis, "Rethinking the Methodological Approaches of Cross – Cultural Hermeneutics," *Scientific Papers of University of Latvia* 666 (2004): 273 – 277.
② S. Wesley Ariarajah, "Intercultural Hermeneutics – a Promise for the Future?" *Exchange* 34.2 (2005): 89 – 101.
③ Wim van Binsbergen, "Towards an Intercultural Hermeneutics of Post – '9/11' Reconciliation," *Journal of Interdisciplinary Crossroads* 2.1 (2005): 60 – 72.
④ Vince Moratta, "Intercultural Hermeneutics and the Cross – Cultural Subject," *Journal of Intercultural Studies* 30.3 (2009): 267 – 284.
⑤ [荷] 约斯·德·穆尔：《阐释学视界——全球化世界的文化间性阐释学》，麦永雄、方颀玮译，见《外国美学》第 20 辑，商务印书馆 2012 年版，第 312～336 页。

语·学而》)原则。后来,孟子又提出"以意逆志"与"知人论世"(《孟子·万章》)的《诗经》阐释原则。如果说孔子、孟子提出的阐释原则尚局限于同一文化中,尚不能看成是严格意义上的跨文化阐释,那么《史记·大宛列传》中记载:"安息长老传闻条枝有弱水西王母,而未尝见"①,则可以被看成是中国跨文化阐释的最初萌芽。"西王母"是中国古代神话中的人物,司马迁的这条记载说,在条枝(即今日的伊拉克)一带也有类似的"西王母"的神话传说,这其实是安息长老用中国的"西王母"神话来解释条枝的相类似的神话传说,属于明显的跨文化阐释,而并非说条枝一带真的有中国的弱水西王母。当然中国古代的跨文化阐释与翻译活动紧密相联。西汉武帝使张骞通西域首启西域译事,是中国最早的翻译活动。东汉桓帝建和初年(公元147年)安息国王子安世高首开佛经汉译之先河,成就了1 200多年的佛经翻译史。西晋时期,佛教学者在讲解佛典时,为了使信徒易于理解和接受,往往采用中国传统典籍中的一些说法来加以比附与解释,并因此发展出一度极为流行的"以经中事数,拟配外书"的"格义"法②。这种"格义"法正是最简单的跨文化阐释法。东晋以来,佛经译者曾就翻译问题进行了热烈的讨论,提出许多翻译观点和理论,如道安的"五失本""三不易"的直译观、鸠摩罗什的意译观、慧远的直译与意译并重观,以及彦琮的"八备要求"、玄奘的"五不翻"主张、赞宁总结的"六例"等。这些理论与主张都对中国古代跨文化阐释理论的发展做出了重要贡献。到了明清之际,随着西方传教士的东来,为了达到传教的目的,他们大量翻译中华经典,并出现了以法国传教士白晋为代表的"索隐派"翻译理论,可看成是中国古代跨文化阐释的一种另类形式。

中国近代以来的译介学得到了长足的发展,比较有代表意义的有严复的"信达雅"翻译观、傅雷的"神似说"和钱锺书的"化境观",这仍然是中国现代跨文化阐释的一种主要形式。不过,随着中西文化交流的深入,一种真正意义的跨文化阐释学开始独立发展起来,如王国维的《红楼梦评论》《人间词话》等作品,采用"外来之观念与固有之材料互相参证"(陈寅恪语)的方法,属于典型的跨文化阐释,并从此开启了中国现代学术范式。这一学术范式突破了中国传统诗话词话评点与考据的局限,为中国现代文学批评别开一种新局面,它后来经过钱锺书、朱光潜等的发展,逐渐形成了中国现代跨文化阐释的三大主要模式。如果说王国维《红楼梦评论》的跨文化阐释是宏观式的,是自上而下的,先立一个审美评价标准,然后根据这个标准去阐释文本,那么钱锺书《谈艺录》、《管锥

---

① 司马迁:《史记》,中华书局1959年版,第3163~3164页。
② 慧皎:《高僧传》,汤用彤校注,商务印书馆1986年版,第152页。

编》的跨文化阐释则是微观的，是从具体问题出发的，是自下而上的。而朱光潜的《诗论》则是介乎宏观与微观之间。中国现代跨文化阐释并非如某些学者所想象的那样，用西方的理论来阐释中国的文本，仅仅是为了证明西方理论的普遍性，它的题中之义也包含着将中国文本推向一个更广阔的文化语境以扩大中国传统文化价值效应的可能性，这对今天的中华文化对外传播仍有巨大的现实意义。

海外汉学侧重于外国人对中国文化的研究，可以看作是中华文化对外传播的接受研究。近年来，中国学者对海外汉学或中国学的研究也成为学界的一大热点。2005年澳大利亚学者白洁明（Geremie R. Barmé）以专文阐释了"新汉学"（New Sinology）的概念①，强调传统汉学与现代中国语言文化研究的融合，并提倡多学科研究方法的结合。这一概念一经提出，便受到关注。2010年时任澳大利亚总理的陆克文在"澳大利亚国立大学中华全球研究中心"（the Australian Centre on China in the World at the Australian National University）创建时发表演说，倡导"新汉学"（后以"A New Sinology"为题刊登在2010年4月28日的《华尔街日报》上）。2012年6月8日，在英国爱丁堡举行的孔子学院欧洲联席会议上，来自欧洲26个国家90所孔子学院、孔子课堂以及15所中国合作院校的代表对孔子学院的未来发展进行了深入的讨论，初步提出了"新汉学计划"的构想。随后，国家汉办孔子学院总部设立了"孔子新汉学计划"，旨在帮助世界各国优秀青年深入了解中国和中华文化，繁荣汉学研究，促进孔子学院可持续发展，增进中国与各国人民之间的友好关系。2012年11月3~5日，在北京召开的第三届世界汉学大会上，张隆溪指出整合国际汉学和中国本土学术是"新汉学"的一个全新角度，张西平提出建立批评的中国学，走出西方汉学界的学术壁垒，建设中国学术界新的国际话语体系。

回顾汉学发展的历史，汉学所研究的中国文化范畴和领域一直处在拓展和革新当中，"新汉学"只是一个相对的概念。但是，在跨文化交流日益频繁、中国文化的国际需求日益增长、传播中华文化的使命日益重要的国际文化背景中，传统汉学研究和强调当代中国社会研究的中国学研究的联系和互动变得空前紧密，因此，如今重新推出"新汉学"这一概念，对于总结汉学发展至今的成就、推进汉学在新时期的发展、促进中华文化的对外传播，都有全新的重大意义。同时，在跨文化研究的国际学术语境下，"新汉学"的提法也有助于推动本土国学和海外汉学的融合。总之，无论是传统的汉学、中国学，还是"新汉学"，都是以中国的文化和社会作为研究的客体对象，因此，这一学术研究本身实际上是中国的

---

① Geremie R. Barme, "New Sinology," *Chinese Studies Association of Australian Newsletter*, No. 31, May 2005.

人文社会科学在域外的延伸。从这一意义来看，海外汉学的学术成果，可以归入中国的人文学术之中。但是，从事这一学术的研究者们，却生活在与中国文化迥异的文化语境当中，他们所受到的教养——包括价值观念、人文意识、美学理念、道德伦理和意识形态等，与中国文化并不相同。他们是身处自己的文化背景之中来从事中国文化的研究，所以，这些研究中所蕴含的价值判断、所体现的批评标准，在本质上都是他们自身的"母体文化"观念。从这样的意义上说，国际中国学的学术成果，其实也是这些中国学家的母体文化的一部分。换言之，中国文化经过外国人的智慧理解和消化而形成国际中国学，它既是中国文化，又不完全是中国文化，而成为一种独特的学术，可以将海外汉学的研究方法总称为跨文化阐释方法。

第三节 跨文化阐释的三维模式

跨文化阐释的三维模式是相对于中西二元论模式而言。在中西二元论模式中，中西文学被看成是两个相互隔离的异质实体，比较文学的影响研究被简化为A影响B的线性平面关系的研究。跨文化研究的三维模式试图重新审视中西文学的关系，将以往研究中割裂开来的"西学东渐"和"东学西渐"作为一个整体过程来看待，考察文学文本或理论从中国古代文化到西方文化再到中国现代文化环形旅行的路线图，以此说明中国对西方理论的接受必然有着自己独特的接受视野，总是那些与中国文化有密切联系的西方理论才更容易被接受，它进入中国现代文化与思想的通道也才更通畅。而在如此的环形之旅中，每一个环节所发生的挪用、移植、转移、改造，都是很正常的现象。跨文化阐释的三维模式的最终目的是改变文学世界观，从中西二元论转变为世界文化多元论。

在我国比较文学或比较文化的研究中，有一个根深蒂固的研究模式，即"中/西"二元论，与此相应地产生了"古/今"二元论。"中与西"本来表示的是方位空间，而当它与"古与今"模式联系在一起的时候，便具有了价值判断的意味，形成了"中即是传统、西即是现代"的刻板印象，由此，空间与时间便叠合在同一个平面上。无论是"中体西用"还是"西体中用"，无论是"全盘西化"还是"回归传统"，无论是"中西冲突"还是"中西结合"，无论是"东学西渐"还是"西学东渐"，所有的这些论断和争论已经持续了一百多年，所有的可能出现的观点基本已经穷尽，尽管争论的观点相左，但无疑都出自这同一个研究模式。我们注意到，比较文学中的影响研究也好，平行研究也好，也都没能摆脱

"中/西""古/今"相叠加而产生的刻板的二元对立模式的魔咒，都仍然是 A 与 B 的线性比较研究。跨文化研究试图突破平行研究与影响研究，为我国比较文学研究别开一局面，但如果仍然局限于"中/西"二元对立的绝对论模式中不能自拔的话，就一定难有作为。那么，我们如何才能走出这种模式的羁绊？是否可能在 A 与 B 的观察点之外增加另外的参照点？让我们先从《赵氏孤儿》这个剧本说起。

一、《赵氏孤儿》的环形旅行

迄今为止，人们已经难以计算《赵氏孤儿》这个戏从诞生到现在共被改编了多少次，共演出了多少场。据 2003 年 12 月 13 日《南方周末》统计，只是在 2003 年，《赵》剧就有七个不同版本在世界不同的场合公演。其中包括：4 月 11 日河南省豫剧团在北京长安大戏院上演的豫剧《程婴救孤》；4 月 15 日由林兆华导演的人艺版的话剧《赵氏孤儿》在北京首都剧场上演；8 月，旅美华人导演陈士争推出的中英文两个版本的《赵氏孤儿》，其中英文版的《赵氏孤儿》在美国纽约林肯中心上演，除借用原剧剧情外，从音乐到舞台，完全是一部百老汇喜剧；10 月 8 日，中国京剧院三团在中国政法大学演出了经典剧目《赵氏孤儿》；11 月 7 日，据张纪中透露，长篇电视连续剧《赵氏孤儿》已确定由西安电影制片厂等单位联合摄制；11 月 12 日，应巴黎中国文化中心邀请，受文化部委派，浙江小百花越剧团的《赵氏孤儿·夺子》赴法国巴黎参加 2003～2005 中法文化年中国地方戏曲剧种展演。①

王国维在《宋元戏曲考》中将纪君祥的《赵氏孤儿》看成是一部世界性的文学名著，当时人们也许不会理解其中的含义，而今天再也不会有人怀疑这一点。不过人们也许会注意到这部作品所产生的巨大影响，例如它对法国文学巨匠伏尔泰的影响，却不会太关注这部作品在流传的过程中所蕴含的文化意义。人们会按照影响研究的模式从伏尔泰将《赵氏孤儿》改编为《中国孤儿》这一案例中说明中国文学在世界范围内的伟大地位，人们也会注意到林兆华导演的话剧《赵氏孤儿》从伏尔泰那里所借鉴的灵感。前者构成了我们通常所说的"东学西渐"，后者则构成了所谓的"西学东渐"。而当我们将这两个分离的过程看成是一个整体的过程的时候，一个有关文本的跨文化旅行的事实便会展现在人们的面前。由于这样一个事实事关不同文化形态之间的关系，可以让我们重新审视中国与西方、古代与现代的文化形态的互动关系，因此理应受到学界的关注。

---

① 夏榆、张英：《"赵氏孤儿"不报大仇》，载于《南方周末》2003 年 11 月 13 日。

从纪君祥的《赵氏孤儿》到伏尔泰的《中国孤儿》再到林兆华的《赵氏孤儿》，这一文本历经的是从中国古代文化到西方文化再到中国现代文化的跨文化环形之旅。这样的环形之旅，不再是一个平面的和线性的 A 与 B 的关系，而是三维立体的环形结构，是跨文化研究的三维模式。

纪君祥的《赵氏孤儿》取材于《史记·赵世家》，作品讲述的是春秋晋灵公时期文臣赵盾与武将屠岸贾两个家族之间的生死恩仇。剧本有元刊本和明刊本。元刊本只有曲文，没有科白，包括一个楔子和四折。明刊本有科白，并多出第五折。

王国维在《宋元戏曲考》中说："明以后传奇无非喜剧，而元则有悲剧在其中。就其存者言之，如《汉宫秋》、《梧桐雨》、《西蜀梦》、《火烧介子推》、《张千替杀妻》等，初无所谓先离后合、始困终亨之事也。其最有悲剧之性质者，则如关汉卿之《窦娥冤》、纪君祥之《赵氏孤儿》。剧中虽有恶人交构其间，而其蹈汤赴火者，仍出其主人翁之意志，即列之于世界大悲剧中，亦无愧色也。"①

"先离后合、始困终亨"的大团圆结局为王国维所诟病。他在《红楼梦评论》中就曾经对国人"始于悲者终于欢，始于离者终于合，始于困者终于亨"②的"乐天"精神，提出过严厉的批评，并认为这是中国缺少世界性悲剧的主要原因。而在《宋元戏曲考》中，再一次对《汉宫秋》等剧目的结局"无所谓先离后合，始困终亨"予以肯定。

但是，王国维似乎对于《赵氏孤儿》的结局问题并不怎么看重。因为，如果按照结局来看《赵氏孤儿》的话，似乎仍然属于"先离后合、始困终亨"的范围。元刊本《赵氏孤儿》结局第四折讲的是，赵孤在屠岸贾家中养大成人，文武双全。程婴把当年屠岸贾杀害赵家满门的惨剧画成手卷，并一一讲解给赵孤听。赵孤这时方知与屠岸贾有如此深仇大恨，最后报了血债。明刊本还有第五折：写赵孤拿了屠岸贾，由晋国大臣魏绛处以应得之罪。晋君最后传令：赵孤复姓，赐名赵武，仍为晋卿；所有为赵氏死难诸人，概与褒扬。明刊本更加突出了"始困终亨"的效果，但这只是程度上的差别。元刊本的结局虽然没有明刊本那么圆满，但最终也能报仇雪恨，"不将仇恨雪，难将怨恨除"，"把那厮剜了眼睛，豁开肚皮，摘了心肝，卸了手足，乞支支擘折那厮腰截骨。"③ 这毕竟使《赵氏孤儿》的悲剧效果得到了大大的舒缓。

王国维之所以将《赵氏孤儿》称为世界性的悲剧，看重的是其主人公的赴汤蹈火的悲壮行为，因此，"恶人交构其间"虽然也是构成悲剧的成因，但却被认

---

① 王国维：《宋元戏曲史》，团结出版社 2013 年版，第 121~122 页。
② 王国维：《红楼梦评论》，《王国维文集》第一卷，中国文史出版社 1997 年版，第 10 页。
③ 参见徐沁君校：《新校元刊杂剧三十种》，中华书局 1980 年版，第 323 页。

为是不重要的因素，而《赵氏孤儿》的结局问题更被忽略不计了。这是否意味着王国维本人对于悲剧的看法是自相矛盾的呢？是否意味着从早先的《红楼梦评论》到后来的《宋元戏曲考》，王国维本人对于悲剧的认识已经发生了很大的变化？

我们先不要在这一问题上过分纠缠。单是他能够指出《赵氏孤儿》的世界性这一点就已经很不简单了。1731 年《赵氏孤儿》被马若瑟神父介绍到法国，其法文节译本于 1735 年发表在《中国通志》第二卷上，似乎就是其世界性影响的一个明证。不过更值得我们关注的是伏尔泰据此所改写的《中国孤儿》，因为这是我们探讨《赵氏孤儿》从中国到法国跨文化文本旅行更重要的依据。我们发现，伏尔泰的确不是原封不动地照搬《赵氏孤儿》的情节内容，而是对它做了较大的改写。而正是在这种"改写"的过程中，才能够传达出更为丰富的文化内涵。

伏尔泰对《赵氏孤儿》的"改写"是依据他本人的文化背景的，他的法国文化背景构成为他的"接受视域"，他是按照法国新古典主义的美学原则来改写的。他认为原剧中的弄权、作难、搜孤、救孤、除奸、报仇等"一大堆难以置信的事件"，头绪过于纷繁，剧情延续时间过长，不符合新古典主义的"三一律"，因此他只保留了"搜孤""救孤"两个情节，并把故事压缩在一昼夜。改写后的《中国孤儿》的故事发生的时间也做了极大的调整，由原作的春秋时期向后推演到元代初年。其剧情是：成吉思汗率兵攻入燕京杀戮了皇帝及诸皇子，发现遗孤失踪，便派兵追杀。中国遗臣尚德把遗孤藏在皇陵，把自己的儿子献出去，以代遗孤。其妻伊达梅不忍亲子死于非命，往见成吉思汗，道出真情，请求宽恕其夫及子，并表示愿意代替幼主就戮。数年前，成吉思汗流落燕京时，曾向伊达梅求婚未果，此次邂逅，旧情复萌，当即向伊表示，若伊答应嫁给他，就可宽恕。可是，伊达梅终不为其所动，相反成吉思汗却为伊达梅的高洁品德所打动，不但赦免了三人的死罪，而且还令尚德夫妇妥为抚养遗孤。

"伏尔泰的《中国孤儿》在主题上与中国传统的《赵氏孤儿》截然不同，我们的主题是复仇，他的主题是谅解。传统的《赵氏孤儿》都是在元杂剧之上改编的，强调的是愚忠愚孝，这种东西太阻碍社会发展了。伏尔泰的《中国孤儿》的主题是从人性的角度去谅解过去的冤仇。"① 在接受《南方周末》记者采访时，2003 年人艺版《赵氏孤儿》的导演林兆华毫不讳言他对伏尔泰《中国孤儿》的敬仰和对中国传统的《赵氏孤儿》的批判。而在由他导演的这部话剧中，的确删改了传统的复仇主题，他让孤儿放弃了上一辈的所有恩仇，无论是为救孤舍去自

---

① 转引自夏榆、张英：《"赵氏孤儿"不报大仇》，载于《南方周末》2003 年 11 月 13 日。

己亲生儿子的程婴，还是将赵氏全家满门抄斩的屠岸贾，都被孤儿抛在了身后。剧本强调了长大成人后的孤儿与屠岸贾更亲近的收养关系，也不再表现忠奸的斗争。这一切都似乎意味着新编的《赵氏孤儿》对传统的背叛及对外来文本的认同。

当我们将目光投向"五四"现代性文学诞生期的时候，这种现象的意义有可能被夸大到如此的地步，即认为"五四"文学是与传统断然分割的文学事件，中国文学的现代性即意味着传统的断裂及西方话语的全面移植。

这里涉及现在学术界热衷讨论的一个话题：中国近现代文化的产生是传统文化的断裂呢，还是在新的条件下的继续？国内学者许多持前种观点，他们大多认为"五四"运动"全盘西化"导致中国文化的断层，导致了中国现代文论的失语症。与之相反，加拿大汉学家米列娜编过一本关于晚清小说的书，题目是 The Chinese Novel at the Turn of the Century（中译者译为《从传统到现代》）。据乐黛云先生讲，米列娜编这本书的用意是在"寻求中国现代的根"，"以便五四运动不被人误解为一个与中国的过去断然分隔的文学事件"①，因此"从传统到现代"的题中之义便是寻求传统与现代的连续性。

由此看来，《赵氏孤儿》这一文本的跨文化环形之旅，的确触及了中外文化交流与碰撞中的深刻命题。我们认为，如果把《赵氏孤儿》读解为传统的断裂与外来文本的全面移植，将是令人难以忍受的。一个明显的事实是伏尔泰的《中国孤儿》恰恰是来源于中国传统，放弃复仇主题有可能更加符合中国文化的传统价值取向。而我们今天要强调的是，在这样的环形旅行中，中与西、传统与现代的断裂将会得到某种程度的修复，那种二元对立的绝对论模式将会被稀释；同时我们还应该特别注意到在旅行的每一站文本所发生的文化变异现象。以上两点，是我们在讨论跨文化环形之旅的时候，必须时刻铭记于心的。我们要放弃那种"影响研究"模式所带来的"文化中心主义"心理，认为在 A 向 B 的学习借鉴中可以显现出 B 价值的伟大。我们认为这是一种不太健康的文化态度。一个文学文本或理论文本在接受另一文本和理论影响的时候，并不是原封不动地照搬，而总会基于自己的"前理解"予以变形、改造。正像伏尔泰对《赵氏孤儿》的改写一样，林兆华的《赵氏孤儿》对伏尔泰的《中国孤儿》仍有着非常明显的改写，他虽然在主题上借鉴了《中国孤儿》的做法，却在题材上恢复了传统《赵氏孤儿》的主要内容。从另外一个角度来说，林兆华之所以能够如此顺利和愉快地接受《中国孤儿》的主题，未必不是由于这一主题更加符合中国文化传统的价值理念及中国人的审美心理习惯。

---

① 乐黛云：《〈从传统到现代〉序》，见米列娜编，伍晓明译：《从传统到现代：19 至 20 世纪转折时期的中国小说》，北京大学出版社 1991 年版，第 2 页。

我们说，《赵氏孤儿》不仅仅是一个剧本，而且是一个文本（text）。在英文中，文本含有"编织"之义。当我们注意到《赵氏孤儿》这一文本的跨文化环形旅行的时候，就是要说明在不同的文化语境下这一文本意义的不同变迁、不同建构和不同的编织。从这个意义上讲，有多少次对《赵氏孤儿》这个剧本的改编，就有多少次对这一文本意义的编织。

二、叔本华理论的东方之旅

王国维的悲剧理论无疑是来源于叔本华，他在《红楼梦评论》中说："由叔本华之说，悲剧之中又有三种之别：第一种之悲剧，由极恶之人，极其所有之能力以交构之者。第二种，由于盲目的运命者。第三种之悲剧，由于剧中之人物之位置及关系而不得不然者；非必有蛇蝎之性质与意外之变故也，但由普通之人物、普通之境遇，逼之不得不如是；彼等明知其害，交施之而交受之，各加以力而各不任其咎。此种悲剧，其感人贤于前两者远甚。何则？彼示人生最大之不幸，非例外之事，而人生之所固有故也。若前二种之悲剧，吾人对蛇蝎之人物与盲目之命运，未尝不悚然战栗；然以其罕有之故，犹幸吾生之可以免，而不必求息肩之地也。但在第三种，则见此非常之势力，足以破坏人生之福祉者，无时而不可坠於吾前；且此等惨酷之行，不但时时可受诸己，而或可以加诸人；躬丁其酷，而无不平之可鸣：此可谓天下之至惨也。"①

王国维的这段话是对叔本华《作为意志和表象的世界》英译本的一种节译。② 在《作为意志和表象的世界》中，叔本华提到的第一类悲剧有莎士比亚的《查理三世》《奥赛罗》《威尼斯商人》，席勒的《强盗》（佛朗兹·穆尔是这一剧本中的人物，是卡尔·莫尔的弟弟，为了谋夺家产，阴谋陷害卡尔），欧里庇德斯的《希波吕托斯》和索福克勒斯的《安提戈涅》；第二类悲剧有索福克勒斯的《俄狄浦斯王》《特刺喀斯少女》，莎士比亚的《罗密欧与朱丽叶》，伏尔泰的《坦克列德》，席勒的《梅新纳的新娘》；第三类悲剧有歌德的《克拉维戈》和《浮士德》，席勒的《华伦斯坦》（麦克斯和德克娜则是这一剧本中的一对年轻情人），莎士比亚的《哈姆雷特》，高乃伊的《熙德》。

王国维的译文可以说是与叔本华关于悲剧理论的首次的"跨语际遭遇"，通过比较它与叔本华的原文，有以下几点值得我们注意：第一，王国维并没有逐字

---

① 王国维：《红楼梦评论》，见《王国维文集》第一卷，中国文史出版社 1997 年版，第 11～12 页。
② Arthur Schopenhauer, *The World as Will and Representation*. Beijing: China Social Sciences Publishing House, 1999: 254-255.

逐句地翻译叔本华的原文，而是采用了摘译的方式，这可以解释为对于叔本华所提到的一些外国文学作品，王国维有可能并不熟悉，所以采取了回避的办法，另外，我们也可以解释为，叔本华提到的那些众多的文学作品，对于王国维而言并没有特别重要的意义，他的真正意图是用来说明《红楼梦》的悲剧性；第二，王国维的翻译采取了意译的方法，例如，他用"蛇蝎"这一颇具具象意味的词翻译 wickedness 这一抽象词，而石冲白则译为"恶毒"，而实际上"蛇蝎"虽不如"恶毒"那样与 wickedness 具有在辞典意义上更紧密的对应性，却更能传达 wickedness 的丰富内涵，同时也更加符合汉语的表意功能；第三，也是最重要的一点，叔本华悲剧理论在西方语境中所特指的那些作品被取消，使得叔本华的理论文本的符号能指从"所指"中分割脱离出来，使得原来的能指成为"滑动的能指"，而指向了汉语文本《红楼梦》，所谓"若《红楼梦》，则正第三种之悲剧也"。[①] 我们知道，在叔本华的理论语境中，第三种悲剧指的是《浮士德》等一系列西方悲剧的，而在王国维看来，《浮士德》并不是第三种悲剧的典范，《红楼梦》更能代表第三种悲剧的极致，他说："法斯德（浮士德）之苦痛，天才之苦痛，宝玉之苦痛，人人所有之苦痛也，其存于人之根柢者为独深，而其希救济也为尤切，作者一一掇拾而发挥之。"[②] 这样，在叔本华的悲剧理论与《红楼梦》之间就形成了一种颇具意义的"互文性"关系。

通过考察叔本华所提到的这些西方悲剧，我们还会发现在叔本华的悲剧理论中，并没有把"大团圆"结局作为悲剧的一个至关重要的要素来考虑。比如《查理三世》《熙德》就是以坏人得到惩处、有情人终成眷属而结局的。作者高乃依是很明确地把《熙德》作为悲剧来看的，他说："我们要确立一种原则，即悲剧的完美性在于一个主要人物为手段引起怜悯和恐惧之情，例如《熙德》中的唐罗狄克（罗德里克）和《费奥多拉》中的普拉齐德就是这样人物。"[③] 叔本华也指出了《熙德》没有一个悲惨的结局，但却仍然把它看成是第三种悲剧的代表，可见他也是并不太在乎是否以团圆结局的。

与之不同，王国维却非常重视《红楼梦》的悲剧结局，并把它上升到与"国人之精神"相对照的高度，这成为王国维极力推崇《红楼梦》文学价值、将之置于世界文学名著的一个重要理论依据。

那么，为什么说《红楼梦》是第三种悲剧呢？王国维解释说："兹就宝玉、黛玉之事言之：贾母爱宝钗之婉嫕，而惩黛玉之孤僻，又信金玉之邪说，而思压

[①] 王国维：《红楼梦评论》，见《王国维文集》第一卷，中国文史出版社1997年版，第12页。
[②] 王国维：《红楼梦评论》，见《王国维文集》第一卷，中国文史出版社1997年版，第9页。
[③] 高乃依：《论悲剧以及根据必然律与或然律处理悲剧的方法》，见伍蠡甫主编：《西方文论选》（上），上海译文出版社1979年版，第261页。

宝玉之病；王夫人固亲于薛氏；凤姐以持家之故，忌黛玉之才而虞其不便于己也；袭人惩尤二姐、香菱之事，闻黛玉'不是东风压倒西风，就是西风压倒东风'之语，惧祸之及，而自同于凤姐，以自然之势也。宝玉之于黛玉，信誓旦旦，而不能言之于最爱之之祖母，则普通之道德使然；况黛玉一女子哉！由此种种原因，而金玉以之合，木石以之离，又岂有蛇蝎之人物、非常之变故，行于其间哉？不过普通之道德，通常之人情，通常之境遇为之而已。由此观之，《红楼梦》者，可谓悲剧中之悲剧也。"①

在王国维看来，宝黛之爱情悲剧，并不是由于坏人从中作梗，也不是由于命运的安排，而完全是由于剧中人彼此的地位不同，由于他们的关系造成的。这些人物的所作所为并不违背普通之道德，也符合通常的人情，悲剧就发生在通常的境遇之中。也正是由于这一点，这种悲剧的效果就更加可悲。因为虽然第一种和第二种悲剧也非常可怕，但人们却终会认为极坏的人和可怕的命运毕竟会远离我们，我们会存有侥幸的心理，而第三种悲剧却就发生在跟我们相同的人物、相同的境遇之中，我们也免不了会遇到这样的悲剧，所以就更加可怕。所以王国维才由此断定，《红楼梦》是悲剧中的悲剧。

对此结论，钱锺书先生却有自己的看法。他在《谈艺录》中指出："王氏（指王国维）于叔本华著作，口沫手胝，《红楼梦评论》中反复称述，据其说以断言《红楼梦》为'悲剧之悲剧'。贾母惩黛玉之孤僻而信金玉之邪说也；王夫人亲于薛氏、凤姐而嫉黛玉之才慧也；袭人虑不容为寡妻也；宝玉畏不得于大母也；由此种种原因，而木石遂不得不离。洵持之有故矣。然似于叔本华之道未尽，于其理未彻也。苟尽其道而彻其理，则当知木石因缘，侥幸成就，喜将变忧，佳耦始者或以怨耦终；遥闻声而相思相慕，习进前而渐疏渐厌，花红初无几日，月满不得连宵，好事徒成虚话，含饴还同嚼蜡。"② 在钱锺书看来，王国维虽然看到了《红楼梦》中人物之间的通常关系造成了宝黛二人的悲剧，因而断定《红楼梦》是"悲剧中的悲剧"，这是持之有故的，但却并不符合叔本华的原意，按照叔本华的悲剧理论，应该让宝黛二人成婚，然后"好逑渐至寇仇，'冤家'终为怨耦，方是'悲剧之悲剧'。"③ 由此出发，钱锺书认为王国维引用叔本华的理论来评论《红楼梦》，不免削足适履，作法自弊。他说："夫《红楼梦》，佳作也，叔本华哲学，玄谛也；利导则两美可以相得，强合则两贤必至相阨。"④

钱锺书的批评过于严厉了。且不说叔本华的悲剧理论是否真的都要求"好逑渐至寇仇"，而实际上叔本华所引用的悲剧中大多都没有达到这一要求，就是真

---

① 王国维：《红楼梦评论》，见《王国维文集》第一卷，中国文史出版社1997年版，第12页。
② 钱锺书：《谈艺录》，中华书局1984年版，第349页。
③④ 钱锺书：《谈艺录》，中华书局1984年版，第351页。

的对叔本华的原意有所误解，也是可以理解，可以原谅的。这也恰好从另外一个角度证明了，王国维并非像有的学者所说的那样，是生硬地照搬西方的理论来阐释中国的文学作品，而是对叔本华的悲剧理论进行了改造，这样的改造即使可以说是对原作的"误读"，那也是积极的有意义的"误读"。当然，我们必须指出的是，仅仅把王国维的工作说成是误读，那是远远不够的。赛义德在他著名的《理论旅行》这篇文章中，曾经非常详实地比较了卢卡奇与戈德曼两人的思想理论的差异，但他并不承认作为卢卡奇的弟子的戈德曼是误读了卢卡奇的理论，他指出："我们已经听惯了人们说一切借用、阅读和阐释都是误读和误释，因此似乎也会把卢卡奇—戈德曼事例看作证明包括马克思主义者在内的所有人都误读和误释的又一点证据，倘若下此结论，那就太让人失望了。这样的结论所暗示的首先是，除了唯唯诺诺地照搬字句外，便是创造性的误读，不存在任何中间的可能性。"① 而赛义德的看法恰好相反，他认为"完全可以把（出现的）误读判断为观念和理论从一种情景向另一情景进行历史转移的一部分"。② 赛义德的"理论旅行"正是要突出历史和情景在卢卡奇思想变成戈德曼思想的过程中所起到的决定性作用。对于叔本华的悲剧理论向汉语语境的旅行过程中，就不仅仅是1919年的匈牙利与"二战"以后的巴黎这些历史情景的因素，更有着一个欧洲文本向非欧洲文本旅行的不同文化的因素，因此是一次跨文化的、跨语际的旅行。

实际上，钱锺书先生对叔本华也存在着误读。按照叔本华的说法，悲剧是由于"意志内部的冲突，在他客观性的最高阶段里，得到最全面的展开，达到可怕的鲜明的地步。"（It is the antagonism of the will with itself which is here most completely unfolded at the highest grade of its objectivity, and which comes into fearful prominence.③）也就是说，悲剧的根源就在于"意志的内部冲突"。叔本华说最能体现他的悲剧理想的是歌德的剧本《克拉维戈》，他称这出悲剧可以算是"最完美的典范"，"虽然，在其他方面，这出戏远远赶不上同一大师的其他一些作品。"④

我们知道，《克拉维戈》是歌德早期的作品。这个剧本完全是根据真人真事改编的。1774年2月，法国作家博马舍发表回忆录片段，追叙他的1764年的西班牙之行。其中讲到他为自己的一个妹妹的亲事所做的一场斗争。这个妹妹的未婚夫是西班牙王室档案馆馆长堂·约瑟夫·克拉维戈。此人两次破坏诺言，欲毁婚约，博马舍帮助妹妹揭露了这个忘恩负义之徒。歌德读到回忆录，觉得内容颇

---

①② ［美］爱德华·W. 赛义德：《赛义德自选集》，谢少波等译，中国社会科学出版社1999年版，第148页。

③ Arthur Schopenhauer, *The World as Will and Representation*. Beijing: China Social Sciences Publishing House, 1999: 253.

④ Arthur Schopenhauer, *The World as Will and Representation*. Beijing: China Social Sciences Publishing House, 1999: 255.

有戏剧性，后来仅用八天时间，一口气写成了这个剧本，并于1774年5月发表。如果我们把这个剧本看成是作者在有意谴责克拉维戈这个反复无常、忘恩负义的小人，那就是太表面化了。实际上，打动读者的恰恰是主人公的优柔寡断、犹豫不决，因为面对社会地位和自己爱情的两难决断的时候，这种优柔寡断、犹豫不决其实是人之常情，它不应该受到特别的谴责。在剧本中，克拉维戈以其学识渊博，奋发上进，受到了国王的赏识，从一个默默无闻的小人物当上了王室档案馆的馆长，如果他放弃原来与玛丽的婚约，娶一名贵族姑娘为妻，就会有更美好的前程，甚至成为部长；而另一方面，他却无法彻底忘情于往日的恋人玛丽·博马舍，那样做，他显然要承受巨大的心理压力与社会谴责，尤其是来自女方哥哥博马舍的责难，因为在他最困难的时候，正是玛丽给了他极大的安慰与帮助，他对她的爱情火焰也并没有完全熄灭。按照叔本华的说法，这就是"意志的内部冲突"，是克拉维戈内心对社会地位的欲望与对爱的欲望的极大冲突。这种冲突所造成的悲剧，不是由极恶的人，也不是由命运造成的，而根植于人之常情，所以才显得格外可怕。也许有人会说，悲剧的发生是由于克拉维戈的朋友卡洛斯挑拨离间的结果，卡洛斯就是一个恶人，表面上看，似乎如此。但细读文本，人们会发现，卡洛斯的话语不过是克拉维戈内心追逐名利欲望的一种表征，作者不过是将克拉维戈的内心所想通过卡洛斯的口明确地表达出来而已。正像剧本中卡洛斯的台词所说的那样："这种火花在你心里沉睡，我要把它吹旺，直到它燃起火焰。"在这里，卡洛斯成为一个"镜像"，折射出克拉维戈内心的极大冲突，正是这种冲突，才造成了悲剧的发生；也正是因为这一点，我们才可以理解为什么对于《克拉维戈》这个并非歌德最优秀的剧本，叔本华却情有独钟，因为它确实体现了叔本华的悲剧理想。

与钱锺书先生"好逑渐至寇仇"的说法明显不同，作者并没有让克拉维戈和玛丽成婚后，再成"寇仇怨耦"，其结局是，玛丽听到克拉维戈逃婚的消息后，旧病复发，痛心而死，而克拉维戈得知她的死讯后，也万分懊悔，跪在棺材前，最后被怒不可遏的博马舍用剑刺死。临死前，克拉维戈拉着博马舍等众人的手，请求他们的宽恕与谅解，至此，"意志的内部冲突"得以解脱，叔本华的悲剧理想得以实现。由此可见，钱锺书所说的"好逑渐至寇仇，'冤家'终为怨耦，方是'悲剧之悲剧'"，只是钱锺书先生自己的理解，尽管这种理解来源于叔本华的悲剧理论，也可以成为一种有效的解读，却并不完全等同于叔本华悲剧理论本身。

三、从中西二元论到世界多元论

对于同一文本，不同的读者会有不同的理解和解释，这应该被看成是一种极自然、正常的现象。现代阐释学和接受美学的研究表明,把作品的意义看成是固定不变的和唯一的,作品的意义是作者的意图,解释作品就是发现作者的意图,这是一种应该抛弃的谬见;作品的意义不是意图,而是作品所说的实事本身,即真理内容,而这种真理随着不同时代和不同人的理解而不断变化,作品的意义构成物是一个开放结构。在《真理与方法》中,伽达默尔充分表达了这一观点。他把自己的思想理解为海德格尔阐释学哲学的继续发展。他认同海德格尔的观点,理解不属于主体的行为方式,而是此在本身的存在方式。在海德格尔那里,理解即在自我解蔽中敞开此在之在的最深的可能性,理解文本不再是找出文本背后的原初意义,而是一种超越性的去蔽运动,并敞开和揭示出文本所表征的存在的可能性。传统认识论将真理看成是以命题的形式出现的判断与对象的符合,伽氏认为这是真理的异化,真理应该是存在的敞亮。从自己的真理观出发,伽氏提出了他著名的"理解的历史性""视界融合""效果历史"等原则,并对偏见和误读给予了积极的肯定。受《真理与方法》的影响,1967年,姚斯发表接受美学的重要论文《文学史作为向文学理论的挑战》,挑战形式主义、新批评、结构主义的文本中心主义和作品本体论,确立以读者为中心的美学理论。姚斯接受了科学哲学家波普尔的"期待视野"这一观念,并应用到美学之中。伊塞尔把读者进一步分为两种:现实的读者与观念的读者,观念的读者又包括:"作为意象对象的读者"和"隐含的读者"。前者是指作家在创作构思时观念里存在的、为了作品理解和创作意向的现实化所必需的读者,后者则是指作者在作品的文本中所设计的读者的作用。隐含的读者表明,作品本身是一个召唤结构,它以其不确定性与意义的空白,使不同的读者对其具体化时隐含了不同的理解和解释。[①]

在我们看来,虽然德里达的解构哲学将批判的矛头指向了现代阐释学,但就其强调差异性和不确定性而言,解构哲学其实是阐释学哲学的新发展,甚至可以称之为极端的发展。德里达认为海德格尔、伽达默尔的解释学仍然置身于形而上学羽翼之下,通过"在场"的设置,把语言与历史置放在同一个现实的关系中,这样,人的思想为这种现实的"在场"所支配,它作为实体直接沟通主体走向实在的路径而具有在场的特权,因而仍然陷于逻各斯中心主义罗网之中。基于此,德里达提出自己的关于解释的差异原则,将文本的意义的寻求看作是"关于差异的永无止境的游戏",看作是通过模糊不清、多义杂糅的意义把握去对中心性、同一性加以瓦解的尝试。

我们完全可以把赛义德的"理论旅行"理论置于上述的理论背景之下来看

---

① 关于阐释学的发展历史,参见洪汉鼎《诠释学——它的历史与当代发展》,人民出版社2001年版。

待。赛义德强调理论和观念的移植、转移、流通以及交换的合理性依据，正是基于为现代阐释学和接受理论所发掘的意义的开放结构，换句话说，正是由于意义的开放性，才使得他的"理论旅行"成为可能。如果以这样的理论视野来看待叔本华悲剧理论的中国之旅，我们就应该容忍王国维对叔本华理论的挪用或改造，我们同样也会对钱锺书的解读给予极大的敬意，尽管他对悲剧的理解不一定完全符合叔本华的原意。在这里，叔本华的原意并非具有不可挑战的权威性，尤其是在跨文化、跨语际的理论旅行中就更是如此。所以仅凭王国维的解读不符合叔本华的原意就应该受到指责，这显然是不恰当的。

更为恰当的理解是，王国维是在与叔本华理论的平等对话中展开他对《红楼梦》的解读的。通过进一步的研究，我们发现，叔本华悲剧理论的东方之旅本身就是一种"环形旅行"。从理论来源上看，叔本华哲学有着非常明显的东方色彩，他的理论明显接受了佛教思想。关于这一点，钱锺书先生早就做出过论断。[①] 在此我们想强调的是，佛教作为东方思想其实也是王国维接受叔本华理论的"接受视界"。王国维在《静安文集自序》中说他在1903年春天的时候开始读康德的《纯粹理性批判》，"苦其不可解，读几半而辍"，后来读到叔本华的书"而大好之"，先前不可解之处也迎刃而解了。之所以接受叔本华比接受康德容易，就是由于叔本华的哲学理论更靠近东方思想。也正是由于这一点，使王国维对叔本华的接受变得容易多了，也使跨文化环形之旅的通道变得顺畅多了。蒋英豪在《王国维文学及文学批评》中指出："王国维以叔氏哲学去分析《红楼梦》，其原因不难理解。《红楼梦》的一起一结，佛理的味道极浓，作者是精通于释氏之理的人。而叔本华哲学的主要根源之一，也是佛教。叔氏谈欲，谈解脱，都是取之于佛教经典。王国维晓得用叔本华哲学去分析《红楼梦》，可说是他的聪明，也颇能见《红楼梦》作者之用心……"[②] 王国维接受的其实是接受过东方思想影响的叔本华理论，这就形成了从东方到西方再回到东方的理论环形之旅。这样的旅行路线在现当代中国美学理论和文学批评中当然不是偶尔发生的一个特例，而具有某种学术"范式"的味道。

例如，有许多证据证明对中国现当代美学发生极大影响的海德格尔就曾经接触到了或者接受了东方思想，人们甚至将这些材料编辑成了一本名为《海德格尔与亚洲思想》的书[③]，1946年他与中国学者萧师毅合作将《老子》中的八章译为德文，更是他接受东方思想的有力证据，这种接受也体现在他的哲学本身，成为他理论的有机部分。在《语言的本质》一文中，他把老子的"道"看成是"我

---

① 钱锺书：《谈艺录》，中华书局1984年版，第350页。
② 蒋英豪：《王国维文学及文学批评》，香港中文大学崇基学院华国学会发行，1974年版，第93页。
③ Graham Parkes (ed.), *Heidegger and Asian Thought*. Honolulu: University of Hawaii Press, 1987.

们由之而来才能去思理性、精神、意义、逻各斯等根本上也即凭它们的本质所要道说的东西"。①

另外一个"环形旅行"的例子是庞德的意象理论。大家都知道，诗人庞德（Ezra Pound）在现代西方作家中应是与中国最有缘分的一位诗人了，庞德诗的意境也是最接近中国诗歌的。通过意象的显现，去表达诗人的情感，如不仔细地去体会，人们也常常会将庞德的诗认为是出自中国的某位诗人之手。庞德还是中国古代文明的歌颂者，对孔子的思想非常崇拜；他似乎从中国文明中看到了现代西方所急需的理智和理想。庞德对中国文化的认识始于1913年，当时他结识了美国著名东方学者厄内斯特·范诺罗莎（E. Fenollosa）的遗孀，她把丈夫的东方文化研究手稿交付他收藏。叶维廉指出："接触过中国绘画和中国诗的范诺罗莎在中国文字的结构里（尤其是会意字里）找到一种新的美学依据，兴奋若狂，大大影响了诗人庞德改变全套美学的走向的原因，也是针对抽象逻辑思维破坏自然天机而发。"② 其后几十年内，象形表意的汉字和充满意象的中国古代诗歌对庞德的诗歌创作产生了深刻影响，孔子哲学的基本思想成为贯穿他的《诗章》的主导精神。庞德认真翻译过"四书"和《诗经》，对在西方传播孔学起过一定作用。

饶有意味的是，庞德来源于中国传统的意象主义理论，却在20世纪的五四新文学运动中被胡适用来作为反对中国旧文学中不良倾向的理论武器。如果把庞德于1913年发表的《一个意象主义者的几个不作》中有关语言方面的八项规定与胡适在《文学改良刍议》中提出的"八不主义"作一个比较，人们就会发现，两者的相似是一目了然的。胡适在他的留美期间的日记《藏晖室札记》中，记载了他1916年剪录《纽约时报书评》一则关于意象派宣言的评论，并在下面加了一条按语"此派所主张与我所主张多相似之处"③，这是胡适的文学主张与意象派理论之间有联系的确凿证据。④ 作为对中国现代文学思想产生过极大影响的胡适的"八不主义"，人们也许会注意到它与西方理论的渊源关系，而庞德的中国理论背景却往往会被人们忽视，从而得出这样的结论，认为中国的现代思想由于西方思想的介入而造成了与中国传统的断裂。而庞德理论的"环形之旅"则表明，中国对西方理论的接受必然有着自己独特的接受视野，总是那些与中国文化有密切联系的西方理论才更容易被接受，它进入中国现代文化与思想的通道也才更通畅。

而在如此的环形之旅中，每一个环节所发生的挪用、移植、转移、改造，都

---

① ［德］海德格尔：《语言的本质》，见《海德格尔选集》（下），上海三联书店1996年版，第1101页。
② 叶维廉：《道家美学与西方文化》，北京大学出版社2002年版，第32页。
③ 胡适：《胡适留学日记》（四），商务印书馆1949年版，第1143页。
④ 唐正序等：《20世纪中国文学与西方现代主义思潮》，四川人民出版社1992年版，第50页。

是很正常的现象。庞德对中国思想有改造，胡适对庞德思想也有改造；海德格尔对老庄思想有改造，中国现代思想对海德格尔也有改造；叔本华对佛教思想有改造，王国维对叔本华思想也有改造。"理论旅行"的过程不可能是绝对不变的，中西理论之间也不存在一个绝对的不可跨越的鸿沟。

更重要的是要改变我们的文学世界观。那种将世界看成是中西二元对立的观点，现在看来早就无法说明和解释目前世界文化的多元化格局。比较文学的平行研究，将中西文学看成是相互隔离的异质实体，漠视中西文学各自的内部差异性，得出一些大而无当的结论而备受人们诟病，这完全是可以理解的；影响研究因为注重实证，讲究研究的功底，颇受当前学界的青睐。在我们看来，这只是五十步与百步的区别。二者在基于"中西二元论"这点上，并无本质的差别。影响研究仅仅注重源头的研究，以本源论取代本体论，天真地以为只要找到确实的证据来说明影响的源头就万事大吉，而对于影响过程中所发生的变异现象却视而不见。有的影响研究尽管注意到了变异现象，却将这种变异视为接受方对影响方的误读，看成是一个有待改善的目的论过程，而认为正确的和真实的源头仍然具有不可辩驳的权威性。跨文化研究的三维模式，将基于中西二元论模式的影响研究推向三维立体结构中，不仅要追究影响的源头，更要追究源头的源头；不仅仅要追究源头的源头，更要说明变异和变异的变异，并以此彰显变异的合理性，以此说明不同文化之间的平等的间性关系，以此突出跨文化研究之不同于平行研究和影响研究的独特魅力。要做到这一切，首先需要抛弃僵硬的中西二元论模式，代之以世界文化的多元论。跨文化阐释的三维模式是我们抛弃中西二元论、转为世界文化多元论的过程中所迈出的第一步。尽管是第一步，却是必要的一步。

第二章

跨文化阐释的特点及功能

我们一再强调,跨文化阐释学追求不同民族文化之间的双向交流与平等对话,它要求超越中西二元论模式,主张将以往研究中割裂开来的"西学东渐"和"中学西渐"作为一个整体来看待,将"世界与中国"的言说方式转变为"世界的中国"言说方式,它要求确立"各美其美、美人之美、美美与共、天下大同"的基本理念,反对任何形式的文化中心主义和民粹主义。跨文化阐释作为阐释的一种特殊形态,除了具有阐释的一般特性之外,还具有一般阐释所不具备的特点,主要表现为阐释的空间性。为了进一步认识这一特点,我们不妨将跨文化阐释与当前学界所讨论的"强制阐释"做一个比较,理清跨文化阐释与"强制阐释"的区别与联系,来进一步认清跨文化阐释的自身特点。

第一节 跨文化阐释的空间性

张江教授提出的"强制阐释"[①] 主要是用来辨识西方文论的,他认为西方现代文论普遍存在着"背离文本话语、消解文学指征,以前在立场和模式,对文本和文学作符合论者主观意图和结论的阐释"的现象。实际上,"强制阐释"的现象普遍存在于中国传统文论中,因此也可以说是阐释的常态。这是由阐释的时间

[①] 张江:《强制阐释论》,载于《文学评论》2014年第6期。

性造成的。跨文化阐释要求阐释者暂时放弃自己的文化立场,设身处地地考虑对方的文化处境、理论场域,用对方的语言或用对方听得懂的语言来阐述、解释本民族的文学文本,从而达到沟通理解的目的。如果说"强制阐释"更多是从时间性维度来进行文本阐释的,而跨文化阐释则偏重强调阐释的空间性维度。"强制阐释"与跨文化阐释互以对方为前提,是一种互相补充的关系,而不是彼此取代的关系。跨文化阐释可以为"强制阐释"设界。由于存在着"跨文化阐释"这种现象,才可以确保"强制阐释"这一概念存在的合理性价值。

一、时间阐释与跨文化空间阐释的区别

按照张江教授的说法,强制阐释是指"背离文本话语、消解文学指征,以前在立场和模式,对文本和文学作符合论者主观意图和结论的阐释。"① 其基本特征有四:场外征用,主观预设,非逻辑证明,混乱的认识途径。他的"强制阐释"主要是用来辨识西方现代文论。我们发现,"强制阐释"不仅存在于西方现代文论,在中国传统文论中也存在,所以这一现象有极大的普遍性。

《论语》:"子夏问曰:'巧笑倩兮,美目盼兮,素以为绚兮',何谓也?"子曰:"绘事后素。"曰:"礼后乎?"子曰:"起予者商也!始可与言诗已矣!"②

这段对话是对《诗经》的解释,从中可以看出孔子解释《诗经》的基本理念和策略。在这段孔子与其弟子子夏的对话中,对话双方都能够准确地理解对方,达成了卓有成效的一致性。但后人对于"绘事后素",究竟是先素而绘,还是绘之后而素,历来却有不同的看法。郑玄的解释是:"绘,画文也。凡绘画,先布众色,然后以素分布其间,已成其文。喻美女虽有倩盼美质,亦须礼以成之。"③ 在这里,"素"被看成是动词,是指先有众色,然后在众色之上施白颜色,分布其间。朱熹的《论语集注》的解释刚好相反:"后素,后于素也。《考工记》曰:'绘画之事后素功。'谓先以粉地为质,而后施五采,犹人有美质,然后可加文饰。"④ 在这里,"素"是名词,指的是白色底子,是说先素而后绘。近人杨伯峻先生的《论语译注》采用朱熹的解释,将"绘事后素"看成是"绘事后于素"。"绘事后素"的意思,就是"先有白色底子,然后画花"⑤。

---

① 张江:《强制阐释论》,载于《文学评论》2014 年第 6 期。
② 杨伯峻:《论语译注》,中华书局 1980 年版,第 25 页。
③ 刘宝楠:《论语正义》,见《诸子集成》(第 1 册),上海书店 1986 年版,第 48~49 页。
④ 朱熹:《论语集注》,见《四书五经》(上),中国书店 1985 年版,第 10 页。
⑤ 杨伯峻:《论语译注》,中华书局 1980 年版,第 25 页。

那么，为什么对于《论语》中同样的一段话，郑玄与朱熹的解释如此不同呢？我们认为这主要是由于他们的"主观预设"不同造成的。郑玄遵循荀子的"性恶论"，认为人性并不是完美的，是需要经过"礼"的规范的，所以他才主张"绘之后而素"；朱熹遵循孟子的"性善论"，认为人性是善的，是有着洁白无瑕的底子的，正像一张白纸，可以画最美的图画，故而他主张"先素而后绘"。可见，正是因为他们有不同的"主观预设"，才会得出不同的结论。

而如果我们从美学的角度来看，则会另有不同的看法。《论语》的这段话主要是讲素与绚的关系以及与礼的联系，美女的"巧笑倩兮，美目盼兮"，都是发自自然的内质，而并不是着意的雕饰，所以她们的美是自然的美，是一种天然去雕饰的美，因此才可以说是"素以为绚兮"。虽然是"绚"，却又是"素绚"，是"绚"复归于"素"。这正像绘画一样，绘画要先用各种色彩，但画成后并不应该让人觉得太刺目，而应该仍给人一种素朴的感觉，这样的画作才是上品。这也正像"礼"一样，孔子强调的礼，并不是要求繁文缛节，而应该是一种朴素而恰当的礼节。《论语·八佾》中还有这样一段话："林放问礼之本。子曰：'大哉问！礼，与其奢也，宁俭；丧，与其易也，宁戚。'"[1] 礼的根本不是铺张浪费，不是仪文周到，而是要做到朴素俭约，做到内心真诚。因此，在我们看来，"绘事后素"的"素"应该是形容词，是"朴素简约"的意思。"礼后"，是"以素喻礼"，是"礼"复归于"素"，这应该是"礼后"的确切含义。如果说"礼后"有省略，那也是承前省略了"素"，而不是像杨伯峻先生所说的省略了"仁"。

从《论语》谈"绘事后素"的这段话中，我们可以看出，《论语》解释《诗经》，是先言诗进而言画，进而言礼，诗画合一，礼在其中。这样的言说方式，这样的论证套路，如果按照"强制阐释"的标准来看，明显是"场外征用"。正如同"伽达默尔是为了构建他的哲学解释学而转向文学的，其目的是用文学丰富和扩大哲学，用艺术解释证明哲学解释"[2]，孔子在这里也是为了说明他的伦理主张而转向文学的，是用文学丰富和扩大伦理学，用艺术解释证明伦理学解释。

《论语》中还有一段讨论《诗经》解释问题的话，可以反映出儒学从自己"主观预设"的立场对《诗经》进行"强制阐释"的固有倾向。

　　子贡曰："贫而无谄，富而无骄，何如？"子曰："可也。未若贫而乐，富而好礼者也。"子贡曰："《诗》云：'如切如磋，如琢如磨'，其斯之谓与？"子曰："赐也，始可与言《诗》已矣。告诸往而知来者。"[3]

---

[1] 杨伯峻：《论语译注》，中华书局1980年版，第24页。
[2] 张江：《强制阐释论》，载于《文学评论》2014年第6期。
[3] 杨伯峻：《论语译注》，中华书局1980年版，第9页。

"如切如磋，如琢如磨"出自《诗经·卫风·淇奥》："瞻彼淇奥，绿竹猗猗。有匪君子，如切如磋，如琢如磨，瑟兮僴兮，赫兮咺兮。有匪君子，终不可谖兮。"《论语》对这首诗的解释显然不是纯文学的立场，明显是从自己的伦理立场即道德修养的角度去进行解释的，因而也可以看成是"强制阐释"。

那么，"如切如磋，如琢如磨"跟道德修养到底有什么关系呢？或者说，从主观预设的伦理立场来解读《诗经》是否可行呢？《论语集注》中讲："治骨角者，既切之而复磋之；治玉石者，既琢之而复磨之；治之已精，而益求其精也。"① 可见，从"贫而无谄，富而无骄"到"贫而乐，富而好礼"，这是一个人道德修养精益求精的过程，恰如治玉者，先琢后磨，精益求精。这明显是一种隐喻。子贡是孔门弟子中擅长言语的学生。《论语·先进》："德行：颜渊，闵子骞，冉伯牛，仲弓。言语：宰我，子贡。政事：冉有，季路。文学：子游，子夏。"② 子贡从孔子讨论道德修养精进的话中突然引入《诗经》中的一段话，虽然一则是谈伦理，一则是谈文学，却恰如其分，天衣无缝，引得孔子大加赞赏，认为善言语的子贡与善文献的子夏一样，都是"可与言诗"的对象，都能够举一反三，"告诸往而知来者"。如果按照强制阐释的定义来看，子贡解释《诗经》也可算作是"强制阐释"的高手。

这里需要补充说明的一点是，在孔子时代，文学与伦理是没有区分的，孔门四学中的"文学"一门，涵义非常广泛，可以泛指一切文献，与今天的"文学"概念有非常大的区别。在孔子那里，本无所谓文学的"内外"，因而，"场外征用"也自然就顺理成章了。如《毛诗正义》："关雎，后妃之德也，风之始也，所以风天下而正夫妇也。故用之乡人焉，用之邦国焉。"这样的释经，在中国传统儒学中可谓俯拾皆是，本用不着大惊小怪的。

关键的问题在于我们应该如何看待这种"强制阐释"。我们觉得可以把"强制阐释"也分为两种：一种是"外在的强制阐释"，另一种是"内在的强制阐释"。如果对文学文本的阐释是基于外在压力或是政治强权而进行的阐释，可以看成是"外在的强制阐释"。如清代"文字狱"时期，将"清风不识字，何必乱翻书"解读为反对清朝廷，便是典型的外在的强制阐释。而如果对文学文本的阐释是基于阐释者自己的主观立场或是"前理解"而做出的，则可以看成是"内在的强制阐释"。这样的强制阐释，是普遍存在的，是阐释的常态，不该受到过度的苛责。

按照西方现代阐释学的观念，所有的阐释者都是在时间状态内的存在，他（或她）对文本的阐释一定是基于自己的前理解而进行的，这样就不可避免地发生不同

---

① 朱熹：《论语集注》，见《四书五经》（上），中国书店1985年版，第4页。
② 杨伯峻：《论语译注》，中华书局1980年版，第110页。

的阐释者之间理解的差异,所谓"一千个读者有一千个哈姆雷特",就是这个道理。

既然"强制阐释"是阐释的常态,是否意味着"强制阐释"是一个伪命题?换句话说,"强制阐释"是否有一个界限?如果"强制阐释"是无界限的,那么,这个概念就无法成立。这就涉及我们所谈的跨文化阐释。

跨文化阐释类似"倩女离魂",就是暂时放弃自己的文化立场,设身处地地考虑对方的文化处境、理论场域,利用对方的"前理解",用对方的语言或用对方听得懂的语言来阐述、解释自己的思想意图,从而达到沟通理解的目的。

跨文化阐释一个明显的例子就是周恩来总理在1954年的日内瓦会议期间,用"中国的《罗密欧与朱丽叶》"向外国友人介绍《梁山伯与祝英台》①。这样的解释利用对方都熟悉《罗密欧与朱丽叶》的前理解来解说,显然可以很容易被对方所理解,从而达到了相互沟通、宣传自己的目的。

跨文化阐释是跨文化阐释学(intercultural hermenuetics)的研究对象。按照国外研究者的界定,"跨文化阐释学可以简单地定义为不同文化之间解释的理论与实践。这样,跨文化阐释学关注不同文化之间与内部解释与理解的不同模式。"② 跨文化阐释学虽然是新兴学问,但跨文化阐释现象却古已有之。中国古籍记载跨文化阐释现象,可追溯到《史记·大宛列传》:

> 条枝在安息西数千里,临西海,暑湿。耕田,田稻。有大鸟,卵如瓮。人众甚多,往往有小君长,而安息役属之,以为外国。国善眩。安息长老传闻条枝有弱水、西王母,而未尝见。③

条枝在今天的叙利亚、伊拉克一带,安息为伊朗古称。这段话是说,条枝在安息以西数千里,临近西海(地中海),气候湿热,以耕种稻子为生,人口众多,受到安息的统治,这里的人们善于魔术。安息的长老们听说条枝有弱水、西王母,而没有见到。这里的关键问题是:如何理解"条枝有弱水、西王母"?《索隐》中说:

> 《魏略》云:"弱水在大秦西。"《玄中记》云:"天下之弱者,有昆仑之弱水,鸿毛不能载也。"《山海经》云:"玉山,西王母所居。"《穆天子传》云:"天子觞西王母瑶池之上。"《括地图》云:"昆仑弱水非乘龙不至。有三足神鸟焉,为王母取食。"④

可见古书中对弱水、西王母是众说纷纭,莫衷一是。同一个弱水、西王母

---

① 详见熊向晖:《我的情报与外交生涯》,中共党史出版社2006年版,第115页。
② Ming Xie (ed.), *The Agon of Interpretations*: *Towards a Critical Hermeneutics*. Toronto: University of Toronto Press, 2014; 3.
③④ 司马迁:《史记·大宛列传》(第十册),中华书局1959年版,第3163~3164页。

却出现在三个地方:一是中国西北疆域昆仑山一带;二是叙利亚、伊拉克一带;三是古罗马西部临近大西洋一带。《正义》发现了这个问题,却无法解答:

> 此弱水、西王母既是安息长老传闻而未尝见,《后汉书》云桓帝时大秦国王安敦遣使自日南缴外来献,或云其国西有弱水、流沙,近西王母处,几于日所入也。然先儒多引《大荒西经》云弱水云有两源,俱出女国北阿耨达山,南流会于女国东,去国一里,深丈余,阔六十步,非毛舟不可济,南流入海。阿耨达山即昆仑山也,与大荒西经合矣。然大秦国在西海中岛上,从安息西界过海,好风用三月乃到,弱水又在其国之西。昆仑山弱水流在女国北,出昆仑山南。女国在于窴国南二千七百里。于窴去京凡九千六百七十里。计大秦与大昆仑山相去几四五万里,非所论及,而前贤误矣。此皆据汉括地论之,犹恐未审,然弱水二所说皆有也。①

《史记》记载弱水、西王母在安息以西的条枝一带,即今天伊朗以西的伊拉克、叙利亚一带。而《后汉书》却又说是在古罗马国西部,《后汉书》中所说的大秦王安敦即马可·奥勒留·安东尼·奥古斯都(Marcus Aurelius Antonius Augustus,121~180),是中国读者所熟悉的《沉思录》的作者。那么,本来属于中国的弱水、西王母为什么会到了四五万里以西的大秦了呢?如果我们用跨文化阐释学的原理来加以解释,其实并不难理解。所谓《史记》中的"安息长老传闻条枝有弱水、西王母"以及《后汉书》中所记载的"云其国西有弱水、流沙,近西王母出",无非是说条枝、古罗马也有类似中国的弱水、西王母,这里的弱水、西王母在条枝和古罗马很可能是另外的一条河或是一位女王,也有人说是指伊拉克的幼发拉底河和《圣经》中的示巴女王,绝非是中国的弱水、西王母。如果我们认为中国的西王母真的出现在条枝和古罗马一带,那真的就是"尽信书,不如无书"了。可见,《史记》中所说的"安息长老传闻条枝有弱水、西王母",其实就是一种跨文化阐释,这是再明显不过了。以跨文化阐释学的原理解读这段话,可为这一古代疑案找到一个合理的答案。

近代以来,随着中外文化交往的日益密切,"取外来之观念与固有之材料互相参证"② 的跨文化阐释日益成为中国现代文学研究与批评的一个重要模式。如王国维的《红楼梦评论》《人间词话》等,就是跨文化阐释的典范之作。不少研究者对《红楼梦评论》颇多不满,认为王国维用叔本华的悲剧理论来解释中国的

---

① 司马迁:《史记·大宛列传》(第十册),中华书局1959年版,第3164页。
② 陈寅恪:《王静安先生遗书序》,见《金明馆丛稿二编》,上海古籍出版社1980年版,第219页。

《红楼梦》是对中国文学经典的亵渎与消解。我们觉得这种看法大可不必。之所以有这种认识,最主要的原因在于仍然拘泥于中西二元对立的思维模式之中,似乎中西文化是绝然对立的,只要我们一关注外来的西方文化,就必然被认为是对中国固有文化的忽视。反之亦然。

"中"与"西",本来表示的是空间,却常常与"古"与"今"这样的时间词叠加在一起,形成了"中"即传统、"西"即现代的刻板印象。无论是"中体西用",还是"西体中用";无论是"全盘西化",还是"回归传统";无论是"中西冲突",还是"中西结合",所有的这些争论已经持续了一百多年,所有可能出现的观点基本已经穷尽,尽管观点有可能相左,但无疑都出自同样"主观预设"的中西二元论模式。

要打破中西二元论模式,首要的就是要解除古今时间维度对中西空间维度的绑架,复原其原初的空间涵义。通俗地讲,要把中与西看成是空间上并列的,而不是时间上先后的。王国维先生曾说:"学,无新旧也,无中西也,无有用无用也。凡立此名者,均不学之徒,即学焉而未尝知学者也。"[1] 他还说:"余谓中西二学,盛则俱盛,衰则俱衰,风气既开,互相推助。且居今日之世,讲今日之学,未有西学不兴,而中学能兴者;亦未有中学不兴,而西学能兴者。"[2] 可见,在王国维那里,中学与西学是一种空间上并列的关系,而不是时间上新与旧的关系。

用外来的理论和观念来解释我们自己的文学作品,最关键的是要看这种解释是否有利于加深和丰富对文学作品的理解。如果不利于理解和阐释文学作品,即使是采用本民族的理论也是不可取的;如果能够加深和丰富对文学作品的理解,即使是外来的理论也不应该拒绝。所以,我们不能因为王国维采用了西方的理论来解读中国的文学作品就一概否认跨文化阐释的价值。相反,我们今天恰恰要发掘中国近现代以来这样的跨文化阐释的学术资源,来为今天我们向西方介绍、传播我们本民族的文化服务。因为文化传播要成功,首先是要让对方理解。那些采用了西方理论解释中国文学作品的学术资源,恰好可以方便西方读者的理解,恰好可以为中国文化走出去服务,恰好可以更有效地光大中国文化。

二、跨文化阐释何以可能

那么,用外来的理论和观念解释本民族的文学作品,是否可行呢?其理论依据何在呢?或者说,跨文化阐释何以可能?这个问题并不是不言自明的,从古至

---

[1] 王国维:《〈国学丛刊〉序》,见《王国维文集》(第四卷),中国文史出版社1997年版,第365页。
[2] 王国维:《〈国学丛刊〉序》,见《王国维文集》(第四卷),中国文史出版社1997年版,第367页。

今一直存在着争议。《庄子·秋水》：

> 庄子与惠子游于濠梁之上。庄子曰："儵鱼出游从容，是鱼之乐也？"惠子曰："子非鱼，安知鱼之乐？"庄子曰："子非我，安知我不知鱼之乐？"惠子曰："我非子，固不知子矣；子固非鱼也，子之不知鱼之乐，全矣。"庄子曰："请循其本。子曰'汝安知鱼乐'云者，既已知吾知之而问我。我知之濠上也。"①

庄子认为，不同的个体之间，甚至人与动物之间，都是可以互相理解的；但在惠子看来，不同的个体之间存在着不可跨越的鸿沟和界限。在西方也有类似的问题。1981年伽达默尔与德里达就曾争论过理解的可能性这一问题。在伽达默尔看来，"理解的能力是我们人的一个基本素质，它承担着我们人与他人的共同生活，特别是它通过拥有语言和共同会话起着作用。"② 因此人与人之间的理解是必然的。人只要加入对话，为的就是理解和被理解，这是人的善良意志。只要你与我坐在了一起，对我提出了问题，与我进行了对话，就意味着你已经服从了求理解的善良意志。此所谓"子曰'汝安知鱼乐'云者，既已知吾知之而问我。"

而在德里达看来，当你谈论"善良意志"的时候，你就预设了一个形而上学的前提。这个前提在伽达默尔那里是无条件的、绝对的、最终的规定性，它能保证在对话中达到"和谐一致"或者卓有成效的同意；而在德里达那里，这个形而上学的最终前提是可疑的，是要被解构的，因为在对话中，"善良意志"无法保证达到"和谐一致"或卓有成效的同意，无法保证理解成为一种"连续展开的关联"，而更多的是一种"关联的断裂"。③

我们认为，理解和阐释不仅是认识论问题，也是本体论问题。孔子说："知之为知之，不知为不知，是知也。"④ 前面的知可以看作是认识论意义上的知，而最后的"知"则是伦理意义和本体论意义上的知。苏格拉底也曾有类似的表述。他曾说：别人都不知道自己无知，只有他自己知道自己无知，所以他比别人有知。这种知也就是王阳明所说的"良知"："是非之心，不虑而知，不学而能，所谓良知也。良知之在人心，无间于圣愚，天下古今之所同也。"⑤ 这种良知是

---

① 郭庆藩：《庄子集释》，中华书局1961年版，第606~607页。
② ［德］伽达默尔、［法］德里达：《德法之争：伽达默尔与德里达的对话》，孙周兴、孙善春译，同济大学出版社2004年版，第3页。
③ ［德］伽达默尔、［法］德里达：《德法之争：伽达默尔与德里达的对话》，孙周兴、孙善春译，同济大学出版社2004年版，第43页。
④ 杨伯峻：《论语译注》，中华书局1980年版，第19页。
⑤ 王守仁：《传习录》，见《王阳明全集》（上），上海古籍出版社1992年版，第79页。

心本体，所谓："人皆有是心，心皆具是理，心即理也。"① 有点类似于康德的绝对命令和韦伯的价值理性。

庄子与惠子争论知不知鱼的快乐的问题，惠子把知看成是认识论问题，区分主体与客体，《庄子·天下》曾说惠子一派的名家"能胜人之口，不能服人之心"。②《荀子·非十二子》说惠子："辩而无用，多事而寡功，不可以为治纲纪；然而其持之有故，言之成理，足以欺惑愚众。"③ 而庄子的知是本体论问题，不区分主体与客体，而把他与对象的关系看成是主体与主体之间的关系。如果套用海德格尔的话，在庄子的眼中，鱼不是"在者"而是"在"，他与鱼共在，所以他能理解（所谓"我知之濠上"），理解就是对不同"在者"之"在"的理解，也就是对宇宙万物之生命意义的揭示。阐释，尤其是对文学的阐释，不同于实证归纳和抽象演绎，其本义就是对生命意义的直接澄明。

不同的个体之间之所以可以相互理解，是因为存在着一种共同的本体论基础，即共同的生命体认。否认这个共同基础，必然会给阐释学带来灾难。尽管阐释者可以对文本从自己的前理解出发做出自己的解释，但这种解释一定不是任意的。阐释者对文本的阐释有一个限度的问题，不可以是过度的阐释。拧螺丝是螺丝刀的本质，我们虽然也可以用螺丝刀开罐头，却不能像用杯子一样用它来盛液体。文本存在着艾柯所说的"文本意图"（intention of the text），它区别于"作者意图""读者意图"，④ 而这个"文本意图"则必须以生命本体的共同基础来加以确认和界定。这个生命本体是超时间性的。伽达默尔和德里达的争论，尽管观点激烈对立，但都否认超时间性，他们在"对一种'绝对精神'或无时间性的自我在场的拒绝以及一种对有限性的确认"方面是完全一致的。⑤ 这也就提示我们，过度地强调阐释的时间性维度，如同伽达默尔和德里达那样，必然会给阐释学带来无法解决的理论困境。

跨文化阐释不仅涉及不同个体之间互相理解的问题，更涉及不同文化之间互相理解的问题。在人类交往日益密切的背景下，跨文化阐释应该将西方阐释学传统中的时间维度，转化为阐释的空间维度，重新思考全球范围内不同民族、不同文化之间的关系，寻求跨文化理解与对话的可能性和途径。在这里，空间维度的介入意味着首先承认不同民族文化的差异性，承认不同民族文化在这个世界上存

---

① 陆九渊：《陆九渊集》，中华书局1980年版，第149页。
② 郭庆藩：《庄子集释》，中华书局1961年版，第1111页。
③ 王先谦：《荀子集解》，见《诸子集成》（二），上海书店1986年版，第59页。
④ Umberto Eco, Richard Rorty, Jonathan Culler, and Christine Brooke-Rose, *Interpretation and Overinterpretation*, edited by Stefan Collini. Cambridge：Cambridge University Press, 1992：25.
⑤ ［德］伽达默尔、［法］德里达：《德法之争：伽达默尔与德里达的对话》，孙周兴、孙善春译，同济大学出版社2004年版，第167页。

在的合理性，在此基础上，以一种"多元化的普遍主义"追求和寻找多边对话的共同基础和交流理解的有效途径。尽管这一途径的获得是非常艰难的，但人类想要在全球危机日趋严重的情况下继续生存下去，就必须放弃狭隘的民族中心主义，必须不断寻找跨文化理解和对话的有效途径，以共同面对人类生存的挑战，共同捍卫生命本体的尊严。

对于文学研究和批评而言，我们现在要做的，恰恰不能是关门主义，"我们现在要勉力的，第一不要局于一国的文学，嚣然自足，该推扩而参加世界的文学；既要参加世界的文学，入手方法，先要去隔膜，免误会。要去隔膜，非提倡大规模的翻译不可，不但他们的名作要多译进来。我们的重要作品，也须全译出去。要免误会，非要把我们文学上相传的习惯改革不可，不但成见要破除，连方式都要变换，以求一致。"① 换句话讲，要做到跨文化阐释，就要"去隔膜，免误会"，一个方便的办法就是消除中西二元论，把"东学西传"与"西学东渐"作为一个整体来考量。我们不仅要引进，也要输出。不仅要翻译外国的文学作品，也要介绍和翻译我们的文学作品。

目前，中华文化走出去已成为我们的国策。在此过程中，我们也面临诸多困难和挑战，甚至是误会和抵制的情况也时有发生。这就要求我们必须认真研究中华文化对外传播的规律，必须加强这方面的学理性研究。而跨文化阐释学恰好可以为此提供重要的学术支持。

1896年，严复在《译〈天演论〉自序》中说："司马迁曰：'《易》本隐而之显，《春秋》推见至隐。'此天下至精之言也。始吾以谓本隐之显者，观象系辞以定吉凶而已；推见指隐者，诛意褒贬而已。及观西人名学，则见其于格物致知之事，有内籀之术焉，有外籀之术焉。内籀者，察其曲而知其全者也，执其微以会其通者也；外籀者，据公理以断众事者也，设定数以逆未然者也。乃推卷起曰：有是哉！是固吾《易》、《春秋》之学也。迁所谓本隐之显者，外籀也；所谓推见至隐者，内籀也。其言若诏之矣。"②

我们怎么向西方人讲授《周易》《春秋》？当然可以按照司马迁的解释，说《周易》的写作方法是"本隐之显"，《春秋》的方法是"推见至隐"，但如果在此基础上，进一步地说明，所谓"本隐之显"，就是"外籀"（即演绎法），"推见至隐"，就是"内籀"（即归纳法），这样外国学习者会更容易懂。而严复的这种理解，我们丝毫看不出它对《周易》和《春秋》的伤害，反而会加深我们对这两部中国元典的理解，更有益于它们在世界的传播。

---

① 胡明主编：《胡适精品集》第六集，光明日报出版社1998年版，第349页。
② 严复：《译〈天演论〉自序》，见谭合成、江山主编：《世纪档案》，中国档案出版社1995年版，第32~33页。

三、时间阐释与跨文化空间阐释的联系

张江教授提出的"强制阐释论"在国内外文学理论界受到普遍关注。由"强制阐释论"所引发的讨论,对于如何评价近百年来的西方文论,辨识其对中国文艺实践的有效性,明确中国文艺理论建设的方向和道路,具有重要价值。确如李春青所说:"在近三十年以来的中国文化语境中,西方文论一直处于绝对的强势地位,其'强制阐释'倾向也就显得格外突出,或许正是由于这个原因,张江的批判较之西方学者的反思更加深入而全面,也更加具有现实的针对性。"[①] 但作为一种新产生的理论,自身也不可避免地存在着许多需要进一步完善的地方。

张玉能教授在《西方文论的有效性不应该否定——与张江教授商榷》一文中,对"强制阐释论"提出质疑与批评。他认为就其主观意愿而言,张江教授"强制阐释论"是为了反对文艺理论研究的全盘西化,提倡从中国文艺的实践出发来建构中国特色的当代文论,但是,由于"强制阐释论"从总体上否定了西方文论的有效性,在客观效果上势必会产生文化民族主义和形而上学方法的弊病。张玉能认为,"强制阐释"是一种历史的必然,作为一种阐释的文艺理论和文艺批评,必然会有一些非文学的"前理解"在起作用,而按照张江对强制阐释的定义,不仅从古至今的西方文论(包括文学批评)都是"强制阐释",而且从古至今的中国文论仍然是"强制阐释"。[②]

必须承认,张江并没有完全否认当代西方文论对中国文论的积极影响。他的着眼点在于西方文论阐释中国问题的有效性问题。在他看来,西方文化语境下的当代西方文论,与中国文化之间存在的语言差异、伦理差异和审美差异,决定了其理论应用的有限性。张江教授在辨识"强制阐释论"的概念、范畴和具体层面问题的基础上,提出建构中国文论话语体系既不能简单地回归中国古代文论而排斥西方文论和中国当代文学价值,也不能全盘接受西方文论而舍弃中国文论之精华,而要立足民族性,要有自己的理论基点,合理整合中国古代文论资源、中国当代文学现象和西方文论精华。所有这一切看法,都是我们所认同的。

但张玉能教授所指出的,强制阐释不仅存在于西方文论,也存在于中国文论,的确触及了"强制阐释"的要害之处。这其实提出了一个"强制阐释论"

[①] 李春青:《"强制阐释"与理论的"有限合理性"》,载于《文学评论》2015 年第 3 期。
[②] 张玉能:《西方文论的有效性不应该否定——与张江教授商榷》,载于《青岛科技大学学报》(社会科学版)2016 年第 2 期。

的边界问题。任何一种概念、范畴和理论，都应该有一个适用的边界。如果将某种概念范畴和理论，无限制地扩大，很可能就会扼杀这种理论的生命力。这是"强制阐释论"本身必须要解决的一个问题。如果不解决这个问题，"强制阐释"就极有可能沦为一个"伪命题"。

而跨文化阐释恰好可以为"强制阐释"设定一个界限。如果说，"强制阐释"是从自己的立场出发来解释文学文本，而跨文化阐释则要求摆脱自己的先在立场和前理解，站在对方的角度，设身处地地考虑对方的文化处境、理论场域，用对方听得懂的语言来解释本民族的文学文本。如果说强制阐释强调的是阐释的时间性维度，而跨文化阐释则更多地强调阐释的空间性维度。"强制阐释"与跨文化阐释互以对方为前提，是一种互相补充的关系，而不是彼此取代的关系。由于存在着"跨文化阐释"这种现象，才使得"强制阐释"有了一个边界，才可以确保"强制阐释"这一概念的存在价值。

第二节 翻译与跨文化阐释

跨文化阐释学与译介学有着非常紧密的联系。从某种意义上讲，翻译就是跨文化阐释的一种特殊形态。译介学在中西均有较长的发展史，可以大体上分为古典译介学范式和当代译介学范式。其一，古典译介学范式建立在"直译"与"意译"二元论基础上，侧重于探讨翻译语言问题。其二，当代译介学范式则是指译介学领域中的"文化转向"，即强调文化因素在翻译中的重要作用。应该说，这种当代译介学文化转向与跨文化阐释有着更紧密的联系，可以直接为跨文化阐释学的建立与发展提供方法论依据。但是，翻译也不能完全等同于跨文化阐释，弄清翻译与跨文化阐释的关系，对于进一步认识跨文化阐释的自身特点，是大有裨益的。

关于翻译的定义问题，国内外学者已经做了不同的描述。就翻译本身而言，它既有着纯粹语言转换的功能，同时也有着跨文化意义上的阐释功能，这一点尤其适用于文学作品和理论著作的翻译。但我们今天通常所说的翻译并不指涉同一种语言内部的翻译，而是在更多的情况下用于描述一种跨越语言界限，甚或跨越文化传统之疆界的语言转换方式。如果更进一步推论，真正要做到对原作的文化阐释意义上的翻译，则应该更强调跨越文化的界限。这就是我们今天在全球化的语境下赋予翻译的历史使命和功能。

一、翻译的文化转向

1978年,以色列学者埃文-佐哈推出力作《历史诗学文集》,将文化因素引入翻译,提出"分层系统"理论,对翻译文学在文学史中的两种不同的历史地位,即所谓旨在建立一些全新的文学样态和文学模式的"初始创新功能"和进一步强化现存的各种文学样态和文学模式的"递延强化功能"进行了区分。在此基础上,一些英美学者如勒菲弗尔、图莫契科、劳伦斯·韦努蒂、艾米丽·阿普特等更加明确地提出并建构了翻译理论的文化模式。1984年,勒菲弗尔在《人类方言结构阐释》一文中,摒弃分层系统理论,提出了"以权谋文—以势压文"的概念,深入分析了既定文化内部的权力体制(如法国的路易十四、中国的秦始皇等"权贵",教皇、党派等"权党",出版社和教育机关等"权力体制")对翻译文学的影响。可见,勒菲弗尔将关注点彻底转向了语言翻译的外部运作机制,彻底完成了翻译理论的文化转向,这也使他成为西方译介学文化转向的代表人物。

与此相呼应,中国翻译理论界自20世纪90年代以来也经历了一场具有研究范式革命性质的"文化转向"。1995年,中国香港学者张南峰在《走出死胡同、建立翻译学》一文中,呼吁中国译学界应该借鉴西方译介学的新突破,特别是翻译研究学派有关对翻译活动进行描述性研究建立开放、综合的翻译理论的观念,推动中国翻译研究范式的革新。张南峰的观点与中国传统译介学观念相冲突,在当时遭到国内学者的反驳。但是,仍有不少学者开始有意识地引进国外译介学文化转向的研究成果。1999年,王东风在《中国译学研究:世纪末的思考》一文中,再次呼吁中国译介学界正视中西译介学研究存在的差距,开放思维,接受多元研究范式,发展有中国特色的译介学理论。王宁的《翻译与跨文化阐释》则旗帜鲜明地指出,翻译在某种意义上说就是一种"跨文化阐释"。[①] 谢天振的《译介学》、孔慧怡的《翻译·文学·文化》、王宏志的《重释"信达雅"——二十世纪中国翻译研究》等著作几乎同时面世,译介学文化转向的新视角被借鉴来重新考察和阐释中国翻译史和翻译理论,重新思考翻译活动对所处时代的文学、文化和社会的影响。进入新世纪以后,更多国内学者对译介学文化转向的关注不断提升,对国内外译介学新理论、新思想的理解越来越深入,并越来越自觉地将它们应用于考察中国语境下的翻译现象,将中国译介学的文化转向不断引向深入。此外,还有学者运用翻译研究的"文化转向"之契机,加强翻译学研究领域的跨

---

① 参阅王宁:《翻译与跨文化阐释》,载于《中国翻译》2014年第2期。

文化对话。① 所有这一切，都为跨文化阐释学的建立与发展提供了有力的学术资源和方法论依据。

但是，另一方面，翻译又不完全等同于跨文化阐释，它还受语言的限制，也即它如同"戴着镣铐跳舞"，也即有限制的跨文化阐释。在这种跨文化阐释（翻译）的过程中，我们要适当地把握阐释的度：过度地阐释就会远离原作，而拘泥于语言层面的"忠实"又很难发掘出翻译文本的丰富文化内涵，最后以追求形式上的"忠实"而丧失译者的主体性和（再）创造性作为代价。这一点同样适用于审美内涵极高的文学作品的翻译。美国翻译家葛浩文对莫言作品的"跨文化阐释式"的翻译，使得莫言的作品在另一文化语境中获得了新生，而相比之下，莫言的不少同时代人，则正是由于缺少这种跨文化阐释式的翻译，依然在另一文化语境中处于"边缘的"或"沉寂的"状态。在某种程度上说来，当前中国文化和文学走出去所碰到的"冷遇"和瓶颈在很大程度上就是缺少这种跨文化阐释式的翻译。

（一）语符翻译

长期以来，尤其是在中国的翻译研究领域内，翻译一直被定位为外国语言学及应用语言学二级学科之下的一个三级研究方向，这显然是受到语言形式主义翻译学的制约，将其仅仅当作一种纯粹语言间的转换，这自然是妨碍这门学科健康发展的一个重要原因。毫无疑问，就翻译的最基本的字面意义而言，它确实主要是指从一种语言转换成另一种语言的行为。但是翻译是否仅仅局限于此呢？尤其是文学的翻译是否仅仅局限于此呢？如果果真如此的话，那我们还有何必要去花费大量的时间和笔墨讨论文学翻译呢？这也许正是不同的翻译研究学派围绕翻译的内涵和外延而长期争论不休的一个焦点。

实际上，我们如果从形式主义语言学家和文学理论家罗曼·雅各布森对翻译所下的定义就可以看出，即使是最带有形式主义倾向的语言学家在试图全方位地描述翻译的特征时，也没有仅仅停留在语言转换的层面为其填满所有的阐释空间。按照雅各布森的定义，翻译至少可以在三个层面上得到理论的描述和界定：（1）语内翻译；（2）语际翻译；（3）语符翻译或符际翻译。②

---

① 尤其应该提及王宁自 20 世纪以来出版的一系列著作和论文，其中包括：《比较文学与中国文学阐释》，台湾淑馨出版社 1996 年版；《文化翻译与经典阐释》，中华书局 2006 年版；《翻译研究的文化转向》，清华大学出版社 2009 年版；《比较文学：理论思考与文学阐释》，复旦大学出版社 2011 年版；

② Roman Jakobson, "On Linguistic Aspects of Translation," *Theories of Translation*: *An Anthology of Essays from Dryden to Derrida*, ed. Rainer Schulte and John Biguenet. Chicago: the University of Chicago Press, 1992: 145.

关于语际翻译的合法性自然是毫无疑问的,没有人对之抱有任何怀疑。而对于语内翻译,近年来通过研究,人们也发现,即使是同一种语言,将其古代的形式转换成现当代的形式也几乎等于将其译成另一种语言。这一看法早已在中国的高校付诸实施:从事古代汉语和中国古代文学研究的学者在申请职称晋升时不需要参加外语考试,其原因恰在于掌握古汉语的难度并不亚于掌握一门外语的难度。而21世纪初爱尔兰诗人希尼将英国古典文学名著《贝奥武甫》译成当代英语的实践已经为翻译界所公认,因为希尼的翻译使得一门濒临死亡的文学名著又在当代英语中焕发出了新的生机。当然上述这些例子都与语言的转换不可分割,因此久而久之便在译者以及广大读者的心目中,形成了一种语言中心主义的思维定式。这样看来,将翻译研究定位在外国语言学及应用语言学二级学科之下似乎有着天然的合法性。

那么对于语符翻译人们又如何去界定呢?雅各布森在其定义中并没有作过多的说明,但却留下了很大的阐释空间。笔者曾以中国翻译家傅雷对西方美术名作的文字阐释为例,对这一翻译形式做过一些简略的阐释和讨论,认为傅雷的这种语符阐释实际上也近似一种跨文化和跨越艺术界限的阐释,对此本书无须赘言。我们这里只想强调,即使是雅各布森的这个几乎全方位的翻译定义也为我们后人留下了进一步发展的空间,也即不同文化之间的翻译,或曰跨文化的翻译。随着当今时代全球化之于文化的作用越来越明显,人们也开始越来越清楚地看到了这一点。实际上,这种跨文化阐释式的翻译也离不开语言的中介,因为文化的载体之一就是语言,但并不必仅仅拘泥于所谓字面上的忠实,而是更注重从文化的整体视角来考察如何准确地将一种语言中的文化现象在另一种语言中加以再现,尤其是忠实地再现一种文化的风姿和全貌。就这一点而言,依然像过去的翻译研究者那样仅仅拘泥于语言文字层面的"忠实"就显得远远不够了。它可以做到语言文字层面上的"对应"(equivalent),但却达不到文化精神上的"忠实"(faithful)。再者,我们今天的研究者完全有理由对这种所谓的文字层面上的"忠实"提出质疑:谁来评判你的译文是否忠实,是原作者还是批评者?从阐释学的原则来看,原作者在创作的过程中不可能穷尽原文的意义,他常常在自己写出的文字中留下大量的空白,而读者—阐释者的任务就是凭借自己的知识储备和语言功力——恢复并填补这些空白,而用另一种语言作为媒介进行这样的阐释也即跨文化翻译。我们认为这是当前的文学翻译和理论翻译的最高境界。关于文学的跨文化翻译,我们已经在多种场合做过阐述,在本书的下一部分还要从个案出发作进一步的发挥。这里先谈谈理论的翻译。

(二) 理论翻译

在当今的解构主义批评家中,希利斯·米勒的批评生涯也许最长,影响也最大,他的批评道路始终呈现出一种与时俱进的发展态势。但是与他的一些学术同行所不同的是，他是一位从不满足于现状的学者型批评家，始终坚持自己独特的批评立场。虽然他很少就翻译问题发表著述，但他始终对跨文化的翻译有着自己的独特见解。他对中国文学也十分热爱，曾不惜花费大量时间读完了宇文所安编译的《诺顿中国文学选》，发现里面有许多可供跨文化阐释的成分。早在 21 世纪初，他就撰文呼吁，美国高校的世界文学课应把中国文学名著《红楼梦》列入必读的经典书目，哪怕只阅读节选的译本也比不读要好。这里的节选译本实际上就是一种文化上的翻译。当译入语文化的接受者并没有了解异域文化全貌的需求时，他们也许出于好奇仅想知道异域文化或文学的一点皮毛或概貌，而这时若让他们去静心地阅读大部头的完整的译著显然是不合时宜的。《红楼梦》作为一部鸿篇巨制，即使对许多非中文专业的中国读者来说，也会使他们望而却步，更不用说对英语世界的普通读者了。为了让英语世界的读者进一步了解并品尝中国文学的魅力，首先阅读节选译本仍不失为一种有效的途径。这种节选译本也许就其字面意义而言，远离语言文字层面对应和忠实之标准，其间还会穿插一些译者的介绍和阐发，但是它却在文化的层面上达到了使非汉语读者了解中国古典文学名著和中国社会状况的目的。因此这样一种近乎跨文化阐释式的翻译对于当前的中国文学和文化走向世界不失为一种有益的尝试。因此就这一点而言，米勒的呼吁是颇有远见的。

  理论的翻译也是如此。米勒在不同的场合对理论的翻译或阐释也发表了自己的见解，在一篇题为《越过边界：翻译理论》(Border Crossings: Translating Theory, 1993) 的文章中，米勒主要探讨的问题与赛义德的著名概念"理论的旅行"(traveling theory) 有些相似，但与之不同的是，赛义德并没有专门提到翻译对理论传播的中介和阐释作用，而米勒则强调了理论在从一个国家旅行到另一个国家、从一个时代流传到另一个时代、从一种语言文化语境被传送到另一种语言文化语境时所发生的变异。他认为造成这种变异的一个重要因素就是翻译。从变异的角度来比较一国文学在另一国的传播已经成为中国比较文学学者近年来关注的一个话题。① 在这里，翻译 (translation) 实际上不亚于变异 (transformation)。正如他的那本题为《新的开始》的论文集的标题所示，理论经过翻译的中介之后有可能失去其原来的内在精神，但也有可能产生一个"新的开始"。强调作为"新的开始"的理论的再生就是他这部文集的一个核心观点②。

---

  ① 关于比较文学的变异学研究，参阅曹顺庆、付飞亮：《变异学与他国化——曹顺庆先生学术访谈录》，载于《甘肃社会科学》2012 年第 4 期，第 71~76 页。

  ② J. Hillis Miller, *New Starts: Performative Topographies in Literature and Criticism*. Taipei: Academia Sinica, 1993: vii. 对米勒的翻译观的阐释，还可参考宁一中的文章《米勒论文学理论的翻译》，载于《外语与外语教学》1999 年第 5 期，第 37~39 页。

在这里，米勒一方面重申了解构主义翻译的原则，即翻译本身是不可能的，但在实际生活中翻译又是十分必要的，特别是文学作品和理论著作的翻译，因为它们蕴涵着深刻复杂的文化因素，因此要将其在另一种语言文化中再现，就必须考虑到它们将带来的新的东西。这实际上是所有成功的文学和文化翻译都可能带来的必然结果。①

当然，也许在一般的读者看来，理论也和一些结构复杂、写得非常精致的文学作品一样几乎是不可译的，特别是将其译成与原来的语言文化传统差异甚大的另一种语言不啻是一种"背叛"，因而成功的翻译所追求并不是所谓的"忠实"，而是尽可能少的"背叛"。但是如果因为惧怕被人指责为背叛而不去翻译的话，那么理论又如何谈得上"旅行"到另一国度或语言文化中去发挥普适性的作用呢？对此，米勒辩证地指出，"可以想象，真正的文学理论，也即那个货真价实的东西，也许不可能言传或应用于实际的批评之中。在所有这些意义上，即语词是不可能传送到另一个语境或另一种语言中的，因而理论也许是不可译的……翻译理论就等于是背叛它，背离它。但是，事实上，某种叫作理论的东西又确实在从美国被翻译到世界各地。这种情况又是如何发生的呢？"②若仔细琢磨米勒的这段带有反讽和悖论意味的文字，我们大概不难发现他的真实意图，也即在他看来，一种理论的本真形式确实是不可翻译甚至不可转述的，因为即使是在课堂上经过老师用同一种语言向学生转述，都有可能背离理论家的本来意思，更不用说翻译成另一种语言了。而具有反讽意味的恰恰是，现在世界各国的学术理论界不遗余力地从美国翻译的一些最新的理论思潮实际上大多出自欧洲，只是这些理论要想产生更为广泛的影响，就必须经过美国和英语世界的中介，德里达的理论在美国的传播就是一例。所以这样一来，理论至少经历了两次或两次以上的翻译和变异。但是，正如本雅明所指出的，一部作品，包括理论著作，如果不经过翻译的中介，也许会早早地终结自己的生命。只有经历了翻译，而且不止一次的翻译，它才能始终充满生命力。也许它每一次被翻译成另一种语言，都有可能失去一些东西，或者经历被曲解、被误读的过程，但最终它却有可能在另一种文化语境中产生出一些令原作者所始料不及的新的东西。这应该是理论旅行的必然结果。我们完全可以从德里达的解构主义哲学思想在经历了翻译的作用后迅速在美国演变成一种具有强大冲击力的解构式文学批评这一案例中见出端倪：经过翻译

---

① 美国翻译理论家韦努蒂甚至将自己在 2013 年出版的一部专题研究文集定名为《翻译改变了一切》，参阅 Lawrence Venuti, *Translation Changes Everything*: *Theory and Practice*. London and New York: Routledge, 2013.

② J. Hillis Miller, *New Starts*: *Performative Topographies in Literature and Criticism*. Taipei: Academia Sinica, 1993: 6.

的中介和创造性"背叛",德里达的解构主义哲学思想在英语世界成了一种文学理论批评的重要方法和原则。这种"来世生命"也许大大地有悖于德里达本人的初衷,但所产生的影响也是他始料不及的。这也正是为什么德里达在欧洲学界的影响远远不如在美国学界的影响之原因所在。① 另外,具有跨文化意义的恰恰是,德里达的理论在英语世界的翻译并非意味着其旅行的终点,而只是它在更为广袤的世界快速旅行和传播的开始。可以说,许多语言文化语境中的解构主义信徒正是在读了德里达著作的英译本后才认识到其重要性并加以介绍的。德里达的理论在中国的传播一开始也是始于英语文学理论界,后来直到解构理论广为学界所知时,中国翻译界精通法语的译者才将他的代表性著作从法语原文译出。对于这一点深谙文化和理论翻译之原则的德里达十分理解并给予他的英译者以积极的配合。

（三）翻译与阐释

确实,按照解构主义的原则,（包括理论文本在内的）文本的阐释都是没有终结的,它始终为未来的再度阐释而开放。一种理论要想具有普适的价值和意义,就必须对各种语言的阐释和应用开放,得到的阐释和应用越多,它的生命力就越强劲。同样,它被翻译的语言越多,它获得的来世生命也就越持久。在米勒看来,"理论的开放性是这一事实的一个结果,即一种理论尽管以不同的面目出现,但都是对语言的施为的而非认知的使用……在那些新的语境下,它们使得（或者有所歪曲）新的阅读行为、甚或用理论的创始者不懂的一些语言来阅读作品成为可能。在新的场所,在为一种新的开始提供动力的同时,理论将被剧烈地转化,即使使用的是同样形式的语词,并且尽可能准确地翻译成新的语言也会如此。如果理论通过翻译而得到了转化,那么它也照样会在某种程度上使它所进入的那种文化发生转化。理论的活力将向这样一些无法预见的转化开放,同时,它在越过边界时把这些变化也带过去并且带进新的表达风格。"② 在这里,翻译实际上扮演了变异和转化的角色,文化翻译也就成了一种文化的转化,同样,理论的翻译实际上就是一种理论的变异。这一过程不仅转化了目标语的语言风格,甚至转化了目标语的文化,同时也带入了一种新的理论思维方式,这一点往往是理

---

① 关于德里达在获得英国剑桥大学名誉博士学位时引起的风波已广为学界所知,他在被选为美国艺术与科学院外籍院士时也经历了类似的两次提名:在哲学学部的提名未获通过,后来在米勒等的强烈要求下,不得不由文学和理论批评学部重新提名而最终获得通过。而在欧洲学界,由于缺乏米勒这样的强有力的推荐者,德里达直到去世时都未能当选为欧洲科学院院士,这对欧洲学界来说确实是一个极大的遗憾。

② J. Hillis Miller, *New Starts*: *Performative Topographies in Literature and Criticism*. Taipei: Academia Sinica, 1993: 25 – 26.

论的提出者始料不及的。①

既然我们已经认识到，包括理论在内的所有文学文本在另一语言环境中的阐释实际上也是一种跨文化阐释式的翻译，那么我们如何把握阐释的度呢？我们想这也是检验一种阐释是否可算作翻译的标准。当然，详细阐述这一问题需要另一篇专门性的论文，这里我们仅提出自己的看法。在我们看来，具有翻译性质的阐释必须有一个原文作为基础，也即它不可能像在同一语言中的阐释和发挥那样天马行空，译者必须时刻牢记，我们这是在翻译，或者是在用另一种语言阐释原文本的基本意义，这样他就不可能远离原文而过度地发挥阐释的力量。同样，用于语符之间的翻译，也必须有一个固定的图像。阐释者（翻译者）根据这个图像文本所提供的文化信息和内涵加上自己的能动的理解提出自己的描述和建构。通常，对原文本（图像）的知识越是丰富和全面理解越是透彻，所能阐发出的内容就越是丰富。反之，阐释就会显得苍白无力，不仅不能准确地再现原文的基本意义，甚至连这些基本的意义都可能把握不住而在译文中被遗漏。但是这种阐释决不能脱离原文而任意发挥，否则就不能称其为翻译了。因此，在这种文学的文化翻译过程中，过度的阐释是不能算作翻译的，尽管它具有一定的文化价值和理论价值，因为它脱离原文本，想象和建构的成分大多于原文本所涵内容。而成功的跨文化阐释式的翻译则如同"戴着镣铐跳舞"，译者充其量只能作一些有限的发挥，或者说只能基于原文进行有限的再创造或再现，而不能任意远离原文进行自己的创造性发挥，这应该是我们在进行跨文化翻译时时刻牢记的。

二、作为跨文化阐释的翻译

众所周知，诺贝尔文学奖作为当今世界的第一大文学奖项，总是与中国的文学界和翻译界有着"剪不断、理还乱"的关系。早在20世纪80年代，瑞典文学院院士马悦然在上海的一次中国当代文学研讨会上就宣称，中国当代作家之所以未能获得诺奖，在很大程度上是因为缺少优秀的译本。他的这番断言曾激起一些中国作家的强烈不满，他们当即问道，诺奖评委会究竟是评价作品的文学质量还是翻译质量，马悦然并未立即回答，因为他自己也有不少难以言传的苦衷。据报道，2004年，当他再一次被问道"中国人为什么至今没有拿到诺贝尔文学奖，难道中国文学和中国作家真落后于世界么？"马悦然回答说："中国的好作家好作

---

① 近年来，米勒更为关注全球化语境下的文化翻译的作用以及文学的地位，关于这方面的著述，参阅他的一篇论文 "A Defense of Literature and Literary Study in a Time of Globalization and the New Tele-Technologies," *Neohelicon* 34.2（2007）：13–22.

品多的是，但好的翻译太少了！"① 对此，马悦然曾作了如下解释："如果上个世纪20年代有人能够翻译《彷徨》《呐喊》，鲁迅早就得奖了。但鲁迅的作品直到30年代末才有人译成捷克文，等外文出版社推出杨宪益的英译本，已经是70年代了，鲁迅已不在人世。而诺贝尔奖是不颁给已去世的人的。"② 确实，1987年和1988年，沈从文两次被提名为诺贝尔文学奖候选人，而且1988年，诺贝尔文学奖准备颁发给沈从文，但就在当年的5月10日，中国台湾文化人龙应台打电话告诉马悦然，沈从文已经过世，马悦然给中国驻瑞典大使馆文化秘书打电话确认此消息，随后又给他的好友文化记者李辉打电话询问消息，最终确认沈从文已过世了。③ 实际上，马悦然曾屡次想说服瑞典文学院破例把诺奖授予死去的人，当他最后一次使出浑身解数劝说无效后，甚至哭着离开了会场。④ 因此我们把中国作家未能获得诺奖归咎于马悦然的推荐不力实在是有失公允。

据我们所知，马悦然可以说已经尽到他的最大努力了，虽然他本人可以直接通过阅读中文原文来判断一个中国作家的优劣，但是他所能做的只有减法，也即否定那些不合格的候选人，至于最终的决定人选还得依赖除他之外的另外十七位院士的投票结果，而那些不懂中文的院士至多也只能凭借他们所能读到的中国作家作品的瑞典文和英文译本。如果语言掌握多一点的院士还可以再参照法译本、德译本、意大利文或西班牙文的译本。如果一个作家的作品没有那么多译本怎么办？那他或许早就出局了。这当然是诺奖评选的一个局限，而所有的其他国际性奖项的评选或许还不如诺奖评选的相对公正性和广泛的国际性。考虑到上面这些因素，我们也许就不会指责诺奖的评选在很大程度上依赖翻译的质量了。这种依赖翻译的情形在诺奖的其他科学领域内则是不存在的：所有的科学奖候选人至少能用英文在国际权威刊物上发表自己的论文，而所有的评委都能直接阅读候选人的英文论文，因而语言根本就不成为问题。科学是没有国界和语言之界限的，而文学作为语言的艺术，则体现了作家作品强烈的民族和文化精神，并且含有民族或国别文学独特的、丰富的语言特征，因而语言的再现水平自然就是至关重要的，它的表达如何在很大程度上能确保这种再现的准确：优秀的翻译能够将本来已经写得很好的翻译从语言上拔高和增色，而拙劣的翻译却会使得本来写得不错的作品在语言表达上黯然失色。实际上，这样的例子在古今中外的文学史上并不少见。

今天，随着越来越多的诺奖评审档案的揭秘和翻译的文化转向的成功，我们完全可以从跨文化翻译的角度替马悦然进一步回答这个悬而未决的问题：由于诺

---

①② 王洁明：《专访马悦然：中国作家何时能拿诺贝尔文学奖？》，载于《参考消息特刊》2004年12月9日。
③ 参见《沈从文如果活着就肯定能得诺贝尔文学奖》，载于《南方周末》2007年10月10日第16版。
④ 曹乃谦：《马悦然喜欢"乡巴佬作家"》，载于《深圳商报》2008年10月7日。

奖的评委不可能懂得世界上所有的语言，因而在很多情况下他们不得不依赖译本的质量，尤其是英文译本的质量。这对于作为语言艺术的文学是无可厚非的，这也正是诺奖评选的一个独特之处。就这一点而言，泰戈尔的获奖在很大程度上基于他将自己的作品译成了英文，他的自译不仅准确地再现了自己作品的风格和民族文化精神，甚至在语言上也起到了润色和重写的作用，因而完全能通过英译文的魅力打动诺奖的评委。而相比之下，张爱玲的自译则不算成功，另外她的作品题材也过于狭窄和局限，因而她最终与诺奖失之交臂。应该指出的是，泰戈尔和张爱玲对自己作品的英译就是一种"跨文化阐释式"翻译的典范：母国文化的内涵在译出语文化中得到了阐释式的再现，从而使得原本用母语创作的作品在另一种语言中获得了"持续的生命"和"来世生命"。对于泰戈尔来说，荣获诺奖是对他的创作的最高褒奖，而对张爱玲来说，她的作品不仅被收入两大世界文学选（《诺顿世界文学选》和《朗文世界文学选》），她本人也由于汉学家夏志清等的推崇而成为英语世界最有名的中国女性作家。莫言的获奖也可以说在很大程度上基于他的作品的英译的数量、质量和影响力。看不到这一客观的事实就不是实事求是的态度，而认识到这一点，对于我们今后更加重视中国当代文学的外译，并加以推进应该具有直接的借鉴和指导意义。诚然，诺奖由于其广泛的世界性影响和丰厚的奖金，致使一些自认为有着很高文学造诣和很大声誉的中国作家对之既爱又恨：爱这项高不可及的国际性奖项，始终将其当作对自己毕生从事文学创作的最高褒奖；但同时又恨自己总是得不到它的青睐，或者说恨那些瑞典院士总是不把目光转向中国作家和中国当代文学。这种情况至少会延续到第二位中国本土作家再次摘取诺奖的桂冠。但无论如何，中国当代文学走向世界的进程总是离不开翻译的帮助。

可喜的是，出于中国文学自身的发展繁荣和举世瞩目的成就以及其他诸方面的考虑，瑞典文学院终于把目光转向了中国文学。2012年10月11日，文学院常任秘书彼得·恩格伦德（Peter Englund）宣布，将该年度的诺贝尔文学奖授予中国作家莫言，理由是他的作品"将梦幻现实主义与历史的和当代的民间故事融为一体"，取得了别人难以替代的成就。按照恩格伦德的看法，莫言"具有这样一种独具一格的写作方式，以至于你读半页莫言的作品就会立即识别出：这就是他。"[①] 这对于一个作家来说确实是很高的评价。但人们也许会问，恩格伦德是在读了莫言的原文还是译文后得出上述结论的呢？毫无疑问，他是在读了莫言的著作的译本，更准确地说，是读了葛浩文的英译本和陈安娜的瑞典文译本，才得出这一结论的。因为这两个译本，尤其是葛译本用另一种语言重新讲述了莫言讲

---

① See "Chinese Writer Mo Yan Wins Nobel Prize," *The Irish Times*, October 11, 2012.

过的故事。就这一点而言，葛译本在跨文化阐释方面是忠实和成功的，它准确地再现了莫言的风格，并且使之增色，因而得到莫言本人的认可。这样看来，我们完全可以认为，葛浩文的英译本与莫言的原文具有同等的价值，这一点连莫言本人也不予否认。尽管在一些具体的词句或段落中，葛浩文作了一些技术处理和增删，有时甚至对一些独具地方色彩的风俗和现象作了一些跨文化的阐释，但是就总体译文而言，葛译本最大限度地再现了莫言原文本的风姿，消除了其语言冗长粗俗的一面，使其更加美妙高雅，具有较高的可读性，这对于那些注重文学形式的瑞典院士们而言无疑是锦上添花。可见成功的翻译确实已经达到了有助于文学作品"经典化"的境地，这也正是文学翻译所应该达到的"再创造"的高级境界。就上述各方面的评论而言，我们不可否认，翻译确实起了很大的甚至在某种程度上的决定性的作用。

毫不奇怪，莫言获得诺贝尔文学奖一事在国内外文学界和文化界产生了很大的反响，绝大多数中国作家和读者都认为这是中国文学真正得到国际权威机构承认的一个可喜的开始。但是实际上，知道内情的人都明白，莫言的获奖绝非偶然，而是多种因素共同促成的：他的原文本的质量奠定了他得以被提名的基础，对他的作品的批评和研究使他受到瑞典文学院的关注，而英文和瑞典文译本的相对齐全则使得院士们可以通过仔细阅读他的大多数作品对其文学质量作出最终的判断。在这方面，跨文化阐释在翻译和批评两条战线上都发挥了重要的作用，而对所要翻译的原作的选择则表明了译者的独特眼光和审美前瞻性。据葛浩文坦言，早在20世纪90年代初，他偶然在一家中国书店里买到了莫言的《红高粱》，随即便被莫言的叙事所打动，并开始了莫言作品的翻译。当他于1993年出版第一部译著《红高粱》（*Red Sorghum*）时，莫言刚刚在国内文坛崭露头角，其知名度远远落在许多中国当代作家的后面。尽管当时莫言的文学成就并未得到国内权威文学机构的充分认可，但西方的一些卓有远见的文学批评家和学者却已经发现，他是一位有着巨大创造性潜力的优秀作家。荷兰比较文学学者和汉学家杜威·佛克马（Douwe Fokkema）十年后从西方的和比较的视角重读了莫言的作品，在他发表于2008年的一篇讨论中国的后现代主义小说的论文中，讨论了其中的一些代表性作家，而莫言则是他讨论的第一人。[①] 有着独特的比较文学和世界文学眼光的佛克马之所以能在众多的中国当代文学作品中选中莫言的作品大概不是偶然的。

我们曾经在另一篇论文中提到，莫言的作品中蕴含一种世界主义和民族主义的张力，也即他从其文学生涯的一开始就有着广阔的世界文学视野，这实际上也

---

① Douwe Fokkema, "Chinese Postmodernist Fiction," *Modern Language Quarterly* 69.1 (2008): 141 – 165.

为他的作品能够得到跨文化阐释提供了保证。也就是说,他的作品蕴含着某种"可译性"(translatability),但是这种可译性绝不意味着他的作品是为译者而写的,对于这一点莫言曾在多种场合予以辩解。应该承认,莫言不仅为自己的故乡高密县的乡亲或广大中文读者而写作,而且也更是为全世界的读者而写作,这样他的作品在创作之初就已经具有了这种"可译性",因为他所探讨的是整个人类所共同面对和关注的问题。而他的力量就在于用汉语的叙事和独特的中国视角对这些具有普遍性和世界性意义的主题进行了寓言式的再现,这应该是他的叙事无法为其他人所替代的一个原因。当然,莫言对自己所受到的西方文学影响也并不否认,在他所读过的所有西方作家中,他最为崇拜的就是现代主义作家威廉·福克纳和后现代主义作家加西亚·马尔克斯,他毫不隐讳地承认自己的创作受到这两位文学大师的启迪和影响。诚如福克纳的作品专门描写美国南部拉法叶县的一个"邮票般"大小的小城镇上的故事,莫言也将自己的许多作品聚焦于他的故乡山东省高密县。同样,像加西亚·马尔克斯一样,莫言在他的许多作品中创造出一种荒诞的甚至"梦幻的"(hallucinatory)氛围,在这之中神秘的和现实的因素交织一体,暴力和死亡显露出令人不可思议的怪诞。实际上,他对自己所讲述的故事本身的内容并不十分感兴趣,他更感兴趣的是如何调动一切艺术手法和叙事技巧把自己的故事讲好,因此对他来说,小说家的长处就在于将那些碎片式的事件放入自己的叙事空间,从而使得一个不可信的故事变得可信,就像发生在自己身边的真实事件一样。① 这些特征都一一被葛译本所保留并加以发挥,这便证明,翻译可以使本来就写得很好的文学作品变得更好,并加速它的经典化进程,而拙劣的翻译则有可能破坏本来很好的作品的形式,使之继续在另一种语境下处于"死亡"的状态。正是在这个意义上,我们说优秀的译作应该与原作具有同等的价值,而优秀的译者也应该像优秀的作者一样得到同样的尊重。这应该是我们从跨文化的角度出发充分肯定翻译对文学作品的传播甚至"经典化"所能起到的作用,不看到这一点,仅将翻译看作是一种语言技能层面上的转换至少是不全面的,同时也是不尊重译者的辛勤劳动的。

　　读者也许会进一步问,假如莫言的作品不是由葛浩文和陈安娜这样的优秀翻译家来翻译的话,莫言能否获得 2012 年度的诺贝尔文学奖?答案应该是基本否定的。这一点我们在上面谈到语言再现之于文学的重要性时已经做过论述。尽管我们可以说,他们若不翻译莫言作品的话,别的译者照样可以来翻译,不错,但是像上述这两位译者如此热爱文学并且视文学为生命的汉学家在当今世界确实屈

---

① Wang Ning, "A Reflection on Postmodernist Fiction in China: Avant-Garde Narrative Experimentation," *Narrative* 21.3 (2013): 296-308.

指可数，而像他们如此敬业者就更是凤毛麟角了。可以肯定的是，假如不是他们来翻译莫言的作品，莫言的获奖至少会延宕几年甚至几十年，甚至很可能他一生就会与诺奖失之交臂。这样的例子在20世纪的世界文学史上并不少见。如果我们再来考察一下和莫言一样高居博彩赔率榜上的各国作家的名单就不难得出结论了：在这份名单中，高居榜首的还有荷兰作家塞斯·诺特博姆和意大利女作家达西娅·马莱尼。接下来还有加拿大的艾丽丝·门罗、西班牙的恩里克·比拉·马塔斯、阿尔巴尼亚的伊斯梅尔·卡达莱和意大利的翁贝托·艾柯，再加上一些多年来呼声很高的美国作家菲利普·罗斯、捷克作家米兰·昆德拉和日本作家村上春树等，确实是群星璀璨，竞争是异常激烈的。稍有不慎，就可能落榜而酿成终身遗憾。果不其然，2013年的获奖者门罗就居这份小名单的前列，而同样受到瑞典文学院青睐的中国作家还有李锐、贾平凹、苏童、余华、刘震云等。他们的文学声誉和作品的质量完全可以与莫言相比，但是其外译的数量和质量却无法与莫言作品外译的水平完全等同。这一点是有目共睹的，无须赘言。

毫无疑问，我们不可能指望所有的优秀文学翻译家都娴熟地掌握中文，并心甘情愿地将自己一生中的大部分时间和精力放在将中国文学译成主要的世界性语言上，尤其对于国外的汉学家而言更是如此。他们中的许多人有着繁重的语言教学任务，还必须在科研论文和著作的发表上有所建树，否则就得不到终身教职或晋升。像葛浩文和陈安娜这样几乎全身心地投入中国文学翻译的汉学家实在是凤毛麟角。认识到这一事实我们就会更加重视中国文学的外译工作，如果我们努力加强与国际同行的合作，我们就肯定能有效地推进中国文学和文化走向世界的进程。但是这又离不开翻译的中介，没有翻译的参与或干预我们是无法完成这一历史使命的，因为翻译能够帮助我们在当今时代和不远的未来对世界文化进行重新定位。在这方面，正是葛浩文和陈安娜这样的优秀翻译家和汉学家的无与伦比的翻译使得莫言的作品在域外获得了"持续的生命"和"来世生命"。[1] 我们的翻译研究者对他们的跨文化阐释式翻译的价值绝不可低估，而更应该从其成败得失的经验中学到一些新的东西，这样我们就能同样有效地将中国文学的优秀作品以及中国文化的精神译介出去，让不懂中文的读者也能像我们一样品尝到中国文学和文化的丰盛大餐。这样看来，无论怎样估价翻译在当今时代的作用都不为过。

---

[1] Walter Benjamin, "*The Task of the Translator*," tr. Harry Zohn, *Theories of Translation: An Anthology of Essays from Dryden to Derrida*, eds. Rainer Schulte and John Biguenet. Chicago: The University of Chicago Press, 1992: 71–73.

三、有限的阐释与过度的阐释

正如前面已经提到的，翻译与阐释既有着一些相同之处，也有着很大的不同，特别是跨越文化传统的阐释更是有着很大的难度。如果从文化的视角来看，翻译应该被看作是一种跨文化阐释的形式，但翻译的形态有多种，因此并不是说所有的翻译都等同于跨文化阐释。这里所说的翻译主要是指文学和其他文化形式的翻译。由于翻译所包含的内容是跨越语言界限的跨文化阐释，因而它仍是一种有限的阐释，任何过度的阐释都不能算作是翻译：前者始终有一个原文在制约这种阐释，而后者则赋予阐释者较大的权力和阐释的空间。这里我们仍然从理论的翻译入手来区分这两种形式的阐释。

多年前，在剑桥大学曾有过关于阐释与过度阐释的一场讨论，也即围绕著名的符号学大师和后现代主义小说家翁贝特·艾柯（Umberto Eco）在剑桥大学所作的三场"坦纳讲座"（Tanner Lectures）展开的激烈讨论。参加讨论的四位顶级理论家和演说家各展风采：艾柯极具魅力的演讲发表了他的这一观点："作品的意图"如何设定可能的阐释限制，随后，美国著名的哲学家理查德·罗蒂（Richard Rorty）、结构主义和解构主义理论家乔纳森·卡勒以及小说家兼批评家克里斯蒂娜·布鲁克-罗斯（Christine Brooke-Rose）则从各自的不同角度挑战了艾柯的这一论断，并详细阐述了自己独特的立场。应该说，他们所争辩的那种阐释并不属于翻译，而且依然是局限于西方文化语境内部的阐释。尽管这种阐释并不属于翻译的范畴，但是它对于理论的传播、变形乃至重构，都依然能起到很大的作用。这里再以解构主义在美国的传播和重构为例。

众所周知，德里达的解构主义在美国的传播和接受在很大程度上得益于三位学者的努力：加亚特里·斯皮瓦克、乔纳森·卡勒和希利斯·米勒。斯皮瓦克的功绩在于她以一种近似理论阐释式的翻译方法再现了德里达的重要著作《论文字学》的精神，从而使得那些看不懂德里达的法文原著的读者通过查阅她的英译文就能对德里达的晦涩理论有所理解。卡勒则是英语文论界对德里达的思想理解最为透彻并阐释最为恰当的美国文论家，但是卡勒的阐释已经超出了翻译的界限，加进了诸多理论发挥的成分，因此只能算作是一种广义的文化翻译或转述。但是在卡勒看来，这种过度的阐释也有存在的合理性，甚至对理论的创新有着重要的意义，因此卡勒为自己作了这样的辩护：

阐释本身并不需要辩护，因为它总是伴随着我们而存在，但是也像大多数知识活动一样，只有当阐释走入极端时才有意义。不痛不痒的阐释往往发出的是一种共识,尽管在某些情况下具有价值,但是却无甚意义。①

显然,作为一位理论阐释者,卡勒并不反对一般的阐释,但他对平淡无味的阐释毫无兴趣,他所感兴趣的正是那些走极端的因而能够引起争论的阐释。在他看来,一种理论阐释只有被推到了极端,其所隐含的真理和谬误才会同时显示出来,而读者则有着自己的判断和选择。针对艾柯的批评,他甚至"以子之矛,攻子之盾",从艾柯的那些引起人们广泛兴趣的符号学理论以及一些意义含混的小说人物的塑造中发现了诸多的"过度阐释"因素。关于这一点,他进一步发挥道:

"许多'极端的'阐释,也像许多不痛不痒的阐释一样,无疑是无甚影响的,因为它们被判定为不具有说服力,或冗繁无趣,或者与论题无关或本身无聊,但是如果它们真的走到了极端的话,那么在我看来,它们就有了更好的机会,也即可以揭示那些先前无人关注或思考过的因果关系或隐含意义,而仅仅尽力使阐释保持'稳健'或平和的做法则无法达到这种境地。"②

因此,在卡勒看来,被人们认为是"过度阐释"的那些能够引起争议的阐释的力量就在于这样几个方面:

"如果阐释是对文本的意图进行重新建构的话,那么这些就成了不会导致这种重构的问题了;他们会问这个文本有何意图,它是如何带有这种意图的,它又是如何与其他文本以及其他实践相关联的;它隐藏或压抑了什么;它推进了什么,或是与什么相关联。现代批评理论中的许多最有意义的形式会问的恰恰不是作品考虑了什么,而倒是它忘记了什么,不是它说了什么,而是它认为什么是理所当然的。"③

米勒作为一位解构批评家,他的贡献主要在于创造性地运用解构的方法,并糅进了现象学的一些理论,将解构的阅读和批评方法发展到了炉火纯青的地步。最后也正是他运用自己在美国学界的影响力使德里达确立了在英语文学理论界的学术地位。从文化的角度来看,英语和法语虽然不属于同一语支,但都是出自欧洲文化语境中的语言,因而跨文化的成分并不是很多。从翻译的角度来看,斯皮瓦克的翻译属于地地道道的语际翻译,因为她始终有一个原文作为模本,即使她对德里达的理论进行了某种程度的阐释和发挥,也仍未摆脱"戴着镣铐跳舞"的阐释模式,其发挥的空间是有限的,因而可以称作有限的阐释,或一种文化阐释式的翻译。而卡勒在阐释德里达的解构理论时,则没有一个明确的模本,他往往

---

①② Jonathan Culler, "In Defence of Overinterpretation," *Interpretation and Overinterpretation*, ed. Stefan Collini. Cambridge:Cambridge University Press, 1992:110.

③ Jonathan Culler, "In Defence of Overinterpretation," *Interpretation and Overinterpretation*, ed. Stefan Collini. Cambridge:Cambridge University Press, 1992:115.

大量地参照德里达的一系列著作,并从整体上把握德里达的学术思想和理论精髓,然后用自己的话语加以表达。所以他的这种阐释带有鲜明的"卡勒式"的解构主义阐释的成分,理论阐释和叙述的成分大大地多于翻译的成分。因而若从翻译的角度来看,他的阐释并非那种有限的阐释,而是一种过度的阐释,所产生的结果是带来了一个"新的开始",也即使得德里达的解构主义在英语世界获得了更大的影响力和更为广泛的传播。米勒等耶鲁批评家对解构主义的推介和创造性运用则使得解构主义在美国成为独树一帜的批评流派,而德里达的直接参与更是使得这一理论在美国获得了持续的生命。德里达的理论在英语世界的影响力大大超过其在法语世界的影响力,与上述诸位理论家的不同形式的阐释是分不开的。

从上述这一"理论的旅行"之例,我们可以得到怎样的启示呢?我们认为,其中的一个最重要的启示就在于:我们当前所实施的中国文化和文学走向世界的战略目标应该达到怎样的效果?光靠翻译几本书能解决问题吗?显然是不可能的。还应考虑其他多种因素,其中跨文化阐释完全可以作出更大的贡献,对于那些只想了解中国文化和文学的概貌而不想细读每一部代表性作品的外行人士来说,读一读学者们撰写的阐释性著述完全可以起到导引的作用,待到他们中的少数人不满足于阅读这样的阐释性二手著述而需要(哪怕是通过翻译)直接阅读一手原著时,这种跨文化阐释的作用就初步达到了,而目前很多人并没有意识到这一重要因素的力量。中国文化和文学走向世界光靠翻译几十部甚至几百部作品是远远不够的,它是一个综合的多方共同参与的事业,在这方面,国外汉学家以及中国学者直接用外文撰写的研究性著述也是一个不可忽视的重要因素。即使这种研究性著述为了表明自己的独创性和学术性,总是试图从一个新的角度对既有的文化现象进行新的阐释,有时甚至达到了"过度阐释"的效果,对经典文本的阐释与传统的理解大相径庭,甚至引起坚持传统观念的学者的非议。例如近年来在国内学界常为人谈论的宇文所安(Stephen Owen)对中国古典文学的阐释。①

众所周知,海外的汉学基本上是一个独立的学科体系,尤其是西方的汉学更是如此。它是东方学的一个分支学科,但它本身也是自满自足的:既游离于西方学术主流之外,同时又很少受到中国国内学术研究的影响。由于有着独立的自主意识,因而西方的汉学家在编译中国文学选集时基本上不受中国学界的左右,它完全有着自己的遴选标准,有时甚至与国内学界的遴选标准截然不同,但最终却

---

① 关于宇文所安的跨文化中国古典文学研究的讨论,参见李庆本《宇文所安:汉学语境下的跨文化中国文学阐释》,载于《上海交通大学学报》2012年第4期。

对国内学界产生了一定的影响。例如美国华裔汉学家夏志清（C. T. Hsia）的《中国现代小说史》在美国汉学界以及海峡两岸的中国现代文学界所产生的重大影响就是一例：它不仅主导了美国汉学界近半个世纪以来的中国现代文学教学和研究生培养的思路，而且对国内学者的重写中国现代文学史的尝试也产生了重要的影响和启迪。① 显然，夏志清作为一位华裔学者，有着深厚的中国传统文化和文学的功底；同时，作为一位直接受到新批评形式主义细读批评模式的训练和严格的英文学术写作训练的英语文学研究者，他确实具备了从事跨文化翻译和阐释的条件，客观上说来对于中国现代文学在英语世界的传播所起到的作用远远胜过翻译几本文学作品所达到的效果。他对中国现代作家钱锺书和沈从文等的阐释，并没有拘泥于某一部或某几部作品，而是从整体上来把握他们创作的历程和文学贡献，并加以自己的理解和发挥。应该说，他的这种跨文化阐释算是一种过度的阐释。但即使如此，他的这种过度阐释并没有远离中国现代文学这个本体而进入其他的学科领域，而是紧紧扣住中国现代文学，通过自己的跨文化阐释的力量来实现对中国现代文学史的重新书写。因此他的阐释仍应算作是一种有限的过度阐释，最后的归宿仍是他所要讨论的中国现代文学。

总之，中国文化和文学走向世界是一个艰巨的任务，它需要多方面的通力合作才能完成，在这其中，翻译可以说是重中之重，而在翻译的过程中，跨文化阐释式的翻译所能起到的作用决不可忽视。

第三节　跨文化阐释与中国文学走出去

世界文学是那些能够超越民族的特殊性而上升为共同性为他者文化的读者所阅读并理解的民族文学。要解决民族文学如何成为世界文学这一问题，可以至少采用两种途径：翻译与跨文化阐释。翻译不仅是语言的转换，而且也是文化的选择与变异。因此翻译也是跨文化阐释的特殊形式。在现代汉语语境下，跨文化阐释往往采用以西方理论来阐释中国文本的形式。这种形式不应该过多地受到指责，它恰好可以方便西方人的理解，并为中国文学走出去服务。在跨文化阐释中，出现文化变异是非常正常的。但这种变异不是单向的，而是一种双向变异。跨文化阐释就是中国文学走向世界文学的一种有效的策略。如果我们能够在以往

---

① See Chih–tsing Hsia, *A History of Modern Chinese Fiction 1917–1957* (2nd edition). New Haven：Yale University Press, 1971. 尤其是书中对张爱玲、钱锺书和沈从文这三位作家的基于新批评派立场的形式主义分析和重新评价对我们颇有参考价值，但该书对中国左翼文学的艺术成就断然否定显然是我们不能接受的。

视为世界中心、带有普遍性的西方文学中发现差异性和特殊性,而在以往视为差异性、特殊性的中国文学及非西方文学中发现普遍性和同一性,那么,我们就可能重新构建世界文学的格局。

一、世界文学的选择机制

世界文学成为比较文学研究的一个热点问题。这固然是跟学科整合有关(比较文学与世界文学被整合为中国文学一级学科之下的二级学科),同时也跟目前"中国文化走出去"的民族诉求有关。中国文学如何走出去的问题,其实就是民族文学如何成为世界文学的问题。

任何文学均具有民族性,这是说任何文学作品首先都是由民族语言所写就的。语言的民族性决定了文学的民族性。但这并不意味着任何民族语言写就的文学作品都能成为民族文学历史中得以流传的文学作品。民族文学史具有一种选择机制。总有一些文学作品会被淘汰,而另外的文学作品则会被奉为民族文学的经典或典范;某一时期盛行的文学可能在另一时期被淘汰,而在某一时期被淘汰的文学则可能在另一时期被重新推崇。因此,民族文学的生产、选择与流通就不仅仅局限于文学的内部,而与当时的历史情势有关。历史情势影响着作家的创作、读者的选择、市场的流通。如果说,文学的讨论需要考虑作品、作家、读者和现实这四个因素的话,那么讨论民族文学的时候,则必须增加时间和空间这两个维度。文学作品、作家、读者和现实的时间性与空间性的不同组合,构成了民族文学的起源、发展、变化和消亡的过程。这样的过程其实也就是一个民族文学史的选择机制发挥作用的过程。而选择机制则是通过个人、社群、民族、国家等层面完成的。

并非所有的民族文学均能成为世界文学。世界文学是那些被其他民族阅读、理解、认可的民族文学。中国文学要走出去,当然就意味着中国文学被其他民族所阅读、理解和认可。并不存在一种脱离民族文学的世界文学,也不存在一种用世界语写成的世界文学,这就意味着一个民族的文学要想成为世界文学就必须首先旅行到另一种民族文学中。而这样的旅行通常是经过翻译这一中介。在翻译中,"其源文本由目标文学所选定,选择的原则与目标文学的本土并行体系(以最谨慎的方式说)从来不是没有关联的。"[①] 因此,翻译不仅是语言的转换,而且也是文化的选择与变异。中国文学要走出去,被其他民族所阅读,也要经过翻

---

① [以色列]伊塔玛·埃文-佐哈:《翻译文学在文学多元系统中的位置》,见《新方向:比较文学与世界文学读本》,北京大学出版社2010年版,第172页。

译这一关。哪些中国文学作品被翻译则取决于翻译者所在的民族文学（即目标文学）的选择需要。

翻译文学的选择机制，或者说世界文学的选择机制与民族文学的选择机制在某些方面是相同的。它也可以通过个人、社群、民族、国家等层面来完成。这意味着，选择既可以是个人的，也可以是社群的，还可以是民族和国家的。

个人选择往往跟个人兴趣有关。如荷兰著名汉学家高罗佩翻译中国小说《狄公案》，在很大程度上是取决于他个人的兴趣。高罗佩当时（1947年）是荷兰驻华盛顿的外交官，他是利用工作之余完成《狄公案》的英文翻译的。他自己说："我把作者佚名的《狄公案》的故事译成英文，但这主要是作为一种练习进行的。因为现在我每天都在居民区药店看到整排整排的侦探故事简装袖珍本，我买了几本，于是得出的结论是，它们比我正在翻译的《狄公案》的故事要差得多。"①

社群的选择与本团体的共同思想倾向和主观目的有关，例如明末清初耶稣会士翻译中国经典，是出于传教的需要。古莱神父坦言，他翻译中国"四书"的目的"不在于把中国的智慧带给欧洲学者，而是用来当作工具，使中国人皈依基督"。②

民族与国家的选择则跟整个民族文学发展的需要相关，这种情况往往出现在本民族文学处于转折、危机或文学真空时期。在这个时期，整个民族文学的发展需要另一个民族文学刺激，或者整个民族文学处于边缘和劣势，需要模仿和借鉴优势民族的文学。例如，在中国五四新文学运动时期，出现了大量翻译国外文学的潮流，这显然契合了那个时代改变中国旧文学的历史情势。印度比较文学研究者阿米亚·德夫曾言："在影响和接受美学中，西方比较学者基本上关注的是影响和接受的机制和心理学，极少关注政治；而对于我们，他们的政治则起到重要的作用。我们学会尊崇宗主国主人的语言和文学：于是就有了影响。我们也相应学会了自卑感：于是就有了接受。"对于印度文学而言，"影响是一整个文学对另一整个文学的影响，而接受则是一整个文学对另一整个文学的接受"。③ 具体到翻译选择而言，这显然是民族与国家的选择。

在这里，我们也应该特别注意到，无论是个人选择、社群选择，还是民族国家的选择，其实都跟翻译者所在的民族文化有关。翻译作为一种跨文化阐释与传播，存在着两种看似完全相反的情况：一种情况是翻译者往往会选择与自己的文

---

① ［荷］C. D. 巴克曼、H. 德弗里斯：《高罗佩传》，施辉业译，海南出版社2011年版，第151页。
② 利玛窦坦言，他翻译中国"四书"是"拿来为我所用"。百年后的古莱神父也承认，他翻译中国经典的目的"不在于把中国的智慧带给欧洲学者，而是用来当作工具，使中国人皈依基督"。（马祖毅、任荣珍：《汉籍外译史》，湖北教育出版社2003年版，第34～35页。）
③ ［印度］阿米亚·德夫：《走向比较印度文学》，见大卫·达姆罗什、陈永国、尹星主编：《新方向：比较文学与世界文学读本》，北京大学出版社2010年版，第181页。

化相似便于本国读者阅读的文本;另一种情况是翻译者选择对于自己的文化完全相异的而又对自己民族文化发展非常有益的文本。前一种情况就读者阅读和接受而言会相对容易一些,而后一种情况则可能遇到更大的障碍和抵制。但无论哪种情况,其实都要经过本民族文化的过滤。

与民族文学的选择机制不同的是,世界文学或翻译文学的选择机制要跨越文化和语言的障碍。劳伦斯·韦努蒂说:"外语文本与其说是交流的,毋宁说是用本国的理解力和兴趣加以铭写的。这种铭写以译本的选择开始,这往往是一种非常挑剔的、带有浓厚动机的选择,继而提出一些翻译的话语策略,这总是以本国话语压倒其他话语的一种选择。"① 这就意味着,翻译对于源文学而言总会丧失掉一些东西,但也有所获得,即获得了超越本民族的界限被其他民族所阅读和理解的权利。这也意味着,一种民族文学并非原封不动地进入到其他民族文学的领地,只要经过翻译,就一定存在着改写、变异和误读的问题。也正是基于此,达姆罗什才在《什么是世界文学》中将世界文学定义为:"民族文学的椭圆形折射""在翻译中有所获益的文学""是一种阅读模式,而不是一系列标准恒定的经典作品;是读者与超乎自己时空的世界发生的间距式接触"。②

所谓"椭圆形折射",这是相对于简单反射而言的。如果一个人站在正常的镜子面前,镜子中的形象是这个人形象的简单反射,也就是这个人形象的真实的复制;而如果这个人站在凹凸不平的镜子面前,她的形象就会发生变形,就会形成椭圆形的折射。民族文学与世界文学,就是这样的一种椭圆形折射,而不是一种简单的反射。而且由于世界文学关乎源文学与目标文学,因此是"双重折射",源文化与接受文化相互重叠的双重区域产生了一个椭圆形,世界文学就产生于此区域——与双方文化都有关联,又不单独限于任何一方。所有这一切都提示我们,一种民族文学旅行到另一民族文学中,发生改写、变异和误读是非常正常的。这其实就是我们现在常常讲的文化变异问题。

但我们觉得,对于世界文学而言,仅仅讲文化变异是不够的,还要讲文化会通;不能仅讲特殊性、差异性,还要讲共同性、普遍性;不能仅讲单向变异,还必须讲到双向变异。世界文学是那些能够超越民族的特殊性而上升为共同性为他者文化的读者所阅读并理解的民族文学,体现出的是特性与共性、变异与会通的统一。

西方比较学者喜欢用"影响/接受"模式或者用"中心/边缘"模式来解释世界文学的生产机制。这其实就是一种西方中心主义。爱德华·格里桑指出:

---

① [美]劳伦斯·韦努蒂:《翻译、共同体、乌托邦》,见《新方向:比较文学与世界文学读本》,北京大学出版社 2010 年版,第 188 页。
② David Damrosch, *What is World Literature*. Princeton, NJ: Princeton University Press, 2003: 281.

"如果西方文学不再使自己庄严地定格于这个世界之中，不再毫无意义地无休止地指责西方历史，不再是一种平庸的民族主义，那么，西方文学就必须在另一方面与这个世界建立一种新型关系，由此，他们不再停留于同一性之中，而是在差异性中找到一席之地。"① 如果我们能够在以往视为世界中心、带有普遍性的西方文学中发现差异性和特殊性，而在以往视为差异性、特殊性的中国文学及非西方文学中发现普遍性和同一性，那么，我们就可能重新构建世界文学的新格局。

从表面上看，确实是强势文化会对弱势文化产生更大的影响，这似乎是普遍的规律。但仔细推敲起来，这种"中心/边缘"模式其实存在着很大的漏洞。因为，它在很大程度上忽视了在文化传播过程中存在的双向性。即使是对影响研究模式而言，影响也从来都不是单向的。文学传播甚至是文化传播之所以不同于客观知识的传播，就在于在传播的过程中，文化信息必然会发生变异。这种变异是作为一种显现方式呈现的，在这种变异的背后隐藏着两种不同文化的冲突、碰撞、协商、妥协。影响者进入接受者文化领域的时候，不仅影响了接受者，而且接受者也会影响影响者。所以，文化旅行是一种环形结构，而文化变异向来都是双向变异。

当我们谈论世界文学概念的时候，往往会只强调它是一个来自西方的概念，是歌德发明出来向世界各地发散的。但诸位不应该忘记的是，歌德在 1827 年与他的秘书艾克曼提出世界文学这个概念的时候，恰恰是从中国文学中得到了启示。尽管我们还不能确定歌德当时究竟是在读《好逑传》《玉娇梨》还是《今古奇观》，但他显然是从读中国小说中感觉到"世界文学的时代已快来临了"②，因为他从中国小说中读出了"中国人在思想、行为和感情方面几乎和我们一样，使我们很快就感到他们是我们的同类人"③，这表明，在歌德看来，中国文学也具有普遍价值，也可以体现人类的普遍性。如果我们将世界文学的概念看成是从东方到西方再回到东方的环形之旅，这绝对应该是合理的。正像王宁教授在《世界文学的双向旅行》一文中所指出的："世界文学本身就是一个旅行的概念，但这种旅行并非从西方到东方，其基因从一开始就来自东方，之后在西方逐步形成一个理论概念后又旅行到东方乃至整个世界。"④ 笔者在《跨文化研究的三维模式》一文中曾具体考察了从纪君祥的《赵氏孤儿》到伏尔泰的《中国孤儿》再到林兆华的《赵氏孤儿》所经历的从中国古代文化到西方文化再到中国现当代文化的

---

① Edouard Glissant, "Cross-Cultural Poetics: National Literature," *The Princeton Sourcebook in Comparative Literature*, eds. David Damrosch, Natalie Melas, Mbongiseni Buthelezi. Princeton, NJ: Princeton University Press, 2009: 252. 中译文参见［法］爱德华·格里桑：《跨文化诗学：民族文学》，李庆本译，《湖南社会科学》2011 年第 4 期。

② ［德］爱克曼辑录《歌德谈话录》，朱光潜译，人民文学出版社 1997 年版，第 113 页。

③ ［德］爱克曼辑录《歌德谈话录》，朱光潜译，人民文学出版社 1997 年版，第 112 页。

④ 王宁：《世界文学的双向旅行》，载于《文艺研究》2011 年第 7 期。

环形之旅,并指出:"这样的环形之旅,不再是一个平面的和线性的 A 和 B 的关系,而是三维立体的环形结构,是跨文化研究的三维模式。"① 应该说,世界文学这个概念,又为跨文化的环形之旅或跨文化研究的三维模式提供了一个有力的佐证。

达姆罗什关于世界文学的定义已经为学术界所熟知,并产生了广泛的影响。美国学者约翰·皮泽(John Pizer)在《比较文学与世界文学:建构建设性地跨学科关系》一文中指出:"达姆罗什 2003 年写的《什么是世界文学》之所以独树一帜,就在于它确切地追踪了由政治、商业活动、竞相翻译以及考古促成的作品跨时空的国际传播。达姆罗什认为,一个文本只有持续地与他国文化发生激烈的碰撞,才能成为一部世界文学作品。他感到虽然翻译会不可避免地扭曲文本的原意,但实际上对世界文学有着促进作用,因为翻译使作品的流通模式国际化,并激发跨时代、跨国界、跨种族的阐释学对话。"② 在这里,皮泽正确地评价了达姆罗什《什么是世界文学》一书的突出之处,就在于他将世界文学置于跨学科与跨文化研究的视野之中,就在于他将世界文学与跨学科传播联系在一起,凸显了世界文学的跨文化变异的特性,更重要的是,皮泽还在此指出了世界文学与跨文化阐释的密切联系,尽管他本人对此并没有做过多的论述。

达姆罗什在另一部著作《如何阅读世界文学》中指出:第三世界国家在推广本民族文学作品的时候,会遇到以下三种困难:第一,创作语言属于非世界主流语系是接受障碍产生的主要原因之一;第二,由于政治经济实力处于相对弱势,该国文化在全球范围内得不到应有的重视;第三,作品中民族传统文化气息浓厚,独特的文化细节充斥文本,为外国读者的理解增添难度。中国作为第三世界国家,在将自己的文学传播出去的过程中,显然也要克服这三种困难。对于第一种困难,我们可以采用翻译的途径加以解决;对于第二种困难,则要通过提升中国的综合国力来解决;对于第三种困难,我们认为可以通过跨文化阐释来加以解决。也许我们应该更明确地说,跨文化阐释就是中国文学走向世界文学的一种有效的策略。而翻译其实也是跨文化阐释的一种表现形式。

二、跨文化阐释与世界文学的重构

王国维的《红楼梦评论》"以外来之观念与固有之材料互相参证",是明显

---

① 李庆本:《跨文化研究的三维模式》,载于《文史哲》2009 年第 3 期。
② [美]约翰·皮泽:《比较文学与世界文学:建构建设性的跨学科关系》,载于《中国比较文学》2011 年第 3 期。

的跨文化阐释。就中国近现代文学批评而言，用西方理论来阐释中国文本其实就是"跨文化阐释"的一种主要形式。港台一些学者在20世纪70年代将"用西方理论来阐释中国文本"的学术范式谓之"阐发研究"，但我们觉得"阐发研究"实不足以传达王国维《红楼梦评论》中西方理论与中国文本之间的复杂关系，"阐发研究"有可能被看成是单向的、线性的。这种单向的生搬硬套地采用西方理论来解释中国文本的做法自然应该予以清除，而《红楼梦评论》用西方理论来阐释中国文本则是一种跨文化阐释，而不是单向阐释。如果说王国维的跨文化阐释存在文化误读和文化变异的现象，那也是双向变异：既存在着"以中变西"，也存在着"以西变中"。

例如《红楼梦评论》的开头就引用了老子的一段话："人之大患，在我有身。"这段话源自《老子·十三章》，原文是"吾所以有大患，在吾有身，及吾无身，吾有何患？"对此我们也许会说王国维的引文引错了，或者至少没有直接应用，而是有了改写。如果是考证，我们查找出这一引文错误就算完成了任务，但对于跨文化阐释而言，我们还应该进一步了解，什么原因使他没来得及查证原文，是记忆的问题，还是别有他因？以王国维治学态度之严谨，出现这样的差错是很少见的。实际上这段引文与叔本华在《作为意志和表象的世界》中的一段引文有着明显的联系，叔本华在阐述他的悲剧理论时，引用了西班牙剧作家及诗人加尔德伦（Calderon, 1600 – 1681）剧作《人生如梦》中的一句台词，英文原文是 For man's greatest offence is that he has been born.① 翻译成汉语，其意思就是"人之大患，在吾有身"。王国维从老子那里引用的那句话显然受到了他读过的叔本华在《作为意志和表象的世界》中引用的加尔德伦的这句话的暗中干扰，使引文语句上发生了变化，这一变化进而可以被看成是王国维"以西变中"的一个例证，使得老子与加尔德伦的陈述从各自的语境中脱离出来，而融入《红楼梦评论》这一新文本之中，从而产生了新的含义。

要之，经过如此双向变异的跨文化阐释，《红楼梦》这一部中国小说便超越了民族文学，成为了为西方读者所能理解的中国悲剧，也就得以上升为世界文学的行列，"置之世界大悲剧中亦毫无愧色"。

我们不敢肯定，王国维是否接受了歌德的"世界文学"的概念。但无疑地，他显然是从世界文学的角度评价了《红楼梦》。蒋英豪先生在《王国维与世界文学》一文中指出："王国维不把《红楼梦》看做是中国小说，他把它看做是探讨全人类亘古以来所共同面对的人生问题的小说，是'宇宙之大著述'，他也就以

---

① Arthur Schopenhauer, *The World as Will and Representation*. Beijing: China Social Science Publishing House, 1999: 254.

世界文学的角度来分析评论这部小说,视之为'悲剧中之悲剧'。"① 对于歌德,王国维是非常敬仰的。他曾撰写《德国文豪格代、希尔列尔合传》《格代之家庭》等文来纪念这位德国伟大的作家,并称赞歌德是属于"世界的"。②

如果说,歌德是在全世界范围内提出"世界文学"概念的第一人,那么在中国首次提出这个概念的人则是陈季同。关于这一点,已有研究者作了一些考证和辨析工作,如李华川的《"世界文学"在中国的发轫》③和潘正文的《"东学西渐"与中国"世界文学观"的发生》等文④,这都是值得肯定的。陈季同说:"我们现在要勉力的,第一不要局于一国的文学,嚣然自足,该推扩而参加世界的文学;既要参加世界的文学,入手方法,先要去隔膜,免误会。要去隔膜,非提倡大规模的翻译不可,不但他们的名作要多译进来,我们的重要作品,也须全译出去。要免误会,非把我们文学上相传的习惯改革不可,不但成见要破除,连方式都要变换,以求一致。然要实现这两种主意的总关键,却全在乎多读他们的书。"⑤ 在这里,陈季同其实已经提出,使民族文学成为世界文学的方法是"去隔膜"和"免误会"。"去隔膜"的具体做法是靠翻译,而"免误会"的具体措施,则是改革古文学观念,不能"只守定诗古文词几种体格",还要像西方那样重视戏曲小说。陈季同的这段话见于曾朴给胡适的信中。1928年2月21日,胡适致信曾朴讨论翻译问题。曾朴于1928年3月16日回胡适信中谈到陈季同经常跟他说过这样一段话。而在这封信中,并没有透露陈季同究竟是哪一年跟他谈的这段话。时间大概是从1898年到1902年的四五年间。后来曾朴的这封信以《附录:曾先生答书》为题被收录在《胡适文存》中。

我们认为,对于陈季同提出世界文学的背景,应该放在"西学东渐"和"东学西渐"的完整背景下来理解,不应该硬将"西学东渐"与"东学西渐"隔离开来,认为中国"世界文学"观的发生仅仅与"东学西渐"有关联。正像我们在考察歌德提出的"世界文学"概念时指出这是一种跨文化的双向旅行一样,陈季同提出"世界文学"概念也应该置于这样的双向旅行中来加以考量。就拿陈季同的这段话来说,他显然也是在强调既要"译进来",又要"译出去",而且他还特别要求多向西方学习,"多读他们的书",这显然是既要"东学西渐",又要"西学东渐",而不是将两者割裂开来。两者可以有所偏重,却不可以偏废,

---

① 蒋英豪:《王国维与世界文学》,载于《复旦学报》(社会科学版)1997年第2期。
② 王国维:《德国文豪格代、希尔列尔合传》,见《王国维文集》第三卷,中国文史出版社1997年版,第372页。
③ 李华川:《"世界文学"在中国的发轫》,载于《中华读书报》2002年8月21日。
④ 潘正文:《"东学西渐"与中国"世界文学"观的发生》,载于《浙江师范大学学报》2007年第1期。
⑤ 胡明主编:《胡适精品集》第6集,光明日报出版社1998年版,第349页。

更不应该以"东学西渐"来否定"西学东渐"。

就王国维而言，表面上他做的是"西学东渐"的工作，而实际上，由于他采用了以西方理论来解释中国文本的跨文化阐释的方法，因而反过来就可以更容易将中国文本推向西方，方便西方人对中国文本的理解和接受。也许正是由于这一点，蒋英豪先生才说王国维"走进了世界文学的中心"。[①] 要之，在王国维的思想观念中就根本不存在"中学"与"西学"的分别，他甚至认为"凡立此名者，均不学之徒"，他说："余谓中西二学，盛则俱盛，衰则俱衰，风气既开，互相推助。且居今日之世，讲今日之学，未有西学不兴，而中学能兴者；亦未有中学不兴，而西学能兴者。"[②]

我们曾多次强调，任何文学都首先是民族文学，都带有本民族的风格、气质和地区特征，但并非所有的民族文学都能成为世界文学，显然也并不是"越是民族的就越是世界的"。世界文学也并不是全世界的民族文学的总汇。凡是能够成为世界文学的民族文学作品，首先必须能够被其他民族所理解。凡是伟大的世界文学作品，一定是那些表达了人类普遍价值的民族文学作品。王国维曾说："真正之大诗人，则又以人类之感情为一己之感情。彼其势力充实，不可以已，遂不以发表自己之感情为满足，进而欲发表人类全体之感情。彼之著作，实为人类全体之喉舌。"[③] 而正是这些能够表达人类普遍关切、普遍价值追求的民族文学作品才更容易被其他民族所接受，也才更容易进入世界文学的行列。而在这样的一个过程中，对于第三世界的中国文学而言，跨文化阐释显然是一条使中国文学融入世界文学的有效途径。

在我们看来，王国维的《红楼梦评论》是跨文化阐释的极好范本。尽管这篇文章也并不是完美无缺，但我们不能仅仅因为王国维用了西方的理论来解读《红楼梦》就否认这篇文章的价值。相反，我们今天恰恰要发掘中国近现代以来这样的以西方理论来阐释中国文学作品的学术资源，来为我们向西方介绍、传播我们本民族的文化服务。因为文化传播要成功，首先要让对方理解。那些采用了西方理论解释中国文学作品的学术资源，恰好可以方便西方人的理解，恰好可以为中国文化走出去服务。而将以西方理论阐释过的中国文本传播到西方，这本身也是另外一种形式的跨文化环形之旅，这种从西方到中国再回到西方的跨文化环形之旅跟从中国到西方再回到中国的跨文化环形之旅，表现形式虽有不同，但在促进中外文化平等交流和中国文化对外传播中所起的作用并无二致，二者都实现了笔者在《跨文化研究的三维模式》中提出的将"西学东渐"与"东学西渐"合为

[①] 蒋英豪：《王国维与世界文学》，载于《复旦学报》（社会科学版）1997年第2期。
[②] 王国维：《国学丛刊序》，见《王国维文集》第四卷，中国文史出版社1997年版，第367页。
[③] 王国维：《人间嗜好之研究》，见《王国维文集》第三卷，中国文史出版社1997年版，第30页。

一个整体加以考察的愿望,都可以看成是跨文化研究的三维模式,都是对中西二元论模式的突破。而一旦形成了这样的环形之旅,形成"阐释的循环",跨文化阐释就可持续不断地进行下去,就可打破西方中心主义,就可形成世界文学中东西方文学的新关系、新格局。

三、中华经典的翻译与传播

明清之际,欧洲的耶稣会士把中国儒学传播到了欧洲,在欧洲形成了长达百年的中国文化热。欧洲学界对儒家思想的了解基本上是通过传教士和汉学家的译本,而他们的译本蕴含着他们的宗教目的和政治目的,他们误读中国和儒家思想,对中国形象和儒家思想没有进行完全的传播,有的甚至为一己目的故意歪曲。关于中国哲学家管理国家的观点源自利玛窦等人笔下不实的虚构,没想到,这个观点极大地影响了欧洲学术界,致使欧洲人把中国社会作为理想社会的化身①。中华儒家经典在欧洲的传播通过两种方式:一是作为汉语教材和辞书;二是作为了解中国的读物。儒家经典的译本使得17~18世纪的欧洲思想家知道,基督教文明以外的东方文明的思想视域为他们打开了认识东方人如何修身养性、自我完善的经由之路;在18世纪末期及19世纪,儒家经典通过欧洲大学或汉学机构在欧洲知识界和宗教界传播;在传播过程中,儒家思想既受到了赞誉,也受到了批判。

在英国,政治家、散文家威廉·坦普尔(Sir William Temple, 1st Baronet, 1628-1699)对中国和孔子的认识是通过阅读旅行家费尔南多·平托(Fernando Mendez Pinto, 1509-1583)的游记和柏应理《中国哲学家孔子》译本得来的。在读了该译本后,他对孔子推崇万分,认为孔子德才兼备,思想高远,既爱国,也爱人类,他十分欣赏中国儒家的"仁"说和"仁政"的治国理念,对孔子及其学说作了这样的评价:孔子的著作,似乎是一部伦理学著作,讲的都是个人、公众、经济上、政治上的道德,都是修身、齐家、治国、平天下之道②,而修身是一切的基础。英国东方学家、现代语言学之父威廉·琼斯爵士(Sir William Jones, 1746-1794)推崇《大学》中包含的教育思想,认为教育的主要目的是"善"教,由己及人的"善"教,推广到普天之下的"善"教,为了达到这个教育的终极目的,必须推广知识,培养理解能力③。担任牛津大学首任汉语教授的

---

① [美]孟德卫:《奇异的国度:耶稣会适应政策及汉学的起源》,陈怡译,大象出版社2010年版,第54页。
② 张成权、詹向红:《1500~1840儒学在欧洲》,安徽大学出版社2010年版,第216页。
③ 马祖毅、任荣珍:《汉籍外译史》(修订本),湖北教育出版社2003年第2版,第37~38页。

理雅各，翻译了包括"四书""五经"在内的儒家经典《中国经典》以及道教经典，他将"四书"等中国经典引入课堂，在其教学中，理雅各不时地强调应当利用儒经推动中国基督教事业，鼓励年轻的新教教士敢于并肯于了解孔孟的学说，虽然理雅各的动机是出于宗教目的，但他对儒经的热忱一直持续推动着"四书"等中国经典被英国大学生所认知、所接受。①

18世纪，中国儒家经典成为欧洲汉学机构和汉语课程的教学内容，儒家经典在法国的影响最大。法兰西学院的前身巴黎皇家学院的东方学教授倾心于中国的语言文化，18世纪20年代，阿拉伯语教授傅尔蒙在他的课程中尝试加入了汉语和《大学》的讲解。欧洲学院式汉学确立后，"四书"被定为海内外汉语教育与汉语研究的必读书目。1815年，法兰西学院正式开设汉语言文学专业，将《大学》列入授课内容，这是中国语言文学首次进入西方大学殿堂，雷慕沙第一个在大学里开设了汉语课，他的继任者儒莲在法兰西学院教学中，为学生们讲解"四书"等经典的原文。在法国，伏尔泰赞美中国，认为中国历史悠久、文明程度高，充满理性，中国的宗教是文明和理性的宗教，他极力宣扬中国儒学，把中国儒学作为反对神权统治下的欧洲君主政治的思想武器，在《论中国》中，他非常直接地表达了他对儒学的赞美之情："中国的儒教是令人钦佩的。毫无迷信，毫无荒诞不经的传说，更没有那种蔑视理性和自然的教条。"② 伏尔泰对孔子的看法经历了一个变化的过程。他开始接触孔子的学说时，对孔子推崇至极，认为孔子是中国古代绝无仅有的哲学家，在他的工作室后墙上，他悬挂了孔夫子的一幅画像，在画像下写有四句诗，来表达他对孔子的崇敬之情："他是唯一有益理智的表现者，从未使世界迷惑，而是照亮了方向，他仅以圣贤而从未以先知的口吻讲话，但大家认为他是圣贤，甚至在全国也如此。"③ 随着对有关孔子和儒家书籍的阅读量的不断扩大，他对孔子和儒家学说有了更多的了解和认识，孔子在他心目中的地位发生了变化，孔子从神坛上走了下来，只是"弘扬为人处世公正无私的信仰的哲学家，是世俗的圣哲"。法国重农学派的开创者魁奈（François Quesnay，1694－1774），有"欧洲孔子"之称，他对中国的了解也是通过阅读传教士的报告和著述，他崇尚中国的农业思想和农业制度，崇尚中国的统治体系，认为它是"合法专制"。1767年，他发表了崇尚中国文化和思想的巅峰之作《中国的专制制度》，在此书里，他对中国的历史发展、儒家思想、教育情况和科举制度进行了全面的研究，对基于伦理的中国法律和权力结构、租税制度、权力行使、行政管理也作了关注，在书里，他这样赞美中国的统治制度："不论在哪一

---

① 陈树千：《19世纪"四书"在欧洲的传播研究》，黑龙江大学博士学位论文，2015年，第117页。
② ［法］伏尔泰：《哲学辞典》（上册），商务印书馆1997年版，第341页。
③ ［法］安田朴：《中国文化西传欧洲史》，耿昇译，商务印书馆2013年版，第766页。

个时代,都没有人能够否认这是世界上最美丽的国家,是已知的人口最稠密而又最繁荣的王国。像中国这样一个帝国,其大小与整个欧洲相同,宛如整个欧洲联合起来,置于一个君主的统治之下。"他景慕孔子:"中国人把孔子看作是最伟大的人物,是他们国家从其光辉的古代所流传下来的各种法律、道德和宗教的最伟大的革新者。"在他看来,"《论语》充满了格言和道德真理,胜过希腊七贤"[1]。魁奈从中国儒家思想里汲取营养,开辟了近代欧洲古典政治经济学的发展道路,他的思想学说成为英国古典政治经济学的理论基础。

德国思想界对中国儒家思想的看法主要来自德国哲学家们,他们分为两派:一派是颂扬儒家思想和孔子,代表人物有雅斯贝尔斯、莱布尼茨、布莱希特;一派是贬低,代表人物有托马修斯、康德、黑格尔。德国存在主义哲学家、精神病学家雅斯贝尔斯(Karl Theodor Jaspers, 1883-1969)曾提出过"轴心时代"的命题,他对待儒学和孔子的态度比较中肯,他平等地看待孔子与苏格拉底、耶稣、佛陀,认为孔子因其"唯一的,并且是不可替代的本质"与苏格拉底等一起成为后世哲学"思想范式的创造者"。他不满欧洲学界对孔子的歪曲评价,提出要以儒家元典为本,重构真实的孔子形象,这就需要"挖掘隐藏在变化了的学说背后、尚未完全遗失的学说的原貌,并将之作为一种标准来把持"。[2] 读者要以"内容丰富""孔子特有"作为文本选择标准。"内容丰富"能还原孔子生活的多面性,他的思想可以从其言行中窥得;"孔子特有"是分辨孔子与同时代其他思想者差异的标准。这两条标准的获得需要以儒家元典为基础,因为后世注疏本存在过度诠释、有意遮掩的教条化现象,这些教条化了的内容遮蔽了元典中孔子的鲜活人格,甚至误导读者,将注疏者理解的孔子形象强加给读者。[3] 德国哲学家、数学家莱布尼茨(Gottfried Wilhelm Leibniz, 1646-1716)通过与传教士和汉学家的信件往来及他们的著作,来了解中国和中国文化,他通过斯皮策尔和基歇尔的著作及通信,初步了解了中国和汉字;他与研究汉字的学者米勒联系,了解汉字相关问题,迫切地想了解米勒声称已经发现的"中文之钥"的来龙去脉;1689年,莱布尼茨访问罗马时,专程拜访耶稣会士闵明我,由于闵明我曾到过中国,与康熙大帝有过接触,莱布尼茨向他请教有关中国的问题;他向传教士白晋请教中国儒家经典的问题。他以世界性的眼光看待中国文化和欧洲文化,认为二者各有特色,他赞美中国,赞美中国人的杰出不是靠上帝的神启,而是靠

---

[1] 张成权、詹向红:《1500-1840 儒学在欧洲》,安徽大学出版社 2010 年版,第 245~250 页。
[2] [德]卡尔·雅斯贝尔斯:《大哲学家》,李雪涛译,社会科学文献出版社 2005 年版,第 144~145 页。
[3] 陈树千:《19世纪"四书"在欧洲的传播研究》,黑龙江大学博士学位论文,2015 年,第 152 页。

修身养性得来的，他赞美康熙，认为康熙是"一位空前伟大的君主"①。他认为孔子的思想熠熠生辉，超越了古希腊哲学，他把程朱理学作为创立古典哲学的依据，并用之作为反对罗马教廷启示神学的工具。剧作家、诗人布莱希特对孔子的品行十分钦佩，认为孔子的品行对人有益，值得模仿，他一直随身保存着孔子的画像②。

德国反对派认为孔子学说缺乏哲学价值和哲学思辨性。自然法学家托马修斯（Christian Thomasius，1655－1728）肯定"孔子肯定是一个判断敏锐的智者哲人"，但是他认为"四书"只是"哲学家的生活传记"，缺乏思想价值，跟希腊哲学及拉丁哲学相比，没有什么"新的高尚未知的东西"，"四书"并不是"敏锐睿智之作""书中混入了相当多的低级庸俗不值一谈的、甚至几乎令人喷饭的东西。"③ 哲学家康德（Immanuel Kant，1724－1804）对孔子与儒学持批判态度。他以其自我意识理论为立场，批评儒家的道德箴言仅有传统，缺乏"概念"，只偏重道德表象，对道德律一无所知，缺乏理性反思。康德拒绝承认儒家思想的哲学身份，他认为，古老的中国人虽然创造了文明，但是却远离了哲学，因为秉持着常识性伦理格言生活的人是没有能力发现或产生哲学的④。黑格尔（Georg Wilhelm Friedrich Hegel，1770－1831）也不认同中国文化的价值，不认同儒家思想和孔子的学说。他把中国排除在世界历史之外，因为他觉得中国一直没有"主观的自由"，因此没有真正的历史，中国儒学也是如此，不在世界哲学史之列。他认为，儒家"也曾注意到抽象的思想和纯粹的范畴"，但是，"尽管他们也达到了对于纯粹思想的意识，但并不深入，只停留在最浅薄的思想里面。"他认为"孔子只是一个实际的世间智者，在他那里思辨的哲学是一点也没有的，只有一些善良的、老练的、道德的教训"。⑤ 黑格尔还评价了孟子，认为孟子的"著作的内容也是道德性的。孔子才是中国人的主要的哲学家。"⑥ 黑格尔狭隘的中国观是由于他接触的中国资料信息有限而造成的。

儒家经典在俄罗斯的传播主要在俄罗斯大学里进行。1855 年起，王西里出任彼得堡大学教授，他将《论语》设置为彼得堡大学汉学专业四年级的必修课。1894 年伊万诺夫斯基为彼得堡大学二年级学生开设《论语》的翻译课。1902 年波波夫任彼得堡大学客座教授期间，仍沿用王西里中国文学史一课的教学大纲和

---

① 张成权、詹向红：《1500～1840 儒学在欧洲》，安徽大学出版社 2010 年版，第 182～188 页。
② 马祖毅、任荣珍：《汉籍外译史》（修订本），湖北教育出版社 2003 年版，第 42 页。
③ 李文潮：《德国早期启蒙运动中的孔子形象》，上海三联书店 2012 年版，第 386 页。
④ 成中英、冯俊：《康德与中国哲学智慧》，中国人民大学出版社 2009 年版，第 58～59 页。
⑤ ［德］黑格尔：《哲学史讲演录》（第一卷），贺麟、王太庆译，商务印书馆 2009 年版，第 119～120 页。
⑥ ［德］黑格尔：《哲学史讲演录》（第一卷），贺麟、王太庆译，商务印书馆 2009 年版，第 144 页。

教材，并面向三年级的学生开设《论语》释读的课程，1905 年起，波波夫主要给三年级和四年级的学生授课，给三年级讲解《孟子》等典籍，四年级则学习《论语》①。王西里编写的《中国文学史纲要》是欧洲关于中国文学史的第一书，也是世界上第一本中国文学史专著，"四书"的部分内容被收录其中，被王西里按照儒学的发展分期分置于第四、五、六、七章②。大文豪列夫·托尔斯泰崇尚中国智慧，不断地从儒学中汲取营养，他说，在东方的哲学家中，孔孟对他的影响很大，老子对他的影响巨大③。托尔斯泰的儒学观来自阅读和研究理雅各的《中国经典》第一、二卷即"四书"译本。他的书信和日记记录了他阅读"四书"译本后的欣喜和赞美之情，例如，1884 年 3 月 4 日，他在给切尔特科夫的信中提道："正在研读中国人的极高妙的智慧思想"；在 3 月 11 日的日记中写道："孔子的中庸之道妙极了"；在 3 月 29 日的日记中写道："读孔子。越来越深刻，越来越好。"④ 处于基督教东正教文化中的托尔斯泰，甚至认为孔子学说和基督教学说一样，都达到了道德高峰："……第二天读孔子，很难想象，这是多么不同寻常的道德高峰，看到这一学说有时竟达到基督学说的高度，你会感到快慰。"⑤ 同年 4 月 9 日，他开始接触理雅各编译的《孟子传》(*The Life and Teaching of Mencius*, 1875)，对孟子的"求放心"产生了强烈的共鸣。1900 年 11 月，托尔斯泰在日记中写到，儒家学说让他汲取了精神力量，有表达自己对儒学的感悟的欲望："……专心研究孔子，感到很好。吸取精神方面的力量，很想写出我们现在所理解的《大学》和《中庸》。"⑥ 1884 年，托尔斯泰把他对儒家思想的体悟与感受写成了两篇文章：《论孔子的著作》和《论〈大学〉》。他对"四书"的阅读与研究一直持续到他的暮年⑦。

在美国，儒家经典对美国超验主义领军人物爱默生和梭罗影响深远，他们发现，儒家的很多思想与他们的哲学思想非常契合，中华文化中的天人合一思想和道德天性思想对他们有很大启迪。爱默生与儒家典籍的接触是通过马士曼的《论语》译本、柯大卫的"四书"译本以及理雅各的《中国经典》进行的，他被这些译本中的孔子箴言所吸引，将它们摘录记在日记中，有的发表在超验主义的喉舌杂志《日晷》(*The Dial*) 的"世界文化经典专栏"上，1843 年 4 月刊，爱默生和梭罗策划、摘录了马士曼译本的 21 条语录并取名为《孔子语录》刊登在其

---

① 陈树千：《19 世纪"四书"在欧洲的传播研究》，黑龙江大学博士学位论文，2015 年，第 121～123 页。
② 陈树千：《19 世纪"四书"在欧洲的传播研究》，黑龙江大学博士学位论文，2015 年，第 121 页。
③ 马祖毅、任荣珍：《汉籍外译史》（修订本），湖北教育出版社 2003 年版，第 41 页。
④⑥ 施忠连：《儒风华雨润异域：儒家文化与世界》，山东教育出版社 2011 年版，第 85 页。
⑤ 李明滨：《托尔斯泰与中国文化》，载于《华侨大学学报》1998 年第 3 期。
⑦ 陈树千：《19 世纪"四书"在欧洲的传播研究》，黑龙江大学博士学位论文，2015 年，第 140 页。

中的"文化经典专栏"里,同年10月刊,摘录了柯大卫译本中的42条语录取名为《中国古典精粹〈四书〉》刊登。由于他们不懂中文,借助译本摘录的"四书",有斩头截尾、拼凑的错误。艾默生对孔子处理人际关系的方式十分欣赏,赞同他的道德伦理主张,他欣赏儒家把"善"实用化、世俗化的做法,因为它同样把人获得善的权利和自由还给了人本身,这和超验主义的思想不谋而合。"人"是超验主义的出发点和归宿,它倡导人的个体独立和自由,重视人的自我修养与教育、自我发展与完善,超验主义对于个人的强调与儒家的"成为君子"的道德目标有一定的联系。在日记中,他称颂孔子是"民族的光荣,绝对东方的圣人,他是个中间人,他是哲学中的华盛顿、仲裁人,现代史中的中庸之道。"① 他认为孔子的人格可以作为人类努力向上的榜样,因为他是最高尚道德身体力行的楷模。在爱默生看来,孔子在人类思想上的贡献约有五点:第一,他和苏格拉底一样,有"不知为不知"的虚心与诚实;第二,孔子的"中庸之道"比耶稣所倡导的"金律"早五百年创立,是为"絜矩之道";第三,孔子的"中庸之道",言之极精,可以作为衡量近代历史的准则;第四,孔子注重躬身自省;第五,孔子思想开创罗马安东尼一派的先河,中华民族克勤克俭的美德,实得之于先哲宝典所赐。他对孟子也非常欣赏,他认为孟子关心国家政治,将其与苏格兰哲学家、评论家托马斯·卡莱尔(Thomas Carlyle,1795-1881)进行比较,认为卡莱尔的学说是"暴风雷电",而《孟子》则是"静谧的阳光"。② 爱默生十分喜欢儒家学说,他常用"四书"章句自我勉励、劝勉同僚,在学术争论中经常引用儒学经典论证观点,在文学作品中融入儒家的思想。③

  超验主义哲学家梭罗与儒学的接触始于1841年,他研读过马士曼的《论语》译本和柯大卫的"四书"译本,很快就被"四书"的语言文字和思想内容所吸引,他在日记中记录了他的这种感受:"这些古书是多么动人心魄,荷马、孔子的情趣是多么高贵!"他不赞同柯大卫"四书"译本中对"四书"、对孔孟、对儒学的批评和贬低,甚至质疑柯大卫译文的真实程度。在阅读了颇节的《孔子和孟子》后,梭罗认为颇节译本比较公正,他将其中自己欣赏的段落由法语译为英文抄录下来,现存于纽约公共图书馆中的梭罗手写本《备忘录》(The Commonplace Book)中,记载了梭罗根据颇节译本翻译的"四书"共96段。④ 出于对颇节"四书"译本的欣赏,他在《日晷》杂志上两次发表"四书"的摘录,在其

---

① 钱满素:《艾默生和中国:对个人主义的反思》,生活·读书·新知三联书店1996年版,第137页。
② 黄兴涛:《文化怪杰辜鸿铭》,中华书局出版社1995年版,第26页。
③ 陈树千:《19世纪"四书"在欧洲的传播研究》,黑龙江大学博士学位论文,2015年,第130页。
④ Tan Hongbo, *Emerson, Thoreau, and The Four Books*. UMI, 1990:196.

著作《瓦尔登湖》中引用"四书"十处,所有引文都出自颇节的《孔子和孟子》译本。① 美国意象派大诗人庞德翻译过《论语》《大学》《中庸》,对儒家思想评价甚高,认为孔孟思想是中国传统文化思想的精髓部分,他把世界比作一个病入膏肓的人,孔子是唯一可以医治西方的人。②

欧美传教士和汉学家对儒学的介绍和儒家经典的译介,引起了欧美学术界的关注,为欧美学术界了解和研究中国儒家思想提供了资料,他们从儒家思想里得到的收获主要表现在哲学、政治学和伦理学领域,欧美的一些哲学家如莱布尼茨、培尔(Pierre Bayle, 1647-1706)、沃尔夫(Christian Wolf, 1679-1754)、歌德、艾默生、梭罗等从儒家思想里汲取过营养,儒家思想给了他们灵感,他们的理论中都有儒家思想的痕迹。儒学对欧洲政治学、伦理学的影响,主要是一些启蒙思想家,如伏尔泰、魁奈、狄德罗等,他们从儒家的政治伦理思想中得到启示,从儒家思想里得到理想主义的支持,他们著作中的儒家中国是他们想要建立的"理想国"。中国以儒家思想为基础的科举考试选拔官员的制度为英国文官体制直接提供了借鉴。③

当今社会,儒学依然焕发着价值光彩,具有一定的现实意义,儒家文化的价值不断得到挖掘和传承,儒学中的普世价值,诸如"天人合一""和而不同""中庸""己所不欲,勿施于人""礼之用,和为贵""德不孤,必有邻"等不断得到国际社会和国际组织的推崇,成为现代人解决精神困惑的方法来源。1988年初,75位诺贝尔奖得主在巴黎集会,瑞典物理学家、诺贝尔奖获得者阿尔文博士在集会上说:"人类要在二十一世纪生存下去,必须回到2500年前,从孔子那里寻找智慧。"1993年9月4日在芝加哥召开的世界宗教大会宣言《全球伦理宣言》中,提出了两条伦理原则:一条是儒家的"忠恕之道",即"己所不欲,勿施于人"原则;另一条是人道主义原则,这和儒家的"仁者爱人"价值观相一致④。全球伦理所倡导的"仁爱""公正""平等""和谐""人道""宽容""信任""忠诚""义务""责任""自我约束""尊重生命"等原则,也可以在儒家理论中找到。⑤ 费孝通先生提出的"文化自觉"就是提出中国政府和中国人民应该重视中华民族的传统文化价值,他说:"文化自觉指生活在一定文化中的人们对其文化有'自知之明',明白它的来历、形成过程,所具有的特色和发展的趋向。'自知之明'是为了加强对文化转型的自主能力,取得决定适应新

---

① 谢志超:《爱默生、梭罗对〈四书〉的接受》,上海师范大学博士学位论文,2006年,第132页。
② 马祖毅、任荣珍:《汉籍外译史》(修订本),湖北教育出版社2003年版,第44页。
③ 张成权、詹向红:《1500~1840儒学在欧洲》,安徽大学出版社2010年版,第156~157页。
④ [德]孔汉思:《世界伦理手册:愿景与践履》,邓建华、廖恒译,生活·读书·新知三联书店2012年版,第132~147页。
⑤ 李玉良、罗公利:《儒家思想在西方的翻译与传播》,中国社会科学出版社2009年版,第13~14页。

环境、新时代文化选择的自主地位。"① "自知之明"是要正视、重视自己传统文化的价值，而不是文化倒退，不是文化复辟，更不是全盘西化，而作为传统文化的儒家思想，理应得到重视。在新时期，中国政府提出建设"和谐社会"的目标，需要我们对自身文化保持自觉，需要我们认识到，建设和谐社会目标的文化理论源头之一是儒家思想。此外，儒学在促进儒文化圈的现代经济发展崛起的成就有目共睹。儒学必定会为人类的和谐稳定发展继续发挥它的历史功效。

总之，儒学在西方的命运和西方的中国形象密切相关，随着中国和西方之间力量的强弱对比的变化而变化。中国儒学经典在世界的旅行过程中，跨越了地理空间，跨越了不同的社会历史环境，遇到过掌声，也遇到过指责；得到过理解，也遭遇过被改造和误读；经历过接受，也受到过排斥；儒学在传播自己理论的同时，也参与了旅行地文化的建构，在传播地产生了不同的影响和作用。儒家经典被教会学校当成汉语学习教材，让未来的传教士能够理解中国以便于其完成传教的使命；走进了许多国家的汉学研究机构，让未来的汉学家能够更为专业地开展对中国的学术研究活动；被学者写入了他们国家的文学史，走进了大学课堂，让学生们汲取中国儒家思想的营养；儒家经典走进了思想家、哲学家的书房，成为一些国家的治国理念的组成部分，成为一些社会思潮的推动力；儒家经典中包含的普世价值受到世界组织和机构的关注，被用来作为建设人类精神家园的思想宝库之一；中国儒家经典也成为普通人的读物，为世界人民认知中国搭建起了广阔的文化背景。中华经典在世界范围的传播，是中华民族自我认知的一个反观，在让别人认识自己的同时，自己也以宽容、友好的心态融入世界，让自己被客观真实地理解。在新时期，我们需要积极主动地向世界展示自己，展现历史的中国和当今现实的中国，积极有效地向世界讲好中国故事，讲述中国的发展经验，用好国际话语进行表达，呈现给世界一个真实的中国，② 进而推动中华文明与世界其他文明之间的"互识""互证"和"互补"。

如何对外传播中华文化，这是时代给我们提出的一个重要课题。过去，我们往往会把中华文化的对外传播简单地看成是"东学西渐"的另一种形式，在观念上存在着忽视接受方文化特点的误区，误以为文化传播就是简单的一方影响另一方。从学理上来讲，这依然是一种"影响研究"的模式，而不是"跨文化研究"的模式。这种观念显然需要纠正。周恩来总理用外国人所熟悉的《罗密欧与朱丽叶》来解说和宣传中国的《梁山伯与祝英台》，堪称为"跨文化阐释"的成功案例，非常值得我们效仿和学习。学界许多朋友担心，用外国文本来阐释中国文本

---

① 费孝通：《关于"文化自觉"的一些自白》，载于《学术研究》2003 年第 7 期。
② 赵剑英：《出版前言》，见卓新平：《中国人的宗教信仰》，中国社会科学出版社 2015 年版，第 2 页。

会造成中国文化的走样和流失,我们觉得大可不必有这种担心,特别是在向外国人讲授中国文化的时候,跨文化阐释是一种行之有效的途径和策略。文化传播必须考虑到"接受视域"和"前理解"的问题。实践证明,总是那些与本土文化相近的外来文化和理论才最容易被本土文化所接受,对中国人如此,对外国人也是如此。因此,为了更有效地传播中华文化,提高中华文化的国际影响力与竞争力,需要运用跨文化阐释的理念与方法,认真研究接受方的文化特点与接受习惯,应该将"东学西渐"与"西学东渐"作为一个整体来看待,应该针对不同区域不同接受对象的文化接受特点,以建构良好的中国国际形象为出发点,来制定具体的传播策略和切实可行的传播方案。

中华文化是中华各民族在悠久的历史中所创造的物质成果和精神成果的总和,是海内外中华儿女共有的精神家园。在历史的长河中,中华文化为人类历史与世界文明做出了重大贡献,中华文化对外传播的历史就是中华民族为世界文明贡献智慧的历史。

从学术理论上研究中华文化的对外传播,其核心在于跨文化阐释学的建构。正像我们前面所提到的,所谓跨文化阐释,就是不同文化、不同语言、不同文本、不同能指之间开放式的相互转换与生发。不同文化虽然在整体结构上存在差异,但其构成元素却有着相同性和共通性,文化差异也就可以归结为"同素异构"的问题。任何民族文化都至少包含着物质文化和精神文化两个层面的元素。为了进行精神文化生产,任何民族都必须首先满足吃、穿、住的基本需要。不同民族满足自身生存和发展需要的元素具有相同性和共通性,满足自身生存和发展需要的手段和方式则具有差异性和特殊性,从而造成不同民族文化整体结构的差异。① 不同民族文化的比较研究只有在"同素异构"这一理论层面上才能全面正确地揭示不同民族文化的"同"与"异",这也是跨文化阐释现象赖以存在的前提和基础,从而可以使我们在不同文化之间进行合理有效的跨文化阐释。跨文化阐释学也只有在此基础上才能从学理上超越以往以评判文化优劣为旨归的简单生硬的模块化比较,辨明文化之间平等的间性关系。进而言之,如能系统科学地对跨文化阐释学进行建构与完善,无疑能对我们的文学研究,乃至文化研究的长足发展提供理论与方法论方面积极有效的借鉴与佐助,无疑可以有效地拨正存在于文化对外传播研究中的单向性迷思,其学术价值与现实意义自不待言。

---

① 陈炎:《中国:走向世界的语言与文化》,载于《山东大学学报》(哲学社会科学版)2007年第5期。

第二编

传播的经典
文本

第三章

《易经》英译与跨文化阐释

　　《易经》是中国最古老的文献之一，被儒家尊为"群经"之首。《易》之为书，广大悉备，涉及并深刻影响了中国传统的哲学、宗教、文学、艺术、数学、天文、物理、医学、政治、军事等诸多领域，由《易经》等中华元典所孕生发展而来的"阴阳两仪"等中华民族固有的思维模式，更是中华文化的主要精义。在中华文化对外传播史上，《易经》是最为重要的经典文本之一，迄今已出现了上百个外文译本。但由于《易经》本身的符号、文字表述体系的深晦，以及"易学"经过数千年发展的浩繁、庞杂，海外汉学对于《易经》的认识、理解、阐发、译介，与《论语》《老子》等经典的情况相比，进展仍相当缓慢。因此，深入研究《易经》对外传播的情况，考察西方接受《易经》的得失，有助于我们进一步理解中西文化交流中的得失，从而得出更为有益的建议。而由于语言是文化的重要载体，这一工作可以重点从《易经》翻译入手，进而选择外文译本中最为普及的英译本作为切入点，透过翻译文本的表层考察文化接受的深层。如此，可以从《易经》英译这一点投映出中西跨文化交流的某些史与实，并进而探讨跨文化阐释的方法与途径，从而为更好地推进中西相互理解出谋划策。

　　在当今多数称引、研究《易经》、易学的论著中，"周易"与"易经"是经常被混淆的两个名词，实则二者并不能指代同一经典文本，而是有交集联系的两种文本。成中英先生在《论易之原始及其未来发展》① 一文中对此问题有所辨析。笔者亦以孔见区分如下：

---

① 成中英：《论易之原始及其未来发展》，载于《中华易学》1999年第2期。

（1）易。易的思想创始于中华文明发轫期，有易象、易数，然象征符号起初并不统一，亦未有规律化编排，经由历代先民的智慧总结，逐渐统一为二爻、四象、八卦、六十四卦之易象、易数系统。

（2）易经。由于占卜、阐释之需要，易象、易数渐有对应之文本。夏商周三代的《连山》《归藏》《周易》即为易占、释易的官方版本。其中系于六十四卦的部分可称之为本经，即易象、易数、易辞之统一体系，可称为易经。

（3）周易。包括易经和易传两部分。其中本经部分为周文王、周公等出于新朝之政治、宗教等意识形态的考量，改订夏之《连山》、商之《归藏》本经部分而成，乃流行至今之定本；传的部分俗称"十翼"，用来阐释本经，经西周、春秋、战国，至西汉初年而定，可视为易之"大传"。

（4）易学。包括易传和易术。易的本经和"大传"部分既有定本，西汉以后阐释经传定本的著述可视为易之"小传"，其实亦是易传。易术，即后人参照变化易的象数系统来预测、解释自然与人生的变体，如邵雍的梅花易数。

上述易、易经、周易、易学四者，是按时间顺序而发展生长的，其影响之地域范围也逐渐增大。今天对易的研究，自我观之，可称为本土易学、海外易学；自全球化视野观之，则易已成为人类之公道，易学已成为天下之公器，须要真正放眼、着手去讨论把握"国际易学"。

第一节 《易经》英译版本流变

研究《易经》、易学，不能局限于《周易》六十四卦卦象、卦辞、爻辞，而应该有注意易学历史发展和区域扩展的眼光；同样，《易经》外译及其跨文化阐释的考察文本也不能只局限于本经，还要注意到《周易》经传及其历代传疏的外译和传播。统言之，这是与《易》本身的生长历史和规律相一致的：易非一时一地之学。易的精神，是随时代、区域而变易，又因时代、区域而制宜的。

一、《易经》英译版本的数量

根据《易经》研究者马夏（Joel Biroco）[①]先生截至2004年的考察，《易经》

[①] 马夏（Joel Biroco），本名 S. J. Marshall，是英国伦敦的一名作家和艺术家，著有《天命：〈易经〉秘史》（*The Mandate of Heaven: Hidden History in the I Ching.* Columbia University Press, 2001），其画作多为抽象作品，艺术灵感来自《易经》、道家、禅宗和神秘学。马夏先生自称其《易经》研究始于1982年，他多年来运营着《易经》研究网站"Yijing Dao"（"易经道"，http://www.biroco.com/yijing/）。

的英译版本有 54 个①。相比之下，国内学者研究视野中的版本数量则要少得多。任运忠说："自 17 世纪至今，《易经》被先后翻译成了多种西方文字，其中仅英译就有十多个不同的版本。"② 他所参考的是马祖毅、任荣珍《汉籍外译史》中的说法："从康熙年间到 20 世纪 60 年代，传入西方的《易经》译本至少有 14 种。"③ 由此可见，国内研究者对《易经》英译版本数量的掌握大抵比较粗略，与马夏的统计有较大出入。而对于中华文化经典流行海外已久的其他代表，如《诗经》《论语》《老子》等，其译本的细致考察工作似乎也没有很大进展。如杨平在《〈论语〉英译的概述与评析》中罗列、概述了《论语》的外国译者英译本 33 个、中国译者英译本 17 个，共计 50 个。④《老子》号称是西方除《圣经》外译本最多者，据傅惠生所引 1963 年出版的陈荣捷《老子之道》的说法，《老子》被译成英文 44 次，傅惠生也看到 1963 年之后又有大量《老子》英译本出现，认为其数量难以统计。⑤ 应该承认，对上述这些中华文化典籍的外译版本的统计，难度颇大：它们的最早译本出现在 19 世纪，已经历了近两百年的流传，版本颇众，又因世界范围的战争和政治动乱的影响，流散较多。因此，无论对国内还是国外的研究者来说，版本统计的具体数字都很难给出。但是参照《易经》英译的情况，粗略考察和细致统计有着较大出入，估计《诗经》《论语》《老子》这些重要典籍的英译版本数量应该是目前我们所大致了解的几倍。由此可见，中华经典的域外流传是本土传统之外的另一巨大宝藏。这启示我们应该在中华文化经典汉文流传版本的考察和保存工作之外，加强对其各种民族语言译本的统计和搜集。

结合马夏的《对〈易经〉诸版本的评论考察》（"A critical survey of *I Ching* books"）一文和哈克尔、摩尔和帕茨考（Edward Hacker、Steve Moore、Lorraine Patsco）合编的《〈易经〉：提要汇编》（*I Ching*: *An Annotated Bibliography*）⑥，

---

① Joel Biroco, "A Critical Survey of *I Ching* Books," *The Oracle*: *Journal of the I Ching Society*, Vol. 1, No. 2（1995/1996）: 20 – 40. Slightly revised for web, 2004, http: //biroco.com/yijing/survey.htm.

② 任运忠:《〈易经〉英译现状及重译〈易经〉的构想》，载于《内江师范学院学报》2006 年第 5 期。

③ 任运忠所列《汉籍外译史》版本为湖北教育出版社 2003 年版，而笔者所见为初版，许略有出入。引文见马祖毅、任荣珍:《汉籍外译史》，湖北教育出版社 1997 年版，第 60 页。

④ 杨平:《〈论语〉英译的概述与评析》，载于《浙江教育学院学报》2009 年第 5 期。杨平在注释中说："本文部分资料参考了阎振瀛:《理雅各氏英译论语之研究》，台湾商务印书馆 1971 年版，附录'论语西文译述略'。该文总结了 16 世纪末至 20 世纪 50 年代部分《论语》的外译译本。"该书为笔者所未见。

⑤ 参见傅惠生为"大中华文库"本《老子》所作"前言"。陈鼓应今译，傅惠生校注，[英] 韦利英译:《老子: 汉英对照》，湖南人民出版社 1999 年版。

⑥ Edward Hacker, Steve Moore, and Lorraine Patsco, *I Ching*: *An Annotated Bibliography*. New York and London: Routledge, 2002.

以及笔者所掌握的其他材料,如考狄《中国书目》①、袁同礼《西文汉学书目》②,《易经》的不同英译版本有86个。但这仍是不完全统计,而且受条件限制,笔者也未能对21世纪以来出现的新译本作充分考察和统计。但我们应该可以说,迄今为止,《易经》英译已逾100个版本。

以统计和考察现已较为充分的19世纪后期至20世纪的译本为范围,我们可以略作简单分析,见图3-1。

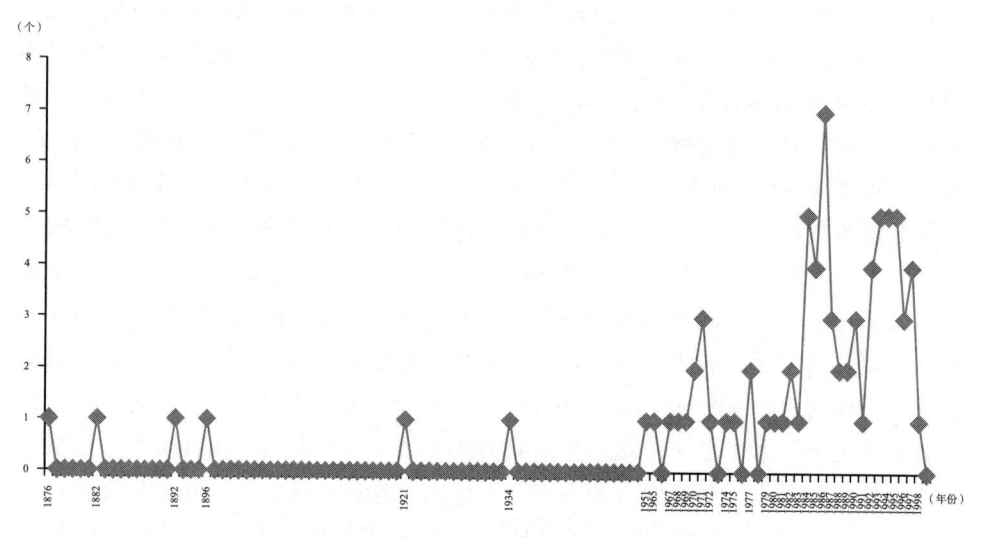

图3-1 《易经》英译历年版本统计

可见一个多世纪以来,《易经》英译推陈出新的时间间隔越来越短,尤其是自1970年以来,呈现密集出版的状态。这一情形当然归原于在世界大战与和平交往中全球化进程不断加速的世界格局大背景。更具体地看,则是因为以理雅各译本和卫礼贤/贝恩斯译本之双璧为代表的优秀译本经过一段时期的流传之后,海外对《易经》及易学的认识和研究有了较为深厚的积淀。尽管理雅各和卫礼贤对《易经》本经的翻译很难超越,但是根据《易经》的众多注本和新的出土文献,再考虑到新的时代和不同市场的需求,《易经》英译工作仍有从容推进之余地。

至于21世纪以来的情况,除理雅各译本和卫礼贤/贝恩斯译本继续一版再版和不断被重新组装之外,20世纪后期经过市场删汰后得到公认的一些优秀译本

---

① Henri Cordier, *Bibliotheca sinica*: *dictionaire bibliographique des ouvrages relatifs à l' Empire Chinois*. 2nd ed. revised Paris: 1904 – 1908; suppl. , 1922 – 1924; reprints, Peiping: 1938; Taipei: 1966.

② Yuan T'ung – li, *China in Western Literature*: *A Continuation of Cordier's Bibliotheca Sinica*. New Haven: Far Eastern Publications, Yale University, 1958.

（如 Richard John Lynn、Richard Rutt、Alfred Huang 的译本）也多次再版。同时，笔者也注意到20世纪后期至今的《易经》海外传播的三个新情况：其一，在许多译本中，《易经》本经的翻译被简化，《易传》的翻译被缩削，而阐释与发挥的部分占了更大篇幅；其二，易学研究的专著和论文收录在不断增加；其三，与《易经》有关的其他中国先贤著作，如《灵棋经》、扬雄《太玄经》和邵雍《皇极经世》，得到了较为全面深入的译介。①

按照同样的时期统计，1876年至1998年的82个版本中，根据出版地区不同（如同时在多个地区出版，则按译者国籍或版权所在地区统计），英国及欧洲占20个，中国及亚洲占9个，美国及加拿大占53个（见图3-2），而且主要出版地区由英国转向美国的情况显而易见，这也与国际中国文化研究（或汉学）主导权由欧洲移往美国的历史状况相符。此外，我们也看到《易经》从本土或周边地区出发的对外传播虽然一直未曾中断，但一直没有发挥大的影响力。这说明在继续推出中国制造的优秀译本这一使命上，我们还有很大的进步空间。

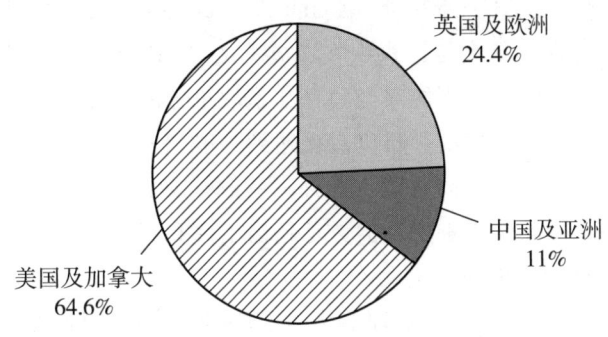

图 3-2　《易经》英译出版地区分布

二、《易经》英译版本之间的差异

需要指出的是，这些版本相互对照，可能存在很大差异，其原因主要有以下几方面：

---

① See：Ralph D. Sawyer and Mei-chün Lee Sawyer, *Ling Ch'i Ching*: *A Classic Chinese Oracle*. Boston and London：Shambhala, 1995. Ivan Kashiwa, *Spirit Tokens of the Ling Qi Jing*. New York：Weatherhill, 1997. Derek Walters, *The T'ai Hsüan Ching*: *The Hidden Classic*. Wellingborough, Northamptonshire：The Aquarian Press, 1983. Michael Nylan, *The Canon of Supreme Mystery by Yang Hsiung*. Albany：State University of New York Press, 1993. Anne D. Birdwhistell, *Transition to Neo-Confucianism*: *Shao Yung on Knowledge and Symbols of Reality*. Stanford, California：Stanford University Press, 1989. Don Juan Wyatt, *The Recluse of Loyang*: *Shao Yung and the Moral Evolution of Early Sung Thought*. Honolulu：University of Hawaii Press, 1996.

其一，译者意图不同。有些译者主要抱持研究用心，谨慎循照原文本；有些译者主要基于个人学习体悟的兴趣与心得，自由发挥较多；在学术研究和文化传播、普及、交流之外，还有些译者预期将《易经》施用于占星卜课、股市分析、心理治疗等专门领域。比如诗人、艺术家凯伦·霍尔顿（Karen Holden）① 已经不仅仅是"六经注我"，而直以《易经》为药引，进行了诗歌的再创造，给出了她自己的卦爻辞，不当归入《易经》的英译版本中，但仍可视为是对《易经》的跨文化阐释。

其二，翻译范围不同。狭义的《易经》指六十四卦及其卦爻辞，首"艮卦"者为夏之《连山》，首"坤卦"者为商之《归藏》，首"乾卦"者为周之《周易》；广义的《易经》包括《易经》和《易传》，即在本经之外，还有《彖》上下传、《象》上下传（《大象》《小象》）、《文言》、《系辞》上下传、《说卦》、《序卦》、《杂卦》这《十翼》。诸多版本既然主要以西方普通读者为受众，所以大多侧重本经之翻译，对于《易传》更多的是介绍及选译，全译本只有少数几家。例如杰拉尔德·威廉·斯旺森（Gerald William Swanson）的博士论文，作者自述该书首次直接将《易大传》由中文译成英文。② 这也实属《易经》英译的重要进展，但传本用以解经，不能离经独存，是故单独的《易传》英译其功绩主要在于学术研究的累积铺垫层面，难以直接达到一般《易经》英译的传播功效，只好委屈它作为基本统计之外的备案。此外，程颐《易传》、朱熹《周易本义》等后世易学的著述，固然非常重要，但更是超出了《易经》经传的范围，应该专门纳入"经典易学英译"的研究。

其三，依照底本不同。例如理雅各主要参照的是《御制日讲易经解义》（1693）和《周易折中》（1715）中朱熹《易学启蒙》及《周易本义》的部分；卫礼贤的德译主要依照《周易折中》；玛格丽特·佩尔森（Margaret J. Pearson）的译本③主要遵从王弼的《周易注》④，意在传达《易经》最原始的面貌。另外

---

① Karen Holden, *Book of Changes.* Berkeley, California: North Atlantic Books, 1998.

② Gerald William Swanson points out, "This study represents the third English Language translation of the *Great Treatise* in the last hundred years. It is the first translation directly from Chinese to English which provides commentary and analysis of the main ideas of the text." Gerald William Swanson, "The Great Treatise: Commentary Tradition to the *Book Changes*," Ph. D. diss., University of Washington. 1974: 1. Second citation from Edward Hacker, Steve Moore, and Lorraine Patsco, *I Ching: An Annotated Bibliography.* New York and London: Routledge. 2002: 134.

③ Margaret J. Pearson, *The Original I Ching: An Authentic Translation of The Book of Changes.* North Clarendon, VT: Tuttle Publishing, 2011.

④ 玛格丽特·佩尔森所据版本为：王弼著，楼宇烈校释：《王弼集校释》，中华书局1980年版。王弼《周易注》以费直古文《易》为本，以《彖》《象》《文言》解经，去术数而崇义理；且援《老》解《易》，引入"三玄"的魏晋玄学风尚。

20 世纪 70 年代以来的《易经》出土文献，如湖北王家台《归藏》、马王堆帛书《周易》（包括《系辞》《二三子问》《易之义》《要》《缪和》《昭力》六篇《易传》）、上博楚简《周易》等，也部分进入了新时期海内外译者的视域。

对于这些《易经》英译的具体考量和细致剖析，可以用到六项尺规，即 Who, What, When, Where, How, Why, 以期在这一繁重的研究工作中抓住重点：

Who，英译者是谁，他是怎样的人，有着何种汉学背景？

What，他所依凭的原文本是何种版本，或主要凭靠哪一版本，又考照了哪些旁的版本？

When，他从事翻译的时期有着怎样的时代背景，彼时东西方交流进展到哪一阶段？

Where，他在何处从事翻译工作，本土或中国，或两地兼有，他所在的政治经济文化的社会环境对他有何等影响？

How，他进行翻译的标准是怎样的，采取了哪些翻译策略，从而使译本呈现出怎样的风貌？

Why，译本最终的呈现缘何如此，与作者的身份经历、与原文本的择取、与时代和社会的环境、与翻译的策略和技巧有何种关联？

如是，庶几可以排沙见金，从良莠不齐的众多译本中揄扬佳译，并使《易经》英译与传播朝着更为美善的方向推进。

三、《易经》英译版本的流变

从跨文化交流的角度可以大致分出《易经》英译发展的三个历史阶段：第一期主要在十九世纪下半叶，以理雅各为代表的西方传教士为主要译者，其目的是理解与介绍中国文化，为西方宗教、文化的输出做基垫；第二期主要在 20 世纪上半叶，以由卫礼贤德译本而来的贝恩斯英译本为代表，其主要目的是诠释中国文化，以异质文化为西方传统文化提供新的借鉴；第三期从 20 世纪中叶至今，体现为现代译本的百花齐放，既有中国本土译者的文化输出的主动意识的增进，又有英国及欧洲大陆传统的文化输入的发展，还有以美国为代表的多元文化互动的积极诉求，它们主要都是将《易经》作为全球多元文化相互交流与理解的载体来翻译的。

理雅各译本与卫礼贤/贝恩斯译本，至今仍都是《周易》外文翻译及海外"易学"研究的重要圭臬。其中，贝恩斯以卫礼贤德译本为底本的英译本，虽然不是最直接的英译本，但是其所处时期上承传教士以宗教理念为主要译介寄托的时代，下接当代通过翻译促进多元文化互释互知求和求进的时代，体现出跨文化交流与沟通的过渡阶段特征。例如，与理雅各译本相较，虽然都极尽其忠实原文本之工，但卫礼贤/贝恩斯译本在语言处理上体现出更多的异化特色，这两个版本两相参照，可以作为跨文化阐释研究的典型案例。

综览《易经》海外英译的诸多版本，一言以蔽之，是"用"过于"体"。这从译者的译介倾向、译作的文本呈现、读者（或市场）的（受预期以及被时间所检验的）接受兴趣三方面看皆是如此。尽管自理雅各、卫礼贤/贝恩斯译本之后，贴合学术研究的译本仍有不少，但更多的译本仍以实际应用为目的。这些译本往往在封面书名上就开始自我营销，明示可用于日常占卜、经济分析、修身养性、习练功夫、心理治疗、亲近宗教等各个社会活动层面；在内容上也往往不以翻译为重点，而是将翻译的阐释功用放大，翻译过核心原文本之后，将很大篇幅放在解释如何致用方面。其实自理雅各翻译《易经》以辅助传教事业始，便可见《易经》英译的整体风貌早就如此。像卫礼贤那样浸淫于中华文化表里数十年，诚心服膺并潜心研习《易经》的情况，只是特例。这一情状，诚如李庆本先生在《中华文化对外传播的理由和途径》一文中所言："文化传播，最先和最容易得到传播的是物质层面的文化，其次是制度层面的文化，最后才是精神层面的文化。"① 这是因为，越是在文化的表层，越是接近人类共同的基本的生存物质需要，越是容易接受和消化；而越是往文化的深层，越是受限也越是适应于不同的地区社会环境，就越是各各不同，文化的传播与收受也就更需要交通双方反复的耐心；但到了文化的最核心层面，不同文化的相互理解又变得晓畅，因为对美善、和平、自由等人性向上一面的共同追求又为全人类共通。在同一篇文章中李庆本归纳道："如果说吃、穿、住是人类三种最基本的物质生活需要的话，那么智、意、情则是人类三种最基本的精神生活需要。"② 这正如一群兄弟姐妹分道扬镳，或骑马，或驾车，或行舟，周游世界之后，终究会殊途同归，再度聚首。

如此看《易经》西传，再设一喻，正如厨人拿到进口食材，怕本国食客不知如何动用刀叉，或者担心不合他们口味，又或者异域食物于本土肠胃不好消化，所以便用当地的各种烹饪方法加工，再试图引进道地的外国做法。何况这《易经》"淡妆浓抹总相宜"，经得住各式改造，也正证明了其作为"群经之首"的精宏。所以，对于《易经》英译"体"过于"用"或"术数"盖过"义理"的情形，倒不必介怀③；而《易经》其译其用的长盛不衰，也正说明中西文化都不

---

① 李庆本：《跨文化美学：超越中西二元论模式》，长春出版社2011年版，第179页。
② 李庆本：《跨文化美学：超越中西二元论模式》，长春出版社2011年版，第178页。
③ 中国传统易学的义理、象数二派，似乎前者更有道德上的优越感和哲理上的优越性，但是从易学的推广流传的实际情况和客观规律来看，也还是要由"浅"入"深"，由"表"及"里"，由"用"悟"体"。

脱"一阴一阳之谓道"的范畴,异构而同素,尽管可能有六十四卦般纷繁的"变易",仍旧有八卦相错这般"易简"的通约性可循,终究还是归到一个互生互成的"不易"的人类文明共同体。

当然,《易经》英译版本流变至今的情形,也说明了在传达《易经》内涵与精神方面,无论是国内还是海外的译者,都多少有些力有不逮。举一个简单的例子,对于《易经》占卜方法的介绍,多数译本还是倾向于介绍金钱卦,而对较为复杂的揲蓍之法则很少论及。这或许是因为前者相当于掷硬币的升级版本,容易理解和掌握;而且前者随机性更大,更多游戏的意味,后者则暗含精密的数学机制和特有的思维范式,较难得到理解和认可。所以,《易经》英译的详与略、精与粗、此与彼所折射的,是关于文化传播与交流的更大问题。王宁指出:"在使中国文化和文学有效地走向世界的过程中,我们离不开翻译的中介作用,同时,我们更不应当忽视翻译在不同的民族文化以及民族主义与世界主义之间所起到的协调作用。随着全球化时代文化交流和文化对话的深入,这种文化协调的作用将越来越得到彰显。"① 我们所诚心期望的是,《易经》已经包含了这一问题的答案,而在构筑《易经》英译桥梁的匠师和桥上的行人中,有人正走在参透这一奥秘的道路上。

第二节 国内外《易经》的英译

西方世界对《易经》较为全面的了解和译介始于欧洲耶稣会士来华时期。彼时,中国的康雍乾三朝乃处在清代二百四十余年统治的鼎盛时期,而欧洲诸强开始在世界舞台上崛起。以中国为主体的东亚对于18世纪的欧洲来说是一方神秘而富饶的庞大版图,但自命天朝上国的中国对于它视野之外的异域并没有好奇心。当时在欧洲大陆仍有相当影响力的天主教为了压制迅速崛起的新教,亟欲在海外扩展它的势力,因而在拥有2亿人口的中华帝国传教意义重大;同时欧洲各国君主出于巩固统治、确立霸权等方面的考虑,也需要与在当时仍然强大富饶的中国进行交流。在这种世界格局中,中西两种文明形成了不可避免的交流和碰撞。中国的国情是君主专制与中央集权,因此,要进入这个古老而傲慢的国度,就不得不首先取得皇帝的信任和支持。而在中国皇帝眼中,中国作为天朝上国,在任何方面都是优于世界上其他国家的,唯有西方的绘画、器物等"奇技淫巧",才能作为帝王宫廷生活的点缀。所以耶稣会以及欧洲君主纷纷派遣科学家和艺术

---

① 王宁:《民族主义、世界主义与翻译的文化协调作用》,载于《中国翻译》2012年第3期。

家进入清廷当值,在康雍乾三帝"因人容教"的对外政策中揣摩这个古老帝国的文化心理。

儒家思想自汉代以来就在中国取得了官方的权威地位。而《易经》高居儒家"四书五经"的核心,也引起了来华耶稣会士的高度注意。同时,由于易的严密体系不逊色于西方的数理逻辑,而且将外在的自然时空与内在的心灵世界汇于一体,中国的统治阶层也乐于向西人推介《易经》,例如康熙即督促居于宫廷中的法国传教士白晋研习《易经》。因此,拉丁文、法文的《易经》节译与介绍便经由传教士的信函传到了欧洲。

一、理雅各译本:传教士的译经事业

在理雅各翻译《易经》之前,英国圣公会传教士麦格基(McClatchie)于 1876 年在上海出版了《易经》的第一个英文全译本①。但这个版本颇多译者的臆解和自由发挥,并不可信。理雅各在其译本的前言中较为克制地批评了这个版本,认为它对自己的译本毫无帮助。

伦敦大学教授、法国东方学者拉克伯里(Albert Étienne Jean Baptiste Terrien de Lacouperie, 1845～1894)的《中国最古的书——〈易经〉及其作者》(*The Oldest Book of the Chinese, the Yh-King, and Its Authors*)于 1882～1883 年在《皇家亚洲学会学报》(*Journ. R. As. Soc.*)上发表,1892 年汇编出版。拉克伯里出于论述的需要,选译了《易经》的部分彖爻辞。

理雅各(James Legge, 1815～1897)是享有盛名的英国苏格兰汉学家,国内外学界对他的研究已较为充分,如收入阎纯德、吴良志主编的《列国汉学史书系》的吴伏生《汉诗英译研究:理雅各、翟理斯、韦利、庞德》②,对理雅各的汉学事业尤其是《诗经》与《离骚》英译作了专章评述。吉瑞德(Norman J. Girardot)的《朝觐东方:理雅各评传》(*The Victorian Translation of China, James Legge's Oriental Pilgrimage*)③ 一书,对理雅各的生平事迹进行了详尽的叙述评说,并获美国宗教学会宗教历史研究著作奖、美国历史学会费正清奖,也于 2011 年

---

① 理雅各在其译本前言中提道:"In 1876 the Rev. Canon McClatchie, M. A., published a version at Shanghai with the title, 'A Translation of the Confucian Yî King', or the 'Classic of Change with Notes and Appendix.'" James Legge, *The Yî King or Book of Changes*. Oxford: The Clarendon Press, 1882: xvii.
② 吴伏生:《汉诗英译研究:理雅各、翟理斯、韦利、庞德》,见阎纯德、吴良志主编:《列国汉学史书系》,学苑出版社 2012 年版。
③ [美]吉瑞德(Norman J. Girardot):《朝觐东方:理雅各评传》,段怀清、周俐玲译、周振鹤主编:《来华基督教传教士传记丛书》,广西师范大学出版社 2011 年 1 月第 1 版。译自 N. J. Girardot, *The Victorian Translation of China: James Legge's Oriental Pilgrimage*. University of California Press, 2002.

译入中国。此外国内以理雅各为主题进行研究的期刊论文和硕博士论文更是数以千计。

理雅各在 1861~1872 年相继出版《中国经典》(The Chinese Classics)[1],包括：《论语》《大学》与《中庸》[2]（第一卷,1861 年）；《孟子》[3]（第二卷, 1861 年）；《书经》《竹书纪年》[4]（第三卷,1865 年）；《诗经》[5]（第四卷,1871 年）；《春秋》《左传》[6]（第五卷,1872 年）。1879~1891 年《中国圣书》(The Sacred Books of China) 陆续出版,包括：《书经》《诗经（与宗教有关的部分）》《孝经》[7]（《东方圣书》第三卷,1879 年）；《易经》（《东方圣书》第十六卷, 1882 年）；《礼记》[8]（《东方圣书》第二十七、二十八卷,1885 年）；《道德经》《庄子》[9]（《东方圣书》第三十九、四十卷,1891 年）。因在中华经典翻译事业上的巨大成就和在汉学研究方面的卓越贡献,理雅各于 1876 年获法兰西学院首届儒莲汉籍国际翻译奖 (the first International Stanislas Julien Prize for Chinese Literature)。

理雅各的译本完整地翻译了《周易》的经、传两部分。在向西方读者呈现《周易》之前,理雅各首先在导言部分具体介绍了这一神秘的东方经典：第一章简略回顾了《易经》从公元前 12 世纪到公元 19 世纪的流传历史；第二章简单介绍了《易经》的象数体系（包括河图、洛书）、创制历史（文王、周公作易的历史）；第三章阐释了《周易》经传的重要名词与概念。之后是展现《易经》象数一面的图表部分,理雅各给出了伏羲先天八卦与文王后天八卦衍生的五个图表。在《易经》部分,理雅各将译文分为《上经》《下经》两部分。在《易传》部分,理氏把"十翼"分为七种：附录一 (Appendix Ⅰ) 分两部分,分别对应《象传上》和《象传下》；附录二 (Appendix Ⅱ) 分两部分,分别对应《象传

---

[1] James Legges, *The Chinese Classics*: with a Translation, Critical and Exegetical Notes Prolegomena, and Copious Indexes (5 vols.). London: Trubner, 1861–1872.

[2] James Legges, *Confucian Analects, the Great Learning, and the Doctrine of the Mean*. Oxford: Clarendon Press, 1861; revised second edition, 1893; reprinted by Cosimo in 2006.

[3] James Legges, *The works of Mencius*. Oxford: Clarendon Press, 1861; revised second edition, 1895; reprinted by Dover Books in 1990.

[4] James Legges, *The Shoo King (Book of Historical Documents)* with *Bamboo Annals*. London: Trubner, 1865.

[5] James Legges, *The She King (Classic of Poetry)*. London: Trubner, 1871.

[6] James Legges, *The Ch'un ts'ew (Spring and Autumn Annals)* with *the Tso chue (Commentary of Zuo)*. London: Trubner, 1872.

[7] James Legges, *The Shǔ King (Book of Documents)*. The religious portions of the *Shih king (Classic of Poetry)*. *The Hsiâo King (Classic of Filial Piety)*. Oxford: Clarendon Press, 1879.

[8] James Legges, *The Lî Kî (Book of Rites)*. Oxford: Clarendon Press, 1885.

[9] James Legges, *The Texts of Taoism: The Tâo Teh King (Tao Te Ching); The Writings of Kwang-dze (Chuang Tzǔ)*. Oxford: Clarendon Press, 1891.

上》和《象传下》；附录三（Appendix Ⅲ）：即传统所称的"易大传"（The Great Appendix），两部分分别对应《系辞上》和《系辞下》；附录四（Appendix Ⅳ）亦分两部分，分别对应《文言》的《乾》和《坤》；附录五（Appendix Ⅴ）对应《说卦》；附录六（Appendix Ⅵ）对应《序卦》；附录七（Appendix Ⅶ）对应《杂卦》。

理雅各的英译侧重意义的介绍和阐释，而忽略原文本音韵美、文学美的传递。他在翻译中大量使用 indicates that, shows, we see 等指示词，旨在根据自己对《易经》及易学的全部理解对西方读者进行详尽的介绍与指导，可视为是他对《易经》的跨文化阐释。

《易经》向称难解，即便经过有清一代训诂学家的细致考据，近代考古学、人类学等诸学科的佐助，时至今日，仍未能彻底扫清《易经》文字上的疑义。理雅各虽然博通中华典籍，但仍在译文中存在着一些硬伤。

如首卦《乾》用九辞"用九：见群龙无首，吉。"理雅各的译文为：（The lines of this hexagram are all strong and undivided, as appears from）the use of the number NINE. If the host of dragons（thus）appearing were to divest themselves of their heads, there would be good fortune.①

理雅各用"appearing"译出了"见"通"现"的古义，可见其审读原文之精细。然而"divest"意为"剥夺""使之放弃"，理雅各又将"首"直译为"heads"，则容易使译文读者将"群龙无首"理解为"群龙失头"，如此就大与原义偏违。历来理解"群龙无首"，或者直接得出"神龙见尾不见首"的画面感，群龙将头藏于云间，只现出一鳞半爪，即是不争先出头的意思；或者跳出"首"的显象，直接解为"首领"，即是一群大人物相安无事、不求统御同侪的寓意。如果按照理雅各的译文，则多了东方怪力乱神的画面感，而减损了其背面的哲理。

再比如《姤》卦爻辞中"包有鱼""包无鱼"之包，当作"庖厨"的"庖"解，理雅各径译为"Wallet"，解作"钱包"，也是草率。

《易经·姤》二爻辞原文为："九二：包有鱼，无咎，不利宾。"理雅各翻译为：The second line, undivided, shows its subject with a wallet of fish. There will be no error. But it will not be well to let（the subject of the first line）go forward to the guests.②

《易经·姤》四爻辞原文为："九四：包无鱼，起凶。"理雅各翻译为：The

---

① James Legge, *The Yî King or Book of Changes*. Oxford: The Clarendon Press, 1882: 58.
② James Legge, *The Yî King or Book of Changes*. Oxford: The Clarendon Press, 1882: 155.

fourth line, undivided, shows its subject with his wallet, but no fish in it. This will give rise to evil.①

再例如《蒙》卦三爻辞原文为："六三：勿用取女；见金夫，不有躬，无攸利。"理雅各翻译为 The third line, divided, (seems to say) that one should not marry a woman whose emblem it might be, for that, when she sees a man of wealth, she will not keep her person from him, and in no wise will advantage come from her.②

其中的"金夫"，理雅各译为"a man of wealth"，这也是历代易学家多采用的理解。而近代闻一多《周易义证类纂》、李镜池《周易通义》等认为"金训武，金夫，武夫。"考虑到《易经》当时"金"的更普遍意义，金夫为武夫的说法更佳。当然，这是以今人所知苛求前人了。但是，理雅各从西人的视角出发，仍拘守朱子等先代易学家，未能跳出中国传统的成见。

此外，在卦名的译法上理雅各的考虑也欠妥。汉字为象形兼表意文字，英文为拼音文字，而理雅各在一些卦名的处理上却出现了标音相同的问题，使得异卦同名，容易混淆（见表 3-1）。

表 3-1　　　　　　　　　　理雅各卦名注音

卦	注音	卦	注音
乾	khien	谦	khien
坤	khwǎn	困	khwǎn
履	lî	离	lî
比	pî	贲	pî
蹇	kien	渐	kien
损	sun	巽	sun
解	kieh	节	kieh

我们可以看到，这七组卦名中，损与巽读音相近、声调不同，其余六组则读音相同、声调不同。而在英文中，它们的音与形都是无差别的。遗憾的是，理雅各既没有附上相应的汉字，也未加任何说明。我们进而通览 1882 年版的理氏译本，全书都没有出现除卦爻符号之外的任何汉字，从这种或有意或无意的"遮蔽"，可以窥见译者并非期求文化平等对话的心态。

---

① James Legge, *The Yî King or Book of Changes*. Oxford：The Clarendon Press, 1882：155.
② James Legge, *The Yî King or Book of Changes*. Oxford：The Clarendon Press, 1882：65.

二、卫礼贤及贝恩斯译本：从宗教到汉学的重心转移

（一）卫礼贤的德译本

卫礼贤（Richard Wilhelm，1873~1930），为德国基督教同善会传教士，著名汉学家。1899 年，卫礼贤到当时的德国殖民地中国青岛传教，在清末大儒劳乃宣的教导下，研习《易经》和全真教典籍。他翻译了《老子》《庄子》《列子》等道家典籍，并将《太乙金华宗旨》及《慧命经》译为德文《黄金之花的秘密》（后亦由贝恩斯夫人译为英文：The Secret of the Golden Flower: A Chinese Book of Life），启发了荣格的集体无意识理论。卫礼贤投身于向西方传播中华文化的事业，而主动淡化了他的宗教任务，他自承在中国期间并未发展一个中国教徒。1901 年，卫礼贤在青岛创办中小学七年制教育"礼贤书院"（Richard-Wilhelm Schule），即今青岛市第九中学的前身。1906 年，清廷为嘉奖卫礼贤办学之功，赐予他四品顶戴。卫礼贤在华长达 22 年，并曾短期担任北京大学教授。在生命的最后阶段，卫礼贤回到德国，担任法兰克福大学的汉学教授，于 1925 年创立了德国第一个中国学研究机构"中国学社"。

卫礼贤之子卫德明（Hellmut Wilhelm，1905~1990）生于山东青岛，是国际知名的汉学家和易学家，曾在北京大学和华盛顿大学任教。他与贝恩斯夫人（Cary F. Baynes）合作，促成卫礼贤的《易经》德译本在美国转译为英文出版。此外，他的《变易：〈易经〉八讲》（Change: Eight Lectures on the I Ching）亦由贝恩斯夫人译为英文，1960 年在美国出版。1979 年，埃伯（Irene Eber）英译出版了卫礼贤的《〈易经〉讲稿：变易与不易》（Lectures on the I Ching: Constancy and Change）。嗣后，普林斯顿大学出版社于 1995 年将卫氏父子的这两种易学著作结集为《理解〈易经〉：卫氏〈变易之书〉讲稿》（Understanding the I Ching: The Wilhelm Lectures on the Book of Changes），成为西方易学界的重要参考书。

卫礼贤于 1913 年开始在中国青岛着手《易经》翻译，他跟随清末的大儒劳乃宣研习文本，积十年之功，终于 1924 年在德国出版了《易经》德译本。当时的汉学权威、《中国的科学与文明》（Science and Civilization in China）的作者李约瑟（Joseph Needham）认为这是当时最好的西文译本。荣格在 1949 年为贝恩斯英译本所作的序中谈到，当时许多西方学者认为《易经》只是一本"魔咒"（"magic spells"）的汇编，不是玄奥难解就是毫无价值。而理雅各译本作为当时唯一的《易经》英译，对于让西方思维领会这本书佐益甚少（has do little to make the work accessible to Western minds)。卫礼贤的功绩,就在其大大开拓了理解《易经》象征体系的途径。①

卫礼贤的译本十分忠实精准,这得益于他翻译过程的精细与用心,他在自序中介绍自己的翻译过程:

> 这本《易经》的翻译始于近十年前。辛亥革命之后,青岛成为一批最有名望的旧派学者的寓居地,我就在其中认识了我的师尊劳乃宣。我受惠于他,不仅加深了对《大学》《中庸》和《孟子》的理解,而且也通过他首次开启了对《易经》之奇伟的注意。在他熟稔的指引下,我步入了这个陌生而又亲切的世界。译文是经周详讨论而成的。之后再由德文译回中文,而只有在文意完全显现之后,我们才把我们的本子看作是真正的翻译。②

劳乃宣是清末民初的遗老,曾于1901~1903年任浙江大学堂(浙江大学前身)总理,1911年任京师大学堂(北京大学前身)总监督。对于卫礼贤来说,能在后世纷杂的《易经》传疏中准确而快捷地理解《易经》文本在中文语境中的意义,劳乃宣功不可没。根据卫礼贤的自述,他的译文初稿是直接由《易经》的文言文本转入德文的,这也是两种文化思维的直接对接与转化,能有效避免多余文化义项的附庸或缩削。而他将德文初稿译回中文,等于经过了自己和劳氏的双重检查。因此,卫礼贤的德译本是极为忠实于原文本的。

(二) 贝恩斯的英译本

美国学者贝恩斯(Cary F. Baynes)在卫礼贤的好友、瑞士心理学家荣格(C. G. Jung)的建议下,将卫礼贤的德译本译入英语世界,于1950年出版。这一版本问世后,当时的汉学家卜德认为,理雅各译本的特点是"冗长"(wordy)、"呆板"(stiff)、"如实"(prosaic),卫礼贤译本的特点则是"简明"(concise)、

---

① Carl G. Jung, "Foreword", in Richard Wilhelm, *The I Ching or Book of Changes*, trans. Carry F. Baynes. Princeton, NJ: Princeton University Press, 1967: xxi.

② "This translation of *the Book of Changes* was begun nearly ten years ago. After the Chinese revolution, when Tsingtao became the residence of a number of the most eminent scholars of the old school, I met among them my honored teacher Lao Nai-hsüan. I am indebted to him not only for a deeper understanding of *the Great Learning*, *the Doctrine of the Mean*, and *the Book of Mencius*, but also because he first opened my mind to the wonders of *the Book of Changes*. Under his experienced guidance I wandered entranced through this strange and yet familiar world. The translation of the text was made after detailed discussion. Then the German version was retranslated into Chinese and it was only after the meaning of the text had been fully brought out that we considered our version to be truly a translation." From Preface, xlv, Richard Wilhelm, "Preface," *The I Ching or Book of Changes*, trans. Carry F. Baynes. Princeton, NJ: Princeton University Press, 1967: xlv.

"自由"（free）、"想象"（imaginative）。① 在欧美易学研究者的众口交赞下，卫礼贤/贝恩斯译本取代理雅各译本成为了《易经》的最佳英译版本。

卫礼贤/贝恩斯译本的编排基本如下：

第一卷题名"文本"（The Text），包括六十四卦的卦名汉字、卦象、彖辞、爻辞，以及《大象》（《易经》各卦有《象传》，诠释以卦象、爻象为据，共450条，也称象辞，解释六十四卦的卦名、卦义的64条称为《大象》，解释三百八十六爻的爻辞的386条称为《小象》）；

第二卷题名"材料"（The Material），包括十翼中的《说卦》和《大传》，以及卫礼贤本人对《易经》预测和阐释体系的诸多论述，包括二与五应等常识及互体②之说；

第三卷题名"注释"（The Commentary），包括《彖传》《小象》《文言》《序卦》《杂卦》；

附录部分介绍了传统的揲蓍之法、后世简化的金钱卜，以及按照经卦对六十四别卦的八组划分。

从英译本来看，卫礼贤的译法更为灵活简省。如《晋》卦象辞："晋：康侯用锡马蕃庶，昼日三接。"理雅各译为：In Žin we see a prince who secures the tranquillity (of the people) presented on that account with numerous horses (by the king), and three times in a day received at interviews. ③

而卫礼贤/贝恩斯译本为：Progress. The powerful prince/Is honored with horses in large numbers. /In a single day he is granted audience three times. ④

康侯即周武王之弟姬封，亦称"康叔封"，乃卫国始封之君。理雅各将康侯译作"a prince"，虽然省译了对普通西方读者来说不甚紧要的诸侯封号这一历史文化信息，但康侯并非普通诸侯的这一信息也被脱略了。而卫礼贤译作"the

---

① Derk Bodde, "Reviews of Book: *The I Ching or Book of Changes* by Richard Wilhelm, Cary F. Baynes," *Journal of the American Oriental Society*, Vol. 70, No. 4 (1950): 326 – 329. 转引自林金水《易经传入西方考略》，注57、85。

② 即易卦上下两体相互交错取象而成之新卦，又叫"互卦"。如"观"为"坤"下"巽"上，取其二至四爻则为"坤"，三至五爻则为"艮"。再如"否"为"坤"下"乾"上，取其二至四爻则为"艮"，三至五爻则为"巽"。顾炎武《日知录》卷一"互体"："凡卧爻二至四、三至五，两体交互，各成一卦，先儒谓之互体。其说已见于《左氏》庄公二十二年，'陈侯筮，遇《观》之《否》。'曰：'风为天于土上，山也。'注：'自二至四有艮象（四爻变故），艮为山'是也，然夫子未尝及之，后人以'杂物撰德'之语当之，非也。其所论二与四、三与五，同功而异位，特就两爻相较言之，初何尝有互体之说。"顾炎武：《日知录校注》（上册），陈垣校注，安徽大学出版社2007年版，第9～10页。

③ James Legge, *The Yî King or Book of Changes*. Oxford: The Clarendon Press, 1882: 131.

④ Richard Wilhelm, *The I Ching or Book of Changes*. 3rd edn., Princeton, NJ: Princeton University Press, tr. Carry F. Baynes, 1967: 136.

powerful prince"，既避免了对历史人物的繁琐交代，又明快传递了康侯权位之重的语意。

从卫礼贤/贝恩斯译本的编排可见，卫礼贤根据自己的见地，将《周易》的经、传作了重新编排。传统的《周易》编排，如孔颖达《周易正义》卷首所述：

> 既文王《易经》本分为上、下二篇，则区域各别，《彖》《象》释卦，亦当随经而分。故一家数十翼云：上《彖》一，下《彖》二，上《象》三，下《象》四，上《系》五，下《系》六，《文言》七，《说卦》八，《序卦》九，《杂卦》十。郑学之徒，并同此说，今亦依之。①

即《文言》系于《乾》《坤》二卦，《易经》上经系以《彖传上》《象传上》，《易经》下经系以《彖传下》《象传下》，经外依次附以《系辞传上》《系辞传下》《说卦》《序卦》《杂卦》。"十翼"里的五种掺入了《易经》的本经部分。如上章所述，在卫礼贤之前，理雅各虽然将经、传分离，但"十翼"的次序是基本不变的，便于读者检索与对照原文本。然而卫礼贤不仅将"十翼"的次序打乱，而且作了拆分：将《象传上》《象传下》中解释六十四别卦名、义的《大象》与本经放置一处，作为"文本"；《说卦》《系辞传上》《系辞传下》作为"材料"；《象传上》《象传下》中解释各条爻辞的《小象》，以及《彖传上》《彖传下》《文言》《序卦》《杂卦》作为"注释"。这种主观性极强的编排体例，说明卫礼贤已从单纯的《易经》翻译进入"易学"之中，是为卫礼贤跨文化阐释《易经》的具体体现。然而这一体例对于普通读者来说，难免会造成接受上的混乱。为此卫德明专门在1966年的第二版序言中说明了"十翼"各部分在书中的位置（xix, 1977）。当我们翻看卫礼贤/贝恩斯译本的第一卷时就能发现，《易经》本文被淹没在大量的注释文字当中，使得这一译本看起来更像是《周易卫氏学》而非《易经》本体。

当然，我们不能否定卫礼贤的易学造诣远在许多中国学者之上，他对"易"的精神的把握，在很大程度上既跳脱了中国儒道传统的习见，也超越了西方基督教传统的优越感。卫礼贤的翻译文字是忠实的，但他在阐释与重读上的用力已大大超过了翻译本身。我们不能说卫礼贤在向世界传播、跨语际阐释《易经》的事业上是失败的，相反他的功绩超越了理雅各，而且也让后来者很难企及。

---

① （清）阮元校刻：《十三经注疏：周易正义》，中华书局2009年版，"序"，第19页。

三、当代《易经》英译的海外典范

（一）林理彰的译本

汉学家林理彰（Richard John Lynn）任教于多伦多大学东亚研究系（Department of East Asian Studies, University of Toronto），拥有美国、加拿大双重国籍，是著名华裔学者、《中国的文学理论》作者刘若愚的学生，于1971年在斯坦福大学亚洲语言学系（Asian Languages, Stanford University）获得博士学位。哥伦比亚大学出版社对1994年出版的林理彰译本抱有很大的期许，将之视为理雅各和贝恩斯译本通行逾二十五年后出现的最佳译本。

从该译本的副题"王弼注《道德经》新译"（"A New Translation of the *I Ching* as Interpreted by Wang Bi"）可以看出，林理彰对古代易学家的见解相当重视，在某种程度上可以说是将对易学的考察眼光从理雅各、卫礼贤等先辈译者瞩目的"宋易"放远至"汉易"。例如《坎》卦，林理彰译为 Xikan [The Constant Sink Hole]，保留了某些易学家认为是衍文的"习坎"的"习"字，并引述了王弼、孔颖达的意见（第318、322页）。然而和王弼尽扫象数之学一样，林理彰并没有对《易经》之象数作过多阐释，甚至没有在译本中安插任何图表。同时，书末附有"词汇表"，列出了《易经》中常见的汉字词汇及其对应的拼音和英文，有相当的参考价值。

如果说理雅各的译文英文文法准确但失之繁冗，卫礼贤/贝恩斯的译文用词精准但文法松散、简明有如中文，林理彰的译文则既简洁又文句晓畅。但是与理雅各、卫礼贤相比，林理彰在不少象爻辞的字义辨析上并没有更大的进展。

例如我们可以对比一下《大畜》上爻辞"上九：何天之衢，亨。"这一条的六种翻译：

理雅各译本：The sixth line, undivided, shows its subject (as) in command of the firmament of heaven. There will be progress.

卫礼贤/贝恩斯译本：Nine at the top means:/One attains the way of heaven. Success.

林理彰译本：*Top Yang*/What is the Highway of Heaven but prevalence!

鲁特译本：Top (9): Receiving Heaven's grace./*Offering*.

汪榕培/任秀桦译本：—6. With no obstacles ahead,/The open way leads to success.

傅惠生译本：Nine at the top line, how wide and straight the thoroughfare is in heaven! The future is smooth.①

林理彰的译文是"What is the Highway of Heaven but prevalence!"其中的"何"，他译为"What"。实则"何"理解为"荷"的通假字更为准确。《周易折中》案曰："'何'字，《程传》以为误加，《本义》以为发语，而诸家皆以荷字为解，义亦可从。"林理彰的理解和朱熹一致，但可见不是易学家最主流的意见。参看上表所示六家译本：理雅各的"in command of"，意为"掌控"；卫礼贤/贝恩斯的"attain"，意为"达到"，都更倾向于表示"负荷""胜任"意思的"荷"字。② 林理彰理解为发语赞叹意味的"何其"，未必不确。根据他的注释，他专门对"何"字加以说明，然而他只引述了《周易折中》里程颐和朱熹的观点，忽略了其他诸家的注解，可见其对古汉字通假的可能性还没有加以足够的关注。

《归妹》六五原文："帝乙归妹，其君之袂，不如其娣之袂良，月几望，吉。"林理彰翻译为：Fifth Yin When Sovereign Yi gave his younger sister in marriage, the sovereign's sleeves were not as fine as the sleeves of the younger, secondary wife. When the moon is almost full, it means good fortune.③

此处，"君"被译作"sovereign"。林理彰并在文后给出了注释，认为六五爻处于尊位（第五爻），即指向"帝乙归妹"——商君帝乙嫁妹这件事。"the sovereign's sleeves"（其君之袂）——君主的衣袖，间接指代君主宠爱且为其穿戴的对象，即是六五爻可指代帝乙之妹。他又说《归妹》内卦《兑》为少（女），外卦《震》为长（男），内卦应遵从外卦；但是作为外卦主爻的六五爻与作为内卦主爻的九二爻对位，阴柔（弱）阳刚（强），所以六五爻说"其君之袂，不如其娣之袂良"（483）。林理彰的解释未免繁琐。因为如果把"君"译作"sover-

---

① 六译本引文出处依次如下：
James Legge, *The Yî King or Book of Changes*. Oxford：The Clarendon Press, 1882：113.
Richard Wilhelm, *The I Ching or Book of Changes*, tr. Carry F. Baynes. Princeton, NJ：Princeton University Press, 1967：106.
Richard John Lynn, *The Classic of Changes：A New Translation of the I Ching as Interpreted by Wang Bi*. New York：Columbia University, 1994：303.
Richard Rutt, *The Book of Changes（Zhouyi）*. London：Routledge Curzon, 1996：249.
汪榕培、任秀桦译：《英译易经》，上海外语教育出版社 2007 年版，第 53 页。
傅惠生译：《周易—汉英对照》，湖南人民出版社 2008 年版，第 157 页。
② 鲁特、汪榕培和任秀桦、傅惠生三家的译文亦可资读者参考。因这三家译本出版在后，为林理彰甫初版其译本时所未见，亦因本文介绍与论述未到，故不在正文中分析。然而可以看到，鲁特趋近于理雅各、卫礼贤，而汪、任、傅的理解类于林理彰。
③ Richard John Lynn, *The Classic of Changes：A New Translation of the I Ching as Interpreted by Wang Bi*. New York：Columbia University, 1994：303.

eign",普通读者乍读之下,很难理解为什么君主的衣袖反倒不如陪嫁的从妻的来得精良,所以需要层层解析。实则"君"即指帝乙之妹,乃与从妻——"娣"相对的元妻,例如《楚辞》中的"湘君"就是这样的。

与理雅各基于宗教使命感和卫礼贤全身心投入的严谨翻译态度相比,林理彰则只有学术责任和出版任务的两重制约,因此这一以当代新译本典范面目出现的版本也在仓促出版的情况下出现了一些硬伤。例如:

《恒》卦卦名林理彰译为"Perseverance",但1994年版中的标题为"Perseverence",将该词中的"a"误作"e";《遯》卦译为"Withdrawal",标题为"Withdrawl",脱去"a"。当均系笔误,但出现在作为标题的卦名中,可谓遗憾。①

另外,《损》卦九二:"利贞,征凶,弗损,益之。"林理彰翻译为:*Second Yang* It is fitting that this one practice constancy, but for him to set forth would mean misfortune. 爻辞"弗损,益之"漏译(第390页);

再如《中孚》九二爻辞:"九二:鸣鹤在阴,其子和之,我有好爵,吾与尔靡之。"卫礼贤/贝恩斯译本作:Nine in the second place means:/A crane calling in the shade. /Its young answers it. /I have a good goblet. /I will share it with you. 而林理彰译本为: *Second Yang*/A calling crane is in the shadows; its young answer it. I have a fine goblet; I will share it with you. 可看出林氏此处译文参考了卫氏版本,改动甚少。

(二) 理查德·鲁特的译本

理查德·鲁特(Richard Rutt)曾经担任英国圣公会主教,后成为天主教神父。这在某种程度上是对早期汉学家神学背景的接续。在学术研究方面,鲁特首先是一位著名的朝鲜文化研究专家,有好几部朝鲜文化研究专著出版。此外,他还是一位手工编织史研究者,著有《手工编织史》(*A History of Hand Knitting*, published by Batsford in 1987),南安普顿大学图书馆(University of Southampton Library)藏有他收集的18~19世纪的编织书籍、杂志及样品。

鲁特在呈现他的译文之前,首先向读者简明展示了夏商周直至秦汉的古中国历史文化及《易经》的欧洲语言译本情况。他对林理彰的译本也有简单评价(第82页)。鲁特是以一套程式来分析处理他的翻译的。他在著作中给出了这一程式(第222页):

---

① 《革》卦标题作"The Cauldron",象爻辞中作"The Caldron",Cauldron 和 Caldron 属一对异体词汇。

(hexagram number) tag

```
              H
 __ E _____       top
 ____ X _____        5
 _____ A _____        4
 _____ G ____        3
 _____ R __        2
 _____ A   base
              M
```

Hexagram statement

Base (9/6): Oracle		Indication
(Indication)		PROGNOSTIC
	L	Observation
(9/6) 2: Oracle	I	Indication
(Indication)	N	PROGNOSTIC
	E	Observation
(9/6) 3: Oracle	S	Indication
(Indication)	T	PROGNOSTIC
	A	Observation
(9/6) 4: Oracle	T	Indication
(Indication)	E	PROGNOSTIC
	M	Observation
(9/6) 5: Oracle	E	Indication
(Indication)	N	PROGNOSTIC
	T	Observation
Top (9/6): Oracle	S	Indication
(Indication)		PROGNOSTIC
		Observation

即：

```
            卦序数字   卦名
                    _____  上
                卦  _____  五
                    _____  四
                    _____  三
                象   _____  二
                    _____  初
```

象　辞

初（九/六）：筮辞　　　　　　　　　　　　　　告辞
　　（告辞）　　　　　　　　　　　　　　　　　断辞
　　　　　　　　　　　　　　　　　　　　　　　言辞

（九/六）二：筮辞　　　　　　　　　　　　　　告辞
　　（告辞）　　　　　　　爻　　　　　　　　　断辞
　　　　　　　　　　　　　　　　　　　　　　　言辞

（九/六）三：筮辞　　　　　　　　　　　　　　告辞
　　（告辞）　　　　　　　　　　　　　　　　　断辞
　　　　　　　　　　　　　　　　　　　　　　　言辞

（九/六）四：筮辞　　　　　　　　　　　　　　告辞
　　（告辞）　　　　　　　　　　　　　　　　　断辞
　　　　　　　　　　　　　　　　　　　　　　　言辞

（九/六）五：筮辞　　　　　　　辞　　　　　　告辞
　　（告辞）　　　　　　　　　　　　　　　　　断辞
　　　　　　　　　　　　　　　　　　　　　　　言辞

上（九/六）：筮辞　　　　　　　　　　　　　　告辞
　　（告辞）　　　　　　　　　　　　　　　　　断辞
　　　　　　　　　　　　　　　　　　　　　　　言辞

鲁特把卦爻辞分为四类：第一，Oracle，卦爻征兆的筮辞；第二，Indication，指示事物进展的告辞；第三，Observation，解释事物状态的言辞；第四，Prognostic，表示占断的断辞。以《乾》卦为例：

（卦序数字）　　qian/active（乾　卦名）

　　　　　　卦　————————
　　　　　　　　　————————
　　　　　　　　　————————
　　　　　　象　————————
　　　　　　　　　————————
　　　　　　　　　————————

　　　　　　彖　*Supreme offering.*　　（元亨，）
　　　　　　辞　*Favourable augury.*　　（利贞。）

（初九）Base（9）：A dragon lies beneath the lake.　（潜龙。　筮辞）
　　　　　　　　　　No action take.（勿用。　告辞）

（九二）（9）2：Lo，on the fields a dragon bides.　（见龙在田。　筮辞）
　　　　　　　　To meet with great men well betides.　（利见大人。　告辞）

（九三）（9）3：A prince is active all day long　（君子终日乾乾。筮辞）
　　　　　　　　and after dark still stays alert.　（夕惕若。　筮辞）
　　　　　　　　DANGEROUS.　（厉。　断辞）
　　　　　　　　NO MISFORTUNE.　（无咎。　断辞）

（九四）（9）4：Sometimes it leaps above the tides.　（或跃在渊。筮辞）
　　　　　　　　NO MISFORTUNE.　（无咎。　断辞）

（九五）（9）5：A dragon through the heavens glides.　（飞龙在天。筮辞）
　　　　　　　　To meet with great men well betides.　（利见大人。　告辞）

（上九）Top（9）：A dragon soaring away.　（亢龙。　告辞）
　　　　　　　　　There will be trouble.　（有悔。　告辞）

（用九）All（9）：See dragons without heads.　（见群龙无首。　筮辞）
　　　　　　　　　AUSPICIOUS.　（吉。　断辞）

鲁特的程式显然借鉴了高亨先生对《易经》卦爻辞的分类，并与饶龙隼先生在《上古文学制度述考》中的解析如出一辙。

高亨先生在《〈周易〉筮辞分类表》①一文中，将卦爻辞分为四类：

　　　　一为记事之辞，"乃记载古代故事以指示休咎也"，又分二类，采

---

① 高亨：《周易古经今注》，清华大学出版社2004年版，第16页。

用古代故事者，如《大壮》六五爻辞"丧羊于易，无悔"，为商部落先祖王亥丧牛羊于有易部落的故事，记录当时筮事者，如言"亨""元亨"者；

二为取象之辞，"乃采取一种事物以为人事之象征而指示休咎也"，如《中孚》九二爻辞"鸣鹤在阴，其子和之；我有好爵，吾与尔靡之"；

三为说事之辞；"乃直说人之行事以指示休咎也"，如《乾》九三爻辞"君子终日乾乾，夕惕若，厉，无咎"；

四为占断之辞，"乃论断休咎之语句也"，如元亨利贞、吉凶悔吝类是也。

饶龙隼则在《〈易〉象考原》中，依循筮占程式之步骤，将卦爻辞分为谣辞、析辞、占辞三类①，以《乾》卦为例：

乾：元亨，利贞。

初九：潜龙，勿用。

九二：见龙在田，利见大人。

九三：君子终日乾乾，夕惕若，厉，无咎。

九四：或跃在渊，无咎。

九五：飞龙在天，利见大人。

上九：亢龙，有悔。

用九：见群龙无首，吉。

结合饶龙隼的观点，在《周易》本经部分定型之前，筮占程式如下：

第一步，经过筮算得到某卦，如《乾》；

第二步，查阅古占书，按照爻位配对"谣辞"，如"见龙在田，或跃在渊，飞龙在天"，连缀为一首古歌谣；

第三步，依据卦象，以"析辞"解说谣辞，《乾》中初九"（潜龙），勿用"、九二"利见大人"、九三"君子终日乾乾，夕惕若，厉"、九五"利见大人"、上九"（亢龙），有悔"、用九"见群龙无首"皆是；

第四步，结合"谣辞""析辞"下断语，征占吉凶，即为"占辞"，如彖辞的"元亨，利贞"，九三、九四的"无咎"，用九的"吉"。

鲁特的程式化翻译使得其译文结构明晰，井然有序。在高亨、鲁特、饶龙隼等学者给出的秩序当中，我们看到《易经》的爻辞并不完整无缺。这一方面解构了易的神圣性，向解易者和以易为占者暗示《易经》的文本并不是绝对必然的，另一面

---

① 饶龙隼：《上古文学制度述考》，中华书局2009年版，第123~124页。

则佐证了《易经》的历史积累性，说明易道的自然活泼和不断生长的可能。

鲁特的程式化翻译对于文本语言的转换也构成了一种形制上的约束，这使得他的译文简洁、押韵。这就在很大程度上还原了《易经》原文的神韵。例如比照《大壮》上爻辞"上六：羝羊触藩，不能退，不能遂，无攸利，艰则吉。"的各家翻译：

理雅各译本：The sixth line, divided, shows (one who may be compared to) the ram butting against the fence, and unable either to retreat, or to advance as he would fain do. There will not be advantage in any respect; but if he realise the difficulty (of his position), there will be good fortune.

卫礼贤/贝恩斯译本：Six at the top means：/A goat butts against a hedge./It cannot go backward, it cannot go forward./Nothing serves to further./If one notes the difficulty, this brings good fortune.

林理彰译本：*Top Yin/*This ram butts the hedge and finds that it can neither retreat nor advance. There is nothing at all fitting here, but if one can endure difficulties, he will have good fortune.

鲁特译本：Top (6)：A ram butts a fence, /cannot pull out, /cannot push through. /*Favourable for nothing.* /*In hardship*, AUSPICIOUS.①

对于爻辞中的"羝羊触藩，不能退，不能遂"，理雅各的译文是："The sixth SIX, divided, shows (one who may be compared to) the ram butting against the fence, and unable either to retreat, or to advance as he would fain do."可谓详尽之至，但嫌冗长。卫氏版本为："A goat butts against a hedge./It cannot go backward, it cannot go forward."已十分简洁，犹略呆板。林理彰译为："This ram butts the hedge and finds that it can neither retreat nor advance."可赞为干净的翻译，然而平淡。鲁特则作："A ram butts a fence, /cannot pull out, /cannot push through."这就比卫礼贤版还胜出一筹，已然跳出了英文的线性语法思维，极好地还原了汉语简洁而生动的韵律。

再如《暌》卦初爻辞："初九：悔亡，丧马勿逐，自复；见恶人无咎。"鲁特译为：Base (9)：*Troubles disappear.* /*Losing horses.* /*Don't follow their track*：/

---

① 四处引文出处依次为：
James Legge, *The Yî King or Book of Changes*. Oxford：The Clarendon Press, 1882：130.
Richard Wilhelm, *The I Ching or Book of Changes.* 3rd edn., Princeton, NJ：Princeton University Press. tr. Carry F. Baynes. 1967：559.
Richard John Lynn, *The Classic of Changes：A New Translation of the I Ching as Interpreted by Wang Bi*. New York：Columbia University, 1994：349.
Richard Rutt, *The Book of Changes (Zhouyi)*. London：Routledge Curzon, 1996：257.

they'll soon come back./Seeing a disfigured man./NO MISFORTUNE.

爻辞中的"丧马勿逐，自复"是押韵的，鲁特译为"Losing horses./Don't follow their track：/they'll soon come back."其中"勿逐"本可以径译为"Don't follow them"，然而鲁特添上"track"（踪迹）一词，既不与原文有多大出入，又照顾到了韵脚（ack，track-back），而且使人不觉其繁，可谓译得工巧。

鲁特能够跳出英文追求句法逻辑严密的思维定式，迁就汉语字词松散联结的句法，但有时却进到了过犹不及的境地。比如《易经》中常出现的"西南""东北"，译者向来是作"southwest""northeast"理解的，唯独鲁特将其拆为"west and south""east and north"，则是鲁特过度依循原文本语法、逐字对译的极端例证。

鲁特对卦名汉字的拼音化和中国的现代汉语拼音是一致的，这可谓是一种文化上的折中。然而鲁特的拼音化有时是想当然，例如《解》对应的是"jie"而非"xie"，《夬》对应的不是"guai"而是"jue"，则犯了许多现代中国人自己也常有的读白字的小毛病。

四、《易经》英译在国内

（一）汪榕培、任秀桦译本

汪榕培、任秀桦先生的《英译易经》由上海外语教育出版社于1993年6月首次出版，于2007年9月推出新版。这两个版本前后变化不大，主要为汉英对照的《易经》本经部分，无任何注释。汪榕培/任秀桦的译本是第一个由国人独立完成的《易经》英译本（但不是第一个华人的译本）。

两位译者对原文进行了增删与重新编排，使译文有序化。卦辞译文首句基本采取如下句式："The [卦名汉语拼音] hexagram (the symbol of [卦名主要象征义]) predicates [占断辞，吉、亨、利、凶等]."如《履》卦象辞："履虎尾，不咥人，亨。"汪/任译本为：The lü hexagram (the symbol of prudence) predicates success. Even if you follow at the tail of a tiger, it will not bite at you.[①] 如果按照译文进行回译，则为"履，亨。履虎尾，不咥人。"不仅"亨"这一占断辞提前，而且补上了作为卦名的"履"。

汪译以1和6这两个阿拉伯数字来替代原文代表爻位的"初"和"上"。虽然六十四卦皆以六爻为限，但用"六"却不如用"上"更能示人以代表最顶上一爻的阴阳。因为数字1在四、六、八、九等任何爻数构成的卦形中都代表初始爻位，

---

① 汪榕培、任秀桦译：《英译易经》，上海外语教育出版社2007年版，第21页。

所以理雅各用"first",虽不如卫礼贤用"beginning"、鲁特用"base"意思更为到位,但无可苛责。而读者从"sixth"理解到"top",则需用到一层理解。因此理雅各用 first、sixth,汪译更简化为1、6,形式上是简化直观了,意义上却减损曲折了。

我们再来看这一译本对于涉及历史文化具体语境的文本的处理。如《贲卦》四爻辞:"六四:贲如皤如,白马翰如,匪寇婚媾。"译文为:— 4. A man dressed in plain colour/Gallops here on a white horse. /He does not come for robbery, /But comes for the hand of a lady.①

爻辞"匪寇婚媾",译者译为"He does not come for robbery, /But comes for the hand of a lady."此处的文意经过翻译,大为改变。原文反映所来人马虽非侵袭的敌人,然而来势汹汹,在形式上和进行掠夺的敌寇十分相似。从人类文明发展史看,这极可能是人类早期社会掠夺婚习俗的简略记载。汪译"(he) comes for the hand of a lady",仿佛来者是为了一亲女子的芳泽,固然充满西方骑士精神的浪漫色彩,却离"婚媾"这层意思有点远,不如其他译者直接译为"marriage"来得贴切。

译文亦有过度阐释之处。如《革》卦上爻辞:"上六:君子豹变,小人革面,征凶,居贞吉。"汪/任译本为:— 6. The gentleman reforms thoroughly/Like a leopard changing its spots; /The inferior man reforms superficially/Like a man washing his face. /If you take action, /You will have misfortune; /If you are firm and persistent, /You will have good fortune.②

爻辞中的"小人革面",被译为"The inferior man reforms superficially/Like a man washing his face."无疑是译者将成语"洗心革面"移转至此。《周易·系辞上》:"圣人以此洗心,退藏于密。"《抱朴子·用刑》:"洗心而革面者,必若清波之涤轻尘。"但是"革面"本来径可解为"变换面貌",汪译却掺入了《易经》本文之外的语境。

汪/任译本的语汇有时不够灵活多变。如《兑》卦四爻辞:"九四:商兑,未宁,介疾有喜。"译文为:— 4. Keep joy in mind, /And you will be ill at ease; /Keep away from evils, /And you will have joy.③

在《兑》卦彖爻辞中,汪译将"兑"(通"悦")译为"joy",而九四爻辞中的"介疾有喜"的"喜"可以选择"pleasure"等其他表示愉悦的词语,却仍用"joy"一次,未反映出原文"兑"与"喜"这对同义词的存在。

如《节》卦初九、九二两条爻辞,则反映译者对字义和文本的古代文化语境不够了解。我们可对照一下六个译本对"户庭""门庭"之间细微区别的理解与处理。

---

① 汪榕培、任秀桦译:《英译易经》,上海外语教育出版社2007年版,第45页。
② 汪榕培、任秀桦译:《英译易经》,上海外语教育出版社2007年版,第101页。
③ 汪榕培、任秀桦译:《英译易经》,上海外语教育出版社2007年版,第119页。

初爻辞:"初九:不出户庭,无咎。"二爻辞:"九二:不出门庭,凶。"

理雅各译本作: The first line, undivided, shows its subject not quitting the courtyard outside his door. There will be no error. 以及 The second line, undivided, shows its subject not quitting the courtyard inside his gate. There will be evil. ①

卫礼贤/贝恩斯译本为: Nine at the beginning means:/Not going out of the door and the courtyard/Is without blame. 以及 Nine in the second place means:/Not going out of the gate and the courtyard/Brings misfortune. ②

林理彰译本为: *First Yang*/This one does not go out the door to his courtyard, so there is no blame. 以及 *Second Yang*/If this one does not go out the gate of his courtyard, there will be misfortune. ③

鲁特译本作: Base (9): Not going out of the door to the courtyard./NO MISFORTUNE. 以及 (9) 2: Not going out of the gate of the courtyard./DISASTER. ④

汪榕培/任秀桦译本作: — 1. Stay in your house all the time,/And you will not receive any blame. 以及 — 2. Stay in your room all the time,/And you will have misfortune. ⑤

傅惠生译本为: Nine at the bottom line, he does not walk out of his front courtyard, there is no harm. 以及 Nine at the second line, he does not walk out of his inner courtyard, there is a disaster. ⑥

初九爻辞有"不出户庭",九二爻辞有"不出门庭",汪译分别为"Stay in your house all the time"和"Stay in your room all the time",显然以"户庭"为"house"、"门庭"为"room"。《说文》:"庭,宫中也。"又《诗·魏风·伐檀》:"胡瞻尔庭有县貆兮。"先不论《节》卦中的庭是指室内还是室外。《说文》:"户,半门曰户。"又:"门,……从二户,象形。"《字书》:"一扇曰户,两扇曰门。又在于堂室东曰户,在于宅区域曰门。"可知"户"的概念要小于"门"的概念。汪译前者为"house"、后者为"room"显有颠倒之误。而理雅各、卫礼贤、林理彰、鲁特等人译文皆以前者为"door"、后者为"gate",均无误。而下面将要介绍的傅惠生译本在此二处分别处理为"front courtyard"和

---

① James Legge, *The Yî King or Book of Changes*. Oxford: The Clarendon Press, 1882: 197 – 198.
② Richard Wilhelm, *The I Ching or Book of Changes*. 3rd edn., Princeton, NJ: Princeton University Press, tr. Carry F. Baynes, 1967: 232 – 233.
③ Richard John Lynn, *The Classic of Changes: A New Translation of the I Ching as Interpreted by Wang Bi*. New York: Columbia University, 1994: 519 – 520.
④ Richard Rutt, *The Book of Changes (Zhouyi)*. London: Routledge Curzon, 1996: 283.
⑤ 汪榕培、任秀桦译:《英译易经》,上海外语教育出版社2007年版,第123页。
⑥ 傅惠生译:《周易——汉英对照》,湖南人民出版社2008年版,第339~341页。

"inner courtyard",显然也出现了偏误。

对于《易经》常用辞的处理,大概是二位译者合译的缘故,译文不尽统一。如"利见大人",《乾》卦二爻辞为:"九二:见龙在田,利见大人。"译文为:— 2. The dragon appears in the fields. /It is time for the great man to emerge from obscurity.① 五爻辞为:"九五:飞龙在天,利见大人。"译文为:— 5. The dragon is flying in the sky. /It is time for the great man to come to the fore.② 对"利见大人"的译法,同一卦中、同类语境,尚不能统一。

《讼》卦象辞"讼:有孚,窒。惕中吉。终凶。利见大人,不利涉大川。"则译为:The song hexagram (the symbol of litigation) predicates good fortune if you are sincere, prudent and peaceful. You will have misfortune if you carry a lawsuit to the end. It is the right time to call on a great man, but not the right time to cross a great river.③ "利见大人"的译法又有较大改动。

再如"无咎"这一术语,汪任译本有多种不同处理:

(1)《乾》三爻辞:"九三:君子终日乾乾,夕惕若,厉,无咎。"

译文:— 3. The gentleman strives hard all day along. /He is vigilant even at nighttime. /By so doing, he will be safe in times of danger.

(2)《乾》四爻辞:"九四:或跃在渊,无咎。"

译文:— 4. The dragon will either soar to the sky/Or remain in the deep. /There is nothing to blame in either case.

(3)《需》初爻辞:"初九:需于郊。利用恒,无咎。"

译文:— 1. Waiting in the suburbs, /You should exercise your patience. /You will not receive any blame.

(4)《师》四爻辞:"六四:师左次,无咎。"

译文:-- 4. If the army retreats in time, /It will not receive any blame.

(5)《比》象辞:"比:吉。原筮元永贞,无咎。不宁方来,后夫凶。"此条漏译"无咎":

译文:The bi hexagram (the symbol of fellowship) predicates good fortune. Prudence will bring about virtue, constancy and integrity. Even when the rebellious princes come to be presented at court, misfortune will fall on those who come late.

(6)《比》初爻辞:"初六:有孚,比之,无咎。有孚盈缶,终来有他,吉。"

译文:-- 1. Establishing fellowship with sincere people/Will not evoke blame. /

---

①② 汪榕培、任秀桦译:《英译易经》,上海外语教育出版社2007年版,第123页。
③ 汪榕培、任秀桦译:《英译易经》,上海外语教育出版社2007年版,第13页。

Sincerity is like a full jug, /Which will bring unexpected blessing.

(7)《泰》三爻辞:"九三:无平不陂,无往不复,艰贞无咎。勿恤其孚,于食有福。"

译文:— 3. There is no plain without bumps; /There is no going without return. /Perseverence in adverse times/Will not invite blame. /If you do not worry about your sincerity, /You will have blessing in your life.

(8)《蛊》初爻辞:"初六:干父之蛊,有子,考无咎,厉终吉。"

译文:-- 1. In rectification of father's fault, /The son takes the responsibility/Of saving his father from blame. /For all the danger that lies ahead, /There will be good fortune in the end.

(9)《观》初爻辞:"初六:童观,小人无咎,君子吝。"

译文:-- 1. Observing with the ignorance of a child/Is blameless for the inferior man, /But grievous for the gentleman.

(10)《噬嗑》初爻辞:"初九:屦校灭趾,无咎。"

译文:— 1. Put the criminal's feet in the stocks/As a light punishment; /No harm will be done to him.

(11)《噬嗑》二爻辞:"六二:噬肤灭鼻,无咎。"

译文:-- 2. Hurt the criminal's skin seriously/As an appropriate punishment; /The judge is not to blame.

(12)《噬嗑》三爻辞:"六三:噬腊肉,遇毒;小吝,无咎。"

译文:-- 3. It is hard to deal with the criminal/As biting a piece of preserved meat. /This is a small pity for the judge, /But he is not to blame.

(13)《剥》三爻辞:"六三:剥之,无咎。"

译文:-- 3. The bed has been deprived of its parts, /But no blame is lodged against it.

(14)《复》彖辞:"复:亨。出入无疾,朋来无咎。反复其道,七日来复,利有攸往。"

译文:The fu hexagram (the symbol of recovery) predicates success. Growth inside and outside is healthy enough; friends coming in are safe enough. The course of coming and going is like a circle; the recovery takes place in seven days. You will benefit from whatever you do.①

---

① 以上14条引文出处依次为:汪榕培、任秀桦译:《英译易经》,上海外语教育出版社2007年版,分别见第3页、第3页、第11页、第15页、第17页、第17页、第23页、第37页、第41页、第43页、第43页、第43页、第47页、第49页。

在译本前半部，译者对"无咎"的翻译较为随意，有多种变化。这固然可以解释为具体语境的需要，然而参看其他译本，它们虽然在同一常用辞上根据语境和阐释需要调整语序和结构，但都没有出现如此频繁的改换。此外，在汪任译本的后半部，我们甚少看到"There is nothing to blame"和"You will not receive any blame"这两种主要译法之外的译文呈现。可见该译本在系统严密的修订统一功夫上有所欠缺。

（二）傅惠生译本

傅惠生译本收于作为中华文化对外传播大型工程的《大中华文库》之中，于2008年由湖南人民出版社出版。与汪/任译本相比，傅惠生倾注了更多的心血，也不仅翻译了本经部分，而且完整翻译了"十翼"这部分。在译文之前，傅惠生先生的序言以一定篇幅简略介绍了《周易》经传的演变史、易学概史、《易经》海外传播概况，可见译者的用心不仅停留在文本翻译，而且期求更高层次的文化意蕴的传递。

然而，将傅惠生的英译与该译本中选择的张善文的白话今译对读，可以发现傅译的翻译倾向仍主要局限在文字表层的翻译，而且更多的是对张善文今译的理解和翻译，而考照传统传疏的痕迹则甚少。

在结构安排上，译者则遵循《周易》通行本的体例，即前边已介绍过的：《易经》上经系以《彖传上》《象传上》，《易经》下经系以《彖传下》《象传下》，《彖》《象》皆分置各卦的卦爻辞之后；《文言》系于《乾》《坤》二卦；《系辞传上》《系辞传下》《说卦》《序卦》《杂卦》独立于经外。

译文错漏方面，如《噬嗑》卦六五，傅惠生误作"九五"、"Nine at the fifth line"（见该译本第128、129页）。《萃》卦六二，应为"Six at the second line"，脱漏"line"一词（见该译本第257页）。

傅译偶有译笔不够简省之处。如《归妹》四爻辞："九四：归妹愆期，迟归有时。"傅译为：Nine at the fourth line, a young girl does not get married in time. She does not get married in time because she is waiting quietly for a good chance.①

此处译文句式累赘。《文心雕龙·镕裁篇》谓："附赘悬疣，实侈于形……同辞重句，文之尤赘也。"又曰："句有可削，足见其疏。"而《易经》此节本是"精论要语，极略之体"。如将傅译删为"Nine at the fourth line, a young girl does not get married in time because she is waiting quietly for a good chance."则"字去而意留"，更符合原文本色。

---

① 傅惠生译：《周易——汉英对照》，湖南人民出版社2008年版，第307页。

易学由于其包含广大的独立符号系统，更容易越过语言文字的障碍，成为一种国际学术。然而易学和其他诸种基于母语的学问一样，一般情况下总是在本土发展得较为领先。所以中国本土译者较海外译者的优势之一，在于能相对更便捷地了解到易学最新、最全面的进展。如前所论述，海外各时期的译本，均已不同程度地展示了易学与时代结合的最新面貌。因此，从本土出发的《易经》英译工作，理当不仅止于语言文字上的浅白转换，固然译文会因不同的译者而呈现不同的风格，但如止于文字翻译，则多少会陷入重复的工作当中。夏含夷（Edward Louis Shaughnessy）于1997年出版的《易经：变化的经典》（*I Ching：The Classic of Changes*），是1973年12月出土的马王堆帛书《易经》的首个英译版本。翻译之事，本需要不同文化之间互相交流的诉求，不必争谁先译出还是谁先译入的名次。然而本土翻译的工作迄今仍未能很好地结合易学研究的最新进展，不可不谓是一种翻译事业上的失败。

第三节 《易经》英译中的跨文化阐释

理解即是阐释，都是翻译的意义所在。它们是两种方向：理解是来，是将彼处的未知转化为此在的已知；阐释是往，是将此在的已知向彼处的未知传播。但在翻译中，它们并不基于相对的两种立场和视角，不是一条线段的两端，而是如影随形的存在：在译者的视域里，当他面对原文本和原作者时，为使自我理解，他必须克服或善用自己的前见或前理解，对原文本和原文化加以阐释，就是将他者拉向自我，以期他者与自我的融合；而当译者面对目标读者和目标文化时，要让他者理解，他必须坚持或折损自己的新见或新理解，调整阐释的幅度与力度，就是把自我交付他者，以期自我与他者的折衷。因此，翻译文本既是理解的终点，又是理解的开端；既是阐释的成果，也是阐释的新枝，它们共同构成跨文化阐释的问题域。

一、理雅各在《易经》英译中的中西文化对比

理雅各的英译始终贯穿着对中西文化进行比较与评判的意识。他从数理逻辑的角度出发，对中国传统的"太极生两仪"观念提出了质疑：

《系辞上》第七十、七十一节给出了八卦源始的另一种说明："易有太极，是生两仪，两仪生四象，四象生八卦，八卦定吉凶，吉凶生大

业。"……谁会保证说出生发两仪的"太极"意味着什么呢？在古典儒家文献中，这一名称在别处再没出现过。它是在公元前五（或四）世纪从某一道家资料进入《易传》的，我自己对此确然无疑。朱熹在《易学启蒙》中赋予它一个圆环的形状，即〇，谈到他这一做法出自哲学家周子（1017~1073），并提醒他的读者要想到这一表述来自伏羲本人。在我看来，这一环形符号显得极不成功。"太极，"他说，"分而产生两条线——一条完整，一条中分。"但我不理解这如何可能。设使这一圆环自我展开是可能的——我们将会得到一条长线—。如果它平分自己，我们有了两条完整的线，而对它们其中一条作一次分割就能给我们一条完整、一条中分的线状图形。试图将太极造成一个圆环，必会归于失败。①

熟知中国元典文献的理雅各认为"太极"这一称谓在先秦儒家哲学著作中是一孤例，当是从道家文本中来的。这一看法定会得到当代哲学家、《易传与道家思想》的作者陈鼓应先生的大力响应。理雅各进而对朱熹的图像化阐释进行了批判。他认为太极图形〇的分化有且只有两种方式：如果这一圆环作一次展开，则只能得到一条直线，即只有阳爻符号—，而没有阴爻符号--；如果对这一圆环作一次切分，则能得到两个阳爻符号—，而需要对其中一个阳爻符号作再一次切分，方能得到阴爻符号--。因此，理雅各认为将太极画作圆环符号是不成功的。理雅各所引朱熹《易学启蒙》如此："是生两仪：太极之判，始生一奇一偶，而为一画者二，是为两仪，其数则阳一而阴二。"其实，理雅各对朱熹原话的理解只是数理逻辑分析的一种方式，以他的这一思考路线，太极自然不能在一次化分中同时产生阴阳。然而太极可谓之乃阴乃阳，即根据周易哲学的"变易"原则，

---

① "The 70th and 71st paragraphs of Section I give another account of the origin of the trigrams：——'In (the system of) the Yî there is the Great Extreme, which produced the two Î (Elementary Forms). These two Forms produced the four Hsiang (Emblematic Symbols); which again produced the eight Kwâ (or Trigrams). The eight Kwâ served to determine the good and evil (issues of events), and from this determination there ensued the (prosecution of the) great business of life.'…Who will undertake to say what is meant by 'the Great Extreme' which produced the two elementary Forms? Nowhere else does the name occur in the old Confucian literature. I have no doubt myself that it found its way into this Appendix in the fifth (? or fourth) century B. C. from a Tâoist source. Kû Hsî, in his 'Lessons on the Yî for the Young,' gives for it the figure of a circle, ——thus, 〇; observing that he does so from the philosopher Kau (A. D. 1017 - 1073), and cautioning his readers against thinking that such a representation came from Fû-hsî himself. To me the circular symbol appears very unsuccessful. 'The Great Extreme,' it is said, 'divided and produced two lines, ——a whole line and a divided line.' But I do not understand how this could be. Suppose it possible for the circle to unroll itself; ——we shall have one long line, —. If this divide itself, we have two whole lines; and another division of one of them is necessary to give us the whole and the divided lines of the lineal figures. The attempt to fashion the Great Extreme as a circle must be pronounced a failure." See：James Legge, *The Yî King or Book of Changes*. Oxford：The Clarendon Press, 1882：12 - 13.

太极化生的下一进程存在着变阴和变阳的两种变化可能性。我们仍按照理雅各的手法，则太极环解是阳，环分是阴，阴阳变化的可能性皆蕴含在太极之中。如此对照朱熹原话，就能豁然开朗。此外，朱熹说"太极之判……而为一画者二"，可以理解为朱熹对太极圆环化分的处理方式是判分、切分，而非将圆环展开的方式，如此得到的只能是两条直线，看似只存在理雅各理解的得出两个阳爻符号的可能性。然而朱熹又说"其数则阳一而阴二"，可以理解为朱熹在直观的两条线型的几何存在的基础上，又有数的分析，即对这两条直线的命名可以有两种观照方式：分而观之，则是 - 与 -，为两个阳爻符号▬，其数目各自为1、1；合而观之，则成 - 加 -，为一个阴爻符号--，其包含的数目为2。可见，理雅各的批评是偏误的。其因在于理雅各将数理逻辑超凌于周易哲学之上，这两者自然是无法完全合辙的。而始自华夏先民对主观自我和客观存在的综合观察的阴阳理念虽可以数理、图形作一定的归纳，却无法完全包含其中。不论是周易原初的阴阳二进制符号系统，还是后来周敦颐、朱熹等易学家创制的太极图式，都只能是对周易哲学体系的一种形象譬喻，是不可仅止于此的象，不是最终的意；包括《易经》《易传》以及后世的种种易传的文字文本，也都只是不可仅止于此的言，而非最终的理。理雅各的怀疑，是因为他身为西方传教士，身后有着强大而精严的西方宗教哲学文化体系，在他那里，两个巨大而深厚的文化板块进行着碰撞，必然会产生种种冲突与交战。

理雅各基于对西方文化优越性的自信，对周易哲学体系总体上持批判的态度。他说：

> 中国的学者士绅虽对西方科学有着一知半解，却喜言电、热、光及其他欧洲物理诸种学问的真相均在八卦之中。当被问及他们和他们的同胞又何以一直不曾知晓这些真相，他们便说他们得先从西洋书上学习，之后他们翻览《易经》，则又见出这些是孔夫子早在2 000多年前就全晓得的。如此证明的这种空想是稚气的；而《易经》将会明证是他们的一块绊脚石，并妨碍他们进入到科学的正确道路上，除非他们能捐弃他们的幻觉，即《易经》是涵括一切哲学所曾想见的万事万物的。①

---

① "Chinese scholars and gentlemen, however, who have got some little acquaintance with western science, are fond of saying that all the truths of electricity, heat, light, and other branches of European physics, are in the eight trigrams. When asked how then they and their countrymen have been and are ignorant of those truths, they say that they have to learn them first from western books, and then, looking into the Yî, they see that they were all known to Confucius more than 2000, years ago. The vain assumption thus manifested is childish; and until the Chinese drop their hallucination about the Yî as containing all things that have ever been dreamt of in all philosophies, it will prove a stumbling-block to them, and keep them from entering on the true path of science." See: James Legge, *The Yî King or Book of Changes*. Oxford: The Clarendon Press, 1882: 38.

理雅各在此批判了华人率尔以为易道无所不包而轻视西方科学的心态。实则易本是中国先民从生活经验和宇宙观察得来的丰富现象和质朴真理的归纳总结，先民继而以易作为处世行事的参考，并进一步对易学加以完善。西学东渐之际，由于清人长期处于闭关锁国的封闭环境中，对与中华文明并峙的欧洲文明基本持不愿研习且妄加否定的态度，而对本身的传统文化也是既缺乏理念上的承继革新，也缺少实际上的应用创造，仅仅陷于繁琐的考据之中。其实通变与革新本来就在易学的主要精神之中，在思想层面，它影响儒道又收受儒道的反馈，后又与佛学互相融通；在实际应用的层面，先民以易为工具，分析世界而又改造世界，《系辞下》记载：

> 作結繩而為罔罟，以佃以漁，蓋取諸《離》。
>
> 包犧氏沒，神農氏作，斲木為耜，揉木為耒，耒耨之利，以教天下，蓋取諸《益》。
>
> 日中為市，致天下之民，聚天下之貨，交易而退，各得其所，蓋取諸《噬嗑》。
>
> ……黃帝、堯、舜垂衣裳而天下治，蓋取諸《乾》《坤》。
>
> 刳木為舟，剡木為楫，舟楫之利，以濟不通，致遠以利天下，蓋取諸《渙》。
>
> 服牛乘馬，引重致遠，以利天下，蓋取諸《隨》。
>
> 重門擊柝，以待暴客，蓋取諸《豫》。
>
> 斷木為杵，掘地為臼，臼杵之利，萬民以濟，蓋取諸《小過》。
>
> 弦木為弧，剡木為矢，弧矢之利，以威天下，蓋取諸《睽》。
>
> 上古穴居而野處，後世聖人易之以宮室，上棟下宇，以待風雨，蓋取諸《大壯》。
>
> 古之葬者，厚衣之以薪，葬之中野，不封不樹，喪期无數。後世聖人易之以棺椁，蓋取諸《大過》。
>
> 上古結繩而治，後世聖人易之以書契，百官以治，萬民以察，蓋取諸《夬》。
>
> 是故，易者，象也，象也者像也。彖者，材也，爻也者，效天下之動者也。①

这里所列举的"盖取诸某卦"，共十三卦，涉及渔猎、农业、建筑、交通、商贸、政治、军事等人类社会发展的精神、器物各层面。这并非说周易六十四卦是先于人的发明创造的天外秘籍，而是说《易经》的卦象及其所系之辞包含着一

---

① （清）阮元校刻：《十三经注疏：周易正义》，中华书局2009年版，第179~181页。

些人类社会和自然王国的基本规律与法式，可以作为发明创造时的参考，而俟发明创造之成，其基本原理又可以纳入周易的抽象图式和说明文字当中。《系辞》的这段记述，说明《易经》的创生与发展是和中华文明的政治、经济以及器物等社会实际应用层面的发展史相伴随的。中国古代固然没有出现过像西方一样独立且分门别类的科学诸学科，但不可因此说中华文明没有科学的因素，只是中华文明科学理性的层面，在近古时期逐渐衰弱，被其他方面的畸形增生遮蔽了。说易学乃对自然宇宙普遍大体之认识，指导科学可也，以科学反推可也，这是当然不谬的；而引经据典而轻慢科学之具体研究与应用，是人之失而非易之误。现代海外易学的发展演化足以证明理雅各的误判：《易经》不是文明进程的绊脚石，它虽然抽象玄奥，却不是一场幻觉，而是具有普适性的弥合形上和形下两层的试金之石。况且，《易经》与其说是停留在过去式的典籍，毋如说是随世界与时代生长变化的生命体，它在邈远的时代曾以龟甲、金石、蓍草为载体，今天则非唯存在于有形的书籍当中，且在更为辽阔的赛博空间（Cyberspace）中以源源不断的信息之流织构着壮观的云图。

二、鲁特的文化还原与具象化处理

鲁特翻译的一个取向是将原文的文化特殊性转化为普适性。例如《易经》中的"大川"，乃指作易者当时所在区域的某条或某几条大河。因此理雅各、卫礼贤、林理彰的版本分别为"the great stream""the great water""the great river"，以定冠词表示特指，且以"great"表示非一般的宽阔河流，这一方面让人容易联想到商周文明所在的黄河、洛水，但对于普通的西方读者来说，字面上的无障碍并不等于字义上的无障碍。而鲁特译成"a big river"，削弱了对"大川"流量及区域的指示意义，使英语世界的读者易于将其理解为任何一条大江大河、甚至是不那么宽广的河流，这虽然多少淡化了《易经》的东方色彩和历史痕迹，但也凸显了《易经》受时间、地域限制无多的特性。

鲁特其实十分注意保持《易经》属于其创制年代与地域的文化背景。对于一些专有名词，他的做法是先给出汉语拼音，然后在译注中加以解释，如"帝乙归妹"之"帝乙"作"diyi"、"先甲三日，后甲三日"之"甲"作"jia"等。

再如《解》卦二爻辞"九二：田获三狐，得黄矢，贞吉。"的六家译本对读比照：

理雅各译本：The second NINE, undivided, shows its subject catch, in hunting, three foxes, and obtain the yellow (= golden) arrows. With firm correctness there will be good fortune.

卫礼贤/贝恩斯译本：○ Nine in the second place means：/One kills three foxes in the field/And receives a yellow arrow. /Perseverance brings good fortune.

林理彰译本：Second Yang/This one hunts down three foxes in the fields, obtaining a yellow arrow. Constancy here means good fortune.

鲁特译本：（9）2：In the hunting field, /getting three foxes. Bronze arrows. /Augury AUSPICIOUS.

汪榕培/任秀桦译本：— 2. Three foxes are caught during the hunt；/A gold arrow is found. /When evils are got rid of, /Perseverance in good virtue brings good fortune.

傅惠生译本：Nine at the second line, he catches three hidden foxes in hunting and has the upright and moderate virtue like a yellow arrow. If he perseveres in the right way, there is good fortune. ①

依据《易经》创制及形成时代的社会经济发展水平，田耕等农事尚未普及，而田猎之经济、军事、政治、宗教意义仍十分重大，占社会生活相当比重。故"田"作为田猎之行动解释更为妥帖，而作为场所言，则捕猎之田野优于农田。然而"田"之作为农田的义项已有其社会现实之依据，所以阐释时也不可忽略。比较而言，理雅各 "its subject catch, in hunting, three foxes" 取最为重要义，卫礼贤 "One kills three foxes in the field" 淡化田猎行为，林理彰 "This one hunts down three foxes in the fields" 则猎捕行为发生之场所在田野与农田两可间，鲁特 "In the hunting field, getting three foxes" 坐实田猎行为与场地之联系，译文最为明晰。

鲁特的译本仍未能尽善尽美。例如《比》卦三爻辞 "六三：比之匪人" 的译文：（6）3：Joining offenders. （DISASTROUS.）② 以及《否》卦象辞："否之匪人，不利君子贞，大往小来。"的译文：[Bad for offenders.]/Augury not favourable for princes. /The great depart, the small come. ③

---

① 六译本引文出处依次如下：
James Legge, *The Yî King or Book of Changes*. Oxford：The Clarendon Press, 1882：145.
Richard Wilhelm：*The I Ching or Book of Changes*, tr. Carry F. Baynes. Princeton, NJ：Princeton University Press. 1967：155 – 156.
Richard John Lynn, *The Classic of Changes：A New Translation of the I Ching as Interpreted by Wang Bi*. New York：Columbia University, 1994：382.
Richard Rutt, *The Book of Changes（Zhouyi）*. London：Routledge Curzon, 1996：263.
汪榕培、任秀桦译：《英译易经》，上海外语教育出版社 2007 年版，第 83 页。
傅惠生译：《周易——汉英对照》，湖南人民出版社 2008 年版，第 229 页。
② Richard Rutt, *The Book of Changes（Zhouyi）*. London：Routledge Curzon, 1996：231.
③ Richard Rutt, *The Book of Changes（Zhouyi）*. London：Routledge Curzon, 1996：235.

"否之匪人。"译文是："Bad for offenders." 显然鲁特是把"匪"理解成"恶人""盗匪"了。然而这实乃"匪"字的后起义，如唐李朝威《柳毅传》："不幸见辱于匪人。"① 在《易经》的时代，"匪"常通"非"，作否定义，如《屯》卦六二："匪寇，昏媾。"《涣》卦六四："涣有丘，匪夷所思。""匪"字的这一常见义也出现在与《易经》处在同一时期的《诗经》当中，如：《小雅·四月》："先祖匪人。"《邶风·柏舟》："我心匪石，不可转也。"《邶风·静女》："匪女之为美，美人之贻。"如果我们参看理雅各、卫礼贤、林理彰等其他英译者的译文，发现他们多是以含"not""wrong"的语句来表达"匪"的意思的。鲁特译为"offender"，并非完全不对，但显然是一种译者阐释自由度很大的意译，也和鲁特自己在翻译《泰》卦时所遵循的准则有违。再如他把"君子"译成"prince"，也很有直接按照字面理解成"君主之子"的意思。对于《易经》这一内涵意义与延展意义比字面意义丰富得多的开放式文本来说，这样的做法应当尽可能避免。尽管没有直接的联系，但是鲁特程式化的翻译稍有疏忽，容易把文本"锁定"，而对《易经》的意蕴造成不必要的拘限与压缩。

鲁特还相当注意与理雅各、卫礼贤等早期译者遵循中国经典注疏（主要是儒家的）的意识保持距离，他更倾向于以近现代易学的新见解和现代解构意识重新诠释易经。例如他把《谦》卦译为"rat"，把《豫》卦译成"elephant"，《遯》卦解作"pig"，《明夷》卦说成是"crying pheasant"，竭力将卦名往象的方向靠拢，都是对传统观念的极大颠覆。

三、"义理""象数"两端在《易经》英译中的体现

清代编修的《四库全书总目》对易学中"义理""象数"两端的历史发展进行了概括："《左传》所记诸占，盖犹太卜之遗法。汉儒言象数，去古未远也，一变而为京、焦，入于禨祥，再变而为陈、邵，务穷造化，《易》遂不切于民用。王弼尽黜象数，说以老、庄，一变而胡瑗、程子，始阐明儒理，再变而李光、杨万里，又参证史事，《易》遂日启其论端。此两派六宗，已互相攻驳。"②

易学分义理（meaning and principle）、象数（image and number）两端。今人每以义理为体，象数为用，前者高而后者下。然须知易经自秦火得存者，正在卜筮之用。考易之原始，本在究天人之至理，以思，以行，是思行合一之道也。空谈义理而不论象数者，易之道无以发，徒行术象数而遗忘义理者，易之道无以返。

---

① 鲁迅校录：《唐宋传奇集》，齐鲁书社 1997 年版，第 33 页。
② 纪昀、陆锡熊、孙士毅总纂：《钦定四库全书总目》（整理本），中华书局 1997 年版，正文第 3 页。

义理与象数的关系，在列为儒家正典的《系辞上》开篇就有明辨："天尊地卑，乾坤定矣。卑高以陈，贵贱位矣。动静有常，刚柔断矣。方以类聚，物以群分，吉凶生矣。在天成象，在地成形，变化见矣。"① 先民首先直观看到上天下地的高与低的空间属性；由于天高难以企及，地低可以亲近，联系于自身，自然得出天尊地卑以及天上之物贵、地上之物贱这一类笼统的自然与社会相联结的属性，并分别定名为乾坤；再进一层，物与人的动静之状与刚柔之性就在空间限制和属性规约中被规范与划分；更近一层，人与物的所在、所属、何以在、何所属得到解释和确定，吉凶——幸与不幸、利与不利亦在有差等的人人、物物、人物之间生发。因此，天地以及天地之间的形象由于其中蕴含的机理而互动互应而变化不已。

经过以上这些最为本质核心的宇宙机理的推导，《系辞上》给出了更为具体的形象及其关系与变化："是故，刚柔相摩，八卦相荡。鼓之以雷霆，润之以风雨，日月运行，一寒一暑，乾道成男，坤道成女。"② 乾坤这两重基本的宇宙道理最终落实于作为观察与思考者的人类本身。

《系辞上》接着说："乾知大始，坤作成物。乾以易知，坤以简能。易则易知，简则易从。易知则有亲，易从则有功。有亲则可久，有功则可大。可久则贤人之德，可大则贤人之业。易简，而天下之理得矣；天下之理得，而成位乎其中矣。"③ 对宇宙机理的思虑返回到人自身后，《系辞》作者进一步对乾坤的属性作出判断：乾有创生的力量，坤含化育的力量，并且自信地认为乾坤这两种宇宙核心力量是可以简单容易地认知与遵从的。因为它们容易认知，所以天高地厚、宇宙苍茫也可以为人心所亲近；因为它们容易遵从，所以在广阔的天地中人力可以有所作为。可见随着人类文明的发展，人在浩瀚宇宙中的孤独无助感逐渐在削弱。而且因为人能够亲近于天地，所以人也能与天地一起地久天长；因为人能够作用于万物，所以人对于天地的开拓可以日趋扩大。这不能不说是人类自信心的增长！更可贵的是，《系辞》作者的思考能由外物回转于内心，得出根植于人类社会的道德功业的范畴。至此，人与天地万物的属性与命运全部由可以把握运用的宇宙机理紧紧联结为一体。

亚里士多德曾在《范畴篇》中列举了实体（Substance）、数量（Quantity）、性质（Quality）、关系（Relation）、何地（Place）、何时（Time）、所处（Position）、所有（State）、动作（Action）、承受（Affection）这十类事物的本体论范畴。④ 我

---

① （清）阮元校刻：《十三经注疏：周易正义》，中华书局2009年版，第156页。
②③ （清）阮元校刻：《十三经注疏：周易正义》，中华书局2009年版，第157页。
④ ［古希腊］亚里士多德：《范畴篇》，见《亚里士多德全集》（第一卷），苗力田主编，秦典华译，中国人民大学出版社1990年版，第5页；参见汪子嵩《亚里士多德关于本体的学说》，生活·读书·新知三联书店1982年版，第18~19页。

们可以对照发现，在《系辞上》对理与象的辩证推论中，对于这些核心范畴多有涉及。

《系辞上》继而言道："圣人设卦观象，系辞焉而明吉凶，刚柔相推而生变化。是故，吉凶者，失得之象也。悔吝者，忧虞之象也。变化者，进退之象也。刚柔者，昼夜之象也。六爻之动，三极之道也。是故，君子所居而安者，易之序也。所乐而玩者，爻之辞也。是故，君子居则观其象，而玩其辞；动则观其变，而玩其占。是以自天佑之，吉无不利。"① 卦的设立，是为了观察天地万物之象；卦辞是为了判断说明卦象的吉凶利害；而卦中处于不同爻位的阴阳二爻则反映了物象具体而微的互动变化。结果之得失、心理之忧喜、状态之进退、昼夜刚柔之更替，全部反映在象中，而且体现着天地人共同遵循的机理。卦爻之言辞，牵系于卦爻之象，依爻象而发；而爻象之变动，则反映折射出人们可以感知的道理，并能进而以之指导施用于具体人事。从而，对于个人而言，他人、他物之象及象之变动是可以通过思维言辞进行阐释认知的，并且，通过把握纷繁错综物象中的机理，可以规避风险、争取利好，所以天象虽然与人身疏远，但人心却沟通、求助于天理。所以《系辞上》后又引孔子之言："蓍之德，圆而神；卦之德，方以知；六爻之义，易以贡。"② 依照韩康伯疏，这是说揲蓍之变化无穷，卦象之丰富而有度，爻义之变易而有所告示。由此，数、象、义虽有不同之形制，却在其本质上层层连为一致。其实，这也是《系辞》作者对人类智慧的自我肯定，以圣人等人类文化精英为代表的设卦、观象、系辞等沟通天地人的哲学探索，是可以掌握运用宇宙机理的。由此，我们也可以理解孔孟老庄、柏拉图、亚里士多德、康德等哲人的形上思考在枯燥赅要言辞中蕴藏的巨大智慧能量。古希腊哲人普罗塔哥拉曾说："个人是一切的权衡，是白的、重的、轻的，与凡此类事物的权衡；个人有判断此等事物的标准在心，断如所感，所断于彼便是诚然实然。"③康德则说："有两样东西，人们越是经常持久地对之凝神思索，它们就越是使内心充满常新而日增的惊奇和敬畏：我头上的星空和我心中的道德律。"④ 正是人心将宇宙机理内化为尺度，才使星空与道德产生互相连接的可能。

《系辞上》接着还说："象者，言乎象者也。爻者，言乎变者也。……易与天地准，故能弥纶天地之道。"⑤ 借用普罗泰格拉的譬喻，人作为尺度，通过言—象—道这座通天塔，可以解释、掌握自然与人生的机理。所以义理离不开象

---

① （清）阮元校刻：《十三经注疏：周易正义》，中华书局2009年版，第158～159页。
② （清）阮元校刻：《十三经注疏：周易正义》，中华书局2009年版，第168～169页。
③ ［古希腊］柏拉图：《泰阿泰德》，严群译，商务印书馆2021年版，第68页。
④ ［德］康德：《实践理性批判》，邓晓芒译，杨祖陶校，人民出版社2003年版，第220页。
⑤ （清）阮元校刻：《十三经注疏：周易正义》，中华书局2009年版，第159～160页。

数的形象，象数离不开义理的阐释，在其中任何一端往而不返都将失去人类智慧本身的精度，而距离真理越来越远。

最后，《系辞上》篇末总结道："子曰：'圣人立象以尽意，设卦以尽情伪，系辞以尽其言，变而通之以尽利，鼓之舞之以尽神。'……是故，形而上者谓之道，形而下者谓之器。化而裁之谓之变，推而行之谓之通，举而错之天下之民，谓之事业。是故，夫象，圣人有以见天下之赜，而拟诸其形容，象其物宜，是故谓之象。圣人有以见天下之动，而观其会通，以行其典礼，系辞焉，以断其吉凶，是故谓之爻。极天下之赜者，存乎卦；鼓天下之动者，存乎辞；化而裁之，存乎变；推而行之，存乎通；神而明之，存乎其人；默而成之，不言而信，存乎德行。"① 通过援引圣人孔子之言，《系辞》作者拈出了贯通《易经》的几对重要范畴：象（形）—意、卦（象）—情（真、伪）、言（辞）—（卦、爻）象、变（化）—通（行）、利（吉）—不利（凶）、道（神）—器（物）。并且，这些范畴相互之间存在着互动互通的关系。所以，与西方哲学对事理物象条分缕析来区分明析范畴不同的是，中国哲学从以《易经》论述为代表的源头开始，就并不看重范畴的界定，而更强调其化用。许多概念与范畴甫一拈出，就又被散入一个浑无涯汜的理念体系当中，而其中只有乾坤、道这类寥寥的巨大概念、范畴来对其他相对次要者形成恒星般的牵引力。②

考察《易经》诸英译本的情况，对"易"之义理、象数的译介比例亦有所权衡。如前述鲁特译本，主要在卦名翻译上彰显物象，以其为先民具象思维的本色；傅惠生译本则大力在译文上显示汉儒推重的阴阳互动的爻象观。

自易的流变进入以易传、易学解经的时期，易之义理、象数两端显然出现了庙堂与江湖的分野，而在文化主流层面，义理一端无疑更为普及和彰显。易的思想在先秦经由易传深刻影响了儒道两家③，在政治哲学层面或主礼制仁政，或主无为而治，在社会哲学层面则或为入世，或为出世。而不论儒道，显然都是以义理来统御象数的。然而鲁特的译本大力探掘与回复《易经》象数的一面，很大原因便在于他不受中国传统儒道文化观念的约束，无有奉易传为经典的意识；亦在于他自有基督教的深厚信仰，而更倾向于将《易经》视为基督纪元之前的原始文化文本。受鲁特译本影响，美国易学研究者梅丹理在其论文《〈周易〉中的乾坤之舞》中将乾、坤以及构成六十四卦的阴阳二爻视为原始生殖力量与生命力的交

---

① （清）阮元校刻：《十三经注疏：周易正义》，中华书局2009年版，第171~172页。
② 朱睿达曾专以《"中国诗学"范畴的澄清》来对中西哲学、诗学对范畴的论述进行分析。参见朱睿达：《古代"阴阳两仪"思维与中国诗学范畴论》，中国古文献出版社2013年版，第9~18页。
③ 学界的一般认识将易传归于儒家，而当代学者陈鼓应先生力证易传主要为道家思想，亦可自洽，详见陈鼓应：《易传与道家思想》，中华书局2015年版。

缠互动。鲁特、梅丹理对《易经》的阐释和对易的理解容易被我们看成是与中国文化疏隔的西方视角，在很大程度上它们确实如此。但是这一层陌生、异化的理念实在是对传统之前的传统的揭示与接续，长期被义理遮蔽与压制的象数被赋予了新的面相。

系辞云："形而上者谓之道，形而下者谓之器。"而人形体器，灵感神，下上而中，故形而中者谓之人。易之原始，道器不离，人居中而发明自然与人生之理，进而为我所用，改造自然与人生，复又回护、体证自然与人生之理。在由易而经的初期，人所见所感的象数纷繁，而所悟所证的义理较寡；随着文明的发展完善，易由经而传，象数的部分收纳渐丰足，而义理的部分则扩展弥深远。易的生长与中华文明的生长同步，在不同阶段，其对义理、象数的侧重是变化不均的，但任何一端都不可偏废，都是一体互生的。今天我们将易放诸四海，则面对着新的象数，也需思考新的义理。

《易经》英译在义理、象数的不同程度呈现其实也对我们借鉴西方汉学、反观传统国学、通往国际中国学的具体治学取向有所启示。我们既要在大的视野中看到大的格局，在中西文化比较中关注"义理之学"，观照中西文化在基本思维、核心观念上的同与异、隔与通；也要归返原初的语言文字、依凭具体的文本材料，作"考据之学"，以"显微镜"和"手术刀"作真切、精密的比照与剖析。而注目于新异表象、夸口以趣味谈资的"皮相之学"，则不是我们今天推重汉学所该走的正途。中国学术传统上有汉学、宋学之分，而今天我们在跨文化交流语境中通过跨文化阐释促进跨文化理解，则更迫切需要形上之学与具体之学的进一步融通与协作。

四、《易经》英译与《圣经》的比附与比较

王夫之《周易内传·系辞下传》："大衍五十而用四十有九，分二，挂一，归奇，过揲，审七八九六之变，以求肖于理，人谋也；分而为二，多寡成于无心，不测之神，鬼谋也。"① 易占乃是一种诗性哲学与理性思维的融合，在理性的形制之中包裹着诗心。在此可以看出中西文化之间的不同：西人将诗性纳入理性，如基督教；中华则以理性推升诗性，如周易。《圣经》虽然颇多对于人事的描述，但始终与神迹、神意、神恩相联结，旨归在于将人引向天国与天父，而出乎此用心，则处处体现出一种叩问、锤炼人性的向内探索；《周易》"絜静精微"，似乎有天意、大道、冥冥之宇宙大法则投映、作用于人间世，而具体则显

---

① （清）王夫之：《周易内传》，李一忻点校，九州出版社2004年版，第510页。

现出一种吸收、验证真理的向外拓展。

意大利人、天主教耶稣会士利玛窦（Matteo Ricci, 1552~1610）是《易经》的最初一批西方读者之一。明神宗万历三十一年（1603年），利玛窦在罗明坚据天主教《要理回答》编译的《天主圣教实录》的基础上，编撰了《天主实义》一书，后被收入《四库全书》中。《天主实义》以"中士""西士"二人问答讨论的语录体形式开展对基督教要义的阐释和对中西文化思想的辨析。在书中，利玛窦认为宋明理学所主张的太极只是虚象而非实理、"理"并非万物的本原，进而指出："吾天主，乃古经书所称上帝也。"他所引材料包括《中庸》一条、《诗经》四条、《伪古文尚书》三条、《周易》一条。对采自《周易·说卦传》的"帝出乎震"，他认为："夫帝也者，非天之谓。苍天者抱八方，何能出于一乎？"将广盖空间的具体的天空与作为宇宙统御中心的独一的上帝加以区分。根据这些材料，利玛窦总结认为："上帝与天主，特异以名也。"①

理雅各将《易经》中的"凶"译为"evil"，显示了中文原意向西方语境的偏转。凶训恶②乍看与"evil"字义一致，但是彼时古汉语的"恶"更多"恶果"的义项，而"evil"在西方语境中与《圣经》中的"原罪"等宗教意义上的"罪恶"有自然的联结。因此，当西方读者阅读理雅各的译本时，所接受的"evil"之意义主要为卦爻辞所占所指某事性质上的"恶"，而非其事结果上的"恶"。

在"经"的层面对读《易经》与《圣经》，其实均是在某一宗教"信心"（Faith）的独断视阈下掩抑其余的理念。王国维在《人间词话》中曾说："诗人对宇宙人生，须入乎其内，又须出乎其外。入乎其内，故能写之；出乎其外，故能观之。入乎其内，故有生气；出乎其外，故有高致。"③ 愚见易学研究亦应作如是观。在学术层面研究易学，须入乎其内，熟习其预测、阐释宇宙人生的系统；又须出乎其外，在跨越学科的学理上、多元文化的时代中对其进行客观冷静的剖析。入乎其内，故能运筹之；出乎其外，故能庖解之。入乎其内，故得同情；出乎其外，故得通理。

然而将《易经》与《圣经》看作东西方两种宗教经典文本进行比附对读，虽然已成为一种历史陈迹，但自有其在历史时代语境中不可抹杀的功用。公元前3世纪至前2世纪，希伯来圣经的通用希腊语译本在北非的亚历山大港城问世，这就是著名的"七十士译本"（*The Septuagint*）。西方阐释学（Hermeneutics）也

---

① 本段所引详见朱维铮主编《利玛窦中文著译集》中的《天主实义》，复旦大学出版社2001年版，第21页。

② 详见高亨：《周易古经今注》，见于董治安编《高亨著作集林》（第一卷），清华大学出版社2004年版，第161页。

③ 王国维：《人间词话》，上海古籍出版社2009年版，第62页。

由此诞生。而在公元一世纪初、东汉明帝时,印度高僧竺法兰、迦叶摩腾将《四十二章经》译入汉地。可见东西方有文字记载的翻译活动,其初都与异域宗教、文化经典的跨文化传播与阐释相关联。考察《易经》的跨文化传播历史,《易经》与《圣经》的平行关系是不得不翻看的一页。

五、多元文化时代的《易经》跨文化阐释

朱伯崑先生在《易学研究中的若干问题》一文中谈道:"德国的莱布尼茨,看到了邵雍的先天卦序图,发现其中有二进位制的数学思维,实际上他是以西方的逻辑思维解读邵雍的图式,其解读虽不尽符合邵雍易学的本义,但此种对比的研究,为我们开辟了一新的视野,这是中国传统的经学家所不能胜任的。"① 从易学的发展进程来看,夏商周三代有"三易",春秋战国有《易传》,汉唐有卦气说,宋明有太极图式及与理学的结合,清有训诂、文献考证,近代以来更有人类学、社会学、考古学的研究方法的大突破。而随着东西文明从初期的剧烈碰撞逐渐进到交流与融合的状态,对《易经》的阐释与利用理当打破一国一方之学的拘囿,使其成为天下之公器。当然,这也对治易学者的学术视野与胆力提出了前所未有的巨大挑战。

但朱先生接着也讲道:"但东西思维的对比研究,不是东西比附,比附也是没有前途的。当前的易学研究中,有一种倾向,即将西方近现代的科学思维和科研成果,不加分析地套在中国古老的《周易》经传身上,如说其中有相对论、宇宙大爆炸、六十四种生物基因以及量子物理学等理论,视《周易》为包容古今学理的百科全书。此种比附,只能给易学研究带来思想上的混乱,也是脱离历史和分析方法而造成的后果。"② 诚如朱先生所警示的,《易经》及易学固然伟大,可我们也完全没必要将其上升到神乎其神、全知全能的高度。我们应当清醒地认识到,正如易学发展史所昭示的,易从阴阳两仪、八卦、六十四卦和卜筮、经传、注说一路发展而来,完全是与人类的文明进程相一致的。今易绝非古易,冥合和发明不等于《易经》的本来面貌。《易经》对于我们的研究发明大有裨益,但也不需要夸大其功用、将其神化。

在辨明易学与科学的关系问题上,萧萐夫先生就说:"面对西方科技新成就,希望'古已有之'的'西学中源'说,幻想'移花接木'的'中体西用'说,

---

① 李学勤、朱伯崑等:《伟大传统:周易二十讲》,廖名春选编,华夏出版社2008年版,第48~49页。

② 李学勤、朱伯崑等:《伟大传统:周易二十讲》,廖名春选编,华夏出版社2008年版,第49页。

都是曾经流行过的思想范式，并在中国文化走向近代化的进程中一再把人们引向歧途。显然，科学易的研究应当避免再陷入这样的思想范式及其种种变形，应当跳出中西文化观的'西方中心'和'华夏优越'，或'浮浅认同'，或'笼统立异'，或'拉杂比附'等误区，而在传统易学与现代科学之间发现真正的历史结合点，从中国科学易三百年来具体的历史发展中去总结经验教训，提炼研究的方法，开拓未来的前景。"①

如此看来，《易经》等中华文化文本的外译就不仅仅是外族语言的转换和本国文化的输出，而是一种需要双向交流沟通的文化传播。这一负荷文化使命的翻译要求译者对源语言和目标语言所承载的文化均有深切体认，而这种文化之负荷贯穿于译本酝酿、生发之始终，且在译本完成之后仍川流不息。因为成熟的文化之间本就是可以相互融通的。译本与译者的失败，不论是从本国到异域的译出还是从异域到本国的译入，都是因为译者未能设身处地地真切体认彼一文化，而仅仅基于此一文化做理当如此的揣度，从而造成文化交通上的壅塞。在这种情况下，译者自以为的文化输出或引入如同陷入了莫比乌斯环（Möbius strip）一般的怪圈，看似不断前行，实则永在回返。

理雅各在其译本前言中便说：

> 中国人的文字书写是思想的象征符号而非字词的表现形式，而它们在文中的结合是作者所想而非他所言之表现。因此字面翻版对译者来说是徒劳的尝试。当象征文字将他和原作者的思想带入一致中时，他就能用自己或任何其他语言，以他可达到的最佳样式自由地表述意思。这是孟子在诠释他祖国的古诗时遵循的规则："以意逆志，是为得之。"②

理雅各所引孟子之言出自《孟子·万章上》："故说诗者，不以文害辞，不以辞害志。以意逆志，是为得之。如以辞而已矣，《云汉》之诗曰：'周余黎民，靡有孑遗。'信斯言也，是周无遗民也。"③ 这是我们非常熟悉的。可以注意的是，理雅各将"以意逆志"中的"志"转译为"语句的（表意）范围"（scope

---

① 转引自李学勤、朱伯崑等著《伟大传统：周易二十讲》，廖名春选编，华夏出版社2008年版，第412页。

② "...the written characters of the Chinese are not representations of words, but symbols of ideas, and that the combination of them in composition is not a representation of what the writer would say, but of what he thinks. It is vain therefore for a translator to attempt a literal version. When the symbolic characters have brought his mind en rapport with that of his author, he is free to render the ideas in his own or any other speech in the best manner that he can attain to. This is the rule which Mencius followed in interpreting the old poems of his country: — 'We must try with our thoughts to meet the scope of a sentence, and then we shall apprehend it.'" See: James Legge, "Translator's Preface," *The Yî King or Book of Changes*. Oxford: The Clarendon Press, 1882: xcv.

③ （清）阮元校刻：《十三经注疏：孟子注疏》，中华书局2009年版，第5950页。

of a sentence），即文辞意蕴的全部可能性。这其实就涉及后来索绪尔、罗兰·巴特等学者所探讨的能指（signifier）与所指（signified）的关系问题。恰如理雅各所指出的，文字符号的表层（能指）之下，有着丰富而非单一的文化意蕴。即以孟子所举《诗经·大雅·云汉》之句所在文段为例："旱既太甚，则不可推。兢兢业业，如霆如雷。周余黎民，靡有孑遗。昊天上帝，则不我遗。胡不相畏？先祖于摧。"① 汉代王充《论衡·艺增篇》曰："夫旱甚，则有之矣；言无孑遗一人，增之也……言'靡有孑遗'，增益其文，欲言旱甚也。"② 又南朝梁刘勰《文心雕龙·夸饰》云："虽诗书雅言，风格训世，事必宜广，文亦过焉。是以言峻则嵩高极天，论狭则河不容舠，说多则子孙千亿，称少则民靡孑遗，襄陵举滔天之目，倒戈立漂杵之论，辞虽已甚，其义无害也。且夫鸮音之丑，岂有泮林而变好；荼味之苦，宁以周原而成饴；并意深褒赞，故义成矫饰。"③ 联系"周余黎民，靡有孑遗"这一"能指"的上下文，可知"周民无一人留存"并非其"所指"，因为这是不合乎事实与常理的。这句话不仅夸张地极言旱情之严重，而且传达出诗人的极度忧虑，这才是深层所指，才是诗人之"志"，也即理雅各所谓"它们（文字书写）在文中的结合是作者所想而非他所言之表现"，是译者从原文本所要推原的作者思想。因此，在具体的《易经》翻译模式上，理雅各基本忽略了原文本在文字表层上的形式与音韵特征，而不吝词句，力求译文逻辑清晰、表意清楚，而体现出释重于译的风格。

理雅各对《易经》原有文化意蕴的传达是相当准确的，是文化翻译与文化传播的优秀案例，然而他的译本仍未尽善尽美，仍然陷于文化交通壅塞的悖论之中：过于期求意义的实在性和阐释的准确性，则必然对源语言能指对应的所指进行排拣和压缩，而这一所指所对应的目标语言的能指，则必然体现出强制且生硬地限定能指的形式。表面上看，理雅各的译文避免了对原文本的"字面翻版"（literal version），但他却在某种程度上将原文本的意蕴压缩代入他自己的理解当中，使译本成为英文的"字面翻版"，这多少变成了对中西文字能指各自对应所指的两重损害。

俗谚：当局者迷，旁观者清。理雅各在翻译工作中也探照、剖析着中华文化的弊端，可谓"旁观者清"，但他在指摘"当局者"的同时，自"当局者"观之，又处在了另一种"当局者"的处境之中，不自觉地展现出西方文化的弊端。如果从中西对立的立场出发，则两相隔膜，只见优劣得失。而只有承认中西文化等任何一种文化均非最为领先的文化，不仅能够"旁观"他种文化，而且能够

---

① （清）阮元校刻：《十三经注疏：毛诗正义》，中华书局2009年版，第1210~1211页。
② （东汉）王充：《论衡》，上海古籍出版社1990年版，第86页。
③ （南朝梁）刘勰：《文心雕龙》卷八，范文澜注，人民文学出版社1958年版，第608页。

"旁观"我之文化,才能使"东风""西风"跳出互相压制的纷争,进入互为补充的和谐环流当中。中西两大文明的历史对话进程中,先是中学济西学为多,后是西学济中学之忽,然而任何一种文化,如果不向外交流,不自我革新,是难以为继的。中华文化是在与周边文化交流中发展充实起来的,近古渐倾于自闭,而受欧洲、俄国、日本之棒喝与重创;西方文化则在本土文化的基础上受西亚、北非等地区的文化泽溉,中世纪陷于保守倒退,近世重开文化之眼界,方又重振。

全球化是一个古已有之的人类文明进程,这是今天我们人文学者的共识,只不过当今文明全球化的范围、速度与程度都大大超过了此前的世代。此前的文化交流,不管以采取极端的战争冲突,或以和缓的教化传习,不同的文化之间,总是更多以优劣高下的姿态相面对。然而信息技术的爆炸式发展使得信息的传输与获取变得异常广泛、便捷、公开,时空因素对于民族文化发展的限制变得越来越少,由此,不同文化之间的交流也更容易在平等的间性关系之中进行。费孝通先生在《再论文字下乡》一文中说:"文化是依赖象征体系和个人的记忆而维持着的社会共同经验。这样说来,每个人的'当前',不仅包括他个人'过去'的投影,而且是整个民族的'过去'的投影。历史对于个人并不是点缀的饰物,而是实用的、不能或缺的生活基础。人不能离开社会生活,就不能不学习文化。文化得靠记忆,不能靠本能,所以人在记忆力上不能不力求发展。我们不但要在个人的今昔之间筑通桥梁,而且在社会的世代之间也得筑通桥梁,不然就没有了文化,也没有了我们现在所能享受的生活。"①《易经》以及易学的象征体系,可谓是中华文化得以传承延绵的文化象征体系的一部分;《圣经》《荷马史诗》等"二希"文明的经典,可谓是西方文化交汇融合的文化象征体系的一部分。而此前的文化通变(即文化的传承发展,《系辞上》谓"易,穷则变,变则通,通则久")更多的是费老所谓"在社会的世代之间也得筑通桥梁"的工作。"在不同文化之间筑通桥梁"的工作,不能说是此前没有的,然而却在多元文化互通互变的今时今世变得前所未有的重要和频仍。以《易经》英译的发展情况为例,理雅各与他之前的翻译,更多的是以我固有之文化映照、收纳彼一异质文化的模式;卫礼贤(经贝恩斯转译)与他之后的翻译,更多的是以彼一异质文化为我固有文化之参照的模式。如此构筑的文化阐释之桥梁,或因我之居高临下,或因彼之兀然陡立,致使桥面一头高而一头低,行走其上,难以取得平衡。而由于不同文化逐渐处在平等平衡的间性关系位置,"二战"之后的《易经》英译文本也越来越体现出平和平易的文化互文特征。

李庆本先生在《跨文化阐释与世界文学的重构》一文中认为:"翻译不仅

---

① 费孝通:《乡土中国》,生活·读书·新知三联书店2021年版,第26页。

是语言的转换,而且也是文化的选择与变异。因此翻译也是跨文化阐释的特殊形式。"① 跨文化传播层面的翻译,要求译者具备极高的跨文化阐释能力,如此才能帮助读者形成完美的跨文化理解。然而这几乎是不可能完成的任务。如果说文本也是有生命的,那么译者如何才能把一种语言文化中的生命体完好无损地解构,再在另一种语言文化中天衣无缝地重新赋予其生命?这简直就是要求译者能够庖丁解牛,之后还能生死肉骨!然而翻译之所以是美妙的,正因为其不只是译者独自进行的任务,而是世界和时间都不断向译本鼓吹生气的过程。是故尽管最为完美的、完全消除文化隔阂的译作也许还需要历经漫长的岁月才能出现,或者干脆永无可能出现,然而翻译始终是美妙的、有益的。

　　易学传统对"易"有三层理解与阐释:不易,变易,易简。如果推诸译理,则原文本是相对不易的;而在空间的维度上,东方与西方必然在原文与译本的比较中体现出跨文化的变易,在时间的维度上,先辈与近世的阐释与翻译也必然有出现时代性的变易;但处在时空旅行中的诸多文本必有可以通约而成沟通理解的对应性,即放诸古今东西皆准的人文共性。从理雅各等早期来华传教士的译本到当代西方易学家的译本,我们可以清楚看到,译文所用英语严丝合缝的文法逻辑已在不同程度上消解,而逐渐趋近于《易经》本身敞开在文字之外的意象与意义的独特魅力。这也验证:《易经》虽在阐释与翻译的文本显现上有诸多变易的可能性,但其易简的特性却保证了不易的易道之核心在跨文化阐释中的顺利传播。

---

① 李庆本:《跨文化阐释与世界文学的重构》,载于《山东社会科学》2012 年第 3 期。

第四章

《诗经》英译与跨文化阐释

《诗经》，是中国古代诗歌的开端，最早的一部诗歌总集，同时也是中国儒家最重要的经典之一。它不仅在中国文化中发挥着极其重要的作用，对外国读者也产生了深远的影响。

《汉书》记载，西汉时西域各国贵族子弟多来长安学习汉文化，很有可能其中有人就接触过《诗经》。1959~1979年在新疆连续发掘的吐鲁番出土文书中有《毛诗郑笺小雅》残卷，确证是公元五世纪的遗物。① 这说明最迟至五世纪，《诗经》已从中原地区西传。唐建中二年（781）所立《大秦景教流行中国碑》的撰写者景净是叙利亚人，他在碑文中引用过《诗经》。这证明《诗经》从丝绸之路外传历史颇为悠久。②

《诗经》与西方真正的接触始于公元16世纪80年代。利玛窦初到广州就"延师读儒书"，是西人首次读《诗》通《诗》的明确记载。③ 后来，他在《天主实义》中引用《周颂》《商颂》和《大雅》的《文王》《大明》诸篇中的"天""帝"等观念，比附基督教的"天主"，表现出早期西方《诗经》研究中浓重的传教色彩。17世纪在西方出现了零散的《诗经》翻译。据传，耶稣会传教士金尼阁最早用拉丁文翻译《诗经》，于1626年在杭州印行。可惜其译本失传。18世纪，欧洲开始出现了《诗经》的全译本。法国传教士孙璋于1728~

---

① 胡平生：《吐鲁番出土义熙写本毛诗郑笺小雅残卷的复原和考证》，载于《河北师范学报》1995年第3期。
② 夏传才：《略述国外〈诗经〉研究的发展》，载于《河北师院学报》1997年第2期。
③ 周发祥：《〈诗经〉在西方的传播与研究》，载于《文学评论》1993年第6期。

1733 年用拉丁文翻译了《孔子诗经》,这是欧洲第一部《诗经》全译本。这个译本后经过东方学家莫尔(Julius Mohl)编辑,于 1830 年在德国出版。1735 年,法国汉学家杜赫德主编的《中华帝国全志》中收录了马若瑟所译《诗经》中的八篇。

19 世纪初叶起,以法国为中心的欧洲汉学升温,《诗经》译介呈现繁荣景象,随后,欧洲的主要语种都有了《诗经》译本。"诗经学"在此后日益成为世界汉学的热点。

第一节 《诗经》英译概况与研究趋势

从文化翻译和跨文化阐释的角度,可将《诗经》英译分为四个时期:19 世纪后期,以理雅各为代表的经学研究型翻译;20 世纪初期,以韦利为代表的文化研究型翻译;20 世纪中期,以庞德为代表的意象主义诗学构建为目的的翻译;20 世纪 90 年代,以许渊冲和汪榕培为代表的以文学为主要特征的翻译。与此同时,西方研究者也从不同角度对《诗经》进行了多方面的解读与阐释。其中最值得关注的是围绕着《诗经》的"讽喻"问题所展开的讨论。

一、《诗经》英译与研究的发展历程

《诗经》英译始于威廉·琼斯(William Jones, 1746 – 1794)。他于 18 世纪 80 年代用拉丁语翻译了《诗经》中的《卫风·淇奥》《周南·桃夭》和《小雅·节南山》三首诗,后又从拉丁语译成英语,"为《诗经》英语翻译的滥觞"。[1] 琼斯是一位法学家,曾任印度加尔各答最高法院法官,同时又是一位杰出的语言学家,通晓数十种语言。他翻译的《诗经》三节诗,"每节都采用两种翻译:一是直译,二是意译"。[2] 实际上,这也代表了他对《诗经》的跨文化阐释。

理雅各 1871 年出版的《诗经》无韵全译本(The Chinese Classic: The She King),由序论、正文(原文和译文)、注释等部分构成。他的序论 182 页,共五章,分别介绍《诗经》三百篇的采编、流传、内容、版本、笺注、传序、格律、音韵,还有地理、政区、宗教和其它人文环境的背景知识。此外,还附有六篇研

---

[1] 李玉良:《〈诗经〉英译研究》,齐鲁书社 2007 年版,第 55 页。
[2] 马祖毅、任荣珍:《汉籍外译史》,湖北教育出版社 2003 年版,第 53 页。

究文章。正文中除了翻译之外，还有注释，涉及神话传说、历史掌故、名物制度、风俗习惯等。总体来看，理雅各的英译本是典型的经学研究型翻译，并形成了《诗经》翻译加注释和研究的跨文化阐释传统。这是第一个《诗经》英译全本，具有重要历史价值。尽管理雅各在《诗经》英译本前言中，对孙璋的译文提出批评，但孙璋的译文仍然是他主要的参考。另外，他的翻译也是在中国著名学者王韬的帮助下完成的。这就使得他的译文以准确著称，至今仍被奉为标准译本。理雅各后又于1876年用韵体重译出版《诗经》，其译文严谨、深刻、忠实。

除了理雅各之外，19世纪后期还有詹宁斯和阿连壁等人的《诗经》英译。1891年，詹宁斯和阿连壁的《诗经》韵体全译本都在伦敦出版。前者译本有前言，每篇译诗后都附有注释，该译本较为信奉《诗经》汉学注疏体系；改写是后者译本的最突出的特征。不过与理雅各的译本比起来，他们两人的译本影响力要小得多。

进入20世纪之后，《诗经》的英译与研究出现了一些新特点。翟理斯开始从文学史的角度译介和研究《诗经》。他在1901年出版的《中国文学史》中，对《诗经》的分类、主题、解经惯例，以及对后世影响等内容进行了介绍和研究，显示出翟理斯已经突破了理雅各的经学研究传统，而转向注重《诗经》本身的文学价值上来了。其实，早在1883年，翟理斯就曾在他编译的《中国文学瑰宝》（The Gems of Chinese Literature）中选译了《诗经》若干篇。很显然，从那时起，他就是把《诗经》作为文学而不是经学来看待的。这也代表了20世纪初期《诗经》翻译与研究的审美化方向。例如这一时期的韦利译本和高本汉译本，都努力追求译文的"雅致化"和"精确化"。①

阿瑟·韦利的无韵全译本于1937年在伦敦出版，其译本为了体现原著的思想性和艺术性，打破了《诗经》原来的编排顺序，按照诗歌的主题重新排序，分为求爱、婚姻、勇士和战争、农作、游宴和歌舞。在序言、题解和脚注中，他又将《诗经》作为中国诗歌的代表与欧洲诗歌进行比较研究，使中西文学相得益彰。如果说，韦利的译本可作为《诗经》英译追求"雅"的典型，把原著译成优美的抒情诗，那么，高本汉的译本可作为追求"信"的典型，他是语言学家，在训诂、方言、古韵、古文献考证诸方面都倾注功力。高本汉的《诗经》英语全译本于1950年在瑞典出版，译本是在对文字、音韵、训诂深入探讨的基础上进行的，采用严格直译的策略，译文严谨精确。他的方法是：不把《诗》看成是经书，不轻言"一声之转"，而是参照《诗经》他篇和先秦古籍，来确定诗字的真实含义，然后再由字义推句义、篇义。除了《诗经》英译本外，高本汉还出版有

---

① 周发祥：《〈诗经〉在西方的传播与研究》，载于《文学评论》1993年第6期。

《诗经注释》,均有广泛的影响力。

20世纪下半叶,美国汉学兴起,《诗经》英译与研究的重心也转移到了北美。《诗经》英译,也出现了不同于以前翻译的新特点。庞德的《诗经》英译本(Shih-Ching: The Classic Anthology Defined by Confucius)1954年在哈佛大学出版。该译本主要是从译者本人的诗学立场出发,来化用《诗经》,而并不追求翻译的真实性,对原文的改动较大,甚至有许多误译。周发祥指出:庞德的误译"虽然不占什么重要的地位,但对中西文学交流却具有不可低估的价值。因为他的误译,往往是硬性追求某种文艺理论的产物,从而透露出西方正在寻求一种新的'文化综合'的消息。"[①] 早在20世纪初期,庞德就曾翻译过《诗经》。他的《华夏集》(Cathay)1915年在伦敦出版,里面除了收录屈原、李白和王维的诗之外,也收录了《诗经》中的一首诗《采薇》。当时,由于庞德不懂汉语,他是根据费诺罗萨生前的笔记和注释,加上他自己对中国传统诗歌的理解来翻译中国诗的。他的主要意图是从中国诗歌中凸显他的意象主义理论主张。

李玉良认为:"庞德在《诗经》翻译中自始至终采用的是全面意象化的策略。"[②] 例如庞德是这样翻译《葛覃》的:"Shade o'the vine/Deep o'the vale/Thick of the leaf"。对照这首诗的原文"葛之覃兮,施于中谷;维叶萋萋",可以看出,这段译诗中出现了三个单个的意象:阴影(shade)、溪谷(vale)、叶子(leaf)。这些意象非常简洁鲜明,被并置在一起,没有关联,没有阐释,属于典型的意象派式的诗歌。[③] 庞德《诗经》英译,实际上是用从中国古诗中汲取营养成分提炼出来的意象主义理论,重新回到《诗经》的英译中去,指导自己的翻译实践。这种方法,对于推动西方诗歌运动的发展以及促进《诗经》在西方的传播,都做出了重要的贡献。

除了庞德《诗经》英译本之外,北美还有海陶玮(J. R. Hightower)1952年的英译本、麦克诺顿(William McNaughton)1971年的译本。此外,还有单篇或多篇译文大量散见于期刊和各种选集之中。例如,美国汉学家华兹生(Burton Watson,1925-2017)在《哥伦比亚中国文学诗选:从古代到13世纪》(1984)中,以《毛诗》为参照选译了《诗经》中的35篇诗歌。

与此同时,西方《诗经》的研究中心也由欧洲向北美转移,美国、加拿大的汉学家对《诗经》的研究和传播作出了众多贡献。他们借鉴文学史、语言学、社会学、心理学、文学研究等学科的研究方法,运用西方文艺理论采用跨学科、多维度的方式研究《诗经》。主要代表有:金守拙的专论《〈诗经〉中的失律现象》

---

① 周发祥:《〈诗经〉在西方的传播与研究》,载于《文学评论》1993年第6期。
② 李玉良:《〈诗经〉英译研究》,齐鲁书社2007年版,第229页。
③ 《葛覃》的中英文引文,均引自李玉良的《〈诗经〉英译研究》,齐鲁书社2007年版,第230页。

(1937);华兹生在其《早期中国文学》(1962)一书中对《诗经》的介绍;麦克诺顿的《〈诗经〉的综合映象》(1963);美籍华裔著名汉学家陈世骧的《〈诗经〉在中国文学史上和中国诗学里的文类意义》(1967);加拿大学者多布森(W. Doboson)的《语言学证据和〈诗经〉创作年代》(1964)和《〈诗经〉的语言》(1968);美国著名华裔学者王靖献用"套语理论"研究《诗经》的著作《钟鼓集》(1974);美国华裔女汉学家余宝琳的《寓言、寓言化与〈诗经〉》(1983)和《中国诗歌传统中的意象读法》(1987);佐伊伦(Steven V. Zoeren)的专著《诗歌与人格:中国传统的读解、注疏和阐释学》(1991);宇文所安的《〈诗经〉中的繁殖与再生》(2001)。总之,这一时期,《诗经》研究越来越专业化,《诗经》在西方的传播呈现出从"译介为主"向"研究为主"转向的新趋势。

相比较而言,中国译者对《诗经》的英译则起步较晚。20世纪60年代开始,杨宪益和戴乃迭合作陆续翻译了《诗经》中的45首。但很长时间,中国人自己的全译本却一直付之阙如。1993年,许渊冲的《诗经》英文全译本由湖南出版社出版,这是第一个中国译者的全译本,具有标志性意义。该译本在国内被多次重版重印。许渊冲的全译本,以"三美"论为指导,以语义型翻译为主要特色,译文采用英汉对照,并配有现代汉语译文,译文后附有简短题解,注重保留原文的文化历史内涵。许渊冲自己曾说:"我的英译希望尽可能传达《诗经》的意美、音美和形美,并且与以往的各种语体译文也不尽相同。"① 他在形式上尽量接近原诗,章数、行数、字数、音节数与原作大致对应。在内容上注重对诗篇主题和意象的解读,不主一家,重视《诗经》作为文学文本的联想意蕴和中国文化的特异性而进行适度的创译。

1995年,汪榕培、任秀桦合作出版了英译《诗经》全译本,2008年,该译本在译者署名及若干细节经调整后,被收入《大中华文库》。汪榕培自己解释说:"本书的基本翻译原则是'传神达意',更准确地说是'传神地达意'。"② 他认为,"达意"是翻译的出发点,译者要准确地体现对诗篇的理解与阐释。然而,"单纯的'达意'还不够,必须是'传神地达意',因为'传神'是翻译文学作品,尤其是翻译诗歌的精髓。"③ 汪榕培的译本,并不追求诗篇的"原意",而是依据诗篇字面意思,追求文学性的传神。许渊冲和汪榕培的译文都比较注重原作的文学性,对西方读者的阅读习惯并不十分注重。

除了许译和汪译这两个译本之外,由中国译者翻译的《诗经》英译本还有安

---

① 许渊冲:《诗经:汉英对照》,中国对外翻译出版公司2009年版,第8~9页。
② 汪榕培:《大中华文库·诗经》,湖南人民出版社2008年版,第28页。
③ 汪榕培:《大中华文库·诗经》,湖南人民出版社2008年版,第29页。

增才的译本。该译本以唐子恒、廖群的白话翻译为依据,用无韵散文直译原文,译文力求准确,兼顾顺畅。译者安增才自己解释说:"我所能做的只是按照我的个人理解,笨拙地逐行地把意思表达出来。当然,为了更好地完成这项工作,我已经尽可能多地阅读了载有相关注释和评注的中文书籍以及几乎所有可用的英文翻译。"① 如果说,许译本和汪译本以注重文学性见长的话,那么,安增才的译本则更注重文献性,属于文献型的《诗经》英译。②

综上所述,《诗经》在西方的传播和研究整体经历了从以欧洲为中心到以美国为中心的转移。美国的《诗经》研究在欧洲已有研究成果的基础上,彻底地挣脱了经学和神学的束缚,无论是从研究领域、研究方法还是研究的成果都有了更为学术化的突破。有人称美国的汉学为中国学,因为和欧洲汉学对于纯文学文本的关注不同,美国从社会、政治等多个视角对中国文学进行研究,试图展现更为立体的中国文学和文化。对于"过去"东方的好奇是欧洲汉学研究的动力,因此其研究成果只能在汉学界小范围地被关注。美国的跨学科汉学研究把对中国文学、文化的关注扩大到整个社会学科的领域,这无疑为中国文学、文化的传播起到极大的推动作用。

美国汉学与其他学科的交叉融合经历了不同的发展阶段,以汉学和比较文学的关系为例,"随着美国比较文学范围的扩大,约在上世纪八十年代,美国汉学渐渐成了比较文学的一部分"。③ 在这个阶段,中西文学的比较无法避免西方文学理论的观念,因此研究重点是中西文学的"差异性",例如对中国文学中是否存在和西方文学中一样的概念和现象的讨论。

二、对"讽寓"问题的争论

在中国古代文学作品的传统阐释中是否存在"讽寓",是西方汉学家在研究中国古典文学作品时一直存在的一个争论。以《毛诗》为例,汉代经学家对《诗经》的解释远远超出其字面的意思,普遍地赋予其道德内涵和深远寓意。西方汉学家对这样的解释能否归为"讽寓"争执不休。

较早开始关注这个问题的是英国的赫伯特·翟理斯(Herbert Giles, 1845 - 1935)和法国的葛兰言(Marcel Granet, 1884 - 1940)。翟理斯指出:

<blockquote>早期的注释者看不到这些诗简单自然的美——它们为当今的语言提</blockquote>

---

① 安增才:《儒学经典译丛·诗经》,山东友谊出版社 2000 年版,第 982 页。
② 左岩:《〈诗经〉英译的类型研究》,载于《广州外语外贸大学学报》2020 年第 3 期。
③ 孙康宜:《谈谈美国汉学的新方向》,载于《书屋》2007 年第 12 期。

供了无尽的家喻户晓的词语和大量的措辞,同时也无法忽视圣人深思熟虑的判断,就努力从乡村歌谣中发掘出深刻的道德和政治意义。因此,《三百篇》中每一篇不朽的诗歌就这样被迫屈从于许多隐含的意义,并导出一种特有的道德寓意。①

翟理斯虽然没有直接用"讽寓"这一概念,但他显然反对单从道德和政治角度解读《诗经》而忽视其自然之美的做法。例如,《将仲子》描写了一个少女娇嗔地告诫她的情人不要太鲁莽,儒家注释者却把这首诗解释为:"刺庄公也,不胜其母以害其弟,弟叔失道而公弗制。"② 翟理斯认为这样的注释和解读,忽略了诗歌本身的自然之美,生硬地把诗歌当成了道德和政治的载体。显然,他认为这种做法是不对的。但同时,他又无奈地承认,"也许正是这些荒谬的注解,才会将一部原本被认为太琐碎而不值得学者关注的作品保留到今天"。③

葛兰言对中国传统注释的评价和翟理斯的观点呼应:"不考虑标准的注释及其残存的各种变体,我们研究这些注释的唯一理由就是了解《诗经》衍生出来的礼仪性用法,而不应是用来探索这些歌谣的原始意义。"④

《诗经》的注释和解读从汉代就开始的道德化、寓意化问题在翟理斯和葛兰言两位学者看来是荒谬的,而且他们认为这样的注释使得诗歌和注释本末倒置:道德化的解释成为《诗》的本源,而诗歌本身反倒成了附和。总之,两位汉学家都不认同儒家传统对《诗经》的讽寓性注释。

在对中国古典经典注释的问题上,瑞典著名汉学家高本汉(Klas Bernhard Johannes Karlgren,1889–1978)也认为:"对于现代科学学者而言,这种注释文献大多是没有价值的,可以弃之不顾,因为百分之九十五的内容是由道德说教构成的。"⑤ 高本汉的观点虽然也未直接涉及"讽寓",但也一定程度上支持了翟理斯和葛兰言的观点。

需要注意的是,以上三位汉学家都未对传统注释是否属于"讽寓"做出直接的判断,但他们对注释内容都表达出了较为明确的批判态度。

不同于以上三位汉学家,余宝琳(Pauline Yu)对中国传统注释持理解和赞赏的态度,她在《中国诗歌传统的意象解读》一书中认为,不能以西方的讽喻的标准来看待中国的《诗经》传统。在余宝琳看来,尽管中国的传统注释在表面上与西方

---

① Herbert A. Giles, *A History of Chinese Literature*. New York:D. Appleton and Company, 1901:13.
② (清) 阮元校刻:《十三经注疏:毛诗正义》,中华书局 1980 年版,第 337 页。
③ Herbert A. Giles, *A History of Chinese Literature*. New York:D. Appleton and Company, 1901:14.
④ [法] 葛兰言:《古代中国的节庆与歌谣》,赵丙祥、张宏明译,广西师范大学出版社 2005 年版,第 27 页。
⑤ Karlgren Bernhard, *Glosses on the Kuo Feng Odes*. Stockholm:Museum of Far Eastern Antiquities, 1964:71.

的"讽寓"有相似之处，但中国的注释不是西方"讽寓"的变体，因为中国的传统注释建立在一套与西方的隐喻或讽寓根本不同的前提之上，即与西方哲学体系不同的东方哲学体系。中国固有的哲学本质是一元宇宙观。因此，中国哲学中真正的现实不是超凡、虚无的，而是"此时此在"的。① 余宝琳认为中国对世界"一元""自然"的认知与西方的超验意识、二元宇宙观是所有差异的根源。中国的诗歌不是"形而上的真实，而是此岸的真实，一种历史的语境"②。余宝琳提出《诗经》阐释的基本特征是"语境化"（contextualization）而不是"讽寓化"（allegorization）。她指出，"儒家注释者是在用一种非二元论宇宙观所允许的唯一方式，即通过证明其历史根源的方式，来使《诗经》这部诗歌总集合法化。"③ 中国诗歌中的情境就是诗歌真实的一部分，对中国诗歌的阅读可以与虚构分离，只考虑情境就可以。因此，在"讽寓"问题上，余宝琳的观点是："讽寓"这样纯西方的文学概念绝对不能应用于中国文学，因为中西方存在着完全不同的诗话体系。

宇文所安认为，在"言此意彼"方面，中西文学可能采用不同的方式。中西文学阅读方式的差异集中在隐喻、诗歌的虚构性与非虚构性等问题上。西方的文学阅读模式自始至终都假设一个虚构的文本和隐喻的真理。而中国诗歌是非虚构的，中国诗歌的陈述也是相当真实的，在中国的阅读传统中，一首诗通常不会被视为隐喻。他指出："传统的中国读者相信诗歌是历史经验的真实再现。诗人写诗，就像读者读诗一样，都是在这样的假设下进行的。从诗歌中构建传记年表或将诗歌作为文化历史的直接来源，没有人感到不适。"④ 总之，在宇文所安看来，中国阅读传统就是把诗歌作为真实的历史再现。

浦安迪（Andrew H. Plaks）认为"讽寓"是文化基础上结构化思维习惯在文学中的反映。他指出："谈到在西方语境中的讽寓，我们指的是两个层面的文学宇宙（存在论的二元宇宙中的一个模仿）的创造物，使用影射的方式，进入了一个实际上出现在叙事的想象和行为（作者的虚构）中的假设的结构模式的层面。"⑤ 和余宝琳的观点相似，浦安迪也认为西方讽寓的根源是二元宇宙观。西

---

① Pauline Yu, *The Reading of Imagery in the Chinese Poetic Tradition*. Princeton：Princeton University Press，1987：32.

② Pauline Yu, *The Reading of Imagery in the Chinese Poetic Tradition*. Princeton：Princeton University Press，1987：81.

③ Pauline Yu, *The Reading of Imagery in the Chinese Poetic Tradition*. Princeton：Princeton University Press，1987：80.

④ Stephen Owen, *Traditional Chinese Poetry and Poetics：Omen of the World*, Madison：University of Wisconsin Press, 1985：57.

⑤ Plaks Andrew, *Archetype and Allegory in the dream of the Red Chamber*. Princeton：Princeton University Press, 1976：93. 中译文参考浦安迪：《红楼梦的原型与寓意》，夏薇译，生活·读书·新知三联书店 2018 年版，第 115 页。

方的"讽寓"以二元宇宙观为前提,对于作品的意象、结构模式的解读是建立在二元之间的桥梁。

在对上述三位美国汉学家关于中国讽寓问题的梳理过程中,我们不难发现,他们都对中国传统诗学做出了一种本质的基本判断,都认为中国传统诗学话语将中国文学等同于一种"真实的""自然的"文学,中国诗具有一种"非虚构"传统。基于此,他们都反对用西方的"讽寓"观念去解读中国诗歌。

张隆溪则不同意余宝琳、普安迪、宇文所安等的观点。他认为:"在字面意义之外去追求精神意义,可以说是所有经典评注传统共同特点之一。在中国古典传统中,以美刺、讽谏来解释《诗经》所有的作品,尤其是十五国风中许多民歌类情诗,如以《关雎》为美'后妃之德',《静女》为刺'卫君无道,夫人无德'等等,就是一种超出字面意义的讽寓解释。"① 他按希腊文词源意义对"讽寓"进行理解,认为"讽寓"的意思是另一种(allos)说话(agoreuein),即在字面意义之外,还有另一层寓意。"讽寓"与一般的寓意不同,它所涉及的是不可明言的寓意,有着更丰富的内涵。另外,"讽寓"与经典作品的解释常常紧密联系在一起。他指出:"字面和精神的二分法是错误的,因为两者并不需要互相排斥;没有必要为了灵魂的存活而杀死肉体。如果对字面意义的压制是几个世纪以来误读的特点,那么未来更有效的解释就在于诠释学原则的真正普遍性,在于字面和精神的健康团聚。"②

张隆溪的看法是基于他对中西文化关系的总体认识而做出的。他反对将中西二元论,反对将中西文化看成是本质对立的两种完全不同的文化系统。在他看来,中西文化之间既有共同性,又有差异性。而中西文化之间之所以能够交流和对话,也正是建立在这种"异中有同、同中见异"这一基本事实的基础之上的。无疑地,张隆溪的这一认识在苏源熙那里得到了积极的回应。

第二节 苏源熙对《诗经》的跨文化阐释

苏源熙是美国当代比较文学研究的著名学者,他的研究不拘泥于单一的领域,而是涉及不同的年代、主题和类型。因此,其汉学成果颇丰,主要作品有《中国美学问题》(*The Problem of a Chinese Aesthetic*, Stanford University Press,

---

① 张隆溪:《讽寓》,载于《外国文学》2003年第6期。
② Zhang Longxi, "The Letter or the Spirit: The Song of Songs, Allegoresis, and the Book of poetry," *Comparative Literature* 39.3 (1987): 215.

1993），《话语长城和文化中国的他者历险》（*Great Walls of Discourse and Other Adventures in Cultural China*, Harvard University Press, 2001），与孙康宜教授共同编有《中国古代才女诗作及评论选》（*Women Writers of Traditional China: An Anthology of Poetry and Criticism*, Stanford University Press, 1999），与其他学者合作编有《书写中国》（*Sinographies: Writing China*, University of Minnesota Press, 2008）。

苏源熙对中国文学、文化的研究已经引起了比较文学学界和汉学界的广泛关注，但国内对苏源熙的研究甚微。目前已有的研究主要停留在对其具体著作的翻译和评价上。对于苏源熙世界文学观和比较文学观的引介主要有三篇译文，其中两篇是对苏源熙撰写的美国比较文学协会 2003 年报告的摘译，分别是何绍斌发表于《中国比较文学》2004 年第 3 期的《关于比较文学的对象与方法（上）》和刘小刚在 2004 年第 4 期上发表的《关于比较文学的时代（下）》，另外一篇是生安锋发表在《学习与探索》2011 年第 2 期上的《世界文学的维度性》。以上译文主要介绍了苏源熙的比较文学观点，没有涉及他的汉学研究。

事实上，国内对于苏源熙汉学方面的研究颇为局限。卞东波于 2009 年翻译并出版了苏源熙的《中国美学问题》（*The Problem of a Chinese Aesthetic*）；唐卫萍于 2011 年在《文化与诗学》上发表了对这本书的书评：《穿越修辞的迷宫——评〈苏源熙中国美学问题〉》；毛宣国于 2011 年 11 月在华中师范大学学报（人文社会科学版）上发表了《"讽寓"概念论争与汉代〈诗经〉的讽寓阐释》，该文章主要针对的是西方汉学家对于"讽寓"在中国文学中存在与否问题的争论，作者把《中国美学问题》中苏源熙对"讽寓"的观点作为众多汉学家的观点之一引用，并未谈及苏源熙谈论"讽寓"视角的独特性和深层意义；邓建华在《四川大学学报（哲学社会科学版）》2009 年第 5 期上发表了《辞格中的同与异——一场比较文学学者与汉学家之间的论争》，该文陈述了苏源熙对文化相对主义诗学的批判以及其他学者对苏源熙观点的反对意见，未对苏源熙文化相对主义诗学批判的原因、内涵做深层挖掘。

一、苏源熙跨文化阐释的哲学和方法依据

苏源熙于 1983～1990 年在耶鲁大学攻读比较文学博士，师从孙康宜，并于 2004 年起担任耶鲁大学比较文学系教授。耶鲁大学以"学科"为主的特殊教育结构与美国汉学近几十年来的全球化趋势不谋而合[①]，这样的学术氛围自然影响和塑造了苏源熙汉学研究的思维和方向。苏源熙没有把中国文学和文化作为一个

---

① 孙康宜：《谈谈美国汉学的新方向》，载于《书屋》2007 年第 12 期。

特殊的学科来看待，换言之，他关注的不是中国文学和文化的"差异性"，而是作为人类文明瑰宝的中国文学和文化本身。同时，他对文本的分析又绝不局限于对文本本身的关注，与历史、哲学、文化等多种领域紧密联系的特点在其研究著作中均有体现。基于他的文化身份和治学方法，我们可以将他对《诗经》的研究看成是一种跨文化的阐释。

（一）对解构阅读法的运用

在阐释方法方面，苏源熙运用了解构阅读法。解构阅读法是由法国文艺理论学家德里达（Derrida，1930～2004）提出的对西方哲学的文本分析方法。解构阅读法揭露文本结构与其西方形而上本质（western metaphysical essence）之间的联系，主张文本阅读不能简单地理解成从作者到读者的信息单向传递，而应该呈现为各种冲突在某个文化或世界观中的体现。一个文本被解构后呈现出若干并存的且彼此有冲突的观点，观点与观点之间无所谓对与错，主流与非主流，甚至不能将它们放置于对立的关系中。这种对各种观点的包容也反映了解构主义的两大基本特征，即开放性和无终止性。苏源熙在对《诗经》的跨文化阐释中运用这一方法解构了中国传统注释《诗大序》，将传统的注释中被压抑、忽视或排挤的观点在解构中释放出来。同时，解构阅读法主张通过对文本修辞方法的分析破坏它依赖的哲学基础。苏源熙把这种阅读法运用到中国"讽寓"的分析上，直指中西二元对立的哲学根基。苏源熙对《诗经》的阐释不断地拆解西方形而上学的中心和本源，并且拒绝成为新的中心和本源。这也体现了他试图摆脱欧洲中心主义又不迷信东方中心主义的研究态度。苏源熙认为《诗经》注释的不断生成、转换，最终消解了《诗经》的本意。

结构主义语言学代表索绪尔在他的著名论著《普通语言学教程》中指出："语言本身就是一个整体、一个分类的原则。"① 他认为，在语言或任何符号系统中，一个符号与另一个符号的区别构成这个符号本身。因此，与之相对应的对语言的理解是：语言里只有差异存在。但解构主义却对将语言的"不可还原的单纯本质确定为语音、词汇和逻各斯的统一体"感到不满。德里达指出："将普通语言学变成科学的企图在这方面是矛盾的。一个明显的意图不言而喻地证明了文字学的从属地位，证明了历史——形而上学已将文字归结为服务于原始而充分的言说工具。"② 他认为语言符号有延异性（Différance），即语言的意义是一个过程，并无最终的结果。语言作为一种符号，其意义就像自然生物一样，是一个产生、

---

① ［瑞士］索绪尔：《普通语言学教程》，高名凯译，商务印书馆1980年版，第30页。
② ［法］雅克·德里达：《论文字学》，汪堂家译，上海译文出版社1999年版，第40页。

生长、消亡的过程，因此不存在确切不变的意义。例如，《毛诗序》把《诗经》中的诗歌改造成道德规范的过程就体现了语言的延异性，更准确地说，它体现了语言的述行性（performativity）。《诗大序》在这一方面表现得尤为突出，它超越了现实的反映，重新引导解释通向进行中的历史。

在对"解构阅读"应用分析上，苏源熙认为利玛窦在中国的天主教传播就是一个成功的典范。早在17、18世纪，欧洲向中国传播天主教教义时就成功地运用过"解构阅读"。利玛窦在翻译教义时，用中国经学和儒家经典中所用的语言，特别是用先秦儒学的语言对天主教的术语和观念进行翻译。比如，用"上帝"翻译Deus。利玛窦的做法既方便了向中国人传教，也方便了用儒教经典的语言辩驳当时的宋明儒学。

利玛窦在中国的传教继承者龙华民反对这种传教方式的调试，认为这影响了中国人对《圣经》的正确解读。龙华民发现中国信教的士大夫自然而然地把天主教的经典大义归属于儒家的思想，并试图从中国经典的理论中发现可以与基督教的圣律相合的地方。苏源熙认为龙华民的担忧恰恰反映出利玛窦引导中国的士大夫和教徒对《圣经》"解构阅读"的成功运用。

（二）苏源熙对黑格尔的中国历史观的重构

黑格尔对世界性历史的发展规律的理解是："历史是精神的形态，他采取事故的形式，即自然的直接现实性的形式。因此，它的发展阶段是作为直接的自然原则而存在的。由于这些原则是自然的，所以它们是相互外在的多元性；因而它们又是这样地存在着，即其中每个归属于一个民族，成为这个民族的地理学和人类学上的实存。"① 黑格尔认为东方是物质的形态，而不是自我意识和精神的形态。真正的人类历史的起源应该由自我意识的出现为标志。东方的自然存在在黑格尔看来只是人类历史的前期准备。

苏源熙重点分析了黑格尔的自然哲学，他指出，在黑格尔的自然学说中，动物有机体的第一个亚系统分为三个次亚系统：感受性、应激性及再生产。感受性是区分动物与植物的特征，它显示了动物自身不可分割的同一性。动物的感受性主要是通过神经和骨骼实现的。这个时候，"感觉是一个'自我'（self）的'自身'（own），除了与自身同一之外，'自我'尚未获得个体性。"② 当骨骼对外延伸为坚实的支撑点，如角、爪、牙时，"自身"才归于自身，感受性才从"无特

---

① ［德］黑格尔：《法哲学原理》，范扬、张企泰译，商务印书馆1961年版，第353页。
② ［美］苏源熙：《中国美学问题》，卞东波译，江苏人民出版社2009年版，第171页。

征的被动性转向有论争力的主动性"。①

那么，这是如何发生的呢？黑格尔将这一转换过程归因于骨骼系统，因为"它对于内部来说是外壳，对外部则是内部对付外部的坚实支柱"。② 对此，苏源熙解释说，骨骼虽然完全只属于动物，却囊括了植物生命连续相接的各个阶段，所以对单个动物以及"动物"界而言，它是外表的内核及内核的外表。然而植物能让其已死的表层脱落，动物不得不把骨骼放在身体里面，并带着它们到处行走。总体上看，在黑格尔的哲学体系中，"骨骼是僵死的东西，它以物质的形式重申'感受系统'第一层次中'静止和僵死'的同义重复是与自身同一的，在第一层次中，除了最普遍的（及不确定的）方式，动物不能用任何方式定义自身"。③ 这也就意味着虽然动物比植物进了一步，发展出有主动性的感受性，但它仍然没有完成自我的否定，仍然处于自我的自身同一之中，缺少真正的"个体性"的自我意识。

苏源熙巧妙地将黑格尔《世界历史哲学》的"第一部"即有关东方世界的部分与黑格尔《哲学全书》中的"自然哲学"联系起来，从而揭示出黑格尔把东方世界看成是无精神性的"活化石"的欧洲中心主义倾向。苏源熙说："黑格尔不能丢下的'第一部'，即《世界历史哲学》名为'东方世界'的部分，被认为是欧洲中心主义的世界历史的典型，是一种自我中心地抓住机会把主角排挤出故事的论述，简言之，是一部既不适合成为'世界'的历史，又不适合成为世界'史'的书。"④ 这也就意味着，在苏源熙看来，黑格尔的世界历史，并不能完全代表世界历史，充其量只能算作欧洲历史。

苏源熙通过修辞性的理解颠覆了黑格尔对中国的评价中"自然"与"历史"的对立，由此打破了黑格尔为中西对立提供的理论体系。余宝琳、浦安迪、宇文所安等以中西二元对立理论为基础的关于中国没有讽寓的观点因此受到质疑。苏源熙在解构黑格尔"中国没有历史"这一论断的过程中完成了对"中国无讽寓"的重构。

二、苏源熙对"讽寓"的重新界定

根据《新普林斯顿诗学辞典》的"讽寓"词条："西方的讽寓是一个这样的术语，它是指两种互补的程式：创作文学的方式和解释文学的方式。讽寓性的创

---

① ［美］苏源熙：《中国美学问题》，卞东波译，江苏人民出版社2009年版，第172页。
② ［德］黑格尔：《哲学科学全书纲要》，薛华译，北京大学出版社2010年版，第254页。
③ ［美］苏源熙：《中国美学问题》，卞东波译，江苏人民出版社2009年版，第173页。
④ ［美］苏源熙：《中国美学问题》，卞东波译，江苏人民出版社2009年版，第174页。

作是指创作出一个作品,以便使其表面意义指向一种'另外的'意义。讽寓性的阐释是指把作品视为其指向'另外的'的意义的结构来阐释。"①

参照前文所述,"讽寓"问题一直是西方汉学家争论的焦点之一。苏源熙认为翟理斯和葛兰言等汉学家对讽寓性解读结果的否定是以对《诗经》文本具有讽寓性的肯定为前提的。换句话说,对《诗经》传统注释内容的否定恰恰证明了《诗经》本身具有讽寓性。"讽寓"这一概念源自西方,但源自西方的不一定就只是西方的。蹴鞠源自中国,但我们不可以说足球是中国的,当然也不可以说它是巴西或者西班牙的。中国的"蹴鞠"和巴西现在的足球有区别,但不容否认的是它们作为运动项目的共同点。同理,对于"讽寓"的理解不能因为它起源于哪里或是在某一种文化中被演绎得更为详实、充分就排除、否定它在别的区域或文化环境中的存在和效用。

西方学者热衷于找到一个被西方普遍接受的文类或概念,然后宣称这个文类或概念在中国传统中是不存在的,并以此证明中西存在本质的差异。比如黑格尔对于"中国没有民族史诗"的论断。西方文类或概念的定义越明确就越有排他性,因此苏源熙首先要做的是模糊"讽寓"的定义。他认为讨论"中国讽寓"的内涵和外延与西方学者定义的"讽寓"是否互涵并不是研究"中国讽寓"的必要条件。对于"(西方的)讽寓方式……是一种特殊的而非普世性的发生方式"② 和 "就像任何其他文学概念一样,隐喻也是有其文化特性的,而且总是处于具有某种文化特征的观念框架中"③ 这样的结论,苏源熙显然是不满意的,他更倾向于认为"讽寓"是个具有多变性的术语。苏源熙使用的"讽寓"源于古罗马时期的著名教育家、修辞学学者昆体良(Marcus Fabius Quintilianus)对"讽寓"是"言此意彼"(says one thing in words and another in meaning)的理解。苏源熙对"讽寓"的界定是:讽寓即说一个事物而意味着另一个,而不管这个事物说了什么以及意味着什么。苏源熙认为"讽寓"表达的意义是不连续的和多义的,而这是文学语言的内在特征。换言之,苏源熙不是把"讽寓"视为狭义的修饰方式中的一种,而是作为文学语言的内在特质。文学文本是讽刺性的文本,对其阅读就是讽寓性的阅读,而对文本意义的判定过程是一个无止境的过程。换言之,苏源熙对讽寓与《诗经》的关注角度不同于以往的汉学家,他并不是在判断中国古人对《诗经》的诠释是否符合西方的"讽寓"的概念,而是将"讽寓"

---

① Alex Preminger and T. V. F. Brogan (eds.), *The New Princeton Encyclopedia of Poetry and Poetics*. Princeton University Press, 1993:31.

② Andrew H. Plaks, *Archetype and Allegory in the Dream of the Red Chamber*. Princeton:Princeton University Press, 1976:108.

③ Michelle Yeh, "Metaphor and Bi:Western and Chinese Poetics. Comparative Literature" 39 (1987):237 - 254.

看作一种阅读和分析的方法,并以此方法去解读《毛诗》及其注释。"讽寓"不是与西方二元论相对应的修辞传统或话语方式,而是一种以"讽寓"为核心的阅读模式。苏源熙预言这种阅读模式能适用于任何世界文学作品。

否定《诗经》文本是"讽寓"的汉学家,一般都认为存在着与"讽寓"相对应的"真实"。现代民俗学也认为《诗经》来源于民间民歌。但苏源熙指出,认为《诗经》来源于民歌的说法是"五四"一代学者政治性诉求的结果。根据陈世骧和朱自清的观点,民歌是《诗经》中最晚形成的部分,并且在他们的创作过程中极可能受到宗教与宫廷音乐的影响。从这个角度来说,不受道德国君影响的"真实"可能是无中生有的。因此,在苏源熙看来,即便人们否定"过度诠释",也是以默认《诗经》为讽寓性的文本为前提的,这也可称为讽寓的另一种表现。

从孔子"兴于《诗》,立于《礼》,成于《乐》"① 开始,《诗经》就承载了文人学者在修养道德方面的社会期许。事实上,孔子尊崇的《诗经》和在后代中流传度最高的经整理后的《诗经》即《毛诗》之间存在很多差别。从时间上说,《诗经》和《毛诗》的成书时间相差几百年。在《诗经》形成后的几百年中,社会发生了巨大变化:周王朝衰亡,春秋战国百家争鸣,秦始皇焚书坑儒。《毛诗》的编纂者直接或者间接地受到以上冲击的影响,他们笔下的《毛诗》与《诗经》的差异在所难免。尤其是秦朝的文化政策使得以往流传下来的学派断裂或被破坏,因此,《毛诗》一方面是汉代的时代产物,另一方面也是汉代学者对以往的《诗经》的重构。

大部分汉初的古典学者都或多或少地受到了荀子的影响:毛诗的创始人毛亨和鲁诗的创始人申培相传都是荀子学派的弟子,《韩诗外传》引用最多的是《荀子》。荀子对"礼"的观点和立场对下文《诗大序》的述行性解读颇有帮助。

《诗大序》也称为《毛诗序》,是《毛诗》首篇《关雎》的"小序"之后,对整本《毛诗》的概括性言论。《诗大序》阐述了诗歌抒情言志的特征,"六义"的分类和表现手法。最重要的是,它揭示了诗歌、音乐和社会、政治的密切关系:"上以风化下,下以风刺上。"② 因此被视为儒家"诗言志"说的阐发和总结。

《关雎》,后妃之德也,风之始也,所以风天下而正夫妇也。故用之乡人焉,用之邦国焉。风,风也,教也;风以动之,教以化之。

---

① 杨伯峻:《论语译注》,中华书局1990年版,第81页。
② (清)阮元校刻:《十三经注疏:毛诗正义》,中华书局1980年版,第271页。

诗者，志之所之也，在心为志，发言为诗。情动于中而形于言，言之不足故嗟叹之，嗟叹之不足故永歌之，永歌之不足，不知手之舞之足之蹈之也。

情发于声，声成文谓之音。治世之音安以乐，其政和；乱世之音怨以怒，其政乖；亡国之音哀以思，其民困。故正得失，动天地，感鬼神，莫近于诗。先王以是经夫妇，成孝敬，厚人伦，美教化，移风俗。

故诗有六义焉：一曰风，二曰赋，三曰比，四曰兴，五曰雅，六曰颂。上以风化下，下以风刺上。主文而谲谏，言之者无罪，闻之者足以戒，故曰风。至于王道衰，礼义废，政教失，国异政，家殊俗，而"变风""变雅"作矣。国史明乎得失之迹，伤人伦之废，哀刑政之苛，吟咏情性，以风其上，达于事变而怀其旧俗者也。故变风发乎情，止乎礼义。发乎情，民之性也；止乎礼义，先王之泽也。是以一国之事，系一人之本，谓之风；言天下之事，形四方之风，谓之雅。雅者，正也，言王政之所由废兴也。政有小大，故有小雅焉，有大雅焉。颂者，美盛德之形容，以其成功告于神明者也。是谓四始，诗之至也。

然则《关雎》《麟趾》之化，王者之风，故系之周公。南，言化自北而南也。《鹊巢》《驺虞》之德，诸侯之风也，先王之所以教，故系之召公。《周南》《召南》，正始之道，王化之基。是以《关雎》乐得淑女，以配君子，忧在进贤，不淫其色；哀窈窕，思贤才，而无伤善之心焉。是《关雎》之义也。①

为《诗经》作笺注是中国历代文人、学者热衷的学术活动。自东汉《郑笺》压倒三家，到唐初废除其他义疏序说，《毛诗正义》通行天下，《毛诗序》作为《诗经》义疏的权威被树立。统一标准的解读使得《诗经》的研究不会再有突破和提高，因此，《毛诗序》宣告了《诗经》传统学术研究的终止。直至宋代，思辨学风兴起，掀起了反《毛诗序》的运动。

关于《诗经》的诠释已经成就了范围极大的关于中国文学的想象。这种想象是对文学文本的超越，也是对"言外之意"的探寻。《毛诗序》因越过字面意思解读诗歌的社会作用被视为阐释的经典，同时也被后代以朱熹为代表的疑经学者批判为牵强附会和伪作。这种"附会"在科举考试盛行的时代，作为考试的主要内容，其权威性曾经无以复加。从朱熹开始的疑经学者却以指出这种"附会"偏离诗歌本身为乐趣，以毁灭这样的"附会"为成就。法国著名汉学家葛兰言认

---

① 毛亨传，郑玄笺，孔颖达疏，《十三经注疏》整理委员会整理，李学勤主编：《十三经注疏：毛诗正义（上）》，北京大学出版社1999年版，第4~21页。

为，如果旨在发掘仪礼文化，《毛诗序》的研究大有裨益；如果是为了探寻《诗经》的原意，必须忽略《毛诗序》。

苏源熙也对《诗大序》有高度的评价："以寥寥数行篇幅，竟能提出艺术的'心理—表现'（psychological-expressive）理论，艺术对社会教化的观点，诗人对特殊政治地位的诉求，文体与修辞模式的类型学（typology），文学史的提纲，正当与颓废艺术的分类，并暗示对有疑义的诗必须予以反讽（或讽寓，当内容而不是语气有争议时）解释：碑文般优雅而又精确地回答了文学批评及美学理论提出的大部分问题。"①

"诗言志"无论是在实践上还是在理论上都一直占据着中国文学批评的核心，它出自《尚书·舜典》：

> 帝曰：夔！命汝典乐，教胄子，直而温，宽而栗，刚而无虐，简而无傲。诗言志，歌永言，声依永，律和声。八音克谐，无相夺伦，神人以和。②

《毛诗序》奉"诗言志"为圭臬，解释每一首诗所言的志。这样的解释是有局限性的，因为社会化用诗即便引用被误解、扭曲、甚至被改写的诗，也可以"言志"。《左传》有言："赋诗断章，余取所求焉，恶识宗。"③ 这句话充分地解释了当时人们早已区分了诗歌的"应用"和"创作"，他们已经认识到"原意"究竟指涉什么是不重要的。

《尚书》中有和《诗大序》中的"在心为志"类似的说法"诗以言志"。不同之处是"诗以言志"侧重诗歌意义的表达，"在心为志"侧重诗歌的用途。在苏源熙看来，《诗大序》强调的不是"诗"和"志"，而是"言"。这里的"言"想要表达的不是静态的描述性（descriptive），而是动态的述行性（performative）。

除了对《尚书》中说法的改写，《诗大序》也借鉴了《礼记·乐记》中的观点和表达：

> 凡音者，生人心者也。情动于中，故形于声。声成文谓之音。是故治世之音安以乐，其政和；乱世之音怨以怒，其政乖；亡国之音哀以思，其民困。声音之道，与政通矣。④

《诗大序》将《乐记》中的"情动于中，故形于声"变为"情动于中，而形于言"。这与早期诗学对伴随于诗歌的音乐的关注密切相关。将"声"换成

---

① ［美］苏源熙：《中国美学问题》，卞东波译，江苏人民出版社2009年版，第97页。
② 黄怀信注训：《尚书注训》，齐鲁书社2009年版，第25页。
③ 杨伯峻：《春秋左传注》，中华书局1990年版，第1145页。
④ 郑玄：《礼记正义》，上海古籍出版社2008年版，第1455页。

"言"可能还涉及很多道理和依据，但单就这种相似性，我们是否能在音乐、诗歌与道德品质间建立某种关系？从《乐记》中的"宫""商""角""徵""羽"音节系统，我们是否可以联想到社会系统？我们不应该纠结于《诗大序》和《乐记》的区别和差异，相反，我们应该试图在二者之上寻找其共同点：古代礼制下产生的美学理论和道德立场。

《毛诗序》和《乐记》的许多观点都来源于荀子，《乐记》是对荀子关于音乐、教化观点的重构。荀子认为："人性恶，其善者伪也。"① 因此他主张："天地者，生之始也；礼义者，治之始也；君子者，礼义之始也。为之贯之，积重之，致好之者，君子之始也。"② 人类的美德源于圣人的仁爱行为，这反映了"教化"的重要作用。"教化"不仅是正确解读《诗经》的关键，也是中和《诗大序》和《乐记》中"声"和"言"矛盾的关键。苏源熙认为："既然《诗序》主题化——将诗歌置于框架中的权力来源于关于'王化'的历史论述，教化不仅是《诗序》论述的一段枝节，也是解读的目的，这个目的先决于并独立于被解读的作品。教化理论把《诗经》中的诗变为道德规范，它对诗歌所做的，就是教化的现实对诗歌所描绘的世界当做的。"③ 基于《诗大序》奠定了中国文学理论中"诗言志"的事实，苏源熙认为《诗大序》也提出了一种"讽寓的"诗学主张。在传统解读中，我们不乏"美刺"研究："美"是指上层"教化"，"刺"是指下层"讽谏"。"美刺"理论的标准来自《荀子》关于"圣人制礼"的观点，这就是解读《诗经》所遵循的"美学—道德"的诗学原则的来源。因此，传统儒生所做的看似牵强附会的解释在苏源熙看来既是在特定历史话语中的"规范性阅读"，也是一种讽寓性的解读。

因此，在苏源熙看来，《毛诗序》尤其是《诗大序》，不仅是对《诗经》的解释，也是《诗经》的一部分。《诗序》的"教化"作用体现在诗歌的整个创作过程，在表现出其强大作用的同时，也让《诗经》在历史长河中呈现出动态的生命力。

三、苏源熙对具体诗篇的跨文化阐释

《诗经》的创作包含了很多具体的历史语境，但由于诗歌的意义不能通过历史重现得到还原，只能通过在之后的使用和传播过程中随着具体应用场合的

---

① 杨柳桥：《荀子诂译》，齐鲁书社2009年版，第462页。
② 杨柳桥：《荀子诂译》，齐鲁书社2009年版，第149页。
③ ［美］苏源熙：《中国美学问题》，卞东波译，江苏人民出版社2009年版，第117页。

不同被赋予新的意义。《诗经》流传到今天已经超越了"它是什么",更重要的是"它可以用来做什么"。借助为人熟知或易于接受的《诗经》中的词句来实现与本意不相关的应用,这让《诗经》得以鲜活地存在,即便其中存在许多和本义不相干的误用。把任何一种阐释都看作一次可行的重构而不是描述,我们才能在更广阔的视野里看到中国的古典文学读本可能被惯性的视角和思维遮蔽的光彩。

(一) 苏源熙对《駉》的阐释

苏源熙以《駉》①为例,阐释了他对"讽寓"的重新定义。《颂》是用来祭祀的乐歌,创作于西周。《颂》一共有四十篇,其中《鲁颂》四篇,赞美的对象都是当时仍健在的僖公(公元前659~公元前626),《駉》就是其中的一篇。《駉》完成于春秋前期,是《诗经》中完成较晚的诗篇。

駉

駉駉牡马,在坰之野。
薄言駉者,有驈有皇。
有骊有黄,以车彭彭。
思无疆,思马斯臧。
駉駉牡马,在坰之野。
薄言駉者,有骓有駓。
有骍有骐,以车伾伾。
思无期,思马斯才。
駉駉牡马,在坰之野。
薄言駉者,有驒有骆。
有骝有雒,以车绎绎。
思无斁,思马斯作。
駉駉牡马,在坰之野。
薄言駉者,有駰有騢。
有驔有鱼,以车祛祛。
思无邪,思马斯徂。

苏源熙在对《駉》的阐释中先论证了为什么赞美的对象是僖公,后论证了为什么选择"马"这个意象。

---

① 李学勤主编:《十三经注疏:毛诗正义》,北京大学出版社1999年版,第1384~1392页。

首先，为什么赞美僖公？

这首诗的写作目的在《毛诗序》中有记载：

> 颂僖公也，僖公能遵伯禽之法，俭一足用，宽以爱民，务农重谷，牧于坰野，鲁人尊之，于是季孙行父请命于周，而史克作是颂。①

《郑笺》对季孙行父和史克的身份进行了介绍：

> 季孙行父，季文子也。史克，鲁史也。②

陈奂在《诗毛氏传疏》中记录了伯禽因功受封的经过：

> 周武王既定天下，封弟周旦于鲁，居上公之报，未就国。后成王灭三监，封元子伯禽，得受上公之礼，封疆五百里，今山东兖州府曲阜县，鲁所都也。③

同时他也记载了僖公的事迹和《駉》这首诗的由来：

> 初，伯禽就封鲁，本大国，至春秋时为次国，闵公又遭庆父之乱，宗国颠覆，齐桓公救而存之，遂立僖公。僖公从伯主讨淮夷，能复伯禽之业，如大国之制，鲁人遵其教，于是有大夫季孙行父者，往周请命。谓请命，非末请作颂也。行父请命，与史克作颂是两事。史克作颂，谓作《駉》篇，非谓作《鲁颂》四篇也。④

根据《駉》的注释，可以认定该诗是对鲁僖公的赞美。但是，对僖公功绩的记载只有两处：一个是《左传》所记载的僖公新修了南门；另一个是《诗经》中《鲁颂》的最后一篇《閟宫》里记载他修葺了祭祀女性祖先姜嫄的宗庙。由此可见僖公的政绩甚微，除了"从伯主讨淮夷，能复伯禽之业"，就是修门修庙这样的事情，为什么诗歌的创作者不作诗赞美功绩显著的"伯禽"而赞美"僖公"呢？苏源熙认为，在一个相对和平的年代，僖公的功绩多是象征性的，这与《駉》这首诗象征式的表达相吻合，也符合"颂"在宗庙演绎的目的：统治者通过唱赞歌祭祀祖先来祝福和赞美自己。《駉》的真正目的不是赞美僖公，僖公只是一个象征。《駉》赞美的真正对象是统治者，也是这首诗最初的发起者。

苏源熙进而用解构主义的修辞阅读法对儒家传统的注释进行了详细的重构。这首诗"表面上向一群马表示敬意，实际上是向它们的主人致敬，其间的联系或是因果的（它们是不知疲倦的、强壮的、忠实的，因为僖公是如此好的牧马者），

---

① ② 李学勤主编：《十三经注疏：毛诗正义》，北京大学出版社1999年版，第1384页。
③ ④ 陈奂：《诗毛诗传疏》，漱芳斋1851年版第29卷第1页a、b面。

或是类比的（僖公对待他的臣民如一个善良而细心的养马人对待他的马匹一样）。这种类比使统治者看起来像一个专注于极其卑微事物的臣民。"[1] 这还不是苏源熙阐释的终点，同样的逻辑，像僖公这样的统治者如此忠实、不知疲倦，是因为他们受到统治者美德的恩泽，他们的美德是统治者美德的反映。经历了"马—养马人—僖公—统治者"三次类比，《駉》终究还是回归到了对统治者的赞美上。当然我们也应该意识到，诗歌也赞美了像马一样忠实、勤劳、英勇的臣民，因为他们同样直接或间接地受到统治者的恩泽。

其次，为什么选择"马"这个意象？

苏源熙认为"马"这个意象不是信手拈来的，它经过了精心的挑选。如果选择猪、牛、鸡、羊等家畜，精心地饲养那些家畜就可能会和家畜的主人的利益有关；如果选择狼、虎、豹等野兽，就不会有牧者的角色，那么就不会建立起各种类比的关系。（虽然苏源熙也注意到《诗经》中也有将动物和人进行直接比拟的，比如《狼跋》。）"马"和家畜、野兽的不同有二：其一，马匹是介于家畜和野兽之间，在被驯化的边缘；其二，马很容易让读者联想到战马，和别的动物比，这对国家政权来说有更重要的意义。对于马的驯化和对百姓的文明开化无形中可以建立起联系，当它们"以车"时，我们会自然地联想到保卫国家领土的将士。诗中出现了许多关于马的专业术语，孔颖达花了很大的气力把马的斑纹和品种联系起来，又把马的品种和用途联系起来。这在苏源熙看来都没有揭示这首诗想要表达的内容：僖公喜爱和赏识任何类型、任何色泽的好马。僖公对各种马的喜爱和赏识其实是为了赞美统治者兼容并包、不拘一格用人才的贤德。

这种普世的情感存在于万事万物间，超越人们熟知的特定的群体，而且能在群体间产生情感的互动。苏源熙认为《駉》很符合这种"温情"的关系。马与牧马人，臣民与官员，官员与统治者，群体与群体间产生了共通的温情。体味这种温情的同时，我们也应该清醒地认识到是周王室下令创作了该诗，周王室对这首诗歌的赞许是一种关怀（caretaking），这与僖公受到赞扬的原因是一样的。

苏源熙结合以往注释对《駉》的阐释，一方面论证了中国确实存在"讽寓"，另一方面也论述了中国式讽寓的不同之处：它不仅是"意义"的再解释，更是一种实际的"使用"。

对赋诗的正确反应应该是实用主义，而不是阐释原意。诗歌记录或谈论社会，同时又部分地建构了社会。中国诗学有"文以载道"的传统，如若只是记录社会，不过是作为社会的附属品存在。批评的功能使得诗歌超越了直接的反映，

---

[1] ［美］苏源熙：《中国美学问题》，卞东波译，江苏人民出版社2009年版，第81~82页。

在表现之余加入了判断,从而实现了动态的价值。诗歌批评(多以"美刺"的形式出现)一定程度上反映了"圣人"的评判和指导作用。在音乐模仿理论中,音乐是对具体情况的模仿和反映,音乐理论却是泛化的。同理,诗歌是具体而直接的社会模仿和反映,诗歌批评就如同音乐理论般是泛化的,超越了地域的局限。如果诗歌批评的力量可以超越地域的局限,那么与之相对应的中华民族的精神也是开放和自由的。

(二) 苏源熙对《桃夭》的阐释

萧公权指出:"荀子欲以君长之礼义,救人性之偏俭。若君道或缺,则暴乱随起。个人于此,方救死之不遑,岂能妄冀独善。故立政以前,无以修身,而政治生活之外,不复有私人道德生活之余地。"① 在荀子这种治世哲学的影响下,《诗经》的主题似乎被单一化:国君及其对社会风化的促进能力。这样一来,"个人"化的主题就完全失去了立足之地。葛兰言认为,"《诗经》一直服从于道德灌输的目的,《诗经》的传统注释(这正是其成为经典的原因)因此也就成为不可动摇的部分。无论是在发表正式言论的时候,还是在需要尊崇正统的时候,这一点是必须坚持的。当然,私下里为了愉悦而阅读的时候,倒可能有不同的解释。"② "个体"的解读被忽视在葛兰言看来是一种遗憾,因此他建议绕开道德、单纯为了愉悦而阅读《诗经》。

苏源熙却认为道德解读设想了非道德解读的可能性,但非道德解读却不涉及道德的解读。与道德划清界限的解读看似是在探寻"本源",但在历史阶段上不见得是最初的。苏源熙断言道德化的解读者肯定会赢,他以《桃夭》③ 为例批评了葛兰言对这首诗及其《诗序》的解释,认为葛兰言所宣称的揭示《诗经》固有意义只有通过外在及道德解读的方法才能得以实现。

桃夭

桃之夭夭,灼灼其华。之子于归,宜其室家。
桃之夭夭,有蕡其实。之子于归,宜其家室。
桃之夭夭,其叶蓁蓁。之子于归,宜其家人。

高本汉对《桃夭》④ 的翻译如下:

---

① 萧公权:《中国政治思想史》,辽宁教育出版社1998年版,第103页。
② [法] 葛兰言:《古代中国的节庆与歌谣》,赵丙祥、张宏明译,广西师范大学出版社2005年版,第4页。
③ 李学勤主编:《十三经注疏:毛诗正义》,北京大学出版社1999年版,第45~46页。
④ Karlgren Bernhard, *The Book of Odes*. Stockholm: Museum of Far Eastern Antiquities, 1950: 4-5.

How delicately beautiful is the peach-tree,
brilliant are its flowers;
this young lady goes to her home,
she will order well her chamber and house.

How delicately beautiful is the peach-tree,
well-set are its fruits;
this young lady goes to her home,
she will order well her house and chamber.

How delicately beautiful is the peach-tree,
its leaves are luxuriant;
this young lady goes to her home,
she will order well her house-people.

葛兰言注释说：该诗"用一个描写助词'灼灼'来描述花之繁茂状。"① 桃花盛开的季节也是许多年轻人结婚的时节，"桃花"和"结婚"之间的联系很容易建立起来。对于这一点，奚密也有解释："根据上古周朝的习俗，结婚的最佳时节是〔仲春〕……所以，新娘和桃树都与春天有关，春天是自然界也是人类社会交配的时节……新娘和桃树是普遍模式的两个典范。"②

《诗小序》对这首诗的注释是：

《桃夭》，后妃之所致也。不妒忌，则男女以正，婚姻以时，国无鳏民也。③

葛兰言认为《桃夭》是难得的受象征解读侵害较少的民歌。因为就连《诗小序》都没有把这首描写婚礼的诗说成与道德国君相关的诗，足以证明这首诗把更大的解读空间留给了"个人"。

对于《诗小序》中的"后妃"，历代学者大都认为是一种不必要的出现。即便是《毛诗》派的注释者都不确定应该把"后妃"看作诗中的新娘，还是看作超越这首诗又与该诗主题相关的一个象征，这似乎更支持了葛兰言对《桃夭》自由性的判断。如果《诗小序》中的"后妃"是唯一可以间接地让《桃夭》和国君道德产生关系的连接点，那么这首诗就有更大的空白交给"个人"去想象而没有被"王道"占领。

---

① ［法］葛兰言：《古代中国的节庆与歌谣》，赵丙祥、张宏明译，广西师范大学出版社 2005 年版，第 7 页。

② Michelle Yeh, "Metaphor and Bi: Western and Chinese Poetics," *Comparative Literature*, 39.3 (1987): 251.

③ 李学勤主编：《十三经注疏：毛诗正义》，北京大学出版社 1999 年版，第 45 页。

对于葛兰言以上的观点，苏源熙持部分赞成的态度。但他认为葛兰言在《桃夭》的解读上有过于自由和个体化的地方。高本汉对"宜其家室"的翻译是"she will order well her chamber and house."葛兰言对这句诗的翻译成了一个带有祈使和命令色彩的句子："Il faut qu'on soit mari et femme!"①（"每个人都要成家！"）苏源熙发现，"宜其"在经典著作中很少用来表达祈使，更不用说命令了。这个短语通常的作用是引出某个可预见的或应有的结果。如《左传·桓公十五年》："公曰：'谋及夫人，宜其死也。'"②因此，苏源熙认为将"宜其家室"翻译成"每个人都要成家！"是不妥的。另外，单独分析"宜"，其字面意是"适合的""适宜。葛兰言认为"宜"讨论的是新娘是否适宜出嫁以及什么使她们适宜出嫁，而传统注释家解读的却是这样的新娘作为道德的典范是否适宜。

苏源熙认为葛兰言和传统注释家的分歧是诗歌语言模式固有的问题，即诗歌语言模式是"陈述"的还是"祈使"的。这也决定了持两种主张的读者把诗当"白描"来读还是当作"规范"来读。葛兰言和奚密解读的《桃夭》是自然，注释家读出的是人文，而苏源熙却从注释家的人文解读中看到了"讽寓性"的中国古典美学存在。

四、苏源熙对典型韵律的认识

苏源熙认为，在周代这个特定历史中，对于道德王权的尊崇使得一些诗歌在主题风格上具有相似性，这种相似性的载体就是《诗经》中经常使用的那些韵律词语，即"韵群"。中国儒家传统对于诗歌的解读，往往强调其主题和情感而忽略其创作技巧。因此后世不乏对诗歌情感的评述，如《论语》中言"《关雎》乐而不淫，哀而不伤。"③而对于创作技巧探讨，似乎从上古开始就没有形成有据可循的必要性。然而，苏源熙却疑惑《诗经》中是否存在更讲究技巧的诗学。换句话说，他想探讨形式和道德风气之间的关联性。他的论证逻辑源于《论语》第十三篇第二十三则："君子和而不同，小人同而不和。"④以及《国语·郑语》中史伯对郑桓公的一段说辞：

> 今王弃高明昭显，而好谗慝暗昧；恶角犀丰盈，而近顽童穷固。去和而取同。夫和实生物，同则不继。以他平他谓之和，故能丰长而物归

---

① ［美］苏源熙：《中国美学问题》，卞东波译，江苏人民出版社2009年版，第125页。
② 杨伯峻：《春秋左传注》，中华书局1990年版，第143页。
③ 杨伯峻：《论语译注》，中华书局1980年版，第30页。
④ 杨伯峻：《论语译注》，中华书局1980年版，第141页。

之；若以同裨同，尽乃弃矣。故先王以土与金、木、水、火杂，以成百物。是以和五味以调口，刚四支以卫体，和六律以聪耳，正七体以役心，平八索以成人，建九纪以立线纯德，合十数以训百体。出千品，具万方，计亿事，材兆物，收经入，行姟极。故王者居九晐之田，收经入以食兆民。周训而能用之，和乐如一。夫如是，和之至也。于是乎先王聘后于异姓，求财于有方，择臣取谏工而讲以多物，务和同也。声一无听，物一无文，味一无果，物一不讲。王将弃是类也而与剸同。①

苏源熙对以上的文字有独到的见解：虽然以上文字看起来与诗歌无关，却在无形之中暗示了一种审美和评判标准。"'和而不同'这个词描述诸侯应当如何行事，并非他做了什么或者为什么这样做。这种规则并非道德的或者实用的规则，而是一种好的形式规则。"②换句话说，"和而不同"是一种美好的导向，而这种导向并没有被披上道德或是王法的外衣。苏源熙对《诗经》形式解读给我们印象最深的是，他认为《诗经》中的诗篇将相似的形式重复并不是机械的、相同的重复，因为"一个贴切的韵节就是一个'和而不同'的例子"。③韵律不是单纯地只为了有"音乐美"的形式，它同时也承载着与之相对立的另一面，即形式外的东西。苏源熙甚至认为"韵脚的表现形态决定整首诗的解读"。④对于诗歌关注点的不同，造成读者对《诗经》传统的"道德解读"的态度不同。只关注诗歌文学性的读者显然不理解那些关注诗歌的文化影响的人对于"道德解读"的热衷。苏源熙也注意到了这种分歧，但他并不认为二者之间有不可调和的矛盾，在他看来诗歌的韵律就是诗歌的文学性和诗歌的文化影响的交点。

苏源熙以《樛木》这篇拥有《诗经·国风》典型结构的诗为例，结合清末著名经学家王先谦的注释，对《樛木》⑤进行了跨文化的阐释。

樛木

南有樛木，葛藟累之。乐只君子，福履绥之。
南有樛木，葛藟荒之。乐只君子，福履将之。
南有樛木，葛藟萦之。乐只君子，福履成之。

王先谦在他的《诗三家义集疏》中指出："首言'安之'，此乃大矣，承泽更进，次弟如此。"⑥他认为形式上的变化虽然很小，仍呈现出了些许不同。形

---

① 上海师范大学古籍整理组校点：《国语》（下），上海古籍出版社1978年版，第515~516页。
② [美]苏源熙：《中国美学问题》，卞东波译，江苏人民出版社2009年版，第248页。
③ [美]苏源熙：《中国美学问题》，卞东波译，江苏人民出版社2009年版，第249页。
④ [美]苏源熙：《中国美学问题》，卞东波译，江苏人民出版社2009年版，第254页。
⑤ 李学勤主编：《十三经注疏：毛诗正义》，北京大学出版社1999年版，第41~42页。
⑥ 王先谦：《诗三家义集疏》，吴格点校，中华书局1987年版，第34页。

式上的变化并不是主题的背离，相反，变化暗示着主题的递进和强化。因此，在这首诗中，王先谦不仅看到了差异，也看到了这些差异的必然性。他认为出现在每节末尾的"绥之""将之""成之"这组韵脚的选择尤为关键，它们表达的是对诸侯的不同祝福，因为三者间有力度的渐强趋势，因此位置是不可调换的。在这首诗中，另一组不对称性的形式是每节第二行的韵脚"累之""荒之""萦之"。根据上一组韵脚的分析，惯性思维下我们大概可以推出这组韵脚所要表达的一定也是主题的渐进和强化。这组韵脚表面上讲的都是"葛藟"对"樛木"的缠绕，如果结合另一组表达对诸侯真挚祝福的韵脚，我们是不是可以反推出这组韵脚试图用拟人的手法把植物不同程度、形态的缠绕和对诸侯的祝福联系在一起？王先谦并没有给出正面的解释，似乎这样的解读是过度的。通过"绥之""将之""成之"这组韵脚，我们可以在差异中寻找到相似，在重复中寻找到渐变和强化。反之，我们却不能从既定的诗歌主题和情感出发，在"累之""荒之""萦之"的差异上强行建立渐变的解读。我们可以将这类诗歌的成功解读归功于差异性的存在，却不能将差异看作诗歌解读的充分条件。但我们至少可以对这样的差异有一种"和而不同"的假设，这对我们感知和理解诗歌的主题是颇有意义的。《诗经》中具有这种"重复"中带有细小差异的诗还有很多，其中我们耳熟能详的诗篇有《桃夭》《采葛》等。

是不是《诗经》中的所有诗歌都具备至少一处对主题有相关性的差异？对于诗歌"和而不同"的假设，我们是否一定可以找到至少一组支持性的论据？事实上并非如此。苏源熙以《桑中》[①]为例进行了分析：

桑中

爰采唐矣？沬之乡矣。云谁之思？美孟姜矣。
期我乎桑中，要我乎上宫，送我乎淇之上矣。
爰采麦矣？沬之北矣。云谁之思？美孟弋矣。
期我乎桑中，要我乎上宫，送我乎淇之上矣。
爰采葑矣？沬之东矣。云谁之思？美孟庸矣。
期我乎桑中，要我乎上宫，送我乎淇之上矣。

传统的注释者认为这是一首讽刺诗，讽刺了卫国的道德败坏。以郑玄的解读为例，"他试图在诗中的韵脚之间找到内在的逻辑，把植物名称、地域名称以及偷情的机会联系在一起"。[②] 苏源熙认为这之间就存在着一种平行结构：如果想要采唐就得去有唐的地方，如果想要荒淫的性爱就要去卫国。而且作为这件事情

---

① 李学勤主编：《十三经注疏：毛诗正义》，北京大学出版社1999年版，第190～192页。
② ［美］苏源熙：《中国美学问题》，卞东波译，江苏人民出版社2009年版，第253页。

叙述者，其情感不是郑玄所说的"恶"，而是兴奋和欣悦的。苏源熙解读叙述者深层上想要表达的是：我知道去哪里寻找我想要的，无论是入药用的植物还是调情的女人。抑或是：那些入药用的植物需要去不同的地方寻找、采摘，而出身高贵却淫乱的女人却很容易得到，她们会乖乖地等你的到来。所以，在苏看来，"唐""麦""葑"三种植物的名字，"沫之乡""沫之北""沫之东"三个地点的名字，"孟姜""孟弋""孟庸"这三个女人的名字在每组韵之间是可以调换位置的。植物的名称和它们所在的地点是无关紧要的，即便事实上这些植物、地名、人名是真实而有意义的，它们的变更也不会对这首诗的主题和情感表达产生影响。

表面上看，《樛木》和《桑中》在韵律与主题的关系上表现得不一致。《樛木》中韵脚的重要性不言而喻，而且构成韵脚的词语间是不可调换的，对诸侯祝福的情感随着韵脚词语的渐进性愈显强烈，主题也更加突出。《桑中》的每组韵脚间即便调换位置对诗的主题也没有影响，反倒对韵脚选词越随意越能起到讽刺作用：只要是在卫都，那样的性爱随处可得。同样是有很多重复的诗歌，诗节之间都存在细小的差异，差异的呈现就是韵脚的差别。因此，韵脚的表现形式一定程度上决定了整首诗的解读。

另外，苏源熙认为"兴"与确定诗歌韵律有重要的关系。

一般的读者会认为诗歌的第一个韵决定了第二个韵。苏源熙却认为《诗经》尤其是《国风》的创作者首先决定的是最后一个韵，然后再选择一个与之相匹配的"兴"，这样才有了前面的韵。在这个问题上苏源熙颇为认同钱锺书对"丫叉句法"①（Chiasmus）的解释：它们（"兴"）不是原因而是托辞，出现在诗歌中的托辞完全依赖于显著的结果，即第四行的韵律。"兴"是创作者在主题明确后故意的反讽，而韵律则直接反映了创作者对主题的选择。如，苏源熙对《既醉》②这首诗的解释：

既醉

既醉以酒，既饱以德。君子万年，介尔景福。
既醉以酒，尔肴既将。君子万年，介尔昭明。
昭明有融，高朗令终，令终有俶。公尸嘉告。
其告维何？笾豆静嘉。朋友攸摄，摄以威仪。
威仪孔时，君子有孝子。孝子不匮，永锡尔类。
其类维何？室家之壸。君子万年，永锡祚胤。
其胤维何？天被尔禄。君子万年，景命有仆。
其仆维何？厘尔女士。厘尔女士，从以孙子。

---

① 钱锺书：《管锥编（一）》，中华书局1979年版，第66页。
② 李学勤主编：《十三经注疏：毛诗正义》，北京大学出版社1999年版，第1089~1096页。

苏源熙从"既醉以酒,既饱以德。君子万年,介尔景福"中看到了接受恩惠的人叙述给予者的友善,并在叙述的过程中用对施恩者虔诚的祈福作为回报。同时,苏注意到"德""福"这组韵律在王朝史诗类的诗歌中反复出现,如《天保》《文王》《下武》等。

《彤弓》这首诗一般被解读为对周天子用弓矢等物赏赐有功的诸侯这一礼仪制度的形象反映和赞美。苏源熙发现该诗在结构上每节诗由六行组成,和《既醉》的四行两个韵脚比,多出一个韵脚。他认为这首诗和对君王的忠心没有关系,表达的是尊敬和感恩的情感。苏源熙基于这首诗不同的韵脚甚至联想到接收礼物和回赠礼物的文化礼节。即便各国、各民族的文化不同,在赠与对方礼物时,谈论礼物的价格都是不礼貌的,而且回赠的礼物一般要和收到的礼物不一样①。

彤弓

彤弓弨兮,受言藏之。我有嘉宾,中心贶之。钟鼓既设,一朝飨之。
彤弓弨兮,受言载之。我有嘉宾,中心喜之。钟鼓既设,一朝右之。
彤弓弨兮,受言櫜之。我有嘉宾,中心好之。钟鼓既设,一朝酬之。

苏源熙认为我们在评价上古的诗歌、艺术时往往只关注情感和意境,而忽略了对形式、模式的关注。苏源熙对于单首诗的阐释角度独特,尤其是在韵律和形式的关系的阐述上很值得我们思考和借鉴。同时,他也注意到在单首诗歌之外韵脚也发挥了强大的预言作用。苏源熙发现同韵类的韵脚在《诗经》中频繁地反复出现,往往预示着某些相似的主题或类型。

其中一个韵律系统包括的词有:德、式、思、则、服、福。苏源熙以《烝民》②中的一部分为例证明了"典型韵律"在诗歌中对主题的预示作用。这首诗赞扬了仲山甫的美德,同时也描写了他辅佐宣王时的盛况。诗的第一章以"则""德"为韵,表达了周代特有的道德王权理论中的核心概念:统治者展现出美好的德行,并用具备良好品行的人辅佐他,这使他成为诸侯中的典范,于是众诸侯奉他为天子。

烝民

天生烝民,有物有则。民之秉彝,好是懿德。
天监有周,昭假于下。保兹天子,生仲山甫。
仲山甫之德,柔嘉维则。
令仪令色。小心翼翼。
古训是式。威仪是力。

---

① 李学勤主编:《十三经注疏:毛诗正义》,北京大学出版社1999年版,第624~628页。
② 李学勤主编:《十三经注疏:毛诗正义》,北京大学出版社1999年版,第1218~1220页。

符合这一规律的诗歌还有《大明》《卷阿》《荡》《崧高》等。

另一个韵律系统可以表达相似的意义,它包括的词有:王、常、京、将、方、命、成,以及元音不同但也可以与之押韵的"生""宁"。涉及这一韵系的诗有《樛木》《彤弓》《既醉》《文王》《大明》《皇矣》等王朝颂歌。以《文王有声》①的开始两节为例,第一节出现了"宁""成",第二节以"命"带头,引出了与之押韵的"功""崇""丰"这几个文王征服的重要地点:

文王有声

文王有声,遹骏有声。遹求厥宁,遹观厥成。文王烝哉!

文王受命,有此武功。既伐于崇,作邑于丰。文王烝哉!

综上所述,这些上古语音相似或相同的韵律在一定程度上决定了诗歌的主题。那么,这些韵脚对于诗歌主题的决定作用是主动的还是被动的呢?它们虽然在上古语言词汇中是客观的存在,但不代表它们本身不具备生命力。这些韵律同时也被发现存在于具有相同主题的散文文献中。因此,我们可以认为,这些韵律是独立于诗歌之外的存在,其存在本身就具备意义。

对于韵律的这种认识让我们超越对每一首诗的单独解读,将具备这一特点的诗群当成一个整体对待。苏源熙是位颇具想象力的学者,他认为创作者们应该把开创一个符合以上规律的韵系视为他们创作能力的表现。因为一旦这个韵系被认可,那么不包含这一韵系中的韵脚的诗歌将被看作偏离这个韵系所代表的主题的创作。以往我们并不缺乏对韵律的单独深入研究,但对韵律与主题的研究显然是苏源熙汉学研究的创新之处。

第三节 《诗经》跨文化阐释的价值与意义

国内学者对于苏源熙的了解,首先是他作为比较文学学者的一面。正如我们在前面所谈到的,苏源熙的汉学成果离不开他的比较文学造诣。为了更好地了解他对《诗经》的跨文化阐释,我们应该认识和了解他的比较文学观。

一、比较文学观的践行

在比较文学的研究对象方面,苏源熙反对主题式的研究,即反对对作品的背

---

① 李学勤主编:《十三经注疏:毛诗正义》,北京大学出版社1999年版,第1049~1050页。

景、情愫、理念和人物特征等相同主题的研究。他认为对具体主题的列举和研究是无穷无尽且不能作为结论的，只有对作品如何体现主题的方法（修辞法）进行研究才能有所突破。然而如果以西方的文学观念研究非西方的文学，只能在主题研究中越陷越深，这种研究在苏源熙看来是过多无益的。苏源熙倡导对如何体现主题的方法进行研究，就是先把各种文学公平地放在远处，客观地看待文学的存在，避免主观色彩强烈的主题研究。这也解释了苏源熙为什么在《诗经》的阐释之前先大篇幅地讨论了"讽寓"问题。

同时，苏源熙认为适合作为世界文学对象的不见得就适合作比较文学研究的对象。在这一问题上，苏源熙认同大卫·达姆罗什的观点，他们都认为主题式阅读所获得的东西不见得是作品最值得了解的部分。无论是世界文学直接被阅读，还是被翻译，都不能避免地夹杂着主观的见解。被翻译出来的世界文学，其价值不是简单的再现，而是将它呈现在一个广阔的文学平台，让它和各种文学相互接触并接受来自多方而不仅是己方的阅读和审视。然而，从语言学角度，在日耳曼语族和罗曼语族的语言作品中找到相同或相似的文学范畴也许是可行的，因为它们属于印欧语系众多语族中关系紧密的两支。但如若试图把隶属于不同语系的语言作品中的文学范畴也纳入其中，呈现出的往往是不和谐与难以理解，这也是现行的文学研究面临的困境。

因此，苏源熙认为，比较文学需要突破的不仅是地域上的界限，还有语言、文化以及更大范围上的无形界限。每一种超越字面意思的表达方式和习惯都有与之对应的语言文化。保罗·德·曼认为从语言的修辞和讽寓的角度定义文学会使得跨文化的解读更加易于进行。苏源熙认同这一观点，他从修辞和讽寓的角度对《诗经》进行跨文化解读，即从作品如何体现主题的角度对非西方文学作品的解读。一定意义上讲，之所以存在文学经典是因为有足够多的文学理论支撑，并产生了众多运用文学理论对文学作品的解读和探索。西方文学经典有与之匹配的西方文学理论，东方文学经典有与之匹配的东方文学理论。西方文学经典能够流行于东方世界，与西方文学理论在东方的普及密不可分。反之，东方经典之所以没能引起西方世界的普遍关注和东方文学理论的被接受程度不无关系。

当然，文学理论研究并不是文学作品传播的充分和必要因素。就目前情况看，为了传播中国文学经典，先在接受国传播和普及中国的文学理论是有难度且不实际的。苏源熙认为修辞阅读法无疑是一个折中的好办法，它给予所有作品一个自由公平的平台，这就消解了经典的优越性。这种阅读法引导读者首先关注的不是自己熟悉或不熟悉的主题和话题，而是可被普遍理解的修辞方式。这与贯穿于俄国文学评论家和小说家维克托·鲍里索维奇·什克洛夫斯基在论著《散文理论》（1925）中要表达的主要思想不谋而合：创作应该是写作手法（修辞法）的艺术，技巧比主题重要。

比较文学这一学科本身具有很大的不确定性，它不像文学有固定而明确的研究对象，因此在具体的比较文学研究中不难看到跨学科的研究方法和研究对象。这与比较文学必须密切地关注自身周围的政治、体制、社会等一切的环境变化有关。文学性区别于文学。以往根据作者、民族、时期和文学种类进行的文学研究，其对象是"文学"；而将文学放置于话语、文化、意识形态等进行的研究，其对象是"文学性"。苏源熙认为文学性是比较文学研究的真正对象，也是所有文学传统的共享因素。文学性并不是文学固有的一种特性，而是基于特定的语境和阅读方法的产物。这也解释了比较文学定位的尴尬，有人预言未来的比较文学不再是与语言、民族甚至文学有必然关系的学科，其功能会倾向于"比较的媒介"，而"比较文学"中"文学"的概念将会被弱化。比较文学最重要的使命不是解读文学而是对任何阅读对象进行文学性的解读。传统的比较文学课上学生接触到的往往是无法逾越国别、文类和时期等展开的已有研究，苏源熙认为比较文学学科的新潮流是传媒研究、后殖民主义研究和文化研究等。

美国比较文学协会1993年伯恩海默（Charles Bernheimer）报告《跨世纪的比较文学》提出："我们要继续强调熟练外语的必要和独特好处，同时也要减轻对翻译的排斥。"① 然而，排斥的减轻不是排斥的消失。事实上，本能的排斥也不可能完全消失。一个很好的例子就是，网络信息时代虽然方便了沟通，甚至可以达到不同地域信息更新的同步，但人们对于同步更新的信息却存在不同的理解。这种理解的不同受年龄、性别、受教育程度不同的影响，同时也受文化背景不同的影响。因此难以保证进入自己文化圈的外族文化的文学作品能被阅读者像当地人那样解读。对同一作品理解的不同在苏源熙看来并不是一件坏事，"误读"也不一定毫无益处，更何况何谓正确的解读，并没有唯一的标准。正如在苏源熙本人在对《诗经》的跨文化阐释中，摒弃了前人对《毛诗序》误读的偏见，用包容和尊敬的态度解读前人的研究，从《毛诗序》中看到了"讽寓"，读出了"述行性"。也正是具备了这种在文化中冒险的勇气，在对《诗经》具体诗歌的研究中他又发现了"韵律"与"主题"的关系。

二、文化相对主义的批判

人类学家马林诺夫斯基开创的用"当地人的眼光"解释当地文化的研究范式

---

① Charles Bernheimer (ed.), *Comparative Literature in the Age of Multiculturalism*, Bailtimore and London: The Johns Hopkins University Press, 1995: 3.

与美国"人类学之父"博厄斯提倡的"文化相对主义"彼此呼应,是对19世纪的种族中心论的批判和取代。在1990年前后,中外学界出现了提倡、讨论"相对主义论"的热潮。美国比较文学会会长厄尔·迈纳就强调过西方文学体系和其他文化体系是不同的,研究者必须秉持"相对性"的观念。①

文化相对主义相对于过去的文化征服和文化掠夺来说是进步的,但文化相对主义也显示了自身的矛盾和弱点。例如文化相对主义承认并保护不同文化的差异性,反对用一种文化标准去判断另一种文化,这就有可能导致文化保守主义。"差异性"在苏源熙看来不是所有问题的根源和应该关注的重点,因此在对《诗经》的跨文化阐释中他没有把"差异性"放在首要的位置,他试图从人类学、语言学、比较文学等不同角度质疑文化相对主义,摆脱中西二元对立研究模式的束缚。

在人类学方面,苏源熙以法国人类学家涂尔干的宗教研究为例批评了文化相对主义。在谈到不同人种的宗教差异时,涂尔干指出:"从根本意义上,不存在任何错误的宗教。每一个宗教以它自身的方式都是真确的。"② 苏源熙认为,涂尔干的方法要么可看作平行于任何一种宗教世界观的解释观,要么是凌驾于所有宗教之上的"准宗教"——无论哪一种,类似于涂尔干对宗教的看法,社会学方法只是对其自身而言是"真确"的,对它试图解释的宗教则不然。③ 西方世界对于中国的好奇是必然的,好奇的产生可能以差异为出发点,但并不应该以相对主义为终点。正如涂尔干看到了不同宗教的人们对于各自信仰的熟识和信赖,苏源熙也看到了不同文化的人们对于各自文化的继承和演绎。中国传统注释家对《诗经》的注释值得不同文化背景的人平等的尊重,不是因为类似的注释在西方文学、文化中有相似的地位和作用,而是因为这种注释本身的存在性。这种存在本身就是值得尊重的。

在语言学方面,苏源熙通过对《诗经》注释的修辞方法的分析将矛头直指结构主义语言学的根基——差异论。结构主义语言学认为一个符号与另一个符号的区别构成了符号本身,语言是由符号构成的,因此语言里只有差异存在。从差异出发建立起二元对立,在这个基础上产生出结构观。苏源熙通过肯定《诗大序》动态的社会功能意义证明了语言符号的延异性(Différance),即语言的意义是一个过程,并无最终的结果。证实了语言的意义是一个产生、生长、消亡的过程,

---

① Earl Miner, *Comparative Poetics: An Intercultural Essay on Theories of Literature*, Princeton, NJ: Princeton University Press, 1990: 213 – 238.

② 涂尔干:《宗教生活的基本形式》,转引自苏源熙:《中国美学问题》,卞东波译,江苏人民出版社2009年版,第5页。

③ 关于苏源熙对相对主义的质疑和批判,参见卞东波:《中国美学问题》"译者的话",江苏人民出版社2009年版,第6~12页。

不存在一成不变的意义。苏源熙对《诗经》的跨文化阐释从两个方面践行了对文化相对主义的批判：一是为中国古典经典的传统注释进行了辩护。《诗经》的传统注释重视诗歌的社会道德功能，忽视诗歌的自然意义，这一点长期以来被西方汉学家所诟病。苏源熙认为这些传统注释是诗歌不可分割的一部分，并因此得以保存。苏源熙认为西方文论对中国文学现象和概念无论是吸纳还是排斥都是不可取的，取而代之的做法应该是对中国文学的尊重。因此，对中国"讽寓"有无的探讨并不是以得到有或无的结论为目的，苏源熙强调的是在态度和方法上反对欧洲中心主义和文化相对主义。二是试图打破中国传统注释的权威。在千百年的文化传承中《诗经》的注释和解读形成了权威，而权威之外的解读往往被忽视。苏源熙认同语言意义的动态性，主张对经典的解读也应该取消权威性，打破对中心意义的固定和局限。

在比较文学方面，苏源熙认为以余宝琳为代表的西方汉学家对中国传统诗歌"自然的""非虚构""事实性"的判断也受到文化相对主义的影响，并存在着和文化相对主义悖谬逻辑类似的前提，即差异的决定性。苏源熙认为以往的汉学家和批评家不但指出中西方的差异，还通过给"他者"重新命名来寻求"他者"自身文化的完整性，从而进一步强化差异的合理性。他对中国诗歌"非虚构""事实性"的论断提出两点质疑：首先，从哲学理论中寻求文学阐释的理由并不是充分的。假如人类学意义上的信念决定了文本的文学特征，那么文学语言和文学学科的自足性就受到了挑战。其次，用来解释"差异性"的参照值得怀疑。譬如，余宝琳认为西方诗歌表达"形而上的真实"，而中国的诗歌说的是"此岸世界的真实"。苏源熙认为他是以先接受了西方的此岸/彼岸世界观为前提的，如果他先接受的是中国世界观的话，则可能会认为西方的两个世界只不过是统一中互补的两方面。① 因此，如何脱离潜在的以某一种文化为标准而展开的比较对当今的跨文化比较也颇有启发意义。

苏源熙认为对"差异性"的关注并不是客观地站在对方的立场上关注全部，而是有形或无形地借助自身的文学、哲学的理论体系审视对方的文学文本。其目的不是看到一个完整的东方世界，而是想要看看东方世界有哪些新奇可以补充西方世界。例如，在美国好莱坞电影中常常可以看到用中国功夫这个元素去丰富西方的英雄主题，这反映出真正吸引他们目光的不是中国文化而是中国元素。无论是东方和西方对立起来，还是运用西方理论将东方理论撕开，并把看似"不同"的部分补贴在西方理论的外围，其目的都是为了支持、完善、壮大西方人眼中的世界文化。

---

① [美]苏源熙：《中国美学问题》，卞东波译，江苏人民出版社2009年版，第41页。

文化相对主义对"差异性"的关注历来是国外汉学研究的传统，也是当代国内学者研究吸引世界目光的重要途径。但在多元文化平等对话的新时代背景下，"差异性"研究的弊病渐渐体现出来，如文化保守主义的封闭性和排他性、本文化的滞后以及否认某些最基本的人类共同标准等。苏源熙前瞻性地看到了这点，对人文学科研究中的中心主义和相对主义研究的质疑，对所谓中西方"差异性"的反思，加之以对人类普世价值的追寻，促使他完成了从西方古典文化到东方古代文化再到西方现代文化的旅行。

三、跨文化阐释的推动

哈佛大学比较文学系著名学者大卫·达姆罗什认为，一个文本只有持续地与他国文化发生激烈的碰撞才能成为一部世界文学作品。虽然跨文化的阐释会不可避免地扭曲文本的原意，但实际上对世界文学有着促进作用，因为跨文化的阐释使作品的流通模式国际化，并激发跨越时代、国界和种族的对话。他将世界文学定义为"一种阅读模式，而不是一系列标准恒定的经典作品；是读者与超乎自己时空的世界发生的间距式接触"。① 因此为了这种超乎时空的阅读模式更加顺利地推广，只讲文化差异和特殊性是不够的，还要讲文化的共同性、普遍性。也只有那些能够超越民族的特殊性，提炼得出共同性，为他者文化的读者所阅读和理解的民族文学才能成为世界文学。

"跨文化阐释是中国文学走向世界文学的有效的途径。"② 对于中西方文学的研究不能戴着有色眼镜进行，不能把在西方文学中发现普遍性和在东方文学中发现特殊性作为世界文学的固定格局看待。苏源熙对《诗经》的跨文化阐释试图在东方文学中发现普遍性和相同性无疑是对打破原有的世界文学格局的有益尝试。民族文学成为世界文学的前提是被其他民族阅读和接受，而被其他民族阅读和接受的一个有效途径就是跨文化阐释。在跨文化阐释中，出现改写、变异甚至误读都是非常正常的。用西方理论来阐释中国文本其实就是"跨文化阐释"的一种主要形式，因此，表面上苏源熙做的是"西学东渐"的工作。但实际上，由于他采用西方理论来解释中国文本的跨文化阐释，使得西方人对中国文本的理解和接受更加容易，同时也促进了中国文学、文化在西方的推广。西方汉学家对中国古典文学的阐释，一方面丰富了西方学者对中国古典文学的研究，另一方面也为我们向西方介绍、传播我们本民族的文化提供了思路。因为文化传播要成

---

① David Damrosch，*What is World Literature.* Princeton，NJ：Princeton University Press，2003：281.
② 李庆本：《跨文化阐释与世界文学的重构》，载于《山东社会科学》2012年第3期。

功，首先要让对方理解。苏源熙对《诗经》的跨文化阐释是采用了西方理论解释中国文学作品的学术资源，方便了西方人对《诗经》的理解，与此同时也促进了中国文学、文化走出去。因此即便苏源熙对《诗经》的阐释存在所谓的误读，我们也不能否认它对于中国的民族文学走向世界、中国文化走出去所起到的积极作用。

苏源熙在其论著《话语长城和文化中国的他者历险》（*Great Walls of Discourse and Other Adventures in Cultural China*）的绪论中说道："在中国学中，'主体性问题'（我们可以这样称呼它）具有特定的、历史的变化形式。像许多人一样，我被中国学所吸引，是因为我不满意自己在那之前不可靠的教育，认为中国学这一领域有发展知识学科的希望。"[1] 他认为不应该拘泥于以往作为西方对立面的"中国形象"的简单概括，建议将文化的中国放置于一个真实、复杂的语境中去探索、认知。苏源熙把这种对各种解读毫无偏见、平等审视的话语模式称为对文化中国的探险。所以他说他的《话语长城和文化中国的他者历险》"并不去攻击任何事情，而是试图用更复杂的视角取代有限的视角"。正如我们在本书第一章所提到的约斯·德·穆尔在《阐释学视界——全球化世界的文化间性阐释学》一文中提出的"万花筒视界"一样，苏源熙的多样视角也必将成为跨文化阐释中国的有效途径。[2]

四、美国汉学研究的发展

伴随着20世纪五六十年代的两极分化、六七十年代的多极化，以及之后的美国单极化和现在的世界格局新变化，美国的比较文学和汉学也发生了相应的变化。美国的自我关注在逐步增强中增加了反思，苏源熙的研究也反映了这一变化。

苏源熙是新兴的美国当代汉学家的杰出代表，他的汉学研究能够反映"美国汉学的新方向"[3]。20世纪80年代，美国的汉学被归为比较文学的研究领域。因此很多研究是基于中西本质的"差异"展开的，西方的文学理论和观念成了研究二者差别的基础。这一阶段产生了很多对中国文学是否存在"隐喻"（metaphor）、"讽寓"（allegory）这样的西方文学概念的研究。苏源熙无疑受到这些研

---

[1] Haun Saussy, *Great Walls of Discourse and Other Adventures in Cultural China*. Cambridge, MA: Harvard University Asia Center, 2001: 2.

[2] Haun Saussy, *Great Walls of Discourse and Other Adventures in Cultural China*. Cambridge, MA: Harvard University Asia Center, 2001: 6.

[3] 孙康宜：《谈谈美国汉学的新方向》，载于《书屋》2007年第12期。

究的影响,在他的研究中也讨论了"讽寓"的问题。

但与以往有关"讽寓"问题的研究不同的是:首先,苏源熙试图摆脱中西二元论的束缚,没有把西方文学的观点作为研究的参考标准。因此他重构了西方"讽寓"的概念。其次,苏源熙的目的不是讨论"讽寓"在中国文学的存在与否,而是以此为突破口,撕开遮盖在文学阅读和研究上的障碍物,让阳光公平地照射到有人类文明瑰宝的每个角落。这个障碍不仅阻碍了跨文化的交流和理解,甚至会影响到自我文化的认知和发展。正如对自然天体的发现与研究中,如果以地球为参照物,太阳是东升西落绕着地球运动的,但是从太阳系的格局观察地球和太阳,我们会发现地球是围绕着太阳转的。在东方文化和西方文化的问题上不存在一个"外视"的角度,审视者要么归属于东方文化背景,要么归属于西方文化背景,因此得出的结论往往都是从自身的视角出发。苏源熙反对站在自己的文学、文化立场上俯视和定义其他的文学和文化存在,他建议从更广阔的视野研究文学,甚至置身于对他者文学、文化的"探险"中,在此基础上认知和了解作为整体的人类文明。

苏源熙对《诗经》的跨文化阐释完成于20世纪90年代,而对于他的研究在二十年后的今天都具有很大的启发意义,可见他的学术预见和前瞻能力。他在对《诗经》的阐释过程中所呈现出的对中国古典文学的研究模式仍然走在当今美国汉学和比较文学研究的前沿。

五、中国语言文化的推广

随着世界多极化和经济全球化,提高文化的国际影响力对提升国家综合国力的作用日益凸显,基于此我国提出了"中华文化走出去"的文化战略。苏源熙认为为了更全面地看待中国文学,应该将目光从"中西差异性"转移到对中国文学本身上,这对我国语言文化的国际推广工作有较大启发意义。

国家层面推动一门语言的学习,往往有较复杂的策略和目的。以美国为例,2001年"9·11事件"以后,美国高校的阿拉伯语招生人数增加一倍,但是从事语言、文学、宗教或政策的国际研究的人数并没有增加①。同理,美国政府对于汉语学习的鼓励,也是出于国家战略安全和经济发展的考虑。2006年1月5日,美国国务院、教育部和国防部联合召开会议,提出美国"关键语言"倡议计划,并拨款1.14亿美元,资助以国家安全为目标的"国家旗舰语言项目",其中就包括"中文旗舰项目"。在全美语言大会的白皮书中,美国明确地指出:"我们必

---

① [美]苏源熙:《关于比较文学的时代》,刘小刚译,载于《中国比较文学》2004年第4期。

须采取行动,恢复我们在全球市场的领导地位,并战胜日益强大的、精明强干的竞争对手。"① 与美国的这一政策相对应的措施有许多,其中影响力较大的有孔子学院和孔子课堂项目,美国公立中小学汉语学习项目,以及美国大学生中国留学项目。根据新华网报道,截至2011年,美国已在48个州设立81所孔子学院和299个孔子课堂,其中包括斯坦福大学、哥伦比亚大学、芝加哥大学等一流名校。2011年,5 000所美国的公立中小学陆续开设汉语课,学习人数突破20万人,相当于5年前的10倍。2010年5月,时任美国国务卿希拉里·克林顿在北京签署"美中十万留学生计划"的协议,顺利促进了美国来华留学生数量的快速增加。

如此声势浩大的语言学习是否也极大地促进了文学、文化的传播?以就读于北京语言大学的留学生为例,他们中的绝大多数认为,阅读中国文学作品对他们来说太难了。大多数留学生也明确地表达了汉语学习的实用目的:工作、旅游、交友。另外,根据对回国的孔子学院海外志愿者的采访,我们发现,即便打着"孔子"的文化名号,"孔子学院"所做的也主要是语言教学,很少涉及文学、文化的深度教学。

无论美国的汉语政策出于何种目的,也无论汉语学习还存在哪些不足和弊端,都不能否认这种局面也为文化交流提供了机会和平台,越来越多的美国人通过学习汉语开始了解一个较为现代的中国。几乎所有来到中国的留学生都会感叹,中国和他们想象中的太不一样了。但是大多数留学生眼中的中国是他们留学的大学所在的城市如北京、上海、广州等以及他们游玩过的地方如昆明、成都等。他们接触的人群和去过的地方显然不是中国的全部,那些最多可以代表中国的城市文明。事实上,中国人口的大多数是近75%的农村、农业人口。他们对中国的了解显然忽略了这个大多数的群体。除了到农村等地方和当地的人民交流,还有很多途径可以了解更真实的中国。比如通过看电影、纪录片,参考一些能反映文明进度的可靠的数据统计等。除此之外,笔者认为,对文学和文学阐释的关注也是探索一个地方的文明进程和文化底蕴的重要途径。苏源熙对《诗经》的跨文化阐释通过解构阅读的方法把中国的古典文学展现给世界读者,为《诗经》等中国古典文学作品的汉学研究和西方传播拓宽了思路,同时也值得汉语语言文化推广工作者借鉴。

---

① 关于美国语言政策及其"中文旗舰项目",参见王建勤:《美国国家语言战略与我国语言文化安全对策》,载于《国际汉语教学动态与研究》2007年第2期。

第五章

"四书"英译与跨文化阐释

《大学》《中庸》《论语》《孟子》合称为"四书",为儒家传道、授业的基本教材,首次将之并列辑为一书的是南宋著名理学家朱熹。因为它们分别出于早期儒家的四位代表人物孔子、孟子、曾参、子思,所以称为"四子书",简称"四书"。朱熹分别为这四部书作了注释,其中,《大学》《中庸》的注释称为"章句",《论语》《孟子》的注释因为引用他人的说法较多,所以称为"集注"。

"四书"是中华典籍的组成部分,中华典籍英译对中外跨文化交流的重要性不言而喻,我国很多学者对此进行过论述[1][2][3]。中华典籍几乎都是用古代汉语写成,英译时要经过语内翻译和语际翻译两种翻译过程:语内翻译——从古汉语译为现代汉语;语际翻译——从现代汉语译为英语,"四书"的英译也不例外。从汉代开始,经学家们对《论语》《孟子》以及包含《大学》《中庸》的《礼记》的微言大义不断进行阐释,注疏之多,令人目不暇接,这给"四书"译者的语内翻译工作和语际翻译工作都带来了极大的挑战。尽管如此,近四百年来,由于"四书"在中外文化交流中的重要地位,中外译者不断挑战这一艰巨的文化传播活动。

---

[1] 潘文国:《译入与译出:谈中国译者从事汉籍英译的意义》,载于《中国翻译》2004年第2期。
[2] 许渊冲:《典籍英译,中国可算世界一流》,载于《中国外语》2006年第5期。
[3] 霍跃红:《典籍英译:意义、主体和策略》,载于《外语与外语教学》2005年第9期。

第一节 "四书"英译本流变过程

英语世界的"四书"翻译活动肇始于英国,英国新教传教士的"四书"翻译成就斐然。马歇曼(Joshua Marshman,1768~1837)于 1809 年最早开启了《论语》的英语翻译;新教伦敦会传教士马礼逊(Robert Morrison,1782~1834)1812 年最早开始《大学》的英译;伦敦会传教士柯大卫(David Collie,1791?~1828)①是"四书"英语全译本的首位译者,1828 年,柯氏的"四书"英语全译本《四书译注》(The Chinese Classical Work Commonly Called The Four Books)在马六甲英华书院面世;1861~1872 年间,伦敦会传教士、汉学家理雅各(James Legge,1815~1897)陆续翻译出版了儒家鸿篇巨制包括"四书""五经"的《中国经典》(The Chinese Classics)五卷本,其中,《中国经典》的第一、二卷是第二部"四书"英语全译本(1861 年出版)。继理雅各之后,英国还涌现出了不少汉学家进行"四书"的翻译,只不过他们基本上只是选取"四书"四个文本中的单个文本或两个文本进行翻译,如莱尔、休中诚、韦德、詹宁斯、苏慧廉、道森、韦利等。

18 世纪末 19 世纪初,"四书"译本传到美国,引起反响,然而,美国本土学者和读者不满足于只阅读英国译者的译本,他们呼唤美国本土的"四书"译本出现。20 世纪尤其是 20 世纪中后期,美国本土译家和美籍华裔译家开始涉足"四书"翻译,"四书"英译在美国渐渐呈现出繁荣的景象:汉学家丹尼尔·伽达纳(D. K. Gardner)翻译了"四书"的节译本;诗人庞德翻译了《大学》《中庸》《论语》;美国诗人、翻译家亨顿(David Hinton)翻译了《论语》《孟子》;汉学家莫兰(P. R. Moran)翻译了《大学》《中庸》;汉学家浦安迪(Andrew Plaks)翻译了《大学》《中庸》,译界对其认可度很高;安乐哲(Roger T. Ames)和罗思文(Henry Rosemont Jr.)合译了《论语》,译界对其评价甚高。

1898 年,辜鸿铭的《论语》英译本面世,终于打破由西方传教士、汉学家垄断中学西渐、塑造中国形象的局面。在这之后,中国译者陆续加入"四书"英译队伍,呈现给世界中国的"四书"英语译本。在中国译者中,以郑麐 1948 年的"四书"英语全译本成就最高。郑麐之后,海外华裔译者于十几年后扛起了"四书"翻译大旗,最卓越的华人译者当数陈荣捷和刘殿爵,他们的译本受到译

---

① 郭磊:《柯大卫英译〈四书〉研究》,中州古籍出版社 2016 年版,第 39 页。

界和学界好评，影响力较大。新中国成立后，中国译者的出现与中国改革开放的时代发展有关，一直到20世纪90年代后，才陆续有中国译者加入翻译队伍，随着国家文化输出战略的发展，近年来，翻译队伍不断壮大，中国的译者身份主要是从事英语教育的专家、学者。

"四书"英语全译本和单译本，总数量为82个。其中，西方译者翻译的译本数量为48个，占调查译本的59%；中国译者翻译的"四书"译本数量为34个，占调查译本的41%（课题组整理）。这说明，在"四书"的英语翻译中，西方译者数量要多于中国译者的数量，占了译者队伍的大半江山。

纵观到目前为止的"四书"英译的整个发展过程，发现以"四书"为首的中华典籍英译研究表现出以下四大特征：第一，中华典籍的翻译和研究与西方汉学的发展密切相关，它是西方传统汉学不可或缺的核心组成部分。英语世界的中华典籍英译大多数出自西方传教士、专业汉学家以及外交官之手。最近几十年来，中国译者后来者居上，典籍英译的数量逐渐超越了西方译者的翻译数量。第二，传统西方汉学的翻译兴趣集中在中国文史哲典籍的翻译，翻译缺乏整体组织性、系统性，通常以个人为单位，编译、摘译或者选译自己感兴趣的典籍来翻译；西方现代汉学研究兴趣则从关注中国文史哲典籍翻译转向了十分重视现当代中国的现实社会，同时伴随着对中华文化典籍的英译。第三，中华典籍英译的中外译者两支队伍齐头并进，中外译者之间出现了越来越多的相互协作与交流，典籍全译本翻译渐渐成为主流，翻译出现了组织性和系统性的协作，结集成套的典籍翻译出版越来越多，同时，在翻译过程中，把翻译理论研究与翻译实践探索同步起来，这些新举措、新形式使得中华典籍英译的数量和质量都有了明显的提高。第四，中华典籍的英译与其在世界范围内的传播是中外文化相互交流的需要，在中外文化交流过程中，不同文化之间出现了从相互碰撞和相互对峙到相互理解和相互融合的历程，翻译成果既体现了西方流行的新型学科研究方法，也反映了继承传统的不懈努力，现代与传统翻译方法和研究方法交相辉映，中华典籍翻译研究的一大特色就是与时俱进、不断创新、西论中用并举。

然而，国内外对"四书"的英译研究表现出了极大的不平衡性，总的说来，对"四书"英语全译本的研究力量分布过少，对"四书"单译本的研究力量分布过多。在对"四书"英语全译本的研究中，研究力量分布也呈现出失衡状态：对理雅各及其译本研究过于密集，对柯氏及其译本研究有所关注，对郑氏及其译本研究的关注度几乎为零。到目前为止，学界和译界还没有出现运用跨文化研究和翻译研究来涵盖这三部全译本，还没有对这三部全译本展开比较研究。在对"四书"单译本的研究中，研究力量分布也表现出了失衡状态：对《论语》研究过热，对《中庸》《孟子》的研究兴趣在逐步升温，对《大学》的研究力量不足。

对"四书"英语单译本研究和对"四书"英语全译本研究意义有所不同。"四书"的四个文本叙述的是尧、舜、禹、汤、文、武、周公、孔、孟的思想及道统,成书时代不同,实际思想观点也不尽相同,"有其亘续、延伸、补充和异变的过程"①,四个文本共同构成了新儒学的基本思想体系。朱熹按照儒学内容由浅入深进修的顺序编订排列"四书"的次序:《大学》在前,《论语》《孟子》次之,《中庸》最后。之所以这样排列,是因为:先读《大学》,"以定其规模",因为《大学》系统地体现了儒家思想,是"四书"的总纲,是新儒家思想的基本构架;次读《论语》,"以立其根本",因为《论语》以"仁"与"礼"为中心,多方位地论证了孔子的伦理、政治、教育等思想;再读《孟子》,"以观其发越",因为《孟子》阐明和发展了孔子的仁义、王道、心性等理论;最后读《中庸》,"以求古人微妙处",因为《中庸》以"人心惟危,道心惟微,惟精惟一,允执厥中"十六字为中心,论述了性命、道心、人心、中一、理欲、天命、人性、中庸之道等儒家思想的精髓与微妙的心法等(《朱子语类》卷十四)②。朱熹的"四书"编排顺序前后呼应,脉络明晰,形成了按照理学思想架构的儒学新体系。

但是,如果"四书"文本的英语译者,只翻译研究其中的一个文本,译者势必会重点关注该文本所涉及的儒学思想,这样做不可避免地会无法兼顾该文本与其他文本的有机联系,翻译和研究就会出现"只见树木,不见森林"的偏颇现象,"四书"全部思想体系的渐进性和完整性就难以呈现出来。而"四书"英语全译本的译者则不然,他们翻译"四书"时,是把四个文本作为一个有机整体进行翻译,这样对四个文本所包含的学术文化思想理解和阐释就会全面、系统,进而呈现出的四个文本的译本之间的联系也会更为完整清楚。因此,对"四书"英语全译本展开研究,能够洞察全译本译者对"四书"四个文本所代表的儒家思想发展的不同阶段和不同方面的不同态度和不同评价,能看出他们对"四书"全文本的总体翻译思想、翻译策略以及总体看法。

第二节 译者对"四书"的跨文化阐释

译者的身份及其在翻译中承担的职责涉及到翻译研究中译者的主体性问题,

---

① 吴量恺主编:《四书辞典》,崇文书局2012年版,"前言",第1页。
② (宋)黎靖德:《朱子语类》,王星贤点校,中华书局1986年版,第249~250页。

而译者的身份和主体性与其所处的社会时代背景有很大的关联性，译者的身份影响译本的翻译目的和翻译方法，成为他们对"四书"进行不同的跨文化阐释的原因之所在。

一、柯大卫对"四书"的翻译与阐释

柯大卫（1791？－1828），英国苏格兰人，伦敦会传教士，世界"四书"英语全译本第一人，英华书院第三任院长，在当时的传教士和中西文化交流中表现卓著。柯氏在马六甲生活时间共计 5 年 8 个月零 2 天，但始终没有机会踏入中国本土。他英年早逝，1828 年 2 月 28 日，柯氏在去新加坡治病途中去世，遗体被抛入大海，年仅 37 岁[①]。作为 19 世纪初期伦敦会派往马六甲的传教士和英华书院院长，在英华书院工作期间，他表现不俗，出色地完成了自己的职责，对英华书院的发展做出了不朽的贡献，他著译了 14 种中英文作品，这些作品都体现了其传教目的，传播了基督教思想[②]。柯大卫的"四书"翻译思想和翻译目的和在他之前的耶稣会士有所不同。耶稣会士翻译"四书"时，采用的是美化翻译策略，目的是合儒超儒，以此来获得欧洲君主和民众对中国的兴趣，进而获得他们对在中国传教事业的支持，从而获取在中国传教的资金和援助。

19 世纪的新教传教士翻译"四书"的动机在于为了了解中国儒家传统文化思想，借以打开中国思想的大门，与基督教思想形成对比，希望用基督教取代儒家思想，使中国人尽早皈依基督。这一翻译动机决定了他们翻译"四书"时，采用基督教文化诠释儒家思想和文化，有意识地对"四书"原语文本进行"文化操纵"。柯大卫和理雅各身为基督教新教伦敦会的传教士，他们翻译"四书"的动机也不例外。他们翻译"四书"时，以基督教文化为立场，以基督教神学思想为标准来诠释翻译"四书"，最终是为了帮助他们在中国传播基督教思想。

然而，柯大卫对"四书"在中国的思想历史文化地位认知不足，对"四书"在中英文化交流中的作用估计不足，他在翻译"四书"的初期，原初只打算作为教材使用，并不打算将之在英语世界出版发行，后来在朋友劝说下才改变初衷，决定将译本出版发行。关于"四书"的翻译缘由，柯大卫在其"四书"译本的"序言"里做了说明："（译者）对此译本作了修改，并添加上注释和点评，……如果不是受到倚重的朋友们的鼓励的话，译者根本没有打算将它付梓出版，它应

---

① 郭磊：《柯大卫英译〈四书〉研究》，中州古籍出版社 2016 年版，第 36～55 页。
② 郭磊：《首位〈四书〉英译者柯大卫生平诸事考述》，载于《北京行政学院学报》2013 年第 6 期。

该只是以手稿的形式用于它的原初用途存在而已。"① 上述话语表明，在此之前，英华书院已经用没有附加注释和点评的"四书"译稿作为教材使用，柯氏这次修订"四书"译本，附上注释和点评，是为了便于学生学习，原打算只是以手稿形式作为英华书院教材使用，未曾打算出版，是受朋友的敦促才决定出版此译稿。柯氏翻译"四书"有五个目的，他在译本"序言"里做了交代："其一，'四书'译本的首要目的是学习汉语知识。其二，如果对原文中出现的宗教的和道德的根本性错误以点评的形式加以仔细修正说明的话，这项工作也许可能对在英华书院学习英语的那些中国人有一定的帮助，不仅帮助他们学习英语语言，尤其能够帮助引导他们认真地反思一些他们国家最负盛名的圣人的致命性思想错误。其三，对于译文中这种不断重复的常识性点评，译者只能向欧洲读者表示歉意了，但是，这些点评可能对阅读此译本的那些遭受蒙蔽的异教徒有所作用。其四，这些点评并不意味着传递这样的意思，即'四书'对某一类读者来说索然无味。对于那些开始从事汉学研究的人来说，对于那些可能没有汉语老师帮助的汉语学习者来说，尽管这个译本并不完美，译者还是希望该译本会对他们有所裨益。其五，希望这个译本会引起那些乐于探索人类心智活动的人们的兴趣，因为'四书'可以被看作是这些文本作者所生活的时代环境中的人们取得的宗教科学和道德科学成就的一个很好的典范。"② 柯氏译本的这五个目的归纳起来，有两大方面：一是作为汉语语言文化学习研究之用，服务对象是欧洲汉语学习者、在英华书院学习英语的中国人、从事汉学研究的初学者、没有汉语教师帮助的学习者、探索人类心智活动的研究者；二是基督教宗教服务目的，帮助引导在英华书院学习英语的中国人认真反思中国最负盛名的圣人的致命性思想错误，帮助对阅读此译本的那些遭受蒙蔽的异教徒获得正确的认知。总体来说，柯大卫的翻译目的是"译儒攻儒（或批儒），旨在扬耶"。

　　柯氏译本的翻译目的和翻译思想源于他的社会生活环境的影响。柯大卫翻译"四书"时，因为没有到达中国，他对中国的了解主要基于他来南洋前欧洲贬低丑化中国的那些误读宣传，产生这种误读源于这样的历史原因：在欧洲18世纪出现"中国热"的同时，中国文明却出现了衰退的迹象，这是清王朝的盲目自大和闭关锁国的国策所致。18世纪中叶以后，中国形象逐渐走低，而此时的欧洲发生了推动社会快速发展的工业革命和法国大革命，在经济上、技术上和思想上都有了凌驾于中国之上的资本和优越感，欧洲的繁荣富庶程度导致他们逐渐改变了对中国的看法，滋生了优势心理，对于传教士美化中国的著作失去信任，对商

---

①② David Collie（trans.），*The Chinese Classical Works Commonly Called The Four Books*. Malacca：The Mission Press，1828：i – ii.

人的所见所闻则十分欣赏，认为商人对中国人的贬低才是真实的中国，因此出现了中国形象急转直下的一种局面，至 19 世纪初期达到顶峰。在他们眼里，中国不再是道德楷模，而是社会思想愚昧落后、国力贫穷腐朽、道德堕落不堪的象征，迅速变成了一个需要基督拯救的国家，来华的新教传教士基本上都持有此种观点，柯大卫也未能免俗①。此外，和理雅各能接触到中国社会的上层精英（如驻英国大使郭嵩焘等）不一样，柯大卫在马六甲英华书院始终没有机会接触到中国的上层人物和一流学者，故没有机会了解中国社会的典型思想文化成就。再者，19 世纪初的恶劣传教环境使得传教、翻译和学术研究都不能正常开展，一些传教士未免带有郁闷愤愤之情，对中国文化采取了大加贬斥的策略。柯大卫等传教士恰好处于这样的环境中，来华后又遭遇到清朝严厉禁教的不利政治环境，自然会对中国文化产生拒斥之心，主要表现在用基督教思想全面贬低儒家思想②。有了这样的西方文化和基督教文化前见，柯氏认为中国文明远远落后于西方基督教文明，中国需要基督的救赎。柯大卫的宗教优越感在其"四书"译本"序言"中有所表现，他认为："追求这些成就的基督徒会有充分的理由心怀感激，因为异教徒没有得到像神启真理那样有力的理论支撑，而基督徒在这方面比异教徒得到了更为优秀的教育。"③ 故此，柯大卫站在基督教优越论的立场上否定儒家倡导的孝，消解道，混同天与理，展开对儒家思想的全面批判，以达到传播福音的目的，他的思想代表了当时新教传教士对儒家思想的错误认识④。

柯大卫在翻译"四书"时，对"四书"的"文化操纵"和"文化改写"表现在：他用基督教思想粗暴地强行套在中国儒家思想上，不假思索地对儒家思想进行否定，目的是抬高基督教，为传教开辟道路。这样的做法既不能推动他们的传教事业，又降低了他翻译的学术价值，因为他不是从学术的角度来看待中西之间的文化思想。中国的儒家思想历经两千多年的自身演化和思想补充，早已形成了一整套系统，是中国伦理关系、知识体系、社会组织结构、信仰体系等方面的总代表，任何试图通过这种简单粗暴方式武断地否定这种系统，并将之改换为基督教传统的做法注定会失败。在儒家思想占绝对地位的中国传播基督教谈何容易，为达目的，柯大卫能做的就是彻底地批判儒家思想，从根本上颠覆儒家思想，只有这样才有可能彰显基督教教义，传播基督教福音。柯大卫认为，"四书"

---

① 赵长江：《译儒攻儒，传播福音：〈四书〉的第一个英译本评析》，载于《天津外国语大学学报》2012 年第 5 期。赵长江：《19 世纪中国文化典籍英译研究》，南开大学博士学位论文，2014 年。
② 赵长江：《19 世纪中国文化典籍英译研究》，南开大学博士学位论文，2014 年。
③ David Collie (trans.), *The Chinese Classical Works Commonly Called the Four Books*. Malacca: The Mission Press, 1828: ii – iii.
④ 赵长江：《译儒攻儒，传播福音：〈四书〉的第一个英译本评析》，载于《天津外国语大学学报》2012 年第 5 期。

中"混入了许多虚假和危险的教义"①。他在"四书"译本的"序言"中明确表示，其评论针对的是宗教和道德上的根本错误，其译本可引导英华书院的中国学生认真思考中国最负盛名的圣人所宣扬的致命错误。体现柯氏"译儒批儒，旨在扬耶"翻译思想和翻译目的的"四书"译本在传播中，肯定会受到中国人的抵制。

二、理雅各对"四书"的翻译与阐释

理雅各（James Legge，1815 – 1897）和柯大卫一样，也是英国苏格兰人和伦敦会传教士，曾任英华书院第七任院长，世界"四书"英语全译本第二人。理雅各比柯大卫长寿，在其一生中，伴随着他的学术成就越来越高，他的身份不断变化：除了传教士身份外，他还是牛津大学的首任汉学教授；比较宗教学家；欧洲著名汉学家，西方汉学研究最高奖项"儒莲汉籍国际翻译奖"（Prix Stanislas Julien）的首位获得者（1875 年②），与德庇时、翟理斯被誉为英国汉学的三大星座；大翻译家，他与顾赛芬、卫礼贤合称为汉籍欧译三大师。理雅各在马六甲生活工作三年半，在中国香港工作了二十多年，在牛津大学执教二十一年，他的工作生活天地跨越不列颠和东亚，在马六甲、中国香港和牛津大学都有他忙碌有为的身影，1897 年 11 月 29 日，理雅各在其牛津任期内病逝，走完了卓越不凡的一生，葬在牛津以北的墓地，在用他家乡阿伯丁花岗岩做成的墓碑上写着"赴华传教士与牛津大学首任汉学教授"。

理雅各翻译"四书"的目的总体说来有两个：一是传教目的，二是学术研究目的。理雅各翻译中国典籍首先与他的传教目的紧密相关。他的人生理想之一是"创造人文与宗教美好的梦想"。理氏来华后，其青少年时期身处的苏格兰现实主义哲学的开放心态和其家庭的宗教信仰的开放性特点，使理氏能够以开放的心态对中国文化进行再思考。受马礼逊传教思想的影响，理雅各认为作为来华传教士应该了解儒家典籍。他批评那些张口就用"魔鬼撒旦"来评价他国文化的十九世纪早期来华的传教士③，认为他们一心只想借助炮舰和不平等条约来使"这个半开化的异教国家"皈依，却无视中国传统文化思想的作用和影响。作为传教士，

---

① 赵长江：《译儒攻儒，传播福音：〈四书〉的第一个英译本评析》，载于《天津外国语大学学报》2012 年第 5 期。

② 关于理雅各获得儒莲奖的时间，有些学者的记录有误：岳峰博士论文及其同名专著《架设东西方的桥梁——英国汉学家理雅各研究》认为是 1876 年（见岳峰博士论文的第 256 页，见岳峰同名专著的第 313 页）；张西平、费乐仁在华东师大版的《中国经典》的"理雅各《中国经典》绪论"中认为是 1873 年（见该书的第 1 页、第 9 页）。

③ ［法］J. 谢和耐：《中国文化与基督教的冲撞》，于硕等译，辽宁人民出版社 1989 年版，第 209 页。

他深知西方首先要了解东方才能在东方有所作为,他希望以哲学的眼光了解认识中国,在他看来,中国是个伟大的故事,他渴望了解其语言、历史、文学、伦理与社会形态①。另外,他认为,要想成功使中国人皈依,必须首先认识中国;要了解认识中国,必须从了解中国人的思想入手,首先要弄清他们有什么样的宗教倾向和宗教信念可以取而代之,而儒释道是中国思想的重要体现。因此,他立志翻译中国儒释道典籍,尤其是儒家典籍,为西方人提供接触中国人的思想文化、道德哲学和宗教情况的机会。他将翻译研究目标定格在中国文化典籍《十三经》上,因为《十三经》在中国封建时代处于文化思想和政治思想的主导地位,体现了中国文化的主体意识,地位至尊,影响最广最远。

理雅各力图通过翻译中国文化典籍来推动在中国的传教活动。他说:"此项工作是必要的,因为这样才能使世界上的其他地方的人们了解这个伟大的帝国,我们的传教士才能有充分的智慧获得长久可靠的结果。我认为将孔子的著作译文与注释全部出版会大大促进未来的传教工作。"② 因此,理雅各一直强调传教士要认真学习儒家经典,因为这对他们的传教活动非常重要,他说:"不要以为自己花了太多的精力去熟悉孔子的著作,唯有这样,在华传教士方能真正理解从事的事业。如果他们能避免在孔夫子的墓地上横冲直撞,他们就有可能迅速地在人们心中建起耶稣的神殿。"③"只有透彻地掌握中国人的经书,亲自考察中国圣贤所建立的道德体系、社会和政治生活的基础,才能与自己所处的地位和承担的职责相称。""如果想引起一个民族的注意,而不试图去了解那个民族,那将是一个悲剧。"④ 为了实现这个目的,他一生殚精竭虑,研究中国经书。罗杰·科利斯(Roger Corless)在其文章里对理雅各的勤奋从事汉学翻译和研究作了描述:"他守旧,是个工作狂,长期以来,他晚睡早起,半夜就起来从事他的翻译诠释工作,……他是他要皈依的那个异教之国的学习者,他不仅要从它的古代典籍中寻找上帝的踪影,也要找出无神论者和不可知论者孔子的崇高特性。"⑤ 他这样勤奋地翻译《中国经典》这部鸿篇巨制,就是希望在中国经典中能够找寻到上帝留下的远古痕迹,帮助他实现在华顺利传教的目的。作为加尔文派的苏格兰非国教

---

① 岳峰:《架设东西方的桥梁——英国汉学家理雅各研究》,福建人民出版社 2004 年版,第 152 页。
② Helen E. Legge, *James Legge*, *Missionary and Scholar*. London: The Religious Tract Society, 1905: 40 - 41.
③ Helen E. Legge, *James Legge*, *Missionary and Scholar*. London: The Religious Tract Society, 1905: 37 - 38.
④ 岳峰:《架设东西方的桥梁——英国汉学家理雅各研究》,福建人民出版社 2004 年版,第 153 ~ 154 页。顾长声:《从马礼逊到司徒雷登》,上海书店出版社,2005 年版,第 115 页。
⑤ Roger Corless, "The Victorian Translation of China: James Legge's Oriental Pilgrimage," *Buddhist - Christian Studies* 24.1 (2004): 276 - 278.

徒，他凭借不可战胜的耐心与英雄般的坚毅，终于译成了万众仰慕的巨著①，成功地达到了这一目标，成为了维多利亚时代中西文化交流的伟大使者，至今仍然无人能与其比肩。

理雅各在中国生活时间长，对中国社会比较了解，对"四书"的思想文化地位认知深刻，对"四书"的中外文化交流作用认识比较清晰。他在一封关于中国的信件中，明确谈到自己的翻译目的是："为了让世界其他地方的人真正了解这个伟大的帝国，尤其为了让传教士们以更丰富的智慧在人民中间工作，以确保持久的成果，这样的一部译作是非常必要的。我认为翻译注释并出版全部的儒家的著作会给未来的传教士们提供极大的便利。"② 这个目的就是传教目的。理雅各的朋友艾约瑟对他的这一宗教翻译目的给予理解，认为他的《中国经典》翻译能"直接满足传教士们的需要，并让他们成为其译著的主要受益人"。③

作为翻译家、汉学家和比较宗教学家，这些学术身份成就了理雅各"四书"译本的另一个翻译目的——学术目的。不论是他译本的副文本中的260多页的"绪论"，还是大段大段的学术性极强的正文注释，都展示了他严谨的学术态度和深厚的学术功底，也体现了他的译本的学术目的。针对他译本"冗长的注释"，理雅各在给妻子的信中做了解释："我一定要对我所做的中国古代典籍的翻译工作完全地负责。也许100个人中有99个人毫不在意这种冗长的注释，但是第100人会出现的，他不会认为注释太长，我要为这第100个读者写下去"④，这清晰地说明了他翻译"四书"的学术性目的。

理雅各"四书"译本的这两种翻译目的是他的生长环境、传教生涯和汉学教学生涯在他译作中留下的印记。理雅各在中国生活了二十多年，实地考察过孔孟的故乡，对中国社会和儒家思想对中国社会生活的影响非常了解，加上他本人内心并不赞同英国政府对中国所使用的炮舰政策，他认为这种政策有悖于基督教的博爱思想，他发现儒家思想包含了很多优秀的人类思想，中国社会受儒家思想影响根深蒂固，基督教是无法彻底取代儒家思想的，因此，针对中国的实际情况，他采取融合翻译策略，目的是"以耶补儒"。他认为，中国从远古时代起，就受到基督的眷顾，因为在中国的儒家经典里，能找到多处例证，如多次出现"天""帝"等概念，以此来说明儒家传统与神学的关系，这样容易拉近中国人与基督教的关系，以期从理论上为让中国人接受基督教做好准备，从而达到让中国人皈

---

① Helen E. Legge, *James Legge, Missionary and Scholar*. London: The Religious Tract Society, 1905: 230 – 232.
② ［英］理雅各：《汉学家理雅各传》，马清河译，学苑出版社2011年版，第41页。
③ ［英］理雅各：《汉学家理雅各传》，马清河译，学苑出版社2011年版，第40页。
④ ［英］理雅各：《汉学家理雅各传》，马清河译，学苑出版社2011年版，第43~44页。

依基督教的目的。

理雅各的翻译思想也与他的社会生活环境息息相关，体现出其信仰的苏格兰神学思想的开放性与独立性。作为维多利亚时期的汉学家，他的翻译思想受很多因素的影响。24 岁前，他主要受到他家乡宗教思想、家庭宗教信仰、苏格兰现实主义哲学思想的影响；24 岁以后，他的足迹遍布了很多地方，例如东南亚、中国香港、中国本土、日本、北美、欧洲，1875 年之后的牛津，在这些地方的工作、生活和游历多多少少对他的翻译思想会产生影响，尤其是长期居住的香港和伦敦。具体来说，影响理雅各翻译观的人和因素很多：生长环境、家庭宗教信仰、苏格兰现实主义哲学、父亲的宗教信仰和对子女的期望、哥哥们的职业和帮助、发妻的父亲的宗教思想、传教士米怜、工作的学校的校长、交往的中国人（何进善、洪仁玕、王韬等）等对他均有影响[①]。他主张的传教策略是宗教融合，影响他选择这一策略的因素有两个：一是其家乡苏格兰的神学家思想，二是其非国教的家庭背景，这些影响使他把基督教当作一个开放的、自我更新的体系，使他在各种举措上敢于创新，并走向认识中国思想文化和宗教文化，进而使儒耶融合。理雅各受其比较宗教学的开放性学术背景的影响，其开放的宗教思想有别于那些呆板、拘谨的传教士，理氏认为"一个人如果越有基督教精神，有教义的引导，就越会热切而公正地对待其他任何宗教，从而不带任何偏见地对待自己的信仰。"[②] 在实践中，他也是如此践行的，以一种包容的态度对待中国儒家思想和道家思想。

三、郑麐对"四书"的翻译与阐释

郑麐，字相衡，生卒年不详，广东潮阳人，他是世界"四书"英语全译本第三人，中国"四书"英语全译本第一人。他的生活轨迹有迹可考的时间段是 20 世纪初到 20 世纪 60 年代中期。郑麐与柯大卫和理雅各的基督教新教传教士的宗教身份不同，他一直是世俗身份。新中国成立以前，他是一位世俗的学者、大学教授、政府官员以及银行高管，后辞去银行工作，专心致力于中国古代典籍的整理翻译工作，新中国成立以后，他在上海市参事室工作，成为职业翻译家，其主要工作是负责翻译《毛泽东选集》。

他所翻译的"四书"名为《古籍新编四书英译》(*The Four Books*: *Confucian*

---

① Gillian Bickley, "Lauren F. Pfister, Striving for 'The Whole Duty of Man': James Legge and the Scottish Protestant Encounter with China: Assessing Confluences in Scottish Nonconformism, Chinese Missionary Scholarship, Victorian Sinology, and Chinese Protestantism," *China Review International* 11. 2 (2005): 460.

② James Legge, *Confucianism in Relation to Christianity*. Hodder and Stoughton, 1880: 12.

Classics, Translated from the Chinese Texts Rectified and Edited with an Introduction）由世界出版协社于1948年出版。他翻译"四书"所处的时代背景与柯氏和理氏不同，柯氏、理氏所处的时代是大英帝国的鼎盛时期，即大英帝国"日不落"时代。郑麐一生经历了西方资本主义经济危机时期、"二战"、中国抗日战争和解放战争时期、新中国成立初期、"文革"时期，世界格局风云变幻，面临重新洗牌。他所经历的清王朝末期、民国时期、抗日战争和解放战争时期，那时的中国外忧内患，国际地位低下，社会动荡不安，国家前途未卜，国内兵荒马乱，经济状况恶化，通货膨胀严重，民不聊生，科学技术发展落后，尤其是印刷出版行业技术和欧美相比，技术落后，效率低下。这样恶劣的社会经济环境极大地限制了郑氏译本的出版和传播。因此，他的"四书"译本的问世可以说是生不逢时。在这样不利的社会大环境中，郑麐能够先后辞去中国大学教职、中国政府部门高位以及报酬丰厚的银行高管职位，安心于书斋一隅潜心学问，需要何等的定力和毅力！不仅如此，他还要面对这样的残酷现实：辛辛苦苦呕心沥血花费了十多年编译的一本本中国古籍著译，却因为印刷费用短缺而不能付印面世，他却毫无办法，只能仰天长叹！然而，所有这些困难，都没有阻止他追求实现自己伟大的学术抱负的步伐。新中国成立以后，由于中国经济状况落后，他的那些典籍英译也没有能够出版。

　　郑麐翻译"四书"过程中，认识到西方译者对"四书"的翻译存在不少问题，例如，他们或多或少对"四书"的理解不够准确深刻，导致他们对"四书"的内容产生了误读。有些译者从自己的文化出发，有意误读，对"四书"的内容进行歪曲，对儒家思想进行篡改，将孔子形象神化或妖魔化。这些误读和歪曲使得中国在西方世界的形象被妖魔化，使得儒家思想不能以真实的面貌出现在西方世界。郑麐对新教传教士柯大卫和理雅各翻译的"四书"译本也很不满，他认为传教士的译本不仅具有宗教背景和传教动机，而且神学色彩严重，译本中充斥着浓重的基督教神学色彩、西方民族中心主义色彩以及西方话语，译本会误导西方读者，让西方读者认为，西方早期的中国经典译本，翻译方法雷同，具有明显的西方知识传统，在他们眼里，中国哲学思想只不过是西方哲学思想的中文版本，没有什么艰深特别的地方，这导致了西方长期以来对中国哲学思想的误读[①]。于是，他不顾中国国内战火纷飞，排除万难地翻译"四书"，于1948年在上海由世界出版协社出版。

　　郑麐留学英美多年，学贯中西，谙熟"四书"内容和儒家传统，熟悉基督教

[①] Guoxing Chen, "On the Philosophy of Roger Ames's Translation of *The Analects*," *Contemporary Chinese Thought* 41.3 (2010): 64–76.

文化及其对西方世界的影响,他的求学经历让他了解西方国家对中国的丑化和妖魔化所产生的不利影响,深知西方人对中国传统文化知之甚少,他们了解中国及中国文化的渠道一般是仅靠阅读西方传教士和汉学家的著作,而西方传教士和汉学家的著作,为了他们的自身目的,基本上以西方文化为中心,以西方的视角对中国及中国文化进行评价或有意歪曲误读,中国的实际情况和中国文化的庐山真面目在他们的著述中无法得到客观的展示。鉴于此,郑麐希望自己承担起一部分中西文化交流的重任,希望通过自己整理翻译《英译中国古典丛书》这一文化工程,"将中国传统文化和希腊哲学及历史进行比较,找出中西历史的根源,并借此把中国文化的精髓介绍传播给世界。"① 他的翻译目的就是纠正传教士译者对儒家思想的有意误读和无意误读,希望把真实的中国和儒家思想介绍传播到西方,让西方读者"发现真实的东方"。

第三节 "四书"全译本的价值

"四书"三部全译本出版面世后,传播命运并不相同,以西方话语翻译的柯大卫译本和理雅各译本得到西方的认可,以东方话语翻译的郑麐译本在西方的传播生命力微弱。

一、柯大卫译本的价值

柯大卫译完"四书"后,对自己的翻译工作和译本评价不高。他说:"……实情是,当译者想到这项工作的微不足道的价值和他正当职业的那些重要事务时,他应该为花这么多时间在翻译工作上面而感到歉意,而不是为因为没有翻译出忠实的译本而致歉。②"作为传教士,他对自己这项翻译工作的学术价值认识不足,认为这项翻译工作的价值远远不如他的传教宣传工作重要,后悔自己花了这么多时间翻译"四书",耽误了传教工作。这也说明了作为传教士的柯大卫,无法超越自己的传教士视域,他的文化学术视域有限,认识不到"四书"的文化交流意义和价值。至于"四书"译本能否在西方很好地传播,柯氏并不看好,他

---

① 张伟:《满纸烟岚(人物·书刊·电影)》,上海教育出版社2007年版,第55页。
② David Collie (trans.), *The Chinese classical works commonly called The Four Books*. Malacca: The Mission Press, 1828: v – vi.

虽然翻译了"四书",但是他认为"大部分欧洲读者不会对'四书'有什么兴趣"。他自己对"四书"的认知态度是:他是因为学习汉语的缘故,所以"倒是没有觉得'四书'有多无趣和一般①"。这也再次证实柯氏缺乏跨文化交流的学术眼界。

然而,作为"四书"的第一部英语全译本,柯氏在中国译助的帮助下,其译本还是有不少可圈可点之处,例如:"译注结合,忠实达意""直意结合,句法灵活""语言简练、过渡自然、注重传达语气"等②。柯氏译本问世后,对理雅各、卫三畏、艾默生、梭罗等都产生过影响。美国超验主义代表人物爱默生、梭罗也受到过柯氏《四书译注》的重大影响,二人曾高度评价了柯氏译本:"这个译本……是我们迄今为止见到的中国文学中最有价值的贡献。"《日晷》是超验主义的喉舌刊物,1843 年,爱默生在该刊物的 10 月号上登载"四书"语录,长达 6 页,均摘自柯氏"四书"译本;同时,通过超验主义者的传播,19 世纪上半叶,儒家哲学思想在美国的新英格兰地区得到复兴,19 世纪上半期,超验主义与儒家思想之间所发生的这场碰撞,为超验主义的发展提供了养料和反观自身的机会,也彰显了儒家思想长盛不衰的文化活力,儒家思想在北美的传播,有一部分功劳要归于柯氏译本。理雅各的学术眼光远远高于柯氏,所以他看到了柯氏译本学术性不足的问题。但是无论如何,他在翻译"四书"时,还是承认柯氏译本具有一定的参考价值,他翻译"四书"时参照了该译本。卫三畏、艾默生、梭罗在其学术研究中,都曾引用过柯氏"四书"译本③。

虽然柯氏译本具有一定的翻译研究价值,然而,由于译本翻译质量不高,学术价值有限,自问世后,受到了批评。柯大卫到东方传教时,由于受当时社会环境和条件的限制未到中国,仅在马来西亚马六甲的英华书院工作不到六年便去世了,加之他的中文修养有限,他的译文多处存在对"四书"的误读和有意误读,翻译错误甚多。另外,柯氏译本是在他去世后仓促出版的,其中有很多错误和问题没有被修正,译本留下不少遗憾,诸如:其翻译准备不充分,理解原文不到位等而导致的一些误译;还有因翻译不严谨造成的明显错误和问题,如:标点混乱、漏译、章节序号混乱、章节串行、人物张冠李戴、单词拼写错误等④。柯氏"四书"译本出版后,并没有得到其所在的基督教界的支持,反而受到了极为负面的评价。1849 年《中国丛报》(*The Chinese Repository*)第 18 卷第 409 页上有

---

① David Collie (trans.), *The Chinese classical works commonly called The Four Books*. Malacca: The Mission Press, 1828: ii.
② 郭磊:《柯大卫英译〈四书〉研究》,中州古籍出版社 2016 年版,第 225 页。
③ 郭磊:《柯大卫英译〈四书〉研究》,中州古籍出版社 2016 年版,第 201~223 页。
④ 郭磊:《柯大卫英译〈四书〉研究》,中州古籍出版社 2016 年版,第 230~235 页。

这样的评论："柯大卫是英华书院的院长，译者的注释主要译自中国评论家的评说。这个译本既不忠实，也没有学术性。"① 像这类毫不客气的负面评价无疑在一定程度上影响和阻碍了柯氏译本在基督教界和译界的传播。

除了上述负面评价影响了柯氏译本的传播接受外，下列原因也影响了其译本的传播：第一，柯大卫的翻译贡献的光芒受到遮蔽。在柯大卫之前，新教传教士先驱马礼逊已于1807年来到中国进行传教，他翻译出版了《圣经》和部分儒家经典，其成就遮蔽了柯大卫的光芒。在柯大卫之后，又有理雅各翻译的"四书""五经"英译本《中国经典》，理雅各译本学术性强，流传范围广，备受各界推崇。柯大卫夹在两个伟大译者之间，自然没有引起太多的关注②。第二，由于十九世纪上半期，中西文化交流渠道不畅，新教传教士的翻译主要集中在《三字经》、"四书"等，在西方读者看来，价值和成就不大，西方对此没有什么兴趣③。鉴于上述种种原因，柯氏译本自问世后，对其问津的研究者不多，造成译本的影响力有限。

东西方两种文化思想的碰撞是为了产生新的火花，不能相互否定，更不能彼此替代。柯大卫站在基督教立场上翻译"四书"的出发点是偏激的，是错误的，产生的译本未能受到更多的关注也是必然的。对该译本正确的态度应该根据当时的环境全方位地进行评价，应该看到柯大卫在中国儒家经典翻译史上的作用，应该看到这个译本的历史文化作用。柯氏"四书"英译夹在马礼逊和理雅各之间，起到了一个桥梁作用，能让我们清晰地看到新教传教士（从马礼逊经柯大卫至理雅各）的儒家经典翻译的历史发展概貌，即从语言学习到译儒攻儒，再到儒耶互补的这样一个发展过程；能让我们看到，随着时间的推进，译者们对儒家思想的认识不断深化的过程④。柯氏"四书"译本填补了当时"四书"英语全译本史上的空白，使英语世界看到了完整的"四书"译本。从中华文化典籍翻译史的角度看，柯氏"四书"译本为理雅各译本的成功问世奠定了一定的基础，为理雅各译本提供了一定的参考价值，从某种程度上推动了理雅各对中国经典的英译，使其少走了一些弯路，让理雅各避免了他所犯的错误，可以说，理雅各是站在柯大卫的肩膀上，把儒家思想传播到了西方世界⑤。柯大卫对儒家经典的翻译贡献，还体现在他对《孟子》和《中庸》的开创性翻译上。《孟子》的思想与基督教的原罪说格格不入，正因如此，《中国哲学家孔子》才唯独不译《孟子》。柯大卫克服了基督教界对《孟子》的偏见，将《孟子》和《中庸》译成了英文，从翻译

---

① 赵长江：《19世纪中国文化典籍英译研究》，南开大学博士学位论文，2014年，第83页。
②④⑤ 赵长江：《译儒攻儒，传播福音：〈四书〉的第一个英译本评析》，载于《天津外国语大学学报》2012年第5期。
③ 赵长江：《19世纪中国文化典籍英译研究》，南开大学博士学位论文，2014年，"摘要"，第1页。

史的角度看，这是《孟子》和《中庸》的首个英译本。至于柯氏借《孟子》英译攻击《孟子》文本中的儒家思想的倾向另说。

二、理雅各译本的价值

理雅各的《中国经典》自1861年出版以来，影响力巨大，传播范围广泛，被译界当作"标杆之作"，在很多国家一版再版，出现了一些以其为基础的改译本、注译本或修订本。

在《中国学》一书中，辜鸿铭认为，理氏这些译著并不都令人满意。辜氏借用十九世纪英国汉学家巴尔福（Frederic Henry Balfour, 1846~1909）对理氏译著的评论，认为理氏对术语的杜撰生造过多，而且"生涩、粗疏、很不适当，有些地方仅就形式而言，几乎不合乎语言习惯"[①]。他甚至不无讥讽地说："在他的译著中，到底能找到多少令人叹为观止之处呢?!"[②] 辜鸿铭对理氏其人及其译著的评价有些夸张，他有意忽视了理氏译本的学术价值及其在翻译史上的地位。

纪雅道（N. J. Girardot）在其发表于2002年的文章[③]中，提到了对理雅各翻译能力的一些疑虑：虽然人们赞扬他对待原文注释态度非常慎重，但是由于他的传教士偏见，他运用过时的文字学和历史学方法，依赖中国助译帮他做翻译，过度依赖宋学的注疏传统，为此，他受到了严厉批评，他的英译因其死板正式的文风和用仿古的语言句法来表达经典的时空久远性备受诟病。

理氏译本有不少错误，在其再版稿中，错误不断被纠正，1960年香港大学出版社为庆祝理氏译本第一卷出版一百周年而出版的译本就是一例，其第一卷中增加了港大副校长赖廉士所作的理雅各小传，第二卷中，增加了阿瑟·韦利（Arthur Waley）的《孟子》译评[④]，译评纠正了理氏译本中一百多处错误，还改正了理氏每卷译本勘误表标明的所有错误，每卷都有一个互参表，便于和相应的最新英语译本以及中文标准版本参证之用。

在理雅各的心目中，对上帝的信仰流淌在他的血液里，宗教是他生命中不可或缺的组成部分，所从事的宗教事业也造就了他遇事波澜不惊的性格。不管别人如何评价抨击他和其译著，他始终保持一颗平常心，智者不屑辩论，他不为自己

---

① 辜鸿铭：《中国人的精神》，黄兴涛、宋小庆译，人民出版社2010年版，第96页。
② 黄兴涛：《文化怪杰辜鸿铭》，中华书局1995年版，第53页。
③ Norman J. Girardot, "James Legge and the Strange Saga of British Sinology and the Comparative Science of Religions in the Nineteenth Century," *Journal of the Royal Asiatic Society* 12.2（2002）: 155–165.
④ Arthur Waley, "Notes on Mencius," *Asia Major* 1.1（1949）: 99–108.

的译本价值做辩驳,他要让译本自己说话,要让时间去证明译著的价值。他对自己的评价十分谦逊,说他是一个"喜欢工作的温和的加尔文主义者"①。尽管理氏"四书"译本存在诸种不足,但是由于理氏在汉学和比较宗教学方面的研究成就,他在西方知名度很高,再加上他的译本出色的学术价值,理氏译本一经出版,得到了译界和学界的普遍认可,并在世界范围内广泛传播,至今还没有其他的译本能撼动它的"标杆"地位。

三、郑麐译本的价值

郑麐在英美留学多年,学贯中西,英语造诣精深,具有西方哲学和历史学的学术背景,文学修养高,深研莎士比亚戏剧。他对中华典籍的世界传播影响作过研究,对西方早期汉学和汉学家有所研究。他的中国传统文化学养深厚,对中国古籍深有研究,计划编译古籍新编 102 种,他的编译工作受到杨家骆的肯定。郑麐全身心地投入对中华典籍的整理英译工作中,是为了向世界传播中华传统文化。为了吸引英语世界的读者研究中国传统文化的兴趣,吸引他们阅读研究中华典籍的兴趣,帮助他们克服中华典籍研读路上的拦路虎,郑麐专门用英文撰写了一本《中国古籍校读新论》普及小册子,旨在帮助西方汉学家和西方读者了解中国传统文化的全貌,为他们进而研究阅读中华典籍译本做好铺垫。由此可见,郑麐的学术视野非常广阔,而非仅限于中国一隅,加之他英语造诣精深,译本文辞优美流畅,语义贴切,译本出版后受到译界好评是当之无愧的。

郑麐对自己的译本有着明确的认识。在"四书"译本的"绪论"中,郑麐指出他的译本和其他译本的不同之处在于:"其一,此译本是以作者新编的'四书'中文版本为翻译底本,该新编'四书'是他对现存的'四书'权威中文底本比较研究后重新编写而成的,按主题编写章节,能够帮助译文读者更好地理解原文传递的信息和思想,而其他英译本基本都是以朱熹的《四书章句集注》为底本;其二,为了不增加读者负担,译本中没有单设注脚和评论,必要的文本连接手段被置于文中用括号标明;其三,译者对于文本中提及的每个人物,翻译时,通篇只用一个名字表示,以减少读者的困惑。"② 这三个特点也是郑氏译本独树一帜的地方,表明了其译本文本思想内容连贯,表达流畅,适宜阅读,译本的构成和目的以西方读者为本,英语读者阅读此书时,阅读难度降低。

---

① Norman J. Girardot, "James Legge and the Strange Saga of British Sinology and the Comparative Science of Religions in the Nineteenth Century," *Journal of the Royal Asiatic Society* 12.2 (2002): 162.

② David Collie (trans.). *The Chinese classical works commonly called The Four Books*. Malacca: The Mission Press, 1828: viii.

郑麐译本的亮点包括："译本的'四书'文本介绍部分和作者历史背景介绍部分富有启发性；文本把用欧美语言翻译的全译本悉数列出，具有学术参考价值；根据思想重新调整章节的《论语》和《孟子》译本中的篇章段落页码表，标出其中文底本的页码，方便译文读者查阅；整个译本看出译者特意纠正了朱熹对'四书'的一些误读。"① 杨家骆在《古籍新编四书》"序论"里，赞扬了郑麐的工作："相衡较理西汉所传先秦遗书为古籍新编，使其简明易读，后凭一手一足之烈，译成英文，期为文化交流之介，……。骆以相衡新编，条理至明，举凡诸圣立身之大端，思想之旨归，展卷璨然，无待引述。"② 他非常认可《古籍新编四书》及其英译的特点："相衡此本，于论孟则易其旧第，以类相聚；于学庸则就其原本，充分章节。每段提书，悉加标点，通假古字，易以今行之文；名物专辞，酌附简明之注。论孟据本，为清刘宝楠《论语正义》，焦循《孟子正义》。……相衡新编与英译本，数易其稿，始写定刊行。"③

然而，译评家们指出，郑麐的译本也存在不足之处，例如，译本中没有注释和参考文献供读者参考之用；专有名词的拼写采用的是 1918 年中华民国政府颁布的拼音体系，例如，将 Lun Yü 写成 Luenn Yeu，Ta Hsüeh 写成 Dah Shyue，Zhu Xi 写成 Ju Shi，Yao Shun 写成 Yau Shuenn，给中西方读者认读造成了困难。译文中有一些解释成分，虽然它们能够准确地传递出原著的意思，但它们是阐释，而不是翻译。此外，一些儒学术语译法前后没有统一。译者对孔子是否编写《六经》提出了质疑，他认为《论语》中有一些伪书，他将这些伪书辑为一章，但译者没有解释原因④。郑麐在列举西方"四书"译本时，没有提到以下译本：辜鸿铭和阿瑟·韦利的《论语》译本，辜鸿铭和林语堂的《大学》译本；辜鸿铭、莱尔（Lyall）以及庞德（Ezra Pound）的《中庸》译本以及莱尔的《孟子》译本。他的一些阐释偏离了广为流传的注疏内容，无法令人满意；他按照主题重新编写中文原著，各有得失；他的伪书章节遗漏了很多伪书内容。⑤ 另外，译本中还有多处印刷排版错误，尽管郑麐在再版中作了勘误表，他还是对此耿耿于怀，因为这些印刷排版的人为错误降低了他呕心沥血的译著的质量。对于上述的指

---

① Wing-tsit Chan, "Review of The Four Books—Confucian classics by Chêng Lin," *Philosophy East and West* 1.3 (1951)：79-80；Herrlee G. Creel, "Review of *The Four Books* by Chêng Lin," *Journal of the American Oriental Society* 70.2 (1950)：136-137.
② 郑麐：《古籍新编四书》，"序论"，第 1 页。
③ 郑麐：《古籍新编四书》，"序论"，第 20 页。
④ Wing-tsit Chan, "Review of The Four Books—Confucian classics by Chêng Lin," *Philosophy East and West* 1.3 (1951)：79-80.
⑤ Herrlee G. Creel, "Review of *The Four Books* by Chêng Lin," *Journal of the American Oriental Society* 70.2 (1950)：136-137.

责,如果了解郑麐翻译时所处的中国社会大环境,也就不难理解其翻译时的极为艰难的学术困难。郑麐对其译本中的错误原因在其译本的"勘误表"曾作过说明,他说明了当时的时局造成中国印刷书籍非常不易,印刷费用高,印刷周期长。针对译本的诸多印刷错误较多,他说是因为印刷工把校对好的全书译稿之中的100页左右译稿的印模弄丢了,因为赶时间,印工自行匆忙替换了印模,被替换的印模部分没有让译者校对就交付印刷,致使有较多的标点符号错误(错位或遗漏)和词汇错误(词汇遗漏或拼写错误)。对学术一丝不苟的郑麐,为自己译本的印刷质量问题深感惋惜。

和辜鸿铭在西方学界几乎家喻户晓的声名不同,作为学者和翻译家的郑麐,其声名在西方基本无闻,在自己的国度,知晓其声名的人也寥寥无几,其学术知名度的无闻影响了他译本的传播。另外,由于郑氏译本所代表的是以儒家思想为主的东方话语,这样的东方话语在以基督教为主的西方主义文化环境中,被傲慢地拒绝,是意料之中的事情,他译本的东方话语在一定程度上也影响了其译本在以西方话语独霸天下的西方世界的传播与接受。

第六章

《离骚》英译与跨文化阐释

《离骚》是我国古代最早的长篇抒情诗,因其鲜明的艺术特点和丰富的历史价值,历来受到学者的极大关注。与国内汗牛充栋的研究成果、长达两千余年的研究历史相比,国外学者对《离骚》的研究则相对少得多、晚得多。作为《楚辞》的开篇之作,《离骚》在海外的传播与研究不可避免地与《楚辞》结合在一起。据记载,《楚辞》于日本奈良时代(710~784)随《文选》最早传到日本。

就开始时间和研究程度而言,西方学者对《楚辞》的研究远远落后于日本。《楚辞》语言古雅,比喻繁多,对翻译造成了一定的困难。1825年德国学者费兹曼(Pfizmaien)在维也纳皇家科学院报告所发表的《〈离骚〉和〈九歌〉——公元前三世纪的两篇中国诗歌》是西方最早的《楚辞》选译本。① 之后,法国汉学家圣·德尼侯爵(Marguis d'Hervey – Saint – Denys)于 1870 年在巴黎出版了《离骚》的法译本《纪元前 3 世纪的诗歌——〈离骚〉》。随后,《楚辞》相关篇目的英译本、意译本等相继出现。

第一节 《离骚》英译及其研究

《离骚》英译本出现相对晚一些,国外学者的翻译早于国内学者。1879 年,

---

① 马祖毅、任荣珍:《汉籍外译史》,湖北教育出版社 2003 年版,第 286 页。许渊冲认为普费兹梅尔(即费兹曼)是于 1852 年发表的《楚辞》第一个西译本,见许渊冲:《楚辞》,中国对外翻译出版公司 2008 年版,"前言",第 10 页。

巴克（E. H. Parker）在《中国评论杂志》第七期上发表了世界上最早的《离骚》英译本。霍克思认为巴克的译本"更像是英语改写（paraphrase），而不像是翻译，其中一些跳跃性的维多利亚式诗节似乎出自聪明的在校生笔下"。①

此后，理雅各（James Legge）（1895）、班恩（R. Payne）（1947）、杰拉·约翰逊（J. Johson）（1959）、霍克思（David Hawkes）（1959）、伯顿·沃森（Burton Watson）（1984）等相继有《离骚》英译面世。值得一提的是，霍克思1959年出版的《〈楚辞〉，南方之歌——古代中国文学选集》（Ch'u Tz'u, the Songs of the South: An Ancient Chinese Anthology）选用《四部备要》中（汉）王逸章句、（宋）洪兴祖补注的《楚辞（十七卷）》为翻译底本进行全译，揽括了屈原、宋玉、东方朔、王褒、刘向等人的作品，译文包括《离骚》《九歌》《天问》《九章》《远游》《卜居》《渔父》《九辩》《招魂》《大招》《惜誓》《招隐士》《七谏》《哀时命》《九怀》《九叹》《九思》等十七卷的英译，是《楚辞》英译所有版本中最全的译本，被列入"联合国教育科学文化协会中文翻译丛书"。霍译本在西方学界尤其是汉学界影响深远，韦利（Arthur Waley）视其为一项文学壮举，"需要极大的勇气"，称赞译文"达到了极高的水平，这在东方研究中确实是罕见的，极少有人能够将最新的学术研究与极高的文学天赋结合得如此完美②。许渊冲则认为，霍译本"介于直译和意译之间，从微观的角度来看，比前人更准确，但从宏观的角度看来，只能使人知之，不能使人好之、乐之"。③

对《离骚》进行翻译的华人译者也不在少数。1929年，新加坡华侨林文庆的《离骚》英译于上海出版，这是《离骚》的首个华人英译本。翟理斯和泰戈尔在译本序言里对《离骚》和林译给予了高度评价。然而霍克思则认为林译"不及理雅各译本准确，同时缺乏文学价值"。④ 1953年，北京外文出版社出版了杨宪益、戴乃迭夫妇合译的《离骚》等韵文译诗，霍克思认为"模仿蒲伯翻译的《荷马史诗》的风格，是最合适的翻译方法"。⑤ 1994年，许渊冲的中英对照版《楚辞》出版，他在前言中提道："柳无忌和华逊都把有韵有调的《楚辞》译成无韵无调的分行散文……不能再现原诗的音美和形美。"⑥ 许译本追求意美、

---

① David Hawkes, "English Translation of Ch'u Tz'u," Ch'u Tz'u, the Songs of the South: An Ancient Chinese Anthology. London: Oxford University Press, 1959: 215.
② Arthur Waley, "Reviews of Books," Journal of the Royal Asiatic Society of Great Britain and Ireland, No. 1/2, 1960: 64-65.
③ 许渊冲译：《楚辞》，中国对外翻译出版公司2008年版，"前言"，第13页。
④ David Hawkes (trans.), Ch'u Tz'u, the Songs of the South: An Ancient Chinese Anthology. London: Oxford University Press, 1959: 216.
⑤ David Hawkes (trans.), Ch'u Tz'u, the Songs of the South: An Ancient Chinese Anthology. London: Oxford University Press, 1959: 217.
⑥ 许渊冲译：《楚辞》，中国对外翻译出版公司2008年版，"前言"，第13页。

音美、形美的统一，保留了原诗的"兮"字句型。1996年，孙大雨的《屈原诗选英译》在上海外语教育出版社出版（最初完成于1978年，但由于经济和历史的原因，直到1996年才得以出版），其中关于屈原的背景介绍占据了全书一半以上的篇幅。较之于杨译本，孙译本在诗歌形式方面随意许多。卓振英2006年出版的译本《大中华文库：楚辞》博采众长。他在《典籍英译中的疑难考辩——以〈楚辞〉为例》一文中提出，典籍英译必须以考辩为前提。他总结了训诂、考据、整合、移情关照、语言逻辑推理等具体的考辩方法，指出若对诠释不加以考辩进而寻求合理的解释，极易导致错误的翻译。以诗句"过夏首而西浮兮，顾龙门而不见"（《哀郢》）的翻译为例，卓振英即在考辩王逸、郭沫若、吴广平、马茂元等不同注释的基础上提出自己的看法，认为西浮的主体是夏首，而非人或舟，进而译为"I passed by Xiashou, which seems to drift west"，区别于许渊冲和杨宪益等人的翻译。①

《楚辞》在欧美世界的译介、传播和接受情况远不及《诗经》和唐诗宋词，同时它在西方英语世界的译介、研究和传播也远远比不上它在日本、韩国、越南等亚洲国家的接受与传播。与国内两千年的楚辞学相比，英语世界对《离骚》的研究屈指可数。西方学者多对译文进行总体的优劣评价，就译文本身进行分析和研究的文章或专著相对较少。霍克思的《楚辞》全译本在西方学界引起了不小的关注，但如前所述，西方学界多是从整体上对译文进行优劣评价，或是将英译本作为汉学研究的参考文献，就译文本身而展开分析研究的论著非常少见。

一、《离骚》英译研究视角及具体方法

中国国内对于《离骚》英译的研究始于20世纪九十年代，主要集中在最近的10多年间。根据CNKI的检索，截至2021年底，以《楚辞》英译研究为题的共有96篇，以《离骚》英译研究为题的共有27篇，两项合计共123篇研究论文。其中只有1篇是1992年发表的，有13篇是在进入新世纪的第一个十年内发表的，剩下的100多篇论文都是在2010年之后发表的。从研究对象而言，《离骚》英译的研究成果可分为对单个译本的分析和对两个及以上译本的比较研究，内容涵盖语言文字等文本层面的分析和翻译风格等的比较。

首先在单个译本分析上，李贻荫从"形似之余求神似""若即若离有变化""信顺之余力求雅"三方面说明了霍译本的可取之处，并分析了霍译本成

---

① 卓振英、杨秋菊：《典籍英译中的疑难考辩——以〈楚辞〉为例》，载于《中国翻译》2005年第4期。

功的原因。① 总体而言，作为目前所见国内最早的一篇研究《楚辞》英译的成果，李贻荫的分析有可取之处，尤其是她逐字逐句分析节选的《离骚》英译，细致周到，但由于其选取的三段例证皆是《离骚》第一二段中的语句，以此为代表论证整个《楚辞》的翻译，难免有以偏概全之嫌，准确性尚待商榷。王群讨论了许渊冲译文的几大特点，如形式完美、意思传达完整等，同时赞扬了许渊冲将"说操筑于傅岩兮，武丁用而不疑"翻译成"A convict pounding earthern wall, oh/Was employed by his sovereign"的做法，认为 convict 和 sovereign 在身份地位上对应，更体现了原文中的举贤授能，是"突出精要的含糊释译"。② 然而，笔者认为如此简化的处理完全忽略了其中的文化含义和历史含义，不利于文化传播和文化交流。王丽耘对霍克思及其主要译作《楚辞》《石头记》《杜诗入阶》等做了全面的介绍和分析，其中不乏对《楚辞》英译的背景介绍。③ 该文肯定了汉学家霍克思为中英文学、文化交流所做出的杰出贡献，对于了解霍克思其人及其译作都是不错的参考。

其次是对两个或两个以上译本的比较分析。吴松林就杨宪益、许渊冲、孙大雨对香草名的翻译进行举例分析，认为三家"均采用删减、添加或意译等形式去对接《离骚》中的植被，由此产生了一系列形变，出现了诸多创造性的悖逆"④，并指出杨译本形象具体，许译本比较简易概括，孙译本最为深奥高雅。郭晖在《典籍英译的风格再现——小议〈楚辞〉的两种英译》（2004）一文中以许渊冲和霍克思的英译为研究对象，比较分析了《离骚》《九歌》和《天问》中的部分诗行，从形式和意境层面指出许译本和霍译本的可取之处，认为前者更符合原诗的形式，而后者自由传意。值得一提的是，郭晖在比较分析两种译文后，会按照既传达原意又保留风格的标准来提出自己的试译，这在《离骚》英译的研究中，不失为一种新的尝试，但试译的准确性有待商榷。例如他提议将"路漫漫其修远兮，吾将上下而求索"两句译为"Roads ahead stretch long and far/I'll seek by the light of the Star"⑤，尽管形式上押韵，意思通俗易懂，同时较之霍译本而言简洁许多，但正如他认为许译本在传达意义上有误解一样（许渊冲译为"I'll seek my Beauty low and high"，郭晖认为屈原求索的内容不一定是"美"），笔者认为郭晖的试译也没有准确传达原文。首先，没有准确翻译出"上下求索"的内涵；其

---

① 李贻荫：《霍克思英译〈楚辞〉浅析》，载于《中国翻译》1992 年第 1 期。
② 王群：《许渊冲〈离骚〉英译本特点刍议》，载于《中国电力教育》2012 年第 1 期。
③ 王丽耘：《中英文学交流语境中的汉学家大卫·霍克思研究》，福建师范大学博士学位论文，2012 年。
④ 吴松林：《从〈离骚〉英译看楚文化中植物意象的形变》，载于《绥化师专学报》2002 年第 4 期。
⑤ 郭晖：《典籍英译的风格再现——小议〈楚辞〉的两种英译》，载于《中国诗歌研究动态》2004 年第 1 辑。

次,"the light of the star"亦为译者在个人理解上的自由发挥,增添了形式之美,使译文读起来朗朗上口,但也属于自由传意,并没有准确传达原文意义。杨成虎在《楚辞传播学与英语语境问题研究》(2008)、《中国诗歌典籍英译散论》(2012)两书中以中国译者的《楚辞》英译为研究对象,总结分析各家译文的特色,认为杨宪益对语汇处理得当,孙大雨的译文具有本色性,同时还比较分析了许渊冲与卓振英两家译文在诗题、内容等方面的特点。张娴从文化人类学整体论的视角,对韦利、霍克思、林文庆、孙大雨的《楚辞》英译本进行了研究,探讨了多层文化系统的翻译策略问题。①

在多个译本的比较研究中,哲学阐释学无疑是运用最多的理论之一。例如,冯斗和许玫从阐释学的角度分析了《离骚》的翻译,肯定了从阐释学"视界融合"理论的角度分析不同译本对原作理解多元化的合理性,认为霍、杨、许三家各有特色,基于视界融合理论,译者从自身"偏见"出发,在翻译时对译文进行一定个性化的调整和取舍,在这过程中,译者将自身视界与译本及读者的视界进行融合,成为不同译文存在差异的原因。② 王玉菡对《离骚》的英译本进行分析时,不再局限于视界融合理论,而是将"偏见""理解的历史性"与"视界融合"悉数应用于译者主体性的研究。在对霍、孙、杨、许四个译本进行比较研究时,该文并不着意于评价孰优孰劣,而是研究探讨哲学阐释学在译者主体性的形成过程中所发挥的作用。③ 余义勇的《从阐释学视角比较〈离骚〉四种英译本的翻译风格》在霍、杨、许译本之外,添加了卓振英的译文,对比研究了其中的文化负载词、专有名词、修辞格以及诗歌形式,揭示了其间的异同及其原因,认为译者的"偏见"和"视域"会导致他们"做出不同的选择,从而催生风格各异的译本"。④ 这三篇论文皆以阐释学理论为指导,不同之处在于,王玉菡落脚于译者主体性的分析,冯斗和许玫重在从阐释学的角度探讨不同翻译风格形成的原因,而余义勇则分析了译者的"偏见"和"视域"在译文词语选择上所发挥的作用。尽管各自的侧重点不同,分析上也稍显粗糙,但均以阐释学分析翻译问题,成为跨文化阐释学研究的有益尝试,是值得肯定的努力方向。

我们将尽量吸收《离骚》英译研究的既有成果,力图从跨文化阐释学的角度,分析霍克思、许渊冲和卓振英三位译者对《离骚》中神话故事、天文历法、花草名物等文化语汇的处理,研究译者翻译目的与其翻译策略之间的相互关系,

---

① 张娴:《楚辞英译研究》,湖南师范大学博士论文,2013年。
② 冯斗、许玫:《从阐释学视界融合理论看〈离骚〉的复译》,载于《电子科技大学学报》2009年第1期。
③ 王玉菡:《从哲学阐释学看〈离骚〉英译的译者主体性》,外交学院硕士论文,2009年。
④ 余义勇:《从阐释学视角比较〈离骚〉四种英译本的翻译风格》,浙江师范大学硕士学位论文,2011年,第4页。

探讨不同译者对同一经典不同翻译与阐释的具体表现及其背后的文化原因。

二、诗歌形式及风格特征的文内比较

作为中国古代最早的长篇抒情诗，《离骚》全诗共 373 句，2490 字。有别于《诗经》在字数上相对统一的特点，《离骚》诗句从五言到十言，长短不一，诗行字数杂糅和特有的兮字句构成了《离骚》在诗歌形式上的最大特点。同时，《离骚》辞藻绚丽、想象奇特，诗人哀时之不遇，求修明法度举、贤授能之美政而不得，诗歌中表现了诗人宁溘死流亡而不同流合污的忠贞品格。全诗波澜起伏，情真意挚。不同的诗歌语言形式呈现出不同的风格特征，不同译者对《离骚》语言形式的不同处理，也可以从整体上呈现出不同的译文风格。

（一）诗歌形式

由于中国古代诗歌体裁特点鲜明，翻译时首先必须考虑的问题即是如何传达形似，在何种程度上保留原诗的句式、格律、节奏等。《离骚》诗歌特有的骚体诗形式无疑为其英译增加了难度。我们研究的霍克思、许渊冲和卓振英三位译者在对原诗形式的处理方面体现出各自不同的风格特点。

以开篇"帝高阳之苗裔兮，朕皇考曰伯庸。摄提贞于孟陬兮，惟庚寅吾以降"[①] 四句为例，霍译本为："Scion of the high lord Gao Yang/Bo Yong was my father's name/When She Ti pointed to the first month of the year/On the day geng – yin I passed from the womb."[②] 许译本为："Descendant of the High Sunny King, oh/My father's name shed sunny ray/The Wooden Star appeared in spring, oh/When I was born on Tiger's Day."[③] 卓译本为："I am descendant of Zhuanxu, a king of fame/And Boyong was my late sire's illustrious name/On th' Day of *gengyin* in th' First Month of early spring/Of th' Year of *yin*, into being th' world did me bring."[④]

对比发现，霍克思对照原文诗行进行散译，不追求形式上的押韵；而许渊冲和卓振英两位译者则采用韵译，以诗译诗。对于《离骚》特有的"兮"字句型，除许渊冲外，其他译者均未译出这一特点。许渊冲运用"oh"一词保留了原诗的"兮"字句型，这是对"兮"作为《离骚》形式特点的直接呈现。尽管许译本采

[①] 洪兴祖：《楚辞补注》，白化文等点校，中华书局 2015 年版，第 2~3 页。
[②] David Hawkes (trans.), *The Songs of the South*: *An Ancient Chinese Anthology of Poems by Qu Yuan and Other Poets*. Harmondsworth: Penguin, 1985: 68.
[③] 许渊冲译：《楚辞》，中国对外翻译出版公司 2008 年版，第 3 页。
[④] 卓振英译：《大中华文库：楚辞》，湖南人民出版社 2006 年版，第 3 页。

用"oh"仍有争论性，但他试图保留原有诗歌形式的尝试是值得肯定的。杨成虎在《典籍的翻译与研究——〈楚辞〉几种英译本得失谈》一文中肯定了许渊冲的译法，他认为"oh"在情感表达上与"兮"相当，许渊冲创造的英文新诗体给《楚辞》英译创造了条件。①

许渊冲和卓振英注重韵律，译文全篇以 aabb 和 abab 的韵式交替出现，相较而言，卓振英在格律和用韵上更为严谨，其运用分行、缩略词等处理方法达到以诗译诗的效果。如"启《九辩》与《九歌》兮，夏康娱以自纵。不顾难以图后兮，五子用失乎家巷"四句，卓译本为："Qi of Xia had exchang'd three beauties for The Nine/Odes and Th' Nine Hymns, whereupon he led a loose life/Regardless of th' future of his kingdom, in line/With which his sons were engag'd in a civil strife."②通过分析可见，卓振英将句子成分进行拆分换行、转换句型、使用"Th'""exchang'd"等缩略音节来再现原文的节奏、样式，达到形似。此外，《离骚》篇幅很长，但在形式上并没有诗节的划分，而三位译者翻译时无一例外都采取了归化的处理办法，将原文划分为若干个章节。霍克思以八句为一小节，许渊冲和卓振英则每四句为一小节。同时，在诗体问题的处理上，卓振英还借鉴了西方诗章这一形式，翻译时将《离骚》分为八个诗章和一个结尾的乐章。

三家译文在诗歌形式上的明显差异体现了三位译者各自不同的翻译观。霍克思在《南方之歌》序言里指出："翻译中国古诗时，首先丢失的并不是意义上的微妙差别，而是诗歌形式。"③ 在他看来，原诗形式的遗失是翻译中国古诗不可避免的问题，与诗歌形式相比，对诗歌意义及精神的传达更为重要，因此他不注重译文的韵律，而是力求准确传达原文意思，并附着大量注释，从这方面来看，许渊冲认为其译文"只能使人知之，不能使人好之、乐之"确有几分中肯之处。许渊冲认为诗歌翻译必须尽可能还原诗歌在形式、音韵节奏和内容上的特点，做到音美、形美和意美的统一。在他看来，译诗必须充分保持诗歌原来的风貌，使原诗在世界文学史上占据应有的地位，他采用"oh"来还原《离骚》的骚体诗形态也正体现了这一点。卓振英在其英译本前言中指出，他的译作是为了最大限度地再现"原诗的形式美、意韵美、节奏美、情感美、意境美和风格美"，翻译时对具体内容进行严谨考据，"精确理解原作的意境和风格"，并且"借形传神，以诗译诗，以使译作和原则都臻于形神兼似"。④ 不难看出，关于诗歌翻译中形

---

① 杨成虎：《典籍的翻译与研究——〈楚辞〉几种英译本得失谈》，载于《宁波大学学报（人文科学版）》2004年第4期。
② 卓振英译：《大中华文库：楚辞》，湖南人民出版社2006年版，第15页。
③ David Hawkes (trans.), *The Songs of the South: An Ancient Chinese Anthology of Poems by Qu Yuan and Other Poets*. Harmondsworth: Penguin, 1985: 15.
④ 卓振英译：《大中华文库：楚辞》，湖南人民出版社2006年版，"前言"，第22~23页。

式和内容的重要性，三位译者的看法不尽相同，翻译过程中所采取的翻译策略相应地也会有所不同，译诗自然体现出不同的风格。

（二）风格特征

三位译者对《离骚》诗歌形式的不同处理体现了各自不同的翻译思想，同时，翻译中具体语词的选择也在一定程度上反映了译者的翻译动机和翻译策略。无论典籍英译在多大程度上体现为跨文化的交流，研究文学作品翻译时，都不可能绕过对语言这一文化载体的研究。译文在何种程度上传达了原文的旨意，是否体现原文风格等都与译者采取的语言方式密切相关，研究《离骚》英译的风格特征自然要从诗歌语言入手。

1.《离骚》翻译风格

中外翻译家及翻译理论家们关于翻译风格的争论由来已久，谭载喜在《西方翻译简史》一书中指出，西塞罗（Marcus Tullius Cicero）作为西方最早的翻译理论家，首次把翻译区分为"作为解释员"和"作为演说家"的翻译，前者指译文缺乏创造性，后者则表示翻译具有创造性，译文可与原著媲美。① 自西塞罗区分直译与活译二分法后，西方学界就翻译问题而展开的讨论不计其数，先后形成以西塞罗、贺拉斯为代表的活译派，以斐洛、奥古斯丁为代表的直译派，和以哲罗姆为代表的直译、活译兼用派。翻译理论本身也在无数次讨论中不断丰富自身内容，如尤金·奈达（Eugene A. Nida）的形式对等、动态对等理论，韦努蒂（Lawrence Venuti）的归化和异化翻译理论等，尽管表述不同，但其实都可看作是对直译和意译的讨论。在中国翻译史上，关于语言、忠实、风格等问题的讨论也不在少数，如近代严复的"信、达、雅"，傅雷的"神似论"等，都是二分法视角，强调在忠实传达原文意义的基础上，尽量呈现原文风格。《离骚》作为中国古代文学史上最早的长篇抒情诗，篇幅巨大，笔者无法一一穷尽其中的语言分析，将选取最直观的译文句式展开分析，从整体上把握三家译文的风格特征。

2. 三家译文风格特征

《离骚》成书于两千多年前，自西汉刘向典校经书编辑《楚辞》一书之后，代有笺注，如西汉之班固、贾逵，东汉之王逸，宋之洪兴祖、朱熹，清之戴震、蒋骥。现代的闻一多、郭沫若等学者也都为《离骚》做过注释。时至今日，有关《离骚》的语内翻译不可胜数。仅就《离骚》诗题，就有不同的解释，比较有代表性的就有班固的"遭忧"说、王逸的"别愁"说、戴震的"隔骚"说、姜亮夫的"牢骚"说、游国恩的"古曲名称"说。除了这五种代表性说法之外，萧

---

① 谭载喜：《西方翻译简史》，商务印书馆1991年版，第8页。

兵在《楚辞的文化破译》一书中采用大量研究资料证明，"离"为"阳离"，即太阳神鸟，"骚"为悲歌，离骚意即"太阳神鸟的悲歌"。① 因此，要完全正确理解《离骚》这一典籍文本并非易事，翻译更是难上加难，优秀的译者必须了解《离骚》最新研究动向并在译文中加以呈现。

《离骚》一文涉及神话传说、天文地理等学科知识，疑难诗句颇多，历代注疏家们对《离骚》的解读尚且见仁见智，要判定译者是否正确传达原文意义，研究者必须保证自己对原文的解读正确且权威。为此，笔者结合三位译者所采用的注释本，同时广泛参阅《离骚》的主要评注，如宋洪兴祖的《楚辞补注》、朱熹的《楚辞集注》及近人闻一多的《离骚解诂》、郭沫若的《离骚今译》等，博采众长，尽可能全面理解《离骚》原文。

任何翻阅过霍克思《楚辞，南方之歌》的读者都会对译文中详尽的背景介绍及注释印象深刻，前言所占全书篇幅过半，介绍了中国古诗起源以《楚辞》和《诗经》为标志的南北之分，同时涵盖了对周朝、楚国的历史及其巫术传统的介绍，对中国的神话传说如大禹治水、后羿射日等均有涉及，并详细介绍且高度评价了诗人屈原，认为他是"中国历史上最早的诗人，也是后继者无法与其相提并论的伟大诗人"。② 除了前言部分详尽的背景知识介绍，《离骚》一诗的注释部分篇幅大于译文本身，多为对人物名和疑难句子的解释，如高阳帝、尧舜、桀纣、彭贤、女婴等。而许渊冲和卓振英的译本皆为汉英对照本，对相关背景知识涉及甚少，只在前言部分简述了屈原及其作品，译文也缺乏注释。由此可见，与许渊冲和卓振英两位译者相比，霍克思重视对《离骚》所产生的时代背景做出历史性的梳理，重视对诗人及诗歌中出现的神话传说做出详尽的解释说明，译文富含知识性。

《离骚》含义丰富，对于英语世界读者来说存在阅读和理解上的困难，霍克思的注释在很大程度上为读者理解《离骚》提供了非常具有价值的参考资料，缺点是过于注重知识的系统性，注释部分常常长篇大论，译文不够简洁。可以说，注释详尽是霍克思译文区别于其他译文的最明显特征。另外，霍克思的《离骚》英译注重传达原文意思，常常紧贴原文句式进行直译顺译，如"虽体解吾犹未变兮，岂余心之可惩"两句，霍译本为"I could not change this, even if my body were dismembered/For how could dismemberment ever hurt my mind?"③ 对比许译本

---

① 萧兵：《楚辞的文化破译》，湖北人民出版社1991年版，第180页。

② David Hawkes (trans.), *The Songs of the South: An Ancient Chinese Anthology of Poems by Qu Yuan and Other Poets*. Harmondsworth: Penguin, 1985: 51.

③ David Hawkes (trans.), *The Songs of the South: An Ancient Chinese Anthology of Poems by Qu Yuan and Other Poets*. Harmondsworth: Penguin, 1985: 71.

的"My body rent, my heart at ease, oh/Can I change and neglect my duty?"① 和卓译本的"Nothing-even if I'm smash'd to pieces-can sway/My will. How can sanctions my integrity blight?"② 霍译本最为紧贴原文,汉字和英文几乎可以一一对应,完全顺着原文意思直译,且两次使用"dismember"一词。又如"朝搴阰之木兰兮,夕揽洲之宿莽""朝饮木兰之坠露兮,夕餐秋菊之落英"四句,原文句式结构鲜明,都为时间状语+单个动词作谓语+名词短语作宾语的结构,霍译本为"In the morning I gathered the angelica on the mountains/In the evening I plucked the sedges of islets"③ "In the morning I drank the dew that fell from the magnolia/at evening ate the petals that dropped from chrysanthemums"④。就句子结构和顺序而言,霍译本和原文非常接近,几乎是一一对应的翻译。将准确传达原文意义和保持原文句式结构相结合的做法有时会让句子显得过于冗长,虽然无法体现原文的精练,但却有助于读者理解原文意义。

许译本和卓译本注重还原《离骚》在节奏韵律上的特点,翻译时并不完全紧贴原诗句式结构。如上文提到的"朝饮木兰之坠露兮,夕餐秋菊之落英"两句,许译本为"From magnolia I drink the dew, oh/And feed on aster petals frail",⑤ 对其中的时间名词省略不译;又如"余虽好修姱以鞿羁兮,謇朝谇而夕替"两句,许译本为"Good and just, I hear only jeers, oh/Morning and night I suffer blows"⑥。原文旨在说明自身爱好修身洁行,却为谗言所累,早晨进谏傍晚即见废,许译本大大精炼了原文,"jeer""suffer blow"只点出了其受馋,对修身、强烈的朝夕对比及受馋的程度和结果并没有完整体现,高度意译有改写之嫌。"屈心而抑志兮,忍尤而攘诟。伏清白以死直兮,固前圣之所厚"四句,许译本为"I curb my will and check my heart, oh/Endure reproach as well as blame/I'd die to play a righteous part, oh/The ancient sages would bear no shame"⑦。这里前代圣人所称许的"为清白而死"能否等同于"不能忍受羞耻"值得商榷,后者所表达的程度远不及前者。与之相似的诗句翻译在许译本《离骚》中并不少见,就内容而言,许译本以意译为主,且具体语词的选用也不如霍克思、卓振英精准。

围绕《楚辞》英译,卓振英本人提出了训诂、考据、整合、移情关照、语

---

① 许渊冲译:《楚辞》,中国对外翻译出版公司2008年版,第17页。
② 卓振英译:《大中华文库:楚辞》,湖南人民出版社2006年版,第13页。
③ David Hawkes (trans.), *The Songs of the South: An Ancient Chinese Anthology of Poems by Qu Yuan and Other Poets*. Harmondsworth: Penguin, 1985: 68.
④ David Hawkes (trans.), *The Songs of the South: An Ancient Chinese Anthology of Poems by Qu Yuan and Other Poets*. Harmondsworth: Penguin, 1985: 70.
⑤⑥ 许渊冲译:《楚辞》,中国对外翻译出版公司2008年版,第11页。
⑦ 许渊冲译:《楚辞》,中国对外翻译出版公司2008年版,第15页。

言逻辑推理等一系列典籍英译的方法。上文在讨论诗歌形式时提到卓译本追求还原原文韵律上的特点,然而一味追求韵律难免会出现以韵害意的结果。如"昔三后之纯粹兮,固众芳之所在。杂申椒与菌桂兮,岂惟纫夫蕙茝?"四句,卓译本为"Why had the Three Ancient Kings been so pure and true? /Around them were gathered Flowers Red and Blue/Good use of Sweet Grass and Angelica they made/ And heed to Cassia and Ash they also paid".① 杨成虎认为卓振英为了与韵脚"true"押韵而选择"blue"(蓝色)的做法有失妥当,"众芳"本身不对颜色有任何提示,用红色来凸显花无可厚非,然而译者加上不典型的蓝色只是为了凑韵,原文并没有这方面的意思。杨成虎更进一步认为译者丢掉原文中的动词"杂""纫",而选用英语中的"make good use of""paid heed to",目的也是让"made"与"paid"押韵,为了押韵而改换动词的做法不忠实于原文,译者应仔细斟酌②。

为追求形式押韵,卓译本《离骚》在传达意义方面并不十分精准。如"悔相道之不察兮,延伫乎吾将反"两句,这里的"反"通"返",应是返回之意,霍译本为"Repenting, therefore, that I had not conned the way more closely/I halted, intending to turn back again"③,许译本为"Regretting I've gone a wrong way, oh/I hesitate and will go back"④。霍克思与许渊冲两位译者选择"turn back"和"go back",二者都准确传达了"反"的含义;而卓译本为"I have misjudg'd the way——oh, how I feel remorse/I balk and hesitate and wish to make a change"。⑤ 这里选用"change"毋庸置疑是为了与下面的"range"押韵,虽然"返回"也是一种改变,但"change"一词含义广泛,并不特指"返回",卓译本追求以诗译诗,力图最大限度再现原诗的形式美、意蕴美、节奏美,但在意义的传达上却有失精准,有以韵害意之嫌。又如"羿淫游以佚畋兮,又好射夫封狐;固乱流其鲜终兮,浞又贪夫厥家"四句,卓译本为"Yi, who loved to shoot foxes, himself amus'd/With hunting and touring and all. Consequently/His wife was by his own subject Hanzhuo seduc'd/And his kingdom lost' cause of his fatuity".⑥ 卓振英对句子结构进行了调整,具体表现为谓语动词后置,拆分诗行,运用缩写简写等多种方法来达到韵律上的形式美。在保持诗行音节一致上也煞费苦心,如运用缩写来减少

---

① 卓振英译:《大中华文库:楚辞》,湖南人民出版社2006年版,第5页。
② 杨成虎:《中国诗歌典籍英译散论》,国防工业出版社2012年版,第199~200页。
③ David Hawkes (trans.), *The Songs of the South: An Ancient Chinese Anthology of Poems by Qu Yuan and Other Poets*. Harmondsworth: Penguin, 1985: 71.
④ 许渊冲译:《楚辞》,中国对外翻译出版公司2008年版,第15页。
⑤ 卓振英译:《大中华文库:楚辞》,湖南人民出版社2006年版,第11页。
⑥ 卓振英译:《大中华文库:楚辞》,湖南人民出版社2006年版,第15页。

音节，将"the""it is""ever"等缩写成 th'，'tis，e'er；选用音节较少的同义字，如用"bloom"代替"flower"等，暂且不论形式还原的效果好坏，显而易见的是卓振英对其中的"固乱流其鲜终兮"省略不译，在内容传达上有所舍弃。

综上所述，霍译本是注释详尽的学术型翻译，对《离骚》时代背景介绍充分，译文在形式上归化，以八句为一诗节，运用散译，不追求以诗译诗；就内容而言，霍译本紧贴原文，注重意义的传达，以过去时为基准，同时灵活运用完成时、将来时等时态，准确传达了原文状态。如"纷吾既有此内美兮，又重之以修能"两句，霍译本为"Having from birth this inward beauty/I added to it fair outward adornment"①，准确译出了"既有"的内涵和"内美"与"修能"在时间上的先后关系。许译本和卓译本注重传达原文的音美和形美，追求韵律节奏。许译运用"oh"来试图还原《离骚》"兮"字句型的处理是一个不错的尝试，就内容而言，许渊冲多采取简化的处理办法；卓振英力求准确传达形美和意美，但无法做到二者兼顾时，常常又出现以韵害意的译法。就译文整体风格而言，霍译本和卓译本介于直译和意译之间，许译本则属于意译。

第二节 文化语汇的处理及跨文化阐释

值得一提的是，《离骚》的骚体诗形式不仅仅是诗歌形式上的特点，它与《离骚》诗歌中所蕴含的大量神话、天文、巫术、民俗、花草等因素都是对文化的反映。典籍英译作为跨文化交流的有效途径，除了文学价值，更要注重典籍思想、文化价值的传播，仅从语言学角度探讨译文是否传神达意对于《离骚》英译研究而言远远不够。文化翻译学派认为翻译研究实际就是文化互动的研究，巴斯奈特指出："语言学方法强调，翻译涉及一组语言符号所包含的'意义'，通过熟练使用字典和语法，转换成另一组语言符号。除了这种狭隘的观念之外，翻译的过程还涉及一整套语言之外的标准"，因此，"语言必须置于文化语境之中才能存在"。② 译者尝试脱离文化语境去处理文本的做法是危险的。

文化一词的含义随着社会的不断发展而不断丰富，《辞海》将其释为人类所

---

① David Hawkes (trans.), *The Songs of the South: An Ancient Chinese Anthology of Poems by Qu Yuan and Other Poets*. Harmondsworth: Penguin, 1985: 68.

② Susan Bassnett, *Translations Studies*. London and New York: Routledge, 2002: 22 - 23.

创造的物质财富和精神财富的总和。尤金·奈达将翻译中涉及的文化因素分为"(1)生态,(2)物质文化,(3)社会文化,(4)宗教文化,(5)语言文化。"① 包惠南认为任何一种语言中所特有的词汇、成语、典故等"文化负载词"(culturally-loaded words)都是对其国家和民族在发展历史、社会制度、生态环境、宗教信仰、民情风俗等观念或事物的反映。② 可见,文化词汇负载着特定民族和国家的文化信息,蕴含着丰富的文化意象,如何妥善处理文化词汇是以文化对外传播为宗旨的典籍外译的首要问题。

典籍英译不仅是源语言和目的语两种不同语言文字的转换,更是译者跨文化阐释的体现。忽略语言和诗歌形式,《离骚》中文化语汇丰富,在三家译文中的呈现各不相同,分析不同文化背景的译者对《离骚》诗歌里文化语汇的具体处理有助于理解《离骚》的翻译过程。本章将就三位译者对专有名词、花草名物、天文历法、神话传说等富含文化意义语汇的处理展开分析,同时结合译者对象征手法的不同看法,总结归纳霍克思、许渊冲和卓振英三位译者在文化语汇阐释上的特点。

一、文化语汇与表现手法

作为《楚辞》的开篇之作,一大批学者都曾为《离骚》做注,古有刘向、班固、贾逵、王逸、宋兴组、朱熹等,今有郭沫若、闻一多、林庚、姜亮夫等,各种注释版本不一,加之《离骚》一诗蕴含大量中国古代天文、地理、历史等文化语汇,中国读者想要完全理解透彻绝非易事,外国读者只能凭借译诗去领略诗歌风采,要把握其中精髓就更为不易,因此译者的责任尤为重大。文化语汇贯穿《离骚》全诗,首先表现在大量神话传说的运用,其中又涉及了人名、地名等专有名词;其次体现在天文历法、巫术灵氛和大量植物名的运用;还表现为常见词汇的特定含义,包括一词多义、数词虚指等。据笔者不完全统计,《离骚》涉及人名达30余处;地名多达24处;与天文历法、巫术灵氛相关的具体词汇较少,多经由意义表现在具体诗行中;不同植物名多达27处,考察译者对这些涉及生态、宗教、民情风俗等文化语汇的处理,不仅有助于总结译者的翻译策略及翻译方法,同时也是研究译者跨文化阐释的必要手段。

除去文化语汇,《离骚》的表现手法也值得注意。王逸在《离骚经序》中提道:"《离骚》之文,依《诗》取兴,引类譬喻,故善鸟香草,以配忠贞;恶禽

---

① Eugene Nida, "Linguistics and Ethnology in Translation-Problems," *Word*, 1.2 (1945): 196.
② 包惠南:《文化语境与语言翻译》,中国对外翻译出版公司2001年版,第341页。

臭物，以比谗佞；灵修美人，以媲于君；宓妃佚女，以譬贤臣；虬龙鸾凤，以托君子；飘风云霓，以为小人。"① 朱熹在《楚辞集注》中指出："赋则直陈其事，比则取物类比，兴则托物兴词……然诗之兴多而比、赋少，骚则兴少而比、赋多。"② 赋、比、兴作为三种不同的表现手法常被运用于文学创作中，历来学者皆认为《离骚》中的比兴手法虽托生于《诗经》却又不同于《诗经》，以香草为例，《诗经》中的香草比兴多离不开香草本身的外形特征，如以柔荑比手；而在《离骚》诗歌中，香草的意义取决于象征作用。同时，《离骚》中的比兴手法区别于《诗经》的单个运用，是贯穿全篇的整体存在。本章将对比讨论三位译者对文化语汇的处理并归纳总结其特点，同时参考译文前言，结合译者在其他文章里所表达的观点，分析译者对《离骚》比兴手法的不同把握。

（一）人名、地名等专有名词的处理

《离骚》中频繁出现的人名、地名等专有名词呈现了丰富的文化意象，是《离骚》文化语汇的集中体现之一。屈原多次征引古代神话传说，几乎每一个人名背后都蕴含着一个传说故事，考察译者对专有名词的处理能进一步了解和把握译者的翻译策略。对于《离骚》中的专有名词，三位译者在具体处理上有较大不同。首先就单名而言，霍克思和卓振英两位译者倾向于直接音译，而许渊冲则在很大程度上采取意译的做法。以"济沅湘以南征兮，就重华而陈辞"为例，许译本为"I cross the streams and go south way, oh/I state my case to ancient king"③，没有译出具体的河流名和人物名，包括其后出现的传说中的诸多人物如启、康、羿、寒浞、浇、桀、后辛等，许渊冲用人物的身份或职业特征来替代名字，如"the last king of Xia""the hunter""the traitor"等，将人名予以高度的简化处理，这有助于英语世界读者理解，但过于概括的意译没有聚焦于揭示特定的人物对象，无法传达出背后特定的文化含义，不利于中国文化的对外传播。同样的句子，卓译本为"Crossing the Yuan and Xiang Rivers I southward go/And to Chonghua the ancient king I thus impart"④，对于随后出现的人名，则采用直接音译不加注释的做法来呈现，如"Qi of Xia""Yi""Hanzhuo""Ao"。霍克思与卓振英的处理相似，也采用直接音译的做法来处理其中的人名和地名，不同之处在于霍克思同时还注重人物关系的传达，如将"浇"这一人物名译为"Zhuo's son, Jiao"，在译文中直接揭示出寒浞与浇的关系。又如"女嬃之婵媛兮"一句，对于"女嬃"

---

① 王逸：《楚辞章句补注》，吉林人民出版社2005年版，第3页。
② 朱熹：《楚辞集注》，蒋立甫校点，上海古籍出版社2001年版，第169~170页。
③ 许渊冲译：《楚辞》，中国对外翻译出版公司2008年版，第19页。
④ 卓振英译：《大中华文库：楚辞》，湖南人民出版社2006年版，第15页。

之义，历来学者多认为当作诗人屈原的姐姐解，而郭沫若认为是屈原的女仆，卓振英经过文本考证，指出"女嬃"应做屈原的姐姐解，许译本也做此解，霍译本直接音译为"Nu Xü"，不过却用了大段注释进行解释，他指出"女嬃"是多义词，可以指代姐妹、女仆和女孩，但具体的所指并不确定，可见霍译本给读者提供完善的背景材料，让读者自行判定结论。

除了以上提到的单名，对于两个字或以上人名地名的翻译，霍克思也多采用直接音译的做法，如"Gao Yang"（高阳）、"Bo Yong"（伯庸）、"Feng Long"（丰隆）、"Cang-wu"（苍梧）、"Qiong-shi"（穷石），并将每个音节的首个字母大写。在地名的翻译上还运用了连字号，如以上提到的"Cang-wu"等。另外，对于两个音节以上的人名，霍克思依照自己的原则在适当的地方加上连字号。如"Si-ma Xiang-ru"（司马相如），由于《离骚》诗篇中没有涉及两个音节以上的人名，故在此不做赘述。

霍克思的《楚辞》译文原为其博士论文的一部分，于1959年最早在牛津大学出版社出版，1985年修改版于企鹅书局出版，两版译文内容改动甚少，最突出的改动即体现在人名地名的翻译中。修改版运用音译加连字号的处理方式代替初版中直接音译的做法，连字号作为英语书写的标点符号，常常作为前缀出现或构成复合词，也用于断行或方便阅读。尽管采用连字号是一种归化的处理方式，然而除去极长的地名，英语书写中并不会在地名里随意插入连字号。霍克思所采用的方法不过是引入一种英语世界读者熟悉的符号，同时赋予它新的功能。正如霍克思自己在序言中提道："为了读者方便，我用引进连字号的方式对拼音做了轻微的改动。因为拼音一般是没有连字号的，所以我能按照自己的规则任意使用连字号。"① 与前文所述相同，较之于霍克思音译的做法，许渊冲对专有名词采用一贯的意译处理，如"the ancient sage"（彭咸）、"the Driver of the Sun"（羲和）、"the Lord of Cloud"（丰隆）、"the Deathless Stream"（阆风）等，高度概括名称背后的职业或功能特征。卓振英也主要采用音译，与霍克思不同的是，他只将第一个音节的首字母大写，如"Xihe"（羲和）、"Yanzi"（崦嵫）等。

三位译者对专有名词的不同处理与他们所提倡的翻译策略相符，许译本意译处理，霍译本和卓译本则选择直译。笔者认为对于人名、地名等专有名词最好的翻译方式是音译加上概括性的解释，若考虑到节奏韵律等因素，无法直接在原文中呈现注解，可以尝试于篇末添加注释，这样既传达了特定的人物和事件，同时

---

① David Hawkes (trans.), *The Songs of the South: An Ancient Chinese Anthology of Poems by Qu Yuan and Other Poets*. Harmondsworth: Penguin, 1985: 9.

也有助于外国读者理解原文意义。

《离骚》中文化语汇的运用还体现在赋予常见词汇特定的含义，三位译者按照字面意思理解进而翻译恰恰忽略了这些常见词汇的特定含义。以"浇身被服强圉兮，纵欲而不忍"两句为例，霍译本译为"Zhuo's son, Jiao, put on his strong armour/And wreaked his wild without any restraint"①；许译本译为"The traitor's son with might and main, oh/Did what he would without restraint"②；卓译本译为"Ao, unbridl'd, 'bout sensual pleasures was mad/He was steeped in entertainments night and day"③。对于人名"浇"一词，许渊冲选择不译，而直接用 traitor（卖国贼）一词代指其父寒浞，正如上文所指出的，运用人物（包括历史人物和神话人物）主要特性（如职业、代表事件等）代指特定的人名是许渊冲翻译人名这一专有名词时的突出特点。用"traitor's son"指代浇，正是运用寒浞杀后羿娶其妻生浇这一传说来描述浇，但对于浇孔武有力这一特点也忽略不译，这种译法并没有准确传达原文的意思。霍克思将"浇"译为"Zhuo's son, Jiao"，不仅点出了浇的身份，与许译本相比，也精确指出特定人物，而不是符合条件的某一个人物。将抽象化的强暴有力具体化为"strong armour"，用外在的装备指代内在的特性，准确性有待商榷，但在原文意思的传达上是完整的。

值得一提的是，洪兴祖、朱熹、闻一多等的注本中"浇"皆音"Ao"（入声），尽管卓译本将"浇"音译为"Ao"，与各家注本音同，然而与许译本相似，卓译两句都着眼于对浇肆意放纵感官娱乐的描述，并未提及原文中浇"被服强圉"这一特点。而霍克思在翻译《楚辞》时，凡遇浇处，皆译成"Jiao"，与诸释本"Ao"音不同。《论语·宪问》篇有"羿善射，奡荡舟"之言，姜亮夫指出尧时之羿与夏时子浇为两个人，"论语之浇，本作傲或奡，而不作浇，彼傲乃与丹朱同其顽凶之一，乃尧时人，与此浇相去至远，而各家亦多不加纠正。"④ 对于浇的读音，姜亮夫在考证的基础上提出"浇之名，左传并不作奡。浇或音骁，或音聊，或音交，至集韵乃有奡音，明其非旧音也。"⑤

可见，浇有别于旧音，在翻译时应加以区分，霍克思将所有的"浇"按照现代汉语字面读音译为"Jiao"也是不对的。按照字面意思误译名称，霍译本还涉及两个国名，"见有娀之佚女""留有虞之二姚"两句，霍译本为"And spied the lovely daughter of the Lord of Song"和"Lord Yu's two daughters were there for the

---

① David Hawkes (trans.), *The Songs of the South: An Ancient Chinese Anthology of Poems by Qu Yuan and Other Poets*. Harmondsworth: Penguin, 1985: 72.
② 许渊冲译：《楚辞》，中国对外翻译出版公司 2008 年版，第 19 页。
③ 卓振英译：《大中华文库：楚辞》，湖南人民出版社 2006 年版，第 15 页。
④⑤ 姜亮夫：《姜亮夫全集（六）：重订屈原赋校注、二招校注》，云南人民出版社 2002 年版，第 267 页。

wooing",有娀国和有虞国在霍克思笔下被译成了"the Lord of Song"和"Lord Yu",国家被误译为人名。而许渊冲则选用一贯的意译和不译来处理国名,卓振英则是直接英译,二者的处理都不存在误译。

同时,地名的翻译也有因为按照字面意思理解而出现误译的现象。如"百神翳其备降兮,九疑缤其并迎"两句,霍译本为"The spirits came like a dense cloud descending/And the host of Doubting Mountain came crowding to meet him"①,许译本为"All angels shade with wings the sky,oh/Nine fairies come from Shady Peaks"②,卓译本为"He descends with the angels, whose wings cover'd th' sky/Th' Fairies from Mount Jiuyi greet him with all their hearts"③。三家译文对地名"九疑"的处理各不相同,"九疑"乃传说中舜的所葬地,在今湖南省境内。颜师古云:疑,似也,山有九峰,其形相似。此处"疑"同"嶷",意思与"怀疑、疑惑"无关,当作"相似"解,霍克思在翻译时从字面意思理解,译"九疑"为"Doubting Mountain"并不准确;许译本则更为随意,其译九疑山为"Shady Peaks",用"九"修饰九疑山的神灵,理解为"九个神仙自九疑山下来迎接",这显然与原文不符。而卓译本最为精准,其直接英译为"Mout Jiuyi",简单明了,不失为一种恰当的译法。

(二) 概括处理多义词

汉字博大精深,除上文列举的多音字之外,还有多义字。典籍的语内翻译和语际翻译都必须结合上下文,在充分分析语境的基础上判定字义。译者在翻译中对多义字意义把握不当,会对原文意义的传达造成极大偏差,不利于文化交流和传播。

"民好恶其不同兮,惟此党人其独异"两句,霍译本的两个版本分别为"Most people's loathings and likings are different/Only these men here are not as others are"④,"Most people's loathings and likings are quite separate/Only these men differ in this respect"⑤,许译本为"Likes and dislikes depend on taste, oh/This gang appears

---

① David Hawkes (trans.), *The Songs of the South: An Ancient Chinese Anthology of Poems by Qu Yuan and Other Poets*. Harmondsworth: Penguin, 1985: 76.
② 许渊冲译:《楚辞》,中国对外翻译出版公司2008年版,第33页。
③ 卓振英译:《大中华文库·楚辞》,湖南人民出版社2006年版,第25页。
④ David Hawkes (trans.), *The Song of the South: An Ancient Anthology of Poems by Qu Yuan and Other Poets*. Harmondsworth: Penguin, 1985: 75.
⑤ David Hawkes (trans.), *Ch'u Tz'u, the Songs of the South: An Ancient Chinese Anthology*. London: Oxford University Press, 1959: 31.

strange and unfair"①,卓译本为"It is for certain that differ may people's tastes/But that of th' Faction is peculiar indeed"②。结合《离骚》上下文语境及诸释本可知这两句话的本来意思是"世人的好恶本来各不相同,只是这一群人更加怪异",后一句的语气应是指向"这群人比寻常世人相比,好恶更为奇特怪异"。对比三家译文不难发现霍译本与其他两家译本在后一句意义的传达上有显著差异,许译本和卓译本都传达了党人好恶更为奇怪这一特点,而无论是1959年的初版还是1985年的再版,霍克思对于"惟此党人其独异"这一句的翻译都不够贴切,初版翻译成中文意为"这群人在这方面不同",言外之意即这群人的好恶相同,所表达的意义与原作恰好相反;再版意为"只是这些人和别人不同",仍然没有准确传达原文意义。究其原因,在于这里的"异"字不止有字面"怪异、不同"之义,还有"差异"的意思,此处正是一词多义,突出党人与常人有别,党人的好恶更为怪异。

除了重复出现贯穿全诗的"椒""兰"等植物名,"民"这个词在《离骚》中出现6次,频率之高虽不及《论语》中的"仁""义""礼",但同样微言大义,在不同语境中意义有所不同,不能一概而论。《离骚》中用到"民"的6处分别为:

(1) 长太息以掩涕兮,哀民生之多艰。
(2) 怨灵修之浩荡兮,终不察夫民心。
(3) 民生各有所乐兮,余独好修以为常。
(4) 皇天无私阿兮,览民德焉错辅。
(5) 瞻前而顾后兮,相观民之计极。
(6) 民好恶其不同兮,惟此党人其独异。

林庚在《楚辞研究两种》一书中通过重重论证,指出这里的"民"不能按照今天的理解统一阐释为"人民""民众",而应该统统解释为"人",方可体现屈原的政治立场,与上下文呼应。他指出:"作为'人'解,文通字顺;作为'人民'解,无一是处。"③从一般性意义上讲,将"民"解释为"人",比将"民"解释为"人民"显然要恰当得多。但对于翻译而言,则最好结合语境进行不同处理。三家译文对以上6处"民"的翻译都做出了不同的处理,如表6-1所示。

---

① 许渊冲译:《楚辞》,中国对外翻译出版公司2008年版,第33页。
② 卓振英译:《大中华文库:楚辞》,湖南人民出版社2006年版,第25页。
③ 林庚:《楚辞研究两种》,清华大学出版社2006年版,第66页。

表6-1　　三部译本对《离骚》中"民"的不同阐释

民（顺序同上文）	大卫·霍克思	许渊冲	卓振英
（1）民生	Man's life	Life	Th' folk
（2）民心	Men's minds	My heart	
（3）民生	All men	All men	Man's way of life
（4）民德	The virtuous	Ministers	Those virtuous
（5）民	The wise and good	The rules for livelihood	Humanity
（6）民	Most people		People

结合译文上下文可知，第（2）处许渊冲笔下的"民"是诗人屈原自我的代称，而霍译本作一般性的"人"解。比较而言，许译本的处理方法有失妥当。个体性的自我在《离骚》中多以"余""吾"出现，如"亦余心之所善兮，虽九死其犹未悔""忳郁邑余侘傺兮，吾独穷困乎此时也"等，并无用"民"指代自身的用法，因此许译本将"民"理解为诗人"我"并不准确。结合时代背景及诗人的境遇，第（1）处的"民"，并不包括当时的贵族阶级，而只是针对庶民而言，因此也不能笼统地用包含所有人的"man/men"不加修饰地指代此处的民众，而"people"则恰如其分表示了"民"隐含的背景意义。第（3）处，三个译本均做一般性的"人"（man/men）解，则无疑是恰当的，正如在第（6）处霍、卓均释为"民"（people）也是恰当的一样。

由此可见，翻译应该根据语境的不同，准确地传达出多义词的不同含义，不能一概而论。在万不得已的情况下，最好不要做概括化处理。刘宓庆在《文化翻译论纲》一书中指出："语义诠释任务的圆满解决取决于译者对客体文化内涵的多维观照，旨在质疑而求证，求证以定义。"① 对于多义词的阐释正是要借鉴历史文化观照，将语词置于时代文化背景中加以分析和考量，准确地传达出多义词不同意义间的细微差别。

（三）分类处理花草名

《离骚》花草名多达数十余种，丰富的植物名为古代植物学研究提供了丰富的材料，然而译者一般将《离骚》当作文学作品来翻译，并不注重还原其多科性这一特点。霍克思认为《离骚》中的花草名在当下难以确定其确切所指，"即便能够确定，也多为令人瞠目的植物学名称，稍有文学修养的译者都会毫不

---

① 刘宓庆：《文化翻译论纲》，湖北教育出版社1999年版，第149页。

犹豫地放弃采用这些名称"。① 他在初版前言中交代了其处理花草名的四种方法：（1）按字面意思直译创造新词；（2）借用拉丁语词将词语英语化；（3）沿用虽有争议但广为接受的传统译名；（4）用限定词加上表示属类的名词来翻译花草名。② 可见尽管霍克思认识到自己对植物名的处理缺乏科学的严谨性，但在他看来这却是"无法避免的"。③ 通过阅读霍译本发现，除了以上所提到的四种方法，还有第五种方法，即直接用所属种类对植物名进行翻译。④ 我们可以用阿拉伯数字"5"来表示（见表6-2）。上述五种处理办法同样适用于对许译本和卓译本中植物名翻译的分析。表6-2列出霍克思、许渊冲以及卓振英三位译者对《离骚》中所有花草名的具体处理，以资对照。

表6-2　　三位译者对《离骚》中所有花草名的具体处理

植物名	大卫·霍克思	许渊冲	卓振英
江离	Selinea[2]	Sweet grass by riverside[4]	Selina[2]
辟芷	Shady angelica[4]		Angelica[2]
秋兰	Autumn orchids[3]	Orchids late[3]	Cymbidium flowers[4]
木兰	Angelica[2]	Mountain grass[4]	Magnolia on the slope[4]
宿莽	Sedges[5]	Secluded one[4]	The winter-thorn[4]
申椒	Pepper[5]	Pepper[5]	Sweet grass[4]
菌桂	Cinnamon[2]	Cassia[2]	Angelica[2]
蕙茝			Cassia[2]
兰	Orchid[3]	Orchid[3]	Orchid[3]
蕙	Melilotus[2]	Clover[5]	Melilotus[2]
留夷	Sweet lichen[4]	Peony[5]	Azalea[5]
揭车	Cart-halting flower[1]		
杜衡	Asarum[2]	Fragrant grass[4]	Rumex[2]
芳芷	Fragrant angelica[4]		Lichen White[4]

---

① David Hawkes, "Preface," *Ch'u Tz'u, the Songs of the South: An Ancient Chinese Anthology*. London: Oxford University Press, 1959: vii.

② David Hawkes, "Preface," *Ch'u Tz'u, the Songs of the South: An Ancient Chinese Anthology*. London: Oxford University Press, 1959: vii–viii.

③ David Hawkes "Preface," *Ch'u Tz'u, the Songs of the South: An Ancient Chinese Anthology*. London: Oxford University Press, 1959: viii.

④ 参见王丽耘：《中英文学交流语境中的汉学家大卫·霍克思研究》，福建师范大学博士学位论文2012年，第179页。

续表

植物名	大卫·霍克思	许渊冲	卓振英
秋菊	Chrysanthemum[2]	Aster[2]	Chrysanthemum[2]
木根	Roots[5]	Vine[5]	Filament[5]
茝	Valerian[2]	Clover[5]	Valerian white[4]
薜荔	Castor plant[4]		Wisteria[2]
胡绳	Ivy[5]	Ivy[5]	Ivy[5]
芰荷	Lotus and water-chestnut[1]	Lotus leaves[4]	Lotus leaves[4]
芙蓉	lotus petals[4]	Lilies white[4]	Lotus flowers[4]
薋	Thorn[5]	Thorn[5]	Xanthium[2]
菉	King-grass[1]	Weeds[5]	
葹	Curly-ear[1]		
茹蕙	Soft lotus petals[4]	Soft grass[4]	Sweet grass[4]
幽兰	Orchid[3]	Orchid[3]	Orchid[3]
琼枝	Jasper branch[4]	Jasper Bough[4]	Jasper Bough[4]
薲茅	Holy plant[4]	Magic herb[4]	Cogon grass[4]
筳	Bamboo[5]	Bamboo[5]	Bamboo[5]
艾	Mugwort[5]	Mugwort[5]	Mugwort[5]
兰芷	Orchid[3] and iris[2]	Sweet orchid[4]	Orchid[3] and Angelica[2]
荃蕙	Flag[5] and melilotus[2]	Sweet grass[4]	Magnolia[2]
茅	Straw[5]	Weed[5]	Wild-grass[4]
萧艾	Worthless mugwort[4]	Weeds[5] and wormwood[5]	Moxa[2]
椴	Sticking dogwood[4]		Cornel[2]
小结	1四2九3四4十5九	1零2二3三4十一5十三	1零2十三3三4十二5五

注：上表每个植物英译名右上角的阿拉伯数字与前面提到的霍克思对花草名英译处理办法相对应，小结一栏是对各种方法的统计，5个阿拉伯数字对应相应的5种处理办法，而汉字数字则表示此种译法译者使用的次数。

通过比较可以发现，霍译本5种方法都有所运用，其中又以拉丁语学名、限定词+属类名称和属类词直接翻译这三种方式为主，同时也参照花草名的文字含义，自创了4种植物名：cart-halting flower（揭车）、lotus and water-chestnut（芰荷）、king-grass（菉）和curly-ear（葹）。尽管霍克思明确指出精确翻译古代植物名不是明智之举，他对植物名的处理也与附带详尽注释的人名、地名等专有名的处理不同,但总体而言霍译本通俗易懂,采用属类词时也多采用简单的花草俗名,力图使得这些植物名易于接受。

许译本大体采用限定词+属类名称和属类词直接翻译这两种办法,这种简化的处理方式是许译本的一大特征,如表中所列,对于不太常见的植物名,多以形容修饰词加常见词"grass"来概括,译"江离"和"荃蕙"为"sweet grass";"木兰"为"mountain grass";"杜衡"为"fragrant grass";"茹蕙"为"soft grass",然而木兰属木而非草,许译本的简化处理显然是误译。卓振英多采用拉丁语学名和限定词+属类名称两种处理办法,且用词较霍克思复杂,在一定程度上还原了花草的植物学名,体现了他的考据主张。总体而言,三位译者并不局限于一种译法,而是根据具体花草的不同选择分类处理,这是值得肯定的。

二、文化释义的处理

除去花草名物之外,《离骚》中还富含大量神话传说,考察不同译者对人物、传说的处理有助于理解译者对中国古代传统文化的阐释。

(一) 对神话传说的处理

就神话传说而论,除了上文涉及的人名音译意译有所不同之外,三位译者对历史文化的传达也不尽相同。以开篇"帝高阳之苗裔兮,朕皇考曰伯庸。摄提贞于孟陬兮,惟庚寅吾以降"四句为例,这里面同时涉及传说人物和天文历法两方面知识。帝高阳,即颛顼,是继黄帝后的部落联盟酋长,时处原始社会,国家尚未出现,"帝"有天人合一、政教合一之意,符合远古的太阳神崇拜,杨成虎指出:"不言颛顼,而言高阳,明其向往光明之精神追求也。"①

三位译者的具体处理各有不同,其中霍译本为:"Scion of the high lord Gao Yang/Bo Yong was my father's name/When She Ti pointed to the first month of the year/On the day *geng-yin* I passed from the womb."② 许译本为:"Descendant of the High Sunny King, oh/My father's name shed sunny ray/The Wooden Star appeared in spring, oh/When I was born on Tiger's Day."③ 卓译本为:"I am descendant of

---

① 杨成虎:《中国诗歌典籍英译散论》,国防工业出版社2012年版,第193页。
② David Hawkes (trans.), *The Songs of the South: An Ancient Chinese Anthology of Poems by Qu Yuan and Other Poets*. Harmondsworth: Penguin, 1985: 68.
③ 许渊冲译:《楚辞》,中国对外翻译出版公司2008年版,第3页。

Zhuanxu, a king of fame/And Boyong was my late sire's illustrious name/On th' Day of *gengyin* in th' First Month of early spring/Of th' year of *yin*, into being th' world did me bring."①

赵逵夫在《屈原与他的时代》一书中考证熊伯庸为屈原约第 24 代远祖，萧兵、林庚等也认为这里的"皇"应理解为"祖先"，而非"父亲"。霍译本和许译本都因为对原文"皇"字的错误理解而发生了错译。许译本将"高阳"译为"High Sunny King"，"伯庸"译为"my father's name"，均不能传达原文所涵盖的历史文化常识和文献价值；霍译本和卓译本则保留了人名音译，无论读者是否能够理解，但至少传达了原文的文献价值。值得一提的是，对于"the high lord Gao Yang"一词，霍译本附着了整整一页篇幅的注释，释文首先解释了"帝"一词所代表的地位及意义，进而引出高阳（颛顼）作为"帝"的历史背景。详尽的知识介绍不仅适合一般读者，同时也适用于专业读者。

许渊冲注重还原诗歌的音美形美，然而许译本在内容传达上选择简化处理，简单概括文化语汇对文化交流和文化传播毫无裨益。卓振英注重考据，他翻译《楚辞》的动机之一即是传达更为贴近原文文化的译文。然而，他在译文中却未添加任何注释，简洁的译文本身无法体现其重视考据的主张，也不便于读者掌握其中的文化含义，与其贴近原文文化的理念背道而驰。

（二）对天文历法的处理

就天文知识而言，"摄提""孟陬""庚寅"3 个天文历法专有名词历来都是《楚辞》研究者无法回避的首要问题之一。王逸认为："太岁在寅曰摄提格。"② 朱熹在《楚辞辩证》里驳斥了王逸的看法："王逸以太岁在寅曰摄提格，遂以为屈子生于寅年寅月寅日，得阴阳之正中。补注因之为说，援据甚广。以今考之，月日虽寅，而岁则未必寅也。盖摄提自是星名，即刘向所言'摄提失方，孟陬无纪'，而注谓'摄提之星，随斗柄以指十二辰'者也。其曰'摄提贞于孟陬'，乃谓斗柄正指寅位之月耳，非太岁在寅之名也。必为岁名，则其下少一格字，而'贞于'二字亦为衍文矣。"③

后世学者对"摄提"的讨论分为两派，或支持王逸，或支持朱熹。例如，蒋骥在《山带阁注楚辞》中对朱熹的说法予以反驳："古人删字就文，往往不拘。如后汉张纯传，摄提之岁，苍龙甲寅。时建武十三年，逸尚未出生，已有此号。

---

① 卓振英译：《大中华文库：楚辞》，湖南人民出版社 2006 年版，第 3 页。
② 王逸：《楚辞章句补注》，吉林人民出版社 2005 年版，第 3 页。
③ 朱熹：《楚辞集注》，蒋立甫校点，上海古籍出版社 2001 年版，第 169~170 页。

可知摄提为寅年，其来久矣。朱子谓若以摄提为岁，便少格字，非通论也。"①他显然是支持王逸的。

由此可见，"摄提"作为星名是历来所公认的，而作为年岁名却是各执一词，尚无定论。霍译本将"摄提""孟陬""庚寅"分别译为"She Ti""the first month of the year""the day geng-yin"，由于多采用直接音译，译文中无法得知霍克思对于富含争议的"摄提"一词的看法，然而其在注释中明言不赞同王逸视"摄提"为年岁名的看法，明确提出"摄提"是星名，而"摄提格"则用于纪年。霍译本将音译与意译相结合，准确传达了原文意义，同时译文的注释也为读者提供了丰富的中国古代天文历法知识背景。许译本分别译为"the Wooden Star"（木星）、"spring"（春天）、"Tiger's Day"（虎日），后两个处理办法参考了杨宪益夫妇的译法。杨译两句译为"When Sirius did in Spring its light display/A child was born, and Tiger marked the day"②。和许多学者一样，许渊冲将"摄提"理解为岁名，"the Wooden Star"属于上文提到的按照字面意思翻译的典型，在这里是许译本的创造性译法，然而效果却不甚理想，极有可能对英语世界读者带来混乱，因为"Jupiter"一词即是木星的意思。按照中国传统纪年方法，"虎日"的所指并不只限于"庚寅"，还可以是"甲寅""乙寅"等，如此看来，许译本中"庚寅"的译法也并不精确。

大体而言，许渊冲对于传统历法是了解的，然而其选择意译处理不仅没有起到文化传播的作用，同时还带有歧义。与许译本类似，卓译本也认同"摄提"不仅是星名，同时也是年岁名的观点，将三个词分别处理为"th' year of yin""th' First Month of early spring""th' Day of gengyin"三个短语，音译意译结合，大体符合古代天文学历法知识，抛开"摄提"理解的争议性，译文基本上做到了形式和意义的结合。然而，卓译本作为最为新近的译本，译者多次提到典籍翻译应多方考据，参考最新研究成果，其译文对《楚辞》学最新研究成果的吸收却并不多见。

（三）对名与字关系的把握

中国古代起名讲究颇多，尤其体现在名与字的关系上。《离骚》中"名余曰正则兮，字余曰灵均"两句即涉及起名，据王逸、马茂源、蒋骥等注释，屈原名平，字原。"正则"阐明名平之义，言其公正而有法则，是以法天；高平的地叫作原，"灵均"乃原之义，言其灵善而均调，是以法地。言外之意，"正则"和

---

① 蒋骥：《山带阁注楚辞》，上海古籍出版社1958年版，第185页。
② 杨宪益、戴乃迭译：《楚辞选》，外文出版社2001年版，第3页。

"灵均"是诗人从文学角度对自己的名字"平"和"原"做出阐释。王逸在解释屈原的姓名时,根据《仪礼》中的"子生三月父名之""冠而字之,敬其名也"①,特地加以阐发:"子生三月,父亲名之,既冠而字之。名,所以正形体、定心意也;字者,所以崇仁义、序长幼也。夫人非名不荣,非字不彰,故子生,父思善应而名字之,以表其德,观其志也。"② 男子行冠礼成年后根据本名的含义再取一个意义相关联的名,这个成年时新取的名即是所谓的字,这种起名习俗一直延续到清末。

三位译者对此的处理分别是:"The name he gave me was True Exemplar/The title he gave me was Divine Balance"(霍译本)③;"My formal name was Divine Right, oh/I was also called Divine Flame"(许译本)④;"My personal name was Zhengze does mean 'Just and Square'/And the other name Lingjun denotes 'Wise and Fair'"(卓译本)⑤。对于中国起名习俗及名与字的关系,英语里并没有相应的概念,许译本和卓译本译文也都没有揭示出这一点,许译本中将"名"译为"formal name",谦称名,尊称字,字远比名正式,可见许译本颠倒了二者的关系;其次,许译本将"字"译为"also called"也无法恰如其分体现名与字在时间上的先后关系,当然也就无法传达中国的起名文化。杨成虎指出:"许译本将'正则'译为"Divine Right"(神圣的正),有些随心所欲,将"灵均"译为"Divine Flame"(神圣的火),更是无中生有。"灵均"与"Flame"(火)无关,许译本是为了押韵而以辞害意。"⑥ 许译本过于随意的简单化处理不仅无法传达文字背后的文化知识,还有可能造成误译,无法正确传达原文意思。

卓译本采用音译加意译的处理办法解释了"正则"与"灵均"的意义,与许译本的误译相比恰当不少。虽然从译文来看,霍译本采用"the name"和"the title"也没有说明名与字的关系,然而其在注释中指出"正则"和"灵均"并不是屈原的真名,更提到司马迁在《史记》里说明屈原最初叫作("original name")"平","原"是他的尊称("courtesy name or 'style'"——男子成年后起的名),"True Exemplar"和"Divine Balance"只是对屈原真名的一种文学性的解释。可见,霍译本在注释中不仅揭示了中国起名的习俗和名与字的先后顺序,同时也较为恰当地解释了"正则"与"灵均"的意思,较之于许译本和卓

---

① 李学勤主编:《十三经注疏:仪礼注疏》,北京大学出版社1999年版,第55页。
② 洪兴祖:《楚辞补注》,黄灵庚校点,上海古籍出版社2015年版,第6页。
③ David Hawkes (trans.), *The Songs of the South: An Ancient Chinese Anthology of Poems by Qu Yuan and Other Poets*. Harmondsworth: Penguin, 1985: 68.
④ 许渊冲译:《楚辞》,中国对外翻译出版公司2008年版,第3页。
⑤ 卓振英译:《中华大文库:楚辞》,湖南人民出版社2006年版,第3页。
⑥ 杨成虎:《中国诗歌典籍英译散论》,国防工业出版社2012年版,第195页。

译本更为可取，霍克思通过直译和加注释的方式成功保留了原文的文化内涵，传达了原作的文化知识背景。

三、文化词汇的不同理解与解释

香草美人以喻贤臣明君的表现手法在《离骚》中极为常见，前文已详细分析。对比三家译本对香草名物的处理，对于美人所指代的君王一词，三家译文的处理也各不相同。

（一）同指词汇译文不同

以下词汇在《离骚》诗歌中均指代当时的君主楚怀王：
(1) 恐美人之迟暮。
(2) 荃不察余之中情兮。
(3) 夫唯灵修之故也。
(4) 伤灵修之数化。
(5) 怨灵修之浩荡兮。

以上五句用"美人""荃""灵修"三个不同的词指代当时的君主楚怀王，霍译本将"美人"翻译成"Fairest's beauty"，"荃"翻译为"the Fragrant One"，三个"灵修"统一译为"the Fair One"，霍译本尽管用词有细微差别，但总体而言简洁统一，借助附注读者很容易明白所指即当时君王。许译本将"恐美人之迟暮"译为"I fear that beauty will grow old"，意为担心自己的美丽终将随着年华逝去而褪去，与原文意思不符；第二句中的"荃"译为"You"，其余三句中的"灵修"分别译为"you Sacred One""You""the Sacred One"。结合上下文分析，许译本在译文中没有明确指出"You"的所指，加上没有运用任何注释，直接用"You"不仅显得突兀，同时也会让读者不明所以。卓译本将以上五个句子中的"美人""荃"和三个"灵修"依次翻译成"th' Beauty""the Calamus""th' monarchy""th' Beauty""the Crown"五个不同的词汇，虽然多变的词汇使人眼前一亮，达到了视觉上的效果，然而不同词汇极易使得读者认为是指代不同的事物。用"monarchy""crown"常表示君主政体、君主政治、君主国的词来表示"君主"并不恰当；将"荃"译为"calamus"（一种藤属科植物），也不确切。由于缺乏必要的背景知识介绍，读者极易理解为植物，而不会联想到人。

笔者认为，在翻译不同词汇但所指相同时，如果不需要采用音译，为方便读者理解，应尽量选择相同词汇进行阐释，避免因词语的丰富多变而给读者带来理解上的困难。

（二）误译特定数词、量词

除了上文所提的多音多义词，一些数字词和量词在中国传统文化语境下也有其特定的意义，数词既有实指，也有虚指，具体含义需结合上下文语境来确定。《离骚》篇"指九天以为正兮""思九州之博大兮"两句中指代苍天和大地的"九天""九州"，这里的"九"是实指，翻译时无论直译还是意译都是可取的。然而对于虚指的数词翻译时就必须意译。如"余既滋兰之九畹兮，又树蕙之百亩""虽九死其犹未悔""屯余车其千乘兮"中的数词"九""百""千"所表示的次数并不等同于字面意义，"九"，数之极也，常表示最大最多的意思。对于蕴藏丰富文化意义的数词，三位译者又是怎样处理的呢？

霍译"九畹"为"many an acre of"，译"百亩"为"a hundred rods of"，译"九死"为"died nine times"，译"千乘"为"thousand chariots"，许渊冲分别译为"fields nine""a hundred acres of""die nine times""a thousand chariots"，卓译则分别为"a thousand or more patches of""a hundred mu""die nine deaths""one thousand carriages"。可见尽管三位译者的处理略有不同，但几乎都将数词直译，对于其中蕴含的深意并未过多考虑。唯一例外的是，霍克思将"九畹"译为"many an acre of"，这里的数词没有直译，而是将"亩"转化成了英语中的"acre"，由于单位转化，数量词随之变化。《说文解字》中对"畹"一词的解释为：田三十亩曰畹。这样说来，霍克思采用"acre"一词，将"九畹"译为"many an acre of"是正确的。但与其说霍克思明白数词虚指这一文化内涵，倒不如说是出于转化量词的考虑使然。

相较于英国汉学家霍克思而言，成长于中国文化语境下的许渊冲和卓振英两位译者对于数词虚指这一特定用法应该并不陌生，然而他们都不约而同选择直译虚指数词，并不追求揭示数词背后的意义。许译本的随意不仅表现在数词直译，还表现在对量词的简化处理上，如译"畹"为"field"，将"亩"直接等同于"acre"，然而二者指代的实际面积并不对等，可见许译的处理有失精准。

除"九畹"之外，卓译本对于数词都选择直译，鉴于他将"九天"译为"providence"，而霍译和许译分别为"ninefold heaven"和"Ninth Heaven"，说明卓振英在对数量词的处理上虽然并未全部采纳直译，但却更倾向于选择直译。值得一提的是，其将量词"亩"直接音译为"mu"，这种异化的处理方式就文化传达而言是值得肯定的，尽管对于非专业读者而言存在一定的理解上的困难。

（三）对象征手法阐释不同

中国《楚辞》学研究认为上文提到的大量植物名、神话传说等比兴手法的运用在《离骚》中都有丰富的象征意义,都能在诗人真实生活的时代里找到对应。译者对原文的理解会影响译文的生成,这是毋庸置疑的。香草名物作为《离骚》中最常见的意象,有着"善鸟香草,以配忠贞;恶禽臭物,以比谗佞"的象征作用。然而由于花草名晦涩复杂,加之年代久远,要在英语里找到相应的词对照翻译并非易事,诸译本大都不能精确无误传达植物的真实面貌,加之对于植物译名缺少注释,花草承担的象征作用自然也就不易于为外国读者所知。

许渊冲认同历来大多数《楚辞》研究者的观点,认为:"《离骚》在艺术表现上的最大特色就是'比兴'、象征手法的运用。'比兴'在《诗经》里已开其端,但是大多数作为特定的修辞手段。《离骚》将这种手法扩展到整个诗篇的艺术构思上,借以塑造一组组富于象征色彩的意象群来……用香花芳草比喻忠臣,用野花杂草比喻奸臣。"① 卓振英在译本前言中明确提出:"屈原以一系列比兴手法来表情达意。他以美人、鲜花象征'美政'的理想和高洁的品行,以臭物、萧艾比喻奸佞、变节的小人。"② 综上,对于《离骚》中诗人运用象征手法以鲜花香草喻君主贤臣、臭物萧艾喻奸佞这一观点,成长于中国传统文化背景之下的许渊冲和卓振英两位译者持赞同态度。

然而在以香草喻贤臣的看法上,霍克思却有着不同的理解。他认为王逸等儒生用解读《诗经》的方式来阐释《楚辞》,是基于自己的信仰,因为这些儒生注释者在早期《诗经》经典化的时候就受到训练,这使他们相信,"一首表面上是谈情说爱的情歌,一定是一种更有道德感和神圣意义的象征性表述。"③ 在他看来,把《离骚》中的男女爱情解读为君臣关系尚可理解,但若认为所有的植物、神灵等都具有象征性寓意,则是过度阐释。霍克思的这一看法在其《楚辞》译文的前言及注释里展露无遗,他认为《离骚》中的"美人"毫无疑问指的是当时的楚怀王,然而"美人"这一意象的深层所指却并不明确。鉴于"美人"在古代并没有特定的性别所指,霍克思有三种理解:其一,诗人将楚怀王想象成一位美貌的少女,将自身想象为一位英俊、风度翩翩的男子,正对少女展开追求;其二,诗人将自己想象成少女,而怀王是其心仪的男子;其三,诗人想象的是一种同性间的爱慕之情,花草装饰的男性诗人追求俊逸的男子。④

可见,霍克思更多从爱情、性欲的角度来阐释《离骚》中的诗人与君主的关

---

① 许渊冲译:《楚辞》,中国对外翻译出版公司 2008 年版,"前言",第 3~4 页。
② 卓振英译:《楚辞》,湖南人民出版社 2006 年版,"前言",第 20 页。
③ David Hawkes, "A General Introduction," *Classical, Modern and Humane Essays in Chinese Literature*, eds. John Minford & Siu‑kit Wong. Hong Kong: The Chinese University Press, 1989: 33.
④ David Hawkes (trans.), *The Songs of the South: An Ancient Chinese Anthology of Poems by Qu Yuan and Other Poets*. Harmondsworth: Penguin, 1985: 82.

系，不同于许渊冲和卓振英两位译者所阐释的对政治理想的追求。如"众女嫉余之蛾眉兮"一句，霍克思译为"All your ladies were jealous of my delicate beauty"①，而许译为"The slanderers envy my beauty"②，卓译为"The Women envi'd me for my brows nice and long"。③ 对于"众女"一词，历来注本皆做"群臣"解，符合诗人忠而见黜的历史事实。许译本意译为"slanderers"；卓译本虽然直译为"the Women"，但大写的 Women 指代特定的一群人，所属并不明确；而霍译"all your ladies"紧着前两句"怨灵修之浩荡兮，终不察夫民心"，指代明显，可见他是将"众女"阐释为君主的女伴，男女意识明显，而不是君臣关系。同理，对"和调度以自娱兮，聊浮游而求女"两句中"求女"的处理与上述类似，许译本和卓译本中分别译为"In search of Beauty"和"Pursuing the Beauty"，而霍译本则为"look for a lady"。在许渊冲和卓振英两位译者笔下，"女"有特定的指代意，指向"灵修、美人"，而霍克思则更多地阐释为性别意义上的女性。

正是由于对象征意义的不同理解，在对构成《离骚》主旨的三次神游的表现上，霍克思与其他两位译者的译法截然不同。《离骚》中三次游历以求索明君和美政这一主题已为楚辞研究所公认，卓译本和许译本都是从求贤这一角度对游历展开阐释，而霍克思则认为游历只是对南楚巫术文化的借鉴。

关于屈原其人及其作品在历史上是否真实存在这一问题，无论在中国还是西方，学界一直有争议。就《离骚》篇而言，霍克思认为屈原其人及其作品是真实存在的。同时，他还认为："屈原是从倾听楚地巫者的吟诵中获得了诗歌主题和形式的灵感，巫者们在吟诵中讲述了他们在灵地的旅程。这种吟诵在世界其他地方的萨满中极为普遍，在中国早期文学中提到'神游'也绝不罕见。"④ 王逸在《九歌章句》序里说："昔楚国南郢之邑，沅、湘之间，其俗信鬼而好祠。其祠，必作歌乐鼓舞以乐诸神。屈原放逐，窜伏其域，怀忧苦毒，愁思沸郁。出见俗人祭祀之礼，歌舞之乐，其词鄙陋。因为作《九歌》之曲，上陈事神之敬，下见己之冤结，托之以风谏。"⑤《九歌》与沅湘之地的巫鬼文化有关，既是敬神也是抒发自己的冤屈。霍克思在《求宓妃之所在》一文中，将王逸的这一观点进行延伸，认为《离骚》和《九歌》一样，也可以看作是对传统的宗教素

---

① David Hawkes (trans.), *The Songs of the South*: *An Ancient Chinese Anthology of Poems by Qu Yuan and Other Poets*. Harmondsworth: Penguin, 1985: 70.
② 许渊冲译:《楚辞》，中国对外翻译出版公司 2008 年版，第 13 页。
③ 卓振英译:《大中华文库·楚辞》，湖南人民出版社 2006 年版，第 9 页。
④ David Hawkes (trans.), *Ch'u Tz'u*: *the Songs of the South*: *An Ancient Chinese Anthology*. London: Oxford University Press, 1959: 22.
⑤ 王逸:《楚辞章句》，《楚辞章句补注·楚辞集注》，岳麓书社 2013 年版，第 54~55 页。

材的文学性的再创造，是将宗教传统世俗化。正如他所说，王逸的这一论点是独具慧眼、颇有心得的见解，"很可能成为求得对于全部《楚辞》的更好理解的一把钥匙"①。

基于这样的立场，霍克思在《求宓妃之所在》一文中分析了屈原对宗教传统及素材的借鉴，他认为《离骚》中"朝发轫于苍梧兮，夕余至乎县圃""欲稍留此灵琐兮，日忽忽其将暮""吾令羲和弭节兮，望崦嵫而勿迫""溘吾游此春宫兮，折琼枝以继佩。及荣华之未落兮，相下女之可诒""朝发轫于天津兮，夕余至乎西极"等诗句都有宗教因素。如"灵琐""春宫"等在凡俗人世皆不存在，是对巫术表达的借鉴；同时在表达时间流逝时所用的"朝……兮，夕……"等公式化的句式，正符合楚巫文化对飞升的描述；而《离骚》一诗中描写神仙降临前后的"椒糈""扬灵"等词本是宗教仪式中的祭文惯用的语汇。总而言之，霍克思从巫术角度对《离骚》主题进行解读，认为《离骚》中求神和施法遨游两个主题杂糅，这体现了他对《离骚》产生时代及背景的深入了解。

正因为霍克思认为《离骚》与楚国特有的巫术文化密切相关，所以在译文前言和《离骚》篇译文序言中，他都用大笔墨描绘了南楚宗教文化。同时，霍克思在《求宓妃之所在》一文中引用日本学者星川清孝的观点，指出"及荣华之未落兮，相下女之可诒"中的"下女"宜从字面意思进行理解，即"深渊中的女神"之意，《离骚》诗人欲献花给"下女"这一行为与《湘君》中巫士欲献花给"下女"是类似的行为。《湘君》篇有诗句"采芳洲兮杜若，将以遗兮下女"②。在霍克思看来，诗人之所以采用男巫追求女神的寓意在于诗人自己对同伴的追求也总是失败的。③ 由此，霍克思颠覆了洪兴祖、王逸、朱熹、姜亮夫等历来学者所公认的《离骚》中"下女"指代天下贤人的说法，因而将其译为"maiden below"。"赠花"是单纯的求爱行为而非寻求贤主、贤臣；而许译本和卓译本对此的译法分别是"Beauty below"和"secular Beauty"，采用"Beauty"一词，性别指代比起霍译的处理模糊许多，且和"美人""灵修"等译法一致，也容易使人联想到世上的明君，而不会往男女之情方面思索。

总之，对于《离骚》中象征手法所传达的主题，霍克思的看法与许渊冲和卓振英两位译者不同，霍译本《离骚》男女性别意识尤为明显，许、卓两家译本所传达的求贤历程这一主题在霍译本中也被阐释为男子对女子的求爱之旅。

---

① 霍克思：《求宓妃之所在》，丁正则译，尹锡康、周发祥编：《楚辞资料海外编》，湖北人民出版社1986年版，第161页。
② 王逸：《九歌章句·湘君》，《楚辞章句补注·楚辞集注》，岳麓书社2013年版，第63页。
③ 霍克思：《求宓妃之所在》，丁正则译，尹锡康、周发祥编：《楚辞资料海外编》，湖北人民出版社1986年版，第166~167页。

第三节 三部译本异同探析

综上所述,霍克思、许渊冲和卓振英三位译者对《离骚》文本在诗歌形式和内容的处理上不尽相同。在原文形式的传达方面,霍克思放弃追求韵律转而注重文化内涵的传达;许译本注重传达原文的音美,译文富有韵律和节奏,同时采用情感表达意义相当的"oh"来还原原文的"兮"字句型,在诗歌形式上的努力可见一斑;和许译本一样,卓译本也注重还原原文的形式美,译文 abab、aabb 韵式交替使用,更运用诗章的形式来展现《离骚》的长篇恢宏气势。鉴于古音押韵的区别,《离骚》原文只有偶句两两相叶,尽管许译本和卓译本在韵律上煞费苦心,通篇运用 aabb 和 abab 的韵式,甚至不惜以韵害意,但无可否认译文在韵律形式上是对原文的变形,并没有真正展现《离骚》原貌。

就原作内容及文化传达而言,霍译本的具体处理介于逐字逐句翻译与自由翻译二者之间,注释详尽,准确度高,具有很高的学术价值;许译本采用归化翻译策略,对于原文中丰富的文化内涵简单化处理,较为随意;卓译本追求译文形式和意义的统一,对于花草名物等用词也较为复杂古雅。译者的不同处理呈现出不同的译文效果,而译者在翻译过程中所采取的翻译策略或处理办法与译者的翻译目的及外在环境的影响息息相关。

译者既是译文的作者,同时也是原文的读者,译者对原文的阐释通过翻译作品来呈现。王东风认为:"文化对翻译的制约既表现在拟译文本的选择上,也表现在翻译策略的确定中。"[①] 无论是德国功能派的"目的论",还是翻译学派的"文化研究论",都强调译者、译入语社会对翻译行为的影响及制约作用。译者的知识构成、所处时代背景和文化体系等影响译者对原文的理解,翻译目的、译文诉求制约着翻译策略的选择,这些因素共同决定了译文的最终呈现。我们下面将结合译者的个人经历对译者的翻译目的和译文追求进行分析,探讨霍克思、许渊冲和卓振英三位译者何以对《离骚》有着不同的文化阐释。

一、霍译本翻译目的及译文追求

文学作品翻译作为一种对原作的阐释活动,其研究不能脱离译者自身的文化

---

① 王东风:《翻译文学的文化地位与译者的文化态度》,载于《中国翻译》2000 年第 4 期。

知识及时代背景。对霍译本的研究必须结合霍克思的知识背景及其所处的时代背景，尤其是当时英国的汉学发展背景。英国汉学自19世纪开始得到发展，大致可分为游记汉学时代（14～17世纪）；传教士、外交官汉学时代（17世纪末至19世纪初）；学院式汉学时代（19世纪上半叶至20世纪中叶）和专业汉学时代（"二战"后至今）四个阶段。①

忻剑飞认为英国19世纪的汉学既有法国式的学院研究，又有德国式的单兵作战，但与当时英国政治、经济联系密切是其最显著的特点。② 这里的"单兵作战"指的是脱离学院、单纯对汉学感兴趣的业余汉学爱好和研究者。与政治、经济、宗教等纠葛过密一直是英国汉学受人诟病的地方，也是其真实写照。就前三个分期而言，无论是最初的汉学游记，后来的传教士或外交官，还是皇家学会和各大学在19世纪相继设立的汉学讲座教授教席，都与英国的政治、经济、宗教密切相关。即便是大学里的讲座教授，也全部担任过传教士或外交官，多半有在华工作和生活的经历。

霍克思处于专业汉学时代，此时英国汉学得到飞速发展，开始出现专业汉学家，他们没有传教士或外交官的背景，教授汉学也不是为了培养传教士或外交官，而是为了传播汉学，启发求学者对中国文化的兴趣。然而，不可否认的是，即便是在霍克思所在的专业汉学时代，尽管汉学教学已经摆脱了培养实用人才的功利倾向，但汉学的发展仍然依靠政府支持。英国政府各职能部门于20世纪中期至21世纪初半个多世纪以来公布的一系列汉学调查报告就是最有说服力的例证，如1947年的斯卡伯勒报告，1961年的海特报告等。正是凭借政府的资金支持，英国汉学研究进入了最佳发展期，汉学爱好者得以接受正规的汉学训练。同时，从1950年英国提出与中国建交，1954年实现半建交到70年代初正式建交，国际外交也进一步推动了英国的汉学发展。正是在这样的时代背景下，英国汉学进入发展的黄金期。牛津大学成立专门的东方研究所（后改称东方研究学系），直至21世纪仍是英国汉学的重要基地。

由于"二战"的影响，霍克思曾中断学业，入伍从事文职工作。在此期间，他接触到一些其他汉学家的东方译著，如韦利于1942年从《西游记》中节译的《猴王》。战争结束后，霍克思继续研习中国文学，于1945～1947年在牛津攻读汉语文学士学位，学习《诗经》《大学》《尚书》《论语》等中国典籍。《诗经》作为中国文学的源头之一，当时在西方学界受到极大关注；而另一源头南方楚文

---

① 何寅、许光华（《国外汉学史》，2000）、熊文华（《英国汉学史》，2007）、陈友冰（《英国汉学的阶段性特征及成因探析》，2008）等对英国汉学的发展史有精彩的讨论，尽管各家侧重点不一，但在英国汉学传统与现代的分期问题上观点大致相同。

② 忻剑飞：《世界的中国观——近两千年来世界对中国的认识史纲》，学林出版社1991年版，第291页。

化的代表作《楚辞》却研究寥寥。霍克思另辟蹊径选择屈原作品《离骚》作为自己的研究课题,打破了学界厚此薄彼的研究现状。德国汉学家傅海波指出,对汉学家的研究不能忽略汉学家的个人经历及成长背景,因为个人经历会影响汉学家课题的选择,"这在一定程度上尤其表现为在课题选择时并不总是单单考虑利害关系而走上一条无人走过的路、介入从未开发过的课题"。① 霍克思选择《离骚》作为自己的研究课题虽说有悖于当时的时代潮流,但也算不上是第一人,毕竟在他之前,英国的巴克、理雅各等都翻译过《离骚》。但到 1947 年,末霍克思大学毕业后在牛津继续攻读硕士研究生学位时研究方向由本科阶段的《离骚》扩大到整部《楚辞》,并开始展开对《楚辞》的全译工作,这却是汉学史上第一人。

1948 年 1 月,霍克思向时任牛津大学汉学科高级讲师的中国学者吴世昌学习唐诗并自学白话,同时,《离骚》的英译工作也在有条不紊地进行,半年后即告完成。8 月,在任教于北大的英国著名学者燕卜荪(William Empson,1906~1984)的帮助下,霍克思注册成为北大中文系的研究生,在此期间旁听了中国学者俞平伯、林庚、唐兰、游国恩等的课程,同时也开始翻译中国典籍。两年内霍克思译出了大部分《楚辞》和一小部分《红楼梦》,为博士论文的写作做准备工作,这也是霍克思在中国期间最主要的中国文学作品英译成就。1955 年他提交了博士论文《楚辞创作日期及作者考订》(*The Problem of Date and Authorship in Ch'u Tz'u*),1959 出版的《楚辞,南方之歌:古代中国文学选集》(*Ch'u Tz'u, The Songs of the South: An Ancient Chinese Anthology*)便是其博士论文中《楚辞》诗篇的英译部分,这是霍克思首部正式出版的集研究与翻译于一体的专著,西方汉学家们纷纷撰写书评予以介绍、称赞与推荐。

1971 年霍克思辞去长达十余年的牛津汉学教授一职,潜心研究并翻译中国典籍。尽管承认传统汉学的实用主义特征,但霍克思始终坚持学术本位,主张汉学以文学研究为基础,挣脱政治、经济、宗教桎梏,抛开实用功利主义,真正把汉学当作一门学科和学术来建设和开展。霍克思长达 60 余年的汉学生涯受惠于英国专业汉学的时代背景。由于政府支持,他得以心无旁骛地从事自己喜爱的汉学研究工作,其半个多世纪的汉学研究活动构成了英国专业汉学发展中不可缺少的一环,直接促进了英国专业汉学的发展。他也由此成为英国专业汉学的奠基人与中坚力量,为中英文学交流和文化传播做出了杰出贡献,影响深远。

结合英国专业汉学的时代背景及汉学家霍克思的个人汉学经历,我们不难发

---

① [德] 傅海波:《欧洲汉学史简评》,胡志宏译,见张西平编《欧美汉学研究的历史与现状》,大象出版社 2006 年版,第 112~113 页。

现，相对于传统的汉学爱好者而言，霍克思的治学环境更为轻松。尽管英国汉学发展依赖于当时政府的支持，但是霍克思所接受和践行的汉学在很大程度上脱离了实用性的追求而更倾向于纯学术的研究。他对中国文学的纵向发展了解透彻，对"五四"新文化运动对中国传统文学的批判也有自己清醒的认识。他说："作为世界公民，我们有权把中国文学视为我们遗产的一部分。"[①] 正因为如此，霍克思毕生致力于汉学研究，以传播和弘扬这些辉煌遗产为己任，用译作将中国文学介绍到英国。

霍克思从《离骚》翻译走向《楚辞》十七卷全译，一方面是其自身兴趣使然，另一方面则是基于传播中国南方楚文化的需要。他改变以往译者选译节译的做法，不仅译出《楚辞》前半部分里确认是屈原及其同期其他诗人的诗歌，而且把《楚辞》后半部分里历来被认为艺术价值小得多的诗作也一并译出。译文包括《离骚》《九歌》《天问》《九章》《远游》《卜居》《渔父》《九辩》《招魂》《大招》《惜誓》《招隐士》《七谏》《哀时命》《九怀》《九叹》《九思》楚辞完整十七卷的英译，这在《楚辞》译者中是第一人。相比之下，许渊冲和卓振英也只译出《楚辞》前十卷。在霍克思看来，全译有助于深刻理解与全面把握楚辞文学本身以及背后所反映的楚地文化。霍克思在译本前言里曾说明自己全译的原因："一方面是为了能够研究这种体裁的后期发展，另一方面是因为即使在这些诗歌中也存在美丽闪光的片段。此外，如果不阅读和比较大量的诗歌，我们便不可能对如此陌生和奇异的诗歌形成一个公允的评判。"[②] 霍克思以真实反映古代中国南方楚国的文化及引介"楚辞"这一文体为宗旨而进行《楚辞》英译，贯彻严谨的专业汉学治学态度，译文以直译为主，注释详尽，力求最大限度真实反映《楚辞》原貌。可以说，译文追求准确性与可读性的统一，是霍克斯翻译《离骚》的最显著特点。

翻译是对原文的阐释，而这一阐释又建立在译者作为读者对原文进行理解的基础之上。从《离骚》译文不难看出霍克思治学严谨，他以理性和谨慎的态度最大程度上对原文进行考据，一切以文献资料为依归，这一点但凡读过《离骚》英译霍译本的读者都无法否认。霍克思在版本考证、原文校勘等方面苦下功夫，译文中对诸多专有名词均提供详尽的解释，参考各家注释版本，其中王逸的《楚辞章句》、洪兴祖的《楚辞补注》、朱熹的《楚辞集注》、蒋骥的《三闾楚辞》（又名《山带阁注楚辞》）、屈复的《楚辞新集注》、江有诰的《楚辞韵读》、朱骏声

---

① David Hawkes, "Chinese Literature: An Introductory Note," *Classical, Modern and Humane Essays in Chinese Literature*, eds. John Minford & Siu-kit Wong. Hong Kong: The Chinese University Press, 1989: 69.

② David Hawkes, "preface," *Ch'u Tz'u, the Songs of the South: An Ancient Chinese Anthology*. London: Oxford University Press, 1959: 9.

的《离骚赋补注》、牟廷相的《楚辞疏方》、戴震的《屈原赋注》、俞樾的《读楚辞》、郭沫若的《屈原》和《屈原赋今译》及闻一多的《楚辞校补》等都在其参考范围之内。① 同时参阅不同时期的各个注释版本,这说明霍克思重视考据,其严谨的治学态度可见一斑。

然而霍克思作为一个来自西方异域文化背景之下的译者,他在翻译中是如何实现真实、准确这一诉求的呢?浩瀚的文献资料积累之余,霍克思在翻译《离骚》的过程中也实实在在地践行了自己忠实传译的翻译观。与许渊冲明确提出并成体系的"音美、意美、形美"三美论说不同,霍克思并没有专门论述其翻译策略的著作或文章,但在他对其他译著的评论或兼涉翻译思想的研究文章中,从他的褒贬态度中可以看出霍克思所支持的翻译策略或方法。

韦利译本《诗经》(The Book of Songs)采取跳跃韵式尽力传达原文节奏,庞德译本《孔子编订的诗经》(The Classic Anthology Defined by Confucius)按照自己的理解翻译《诗经》,改动较大。对于韦利和庞德二人不同的译法,霍克思说:"我认为,译者应该是谦逊的人,他们渴望忠实地诠释和很好地接受原文,而不是为了自己的创作发展或更大的荣耀。虽然我对孔子信徒庞德这个人完全没有印象,但非常喜欢读他译的诗。我不太愿意把这些诗歌视为译作;我建议那些想看到确切译文的读者去阅读韦利的译作,如果对翻译技术感兴趣,就去看一下高本汉的作品。"②

霍克思对于译作好坏的评价并不仅仅以译文本身为标准,尽管庞德的译诗可读性很强,霍克思却并不认为它是好的翻译作品。在他看来,好的译作必须在最大程度上如实传达原作的意涵。由此可见,霍克思对译文好坏的评价标准取决于译作与原作的关系,即译文在多大程度上反映了原文的思想或意图。他说:"最好的翻译通常是诗人用逐字逐句的方法完成的,或者是与懂得外语的人合作完成的。"③ 这反映出霍克思对译文忠实呈现原文的看重。

霍克思准确传达原文的主张,并不妨碍他提倡在迎合读者审美期待的前提下对原文进行细微的转化,在必要时采取意译的处理办法。霍克思认为译者只有明确译文的目标受众,才能更好地指导翻译过程;同时,译者也必须充分考虑读者的需求,在翻译时予以变通,例如翻译专有名词时应采取读者易于理解的词汇,对表达相同含义的不同词汇应一律采用一致的标准译法,而对于无法找到合

---

① David Hawkes, "Textual Notes," *Ch'u Tz'u, the Songs of the South: An Ancient Chinese anthology*. London: Oxford University, 1959: 183.
② David Hawkes, "Translating from the Chinese," *Classical, Modern and Humane Essays in Chinese Literature*, eds. John Minford & Siu-kit Wong. Hong Kong: The Chinese University Press, 1989: 235–236.
③ David Hawkes, "Translating from the Chinese," *Classical, Modern and Humane Essays in Chinese Literature*, eds. John Minford & Siu-kit Wong. Hong Kong: The Chinese University Press, 1989: 231.

适英文对译的关键词汇,与其翻译不当产生误译还不如保留其汉语表达,采用音译。他的《离骚》英译本完全体现了他的翻译观念,如直接音译人名,对所指相同的"美人""灵修"用同一词汇进行阐释。在《楚辞,南方之歌》序言中,霍克思明确指出:"这本书的译本最初是作为博士论文的一部分写的,该论文包含了大量关于年代和作者身份的考证研究。在准备出版的过程中,我把注释和导言写得尽可能简短,希望那些想要了解中国早期诗歌和神话的非专业读者感兴趣。"① 与此同时,为了照顾专业读者的需要,他也在译本中加入了一段文本注释(textual notes)。这说明,他充分考虑到专业读者和非专业读者的不同需求,因而在译本的内容上有不同的安排。

除去读者、译者自身文化背景、翻译动机等因素,出版商也会影响到译者的翻译过程。霍克思一再强调《石头记》的翻译目的与《楚辞》完全不同。由于《石头记》由企鹅书局出版,因而霍克思在追求译文准确性的同时还追求译文的趣味性,这不同于追求学术性的《楚辞》翻译。比起《楚辞,南方之歌》的出版商牛津大学,企鹅书局的商业性质更浓,而正是基于出版商及潜在读者的考虑,霍克思在翻译《石头记》时不以一向最为看重的忠实传译和文化传达为考量,放弃学术上的诉求转而追求译文的趣味性。恰如勒菲弗尔在《翻译、历史与文化论集》一书中所说:"译者在与出版商打交道的时候往往没有多少自由可言,如果他们想让自己的译文出版的话。"② 赞助人对译者的影响可见一斑。然而,考虑到《离骚》英译最初是为其汉学研究所服务,而且整部《楚辞》翻译也是霍克思博士论文的一部分,译文以学术性为导向,由此我们可以断定,《楚辞》英译受到外部机制的影响较于《石头记》英译来说要相对少一些。

就译者的处理而言,霍克思认为好的译者不应该天马行空,而要忠实原文,其《离骚》译文紧贴原文,很多地方选择直译都体现了他的翻译观。他认为:"译者应该谦卑,更多关注原作的忠实传译与接受效果,而不是发挥自身的创造力或者是企图获得更高的个人声誉。"③ 值得一提的是,霍克思对翻译中忠实传译的重视不代表他完全反对对原作进行细微的改动。因为除了准确性,霍克思还追求译文的可读性,这从霍克思对其他译文的评价中可以看出。

例如,在他看来,"理雅各的译文忠实体现了王逸的注释,可能在很大程度

---

① David Hawkes (trans.), *Ch'u Tz'u, the Songs of the South: An Ancient Chinese Anthology*. London: Oxford University Press, 1959: vii.

② Andre Lefevere (ed.), *Translation/History/Culture – A Sourcebook*. London and New York: Routledge, 1992: 19.

③ David Hawkes, *Classical, Modern and Humane Essays in Chinese Literature*, eds. John Minford & Siu-kit Wong. Hong Kong: The Chinese University Press, 1989: 235.

上得益于圣·德尼侯爵 1870 年的法文翻译。它当然比巴克的翻译更准确，但由于作者明显地轻视原文而使译文受损，这使他逃避了自己的责任，没能使其译文对英语读者产生吸引力……理雅各对任何形式的诗歌都没有感情，他承担翻译这部作品的任务，似乎是因为《离骚》被中国学者认为是一部重要的文学作品"。①而对于林文庆的译本，他觉得虽然配有详尽的注释，然而却"不及理雅各译本准确，同时缺乏文学价值"。②

可见，霍克思对各家译文评价时最基本的两个尺度即译文是否准确和优美，也就是上文所说的译文是否达到准确性与可读性二者的统一。准确性要求译作应该在正确理解原文的基础上尽量准确无误传达原作，可读性又要求译者不能干巴巴地直译，必须在保证译文准确的同时也满足文学性的要求。正是在准确性与可读性统一的翻译目标预设的基础上，霍克思采取了介于直译与意译的处理方式，结合注脚和序言对背景及人物典故历史进行详尽的介绍，如此，既不破坏译文的美感，也保证了原语文化的传达。

对可读性的追求表明霍克思充分考虑到译文在译入语文化中的接受情况。为了达到译作的传播和接受效果，霍克思并不排斥在翻译过程中对原作进行一些合乎常理的转化。转化原文这一点，即便是在作为汉学入门教材的杜甫诗歌翻译《杜诗入阶》中也有体现，如《哀江头》"明眸皓齿今何在"一句中"皓齿"的翻译，霍克思没有选择直译，而是用"the flashing smile"翻译汉诗的"皓齿"。对此他解释说是中西文化差异使然，因为西方半个世纪以来层出不穷的牙膏广告已经使得欣赏女人牙齿这一行为趋于滑稽可笑；而在中国人的审美意识中，朱唇微启显露雪白的牙齿却是'美人'的一个重要标志。③ 为了兼顾西方读者的审美意识，霍克思放弃传达"皓齿"这一无法在西方读者心中产生美感的事物，而用微笑代替，乍一看二者毫无关系，但却有着内在的关联。首先，微笑是英语世界读者比较容易接受和理解的动作；其次，添加"flashing"（闪亮、闪光）一词来暗指牙齿洁白，即暗含了露齿这一特征。这样的转化在一定程度上保留了原文的意思，也迎合了译入语文化的审美期待，不失为成功的尝试。类似的例子在《离骚》翻译中也并不少见，如"众女嫉余之蛾眉兮"一句，"蛾眉"指眉毛形若蚕蛾触须，细长而弯曲，形容眉毛长得很美丽，如《诗·卫风·硕人》有"螓首蛾眉，巧笑倩兮"之句。由于文化传统的差异，若用蚕蛾指代美貌，英语世界读

---

① David Hawkes (trans.), *Ch'u Tz'u, the Songs of the South: An Ancient Chinese Anthology*. London: Oxford University Press, 1959: 215.
② David Hawkes, "English Translation of Ch'u Tz'u," *Ch'u Tz'u, the Songs of the South: An Ancient Chinese Anthology*. London: Oxford University, 1959: 216.
③ David Hawkes (trans.), *A Little Primer of Tu Fu*. Oxford: The Clarendon Press, 1967: 54.

者不仅丝毫体会不到美感，还会不知所云。与卓振英"brows nice and long"的译法不同，霍克思放弃直译，对蚕蛾这一意象也略过不提，直接译为借代意"delicate beauty"。这种译法既避免了卓振英的直译给读者带来的困惑，表达的意义在程度上也比许渊冲译本的"beauty"更贴近原文，同时还给读者留下了想象的空间，译文符合其对准确性和可读性的追求。

二、许译本翻译目的及译文追求

许渊冲有着与霍克思相似的个人经历。读研究生期间，他将英国作家德莱顿的诗剧《一切为了爱情》译成中文，这是他翻译的第一部文学作品。1948年赴法国留学，暑假期间来往于巴黎和牛津两地，住在表叔熊氏一家，结识了不少中国名人和留学生，极大拓展了自己的见闻。在写作学位论文《拉辛剧中的妒忌情素》的过程中，许渊冲发现法国学者对东方文化知之甚少，这坚定了他向西方译介中国古典诗词的决心。在回忆录《追忆逝水年华》一书中，许渊冲谈到："为了继承和发扬祖国的文化……我把诗经、唐诗、宋词、元曲等译成了英、法译文。"① 他还说："把中国文化的精粹《诗经》、《楚辞》、唐诗、宋词、元曲等译成外文，就是为中国文化登上世界文坛的宝座开辟道路。"② 可见，许渊冲的翻译初衷是向西方读者展示中国的古代文学宝藏。

许渊冲既是一位翻译实践家，同时也是一位出色的翻译理论家。在相当长一段时间的翻译教学和翻译研究过程中，他对中西文化、诗歌和译论等逐渐萌生比较意识，并随之提出了自己的看法。在他看来，西方文化重利，张扬外放，放纵身体欲望，中国文化重义，含蓄内敛，性爱描写在古诗中寥寥无几；英国诗歌惯于直抒胸臆，往往言尽意穷，中诗则偏于借景抒情，常常意在言外。同时，许渊冲更认为中诗英译的理想译者应该是中国人，而不是外国人，这与霍克思的中英合译看法不同。在许渊冲看来，外国译者对中诗的理解程度无法与中国译者相提并论，而翻译的关键在于译者的理解力。他在《翻译的艺术》一书中指出："一般来说，翻译中国诗词，中国译者的理解力比外国译者强，因此，只要能用外语表达自己的思想（相对而言，这点比理解中文诗词更为容易），译文就有可能达到比外国译者更高的水平。"③ 在此基础上，许渊冲提出了"三似""三美""三之"等翻译理论。他更把文学翻译分为低层次翻译和高层次翻译，前者包括直

---

① 许渊冲：《追忆逝水年华》，生活·读书·新知三联书店1996年版，第29页。
② 许渊冲：《追忆逝水年华》，生活·读书·新知三联书店1996年版，第245页。
③ 许渊冲：《翻译的艺术》，中国对外翻译出版公司1984年版，第178页。

译、形似、文字翻译等，后者则包括意译、神似、文学翻译等。他认为，直译不如意译，形似的译文不如神似的译文，文字翻译不如文学翻译。他进而认为，为了神似，可以不忠实于原文的语言形式，而需要发挥译文语言的优势，这样的情况之下，可以舍弃"忠实"而取"优势"，即创造性的翻译。

尽管许渊冲也注重忠实，但在他看来，当忠实与优美无法兼顾时，选择优美的译文则更高一筹。这也与他的"三之"理论紧密相连。他将"知之、好之、乐之"定位为译文接受程度的三个级别，且高低有序。他指出："忠实的译文只能使读者'知之'，忠实而通顺的译文才能使读者'好之'，只有忠实通顺而又发挥了优势的译文才能使读者'乐之'。"① 许渊冲在《译文能否胜过原文》一文中曾提出"文学翻译是两种语言文化的竞赛"的观点，这里所说的"发挥了优势的译文"更多指的是在竞赛时发挥译语的优势，使翻译这一再创作胜过原创，通过译文再现原作的文体美和语言美，使译文的读者能够像读原作一样得到美的享受。许渊冲借由翻译而传播中华文化也是为了追求美。在他看来，翻译文学正是为全世界创造美的艺术，"如果能把一个国家创造的美，转化成为全世界的美，那不是最高级的善，又是最高级的乐趣吗！"② 他还说："译诗的主要目的不是使诗人流传后世，而是使人能分享诗人美的感情。"③ 由此可见，译文追求美的艺术性，是许渊冲翻译《离骚》的最显著特点。许渊冲典籍外译的主要动机是向世人展现蕴含在中国文学及文化之内的美，而"三之"一体则是译文应该达到的目标。

了解许渊冲的翻译理论后，我们就不难理解他的《离骚》英译何以重视韵律节奏、以诗译诗。如前所述，霍克思翻译《楚辞》，一方面是因为当时翻译研究《诗经》是热潮，而代表南楚文化的《楚辞》则鲜有人问津；另一原因则是已有的与《楚辞》相关的汉学家译本皆是部分篇目的选译，而只有全译典籍才能更好地理解《楚辞》文化。而许渊冲翻译《楚辞》时，国外有霍克思十七卷全译本，国内杨宪益夫妇、孙大雨也都翻译过《楚辞》。那么，在这种情况下，许渊冲为什么还要翻译《楚辞》呢？

关于文学作品的重译，许渊冲有如下看法：首先，新译应该尽可能不同于且高于旧译，新译对于旧译或前译的缺点和不足要加以改进和超越，对于无法超越之处，则应加以吸收；其次，要发挥译语优势，采用译语最好的表达方式。许译本《离骚》运用"oh"翻译原文中的"兮"字词，这在《楚辞》英

---

① 许渊冲：《知之·好之·乐之·三之论——再谈发挥译文语言优势》，载于《外语与外语教学》1998年第6期。
② 许渊冲：《追忆逝水年华》，生活·读书·新知三联书店1996年版，第6页。
③ 许渊冲：《诗书人生》，百花文艺出版社2003年版，第17页。

译史上不得不说是一个创举。就译文的韵律、诗行、长短而言，他确实做到了他所追求的"以诗译诗"。就发挥译语优势（即达到所谓的"乐之"接受效果）而言，许译本偏于归化，对历史典故、花草名物等都采取归化处理，便于读者理解。

关于《楚辞》英译的翻译策略，许渊冲较少谈到，但可以从他对其他译作的谈论中总结他对译文的追求。在与王辛的访谈中谈论到《论语》英译的简化处理时，许渊冲直言："我不是为古人翻译，过时的，没有用的，比如里面讲的一些不知名的古代乐器，你讲它干什么？古代礼仪，戴什么帽子穿什么衣服，翻出来一点意思都没有。"① 在许渊冲看来，古代典籍中仪式性的事物可以省略不译，因为读者看不懂，没有实际意义。如此，我们便可理解他为何对《离骚》中的人名、地名、植物花草名等省略不译。关于重译，除了以上提到的两点之外，与译者展开竞赛也是许渊冲重译文学作品的一大原因。在谈到《约翰·克里斯多夫》的重译时，许渊冲直言他是在和傅雷竞赛，并力图超越。在他看来，重译是提高翻译水平的一个好方法，文学翻译是两种语言的竞赛，而重译则是两个译者之间、甚至译者和作者之间的竞赛。②

许渊冲在翻译时倾向于归化处理，他在译本前言里指出屈原是中国文化史上的第一座"高峰"，是民族文化大合唱中的第一个"最强音"，而散体译者却把《楚辞》译成"山峦"和"大合唱"了。在他看来，英译《楚辞》一定要再现原诗的意美、音美、形美，唯如此，才能使《楚辞》这座高峰屹立于世界文化之林。③ 当时分行散文的译法大行其道，而许渊冲坚持以诗译诗，与主流诗学背道而驰。许渊冲在翻译过程中不断构建自己的翻译理论体系，如著名的"三似论"（意似、音似、形似）、"三美论"（意美、音美、形美）、"三化论"（深化、等化、浅化）、"三之论"（知之、好之、乐之）、"发挥优势竞赛论"等等，这些翻译理论集中体现了他对译文的追求。在谈到"三似""三美"的关系时，许渊冲强调意美居第一位，音美次之，最后是形美，如果三者不可得兼，可以放弃音似和形似，但无论如何都要尽可能传达原文的意美和音美。④ 尽管许渊冲在诗歌韵律上的煞费苦心值得肯定，但不可否认的是，由于过于追求形美，其译文和卓译本一样有以韵害意之嫌。

---

① 王辛：《敢为人先豪气在，汉诗西译第一人——著名翻译家许渊冲先生访谈录（上）》，许渊冲《续忆逝水年华》，湖北人民出版社 2008 年版，第 247 页。

② 王辛：《敢为人先豪气在，汉诗西译第一人——著名翻译家许渊冲先生访谈录（上）》，许渊冲《续忆逝水年华》，湖北人民出版社 2008 年版，第 251 页。

③ 许渊冲译：《楚辞》，中国对外翻译出版公司 2009 年版，"前言"，第 13 页。

④ 许渊冲：《翻译的艺术》，五洲传播出版社 2006 年版，第 81 页。

三、卓译本翻译目的及译文追求

卓振英的《楚辞》译文是《大中华文库》（汉英对照）的系列成果之一，因而对其产生背景的分析自然就必须建立在对《大中华文库》产生背景的探讨上。《大中华文库》是中国历史上第一个全面而系统的中国文化典籍外译工程，于1995年正式立项，计划从先秦至近代选取100本经典著作，内容涵盖文化、历史、哲学、经济、军事、科技等领域，由专家对选题和版本详细校勘、整理，由古文译成白话文，再从白话文译成英文。

总编杨牧之在总序里提到其诞生的缘由："西学仍在东渐，中学也将西传。各国人民的优秀文化正日益迅速地为中国文化所汲取，而无论西方和东方，也都需要从中国文化汲取养分。正是基于这一认识，我们组织出版汉英对照版《大中华文库》，全面系统地翻译介绍中国传统文化典籍。"[①] 这说明与文库其他典籍的外译一样，《楚辞》英译也是以文化传播为目的和宗旨。卓译本《楚辞》封面推介这样写道："本书英译不但形神兼似，而且反映了楚辞研究的最新成果"，这样的定位恰当与否还有待进一步考究，然而就其产生背景可知，卓译本《楚辞》是基于中华文化的介绍与传播这一翻译目标，则是确定无疑的。

卓振英在《汉诗英译论纲》一书里从文化建构、新经典创造、构建民族核心价值体系、推进译学研究等方面入手，分析了典籍英译的必要性。[②] 在他看来，典籍外译可以用来阐释和弘扬中国文化，而且有助于参与民族核心价值体系的重新建构，创造全球意义上的新典籍。卓振英认同翻译是一种改写的观点。他指出："翻译是受社会文化制约的。汉诗英译有普及型和学术性之别。《大中华文库》是新闻出版总署立项的重大翻译出版工程，翻译、出版的目的是弘扬华夏文化、满足文化层次较高的中外读者欣赏、收藏和研究的需要，其汉诗的英译属于学术型翻译。目前《大中华文库》已确立其典籍英译精品的地位。《楚辞》英译必须适应这一情势。"[③] 由此可见，卓译本以学术性为追求，读者定位为对中国文化感兴趣且有所了解的专业读者，鉴于此，卓振英也采取了介于直译和意译之间的翻译策略。注重考辩，译文追求形式和内容的结合，成为他翻译《离骚》的显著特点。

鉴于《大中华文库》系国家项目这一特殊性质，译者本身不需要考虑商业因

---

① 《大中华文库·楚辞》，陈器之、李奕今译，卓振英英译，湖南人民出版社2006年版，"总序"，第8页。
②③ 卓振英：《汉诗英译论纲》，浙江大学出版社2011年版，第7~8页。

素，因而在翻译过程中所受到的外在制约也随之减少。就翻译方法而言，如上文所述，卓译本《楚辞》通过调换语序、缩略词和音节、分行、句型转换等方法来实现译文的"形似"，达到以诗译诗的效果。卓振英本人同时也是一位翻译理论家，他的翻译观点在与杨成虎、周洁两位学者的辩论中显露无遗。卓译《离骚》篇名为"Tales of Woe"，这一译法受到了杨成虎、周洁二人的批评。他们认为："虽然《离骚》中有叙事成分，如女嬃话语、三次飞行、求女、灵氛占卦等，但诗篇的总体特征是抒情，选用 tales 一词显得不合适。"① 对此批评，卓振英做出了反驳：1.《离骚》既有叙事也有抒情，绝对化地将其看作抒情诗或叙事诗都不妥当；2."Tales"指叙事，"Woe"指抒情，二者兼顾，并没有不合适之处。所以，他指出，《楚辞传播学与英语语境问题研究》一书作者略过"of Woe"只谈"Tales"的做法属于偷换概念，不足为信。② 卓振英在文中对于《楚辞》的其他批评也一一作了辩解，由于篇幅所限，此处不再赘述。

卓振英认为优秀的翻译应以正确理解典籍为基础，他在《典籍英译中的疑难考辨——以〈楚辞〉为例》一文中举例总结了训诂、考据、整合、移情关照、语言逻辑推理等具体的考辨方法，指出必须对诠释加以考辨，避免误译。卓译《离骚》对植物名的处理在一定程度上体现了他对考辨的重视，但其译文仍然难免出现明显的错译。以"鲧婞直以亡身兮，终然殀乎羽之野"两句为例，对于人物"鲧"的翻译，三部译本处理各不相同，许渊冲译为"the flood‑fighter"，这符合其一贯的处理方式，用典型事迹和人物角色对人名进行翻译，能使读者一目了然人物的身份和职业，却不利于具体神话故事的介绍与传播。霍克思则直接音译为"Gun"，再加上详细的注释，不仅介绍了鲧治水的传说，同时还涉及鲧死后尸体三年不腐生大禹、鲧变大熊（或水怪）、大禹治水等故事，详细深入地介绍了与鲧、禹治水相关的中国神话故事。再来看卓译本的处理："'Tis because of his uprightness that Yao was sent/To exile in Yushan th' wilderness in his prime."③ 笔者认为这里显然存在误译。传说中鲧和尧是君臣关系，这两句诗的意思是鲧刚愎自用，不顾尧的命令，最终被杀于羽山。《天问》篇曰："永遏在羽山，夫何三年不施？"而据《山海经》："鲧窃帝之息壤以堙洪水，不待帝命。帝令祝融杀鲧于羽郊。"④ 我们由此可知，鲧是否被流放于羽山无法确定，但其最终被杀死在羽山却是毋庸置疑的。在卓译本笔下，鲧译成了"Yao"，这是明显的错误，因为鲧和尧是两个同时存在且完全不同的人物；其次，按照《离骚》原文之意，只

---

① 杨成虎、周洁：《楚辞传播学与英语语境问题研究》，线装书局出版社 2008 年版，第 100 页。
② 卓振英、来伟婷、江庆：《楚辞英译若干问题的商榷》，载于《云梦学刊》2011 年第 5 期。
③ 卓振英译：《大中华文库：楚辞》，湖南人民出版社 2006 年版，第 13 页。
④ 郭璞注：《山海经》，上海古籍出版社 2015 年版，第 401 页。

表达了鲧被杀于羽山,并未曾提到放逐,卓译本提放逐而不提被杀,这在意义传达上有误。这说明卓振英在考据之时有所疏漏,并不全面。

卓振英通过训诂、考据、推理等方法对《楚辞》释义历来有分歧的观点进行考辩,就 50 处分歧提出了自己的看法。以《离骚》中的"美人""朝谇夕替""女媭""径待"四处考辩为例,卓振英先是列举以往各家释义,不仅包括王逸、朱熹及马茂元三家传统释本,而且将刘德重、吴广平、陈子展等今人的释义也考虑在内,紧接着联系原诗上下文或别的诗篇指明自己认同的观点。在他看来,"美人""朝谇夕替""女媭"三者当分别作"楚王""朝进谏,夕被废""姐姐"解,这与王逸的看法并无区别;而最后一个"路修远以多艰兮,腾众车使径待"中的"待",则有不同的理解。首先来看三位译者分别是怎么处理的:卓振英译为"I instruct the carriages to be on the watch/For long and rugged and difficult is the way"①,霍克思译为"So long the road had been and full of difficulties/I sent word to my escort to take another route"②,许渊冲译为"The way is perilous and long, oh/I bid cars go another way"③。对比分析可知,在霍克思和许渊冲笔下,因为此路漫漫且艰难险阻,因而使众车走另一条路;而在卓振英笔下则是正因为路途修远多艰,因而需要众车来保卫。路修远多艰恰好是使众车径待的缘由,对于"待"一词,卓振英联系"今城郭不完,兵甲不备,不可以待不虞"(《韩非子·外储说左上》)中的"待"一词,认为"待"应作"防备"解。卓振英此处的处理的确反映了较新的研究成果,其他三处则只能算作是在众多释义中进行考证从而选择信赖的底本,与霍克思、许渊冲两位译者无异。

与霍克思赞同对原文进行细微的改动相同,卓振英认为翻译过程中对原文酌情进行调适是必要的:"为了让西方读者了解东方和中国的思想、思维方式,可采用异化译法,保留原文的思维特征和逻辑结构;然而,若对于某些字句胶柱鼓瑟,照搬原作的逻辑建构,便会令西方读者难以接受和理解。在这种情况下,只要不扭曲原作的内容和意境,不伤害原作风格之大雅,译者就可以在逻辑上介入,采用归化法,对原有的逻辑结构酌情做些调适。"④ 然而,与霍克思着眼于意象的转化不同,卓振英侧重对原文的逻辑进行合理的调适。卓译《离骚》中司空见惯的对原文句子、句式上的结构调整,如颠倒句子成分、调换诗行等都体现了他对原文逻辑的细微调适,如"指九天以为正兮,夫唯灵修之故也"两句,卓

---

① 卓振英译:《大中华文库:楚辞》,湖南人民出版社 2006 年版,第 31 页。
② David Hawkes (trans.), *The Song of the South: An Ancient Chinese Anthology of Poems by Qu Yuan and Other Poets*. Harmondsworth: Penguin, 1985: 78.
③ 许渊冲译:《楚辞》,中国对外翻译出版公司 2008 年版,第 41 页。
④ 卓振英:《汉诗英译论纲》,浙江大学出版社 2011 年版,第 92 页。

译为"I swear that I'd spar'd no effort for th' monarchy/Providence could be witness of my royalty"①，与霍克思和许渊冲两位译者紧贴原文句式结构的处理不同，卓译调换了原文的先后逻辑，先陈述衷心，再言起誓的对象。

同时，为了制订正确的翻译策略，译出成功之作，卓振英提出在汉诗英译过程中对原文做出总体审度的观点，旨在对原作的总意象及预期翻译文本的文化定位等做到心中有数。这里的总体审度是指"对作者的思想、生平，作品的内容、风格、形体、类别、版本和时代背景，现有英译的各种版本，相关的翻译方法论以及决定预期翻译文本文化定位的社会文化因素等等进行一番深入细致的研究"。② 而通过对《楚辞》进行总体审度，卓振英确立了《楚辞》英译的翻译指导原则：预期翻译文本应反映和体现《楚辞》研究和译学研究的最新成果，最大限度地再现原作的形式美、音韵美、节奏美、情感美、意境美和风格美，使译作与原作臻于形神兼似。③ 为达到形似，卓振英遵循以诗译诗的原则，在翻译过程中注重原文节奏韵律的传达。然而就内容传达而言，卓译《离骚》所呈现出来的实际效果与其对体现楚辞学研究最新成果的追求相差甚远。尽管卓译《离骚》定位于专业读者，但由于《离骚》距今年代久远本身晦涩难懂，同时又具有多科性、多义性等特点，加之缺少相关注释，即便是专业读者也很难通过阅读译文就读懂《离骚》。实际上，卓译本很难实现其中华文化对外传播的宗旨。

综合以上分析可知，霍克思、许渊冲和卓振英三位译者在英译《离骚》的过程中，较少受到赞助人、主流诗学等的制约，译者能够较自由地按照自己的理解来阐释《离骚》。三位译者的翻译目的也大致相同，都以介绍和传播中国典籍文化为宗旨。而三家译文呈现出来的效果却各不相同，这主要是由于译者有着不同的译文追求。霍克思追求译文准确性和可读性的统一，准确性是就译文内容的传达而言，而可读性不仅表现为对诗句长短节奏的重视，更体现为迎合目标读者的需求。霍译本不仅附着大量背景知识介绍和专业注释，在翻译过程中还对《离骚》原文中的意象等进行必要的细微转化以符合读者的审美期待。许渊冲在翻译实践中践行自己的翻译理论，译文追求意义、音乐和形式"三美"统一，在他看来，还原远古的仪式或名物文化对于今天的读者来说毫无意义，而还原诗歌形式之美却有助于树立《离骚》的文学经典地位，因而与霍克思的学者式翻译不同，许译本《离骚》倾向于简化处理。作为最新近的《离骚》英译本，卓振英追求译文形式和内容的统一，以诗译诗，通过缩略、换行等等方式来呈

---

① 许渊冲译：《楚辞》，中国对外翻译出版公司2008年版，第7页。
② 卓振英：《典籍英译中的决策与审度——以〈楚辞〉为例》，引自《中国英汉语比较研究会第八次全国学术研讨会论文摘要汇编》，2008年，第31页。
③ 卓振英：《汉诗英译论纲》，浙江大学出版社2011年版，第52~62页。

现原诗的形式美,然而由于过度重视韵律节奏,难免有以韵害意之嫌,主张考据,对文化语汇的传达中规中矩,并没有实现其体现最新研究成果的翻译目标。

第四节 《离骚》英译的价值与意义

译者的翻译目的、译文追求等制约其翻译策略,最终影响译本的形成。霍克思、许渊冲和卓振英三家译本各有所长,对其接受情况的分析研究也有助于丰富《离骚》英译研究。由于三位译者的《离骚》英译都包含在《楚辞》英译当中,对《离骚》英译的接受情况研究不可避免延伸到对整个《楚辞》翻译的研究。

一、三部译本的接受与影响

霍克思的《楚辞,南方之歌》译本有 1959 年、1962 年和 1985 年三个刊行版本,但 1962 年的版本是 1959 年初版的平装版,二者内容完全一致,因此在内容上有变化的只有两版。1985 年由企鹅出版社出版的《楚辞》较之于前两版在内容上作了修订。时隔近 30 年再次出版修订版,体现了霍克思严谨的治学态度,同时也说明霍译本受到读者的喜爱。译文存在的误译和错译丝毫不妨碍其成为经典汉学译作,无论初版还是修订版,霍译本是西方文学和汉学领域研究《楚辞》时必加征引的作品。

1959 年,霍译本《楚辞,南方之歌》一经出版,便引起汉学家的关注。首先,译文在书名、全译本意义、内容传达、技巧运用及汉学价值等方面得到加拿大汉学家杜百胜(W. A. C. H. Dobson)的高度评价,他认为:"霍克思新任牛津大学汉学教授就以其对一部重要作品的翻译延续了牛津卓越的汉学传统,这是一个很好的开场。"[①] 在他看来,霍克斯的译文属上乘之作,既可为一般读者欣赏之读物,同时也是学术研究上急需的工具书,可用于专业学者的学习。同年 11 月,曾翻译过《老残游记》的康奈尔大学教授哈罗德·沙迪克(Harold Shadick)也对霍译本的全译、译文的学术涵养和可读性诸方面给予了肯定评价。[②] 1960 年

[①] Wiliam A. C. H. Dobson, "Reviews of Books," *Journal of the American Oriental Society*, 79.2 (1959): 146.

[②] Harold Shadick, "Book Reviews," *The Journal of Asian Studies*, 19.1 (1959): 77.

4月韦利在《大不列颠及爱尔兰皇家亚洲学会学报》上发表短文评论，指出霍译最突出的两个特点是照顾绝大多数读者的需求及学术性与文学性的融合。① 综上可知，学术界对霍克思译文的评价多着眼于译文优美、全译地位、文学性、可读性等方面，这也与霍克思的翻译目标相一致。

除了获得学术界的高度评价之外，霍克思的《楚辞》译本还得到汉学家们的广泛征引，是当之无愧的《楚辞》英译的范本。牛津大学教授苏理文（Michael Sullivan）在《中国美术导论》（An Introduction to Chinese Art，1961）一书中大量引用了1959年出版的《楚辞，南方之歌》中的观点。1966年此书再版更名为《中国美术史》（A Short History of Chinese Art），成为西方高校学习研究东方艺术的通用教材，霍克思及其《楚辞》英译也随之在西方高校广泛流传。柯迂儒（James Irving Crump）在其著名的《忽必烈汗时期的中国戏剧》（Chinese theater in the days of Kublai Khan，1980）一书中但凡讨论到《楚辞》时，皆以霍译版《楚辞》为引用和论证对象。霍译《楚辞》被教科书或学术研究著作所征引的例子不胜枚举，2000年美国哥伦比亚大学和中国香港大学联合推出的由闵福德、刘绍铭编录的《含英咀华集》（Classical Chinese Literature，An Anthology of Translations Volume 1：From Antiquity to the T'ang Dynasty），第一卷中即有好几章征引霍克思的译文。此外，白之（Cyril Birch）编辑出版的《先秦至十四世纪中国文学选集》（Anthology of Chinese Literature from Earliest Times to the Fourteenth Century，1965）一书也收录了霍克思的《楚辞》部分篇章译文，《离骚》诗篇赫然在列。

霍克思的《楚辞》译文在西方文学领域尤其是汉学界影响深远，一方面是因为全译《楚辞》在西方汉学界具有开创性的意义，全译本也为英语世界读者提供了全面和深入了解中国典籍《楚辞》的契机；另一方面则是因为霍译本本身译文优美，内容传达完整，是可读性和准确性的统一，能同时满足文学爱好者和专业学习者的要求。

不同于西方学者的一致赞扬，许渊冲对霍克思的译文的评价具有两面性。他在《楚辞》英译序言中指出，霍克思的译法比较准确，却"只能使人知之，不能使人好之、乐之"②，在他看来，译诗如果不用韵，就达不到原诗的效果，传达不出原诗的美。因而许渊冲自己在翻译时采用以诗译诗的方式，注重韵律和诗歌形式的传达，企图还原原文的音美、意美和形美。许渊冲深信自己的这种做法一定会受到广大读者的欢迎，他在与许钧的访谈中说："我的读者中有我的老师

---

① Arthur Waley，"Reviews of Books，" *Journal of the Royal Asiatic Society of Great Britain and Ireland*，No. 1/2，1960：64 - 65.

② 许渊冲译：《楚辞》，中国对外翻译出版公司2009年版，"前言"，第13页。

朱光潜、钱锺书，我的同学杨振宁、朱光亚，美国加州大学、法国巴黎大学的外国教授，英国企鹅出版社的编辑，自然还有我的学生。他们都对我的译著作了高度评价，但我认为最高的评价来自墨尔本大学的美国教师 Jon Kowallis，他说我英译的《楚辞》非常了不起，可算英美文学里的一座高峰。"①

他认为自己的译文毫不逊色于霍译本，原因在于其追求译文意美、音美和形美的统一，从而译文能够使读者知之、好之进而乐之②。许渊冲文学翻译目的的"三之"论主要是针对读者的反应而言，这与西方的接受美学理论有相似之处，后者强调文本本身并不产生独立的意义，而是借由读者在阅读过程中对文本的具体化来实现其意义。使读者"好之，乐之"的文学翻译目的论本身无可厚非，然而读者的审美趣味具有多样性，每个译本也都有其存在的空间，读者可以各取所需。许渊冲以归化翻译策略而追求好之、乐之，是否真正符合英语世界读者的审美需求？

马红军在《从文学翻译到翻译文学——许渊冲的译学理论与实践》一书中提到读者错位的问题，他指出："中国译者的韵体诗虽然在国内大受欢迎，但国内读者越认可，译作距离文化交流的目标可能反而越远，而译者就越倾向于忽视目的语文化，进而从文化交流蜕变为自娱自乐。"③ 他认为许渊冲在译诗数量和韵体译诗两方面取得了令人瞩目的成就，但其译作的目的读者指向仍有错位之嫌，这体现在译文对必要背景知识介绍的缺乏。马红军曾在 2003 年 11 月至 2004 年 3 月期间就许渊冲的翻译策略和中诗英译相关问题对西方英文为母语的读者作了一次问卷调查，问题设计包含总体的翻译策略及许译诗歌个案优劣评价，目标对象为爱好文学、受过高等教育（学士学位以上）的人士，不限年龄、性别和职业，在 203 名调查对象中，89% 为美国籍，另有少部分加拿大、澳大利亚、英国国籍等。在对理想化译文的评价标准一项中，调查结果显示被调查对象更倾向于喜欢直译、自由诗体译文，同时看重辅助条件，如译者的说明、背景介绍等。同时，在对问卷所涉及的许渊冲 6 首英译诗歌（《静夜思》《江雪》《竹枝词》《无题》《春望》《为女民兵题照》）的评价上，外国读者在主题、节奏、音韵等方面的特点给出了介于很好和一般之间的总体评价，而这 6 首英译诗歌在国内却颇有盛名。从问卷调查结果来看，中外读者对中诗英译的看法和审美标准并不相同。

---

① 许钧：《翻译："美化之艺术"——新旧世纪交谈录》，见许钧等著：《文学翻译的理论与实践——翻译对话录》，译林出版社 2001 年版，第 57～58 页。
② 知之，指知道原文说了什么；好之，指喜欢译文怎么说的；乐之，指对"说什么"和"怎么说"都感到乐趣，而乐之是翻译的最高境界。
③ 马红军：《从文学翻译到翻译文学——许渊冲的译学理论与实践》，上海译文出版社 2006 年版，第 154 页。

与霍克思的《楚辞》译文相比,许渊冲译本在西方世界的影响和知名度要小得多,除《楚辞》外,许渊冲的英文译作还包括《诗经》《唐诗三百首》《宋词三百首》《李白诗选》《西厢记》等,然而除了《不朽之歌》(Songs of the Immortals)于1994年由企鹅出版社和我国新世界出版社联合出版外,许渊冲并没有别的译作在国外出版,其译作也尚未真正进入西方诗歌翻译界或汉学界的视野。许渊冲曾被《中国文化报》誉为"国内外将中文诗词翻译为英法韵文的唯一专家",其翻译理论在国内学界也引起不小的轰动,然而许渊冲的海外影响则远远不及国内。美国翻译家温伯格(Weinberger)在列举自20世纪初以来比较有影响的中诗英译者时对数量庞大的中国译者只字未提;旨在让译者更为可见的《牛津英语翻译文学指南》(The Oxford Guide to Literature in English Translation,2000)一书里,中国译者中也只有杨宪益夫妇榜上有名。这和霍克思《楚辞》英译得到的诸多征引情况相去甚远。可见,许渊冲的《楚辞》译本影响主要是在中国本土。许渊冲曾直言:"我在国外出不了这个成绩……我的诗体译文在国外是很难出版的。我现在出版了五十多本译著,这是在美国连做梦也想不到的事。"① 这进一步说明了许译作品在国外的影响远远不如国内。

作为最新近的《楚辞》英译本,卓振英的译文在国外的接受情况和许译本相似;同时就学术研究而言,其在国内的影响和关注度也远不及霍译本和许译本。由于卓译本《楚辞》是大中华文库的系列成果之一,对其海外影响研究则离不开对《大中华文库》系列图书的传播情况研究。大中华文库汇聚了季羡林、任继愈等近百位学者参与其中,历时20多年,多家出版社共同参与,同时获得政府的极大关注,前总理温家宝为它的出版曾来信两次、批示一次。《大中华文库》拥有得天独厚的政治、经济支持,那么,被多家媒体竞相盛赞为"中外交流桥梁""迎接新世纪文明的太阳""传译中国名片"等的《大中华文库》在海外影响到底如何?作为国家出版工程,《大中华文库》已知的海外传播情况多是政府外交行为,如胡锦涛2006年向耶鲁大学赠送精心挑选的中国图书,其中就包括《大中华文库》(汉英对照);温家宝2009年在西班牙塞万提斯学院出席文化交流会时赠送该学院《大中华文库》(汉英对照);李长春出访欧亚国家,携带《大中华文库》② 作为国礼。除此之外,《大中华文库》在海外学界的影响甚微,可见中华文化走出去的确任重而道远,据此不难看出卓译本《楚辞》在海外的影响也微乎其微。

---

① 王辛:《敢为人先豪气在,汉诗西译第一人——著名翻译家许渊冲先生访谈录(下)》,许渊冲《续忆逝水年华》,湖北人民出版社2008年版,第258页。

② 陈香:《〈大中华文库〉汉英对照版110种即将出齐》,载于《中华读书报》2011年3月,第1版。

二、诗歌典籍英译的启示

《离骚》经典是内容和形式的统一，要在翻译中准确传达其所具有的多义性和骚体诗特有的文学风格特点并非易事，这就要求译者在翻译时有所保留，有所舍弃。霍克思、许渊冲和卓振英三位译者的《离骚》译本各有所长，霍译本胜在注释详尽，舍弃形式，注重内容，对文化意义的传达最为全面和完整；许译本胜在对《离骚》诗体语言风格传达上，运用"oh"句型是对骚体诗特有的"兮"字句型的一种尝试，全篇用韵以呈现原文的音美。卓译本全方位运用拆分诗行、缩略音节、调换句子结构等方法还原原文的韵律和节奏，主张在考据的基础上传达原文内容。尽管三位译者都把介绍和传播中国文化作为译文的追求目标之一，三家译本在文化语汇的阐释方面各有其特点，同时也难免存在诸如简化、误译等多种问题。

由于文化背景和文化立场不同，三位译者对《离骚》原文的理解不尽相同，加之各自有着不同的译文追求，三家译文自然呈现出截然不同的风格。许译本和卓译本只在译本前言中对屈原其人和《楚辞》篇章作了极其简要的概释，译文缺乏对知识背景的介绍及注释。许渊冲在翻译过程中贯彻自己的翻译思想，采取归化的翻译策略，对《离骚》中丰富的历史、文化简单化处理，在便于读者理解的同时也降低了《离骚》文本所富含的文化内涵；卓译本对《离骚》植物名的翻译体现了自身一直强调的考据思想，然其对于人名、传说等富含文化意义的语汇皆采取直译的方式，这虽无损于文化传达，但由于缺乏注释作为参考，译文在很大程度上给读者的阅读和理解带来了不小的困难。尽管卓译本以专业读者为目标读者，但也不能保证中华文化对外传播这一翻译目标的实现。相对而言，尽可能的直译、详尽的注释和背景知识介绍使得霍译《离骚》在原文文化传达方面最为完整，但他从巫术角度展开分析，将三次游历行为阐释为爱情追求，这却是有争议性的。

霍克思来自异域文化背景，然而其英译《楚辞》却大获成功。这首先与他对原文的深入理解及其个人专业汉学家的知识背景密不可分，扎实的汉学基础及研究热忱是霍克思成功的前提；其次是由于他的译文以追求准确性与可读性相统一的翻译目标为导向，在准确传达原文的同时兼顾了读者的审美需求。许渊冲和卓振英两位译者都谈到读者定位和接受问题，但不可否认的是，尽管译文在国内颇受赞誉，但在海外影响甚微，就文化交流和文化传播而言，作为国家工程出版的《大中华文库》也是效果平平，这一接受现状值得译者深思。就上一节提到的马红军的问卷调查结果来看，英语世界读者对中诗英译在散体译诗和韵体译诗上并没有特别的文体要求，而许译和卓译因为一味注重诗歌韵律而在意义传达上带来过度阐释和错误理解等问题。这进一步要求译者在翻译过程对译入语读者的需求进行考量时必须正视读者错位这一问题，不能以中国读者的审美心理和审美期待去衡量译入语世界读者的审美需求，从而确定译文标准及追求。

中国典籍的对外传播建立在典籍外译的基础上，当今世界各国文化交流日益频繁，文学经典的外译是实现中国文化走出去这一历史使命和战略目标的有效途径之一。译文的最终呈现又与译者的翻译目标、翻译策略等密切相关，不同译者秉持各自不同的翻译理念指导其翻译过程。历来学界关于翻译策略及翻译理论的论争从未停息，有人赞同韵体译诗，有人赞同散体译诗；有人赞同直译，有人赞同意译。对于翻译理论的高下评价，学者们各执一端，莫衷一是。不同文体在具体翻译策略上的要求有所不同，如今典籍英译越来越少受到来自政治、经济等外界因素的影响和制约，而更多地表现为以文化传播和文化交流为目的。那么，为更好地实现文化传达的目的，作为中国文学经典的诗歌典籍的英译又该秉持什么样的翻译标准？

结合霍克思、许渊冲和卓振英三位译者的《离骚》译文特点及其海外接受情况来看，我们大体可暂时得出以下结论：1. 由于典籍意义丰富，要求译者必须具备一定的研究水平，广泛参阅典籍注本，在层出不穷的注释本中甄选权威释本作为参考，在充分理解原文的基础上进行阐释；2. 对于译诗在形式上的特点，无论格律诗和自由诗都各有其优点，译者应选择自己所擅长的翻译形式，尽可能杜绝因为追求韵律而导致的过度阐释或错误翻译；3. 对于文化含义丰富的作品，不宜一味归化进行简单化的处理，相较于文学价值，典籍的思想和文化价值的传播更为重要，译者应尽量传达原文所富含的文化意义，必要的辅助材料（如背景介绍、名词注释等）必不可少；4. 译者在翻译过程中还必须考虑目标读者的审美需求，准确把握直译和意译翻译策略的运用，使译作既能准确传达原文，又能最大程度满足读者的需求。笔者相信，做到了以上四点，通过典籍英译来介绍和传播中华文化这一战略性目标就一定能实现。

第七章

《木兰诗》的跨媒介对外传播

乐府《木兰诗》在中国脍炙人口、广为传唱，木兰更是一位家喻户晓的传奇女子、巾帼英雄。经过千年的流传，木兰的故事在历代的演绎与再现中不断地充实延展，已然积淀为国家和民族的集体记忆，更成为中国文化在海外认可度最高的符号之一。作为文学研究的热点议题，学界对于《木兰诗》与木兰形象的研究已经蔚然可观，而在迪士尼①动画电影《木兰》（Mulan）经由全球热播并返销中国后涌现出的一系列比较研究，更是卓见迭出。然而，以跨媒介的全新视角来综合审视木兰这一文学形象的流传演变的研究尚属少见。因此，我们在前人研究的基础上，力图打通学科壁垒，以媒介的发展所映射出的文化观念的变迁为脉络，着眼于木兰的故事形象在此脉络之下所呈现出的各色形态，揭示出木兰在跨媒介传播过程中所承载的不同文化价值。在此基础上，将研究成果置于更为宏观的文化建构和更为迫切的现实需求之中，对相关文化产业的资源整合利用提出合理化建议，为研究本身注入实践精神与时代活力。

媒介是人类文明得以保存与传承的物质根基，无论是古老的口传文化，过去的印刷文化，还是如今的电子文化，都是以媒介的更新进步带动的。"媒介构造了我们的日常生活和意识形态，塑造了我们关于自己和他者的观念，也制约着我们的价值观、情感和对世界的理解。总之，媒介文化构成了我们当代日常生活的

---

① 1995年，Disney公司为了统一中国的市场，决定在中国统一使用"迪士尼"这一译名。本文亦将统一使用此名，但对所引用文献资料中的"迪斯尼"这一译法予以保留。

仪式和景观。"① 媒介的更新与拓展，往往反映着文化载体的游移，而由此带来的文化思潮的嬗变，恰是比较文学研究的重要旨趣之一。

因此，从跨媒介的角度出发，以媒介的发展所映射出的文化观念的变迁为脉络，来审视演绎木兰故事的多种体式（小说、戏剧、影视、游戏等）之间的关联、差异及各自的特色，从而"勾勒跨文化、跨时空边界的书写史和阅读史"②，这便是本课题的基本研究思路。

不过，倘若对木兰的跨媒介追踪只是为了罗列主题、搜集形象、呈现种类，那么研究本身最多能体现出些许资料价值，却难以在学术的理论思辨或现实的实践效用上有所贡献。这就如同韦勒克和艾田伯所批评的形象学研究那样："主题的罗列，平淡的引文，一切被当作文献来研究；语录、议论充斥其间，历史领域和文学领域相混淆。"③ 要避免重蹈形象学研究之覆辙，则需找到一个能够使木兰的跨媒介传播化零为整、并纵贯其始终的理论。以笔者之陋见，跨媒介叙事理论或堪当此大任。

所谓跨媒介叙事，实质上是一种"每一个新文本都对整个故事做出了独特而有价值贡献"④ 的传播学策略。美国于 20 世纪 70 年代推出的"星球大战"系列文本，成为跨媒介叙事的早期实践，其叙事活动从电影发展到电视剧，接着延伸到游戏、小说、漫画和动画，故事情节与人物谱系的扩充无穷无尽。⑤ 后来迪士尼旗下的漫威公司更是将这一策略运用得炉火纯青，将麾下一系列"超级英雄"品牌的媒介资源与内容资源融合成了完整的生态体系。在当前"媒介融合"的大势所趋之下，跨媒介叙事的模式在国内也开始备受关注。尤其是在国内一路高歌猛进的文化产业领域，文化资源的优化和配置极为依赖不同媒介之间的合作与联盟，而跨媒介叙事的模式则恰好切中肯綮，为内容消费产业的联动发展提供了理论与策略支撑。

笔者之所以选择木兰作为跨媒介传播研究的对象，其一是这一文化原型的确衍生出了多种艺术形式，且广泛分布于各类媒介，从乐府民歌到文学文本，从戏曲舞台到歌剧大厅，有电影、动画、电视剧，甚至在电子游戏与数字出版领域也初露头角，是研究跨媒介传播的绝佳范本；其二，则是因为同"西游""三国"

---

① 周宪、许钧：《文化与传播译丛总序》，引自［加拿大］麦克卢汉：《理解媒介——论人的延伸》，何道宽译，商务印书馆 2000 年版，第 3 页。

② ［英］苏珊·巴斯奈特：《二十一世纪比较文学反思》，黄德先译，载于《中国比较文学》2008 年第 4 期。

③ 孟华：《比较文学形象学》，北京大学出版社 2001 年版，第 153~154 页。

④ ［美］亨利·詹金斯：《融合文化，新媒体和旧媒体的冲突地带》，杜永明译，商务印书馆 2012 年版，第 157 页。

⑤ 唐昊：《媒介融合时代的跨媒介叙事生态》，载于《中国出版》2014 年第 24 期。

等同类古典文化题材相比，木兰的文化潜力还远远没有被开发到位，尤其在数字平台上的表现有明显的滞后。作为研究者，与其束手等待开发者的出现，再亦步亦趋地加以分析，不如站在开发者的角度，大胆假设，小心论证，为未来可能的发展方向搭建理论先引。

在纷繁的木兰形象中把握其精神核心，在多元的媒介载体之上寻求最佳的传播模式，让来自各方的声音汇流成和谐的复调，共同推进中华经典文化的跨媒介对外传播，这便是我们的研究试图抵达的目的所在。

第一节 传统文艺形式下木兰的形象塑造

木兰的传说历经一千四百多年生生不息的流传演变，至今依然灵动鲜活，并已成为长期活跃在我国传统文艺作品中的经典形象。其表现体裁日益丰富多样，不仅与木兰相关的诗词小说不胜枚举，在戏曲、评书、弹唱等民间曲艺中也常有木兰的身影。其故事脉络逐渐枝繁叶茂，历代作品均在"代父从军"的主体情节之上进行了生动的加工与改编。其人物形象逐步真实丰满，除了木兰的性格与品质被更为细致地刻画与塑造之外，木兰的身世所归也出现了更多史料钩沉。为了突出其真实感与教化意义，后代许多统治者与地方百姓都为木兰设立了祠堂，以此敬奉祝祷。可以说，木兰的文学形象在传统文艺形式下已经得到了基本确立，而木兰的文化身份却随着时代的发展不断更迭。

关于木兰形象的研究，前人已有较多耕耘，故而我们就以媒介变迁为线索，对"木兰"在传统文艺形式下的发展演变做简要的梳理，为后面木兰的跨媒介对外传播研究略作铺垫和参照。

一、从口头到书面的文化变迁

木兰的最初原型是北魏民歌《木兰诗》（又称《木兰辞》），宋人郭茂倩将其收入《乐府诗集》中的《横吹曲辞·梁鼓角横吹曲》。作为木兰形象的起源，《木兰诗》是一切研究的出发原点。它从肇始到发展定型经历了遥远悠长的民间传唱过程，因此这三百余字并非某位文人一气呵成的独立创作，而是历时久远、众口相传、集思广益的民间作品。[①]

[①] 参见李岩、陈元生编：《木兰传说》，武汉出版社2014年版，第7页。

在文人叙事尚未流行之时，民众采用口头叙事的途径创造和传播精神文化。在此过程中，民众扮演着倾听者与述说者的双重身份，上一次的听众有可能就是下一次的讲述者。在故事讲述者和倾听者的对话和合作中，口传民间叙事得以保存和延续，并被源源不断地注入活力。在众多木兰题材的文学作品涌现之前，这位女英雄的传奇事迹就早已被人们口头传唱。因此，即使民歌《木兰诗》因其句式的工整和用词的别致而让人怀疑它经过了后世文人的加工与润色，但它仍然被认为是保持了民间叙事特色的集体创作的作品。①

从文本分析的角度来看，《木兰诗》中大量运用蝉联修辞，比如"军书十二卷，卷卷有爷名""壮士十年归。归来见天子，天子坐明堂""出门看火伴，火伴皆惊忙"。② 以上三例都是上句末一个词和下句第一个词相互勾连的，念起来十分顺口，而像这样的表现方法在民间歌谣中极为常见。再比如"问女何所思，问女何所忆。女亦无所思，女亦无所忆"③ 这种形式是民间曲艺中常见的两人对唱的盘歌形式，它的特点就是以问句与答句来组成诗歌，体现了民间通俗文化的活泼气氛。还有"东西南北""爷娘阿姊小弟"欢迎归来的细致和重复性的列举描写，也形成了类似音乐上的反复性和节奏感。

再从叙事的角度来看，《木兰诗》的叙述里的确存在很多留白：全诗不仅对木兰的身材样貌、家世几何只字未提，仅仅模糊地交代了家有老父、木兰无长兄这种"暗示性"的故事背景，连木兰替父征战十年的故事情节，诗中都只用一句轻描淡写的"万里赴戎机"一笔带过。与此相对的，诗中对于木兰归来的场景却不吝笔墨，先是挨个介绍家中人物，再又对木兰的细微动作进行悉心描写，这种洋溢着喜乐的家庭生活氛围的叙事笔触，也是其深受民间口头叙事影响的一个侧影。

而口传叙事一旦被文人用文本形式进行阐释和传播，不仅信息传播与接受的方式发生了转变，故事本身也随即有了确定性和权威感。由此，文学文本故事无法再像口头叙事那样不受约束地进行想象，而是受到书面规范和价值诉求的限制。从北朝的《木兰诗》到唐宋元时期的诗歌、笔记，乃至明清的杂剧、传奇、小说等，木兰的故事在不同时期不同的文体中不断地演变，其叙事规模、故事情节和人物形象也随之变化，但大部分作品都会选择利用先前的叙事素材，在保留原有叙事框架的前提下作细节性修改，使其符合当时占据主流地位的价值取向。

隋唐时期，木兰的故事在文人士大夫间广为流传，成为其争相表明君臣义节

---

① 刁颖：《民间叙事在影视文本中的变异和传承——以花木兰故事的改编为例》，复旦大学硕士学位论文，2008 年，第 5~8 页。
② 郭茂倩：《乐府诗集》，上海古籍出版社 2016 年版，第 350~351 页。
③ 郭茂倩：《乐府诗集》，上海古籍出版社 2016 年版，第 350 页。

的有力素材。韦元甫、白居易和杜牧等都写过相关题材的诗歌。其中以韦元甫的续作《木兰诗》（又称《木兰歌》）最为著名。这首诗歌的诞生意味着木兰故事的叙事发展出现了主题性改变。木兰在《木兰歌》中第一次彰显出鲜明的主旨内涵和文化倾向。诗中最后两句"世有臣子心，能如木兰节。忠孝两不渝，千古之名焉可灭"①，首次发掘出故事里"忠孝"的伦理观念，形成了一个歌颂"忠孝"的固定文本。此外，《木兰歌》还意味着木兰故事不再是众说纷纭的民间传闻，而成为民众可以清楚辨别的故事传说，后世文人也往往参照《木兰歌》以讲述木兰故事。木兰故事的整体特点在道德训诫色彩浓重的《木兰歌》中得以奠定，成为"一种功能性的叙事文本，承担明确的功能指向"。② 自此，木兰开始脱离纯粹的民间身份，游走于君臣庙堂，被打造成为带有浓厚忠孝伦理意识的典范。

到了明清时期，木兰故事依然深受民众欢迎，其间产生的文学演绎作品对故事本身的加工与改造程度最高，戏剧、小说等各种文学形式在不断扩充着木兰故事的叙事系统。以明朝徐渭的杂剧《四声猿》之《雌木兰替父从军》（简称《雌木兰》）为例，剧中的花木兰唱着"休女身拼，缇萦命判，这都是裙钗伴，立地撑天，说什么男儿汉？"③ 这是一个渴望为国建功立业的木兰形象，"忠"的寓意再次得以显现。此外，敌军一触即溃，战争旗开得胜，皇帝正直贤明，将军礼待下士，家庭和谐完美……这些《木兰诗》中原有的理想化结局都在《雌木兰》中得到了更好的呈现。该戏文首次引入了木兰重回闺阁、嫁为人妇这一结局，这可能是木兰故事情感戏的源头。

综上所述，从口口相传的口头故事向文字记录的文学作品的转变，是媒介进化过程中的一个重要节点。各种"文学性"的叙事手法，赋予了"木兰"故事更明朗的叙事结构、更跌宕的故事情节、更鲜明的性格特征。尤其是，"木兰"故事本身经由后世文人的改造，"男扮女装"和"忠孝两不渝"这两大母题被固定下来，成为这一故事的重要标志。④

正如保罗·康纳顿所说："文字的影响取决于这样一个事实：用刻写传递的任何记述，被不可改变地固定下来，其撰写过程就此截止。"⑤ 这并非意味着后人不再书写以木兰故事为题材的文学作品，而是说传统的伦理观念及其叙述模式会积淀在后世文人的心理结构中，成为一种集体无意识，规范和影响着这一题材

---

① 郭茂倩：《乐府诗集》，上海古籍出版社2016年版，第351页。
② 刁颖：《民间叙事在影视文本中的变异和传承——以花木兰故事的改编为例》，复旦大学硕士学位论文，2008年，第8页。
③ 徐渭：《四声猿》，周中明校，上海古籍出版社1984年版，第45页。
④ 刁颖：《民间叙事在影视文本中的变异和传承——以花木兰故事的改编为例》，复旦大学硕士学位论文，2008年，第9页。
⑤ ［美］保罗·康纳顿：《社会如何记忆》，纳日碧力戈译，上海人民出版社2000年版，第94页。

的文学创作。从口头到书面的媒介变迁，也是木兰故事由民众百姓的信口传唱走向文人卿相崇高叙事的文化过渡。

二、戏曲与歌剧的舞台传承

上文简要回顾了木兰的故事从口传叙事到书面叙事中的变迁历程。在高科技的记录手法被发明之前，很多口传文化都是借由文字传承下来。然而，除了狭义的文字之外，仪式、舞蹈、歌唱同样也是一种记录方式，而舞台则是传承这些文化的载体之一。舞台是一种集歌、舞、文于一体的综合艺术，它以面对面的呈现方式带来了极强的在场感，使受众获得感官与心灵的双重审美享受。因而舞台的传播具有强烈的情感渲染性，能够凝聚人心，产生共鸣。"木兰"所承载的民族传统、道德价值就在这种独特的舞台媒介中传承下去。

1912年京剧大师梅兰芳将《木兰诗》改编成京剧《木兰从军》。梅兰芳既唱旦角，又反串小生，在戏路上进行了拓宽，成为其早期的代表作，影响深远。至今京剧及各剧种的演出，都多以梅兰芳的脚本为基础加以改进。其后，参照京剧《木兰从军》和《木兰诗》故事的戏剧作品遍及全国各个不同剧种，除了京、豫、越、粤、桂、黄梅戏外，上演过花木兰戏剧的还有昆曲、秦腔、平剧、川剧、潮剧、沪剧、汉剧、楚剧、曲剧、壮剧、莆仙戏、龙江戏、怀调剧、山东梆子、广西彩调、河北梆子、古装乐剧等二十多个剧种。[①] 此外，还有李六乙的小剧场话剧《花木兰》、上海歌舞团推出的舞剧《花木兰》、校园小剧场话剧《花木兰》、河南二胡协奏曲《花木兰》等。

其中影响最广的要数豫剧《花木兰》。1951年，为配合抗美援朝运动，陈宪章、王景中根据马少波的京剧剧本《木兰从军》改编出豫剧《花木兰》，并由"豫剧皇后"常香玉演唱，引起了全国性轰动。而剧中的唱段"谁说女子不如男"也广为流传。这并非仅仅意味着女性平权意识的觉醒，更重要的是反映了全民不分男女、共同保家卫国的时代需要。支援前线的直接目的，使这部戏充满勠力杀敌的浩然正气。国家兴衰与家庭祸福紧密相连，又使之带有20世纪50年代中国鲜明的时代特征。[②]

与此异曲同工的是2004年歌剧《木兰诗篇》的诞生，它集中了一批在音乐和舞台艺术方面都有卓越成就的艺术家和专家作曲编剧，由著名歌唱家彭丽媛出

---

　　① 吴保和：《花木兰，一个中国文化符号的演进与传播——从木兰戏剧到木兰电影》，载于《上海大学学报（社会科学版）》2011年第1期。
　　② 参见沈思：《从〈木兰〉到〈花木兰〉：文化转换与文化资本的博弈的个例分析》，吉林大学硕士学位论文，2011年，第19页。

演花木兰一角，德国勃兰登堡国家交响乐团伴奏。这场由中外精英艺术家联袂打造的视听盛宴，在国内首演之后引起了热烈反响，继而远赴纽约，在联合国六十周年活动上再度唱响，随后又在奥地利的维也纳金色大厅演出，成为中国首个登上世界顶级歌剧圣殿的原创音乐作品。2010年，《木兰诗篇》作为向中国共产党八十九周年生日献礼的剧目在人民大会堂上演，并拉开了该剧全国巡演的序幕。至此，木兰已不再是由民间文人创作、民间艺人演出的民间艺术形态，而演变为由精英知识分子创作、著名艺术家演出的高雅艺术形态，成为中国走出国门、走向世界的"名片"之一。①《木兰诗篇》的剧作者们在《木兰诗》的基础上，注入了全新的思想主旨，赋予了历史故事以更高的时代内涵，表达了全人类厌恶战争与呼唤和平的共同愿景，成为一部以生命与爱呼唤和平正义的民族史诗，进而使古老的故事绽放出时代的光彩。

木兰故事历经多年的舞台实践，从民间舞台走进国家殿堂，迈入国际音乐圣殿。木兰这一形象也经由舞台的拓展得到了升华，成为了担负着民族文化使命的审美符号。

第二节　影视媒介下木兰的形象呈现

影视媒介以其无与伦比的娱乐化特质改变了人们的日常生活，带来了文化传播方式和接受方式的深刻变革。电影，既是具有经济效益的文化商品，更肩负着重要的文化战略意义，成为最具生命力和传播力的现代大众文化形式。除此之外，电影往往还可以被看作是"通过电影中的影像世界观察和感知另一个国家"②的重要途径。

影视媒介对木兰形象的塑造，一方面满足了大众文化消费的需要，另一方面体现了民族文化创新性发展的内在要求，同时也展示了影视艺术在中外文化交流中的广阔前景。在此过程中，木兰形象的内涵得到了本土和域外的双重诠释。

一、大众文化与经典改编

19世纪后半叶，电子技术的突飞猛进打通了文化传播的地域隔离，推动了

---

① 孙丹：《花木兰的跨媒介传播现象分析》，陕西师范大学硕士论文，2011年，第13页。
② 王天舒：《跨文化影像传播——中美电影跨文化的比较分析》，山东师范大学硕士学位论文，2009年，第11页。

一系列现代通信工具的发展和普及。影视作为年轻的现代艺术和传播媒介，对当时社会的文化形态和时代精神进行了一次空前变革。与传统文艺的高不可攀相比，影视作为大众媒介的典型代表很快吸引了越来越多来自底层的群众，成为被普遍接受的大众文化消费品。

法兰克福学派曾对此提出过严厉批评。他们认为大众文化是"一种伪币，一种精神鸦片"，它使"人文知识分子对文化的控制拱手让给了金钱和资本。"① 影视文化俨然成为知识分子背叛其严肃的文化身份以迎合大众口味获取商业成功的媒介。然而约翰·费克斯却认为"大众文化是由大众而不是由文化工业促成的"②，他强调人们应当注重大众文化的文化价值，而不应该过分关注其商品价值。此后随着大众文化的迅猛发展，学者们也改弦更张，开始以更理性的态度来对待大众文化。人们逐渐意识到大众文化并不是精英文化的天敌，也不等同于消费主义与享乐主义，而是在提供娱乐和消遣的同时，体现出一种不同于精英文化的美学诉求和文化品位。

当传统的文艺形式渐渐淡出大众的审美焦点时，电影作为继建筑、雕塑、舞蹈、音乐、绘画、小说、戏剧七种艺术之后的"第八种艺术"开始异军突起。作为"一种把静的艺术和动的艺术、时间艺术和空间艺术、造型艺术和节奏艺术全都包括在内的综合艺术"③，电影广泛地向各个领域搜集、吸纳、汲取养料，而文学最是首当其冲。文学作为一种深度叙事模式，读者需要反复阅读和思考文学文本以获得思想和形象。影视拍摄必须以文学剧本为底本，影视发展史上许多优秀的影视作品都是根据小说、报告文学、人物传记等改编而成，即为"银幕上的文学"④。戴锦华指出，电影改编"成为串联起两种以上叙事艺术样式，成就一份迷人的'翻译'或重述的路径与可能。毫无疑问，所谓电影的改编，可以任何一种其它文本（多为文字纸本）为其'原作'和蓝本。它可以是某段古老传说或诗行，可以是一出戏剧/戏曲，可以是某种社会、新闻事件的记述，可以是某部自叙传或回忆录。"⑤ 在大众文化的冲击之下，经典的崇高地位逐渐回落，在这种情况下，作为一种生存策略，文学经典与电影的结合就变得十分自然了。

所以说，影视与文学的互动，可以使两者相得益彰。由于艺术形式的不同特点，也由于自身的超越性和开放性，文学经典在改编途中被不断地重新构建与解

---

① 扈海鹏：《解读大众文化》，上海人民出版社 2003 年版，第 5~6 页。
② [美] 约翰·费斯克：《理解大众文化》，中央编译出版社 2001 年版，第 29 页。
③ 徐金龙：《从资源到资本——民间文学与国产动漫的整合创新研究》，华中师范大学博士学位论文，2011 年，第 127 页。
④ 吴义勤主编：《文学制度改革与中国新时期文学》，文化艺术出版社 2013 年版，第 189 页。
⑤ 戴锦华：《写在前面》，引自 [美] 罗伯特·斯塔姆、亚历桑德拉·雷恩格编：《文学和电影：电影改编理论与实践指南》，徐文宁译，北京大学出版社 2006 年版，第 1 页。

读。不同时代的媒体可以跨越时空的限制，依据当下接受者的审美意趣进行再构建，不同时代的读者也会因文学经典的审美开放性而对其产生不同的解读。① 电影的艺术形式实则以另一种方式外延了文学自身的传播，也即文学的跨媒介传播，在这样的跨媒介传播中，文本获得了更大的生存空间与更持久的生命力。这不光是艺术符码的转换，更是文学作品中的主题、感悟、人生哲理、历史沉思在以非语言为媒介的艺术形式中的再现。

文学经典的电影改编至少可以带来两方面的优势：首先，经由大众文化的改编，经典作品更加通俗化、商业化；其次，经典作品中原来应反复咀嚼的语词、主旨和内涵变成一种满足快感的视觉享受，这种直观的视觉快感给审美心理以巨大冲击，进而提升对作品的理解。② 电影凭借其独具一格的视听语言，使作品的主题得以更广泛地扩展。其结果是不仅精英知识分子可以从中获得启发，普通大众也可以从中得到最直接的感官体验。

木兰在中国原本是作为一个为忠与孝代言的崇高偶像而存在的。而在电影语言的改编下，她逐渐走下了神坛，变成了一个更易被大众理解、接受与欣赏，更加世俗化的木兰。③ 下文所讨论的影视媒介对木兰的通俗化改写与商业化传播，并非要强调在大众文化商品化趋势下影视文化在道德和美学上的失落，而试图以包容开放的态度去探讨木兰在影视这一大众文化传媒中自身的适应与转变。

二、木兰形象的本土传播

20 世纪初期，当中国电影刚刚具备驾驭长篇叙事能力之时，木兰形象便进入了当时电影人的视野，成为中国电影史上第一个与抗日救亡主题相结合的特殊产物。天一影片公司和民新影片公司为此曾打起了一场拍摄《木兰从军》的竞争战，并最终以后者的大获全胜而宣告结束。

（一）木兰形象的影视历程

从 1937 年 11 月中国国民党军队撤离上海到 1941 年 12 月太平洋战争爆发，是上海租界的"孤岛时期"。这一时期，租界四周均为日军占领区，只有租界内

---

① 管宁：《视觉文化与文学的跨媒介生存》，载于《东南学术》2009 年第 6 期。
② 金丹元、张大森：《"颠覆"后的另一种解读——从〈生命中不能承受之轻〉到〈布拉格之恋〉的思考》，载于《中国比较文学》2003 年第 4 期。
③ 赖曦：《〈花木兰〉的好莱坞影像》，重庆师范大学硕士学位论文，2008 年，第 31～32 页。

是日军势力未到的地区。随着孤岛偏安一隅局面的形成,各大影业公司纷纷恢复拍摄活动,持续高效产出电影。租界较为宽松的审查机制、影业公司极大的话语权、大量资本的涌入、商业竞争气氛的笼罩和电影制作者深厚的艺术修养,最大程度上推动了电影产业化的发展。孤岛电影的一时繁荣,也吸引了一批以欧阳予倩、柯灵为代表的进步力量的介入。1939年,由欧阳予倩编剧、卜万苍导演、上海华成影片公司出品的《木兰从军》,在古代木兰从军故事中融入了现实反侵略的时代主题,成为一部宣传抗日救国思想的电影力作,极大地激发了人们的爱国主义热情。《木兰从军》也因为爆满的上座率创下了中国影视史上的第一次票房奇迹,成就了战时电影的神话。

1956年,长春电影制片厂出品了豫剧电影版《花木兰》。该影片以那个时代所特有的社会主题,完成了对木兰的崭新诠释。1964年香港邵氏影业公司拍摄的黄梅戏影片《花木兰》也是一部有所创新的戏曲电影。1990年之后,花木兰的影视故事进入了全球化时代。2009年,受到迪士尼动画《木兰》(Mulan)在全球热潮之下返销中国的刺激,由星光国际传媒集团投资拍摄,马楚成执导的《花木兰》应运而生,力图向世界展示中国人自己的木兰形象。与此同时,木兰也大受电视剧制作人的青睐。1998年,由李惠民、赖水清导演的武侠喜剧《花木兰》上映后,获得不俗的收视率。香港电视广播有限公司(TVB)紧接着也推出电视剧《花木兰》。2011年,由河南省委宣传部扶持的剧集《花木兰传奇》面世。木兰作为影视界聚光灯之下的宠儿,长期活跃于银幕之上。

(二)木兰形象的影视叙事

电影作为大众媒介的典型,它的媒介特性就在于精彩的视觉化叙事。不仅是电影画面的构建,演员的生动演绎也对影片的叙事张力起着重要的作用。在《木兰从军》中,导演选用了相貌姣好并且青春四溢的"南国皇后"陈云裳饰演花木兰,并且花了相当篇幅,设计了多处桥段来体现木兰的女性美。而《木兰诗》中其实并无任何词句提及木兰的容貌,这可以说是电影的视觉化叙事对于演绎木兰故事的首次包装。

《木兰诗》简单质朴,三百字的笔墨只勾勒了一个大概的故事轮廓,如前文所说,这种对真实性的语焉不详而对戏剧性的重施笔墨体现着民间叙事的趣味,而正是这种真实性的留白为后人留下了相当大的发挥空间。影视作为面向大众文化的传播媒介,自身的美学表现必然受到其商业属性的限制,面对复杂多元的受众群体,其叙事策略必须向大众化、通俗化、生活化发展。而"木兰"的影视叙事方式能够"平衡和迎合众口难调的大众口味",赢得观众的普遍接受,有研究者业已指出,这大概可以归功于以下三种叙事策略:(1)还原人性;(2)演绎情感；（3）戏说经典。①

　　人性不仅是现代性讨论的核心范畴，更被认为是人生的终极议题。"五四"新文化运动中对"人"的发现，开启了中国思想界对于人性的自觉观照与探寻。视觉的直观性、内容的日常性、制作的产业化、传播的商业化，所有这些影视文化的优势特征都为其探索人性问题打开了方便之门。木兰的影视改编从人性还原的角度出发，将木兰这个曾经作为"忠孝"代名词的崇高道德偶像拉下神坛，还原为一个有血有肉、有着真情实感的"人"，这也是中国现代影视文化对晚清以来木兰形象去神圣化的一种体现。早在20世纪30年代，上海华成影片公司出品的《木兰从军》所刻画的木兰就不仅仅是一个单纯的英雄形象，而且也着力展示了她作为女性的无奈、坚韧与反抗的一面。2009年，马楚成导演的《花木兰》则是从木兰这个传奇女子的性格蜕变和情感历程出发，从一种带有人性世俗色彩的角度去规划整部电影，讲述了女英雄成长的整个过程，为人们呈现出一个带有人性光辉的花木兰形象。

　　演绎是电影叙事最常见的一种表达手法。演绎技法并不涉及故事的内核要素，也不破坏文本的叙事秩序，而只对故事自身进行合理猜测、大胆推演，更多的是在情感层面上的注入、延伸和阐发。②情感演绎以世俗之情感制造出各种直观的、新颖的、通俗的卖点，迎合了大众被激起的兴趣和渴望，使其获得情感上的满足，因而成为众多木兰题材影片的着力点。上海华成影片公司的《木兰从军》增添了木兰邂逅爱情的历程，着重表现了木兰对爱情和婚姻的大胆追寻。马楚成版《花木兰》也同样重视对"情"字的细腻表述和生动刻画。影片中，木兰无奈选择离家从军，她在离家时回眸一望，对家乡父老和平静生活的不舍，对不能在父亲身边尽孝的遗憾以及对即将踏上的征程的茫然，都在那一望中充分地展现出来。木兰最终没有荣归故里、收获爱情，而是经过十二年的从戎生涯，带着身体与内心的伤痕，带着与爱人天各一方的遗憾，默默地回到了家乡。这段注定无法圆满的爱情给观众带来无尽的遗憾，同时也体现了战争对女人的伤害，从而升华了战争影片的主题，促使人们更深刻地反思战争与和平。

　　20世纪90年代，中国文坛上兴起了一阵轰轰烈烈的"戏说经典"热潮。戏说以游戏般玩世不恭的态度，以新兴的大众传播作为媒介，用戏仿、拼贴、混杂、改写等方式对传统的经典话语秩序及其背后的伦理秩序、审美秩序、文化秩序等进行戏弄和改造，并发展为一种普遍的社会文化现象。

　　影视艺术在这种戏说潮流的狂轰滥炸下，也试图放弃严肃的文化品格，以游

---

① 详见孙丹：《花木兰的跨媒介传播现象分析》，陕西师范大学硕士论文，2011年，第21~24页。
② 参见孙丹：《花木兰的跨媒介传播现象分析》，陕西师范大学硕士论文，2011年，第22页。

戏的态度来娱乐大众，其中尤以电视剧为甚。1998年台湾著名制片人杨佩佩推出了古装剧《花木兰》，它是以"木兰"为原型，以戏说为口吻演绎的一部武侠言情喜剧，剧集分为上、下两部：《木兰新编》和《木兰从夫》。上部依旧延续传统故事的主题，讲述了木兰代父从军、拼搏沙场、邂逅爱情、误会生隙、经历了种种波折后，最终有情人终成眷属的故事。下部则讲述了功成名就的花木兰换回女装作为新妇后，所经历的种种世俗偏见和由此引发的一系列家庭矛盾。

这部电视剧只借用花木兰这一传奇人物的名头，充斥着无厘头的搞笑、敬神拜佛的市井习气以及世俗化的情节设置。在44集的连续剧中，天上的玉帝、王母、灶神，地上的婆婆、媳妇、小姑等一系列人物一一出场，木兰不再是传说中善良单纯的忠孝女勇士，而更多的是作为一个大家庭中的女儿、妻子、媳妇出现在世俗社会中。家长里短和感情纠葛消解了家庭困境和国家灾难，鸡毛蒜皮的婆媳斗法、有如戏耍的朝堂斗争，在戏说传统经典的同时也嘲弄和削弱了主流意识形态的道德教导。

正如有研究者所指出的，在这部戏说经典的电视剧中，人们"不用考虑其是否真实，或者这样一种对历史和权利的戏拟、一场多角情爱和家庭政治的游戏对于汲汲于庸常生活的人们来说，根本就是一场放松身心的视听盛宴。"①

（三）木兰形象的商业化传播

影视文化是在现代市场经济背景下产生的，这决定了它从一出生便势必会与商品社会互依互存。美国传播学之父斯拉姆认为："传媒产品不同于一般的物质产品，从本质上说它是一种精神消费和信息消费的特殊产品，是在市场经济体制下应运而生的一种都市经济文化，这种都市经济文化形态，体现了现代化大都市及其辐射范围内一种普遍的消费型文化形态"。② 因此，影视产业的本质特征就是它的商品性，包括传播内容的商品化、受众的商品化和传播过程的商品化，这些特征又会使影视生产创作呈现出产业化与规模化的发展趋势。各大影业公司通过各种大众传媒渠道进行的宣传促销行为，便是文艺作品商品化传播的外在表现。

早在孤岛时期，影业奇人张善琨就洞悉到木兰的商品属性。他熟谙观众抗日救亡的心理情绪，趁势投资拍摄《木兰从军》，并施展猛烈的宣传攻势，不断在媒体上炒作。《木兰从军》尚未放映，声势便已造得相当了得。《申报》在1939年2月9日的第12版上，用1/12的版面登出了《木兰从军》的电影片名，此外

---

① 魏绍飞：《木兰形象的文化变迁》，四川大学硕士学位论文，2006年，第41页。
② ［美］韦尔伯·斯拉姆等：《报刊的四种理论》，新华出版社1980年版，第174～175页。

还刊登了剧照，突出了主角是大名鼎鼎的陈云裳，并配以"当今影坛绝无仅有悲壮激昂历史古装巨片"的评价。影片上映后，又有14位影评家联名在《大晚报》上发表文章推荐该片。这些初级原始的宣传手段无疑为后来的电影营销提供了一个早期的学习范本。

2009年由北大星光集团全力打造的大制作商业电影《花木兰》，开始将木兰作为一个文化商品，有组织、有计划地推广促销。该影片团队先是赴法国参加戛纳国际电影节，并成功以高价售出了东欧、中东、印尼等国家和地区的影片版权，后又在上海国际电影节上，以"花木兰之夜"惊艳四座，同时又积极赴日本、美国等地展开大规模的巡回宣传活动，最终不负众望，在票房和口碑上赢得了头彩。

此外，木兰在银幕上的大热，甚至激发了木兰故里河南商丘虞城县的木兰文化迅速升温。近年来，虞城县以木兰作为文化品牌，多次举办了木兰文化节，并以"文化搭台，经济唱戏"为宗旨，积极开展文化旅游、招商引资、城市建设、经贸洽谈、产品展销、学术研究等一系列活动，不断提升木兰文化的影响力。[①]木兰品牌作为一种软实力，已成功地使文化资源优势转变为产业优势，增添了招商引资的魅力。花木兰已成为木兰故里走向世界的一张靓丽名片。[②]

三、全球化语境下木兰形象的域外传播

讨论木兰形象的域外传播，不论是主动或是被动，都往往绕不开"全球化"这个语境前提。全球化（Globalization）是当今时代的基本特征。自从1985年美国经济学家提奥多尔·拉维特（Theodre Levitt）在《市场全球化》一文中首次明确提出这一概念至今，全球化已然成为一种客观现象和必然趋势。所有国家和民族都被裹挟进入这一历史进程之中，有意识或无意识地站在全球化的风口浪尖。全球化可谓是人们无法逃避的当下现实和生存语境：信息、技术、商品、人员和资本市场等在全球范围内突破了国土、民族、文化、习俗和意识形态的边界，紧密交往联系，最终形成一体。[③]

全球化首先在经济学领域萌发，但它具备的多维特征又使其涉及到经济、政治、文化、社会生活等多个领域，目前学界尚未对它的定义达成共识。总的来

---

① 大河商丘网：《第五届木兰文化节圆满举办》，http://www.dahe.cn/xwzx/zt/kjzt/mlj/jdt/t20091026_1679504.htm。
② 孙丹：《花木兰的跨媒介传播现象分析》，陕西师范大学硕士论文，2011年，第20页。
③ 徐金龙：《从资源到资本——民间文学与国产动漫的整合创新研究》，华中师范大学博士学位论文，2011年，第123页。

说，它是一个以经济全球化为主体，涵盖各国各民族各地区在政治、文化、科技、意识形态、生活方式等方面多层次、多领域的相互联系、影响、制约的多维度复合概念。

全球化在文化领域同时含有共同发展和差异化、多元化发展等多种特征，这不同于其在科技、经济和制度等领域表现为某种一体化或趋同化的趋向。全球化通过影响世界范围内文化互动的形式、方向和途径，使不同文化之间的比较、联系、融合和对抗更加错综相连。文化交流已不再指代从一个地区向另一个地区的单向流动过程，而逐步形成一种经济、文化、意识形态上盘根错节的互动局势。诚然，同质化现象在全球化过程里导致的影响不可忽视，但全球化并非导致这一现象的始作俑者，它迫使人们将民族特色与国际视野兼顾起来，"一旦意识到文化的动态本质，就会很容易看出，同质化和异质化实际上是共生的，是一体的两面，某种电视形式的流行意味着，从全球的角度看，全球流行文化是同质化的证据，然而从本地化的角度看，一个新的节目形式的引入实际上促进了本地节目的异质化"。①

因此，全球化的语境不但没有抑制木兰形象的表述，反而为木兰的跨文化传播提供了更加广阔的空间。不同文化之间日益频繁的交流，使大量的本土文化逐步脱离原先的文化体系，作为一种"浮动的符号"进入到其他文化的语境中，进而融入到庞大的全球化网络之中。正如王宁所指出的："边缘文化与主流文化的抗争和互动，这样便出现了边缘文化渗入到主流文化之主体的现象。"② 在这个背景之下，木兰首次漂洋过海跨出了国门，登上了世界文化大舞台，与不同民族文化进行着深入的沟通交流，并接受不同艺术理念、不同价值取向的审视和评判。

1976年，美籍华裔女作家汤婷婷出版传记性长篇小说《女勇士》(The Woman Warrior, memoirs of a girlhood among ghosts)，以祖母讲故事的形式，第一次将木兰传说介绍到海外。这部小说的文学成就和热销的程度在美国文学史上是空前的，至今仍是美国学生的必读书目，汤婷婷也因此蜚声美国文坛，成为第一个进入美国主流的亚裔女作家。

1998年，美国迪士尼看中了这一中国民间文学资源，经过重新提炼和包装演绎，制作了一部带有轻喜剧和浪漫爱情色彩的动画电影《木兰》(Mulan)。在迪士尼动画师们的改编之下，这个来自中国的女英雄木兰绽放出全新的生机与活力，为迪士尼带来超过3亿美元票房收入的同时，实现了票房与口碑的双丰收。

---

① 孙英春：《文化"同质化"与后发展国家的选择》，载于《浙江学刊》2006年第5期。
② 王宁：《全球化与文化：对峙还是对话?》，引自王宁编：《全球化与文化：西方与中国》，北京大学出版社2002年版，第3页。

故事依旧是原来的故事，人物仍然是中国人所熟知的人物，故事情节也基本沿袭了民间传说：女扮男装、代父从军、征战沙场、建立奇功、辞官归隐……而故事的精神内核却已经被悄然置换。在迪士尼的《木兰》中，中国的传统孝道和家族意识被爱和荣誉代替，集体主义被个人英雄主义置换，爱国主义被个人价值的实现取代，她已不再是承载着中国人理想理念的木兰，而是蕴含着西方现代价值观念的美国人的"木兰（Mulan）"。为了在国际市场上得到广泛接受，迪士尼并不标榜任何意识形态，但在观影完毕之后，人们可以真切感受到美国现代精神内涵的贯之始终。

在金融危机的背景下，迪士尼依然能够斩获高达 3 亿多美元的票房，这在当年堪称是一项奇迹。此外，该片在美国公映时还夺得了"全美电影票房排列榜"的冠军，获得 1999 年第 71 届奥斯卡最佳音乐/喜剧类原创配乐提名奖。美国权威刊物《亚裔杂志》评选 1998 年度在美国最有影响力的亚裔人物，结果荣登榜首的是一个有着中国古老名字的华裔女孩——花木兰。2003 年迪士尼大张旗鼓推出"迪士尼公主"（Disney Princess）系列商品，木兰赫然和白雪公主、睡美人、灰姑娘、海的女儿等同列为迪士尼八公主。

《木兰》的巨大成功和声名远扬，可以看作是国际间不同文化相互影响渗透的结果，也可以说是美国文化借由中国故事的外壳向全世界输出美式价值理念的经典范例，更可以作为将民间文学资源创造性地转化为文化产业资本的典范。而这三者的实现都不得不归功于迪士尼在动画叙事领域的高超技艺及其全球化战略的独到眼光。

（一）《木兰》的动画特质

动画与电影一样是一种时空综合的视觉艺术，但它们之间又有一定的区别，"与完全使用摄像机拍摄、使用真人表演的电影不同，动画片中摄影机的拍摄对象并不是真实的客观世界，而是一帧帧的绘画作品"。[①] 因此，不同于电影叙事使用镜头与组合段塑造空间，动画通常使用直观的图像元素（线条、颜色、灯光、阴影）绘制画面以服务于其叙事主题。迪士尼动画片《木兰》借助动画特有的镜头画面，编织了一个可感可知风光无限的世界，这个世界是极容易深入人心的，甚至是在全球性范围内跨越了语言障碍而深入人心的。[②]

影片以水墨画的片头、中国龙的标志和长城烽火狼烟为开场，迅速将观众带进一个典型的中国传统文化氛围之中。在具体细节上，该片到处充满了"中国制

---

① 王芳、史春艳：《影视动画剧本创作》，电子工业出版社 2009 年版，第 49 页。
② 刘巍：《文学的图像接受及其意义之流转》，载于《文学评论》2013 年第 3 期。

造"的元素，如水墨画、烽火、长城、毛笔、竹简、石窟佛洞、园林、屏风、故宫、中国功夫、熊猫、石狮、舞狮、锣鼓、连弩、饺子、中国象棋、算盘、折扇、龙头火炮、杂耍、烟花焰火、大红灯笼、九寨沟风光、桂林山水、兵马俑式的铠甲等。还在影片最后的英语字幕中，以汉字的形式书写了"传统""友情""好运""智慧""优雅""孝道"等在中国文化中颇有分量的一些关键字眼，营造了浓浓的中国风味，满足了西方观众的猎奇心。迪士尼的这种刻意为之的陌生化手段，把握住了中国文化的神韵，将充满异域色彩的东方情调展现在全球观众的面前，奠定了影片在视觉层面取得世界性成功的基调。①

从动画的技术性角度来看，技术是动画的生命线，也是一部动画能够出奇制胜、脱颖而出的硬性保证。动画的诞生，本身就是现代科学技术，如光学影戏机、摄影术和放映术的一大发明创造，因而动画具有高度的技术依赖性，与现代化的技术密不可分。"'动画'这一专业名称包含了技术与艺术两层含义，可以说没有技术的发展就不会有动画艺术这一形式。动画的起源与发展始终与技术的开发和突破结伴而行：机械工业时代完善了动画的各种功能，而电子信息时代则拓展了动画表现的领域。"②

《木兰》将现代电脑动画技术运用得出神入化，更在发掘水墨动画这种形式上下了相当大的功夫。巍峨的雪山、呼啸的北风、离弦的箭矢、奔驰的骏马……生动的动画效果让水墨人物在水墨山水间流畅穿梭，赋予了画面以灵动的气息和宏大的气势。迪士尼公司拥有世界最先进的动画制作设施，为了突出《木兰》的艺术效果，更是积极致力于动画技术的开发创新。比如，它曾用一年半的时间开发了一套"阿提拉"（ATILLA）电脑软件，制作出雪山上瞬间冒出几千名匈奴骑兵的壮阔场面；又开发了一套"王朝"（DNASTY）电脑软件，制作了上万名中国人聚集在皇宫前面的浩大场景。迪士尼这种对动画技术的极致追求正是其取得世界级制作水准的先决要素。

动画是影视艺术电影中的一个分支，它本身存在的最大意义就在于表现常规的真人影视所不能表现的虚幻灵动的东西。动画影片对故事的变异化处理，是其他影视类型无法比拟的。动画片不必像故事片那样具有反映现实的能力，因此动画影片可以囊括夸张的情节设定，比如矮小的木兰可以只用一只火箭炸毁整座雪山，并让所有敌军陪葬，但在观众看来这是可以接受的。③

---

① 徐金龙：《从资源到资本——民间文学与国产动漫的整合创新研究》，华中师范大学博士学位论文，2011年，第135页。
② 陈瑛：《动画的视觉传播》，武汉大学出版社2008年版，第141页。
③ 刁颖：《民间叙事在影视文本中的变异和传承——以花木兰故事的改编为例》，复旦大学硕士学位论文，2008年，第35页。

另外，由于木兰传说和《木兰诗》都留有意义空白处，尤其是对于木兰十二年艰苦的军旅生涯细节的忽略，给了读者无尽的想象空间。迪士尼充分展示了他们擅长的诗性思维和丰富想象力，为《木兰》增添了雪山鏖战和皇城救驾两大情节。此外还增添了两个搞怪逗笑的角色，一个是花家保护神木须龙，另一个是花家吉祥物幸运蟋蟀，二者引出了一连串的幻想性搞笑场面。中国男权社会里一个原本不苟言笑、一本正经宣扬忠孝节义的烈女传说解构为轻松搞笑、光怪陆离的个人奋斗史，木兰也被颠覆成一个西方个人主义的反叛者形象。

（二）《木兰》的文化改写

前文简要分析了迪士尼巧妙运用动画叙事带给《木兰》的一些独有的媒介特质。但就改编的实践来看，同样是以动画为媒介来改编中国孝道故事，迪士尼的《木兰》和国产《宝莲灯》的改编效果依然存在很大的差异，可见美国动画《木兰》呈现出的异质化特征并非单纯由于媒介的转换，更深层的原因是文化语境的转换。在跨文化传播的过程中，"一个文学文本或理论文本在接受另一文本和理论影响的时候，它并不是原封不动地照搬，而总会基于自己的'前理解'予以变形、改造"。① 因此，文化语境的差异，也使得文学原型在影视动画文本中的变异呈现出多样化的图景。

迪士尼极其敏锐地抓住了原作中木兰形象的可塑性特点，对其兼收并蓄加以本土转化，故而《木兰》具有浓浓的美国文化气息，处处渗透着美国的个人主义精神和女权主义思想，尽管它在制作形式和内容方面采用了许多的中国元素。该片导演托尼·班克罗夫特（Tony Bancroft）坦言："我们也知道，我们不会把它拍成一部中国片子，我们不会的，我们不是中国人，我们有不同的感受力和不同的叙事风格。"② 因此，迪士尼的高明之处，就在于从文化层面别出心裁地对木兰形象进行了部分改造。

1. 中国的传统文化之"形"

迪士尼版的《木兰》面向全球市场，选择性地接受和阐述了对于中国传统文化的态度。首先，迪士尼继承并保留了中国民间木兰故事素材的大体框架：代父参军、征战沙场、告捷返乡，增添了木兰相亲、参军训练、雪地鏖战和皇城救驾等情节。其次，展示了中国的宗族文化。宗族作为一个长期存在于中国封建社会的社会组织，是宗法社会的特有现象和基础保障。为了使《木兰》更加中国化、民间化，也为了便于营造更加美轮美奂的场景效果，迪士尼突出展现了中国人祖

---

① 李庆本：《跨文化研究的三维模式》，载于《文史哲》2009年第3期。
② Jeff Kurtti, *The Art of Mulan*. New York：Hyperion，1998：24.

先崇拜的民俗信仰,展示了祠堂、供奉祖先的牌位,并增加了花家祖先的聚会等情节。另外,保留了中国的地域特色和文化标识。影片不仅展示了重叠起伏的群山、星罗棋布的农田等自然环境和地貌特征,还展示了长城烽火台的狼烟、红色的护城墙、山谷中的吊桥、墙壁上的挂毯、四合院、喜气的红灯、街头杂耍、庆典礼花、擂台比武、传统的小吃和饺子等中国特有的文化景观。① 在迪士尼版《木兰》中,中国传统文化元素成为了宣传的噱头,影片的精神内核早已完全被取代。

萨义德曾指出:"东方学乃建立在外在性的前提之上,也就是说,是东方学家——诗人或学者——使东方说话,对东方进行描述,为西方展现东方的神秘。"② 迪斯尼凭借西方对东方的惯有印象,以西方人的想象力重塑了中国。在这个虚构的中国,西方在影片中加入了皇宫、兵马俑装扮的士兵、万里长城、功夫等各种中国元素,但这种大杂烩式的东方奇观却恰恰彰显了西方对东方的文化误读。③ 有人这样评价这部动画:"我们又一次跌入了一个刻意操纵的叙事陷阱,我们看到迪斯尼这台文化工业的压路机碾碎了本土文化和习俗,将其固有的价值观灌注到一个以勇敢和爱情洗刷耻辱的故事之中,从而保证了票房收入。"④

虽说在影片中本土的文化习俗尚不至于如上文所言的"被碾碎",但在《木兰》中不符合中国文化和国情的故意"穿帮镜头"着实不少,很多观众和学者都发现了影片各处细节的小破绽:木兰用左手将女德抄在右臂上;古代的作揖成为敬礼;在花家祠堂、士兵胸前、帅帐背景、战旗中心出现了代表至高无上皇权的龙;中国传统的早餐成为西式的牛奶煎蛋;木须龙读着报纸,汉字是简体的;宰相营帐中挂着宰相和皇帝的亲切握手图……所有这些用来表现东方古老文化的场景,其中的文化误读十分明显。

2. 美国现代价值观之"神"

迪士尼版《木兰》以当代美国人的视角入手,以中国传统文化元素为噱头,向世界传播符合当代美国价值观的文化理念。在形象设计上,木兰被刻画为吊梢眼、高颧骨、大嘴巴,这是按照西方审美标准设计的中国美女,而非中国人眼中的古典美女。在主题定位上,迪士尼动画影片中的木兰不再秉承中国传统的"三纲五常"理念,也不再是坚信男尊女卑、渴望为国牺牲的贤妻良母型的女英雄,

---

① 程丽华、高大千:《"中为洋用"的〈花木兰〉》,载于《桂林航天工业高等专科学校学报》2007年第4期。
② [美]爱德华·W. 萨义德:《东方学》,王宇根译,生活·读书·新知三联书店2007年版,第27页。
③ 任晨:《中美文学与电影中花木兰形象的跨文化阐析》,中南大学硕士学位论文,2013年,第25页。
④ Jill McGreal, "Review of Mulan," *Sight and Sound*, 8.10 (1998): 48. 同时参见周琳玉:《从影片〈木兰〉看迪斯尼配方对"他者"文化的身份改写》,载于《四川外国语学院学报》2006年第5期。

而是一个不断寻求自我、实现自我、超越自我、独立勇敢、个性鲜明的西方现代新女性的形象。

《木兰》沿袭了女扮男装这一情节，却并非出于对男权的顺从和接受。事实上，影片自始至终都在试图打破这一秩序，在皇城救驾情节中，最具嘲弄性质的莫过于木兰为营救皇帝所想出的计谋竟是让三个虎背熊腰的士兵男扮女装。而让皇帝在满朝文武和全城百姓的面前，向木兰鞠躬致谢，这在中国传统社会完全是不可能发生的。这种感性叙事风格的内在逻辑基于西方观众的消费习惯以及其心理预期决定的票房价值，并以美国文化的价值体系为前提。

有研究者认为，迪士尼动画影片《木兰》的创作意图显然不是歌颂一位中国古代的忠义孝女，而是希望像圣女贞德那样，通过好莱坞式的大众文化生产方式缔造出另一位受到西方人崇拜的跨越民族的传奇女英雄。影片依然弥漫着美国的价值理念，它只是借用了中国木兰传奇的外衣，取代了原作中中国的传统儒家伦理道德，将其完全西化为资本主义价值理念下的因个人奋斗而获取成功的个人英雄主义精神，并明显具有后现代的女权主义精神。在美式叙事话语中，木兰的为父从军不再是忠孝之举，而是以强烈的自我意识和追求自我的勇气进行的个人斗争。她充分发挥了自己的个性力量，展现出化解危难、拯救国家，从而最终实现自我价值的魅力。①

作为商业动画影片，迪士尼力求票房收入和商业利润的最大化。为了稳定现有的西方市场，并最大程度地拓展新的海外市场，它一方面要满足西方观众长期已有的审美取向和心理期待；另一方面，它要顺应文化全球化的趋势，提升动画影片题材和产品的新颖性，用更易于被广大观众理解和接受的普世性主题取代原有主题，将影片叙事始终纳入观众所熟悉的视野之内。于是，中国木兰传奇的忠孝节义被美国推崇的个人奋斗和浪漫爱情的普世性主题所置换，进而脱离了中国的文化语境。

总的来说，迪士尼的《木兰》是中西合璧，中为洋用。它将中国本土化的民间传说转化为西式国际化的当代流行文化快餐，以多元文化认同的文化审美为基础，重构了现代价值理念和审美意趣，考虑了不同民族和人群的文化口味。

（三）《木兰》的商业模式

就影视产业而言，如今的好莱坞电影几乎无处不在，跨越了文化隔阂在全球范围内风生水起，成为世界电影的"基点"和"坐标"。当我们还在研究作为一

---

① 徐金龙：《从资源到资本——民间文学与国产动漫的整合创新研究》，华中师范大学博士学位论文，2011年，第149页。

种电影文化的好莱坞时，好莱坞自身已经将电影作为一种产业在发展和运营，而文化也早已成为商品的软包装。1998年，美国最大的出口产业既不是航空制造业，也不是电子产业，而是电影和音像出版业。从某种意义上说，好莱坞已经征服了世界。

在好莱坞，迪士尼公司可谓独树一帜。它通过激励创意活动、倡导技术革新、整合销售渠道、注重版权保护等手段，业已形成一整套成熟的、完整的、产业化的运营模式。开发的成本投入主要在于动画作品的制作，这也是其经营的主轴。接着就是一次投入多次产出，以一个品牌开启多个市场，通过优秀的动画影视作品走向世界，赢得票房和音像产品市场，再将其动画衍生产品推向世界，构成电视台广播、影院放映、视频出版、迪士尼乐园以及各种衍生特许经营的模式。

迪士尼动画片《木兰》之所以在国际上大获成功，首先，是由于迪士尼具备敏锐的市场意识和商业洞察力。《木兰》题材的选择就很有优势，不仅让西方观众感到好奇，也让亚洲观众感到熟悉。为了使影片既能展现迪士尼特色，又保留中国风格，迪士尼公司下了很大一番功夫。片中花木兰、李翔的人物造型和色彩调配都特别邀请了华裔动画师参与设计，公司还专门派出制作组人员到中国进行了实地考察，以此加强制作者对原文化的亲身感受和体验。经过3年的市场调研，迪士尼公司才开始着手制作。同时，迪士尼公司还聘请了中国的一大批文学家、艺术家、历史学家等，对影片的脚本、造型、背景等进行反复研究，以保持其中国风味和原著精神。譬如，木兰离家时未采用原台本中吻别老父的情节，而改用留下头花悄悄离去等。迪士尼公司在这种跨文化参考机制中，努力地寻求着中国原文化和西方文化之间的平衡。

其次，是由于迪士尼的生产流程体现出了超强的团队化与技术化。迪士尼动画制作工程浩大，制作人数有时多达上千人，分工极为细密，并且十分强调团队合作。在《木兰》的制作过程中，约有700个艺术家、技工和动画片制作者，花费了5年时间和近一亿美金。迪士尼公司十分注重国际分工，影片的创作团队可谓中西合璧，其中由台湾艺术家张振艺（Chen - Yi Chang）负责影片监督和角色设计，华裔编剧萧丽塔（Rita Hsiao）负责编写故事和对白，同时中国音乐家的加盟带来了二胡、古筝、长笛等东方乐器。除了选用美籍华裔女星温明娜为英文版花木兰配音外，迪士尼还针对中国内地、香港、台湾的观众，分别排出三组强大的明星阵容为中文版配音。女明星许晴、陈慧琳、李玟分别担纲中国内地、香港、台湾版木兰的配音。迪士尼副总裁请中国明星成龙为三个中文版男主角李翔配音。活泼顽皮的木须龙，英文版由艾迪·墨菲演绎，中国版则是陈佩斯配音。精细的商业包装、成功的市场战略，使得《木兰》公映后轰动世界，取得了票房佳绩。

此外，迪士尼在前期宣传营销和后续产品的开发上做足了工夫，也是《木兰》大获成功的原因。迪士尼的目光瞄准的是全球市场，在其强大的资金支持下，他们制定了一整套营销手段，打出了一套由全球发行网络、宣传海报、广告、预告片、影评、衍生产品等构成的"组合拳"。动画电影《木兰》的成功，使迪士尼获得了数亿美元的票房收入，但这仅仅是一个开端。迪士尼希望以上游影视娱乐产业的突出表现，来带动其他延伸产业的发展，拉高附加值，实现整体产业链的增值。创新的商业发展模式与成熟的市场运作手段，从产品层面发展到产业层面的全局战略意识，使迪士尼最终成为了称霸全球市场的"娱乐帝国"。

（四）从文化资源到文化资本

《木兰》这部取材于中国民间传说的迪士尼版动画电影的成功，在中国国内引起了强烈的反响，也深深刺痛了国人的神经。纵使木兰借由他人之手得以扬名四海，国内业界对此也终究意气难平。

美国《时代》周刊在2009年12月3日的一篇题为《中国和迪士尼的"花木兰"之争》的文章中说："中国正在着手收回属于自己的东西，哪怕它只是传奇故事。木兰是中国的女英雄，是中国的圣女贞德。"① 2009年11月，由星光国际传媒集团投资拍摄，马楚成执导的电影《花木兰》在中国上映。作为《花木兰》的出品方之一，星光国际传媒集团的执行总裁向《人民日报》坦言："我们承诺成为一家具有国家责任感的媒体。既然外国人可以用根据木兰的故事制作一部热门电影，为什么我们中国人不能向世界展示自己的花木兰呢？"②

这种由"本土到海外再回到本土"的文化现象吸引了我国跨文化传播学者的关注。香港学者陈韬文在他的论文《文化转换：中国花木兰传说的美国化和全球化》中，提出了文化转换（transculturation）这一概念，并运用这一理论分析了《木兰》这一文化转换个案。他指出："所谓文化转换，是指不同文化相遇时，一个文化为了自己的需要而改造其他文化，将其据为己用的过程。"③ 同时他认为，在一定情况下，也会出现逆向文化转换的现象。李庆本在《跨文化研究的三维模式》中也曾指出：将"东学西渐"和"西学东渐"这两个分离的过程看成是一个整体的过程的时候，"一个有关文本的跨文化旅行的事实便会展现在人们的面前"，"在这样的环形旅行中，中与西、传统与现代的断裂将会得到某种程度

---

①② Ling Woo Liu, "China vs. Disney: The Battle for *Mulan*," *Time*, Dec. 3, 2009.

③ 陈韬文：《文化转换：中国花木兰传说的迪斯尼化与全球化》，引自《传播学论文选萃》，南京师范大学出版社2000年版，第12页。

的修复,那种二元对立的绝对论模式将会被稀释;同时我们还应该特别注意到在旅行的每一站文本所发生的文化变异现象。"①

木兰的传说经由迪士尼的演绎传到全世界,文本在旅行过程中脱离中国传统文化的语境,变异归属于美国文化范畴,构成了文化转换。马楚成版的中国电影《花木兰》在这一背景下出现,是对西方刺激的回应,形成逆向文化转换,成为跨文化环形旅行的典型案例。所有这一切,都再次验证了马克思和恩格斯在《共产党宣言》中所指出的一条颠扑不破的真理:"过去那种地方的和民族的自足自给和闭关自守状态,被各民族的各方面的互相往来和各方面的相互依赖所代替了。物质的生产是如此,精神的生产也是如此。各民族的精神产品成了公共的财产。民族的片面性和局限性日益成为不可能,于是由许多民族和地方的文学形成了一种世界的文学。"②

然而,面对迪士尼的挑战,国内所做出的回应并不算成功。马楚成的《花木兰》试图以"爱"这一宏大母题将整个故事衔接起来,但讲述的仍是"忠孝两全"的故事。这与明末徐渭的《雌木兰替父从军》和常香玉的豫剧《花木兰》并无本质区别。事实上,木兰的传说得以历代流传,是由于它本身所具有的戏剧性色彩和人们对木兰的推崇,而并非"忠"的主题。在"忠孝"两大主题中,"孝"能够理解为人性中血缘亲情的情感诉求,这种民族传统文化因素可以被有效转换并得到认可,而"忠"这种需要放在特殊文化背景下来理解的主题,则不具备可转换性③,更令人难以产生共鸣。同样是对木兰传说的改编,尽管迪士尼对这个故事的梗概进行了保留,但"忠孝两不渝"的主题在迪士尼的改编下变为"亲情"和"自我价值"的实现。这两种主题因满足人类普遍价值需求,更易于得到全球观众的接受与认同。

那么,什么样的文化价值观容易得到别人的认同?毫无疑问,不同文化中的共性部分被认同的可能性最高。"文化个性可以引发惊奇,却不容易获得认同。外国人对一个民族的文化认同,首先是对这个民族文化中所存在的共性的认同。"④ 迪士尼《木兰》通过不同文化的传播而风靡全球,这与全球各地文化间的共性密不可分。东西方文化虽然存在政治、经济和文化等诸多方面的不同,但这些不同并不能消解人类文化需求上的共性。

我国拥有丰厚的文化资源,如何有效地将文化资源转化为文化资本,这是一

---

① 李庆本:《跨文化研究的三维模式》,载于《文史哲》2009 年第 3 期。
② [德]马克思、恩格斯:《共产党宣言》,《马克思恩格斯选集》第一卷,人民出版社 1977 年版,第 255 页。
③ 沈思:《从〈木兰〉到〈花木兰〉:文化转换与文化资本的博弈的个例分析》,吉林大学硕士学位论文,2011 年,第 26 页。
④ 李庆本:《产业性传播比重越大,文化传播针对性越强》,载于《中国文化报》2011 年 1 月 13 日。

个非常严峻的时代课题。中国版的《花木兰》之所以没能取得预期成效,原因固然很多,但有两点是显而易见的:一是只注重文化特性,而忽视发掘人类普遍价值,二是缺乏有力而高效的资本化运作。我们必须认识到,"文化产业是中华文化世界传播的重要途径"。① 各类文化生产都需要对文化资本的潜在价值进行分析、深入发掘和恰当运作,这是文化产业化发展的核心需求。尤其在信息资源大爆炸的数字化时代,面对文化市场的浪潮汹涌和优胜劣汰,及时把握住优质文化资源进行合理开发就显得更为迫切。

第三节 数字化时代木兰的未来

木兰传说是中华传统文化的瑰宝之一,乐府《木兰诗》更是历史长河大浪淘沙之下的永恒经典。无论是《木兰从军》这样的诞生于特殊时代的抗战电影,还是极具民族特色的曲艺表演,抑或是迪士尼的商业游戏作品,都曾吸引众多观众,也曾引发各种讨论。

发展至今日,传统媒介与"新媒介"的分庭抗礼已经开始向后者倾斜,电子媒介取代纸媒的论调亦不绝于耳。在这种新旧交替的媒介转型时期,又有人开始预言"经典不再,书本消亡"。这似乎也在提醒人们思考这样一个事实,倘若未来书籍真的不复存在,那么作为一切文艺改编作品的灵感之源的《木兰诗》,是否也会从人们的视野中隐退?人们在欣赏木兰戏剧的优美唱腔、木兰电影的华丽视觉、木兰动画的轻松娱乐之际,耳畔是否还能回响起"唧唧复唧唧,木兰当户织"的古老余音?

基于此,在新的文化境遇中审视文学经典的存在方式,思考数字化时代木兰的未来,便成为一项崭新课题。

一、技术激进与文化保守

2014 年,被许多 IT 界人士称为"移动互联网元年",数字技术在这一年取得了飞速发展,移动设备获得了空前普及。如果说在每个历史时期,社会时代精神都会以不同方式渗透到文学作品中,那么在数字化时代,引领时代精神的无疑是科技。文学是关注人类心灵与精神家园的人文领域,不同于自然科学与技术,

---

① 李庆本:《文化产业:中华文化世界传播的重要途径》,载于《文艺报》2008 年 7 月 3 日。

但文学的独立并不意味着文学的孤立，在被社会认可的同时，文学自然也与诸多媒介有着全方位的联系。而媒介层面的每一次技术革新都会带来文学样貌及其存在方式的变迁，这促使我们不得不将"技术"的概念引入到文学研究中来，为现有的文化现象发掘新的问题空间。

作为被技术界捧起的一颗新星，"新媒介"对于现今的学术研究而言，早已不再是一个陌生的议题。从1967年的灵光初现，到21世纪的遍地开花，它已游离于学术命题而进入大众文化领域，与"云计算""web 2.0""大数据"等专业词汇一并成为日常的流行用语。"新媒介时代"一词也摇身一变成为标榜时代先锋的万能前缀，被各界以创新为名争相冠之，其影响之广，声势之威，已然不言而喻。

然而不难发现，在这股技术狂热的声浪中，为"新媒介"新晋主宰地位而摇旗呐喊的人，多为商业媒体的运营者，而非文化内容的生产者。这些人的言论中又都或多或少的带有些乌托邦式的空想主义色彩，他们臆想式地呼唤文学生态的重组，急切地拟定新的格局，甚至抛出"传统文学已死"之类的极端措辞，意在通过虚张声势的理论夸张来吸引更多的关注，从而盘活可期待的商业价值。当"新媒体"由一个严谨的学术命题逐步变成了泛泛的营销热词，话语空洞的背后，是文化保守与技术激进的时空错位。

可以说，科技对人文精神的渗透，与人文学者对于科技的警觉，一直处在一种动态的制衡当中。因而"新媒介"自诞生之日起，就面临着科技与人文的宿命式追问：建立在科技强力场域之上的人文精神，是会充当指引未来技术发展的灵魂导师，还是被工具理性"格式化"为一张空洞的假面？在早期的文化研究者看来，答案似乎早有定论。

事实上，文化研究对于"新媒介"的注目之深远，甚至远在"新媒介"诞生之前。早在20世纪30年代，瓦尔特·本雅明、希利斯·米勒和雅克·德里达等文化研究学者就已经从政治倾向、文化实践、文学艺术的消费和生产等诸多方面，批判了技术对艺术的全方位肢解，甚至不无悲观地预言了美学精神的终结。本雅明在《机械复制时代的艺术作品》中指出："我们可以把艺术史描述为艺术作品本身中的两极运动，把它的演变史视为交互地从对艺术品中这一极的推重转向对另一极的推重。这两极就是艺术品的膜拜价值和展示价值。"[①] 他宣告了一个"机械复制时代"的来临，艺术作品通过机械复制成为人人都能享受到的日常"消费品"，使得作品的灵韵（Aura）和权威性滑落，其"膜拜价值"变成了

---

① ［德］瓦尔特·本雅明：《机械复制时代的艺术作品》，王才勇译，中国城市出版社2002年版，第19页。

"展示价值"。这个充满征兆性的论断,在那个至多能够制作唱片和电影拷贝的年代听来似乎有些危言耸听。直到 21 世纪,"新媒介"对文学艺术领域的冲击力将"机械复制时代"的预言逐一印证,人们才从中领教了本雅明在半个世纪前的先见之明,并将之奉为"新媒介时代"的深刻预言。

其后,无论是阿多诺对"文化工业"的批判、马尔库塞"单面人"的警示,还是詹姆逊对"后工业社会"的诠释都重复着同一命题:视觉文化对语言文化的取代,或者更彻底的,技术霸权对文学性的遮盖。技术带给人们现代文明娱乐的同时,也吞噬了人们的时间、精力、洞察力以及反抗和超越世俗的能力。当人们获得文化权利时,他们却不知道如何把持并运用带有自我精神印证的价值判断。这些论断是如此犀利精确、无懈可击,以至令人还未迈开探索"新媒体"的脚步,便已在前辈们的不刊之论和深远注视之下提前落定。

然而,话语空间的拓展不能一味因袭成见,更需坚持实证和理论反思。研究的开展倘若缺乏实际观测而概念先行,或是被前人的言说规定了思路,就会如同刻舟求剑,最终徒然无功。上世纪的研究成果纵然跨越历史的局限宣告了它的远见和正确性,却无法在这个日新月异的时代保证现实的可操作性,现实往往比理念更为错综复杂。技术进步主义者所宣扬的媒介主导,与文化保守主义者所崇尚的美学主导,二者只能偏执一隅还是可以并行不悖,要放置在当下的具体语境中才能做出切实的分析。只是现有的研究还在局限于新媒介与文学的对立与互补、扩张与坚守的外围研究,局限于作家精神主体和文学使命的研究,局限于"深度/平面、理性/感性、此案/彼岸等二元对立"[1],对观念、态度、立场这类问题进行着繁琐论证,而没能具体分析、深入探讨新的媒介载体对文学自身表现的冲击或升发。

人们之所以苦苦矜夸着"传统",或奋力追逐着"革新",恰恰是因为文学市场如今的变化给人们带来了困惑,但评价体系对评价对象的探讨却并不得力,以至挣脱了旧的模式,却尚未建立起新的共识。或许"新媒体时代"目前还仅仅是一种内涵缺失或模糊的概念,但它却隐约透露出,在这个移动互联的新纪元,包括思维方式在内的"一切坚固的东西",的确走向了"烟消云散"的边缘,重新建构已然迫在眉睫。村上春树在小说《1Q84》里说,"只要产生空白,就得有什么来填补。"[2] 技术与文化之争的触发点来自于文学现场,因此,想要另辟蹊径解决"难题",就只有回归现实语境去分析,客观面对当下的审美取向,建构新的研究和评价体系,并不断探索新命题。

---

[1] 文红霞:《新媒体时代的文学经典化》,南京大学出版社 2012 年版,第 6 页。
[2] [日]村上春树:《1Q84 BOOK2》,施小炜译,南海出版公司 2010 年版,第 125 页。

二、数字传播与审美转换

20世纪80年代出版了一部科幻小说《神经浪游者》(Neuromancer)。该书的作者威廉·吉布森在互联网尚未诞生时就在书中准确预测并生动地描绘了网络时代的人类生活，因而被誉为"先知小说家"。他首创的"赛博空间"(Cyberspace)一词原指在计算机网络里的虚拟现实，而后随着科技的发展而被人们赋予了更多意涵，不仅跨出了计算机领域，而且扩散到了哲学、文学范畴，进而衍生出了"赛博文本"(Cybertext)等一系列数字文学的前沿概念。

在互联网时代到来之后，那些曾在科幻作品中若隐若现的"数字未来"，已然成为了现实的"此时此刻"，并且真正做到了"广为流传"。它所带来的影响绝不止于通讯传媒的更新换代，而是人们的审美取向、价值体系、思维观念的深刻改变。不过值得注意的是，大范围多层次的变革并非在一夜之间完成，在文化领域尤为如此。文化现象是混杂多样的，都有其自身的传统、习俗以及演变途径。在消费主义的浪潮下，虽然媒体的形态与商业模式在不断翻新，但人类发展至今的绝大多数优质艺术和经典文本仍是在旧秩序、旧媒介的框架下产出与传播的，这种长期积累的路径依赖很难在朝夕间扭转。而这样的文学现实，在传统媒介历史转型的大势所趋之下，不免显得有些滞后甚至脱节。

尤其在数字媒介已经成为重要"文化软实力"的今天，文艺作品的形态构成与传播方式的数字化转向，已经越来越醒目地成为整个文化生态空间的"游戏规则"。在这个被尼葛洛庞蒂称之为"数字化生存"的大背景之下，经典作品的传承似乎不得不入此藩篱。时下，网络文学这种根植于新媒体土壤的原生文学已经率先占据了数字平台的半壁江山，且作品门类繁多、汗牛充栋，难免转移人们对于传统文学的审美聚焦。传统文学倘若就此淡出数字阅读的关注视野，经典作品也将因此束之高阁，未来的文化传承何以为继？所以，面临文学市场数字化"洗牌"的困局，传统经典要做的不是扼腕"告别"，而是创造性地"进入"。那么经典文本跨媒介传播的"议程设置"，自然就落在了"数字化重构"这个命题之上。

"经典重构"本就是中西文学的经典研究中的一个重要旨趣，这看起来似乎还是以新的表述方式，来空泛地重提旧有的批评和主张。但与以往不同的是，"数字化"重构的前提，在于洞悉数字媒介对经典文本的"技术改写"。这种改写并非"革命式"的颠覆，而更接近于一种"改良式"的要求，旨在升发出经典文本在"赛博空间"里独有的美学特色，从而将数字化的挑战转化成再次创生的契机。其中转变的，恰恰不是作者，而是读者的审美接受范式。

麦克卢汉说过，"任何媒介（亦即人的任何延伸）对个人和社会产生的任何影响，都是由于新的尺度产生的；我们的任何一种延伸（或曰任何一种新的技术），都要在我们的事务中引进一种新的尺度。"① 他还指出："技术的影响不是发生在意见和观念的层面上，而是要坚定不移、不可抗拒地改变人的感觉比率和感知模式。"② 数字化媒介不仅仅是一种载体，它还是一种尺度，规范着文学的意识形态和内容形态，使得文学机制和文学文本发生相应的嬗变。而对"数字化"的读者而言，这种"新的尺度"带来的"感知模式"的转换主要体现在以下三个方面：审美路径的转换，审美体验的转换，以及审美程序的转换。

（一）审美路径的转换

有研究者指出："2012年至2013年，是数字阅读发生剧烈变化的一年。这一年，移动互联网出现井喷式爆发，传统PC电脑的销售开始在一些地区出现历史少见的下降。手机、平板电脑等迅猛发展，云计算基础下的多屏共读成为现实。"③ 移动设备在阅读领域的攻城略地，使得人们进入了一个数字化的"读屏时代"。阅读行为不再受特定空间与时间的限制，变得无时无处不在，继而朝着碎片化和社交化转向。同时，"UGC（用户生成内容）模式进一步扩展，改写了传播阅读内容生产模式。以Self-publish、自媒体为代表的新型媒体内容生产和传播模式正在成为新的主流"。④ 阅读的内容被前所未有地扩充，多样化的出版形式和呈现方式也应运而生，内容传播变得迅捷而高效，接受者在获取内容时也拥有了更多的主动权。

综合来看，数字化的移动阅读正在逐步成为主流阅读方式，而这无疑削减了人们对于从传统书籍中接触文学的途径依赖，随着阅读时空的拓展和阅读途径的简化，依托数字平台的新的审美路径也由此产生。

（二）审美体验的转换

在阅读硬件实现数字化革新的同时，软件层面也开发了一种全新的数字文本，人们可以通过电脑、平板、手机、Kindle等多种移动终端，即所谓的"数字图书应用"随时随地阅读。这种应用把数字化的动态性特征整合为文学表意结构的一部分，令数字平台的多媒体特性进一步凸显，用其强大的整合功能把诸多艺

---

① ［加］马歇尔·麦克卢汉：《理解媒介——论人的延伸》，何道宽译，商务印书馆2000年版，第33页。
② ［加］马歇尔·麦克卢汉：《理解媒介——论人的延伸》，何道宽译，商务印书馆2000年版，第46页。
③④ 徐升国：《阅读的未来——数字化时代阅读大趋势》，载于《出版广角》2013年第6期。

术形态融合起来，使数字文本成为一种融文本、图像、视频、音频于一体的新型文学样式。这在形式上打破了传统阅读单一化的格局，刺激了欣赏者的多种感官，丰富了欣赏者的审美体验。

（三）审美程序的转换

传统文学作品印刷在纸质媒介上以后，其情节叙事的顺序往往是固定的、线性的。因此，读者阅读传统作品时，只能按照固定的顺序逐页阅读。而数字图书则是一种非线性的组合形式媒介，它将文本、图表、音频、视频、动画等因素通过链接或导航界面建立相互联系，满足读者自由地访问信息的可能，给了读者最大的自由和选择权，让读者自己来挑选不同的文本组合，"重构了读者的阅读空间，将其带入更广阔的领域"。①

总之，数字化平台不仅聚集了丰富的审美资源，而且开拓性地打造了新的审美方式。时代在发展进步，人们日趋多样化的审美需求要求文学传播必须与时俱进，所谓"穷则变，变则通，通则久"。在文学经典的生存空间被大众娱乐消费品所挤占的情况下，文学唯有借助数字化技术来加强自身，与当下的时代生活保持密切的审美对应，才能在历史长河的大浪淘沙之中不断被接受和延续，使经典文学的精神和魅力不断彰显于世，成为继承传统的文化血脉，烛照现代的精神构筑。

三、木兰与数字出版

数字化对于文学文本的技术性改写，使文学由平面走向多维，由单质走向混合，在审美表达上获得了新的发展空间，由一个封闭的语言实践转变成为一个敞开的文化结构。那么成为了多媒体集合之后的文学，它的语言是扩充了还是改变了，它的体式是兴盛了还是冗杂了，它的时空表达是清晰了还是模糊了，它的接受度是缩小了还是扩大了，这一系列问题，都不可能凭空推断出答案，而需要借鉴"回到事物本身"的现象学方法，从具体的案例中寻找解答。

2013年，严锋在一篇题为《未来之书》的文章里，提到了一款由艾略特（T. S. Eliot）的《荒原》改编而成的数字图书应用"The Waste Land"，他不无激赏地写道，"这又是一个让人对纸书的未来忧心忡忡的杀手级应用"。② 这款应用

---

① ［美］保罗·利文森：《软边缘：信息革命的历史与未来》，熊澄宇译，清华大学出版社2002年版，第138页。
② 严锋：《瘾的世纪》，上海人民出版社2018年版，第52页。

以艾略特的原诗为主体，所有的多媒体元素皆以最大限度呈现（或者说复原）《荒原》诗中的意境而存在。对于传统的读者来说，它可以是一本设计古典、界面干净的电子诗集；而对于愿意探索的读者来说，它也可以瞬间变成一部关于《荒原》的百科全书。除了与诗句同步对应的繁复注解，多位知名学者的深度评论视频，一众实力派演员的倾声演绎，这款"书"中还藏有诗集的原版手稿，可以清晰地看见其好友埃兹拉·庞德（Ezra Pound）在上面批注修改的笔迹——如果这还不足以让人沉浸其中，那么"书"中还收录了作者艾略特本人分别于1933年和1947年对《荒原》的清声朗诵。这便不只是历史资料了，而是读者（或者说听众）借由声音的电波跟过去时空的作者遥相呼应的审美仪式。

这款数字图书应用的出版商塔奇出版社（Touch Press）在其官方网站的主页上的宣传标语是"一种走进诗歌的全新方式"，而它的确代表了迄今为止用新媒体诠释诗歌经典的最高水平。它的另一款向古典致敬之作——基于莎士比亚的十四行诗集合而成的《十四行诗》（Sonnets）同样设计精美，信息浩瀚，其中"表演"板块还邀请了多位文艺影视界明星，将莎士比亚的全部154首十四行诗在镜头面前声色并茂地演绎出来。

这两款数字图书应用分别获得了2011年最佳"未来之书奖"（Future-Book Awards）和2013年最佳"国际交互设计奖"（International Interaction Design Award）。作为"数字图书"它虽非尽善尽美，但我们可以隐约看出设计者力图实现技术性与艺术性和谐统一的抱负与野心。对经典进行数字化重构的命意并不是实现媒介元素在空间分布上的笼统集成，而是利用影像表意和声音叙事，对文字系统进行立体式的叠加，形成多层次多维度的感性表达，从而调动起观赏者的所有感官细胞，达到尼葛洛庞蒂所说的"身临其境"①。要说这种重构方式是对诗歌，或是对文学的异化，显然是有些偏颇的。事实上，设计者出于对原著文本的尊重，在界面的操作上也做出了部分限定。无论读者/观众如何在界面中进行视频、音频、手稿、注释、评论之间的切换，诗歌的文本都会始终呈现在读者/观众的视野之内，这既是一种向传统的致敬，更是设计者对于技术手段的自我约束和对"数字图书"艺术边界的明确确立。

本雅明曾在《机械复制时代的艺术作品》一书中说："技术复制能把原作的摹本带到原作本身无法达到的境界。"② 然而"技术本身并不具有必然的进步性，

---

① 尼葛洛庞蒂说："虚拟现实背后的构想是，通过让眼睛接收到在真实情景中才能接收到的信息，使人产生'身临其境'的感觉。"见［美］尼葛洛庞蒂：《数字化生存》，胡泳、范海燕译，海南出版社1997年版，第140页。

② ［德］瓦尔特·本雅明：《机械复制时代的艺术作品》，王才勇译，中国城市出版社2002年版，第9页。

主要看是什么人掌握它"①，技术手段与目的的错位可能造成文学的异化，多媒体的滥用会造成传播的失范，因而经典的数字化重构首先需要人文价值的观照与引导。数字媒介有了自己的文化命意，对经典的数字化重构才可能成为"赛博空间"中值得称道的诗歌行为艺术。

诗歌作为世界上最古老的文学形式，其优势本就在于音韵。而朗读，本就是诗歌艺术中的应有之义。歌之不竟，弥此空间，洞彼时间。在数字化的虚拟空间里，技术将凝固的文字带入了声音与表现的时空，回到了诗歌原初的本心，完成了数字技术对古典诗意的现代置换，营造出了一个丰富鲜活的，融视觉、听觉于一体的诗意"赛博空间"。这是技术与人文的碰撞与结合，是对诗意传承的否定之否定，完成了古典—现代—超古典的进化历程。

纸张作为人类文明传承发展的重要载体，可以记录文字，却不能留住声音。人们对古代音韵的研究，也只能以韵书为本，且往往停留于纸面，鉴赏起来难免流于抽象。而自从诗歌的载体打破了技术限制之后，将诗歌与音韵结合相生便成了经典诗歌数字出版的惯用逻辑。国内数字出版公司"多看"就在其出版的《唐诗三百首》《宋词三百首》等书中加入了由国家一级昆曲演员、中华吟诵学会理事张卫东先生的古音吟诵。另外一家公司"字节社"也在《唐诗三百首》中加入了以《切韵》音系为基础的中古汉语朗读。他们对于经典诗歌数字化重构的理念无疑是严肃认真的。

相比之下，同为经典诗歌的木兰在数字平台上的表现则不那么尽如人意。在数字图书领域的寥寥几款应用当中，多半是出于辅助教学或少儿娱乐目的的粗浅产品。

这些产品虽然也自称是"交互式多媒体图书"，但由于目标用户的低龄限制，其内容上除了多国语言的配音以及动画表现之外并无"交互"之处，多媒体元素也只是简单依附在固定的文本序列之中，诗意与真实感几乎为零，更勿论对文本表意的升华了。

在数字平台上的表现欠缺，可以说是新媒体艺术兴盛之势下木兰默默无闻的主要原因。事实上，时下媒介整合之势日益彰显，以木兰在多种媒介形式下精彩纷呈的表现，要做出一个像《荒原》（*The Waste Land*）或《十四行诗》（*Sonnets*）那样百科全书式的重量级应用并非难事。首先，作为吸引眼球与扩大宣传的策略，设计者同样可以尝试邀请曾经出演过木兰，或为木兰配过音的演艺界人士对《木兰诗》用中、英、粤语言的不同风格进行全新的演绎，还原古老的歌谣面对面传播时所特有的现场感。其次，可以利用数字文本的超文本特性，将《木

---

① 李庆本：《谈新媒体时代的文学生产与消费》，载于《湖南社会科学》2013 年第 6 期。

兰诗》的字字珠玑做成超链接，使得读者对每一个字的点击和探索都能够指向其他文艺形式对这句话的精彩生发与表现。最后，可以将散落在民间各处关于木兰的歌咏、评书、绘画、书法等文化碎片，去粗取精地收纳进"一本书"的赛博空间里，使之成为一部字词铿锵、剪辑精美、画面端庄的艺术品，供人无限探索。

笔者相信，在文化信息与资料多元整合的大势所趋之下，这样的一款数字图书终会到来，而到时欣赏它的，将会是对木兰故事与中国文化传统心怀热忱的，跨越地域民族文化与平台限制的全世界的读者。

四、木兰与电子游戏

"技术的发展总是改变着人类生存的方式，其中也包括人类主体的审美方式。结绳记事、刻木为文时代，主体只能通过身临其境去获取与艺术的交流；布帛纸张、铅字印刷时代，主体通过作品间接地获取与艺术的交流；声光影电时代，主体则如同身临其境却又间接地获取与艺术的交流。互联网时代的到来，更大规模地改变着主体与艺术交流的方式，网络空间中审美主体性理论开始让位于审美的交互主体性理论。"① 随着互联网的日益普及，作为新兴媒介的典型代表，电子游戏颠覆了传统媒介层面上内容制作方与接受方的二元对立，玩家不仅可以通过与游戏设计师的互动交流，提供更多的游戏体验和信息反馈，也可以作为游戏生产者，对游戏进行"二次创作"。此外，还可以通过建立一个与其他玩家互动传播的"虚拟社区"——游戏公会，延伸传播行为，构建新的传播模式。

与电视新闻、电视剧、电影等媒介形式类似，电子游戏同样具有叙事结构。有些电子游戏甚至因其明晰的叙事特征而超越了简单的游戏范畴，可以视之为叙事文学和游戏的交叉类别。许多研究者认为电子游戏是传统叙事或戏剧的另一形式和延伸。而关萍萍则认为，虽然电子游戏确实与叙事有诸多共同特征，例如人物、时间、环境、连续行动、故事情节设定等，但从传统叙事学理论分析电子游戏的视角、叙述者和受述者，我们不难看出电子游戏既有遵循传统叙事的特点，又在玩家与主角的关系上跳出了传统叙事文本的束缚，"玩家既不是完全的信息发出者或叙述者，也不是完全的信息接受者或受述者"。②

RPG 类游戏的叙事性在众多游戏类型中首屈一指。RPG 类游戏，即角色扮演类游戏，英文全称 Role‑Playing‑Game，是当前最受欢迎的游戏类型之一。在

---

① 余开亮：《网络空间美学理论的嬗变》，载于《河南社会科学》2003 年第 4 期。
② 关萍萍：《互动媒介论——电子游戏多重互动与叙事模式》，浙江大学博士学位论文，2010 年，第 53 页。

游戏中,玩家扮演写实或虚拟世界中的一个或者几个角色在各种场景下进行各类活动。游戏情节和数据（如力量、灵敏度、智力、魔法等）的差异会赋予角色不同的能力。玩家扮演游戏中的主角在游戏设定的世界里进行打怪升级,他可以购买物资、装备来使自身或整个团队更加强大;可以与游戏中的敌人进行战斗,从而获得金钱和经验值;可以通过对话、冒险等行动来完成游戏中的主线与支线剧情。玩家可以在角色扮演游戏中扮演与本人截然不同的人物,满足了玩家分身的欲望;而亲身体验扑朔迷离的剧情,又能使玩家如同看一部小说一般,与游戏中的人物悲喜相通。这些特征使得角色扮演类游戏成为了最有趣、最具吸引力的一个游戏类型。①

RPG 游戏正在向文学靠拢,努力获得文学性,一些游戏干脆直接由文学名著改编而来,如著名的"三国"系列题材。它不仅在内容层面成功实现了跨媒介的移植,在游戏性层面得到了极致的开发,其原著也因此获得了新的艺术生长点和传播路径。此外,与原创题材的游戏相比,根据文学、电影、动画等题材改编而成的游戏在市场推广方面还有着天然优势。首先改编的题材本身就会吸引一定基数的读者/观众成为潜在玩家;其次,为人所熟知的历史与人物也简化了玩家对于游戏背景设定的熟悉过程,使其能够迅速上手,产生较强的代入感。

2005 年初,斯普公司发行了一部 ARPG② 游戏《花木兰》,玩家可以亲自扮演这位家喻户晓的女英雄,体验这段传奇的冒险之旅。有研究者指出,这款游戏大体符合《木兰诗》故事的整体脉络。对于原诗中没有涉及的故事情节,该游戏也在确保历史真实的前提下,做了许多自主改编。③ 例如,用"铁骑军牌传乡里,雪剑投戎戍边疆""求宿霖府阻仇客,释忿仙山觅灵丹""阴山营众志御侮,黑水渡双女擒贼""寻医冷箭夺魄,解奇症般悦缔约""游鲜卑倩影香踪,救公主迷情乱意""闯奇阵舍身罹难,赴冰山冒死求医""冰火重天救主帅,辉煌华宫伏枭雄"等七个篇章串联起整个故事的主线。这与当时流行的穿越小说、历史小说有些许相似之处,即在文本的叙述结构上保留对历史的框架的尊重。而历史的记载留下了大段可供人想象的空白,也让游戏设计者有了更多自由发挥的空间。比如,为了增加游戏玩法的多样性,《花木兰》在大结局的设计上采用了半开放的双结局模式,根据不同的玩法可以展开多种剧情走向,最终指向两种截然不同的大结局。

---

① 关萍萍:《互动媒介论——电子游戏多重互动与叙事模式》,浙江大学博士学位论文,2010 年,第 166 页。

② ARPG,即动作类的角色扮演游戏,游戏玩家控制主要角色,通过战斗升级、完成任务的方式来推进剧情。

③ 高越月:《新历史主义视角下的〈花木兰〉游戏》,载于《理论与当代》2012 年第 7 期。

然而可惜的是，就笔者目前试玩游戏的体验来看，无论是从游戏叙事模式的创新、美术风格的设计，还是可玩性的角度，该游戏都是一部毫无特色的平庸之作。没有巧妙的阴谋悬念，没有宏大的史诗渲染，没有细腻的人性刻画，只有打着"古典""中国风"旗号，实则碎片化的符号堆砌，企图掩盖作品在最核心的叙事艺术方面的缺失。这种套路在游戏普遍同质化的时代带来的不仅是玩家的审美疲惫，更显露出了游戏研发商保守刻板的心态。

游戏剧情上的乏善可陈与玩法上的机械单调，使得这部 2005 年推出的游戏几乎没有激起什么浪花就迅速销声匿迹。这与近年来强势崛起的影视界与游戏界的改编热潮形成了强烈反差。木兰在游戏这一重要媒介上的作品从设计观念到制作水准都如此滞后，这不得不引起深思。

其中原因，笔者认为，首先，从游戏自身来看，是游戏在叙事设计层面的缺位。虽然早期的经典游戏中也有叙事的设计，但那多数只是作为一种无关紧要的摆设性存在，一种让游戏规则得以成立并继续的借口。例如，玩家甚至不需要知道桃子公主是谁，却仍然可以从《超级马里奥》中得到乐趣。在今天，"作家"（writer）已经是游戏界的一个重要工种。为了和传统意义上的写虚构作品的作家区分，游戏作家有时会管自己叫"叙事设计师"（narrative designer）。而从木兰题材现有的游戏作品，或者说是仅有的游戏作品《花木兰》来看，游戏叙事只是充当了一个不起眼的常规角色，其所做的也只是把《木兰诗》按照游戏节奏进行保守的拆解和重组。而全篇唯一可称之为"别出心裁"的双结局设定也只是不温不火不逾矩的感情分支线，让人毫无期待感可言。

其次，从国内游戏的接受的大环境来看，也存在着游戏价值观的缺失。游戏究竟是什么，似乎成了越来越说不清的事情。它是娱乐，这一点毋庸置疑。它是技术与艺术的完美融合——也不会有太多人反对。但为什么游戏以及游戏玩家依然处在一种被边缘化的尴尬境地？无论是中文的"玩家"还是英文的"gamer"，都携带一定程度的负面意蕴。阅读使人明理，音乐陶冶性情，电影开阔眼界，艺术让人向内追寻自我，而游戏则似乎只能带来感官的刺激、价值的丧失、情感的沉迷。尽管人们都不会否认电子游戏的创造与建构要求游戏作家贯通技术和艺术两大领域，但与此同时，关于电子游戏"算不算艺术"的争论又从未停止。

其实对于任何一款成功的游戏产品而言，美学价值才是维持其内在运转的中心硬核。同为对世界的一种模仿，游戏与文学、戏剧、电影并无本质区别，都是具有可读性的"文本"。不仅如此，游戏的语法还在不断地演进。它有对经典的借鉴改编，有对历史事件的架空重组，有迷宫一般的脑力挑战，有令人耽溺其中的情感体验，它是通过技术和想象力对人类经验进行再现的过程。

作为继文学、戏剧、电影之后的新型叙事媒介，电子游戏本可以是木兰跨媒介传播的极佳载体，甚至可以说是未来实现经典文化创造性回归的最重要的载体。而已有的游戏作品之所以效果不彰，除了受开发者自身设计水准所限之外，国内文化环境对游戏的认知定位与木兰作为一个文化品牌的开发热度，都需要天时地利人和的资源优化配置。要做到这一点，需要一条成熟的文化产业链，这当中除了有赖于国家的资金投入和政策扶持之外，还需要按照一定的战略性思维，去培育有创新力的开发人才梯队和有竞争力的原创技术。这条路看上去任重道远，但笔者相信，在文化创意产业蓬勃发展的当下中国，一部优秀的以木兰为题材的游戏终将会在这个跨媒介传播的链条中闪现。

口头传唱的民间奇谈，文人书写的忠孝不渝，戏曲吟哦的巾帼风姿，歌剧咏叹的民族精魂，电影塑造的真情儿女，动画描绘的东方传奇，游戏打造的冒险之旅……木兰的跨媒介传播历程，几乎贯穿了整个媒介发展史，最终积淀成为民族家国的集体记忆。然而这并不是也不应是木兰文化传承的终极归宿。在更大的国际舞台上，对文化资源和话语权的争夺已经成为各种文化力量之间的激烈博弈，木兰作为中华文化的经典符号，更承载着作为国家发展战略的文化传播使命。而要做好这一点，就需要在产品和传播两个方面做出创造性的革新。

2015年4月初，在人们以为1998年掀起的那股木兰热潮早已沉寂消散之际，迪士尼又对外宣布了他们新一轮的影视计划——将动画《木兰》（Mulan）打造成一部真人电影，由影星刘亦菲主演，并于2020年全球上映。时隔二十多年，迪士尼可以整装重发，其产业链与生命周期之长，不得不令人叹服。这背后的文化运作策略，除却前文中提及的"产业化"战略外，还有一点也值得关注，那就是运用跨文化叙事策略实现内容的增值。

按照传统思路，倘若不断重复以前的故事文本，内容的冗赘会使受众原有的兴趣消失殆尽，从而导致作品的严重失败，甚至对其文化品牌造成不可逆转的影响。① 但在跨媒介叙事的思路下，媒介恰到好处的转换会带来新的体验，从而使得文本内容重获新生，实现增值。不同的媒介还会吸引不同的市场资源与利润，当内容产品实现了跨媒介的流动，跨媒介的受众群体也会逐渐形成。

这套思路目前在电影与游戏市场运营中得到了充分运用，与之相配套的"IP授权"目前也成为了一个炙手可热的名词。IP即知识产权（Intellectual Property）的缩写，而"IP授权"通俗来讲就是对某一文化资源的系列化和衍生化。运营成功的 IP 可以在漫画、小说、电影、游戏等不同的媒介形式中转换，迪士尼便是各中高手。国内诸如腾讯、盛大等在文化产业领域雄心勃勃的互联网企业，也开始效仿迪士尼的"泛娱乐"战略，即以 IP 授权为核心，以游戏运营和网络平

---

① 唐昊：《媒介融合时代的跨媒介叙事生态》，载于《中国出版》2014年第24期。

台为基础,展开电影、音乐、动漫等多领域、跨平台的商业拓展。

回到本文主旨,笔者之所以反复提及"跨媒介叙事"的概念,就是为了揭示它在方法论层面对于木兰文化传播的战略深意。

从主张保家卫国的豫剧《花木兰》到呼唤和平正义的歌剧《木兰诗篇》再到号称夺回自己民族符号的电影《花木兰》,我们总能发现官方意识形态的潜在投射与背后推动。向国外输出中国人自己的"花木兰"已经由国人意气难平的文化隐衷上升成为彰显国家文化软实力的集体诉求。

然而文化的输出并不是"传播与被传播"这种直线性的二元联系,它是一个更为复杂的逻辑链,过程中包含多种变量的参与。传播者的编码方式与接受者的解码结果,均受到来自文化语境、审美标准、技术水平、宣传渠道等多方因素的影响,"两种不同文化背景的语言在转换过程中文化信息的失落、变形、扩伸、增生"①,远比传播者所能预想的结果更为扑朔。因此,要检验传播的真实情况,并最大限度地优化传播效果,唯有在开放的自由市场竞争环境下接受考验。倘若文化产品在国际平台有竞争力,那么文化的输出自然就会成为一件水到渠成的事情。

木兰作为中华文化的资深品牌,无疑是一个优质IP。而国内对其内容的形式展现虽然种类丰富,但都是一座座彼此不相关联的孤岛,它们在文化枝繁叶盛的国际舞台上单枪匹马、孤军奋战,偶尔留下惊鸿一瞥,赢得几句赞叹、数次掌声,虽然成功地走出了国门,但终究算不上真正的"输出"。

纵观木兰形象在多种媒介形式下的纷呈演绎,木兰的跨媒介叙事版图其实已然开始隐现。就产品层面而言,此时需要做的,是集中优秀人才与尖端技术,在数字出版与电子游戏平台上打造出优秀作品,弥补木兰在数字时代的表现空缺。而从战略层面而言,就是扬长避短,把媒体特性与内容特质进行深度整合,运用跨媒介叙事的智慧,为木兰的媒介资源和内容资源创造一个相连共生的生态体系,最终实现联动传播的效应最大化。诚然,对于国内仍处于探索阶段的文化创意产业而言,这条路漫漫其修远,但它所指向的多媒介合力共融的未来图景,却值得我们上下求索。

---

① 吴新云:《双重声音 双重语意——译介学视角下的中国女性主义文学批评》,经济科学出版社2009年版,第5页。

第八章

《三国演义》的跨媒介对外传播

《三国演义》是中国古典四大名著之一,在国内外的传播非常广泛,不仅影响了一代又一代的中国人,在我们的邻国日本也受到了极大的推崇。日本的文学以及其他众多艺术形式都受到了《三国演义》的影响。进入 21 世纪,随着计算机技术和网络技术的普及,电子游戏获得了快速的发展。作为一种新生的媒介,电子游戏媒介已成为文化传播和接受的不可忽视的力量,电子游戏和以《三国演义》为代表的传统文学文化经典的结合已经成为一种十分普遍的现象,而二者之间的相互影响与作用也成为人们关注的焦点。

《三国演义》以及三国历史在日本的影响力并没有随着时间流逝而消退,反而掀起了一股又一股的"三国热",且这股热流至今不减反增。从 17 世纪《三国演义》的第一个日文译本问世以来,不仅有大量的忠实于原著的翻译,还有非常多极具个性的相关作品出现。到了 20 世纪以后,电影电视、报纸广播等大众传媒得到迅猛发展,《三国演义》以一种更加大众化的面孔出现在人们面前,进入当代社会,科学技术得到了飞速的发展,可以说人类已经进入视觉文化时代,文化已经被看作是一系列有意义的"镶嵌着图像效果的社会实践"[①]。在这种情况之下,动漫、图像、电影等"视觉产品"已成为当下文化传播的重要媒介,在日本出现了大量的三国题材的漫画、影视作品。而电子游戏作为新兴媒介中的一股不可忽视的重要力量,凭借其在青少年中的巨大影响力,已经成为了文化传播的十分重要的媒介,同时日本的动漫与游戏产业

---

① 韩从耀:《图像:一种后符号学的再发现》,南京大学出版社 2008 年版,第 1 页。

又是极其发达的,所以三国题材便顺理成章地成为了日本动漫和游戏所钟爱的"宠儿"。

而提到日本的三国题材游戏,便不得不提到日本光荣公司旗下的两款经典之作——"三国志"系列与"真·三国无双"系列游戏。"三国志"是一款以历史模拟为题材的策略类游戏①,自1989年第一版开始,至今已经另有12部续作,是整个三国游戏中的一棵常青树。而"真·三国无双"系列则是光荣公司研发的另一款三国游戏大作,该游戏是典型的动作角色扮演类游戏②,在2001年初开始发售,并在日本新力电脑娱乐公司所设计的PS2平台运行。

"真·三国无双"是PS平台上由格斗游戏"三国无双"改编而来的作品,其发售之初便受到了玩家的热捧,成为了PS2平台上炙手可热的游戏之一,并在随后十多年间陆续在各个平台推出多部续作,由此无双系列已成为多平台全面发展的一个庞大的游戏系列。游戏内容主要是选择操作一位三国人物去挑战三国时代中的著名战役,体验"一夫当关,万夫莫敌"以及于行伍之中"取敌将首级如探囊取物"的历史情境,但是在系列作品中都有难度模式的调节,难度越高,玩家扮演的武将在战场上发挥的作用越小,赢得游戏胜利的难度也就越大,对玩家的操作、意识等诸层面的考验也会越大。从2001年的"真·三国无双"第一部作品到2013年"真·三国无双"系列第七部上市与玩家见面,12年间该系列游戏共有七部作品面世,且每一部都会有增添额外内容的"猛将传"在本传之后放出,由于每部作品都叫好又叫座,以至于后来很多游戏都有这款游戏的影子。

"真·三国无双"系列游戏的人物、情节以及故事背景等都是以小说《三国演义》为底本进行塑造的,从中国的古典小说《三国演义》到日本的游戏"真·三国无双",其中包含了较为复杂的跨越,既有跨国别跨文化的,又有跨载体跨媒介的,本书便是以"跨越"为核心议题,从国别文化与载体媒介两个角度入手,对这个"从中国古典小说到日本当代流行电子游戏"的传播过程进行动态的描绘与分析。

---

① 策略类游戏,即SG(Strategy Game),该类游戏题材都是在一种战争状态下,玩家扮演一位统治者,来管理国家、击败敌人。策略游戏是一种以取得各种形式的胜利为主题的游戏。

② 动作角色扮演类游戏,即ARPG(Action Role Playing Game),角色扮演游戏(RPG)的一个分支,通过塑造个性人物和成熟世界观并展示人物与世界关系为基础来描绘动人故事的游戏。角色会因为不同的游戏情节和个性化的统计数据,如力量、灵敏度、智力、魔法等具有不同的能力和体验。ARPG游戏在RPG游戏的基础上更加注重角色的动作与玩家的操作,这是普通RPG游戏所不要求的。

第一节 《三国演义》在日本传播的历史与现状

《三国演义》在中国可谓家喻户晓,其广泛的传播与深刻的影响,使得《三国演义》的内涵已经超越了一部小说,而发展成一种文化。而以小说为蓝本的三国文化的影响也已经超越了中国,进而扩展到了整个东亚文化圈甚至整个世界。我们的邻国日本,对于《三国演义》以及三国文化的喜爱与关注丝毫不亚于我们自己,不仅有着众多的小说译本,还有着非常多的再创造的作品。

《三国演义》自江户时期传入日本以来,便被日本的文学界不断翻译、研究甚至再创作。从湖南文山第一个日文译本《通俗三国志》诞生,到内藤湖南以诗咏志的《星落秋风五丈原》,再到吉川英治创作的被称为日本《三国演义》的现代小说《三国》,几百年来的日本文学史上处处可见《三国演义》的影响。而除了文学,《三国演义》在日本的影响还涉及戏剧、绘画艺术以及当代的影视剧、漫画、电子游戏等诸多领域。

一、早期日本对《三国演义》的接受

《三国演义》在日本最早的译本出现在17世纪的江户时期,署名湖南文山的日本僧人历经数年把罗贯中小说《三国演义》翻译为日文,定名为《通俗三国志》[①]。虽然《通俗三国志》并非完全忠实于原著,而是做了许多的增减删改,但它却有着重要的意义,因为这是《三国演义》在日本第一次被相对完整地翻译为日文。《通俗三国志》在当时的日本主要流传于上层知识分子和僧侣之间,作者翻译此书的目的也是以史为鉴,在上层社会起到劝善惩恶的作用,但它的出现仍然对日本整个江户时期的文学界乃至艺术界都产生了十分重大的影响,而《三国演义》也凭借此译本开始被日本社会所接受。

与此同时,绘卷本的《三国演义》也在江户时期的日本开始出现并流行起来,例如羽川珍重所画的《三国志》[②],以及葛饰戴斗所画的《绘本通俗三

---

① 1689年到1692年,京都天龙寺僧人义辙、月堂兄弟以湖南文山的笔名,用文言体日文译成《通俗三国志》。

② 据金泽大学上田望先生所查,为羽川珍重于享保6年,即1721年所画,但具体收藏机构不详。

国志》①等。到了江户后期，《三国演义》的影响已经开始体现在了日本本土的文学创作之中。兴起于江户后期的游戏文学洒落本，风格滑稽、幽默，主要流行于民间，在部分洒落本的作品中也能够看到《三国演义》的影响。千代秋草庵主人所做《赞极史》便是其中代表，《赞极史》并无什么故事可言，主要内容只是魏蜀吴三国君主间的谈笑，但在这些无聊的言语背后，却开展着合乎《三国演义》情节的巧妙对话。②读本是江户后期一种更为流行的小说体裁，是一种大多数以日本历史为题材的传奇小说，而在读本小说中我们也能发现《三国演义》的影响。例如在江户时期著名的读本小说家曲亭马琴的《椿说弓张月》以及《南总理见八犬传》中，可以明显察觉到在人物的描写以及情节的设置上对于《三国演义》及其译本的借鉴，两部作品中都有很多对于《三国演义》经典情节的引用，有所改变的只是将这些情节的主人公置换为日本的历史人物。③除了小说以外，在江户时期的两种主要戏剧形式歌舞伎与净琉璃身上，同样有着《三国演义》的影子。早在1706年便有与《三国演义》相关的歌舞伎演出，但具体演出内容已无从考证。而之后则出现了《通俗倾城三国志》《续三国志》《末广昌源氏》等净琉璃剧目，这些剧目在登场人物、故事情节等方面都深受《三国演义》的影响，所不同的也只是将舞台和背景置换成日本的而已。这些绘本、洒落本、读本等艺术形式主要流行于民间，《三国演义》在这些艺术形式之中闯入一般百姓的视野，其受众群也从上层社会的知识分子扩展到了普通百姓之中，甚至目不识丁的妇孺也能感受到《三国演义》的巨大魅力。

到了19世纪，经历过明治维新的日本，由一个闭关锁国的封建国家转变为一个资本主义国家。在这个时代转化的重要阶段，日本的文人们纷纷以三国为象征，或抒发心中之志，或歌颂时代变迁，其中以土井晚翠和内藤湖南为代表。土井晚翠作有长诗《星落秋风五丈原》，歌颂了三国蜀相诸葛孔明的悲壮人生；内藤湖南则著有随笔《诸葛武侯》，在书中作者试图通过对诸葛亮一生的追述，来诠释整个三国期间的历史变迁，继而影射风云变幻的日本时政④，这两部作品都在当时获得了广泛的传播并产生了深远的影响。这些作品的出现一方面体现了《三国演义》在日本的普及之深，只有熟悉才能对原著进行灵活的运用；另一方面也体现了文化过滤的强大作用，这些日本诗人作家已经将《三国演义》无形地

---

① 《绘本通俗三国志》由葛饰戴斗根据湖南文山所翻译《通俗三国志》而编绘，于1836～1841年间陆续出版。

② ［日］中川谕：《江户时代后期〈三国志演义〉的接受——洒落本〈赞极史〉》，见集刊《东洋学》71期，1994年，第71页。

③ ［日］上田望：《〈三国演义〉在日本的接受史——以翻译与插图为中心》，见《金泽大学中国语学中国文学教室纪要》第九辑，2006年3月，第9页。

④ 赵莹：《〈三国演义〉在日本的译介与研究》，天津师范大学博士学位论文，2012年，第21页。

转化为日本文学文化的一部分。

从江户时期到明治维新的几百年里，《三国演义》不仅被多次翻译为日文，而且还多次以不同的形式面貌出现在日本文学的舞台上。从最初的流行于上层知识分子之间的翻译作品，到面向市民阶层普通群众的戏剧、绘本，再到被日本文人用来抒发己志的长诗、随笔，《三国演义》在接受过程中不仅实现了多角度、多层次的普及和大众化过程，获得了广泛的传播与群众接受基础，而且还开始被日本文学所内化吸收，甚至为己所用。

二、日本现当代文学中的《三国演义》

经历了明治维新的日本社会迅速开始了近现代化的进程，而随着政治经济社会的发展，日本的文学也发生了很大的改变，小说成为最重要的文学形式之一。而《三国演义》在日本经历了数百年的传播，已经被广泛地接受和吸收，并且以新的面貌呈现在了日本的现当代小说当中。吉川英治是日本最著名的小说家之一，被誉为"日本大众文学第一人"，历史小说《三国》是其重要的代表作之一，也被称为日本的《三国演义》，是日本历史上第一部具有现代意义的三国题材小说。吉川英治《三国》最初于1939年8月到1943年9月连载于日本《中外商业新报纸》，虽正处于中日战争期间，但并未影响日本读者对中国故事的兴趣。[①] 而为了迎合大众，作者采取了自己所擅长的大众文学的形式进行创作，因而作品在表现形式与传达的思想内容上，都与原著有着很大的差别。作者是在现代小说的框架下进行创作的，同时为了适应读者的口味，作者在谋篇布局、语言修辞情节以及人物塑造上都在原著的基础上进行了大量的改变，同时还通过增加对话与心理描写等手段，增强作品的故事性与叙事性，总之成功地实现了《三国演义》由中国古典白话文小说到日本现代小说的转变。

这种转变体现在多个方面，首先"采用最适合长篇巨制的报纸连载小说的体制对这部作品进行再创作，并且在刘备、曹操、关羽、张飞以及其它一些主要人物身上都加入了自己的理解和创意"。[②] 另外在语言风格上，吉川的《三国》也与原著相比发生了转变，原著的章回体小说还保留着很强的说书性质，例如每一回的末尾都会有"且听下回分解"类似的套话，吉川删除了很多类似的内容，使

---

① 邱岭：《试论日本文学对〈三国演义〉的接受》，载于《福建师范大学学报》2006年第3期。
② ［日］吉川英治：《三国（第一部）：桃园结义》，田建国译，重庆出版社2011年版，"再版自序"，第1~2页。

小说在形式上更加符合现代小说的要求。最重要的转变体现在作品人物的塑造上，首先吉川改变了原著"群像"式的人物塑造方式，树立了两个绝对的主角，曹操与诸葛亮。其次吉川笔下的人物形象也与原著发生了很大的转变，《三国演义》原作中诸葛亮的种种神机妙算，在吉川的笔下都变成了分析和思考的产物，诸葛亮由一个近乎神话的人变为一个真正的有血有肉的智者，例如吉川对孔明借东风另有解释："其实孔明早已成竹在胸，故而相当悠然笃定。因洋流及南国气温的原因，每年的冬十一月总有几天会刮起反季节的东南风……此种现象后世称之为'信风'。今年迄今信风尚未刮起。不过孔明……由此深信今年要不了多久就会刮起东南风。"① 吉川《三国》的出现对于日本的"三国"历史小说乃至整个日本的文学史都产生了巨大的影响，它作为日本第一部现代版的《三国演义》具有开创性的意义，它的广为流传也进一步激发了现代日本人对于三国的兴趣，在日本掀起了一股新的"三国热"，为后来日本更加丰富多彩的三国文化的产生奠定了基础，同时它也对后世作家对于《三国演义》进行的再创作产生了不可忽视的影响。

"二战"结束后，伴随着日本的经济和社会的发展，日本文学对《三国演义》的再创作也开始呈现出了全新的特点。这个时期的三国题材作家以柴田炼三郎和陈舜臣为代表，柴田著有长篇小说《三国志·英雄在此》，陈舜臣著有小说《秘本三国志》。这两部作品与吉川的《三国》一样，是对《三国演义》故事在现代意义上的诠释，都属于现代小说的范畴。柴田的小说中充满了整个日本社会在战后的虚无主义气息，透过他的叙述，我们能看到历史的循环往复、人生的虚无缥缈。这正体现了经历了"二战"的日本普通民众在军国主义的迷梦破灭之后，对于历史、对于人生的怀疑。陈舜臣是日本华裔作家，他以一个双重的特殊身份经历了中日战争的特殊历史，所以对战争有着更加深刻的思考。《秘本三国志》虽为一部推理小说，但我们在书中能深刻地体会到作者对于战争的厌恶，对和平的强烈渴望。

到了世纪之交，日本文化界对《三国演义》进行再创作的热潮并没有衰退，这个时期出现了为数众多的三国题材的现代小说，其中的代表作有三好彻的《兴亡三国志》、林田慎之助的《人间三国志》等。这些作品无一例外的都是借三国的故事，在民族与时代语境中，来抒发作者自己的情怀。② 这个时期除了上述对《三国演义》传统意义上的再创作以外，还出现了众多诸如《反三国志》《破三国志》《叛三国志》等极具个性的再创作，这些作品大都追求标新立异，通过对

---

① ［日］吉川英治：《三国（第三部）：孔明出山》，徐明中、陆求实译，重庆出版社2012年版，第389页。

② 赵莹：《〈三国演义〉在日本的译介与研究》，天津师范大学博士学位论文，2012年，第60页。

人物、情节等的大胆改变，完成了对《三国演义》的翻案创作①，这些颠覆性的作品包含了作者独具创意的想象和与众不同的评论，与《三国演义》在某种程度上相映成趣。

吉川英治《三国》等作品的出现，标志着日本对《三国演义》个性创造的到来，同样的三国故事，同样的三国人物，在作者不同的创作观念和创作目的的推动之下，而与原著产生了巨大的变化，这种变化也造就了日本不同于中国的独特的三国观。

三、日本新媒体时代对《三国演义》的再创作

对《三国演义》在日本的流传做出重大贡献的，除了传统文学范畴的翻译、研究、评论、再创作等以外，还有戏剧、漫画等多种艺术形式，尤其是到了当代，随着电子网络媒体的普及，电影电视、动漫以及电子游戏等新媒介都成为了《三国演义》在日本传播的重要力量。

漫画最早在11世纪传入日本，在后来的发展过程中逐渐形成独具日本文化艺术特色的风格，并发展为拥有庞大读者群的文化产业，至今日本仍是世界第一动漫大国。日本最早的三国题材漫画当属漫画家横山光辉所画的《三国志》，这部漫画在报纸上连载长达十几年之久，漫画一经问世，便引起了热烈的反响，尤其是在青少年之间，更是成为了那个年代必读的经典，时至今日，其发行量已经超过了七千万册，其受欢迎程度可见一斑。曾有人评价道："吉川英治创作的《三国》在成人世界掀起三国热潮，让日本人了解了三国人物和故事，而横山光辉的漫画《三国志》让这股热潮涌向日本少年儿童的心中，在孩子们心里播下了种子。"②《三国演义》在日本有着强大的接受基础，再加上日本漫画产业的高度发达，二者的结合便成为顺理成章的事情，继横山光辉漫画《三国志》后，又出现了数不胜数的三国题材漫画作品，例如《苍天航路》《钢铁三国志》《武灵士三国志》《三国笑传》等数十部。这些作品虽然内容迥异，风格也不尽相同，但都是以《三国演义》为题材基础进行的再创作，这也使得日本人尤其是日本的青少年对三国的热情长盛不衰。到了20世纪六七十年代，随着电影电视等新兴媒介的普及，又有大量三国题材漫画开始被搬上荧幕，成为兼具视听效果的动画，日本的动漫产业也由此获得了更进一步的发展。

---

① 赵莹：《彼三国非此三国——试论日本的个性〈三国演义〉再创作》，载于《作家杂志》2011年第12期。

② 赵莹：《〈三国演义〉与日本动漫》，载于《时代文学》2014年第3期。

到了 20 世纪 80 年代，可以用于游戏的电脑开始逐渐在日本的普通家庭中普及开，电子游戏迅速风靡于青少年之中，而《三国演义》又一次意料之中地出现在这种新兴的媒介之上。1985 年日本光荣公司推出第一款以《三国演义》为题材蓝本的策略类游戏《三国志》，一经发行便受到了广大青少年的欢迎，至今已另有 12 部续作。2000 年光荣公司又发布另外一款三国题材的动作角色扮演类游戏——"真·三国无双"系列游戏，也就是本书所主要研究的对象。对于现代年轻人来说，为用而学远不如为玩为体验而学更加让人着迷。历史不允许假设，但游戏可以假设，而且可以任意假设，这是游戏的迷人之处，而三国故事也就借助这迷人的游戏"润物细无声"地融进了青少年心中，更进一步地融进了日本的文化中。

随着新媒体时代的到来，新的文化形式开始出现在人们的面前，而青少年以其对新事物的好奇心和开放的态度迅速成为接受新文化的重要群体，无论是我们上述的动漫还是电子游戏，青少年都是最主要的受众。而这些新的文化形式也与青少年群体之间存在着互相影响的微妙关系，一方面这些新的文化形式向青少年传递着各种类型的文化内涵，另一方面青少年的喜好和审美需求也引导着这些文化形式的特点和走向。

第二节 "真·三国无双"系列游戏的跨媒介特点

《三国演义》凭借着自己广泛的传播和庞大的接受群体，成为备受当代游戏产业追捧的宝贵资源，再加之三国故事本身所具有的强大魅力，三国题材深受游戏开发商的青睐。中国、日本的多家游戏公司，都开发了多款三国游戏。据不完全统计，自 20 世纪 80 年代日本光荣公司推出第一款三国题材游戏"三国志"以来，共有 200 多款以三国为题材的电子游戏问世，这些游戏从文字棋牌类，到策略经营类，再到动作射击类应有尽有。

一、《三国演义》在游戏中的传播

随着现当代计算机技术与网络技术的不断发展更新，游戏理念的不断进步，电子游戏在表现力上越来越强，三国游戏吸引了越来越多的玩家群体，甚至成为《三国演义》在青少年中重要的传播途径。如果说，中国"70 后"的三国记忆打着老版电视剧《三国演义》的印记，那么"80 后""90 后"的三国记忆，则与三国游戏密切相关，三国游戏已经成为当代年轻人认识、了解《三国演义》最重要的方式和途径之一。在相关的网络论坛上，有着数不清的关于三国游戏的帖子，这些帖子既包括玩家之间交流游戏心得，也有他们对人物、情节的评价与感触，甚至还有对游戏设计本身的见解和想法。在这些帖子中我们可以看到，这些玩家们不再单纯地追求操作游戏本身的快感与乐趣，还有着对于小说和历史的理解与感悟。

在众多的三国题材游戏中，虽然由于种种原因，质量参差不齐，但其中仍不乏质量上乘的佳作，日本光荣公司所推出的两款系列游戏——"三国志"系列与"真·三国无双"系列便是其中的佼佼者。这两款游戏也是拥有玩家数量最多的三国题材游戏，虽然它们在游戏类型上、玩法上有很大的差别，但是都具有十分鲜明的特色，各有侧重，也各有所长。

"三国志"系列，是日本光荣公司推出的一款历史模拟类游戏，也是整个电子游戏历史上第一部以三国为题材的电子游戏。自1985年推出第一部DOS（磁盘操作系统）环境下运行的"三国志1"以来，陆续推出多部续作，目前已经出到第13代（"三国志13"）。"三国志"系列是一款以三国为题材的历史模拟游戏，虽然每一部作品都有着不同的侧重和风格，但整体玩法还是主要以回合策略类为主，玩家可以作为一个有势力的君主登场，通过采取各种各样的手段，以消灭其他势力，完成统一三国的大业为最终目的。为了达到目的，玩家需要运用政治、军事、外交等各种手段，同时还需要发展自身的政治、经济、军事以及科技水平，玩家们仿佛置身于真正的三国割据的时代，筹谋策略，远交近攻。同时"三国志"系列游戏在历史考据和人物肖像的刻画上也做到了精益求精，这种历史的真实性以及代入感也成为该系列游戏最大的亮点之一。

"真·三国无双"系列，是日本光荣公司继"三国志"系列之后，推出的另外一款以三国为题材的游戏大作。与"三国志"系列讲究策略、重视真实性有所不同的是，"真·三国无双"系列游戏将重点放在了战斗之上，作为一款动作类游戏，本质为让玩家体验"横扫千军、一骑当千"的快感。玩家将从数十名曾出现在《三国演义》中的人物中选择一名武将来进行操作并亲身参与到三国时代的各种著名战役中去。其充满爽快感的游戏体验使得该系列游戏从1997年推出第一部作品开始就备受瞩目，第二作"真·三国无双"2获得了很高的人气，这也促使其成为光荣公司的长寿作品之一，并在2016年12月17日发表了正统系列作第八作"真·三国无双"8的消息。①

---

① 电玩巴士：《〈真·三国无双8〉正式公布，将采用开放世界》，http://ps4.tgbus.com/news/201612/20161217231727.shtml。

1997年2月，光荣公司在PS平台上发布3D（三维）格斗游戏"三国无双"，作为"真·三国无双"系列游戏的前作，虽然这款游戏与之后的系列游戏相差很多，但在出场人物、武器、招式等方面为后续系列游戏奠定了基础。2000年8月"真·三国无双"1开始发售，从这一部开始便是玩家熟悉的"真·三国无双"系列的风格，玩家可以选择一名武将与三国时代的知名战役进行挑战。在这一代游戏中，玩家可选的武将有28名，可选择的战场有黄巾之乱、虎牢关之战、赤壁之战等8个著名的历史战役。虽然这一部作品中可选武将和战役都相对较少，但却为日后的人气系列奠定了基础。次年，"真·三国无双"2推出，这也是让"真·三国无双"系列人气爆冲的一作。不论是可选的武将、关卡数量，还是人物的攻击、招式上都有着很大幅度的提升。可选角色多达41名，关卡也追加了襄阳之战、定军山之战等11个战役，这些都让游戏内容变得更丰富，体验变得更好，从而让这部游戏获得了空前的销售业绩，仅仅在次年1月便获得了超过100万套的销量，其风靡程度由此可见一斑。在接下来的2003年、2005年和2007年，光荣公司陆续推出了"真·三国无双"3、4、5三部续作，这几部作品在继承前作的游戏模式的同时，在游戏引擎、游戏画面、战斗系统上做了大幅的优化，进一步提升了玩家的游戏体验。同时，在继续增加出场武将的基础上，大幅强化了剧情演出。在游戏的故事模式下，每一名出场角色都有10段左右的动画影片可以供玩家观赏，这些动画影片大多有典可循，多为历史或者小说上的经典典故，例如桃园结义、三英战吕布、白帝城托孤等经典片段，剧情演出的强化也增加了游戏的故事性，使得游戏在剧情方面更加引人入胜。

经过了前几代的发展以及10多年间技术领域的进步、游戏理念的更新，从2011年推出的第六代游戏开始，"真·三国无双"系列开始朝向一个全新的历史游戏模式发展，到了2013年，随着第七代游戏的推出，一个全新的完整成熟的"真·三国无双"呈现在了无数玩家的面前。首先在故事剧情上，以往的"真·三国无双"系列游戏包括其他的日本三国题材游戏，都以后汉末年到三国鼎立的历史为剧情的重点，但事实上熟悉三国历史和三国故事的人都知道，是消灭了蜀国的晋朝统一了三国，结束了纷乱的时代，也因此游戏开始陆续加入三国时代晚期的代表人物，如郭淮、邓艾、司马昭、司马师等。同时从第六代开始，游戏模式也有着重大的改变。前作都是以武将无双的模式进行游戏，即选择一名武将，以这名武将为主角，玩家操作这名武将进行大大小小的战役，主要是以个人列传的方式展开剧情。到了"真·三国无双"6，游戏中增加了全新的剧情模式，即以势力为选择的国传模式。前作采用的列传模式遵循以人为本、以事写人的原则，这种叙事模式下与故事主角关系较为密切的人物和事件得到了较为充分的展现，而与角色无关的人物和事件，即使非常重要，也无法获得发挥空间。而与此相对的国传模式在进行全貌展现、宏观描写等方面却拥有先天的优势,国传体系下的故事模式以各个势力的代表人物为中心展开叙事,其他人物的戏份多寡则取决于他们对主线和主角的影响程度。① 在国传模式下,共有魏、蜀、吴、晋四方势力可以供玩家选择来进行游戏,这也是晋势力第一次以独立的主线姿态出现在"真·三国无双"系列游戏当中。在国传模式中,每个势力都有15个大型的故事关卡,每个关卡需玩家使用特定的武将进行战斗,虽然在剧情走向上有着很多的创新,但大部分还是遵循《三国演义》小说的情节。国传模式的出现大大强化了整个游戏的叙事完整性,以往列传游戏所展现出来的片段的、不连贯的三国历史,在国传体系中得到了完整充分的宏观展现。国传模式下的魏、蜀、吴、晋四个势力都通过大大小小的战役上演着自己兴衰的历史,四个势力四部传记相互独立,按照历史进程走着自己的路,同时相互之间互相关联互相补充,从而形成一幅完整的、波澜壮阔的三国画卷。

但国传模式由于过于注重历史的整体性和连贯性,也在一定程度上导致了那些与主线关联不是十分密切的人物无法得到很充分的展现,为了解决这个问题,游戏开发者在主体故事模式以外又额外添加了新的编年史模式(第7代中为自由模式),在这个新模式下,游戏玩家可以选择自己所钟爱的角色,挑战各种三国中大大小小的战役,但这种只是在玩法上的补充,并不是以前的列传模式,玩家可以操作游戏里任何自己喜欢的武将来参加任意一场战斗,例如吕布可以参与和自己并无联系的赤壁之战或者定军山之战,当然这纯粹是游戏性的设计而已。

到了"真·三国无双"7,游戏在整体上继承了6代作品游戏模式与叙事模式,同时在6代的基础上,也做出了一定的改变。首先最重要的改变就是这一部作品在故事模式中除了原有的正常历史叙事以外,还添加了IF剧情,即假想剧本。如果玩家在游戏过程中触发了特定的条件,便会触发与历史相反的假想剧本。例如在魏传中,如果玩家分别在白狼山之战中保护郭嘉不死(原游戏剧情为了游戏性将郭嘉之死安排在白狼山之战中),同时在新野之战中直接击败并选择劝降徐庶,达成这两个特定条件在赤壁之战开始前与郭嘉和徐庶对话,郭嘉和徐庶便会识破孙刘联军的铁锁连环火烧赤壁的计谋,反而以诈败、诱敌深入的计策知会曹操,一举打败了孙刘联军,并在之后一鼓作气,消灭吴蜀势力,结束了纷乱的三国时代,一统天下。历史是不能被改变的,但在游戏中却可以实现,虽然假想模式有悖史实,但却极大地满足了玩家的成就感与好奇心,而这部作品也凭借着假想剧情这一大卖点成功地达成历史销量新高,也获得了无数玩家的好评。

---

① 郭金有:《漫谈历史中的三国人物》,载于《科教文汇》2012年第3期。

二、游戏对小说的继承及变异

"真·三国无双"系列游戏无论是在口碑人气还是销售业绩上都取得了巨大的成功,除了其在游戏制作方面的出色,另外一个重要的原因在于其对三国题材的把握。该系列游戏是以罗贯中小说《三国演义》为蓝本,并参照陈寿《三国志》等历史材料以及日本三国题材漫画进行创作的,所以在很多方面,游戏都继承了小说版《三国演义》。

(一)游戏对小说的继承

"真·三国无双"系列游戏作为一款动作类角色扮演游戏,三国的战役成为了游戏主要的刻画对象。游戏也由黄巾之乱始,历经群雄割据、曹操称霸中原、天下三足鼎立,最后到晋统一中原,三国曲终。这样的进程与小说所描述的历史基本一致。而游戏的核心内容,大大小小的战役,从黄巾之乱、虎牢关之战、下邳之战到官渡之战、长坂之战、赤壁之战,再到成都之战、合肥之战、夷陵之战、南中平定战,到最后的五丈原之战、蜀亡、魏亡、吴亡,这些都与《三国演义》的内容完全契合。而游戏对每个历史阶段、每场战役都有概括性的描述,而这些描述也基本继承了《三国演义》的内容。游戏在介绍黄巾之乱时有如下文字叙述:

> 公元184年,东汉中平元年。灵帝行事懦弱,朝纲不振,致使百姓生灵涂炭。有太平道人张角率领黄巾军起义,号称:"苍天已死,黄天当立。"大将军何进受皇帝密旨征讨黄巾军,遂率领刘备、曹操、袁绍、孙坚等著名将领与之抗衡。全国各地的豪强也纷纷揭竿起义,一时间天下大乱,风起云涌、群雄争霸的三国乱世就此拉开大幕。①

而关于官渡之战的文字描述如下:

> 公元199年,袁绍消灭公孙瓒,占领北方的幽、冀、青、并四个州县。小霸王孙策也平定了江东。刘备则在徐州开始发展自己的势力,暂归顺于刘表。后曹操挟天子以令诸侯,先后消灭了袁术、吕布,中原的广大地区尽归其所有。第二年,曹操凭借精兵良将以及自己高超的谋略以少胜多,大败袁绍于官渡,世人称之官渡之战。自此战以后,天下也归于三足鼎立之势。②

---

①② 截自"真·三国无双"7,游戏事典关于官渡之战的介绍。

以上两段游戏中关于黄巾之乱和官渡之战的论述虽然与原著中的描写有所差别，但其大意基本一致，而其所概括的两场战争的背景、过程以及影响都与原著中的描述不差。不同的历史阶段、不同的战争战役的时局各异，也就将玩家置身于不同的发展环境之中，玩家可以选择这些不同的战役来进行游戏，身临其境地去感受那个波澜壮阔、风起云涌的战争年代。

"真·三国无双"系列游戏除在游戏的整体故事背景上尊重原著以外，在具体的情节上也表现出了对于小说《三国演义》的继承。游戏以战争为主体，大大小小的战役贯穿一线，构成主要的故事剧情。但除了战争以外，一些重大的历史事件也通过游戏动画或者旁白在游戏中得以展现，而游戏对这些历史事件的描述与展现，与《三国演义》原著具有高度的一致性。游戏的蜀传故事模式中有关于诸葛亮舌战群儒的一段动画影片，生动地再现了当时紧张激烈的场景。下面是截取自游戏动画中的一段对话：

诸葛亮：曹操部下的多谋善战之士，有如江东之柳。况且曹军兵多将广，粮草充足。如此看来，曹操假若不是图谋江东之地，那又是什么地方呢？希望将军您能量力而行。假如能凭借江东上下之力，来与之抗衡，那便不如早点和他决绝；假如不能，那您为何不依从您帐下众谋士的计策向曹操俯首称臣呢？

孙权：假若真如你所言，那刘玄德为何不趁早投降于曹操？

诸葛亮：玄德公乃是我汉朝的王室贵胄，拥有盖世英才，世人所仰慕之人。如果不能胜了那奸贼，宁愿一死，岂能屈居贼人之下！

孙权：他玄德乃是英雄之辈，守义不屈，难道我孙某就是那等贪生怕死的人，看敌人势大便会轻易投降？孔明你实在是欺人太甚！

诸葛亮：亮言语之中若有冒犯，还望恕罪。当今天下假若还有能对抗曹操的人，也就只有我家主公和将军您而已。曹操虽掌握百万大军，但他们不远万里而来，将兵无不疲惫至极，只能算是"强弩之末"了。如今将军若能和刘豫州同心协力，共同对敌，破曹军则是指日可待。曹军若败，那么三足鼎立之势便会实现。成败只在此一举，希望您三思。

孙权：听闻先生您一番话，孤茅塞顿开。我的心意已决，便也不再有疑问。从即日起与你家议定联盟，不灭曹操，誓不罢休。

而这段场景在原著小说《三国演义》中的描写如下：

孔明曰："向者宇内大乱，故将军起江东，刘豫州收众汉南，与曹操并争天下。今操芟夷大难，略已平矣；近又新破荆州，威震海内；纵有英雄，无用武之地：故豫州遁逃至此。愿将军量力而处之：若能以吴、越之众，与中国抗衡，不如早与之绝；若其不能，何不从众谋士之论，按兵束甲，北面而事之？"权未及答。孔明又曰："将军外托服从之名，内怀疑贰之见，事急而不断，祸至无日矣。"权曰："诚如君言，刘豫州何不降操？"孔明曰："昔田横，齐之壮士耳，犹守义不辱。况刘豫州王室之胄，英才盖世，众士仰慕。事之不济，此乃天也。又安能屈处人下乎！"……孔明亦谢曰："亮言语冒犯，望乞恕罪。"权邀孔明入后堂，置酒相待。

数巡之后，权曰："曹操平生所恶者：吕布、刘表、袁绍、袁术、豫州与孤耳。今数雄已灭，独豫州与孤尚存。孤不能以全吴之地，受制于人。吾计决矣。非刘豫州莫与当曹操者；然豫州新败之后，安能抗此难乎？"孔明曰："豫州虽新败，然关云长犹率精兵万人；刘琦领江夏战士，亦不下万人。曹操之众，远来疲敝，近追豫州，轻骑一日夜行三百里，此所谓强弩之末，势不能穿鲁缟者也。且北方之人，不习水战。荆州士民附操者，迫于势耳，非本心也。今将军诚能与豫州协力同心，破曹军必矣。操军破，必北还，则荆、吴之势强，而鼎足之形成矣。成败之机，在于今日。惟将军裁之。"权大悦曰："先生之言，顿开茅塞。吾意已决，更无他疑。即日商议起兵，共灭曹操！"①

通过对比上述两段游戏中人物对话与原著小说中的引文，我们能够发现，在对于事件的整体描写以及对于人物语言心理的展现方面，游戏所展现的艺术水准以及表现效果都远不及原著小说高超细腻，但是在表达内容上却有着高度的相似性，人物的对话在某种程度上就是对原著的浓缩加工。但同时，游戏动画以影像的形式还原出当时的场景，对历史情境逼真的还原也使得场景气氛变得更加紧凑精练，使玩家更有一种置身其中的临场感，这也是游戏相较于文字在展现历史情景方面所具有的独特优势的体现。

另外在玩家需要参与的战斗的设计上，游戏也刻意地贴近原著的设计。在《三国演义》第四十一回有着关于长坂坡之战赵云单骑救主的精彩刻画。

掩讫，揭开勒甲绦，放下掩心镜，将阿斗抱护在怀，绰枪上马……云乃拔青釭剑乱砍，手起处，衣甲平过，血如泉涌。杀退众将，直透重围。②

---

① 罗贯中：《三国演义》，第四十三回 "诸葛亮舌战群儒，鲁子敬力排众议"，人民文学出版社，2005年版，第354页。
② 罗贯中：《三国演义》，第四十一回 "刘玄德携民渡江，赵子龙单骑救主"，人民文学出版社2005年版，第229页。

在这段描写中，赵云孤身一人，怀负阿斗，在不计其数的敌军中拼死冲杀，最终救得少主而归。而在游戏里的蜀传长坂坡之战（上）中，玩家正是操控怀负少主的赵云，在没有任何友方武将和士兵帮助的情况下突破曹军的重重围困，其间需要先后击败曹军张郃、马延、张颉、焦触、张南、钟缙、钟绅7名武将，突破三重关卡才能最终达成任务。通过与原著小说的对比，我们会发现游戏对战争背景的刻画、对游戏关卡的设计甚至是敌方出场的武将以及武将的出场顺序都与原著是基本一致的。

除此以外，游戏也将《三国演义》中虚构的或是神异的成分继承下来。众所周知，《三国演义》所描述的并不全部都是真实的三国历史。清代史学家章学诚"七分实，三分虚"的评价得到了历代学者的公认，我们所熟知的"桃园结义""三英战吕布""草船借箭""温酒斩华雄""空城计"等知名的典故，都是经过作者或是夸张渲染或是移花接木或是无中生有的艺术手法加工之后出现的。"真·三国无双"系列游戏将小说中这些虚构成分都一一保留下来了，"桃园结义""草船借箭"等作为游戏动画出现在故事模式当中，而"三英战吕布""温酒斩华雄""空城计"等都作为战役的一部分出现在了游戏当中以供玩家体验。同时《三国演义》中有许多神异的描写，小说中不仅有很多对于天象、天命的描述，特定的天象有着特定的预示，开篇便有狂风大作、青蛇蟠龙椅、灵帝惊倒、雌鸡化雄等天象来预示汉室的倾危。在人物的描写上也有很多神异的成分，其中代表便是多智近乎妖的诸葛亮，他不仅有着飘飘若仙人的形象，更有着神鬼莫测的计谋，甚至还有呼风唤雨、卜知未来的能力。而在游戏当中，原著的神异描写不仅得到了继承，而且还有进一步的发展。在《三国演义》第四十九回，有关于诸葛亮筑七星坛，连日做法，借得三天三夜东南大风，助周瑜火烧赤壁的描述。① 在游戏蜀传赤壁之战中，玩家需要操控诸葛亮在七星坛之上做法进入幻境，在幻境之中，玩家需要操控诸葛亮击败青龙、玄武、白虎、朱雀四位神灵，以完成考验，最终借得东风，完成任务。虽然游戏中这一部分想象得过于天马行空，从另一方面讲也是对诸葛亮的神通广大的一种诠释。

"真·三国无双"系列游戏不仅勾勒了风起云涌、英雄辈出的时代画卷，刻画了波澜壮阔、轰轰烈烈的战争场面，还有大量的人、器物、动物等忠实于原著的影像得到再现。小说中那些神兵利器、宝马良驹也都被游戏生动地刻画出来，展现在玩家面前。

---

① 罗贯中：《三国演义》，第四十九回 "七星坛诸葛祭风，三江口周瑜纵火"，人民文学出版社 2005 年版，第 392～393 页。

(二) 小说到游戏产生的变异

"真·三国无双"系列游戏在继承小说《三国演义》的基础之上,也与小说原著存在着很多差异,这些差异首先表现在游戏的创作主旨与思想倾向上。小说在宏大的历史背景中,真实而深入地刻画了三国乱世之中各个势力之间错综复杂的政治斗争与军事角逐,暴露了统治阶级视人命如草芥的残暴和丑恶,表达了广大人民群众在动乱的时代对和平生活以及清明统治的向往。同时在思想上,小说在尊重历史走向的基础上,透露出强烈的尊刘反曹的倾向。全书用讽刺、鄙夷的口吻来描写曹操,小说中的曹操是一个不折不扣的奸贼形象,虽然有着超常的才能和抱负,但在小说中给人留下深刻印象的仍然是他的残忍、奸诈。如《三国演义》第四回操曰:"宁教我负天下人,休教天下人负我"①。第十七回曹操嫁祸于粮官,曰:"吾亦知汝无罪,但不杀汝,军心变矣"②,遂杀之。而相反的刘备在小说中被塑造为一个体恤臣民、礼贤下士的明君,刘备一方面是汉室正统之后,另一方面为人又十分谦让仁德,小说中关于刘备的描写大多都是十分正面的,甚至对刘备的称呼和语气都充满着尊敬之情。假若没有真实历史的牵制,想必罗贯中笔下的三国结局定是蜀汉一统天下。而在游戏中,玩家可以选择任意一个势力进行游戏,而每个势力都有着驱使的"正义"。蜀汉的理想是布仁政于天下,施恩惠于万民;曹魏的信条是创立霸业、统一中国;孙吴则是为了保护家人、保卫故乡而战;而司马氏的晋,则以结束纷乱的三国,开创新的时代为自己的征战动力。所以在游戏中,所有的势力都是平等的,游戏并没有像小说《三国演义》一样向玩家展现出自身的好恶。

在人物塑造上,游戏相较于原著小说也有着很大的差别。首先在《三国演义》小说中,"三绝"——智绝诸葛亮、奸绝曹操、义绝关羽以及其他几位主角获得了最大限度的展现,他们的形象都丰满而生动,但对其他人物描写笔墨颇少,甚至有些人物仅仅作为这些主角人物的陪衬品出现。例如赤壁之战中,迂腐愚昧的蒋干多次被周瑜戏耍,以此来衬托周瑜的智慧,而多智的周瑜却被诸葛亮气得吐血身亡,作者通过巧妙的多重衬托突出了诸葛亮的智绝形象。而游戏却改变了原著中这种写法,游戏里的每个出场人物都有着属于自己的表现空间。游戏根据历史资料赋予每个人独特的外貌形体、性格乃至语言,并且根据制作者们对人物的理解赋予了他们特定的属性数值、动作招式等。这些

---

① 罗贯中:《三国演义》,第四回"废汉帝陈留践位,谋董贼孟德献刀",人民文学出版社 2005 年版,第 36 页。
② 罗贯中:《三国演义》,第十七回"袁公路大起七军,曹孟德会和三将",人民文学出版社 2005 年版,第 148 页。

人物不仅或多或少地出现在各个势力故事模式的主线剧情当中，还可以在编年史中由玩家操控去参与大大小小的战役，在战斗中，他们都有着自己的表现空间。

其次在具体人物角色的刻画上，游戏有对于原著的改变，这种改变体现在人物外貌、人物性格等两个方面。"真·三国无双"系列游戏将原著中对人物外貌寥寥数笔的描绘转化为立体可见的真实的形象，虽然游戏中的形象来源于小说的描写，但却发生了巨大的变化，在整体上，游戏对人物形象都做了美型化的处理。以刘备为例，《三国演义》他的外貌描述如下：

> 那人不甚好读书……生得身长七尺五寸，两耳垂肩，双手过膝，目能自顾其耳，面如冠玉，唇若涂脂。①

他的最大特点便是垂肩的双耳与过膝的双手，这是异乎常人的，所以刘备应为一个面目奇特的中年男性形象，但在游戏中却化身为面目清秀、高大魁梧的翩翩少年。又如魏将乐进，小说中描述其为"容貌短小"，但在游戏中，乐进的形象却变为高大健壮的阳光少年。

在处理人物性格方面，与处理人物外貌的美型化相似，游戏去除了大多数角色性格中较为阴暗的一面，将角色最为正能量的部分展现在我们面前。《三国演义》中虽有对曹操高超的政治军事才能以及知人善任、爱惜人才等正面的刻画，但在作者尊刘反曹的倾向下我们看到更多的是其嚣张跋扈、残忍狡诈的奸佞之态。但在游戏之中，曹操的形象却是霸道的先驱者，他的目的是首先通过武力一统全国，再去实施自己对治国的理念，创造出一个百姓自食其力、人人平等的理想国家，所以他所做的一切都是为了努力达到这个理想中的社会。

同时在游戏人物的塑造上，与小说中丰富多面的人物相比，游戏中的角色显得略微单薄。虽然小说有着尊刘反曹的倾向，但我们在其中仍然能看到一个集奸佞与雄才于一身的曹操，也能看到至仁至义的刘备身上虚伪、自私的一面。但在游戏中我们看到刘备开口必谈仁德，曹操一心向往霸道，孙权必然依赖大家的力量贯彻家族至上的理念，游戏的角色大都被标签化、角色性格大多单一。

游戏与小说相比较，在人物塑造方面的另外一个差异在于对文官的处理上。由于是一款动作游戏，游戏内容又以战争为主，所以战斗成为游戏最重要也是最核心的元素。小说中的武将们自然拿起自己的兵器，带着自己的部下冲向沙场，拼死作战。而那些精于智谋却不善甲兵的文官们，在游戏中却也纷纷拿起兵器走

---

① 罗贯中：《三国演义》，第一回"宴桃园豪杰三结义，斩黄巾英雄首立功"，人民文学出版社 2005 年版，第 3 页。

向战场，加入了气势磅礴的战斗之中。小说中的诸葛亮总是在幕后运筹帷幄，决胜于千里之外，而在游戏中，诸葛亮却放弃了计谋，拿起了自己的羽扇作为武器，挥动着羽扇，召唤出风雨雷电，给敌人以致命的打击。

与对文官处理相似的还有游戏对女性角色的处理。小说《三国演义》所展现的是一个典型的男性社会，塑造了众多的男性英雄，他们要么有指点江山的雄才，要么有运筹帷幄的智谋，要么有万夫不当的武力，而其中的女性，无论是贵妇小姐，还是民女村姑，她们都摆脱不了是男性的附属品的命运，要么惨死于无情的战火，要么成为男性斗争的牺牲品，而且她们中的大多数都是无足轻重的，所以也就有了刘备口中的那句名言："兄弟如手足，妻子如衣服。衣服破，尚可缝，手足断，安可续。"[①] 而到了游戏当中，女性角色便发生了前所未有的变化，她们不再是男性的附庸，而是摇身一变成为像男性一样征战沙场的女将。在"真·三国无双"7中，共有十六名女性角色以武将身份登场，虽然她们大多以知名武将的妻妾、女儿等身份登场，但各个是巾帼不让须眉的女英雄，她们像其他男性武将一样拥有自己独特的武器和招式，可以在战场上凭借自己强大的战斗力轻易打败敌军的士兵和武将，而游戏中这种设定，一方面是为了丰富游戏角色和故事情节，另一方面也有吸引女性玩家的意图。

最后，游戏与小说在表现手段以及表现效果方面有着很大的差别。《三国演义》作为中国传统文学经典的代表作，其最主要的表现手段便是语言，靠语言叙事，靠语言抒情，靠语言描写战争，靠语言勾勒历史，小说的语言美也是其成为经典最重要的因素之一。小说的语句不仅平仄和谐，音韵感十足，也繁简得当，留给读者想象的空间，同时还大量引用或者创作诗词歌赋，使小说变得富含哲理，文采斐然。相较于语言占主导地位的小说，游戏则具有异常丰富的表现方式和手段。电子游戏作为一个20世纪出现的新兴媒体，是综合了视觉和听觉等多种感官体验的媒介，所以图像以及音乐成为了电子游戏重要的表现手段。一个个原本只存在于文字描写中、存在于读者脑海想象中的历史人物，或是少年英气的孙策，或是大义凛然的关羽，或是面若凶煞的张飞，通过游戏的塑造，他们都走出文字，走出脑海，成为一个个真切的、鲜活的形象向玩家走来。除了鲜活的人物形象，还有细致的城防卡哨，逼真的战场环境，以及活灵活现的宝马良驹和神兵利器，这些因素共同构成了游戏丰富的图像表现。

音乐作为游戏中最重要的听觉传播手段，在游戏中自然也有着十分重要的分量。在游戏中，音乐多作为衬托剧情或场面的背景出现，但这些背景音乐却成为

[①] 罗贯中：《三国演义》，第十五回"太史慈酣斗小霸王，孙伯符大战严白虎"，人民文学出版社2005年版，第122页。

吸引很多玩家的重要因素。"真·三国无双"系列游戏中有着大量精心制作的原创音乐,这些音乐不仅契合着不同的游戏场景、不同的故事剧情,也契合着玩家在游戏中喜怒哀乐的情感和心境的变换。游戏为不同的场景剧情设计了不同风格的音乐,武将在战场上拼杀时多伴有慷慨激昂、鼓舞人心的乐曲,在非战时的剧情发展则一般以欢快明朗的曲调为伴,当英雄阵亡或者战斗失败时的音乐中多充满了凄凉哀婉。游戏中不同的势力在不同的阶段,都有着不同的音乐,甚至不同的战役和个别的武将都有着自己专属的乐曲,据笔者统计,在"真·三国无双"7游戏中,共出现九十一首不同的音乐。而这些制作精良、风格各异的音乐也成为"真·三国无双"系列游戏的一大亮点,经常被玩家从游戏中提取收藏,也获得了很多玩家的关注和讨论。

除了图形音乐以外,作为一款动作游戏的"真·三国无双"系列,有着自己独特的表现手段,那便是角色的动作招式。游戏以战斗闯关为其主要模式,玩家需操纵武将击败地方武将和士兵,以达成任务,所以武将的动作招式便成为游戏很重要的表现手段。在游戏操作过程中,玩家通过不同的按键以及按键组合来操纵武将使用不同的招式打倒敌人,共有七种不同的技能组合,每种组合所产生的效果也不同,而这些技能组合运用到不同的武将身上则会产生更进一步的华丽特效。例如游戏中的诸葛亮以羽扇为武器,通过不同的技能组合可以召唤出龙卷风、冲击波以及闪电等不同的效果对敌人造成伤害,同时令人眼花缭乱地挥舞武器以及召唤的风雷电等在视觉上也是异常的华丽。

三、游戏与小说差异成因的分析

上文比较了"真·三国无双"系列游戏对小说《三国演义》的继承以及游戏与小说之间的差异,而在继承与差异当中,差异以及差异的成因更值得我们关注。从中国的传统古典小说,到日本的电子游戏,其间历经了一个复杂而漫长的过程,而导致二者之间差异的,既有跨文化的因素,也有跨媒介的缘由。

首先在跨文化方面,中日两国虽然受地缘和历史的影响,在文化上有着深厚的渊源,但却也在多方面存在着很大的差异,即使是面对同样的文学作品,两国在认同和接受上也有着很大的差别,这种差别在《三国演义》问题上便体现为中日两国不同的三国观。《三国演义》在日本有着400余年的接受历史,在这400余年里《三国演义》不断地被翻译、改写、再创作,并且以多种艺术形式出现在日本的文学舞台之中,在这个过程中,逐渐地加入了日本的思想信念,形成了日本自己的三国观。日本对于三国的人物事件都有着自己独到的理解,作为吉川英治《三国》的两大绝对主角之一,曹操在吉川的笔下,是一个思维敏捷,情感丰富,同时兼具真英雄优点和缺点的"东方豪杰典型"。① 他像一个诗人一样激情、率直、重感情而缺少理性,他对关羽这样的人才甚至爱惜到了痴迷的地步。而对于曹操的专国弄权,吉川英治却只是轻轻一笔带过,并以晚节不保、年老糊涂掩盖了他一生的残酷暴虐与狼子野心。② 以此为代表的三国观对后世日本有关三国的文学艺术的再创作产生了重大的影响。

而这种中日之间三国观的差异,与中日两国的哲学思想之间的差异息息相关。中国历来以儒家思想为正统思想,而《三国演义》所蕴含和表达的哲思基本与儒家思想一致,强调中庸、和合,注重封建秩序和伦理纲常。所以在小说中代表正统、仁义的刘备得到了作者的赞扬,而对代表着叛逆、猜忌的曹操多有贬损鄙夷,这种尊刘反曹的思想倾向也在一定程度上代表着中国的三国观。而日本由于地理历史等各方面的原因,历来都对强者十分地崇拜,而这种崇敬强者的心理也让一向代表着霸道强权的曹操成为他们推崇的对象。在整个日本历史上,对曹操这一人物形象的接受是倾向于把他作为一位英雄的,他的奸雄气质被认为是为了成为英雄的一种必要手段而被大家接受。同时,他横槊赋诗、爱才如命的性格特点也被广大读者喜爱。③ 所以,我们在"真·三国无双"系列游戏中看到的是一个延续了日本文化理解的曹操,一个坚毅果敢又充满人性,为了实现伟大目标而不懈奋斗的英雄形象。

而从小说到游戏,所经历的不仅是文化上的跨越,更有媒介上的转换。电子游戏作为 20 世纪新兴的多媒体媒介之一,在近年来获得了快速的发展和更多的关注目光。电子游戏被定义为一种由虚构环境所包装的模糊的规则系统,而游戏玩家所做的便是在与这个虚构的规则环境进行交互。电子游戏本身并不具备叙事性,但可以作为载体去承载故事,这也构成了当代电子游戏的主要类型,这些结合了故事的电子游戏被称为叙事类电子游戏④,本文所主要讨论的"真·三国无双"系列游戏就是很典型的叙事类电子游戏作品。叙事类电子游戏主要通过两部分来展现故事,一方面由游戏预先内置的动画来展现故事的背景,另一方面则是通过玩家与虚拟游戏环境进行交互来推动情节发展。⑤ 游戏动画作为游戏叙事的

---

①② 关伊湄:《碣石以东,沧海以西——中日文化体系中的曹操形象比较研究》,载于《剑南文学(经典教苑)》2015 年第 8 期。

③ 陈卓然:《日本当代中国文学研究者对〈三国演义〉"三绝"的评价》,载于《陕西理工学院学报》2016 年第 2 期。

④ 从电子游戏的本体论角度分析,电子游戏本身不包含任何故事,也不存在任何叙事,仅仅是规则与载体的组合,例如俄罗斯方块。但电子游戏作为一种多媒体媒介,也可以像小说戏剧等一样可以成为故事的载体,可以用来表现故事,这类结合故事叙事的电子游戏被称为叙事类电子游戏,与纯粹的游戏本体有所区别。

⑤ 叶蓬、赵怿怡:《电子游戏媒介下的叙事艺术研究——与文学作品的叙事比较》,载于《创作与评论》2014 年第 1 期。

重要方式，更多地借鉴了电影的叙事手法和技巧，具有叙事媒介多样性和叙事时间空间同步性等特点。所以在小说中，需要作者用语言来逐一交代分别叙述的时间、空间、人物、事件等，电子游戏却可以运用画面、文字、话语、音响以及音乐等多种手段同时展现在玩家的面前。

但游戏动画在游戏叙事中的作用大多是为玩家的行为提供一种导言和意义，游戏的主要故事情节还是要靠游戏玩家同虚构的游戏世界和游戏规则交互而推动的。玩家在"真·三国无双"游戏当中，需要置身于逼真的环境，扮演历史人物，或是击败敌军守将占领敌人大本营，或是保护战友安全撤退战场，无论是什么情节都需要玩家亲自操纵武将，运用不同的按键组合来使出招式打败敌人以最终完成任务，所以在游戏中玩家的参与是推动情节发展的最重要的因素。而与之相比，在以语言为载体的小说中，整个故事情节的发展、起伏以及悬念都是由叙事者站在某个角度上完成的，而读者是以旁观者的欣赏的视角出现的，整个故事情节的发展与读者并无关系。

心理描写对人物性格塑造有着至关重要的作用，电子游戏在对人物的心理描写的能力方面与小说等叙事载体有着不可逾越的差距。阿瑟斯（Espen J. Aarseth）指出："作为文学代理人的计算机最终超越了叙述性，走向了遍历式的模式——即兴的对话形式和今天的文学计算机用户（和他们的程序）之间的自由游戏。"① 小说等叙事载体可以通过用语言描绘的方式深刻地展现和把握人物的心理，但电子游戏虽然可以动用多种媒介，但无论是画面、音乐还是旁白、话语都无法深刻真实地展现人物的内心世界。就目前来说，电子游戏还很难创造像小说那样有心理深度的人物角色，往往只能通过人物的外貌、语言等来塑造人物，这也是导致了上文所提到的相较于小说《三国演义》中角色，"真·三国无双"系列游戏中所塑造的人物都显得扁平化、标签化的原因所在。

另外，除了以上分析的游戏与小说在跨文化与跨媒介方面的差异以外，还有一个不可忽视的便是受众群体方面的因素。纵观《三国演义》在日本的传播接受历史，不同的接受群体往往是其以不同的形式面貌出现的重要原因。从最初的流传于上层知识分子和僧侣之间的翻译作品《通俗三国志》，到面向普通百姓甚至妇孺等市民阶层的话本、戏剧，再到迎合日本当代读者口味的现代小说《三国志》等，这些作品无论是形式还是内容都在某种程度上受到了接受群体审美趣味的影响。而电子游戏作为一种商业性质浓厚的大众文化现象，也必定是以市场受众为指向的。就上文所述，日本的电子游戏文化与动漫文化有着千丝万缕的联

---

① Espen J. Aarseth, *Cybertext: Perspectives on Ergodic Literature*. Baltimore, MD: The Johns Hopkins University Press, 1997: 141.

系，日本的电子游戏也继承了日本动漫文化的受众取向，虽然是面向全社会各个年龄层，但实际上日本的动漫和游戏受众群体仍然以青少年为主，尤其是10~25岁年龄段的青少年男女们。在日本甚至有着知名的"御宅族"群体，所谓"御宅族"最初即是指那些热衷且博精于动漫及电脑游戏的人，这个群体主要的构成便是以青少年为主，他们的主要审美追求便是美丽的、精致的外形以及可爱的、理想化的性格[1]。所以为了迎合他们的审美趣味，我们在"真·三国无双"游戏中看到了被塑造为英俊少年的刘备，同时看到了充满理想富有人情味的曹操，当然受众审美对游戏本身风格、特点的影响远远不止如此，在此便不做赘述了。

第三节　经典传播与电子游戏的相互作用

我们以电子游戏为例来研究《三国演义》在当代的传播，是基于以下几点原因：首先，随着近年来多部三国题材电影、电视剧的热播，国内外都出现了空前高涨的"三国热"，日本光荣公司也适时地接连推出了两个游戏的最新一代，吸引了更多的游戏玩家，激发了更多关于游戏的讨论。虽然如此，包括三国题材在内的电子游戏以及数以千万计的游戏玩家依然在国内处于相当尴尬的边缘地位，"玩游戏"总被带有偏见的人认为是不务正业，就连整个游戏产业都背负着相当不好的名声。而游戏对于经典的改编则更被许多人嗤之以鼻，认为是对经典的亵渎。总之人们对于游戏，包括改编自经典的游戏，都存在着或大或小的偏见。但是不可忽视的是，游戏已经成为当代青少年群体中最为流行的文化元素之一；相反地，青少年群体对于以经典文本为载体的传统民族文化的态度却令人担忧。吊诡的是，在人们担心游戏会亵渎传统文化的同时，那些改编自经典的游戏却成为了很大一部分青少年（无论国内还是日本）接触经典、认识经典，以至于传播经典的主要途径。

另一个我们需要了解的现实是近年来游戏产业获得了飞速的发展，可以说是遍地开花，但因为市场经济体制缺乏相关的制约，也导致了游戏产品良莠不齐，包括大量改编自经典的游戏也充斥着对经典的歪曲甚至暴力色情等元素。所以我们必须对自己之前对于游戏抱有的偏见进行反思，在反思之后也必须进一步地思考，如何能让游戏和传统的民族文化更好地结合，如何制作出更完美、质量更优

---

[1]　王卉：《论日本动漫文化和宅现象》，浙江大学硕士学位论文，2011年，第6页。

秀的游戏作品来保护民族传统，发扬民族文化。

其次，日本光荣公司的两个三国系列游戏"三国志"与"真·三国无双"是公认的三国题材游戏的佼佼者。这两部日本游戏都体现出对小说文本的继承，但同时，又会打上属于游戏体裁自身和日本文化的烙印，所以具有典型的双重跨越性，对于国内玩家而言，这双重跨越性也成为游戏魅力的重要部分。而相比于两部日本三国游戏，国内虽然有为数众多的三国题材的游戏，但大多粗制滥造，甚至不能成为研究对象，实属遗憾，也值得反思。

最后，因为游戏一直处于相对于主流文化的边缘地位，所以对于《三国演义》等古典小说在游戏中的传播的研究还相对较少，然而古典小说被改编为游戏的现象却越来越多，中国古典四大名著以及《封神演义》《隋唐演义》等都或多或少地被改编为电脑游戏，而在这其中，《三国演义》是最为突出的代表。所以，笔者欲以这部以《三国演义》为蓝本改编的电子游戏来阐释这种经典文本跨文化、跨媒介传播的动态过程，揭示其中两个层次、两个领域的跨越，在某种程度上，能为如何更好地利用电子游戏来进行中国民族文化的跨文化传播提供一些借鉴和思考。

一、游戏获得成功的原因及其影响

"真·三国无双"系列自2000年发布第一款游戏以来，共有七部作品，每部都获得了超过百万的销售量，可谓销售长红，而其市场更是突破了亚洲的范围，遍布欧美，可以说在全世界都有着一大批忠实的粉丝，其大获成功的原因则是来自多方面的。

首先，作为游戏题材来源的小说《三国演义》本身便有着巨大的吸引力，它开创了我国历史小说的先河，将东汉末到西晋初的100多年的风云变化、英雄辈出的历史艺术地再现出来，描写了数以百计大大小小的战争，刻画了一大批鲜明生动的英雄形象，也流传下了无数个流传千古的典故。它既具有极高的艺术价值，也产生了深远的历史影响。"真·三国无双"系列游戏的成功很大程度上得益于《三国演义》所散发出的巨大的魅力。同时，《三国演义》在亚洲尤其是中国、日本都有着广阔的接受基础，甚至在全世界范围内都有着无数的三国迷，一款以其为基础创作的游戏必然吸引数量众多的三国迷和游戏迷去体验。

另一个成功的原因在于游戏本身精良的制作。光荣公司作为日本最老牌的游戏制作厂商之一，拥有着最先进的游戏制作技术和丰富的游戏制作经验，"真·三国无双"系列游戏中，精美的画面、华丽的招式动作以及流畅的操作感都得益于此。此外，作为一款系列游戏，在玩法上每一代都有所颠覆和创新，不拘泥于老的套路和模式，从列传模式到国传模式，从自由模式到编年史模式，游戏以不停的创新来将玩家紧紧地吸引在自己的周围。

最后，电子游戏本身即为玩家提供了一个可以张扬个性、自我实现的平台。当代的青少年在现实中多是被管教、被监督的被动角色，所以他们需要一个调节自我、发泄自我的空间，而游戏正好能为他们提供这样的一个平台，在游戏中，玩家可以任意选择自己所喜欢的武将来操作控制，在战场上冲锋拼杀，消灭敌人，建功立业。① 同时玩家在游戏中不断挑战自己，完成更高难度的关卡、任务，也会有一种心理上的自我实现的满足感。

"真·三国无双"系列游戏作为一款制作精良的动作类历史游戏，它的出现和广泛的流传对于《三国演义》的传播有着重要的意义。最重要的便是它向游戏玩家们普及了三国知识。熟悉《三国演义》的人不一定玩三国游戏，但玩三国游戏的人一定熟悉三国。"真·三国无双"系列游戏以三国为题材，以《三国演义》为底本，所以其无论是在自身设计的人物、事件，还是画面、音乐等层面都渗透着浓厚的三国文化，玩家甚至在游戏中能够亲身经历那些著名的历史事件和历史战役。对于那些不知道、不了解三国历史和《三国演义》的青少年玩家和外国玩家，游戏不仅为他们提供了一个相对熟悉可信的游戏环境，而且使他们无形中进一步了解了中国的历史、文学，这还会对他们形成积极正义的思想观、友爱观、团结观起到潜移默化的作用。② 同时，游戏也会培养他们对于三国历史和《三国演义》的兴趣，这对于《三国演义》在青少年群体和在国际范围内的传播具有很重要的意义。该系列游戏的成功，也让游戏厂商们看到了以文化经典开发游戏的巨大潜力，为中国文化经典的传播开辟了一条新的道路。

然而，"真·三国无双"系列游戏对《三国演义》的传播也有一定的负面影响。经历了日本游戏厂商的加工之后，游戏中也打上了日本文化和价值观的烙印，游戏中崇尚武力、歌颂强者的倾向，多少有着日本武士道精神的体现，这会造成玩家对三国历史的真实性和文化传统的认识造成偏差和误解，游戏也间接地成为了日本输出本国文化和价值观的工具。同时，该系列游戏虽然充分展现了《三国演义》中波澜壮阔的战争场面和武将们征战沙场的豪情气概，但原著中文官们运筹帷幄，决胜于千里之外的计谋智慧却无法得到体现，虽然对一款动作游戏来说，这一点是在所难免的，但不得不说是一大遗憾。其次，游戏对小说的部分情节有所改变甚至扭曲，原著中的貂蝉只是作为美人计来离间吕布和董卓，但

---

① 吴小玲：《幻想与真相：网络游戏的文化建构》，西南交通大学出版社2015年版，第54页。
② 谢丽静、王苗苗：《中国传统文化在电子游戏中的传播方式探究》，载于《艺术科技》2014年第3期。

在游戏中吕布和貂蝉却是夫妻情深；游戏虽然对女性角色重视有加，但让那些千金贵妇去战场厮杀显然也是不客观的，甚至还虚构了吕布女儿吕绮玲、关羽女儿关银屏等女性角色加入战场，这对于没有接触过三国的人来说或多或少都存在着一些误导。

二、电子游戏中经典文化的传播途径

电子游戏作为一种新兴的数字媒介，已经迅速成为文化传播的重要途径之一，尤其是在传统文化传播方面，电子游戏所发挥的作用更加明显。以"真·三国无双"为代表的一类电子游戏，巧妙地将经典的传统文化融入自身游戏当中，既提升了游戏的吸引力和品质，也使得传统文化得到了传承和发扬。电子游戏中文化的运用，也遵循着一定的原则。在某种意义上来说，电子游戏不论存在方式和媒介形态多么新颖，但归根结底都是游戏这一古老的文化现象在新媒体时代的嬗变。[①] 娱乐是游戏产生的初衷之一，娱乐性也是游戏最本质的特征之一，这一点同样适用于当代所流行的电子游戏，所以一款游戏是否具有娱乐性是决定其成功与否的关键。故而，游戏开发商在为游戏填入故事背景的同时，娱乐性成为其考虑的第一要素，为此游戏的教育性质不能太强，否则便会变得刻板无趣。所以将文化融入游戏当中，需要进行加工改造，使其变得生动且易于让玩家接受，继而使玩家在操作游戏的同时感受文化的博大精深，达到寓教于乐的目的。除了娱乐性，视觉性也是一款游戏是否受欢迎的关键因素之一，游戏的视觉效果是它给玩家最直接的感觉，通过3D技术的处理，将各种各样的文化元素设计在炫目的电子游戏当中。而如何恰当把握住文化元素的内涵，合理运用视觉效果，让文化元素艺术地、不着痕迹地展现在游戏里，也成为当代电子游戏发展的一个值得关注的重要主题。另外，合理性也是在电子游戏中运用文化元素需要遵循的原则之一，这种合理性既包括常识方面的合理性，也包括逻辑层面的合理性。例如在历史题材的游戏当中，不同时代背景的文化元素应该具有自己本身的特色，"关公战秦琼"式的张冠李戴在注重文化传播的电子游戏当中是不可取的，真实客观地汲取不同时代背景中的典型元素，是游戏制作者应遵循的准则。[②]

而就电子游戏以何种具体的方式实现文化的传播，"真·三国无双"系列游戏也为我们提供了很好的借鉴和启示。首先，电子游戏以角色形象、场景设置、

---

① 吴冠华：《中国传统文化在网络中的运用研究》，北京邮电大学硕士学位论文，2013年，第29～30页。

② 吴冠华：《中国传统文化在网络中的运用研究》，北京邮电大学硕士学位论文，2013年，第30～31页。

道具等形式将可视的物质与造型文化传递出来。游戏角色作为叙事类电子游戏最为重要的部分之一,其造型和服饰便成为文化传播的绝好载体,不同年代、不同地域的角色着装风格和造型装饰等都大不相同,各具特色,成为玩家了解和接受特定文化的一扇窗户。在"真·三国无双"系列游戏中,角色人物精美的服饰造型一直为玩家所津津乐道,并且众多形象都成为玩家心目中的经典。无论是诸葛亮的纶巾羽扇,还是吕布的紫金冠百花袍,这些经典服饰不仅在游戏中得到了生动而真实的再现,而且从人物角色的整体造型,到服饰的图案纹理,甚至细微到装饰细节,无处不透露出中国传统的艺术特色。除了角色以外,游戏中还有大量场景和道具的存在,例如"真·三国无双"系列游戏场景出现大量的建筑、兵器、军马等,不论是奢华的王室宫廷,还是各路角色操用的各式兵刃,游戏将它们用虚拟造型呈现出来,不仅为玩家构建了相对真实可信的游戏场景和环境,同时这些场景和道具设计也都是极具文化特色的,玩家在游戏过程中不知不觉地便接受了这些承载了文化意义的视觉造型,这也成为游戏进行文化传播的重要途径之一。

除了上述可观可感的视觉文化,电子游戏还通过其故事背景、内容玩法以及构建的世界观价值观等将思想和精神文化传达给玩家。以"真·三国无双"系列为例,游戏以小说《三国演义》为蓝本,以三国时代的战争历史为题材,通过历史人物的虚拟、历史环境的再现以及历史事件的牵引,勾勒出一幅完整的历史图卷,这不仅对玩家有着巨大的吸引力,为玩家提供了一个相对熟悉可信的历史环境,同时也实现了让玩家亲近那段历史,并有兴趣进一步了解历史的文化传承的作用。另外游戏本身的内容玩法也是游戏进行文化表达的重要途径。"真·三国无双"系列游戏作为一款动作类角色扮演游戏,动作成为游戏最主要的玩法和特点,所谓的动作就是玩家控制角色所使用的招式和功夫,而这些招式和功夫大多来源于中国和日本的武术文化。将武术融入游戏当中,不仅使游戏变得操作感十足,大大加强了玩家的交互体验感,同时也使玩家受到了武术文化的熏陶,并进一步领略到武术文化背后更深刻的内涵,如中国的武侠文化以及日本的武士道文化等。游戏也通过这种方式构建了自己独特的世界观和价值观,向玩家进行思想观念以及精神层面的文化传播。

三、中国传统文化与电子游戏

值得深思的是,以光荣公司为代表的日本游戏公司,在制作三国系列的游戏时,也逐渐融入了自己的"三国观",而游戏中所传达出的世界观和价值观也打上了日本民族的烙印。游戏中的曹操不论是在外貌还是在性格上都有着浓厚的织田信长的影子,而游戏中的刘备则越来越像上杉谦信,孙家则越来越像北条氏,各个势力都有自己的大义名分,其背后是织丰时代的日本战国价值观。[①] 这种日本式的三国观通过游戏传达出来,被为数众多的中国玩家所接受和认可,同时这些价值观念以及游戏模式又被中国厂商在制作同题材游戏时大加模仿返销回国内,并成为国内游戏人在开发游戏时的固有设定。甚至有玩家把光荣公司游戏中虚构的角色,例如张星彩、关银屏、吕玲绮等当成了历史上真实存在的人物,可见日本的游戏乃至其中内设的思想观念在中国玩家中巨大的影响。考虑到中国游戏玩家以青少年为主,就不得不让我们思考,日本游戏及其对中国文化思想的内化可能在未来几十年都会对中国新生代游戏玩家产生长远影响。

反观国内,虽然近几年来的三国类网页游戏、电脑客户端游戏、移动客户端游戏等作品层出不穷,但其中却几无精品,游戏同质化程度越来越严重,三国题材几乎成为了快餐化状态,从而导致游戏品质严重下降,内容缺乏营养、缺乏新意。国内以三国题材为代表的传统文化题材的游戏虽然看似繁荣,但是在繁荣的外表之下却隐藏着非常严重的问题。

首先,这些传统文化题材的电子游戏虽然营造了中国传统风格的画面,但在游戏的操作、内涵上都是模仿日韩或是欧美的游戏,在游戏风格和整体认知上完全背离了中国传统,而向西方魔幻主义靠拢,以奇形怪状的坐骑、圣斗士一般的铠甲、夸张的武器、衣着暴露的角色来吸引玩家。与"真·三国无双"这类优秀的作品相比,中国的游戏大多并不注重传达什么价值观念,而是单纯地套用欧美游戏任务、打怪、升级的固有模式,那些中国的传统文化题材只是简单地被当成吸引世人眼球的外表,殊不知却忽略了蕴含在传统文化题材之中的内涵精要,最后所呈现给玩家的游戏即使外表再怎么精美也只能是昙花一现而已。

其次,这些游戏中充斥着金钱至上、娱乐至上的观念。作为游戏开发商,关注游戏的经济价值,这本无可厚非,但过分关注游戏所产出的经济利益而忽略了它本身所承载的教育意义和社会价值,甚至在玩家中滋生出金钱至上的游戏观念,就不可避免地为人所鄙夷了。国产游戏最为人诟病之处便在于开发商为了赚钱,过分强调金钱的作用。这些游戏中大部分都设计有游戏商城,在商城中玩家可以通过各种直接或间接消费金钱的手段,立即获得本需要花费时间才能获得的道具等,可以快速变得更加强大,而游戏中那些能够传达文化和价值的剧情任务等都会被忽略,游戏所具有的文化内涵和价值便遭到了破坏。这也使得游戏失去了本应该有的规则性和公平性,如果不想在游戏中比别人弱小,玩家便会被迫花费金钱来强化自己,金钱成为超越了游戏规则以外的存在,它在游戏中的意义被

---

① 178游戏网:《三国游戏发展史:从战争策略到砍瓜切菜》,http://xin.178.com/201412/212114208395_6.html.

无限地夸大，成为游戏的主导。同时，有些游戏为了吸引眼球常常不尊重原著和史实，肆意歪曲、丑化历史人物，严肃的历史人物都成为愚钝搞笑的小丑，甚至还会以涉黄涉暴的擦边球为卖点。这样培养起来的玩家，不会对三国产生归属感和忠诚度，反而会造成很多热衷三国题材的玩家流失。在游戏界甚至于出现了让国内玩家义愤填膺的说法："好的三国游戏出自日本。"对于这样的说法，虽然我们能认识到其中的片面之处，但是反观国内的三国游戏，国内的游戏公司也只能表示惭愧和汗颜。

对于游戏界大部分忠实的"三国迷""游戏迷"，他们十分希望中国也能制作出像"真·三国无双"或是"三国志"这样精品的传统文化题材游戏。为了实现这个目的，需要整个社会各个方面的努力。首先一个游戏的内容和质量决定于游戏的开发者和制作者，作为游戏传播的把关人，他们必须具备相当高的传统文化素养与媒介知识，只有这样才能保证传统文化在游戏传播过程中的真实性、准确性和游戏的吸引力。就上文所论，电子游戏中的传统文化元素既体现在游戏的画面、音效、背景设置上，更体现在整个游戏所传达的世界观、价值观、游戏氛围等内容中。真正做到将网络游戏与中国传统文化相结合，并不仅仅是在游戏中把历史故事和历史人物作为外壳，或者在游戏场景的设计中，放入几个有中国传统风格的建筑物或道具，而是指游戏所引发的玩家文化心理与中国传统价值取向、道德观相一致。① 如何将改编自文学经典的游戏做成游戏经典，"真·三国无双"系列游戏几十年以来的发展已经为游戏的开发者和制作者们提供了一个值得借鉴的例子，该游戏成功地做到了将对待传统文化严肃认真的态度与游戏开发的娱乐精神结合起来，对传统文化进行创造性的运用，② 而它的成功也证明了拥有良好文化底蕴的游戏不仅可以获得很高的经济效益，而且还可以实现在游戏中传播文化与价值，寓教于乐。

另外在社会和政府的层面上，也要对游戏产业进行健康的引导。这一方面需要鼓励电子游戏产业的发展，并为其发展营造良好的社会舆论环境。电子游戏作为新兴的文化产业，在整个社会经济结构中已经开始占据很重要的地位，但当前对电子游戏传播的整体评价仍然是以负面消息居多，不论是青少年沉迷电子游戏，还是由电子游戏引发的一些社会问题，游戏和游戏玩家们往往成为社会批评的对象。但我们也应看到游戏对于传播文化以及文化产业发展做出的贡献，这需要全面地看待电子游戏，为游戏产业的发展提供良好的舆论环境和正确的建议。而在另一方面，我们也要看到当前中国电子游戏产业内部尤其是传统文化题材的

---

① 涂锐：《中国传统文化在网络游戏中的表现与运用》，载于《东南传播》2009年第2期。
② 侯守金：《中国传统文化在角色扮演游戏中的应用研究》，东华大学硕士学位论文，2009年，第50页。

电子游戏呈现出良莠不齐、混乱不堪的局面,既有充斥着色情暴力内容的游戏致使青少年玩家模仿从而走上犯罪道路,也有学生沉迷游戏,荒废学业,令家长老师忧心忡忡的现象,这些都需要政府相关部门的监管与社会舆论的监督。只有政府和社会做出正确的引导,才能为游戏产业构建一个健康和谐的发展环境。

中国有着五千年的博大精深、源远流长的传统文化,但这些祖先留给我们的宝贵遗产在当前却并没有得到很好的弘扬和发展,由于传播手段的不足和创新性的缺乏,传统文化在当代备受冷遇。不仅如此,经济社会的全球化使得传统文化面临外来文化的重重挑战,20世纪末以来,好莱坞电影、日本游戏动漫、韩国影视剧在国内大行其道,这些都蚕食着传统文化的地位和市场。

电子游戏作为一种新兴的大众文化,依托高科技手段和网络,迅速成为一种新的传播媒介和文化传播手段,也为传统文化的传播提供了一个新的平台。相较于传统的文本,电子游戏具有强大的传播优势,不仅具有综合了图形、音乐、动画、文字等多种媒介于一身的丰富的表现手段,同时玩家在游戏中还有高度的参与性和临场感,这些特点都使得游戏对于现代人群特别是青少年具有很强的吸引力,电子游戏正成为中国传统文化传播的一个不可或缺的力量。中国传统文化也为电子游戏提供了内容素材,丰富的内容内涵和引人入胜的历史故事也推动了电子游戏的成功。

由此,电子游戏与传统文化的结合,就成了顺理成章的事情,日本光荣公司所推出的"真·三国无双系列"游戏就是一个二者相结合的典范之作。如前所述,该游戏以中国古典小说《三国演义》为蓝本进行创作,在故事背景、人物原型、情节细节上都是根据原著而来,甚至原著中的一些虚构和神异成分也在游戏中得以展现,总之,"真·三国无双"系列游戏对原著小说《三国演义》具有很明显的继承性。

另外相较于小说,游戏在很多方面也发生了改变。首先游戏改变了原著小说尊刘反曹的基本思想倾向,并未表现出明显的好恶之分,每个势力、每个武将都是为了自己心中的正义而参与到这场浩大的战争之中。游戏在人物上也对原著有着较大的改变,除了对原著小说中的人物外貌、性格等重新塑造以外,甚至还让一众文官、女性角色披挂上阵奋勇杀敌。相较于原著的文本叙述,游戏运用了图像、声音等多种媒介手段将三国的历史事件和人物逼真地展现在玩家面前,而玩家也改变了传统阅读中旁观者的角色,亲自体验参与到波澜壮阔的三国历史当中。

从中国的古典小说,到日本的电子游戏,这其中所经历的文化和媒介层面的跨越,是导致游戏与小说差异的主要原因。首先电子游戏作为一种新兴媒介,其中接近电影叙事的游戏动画和交互式的游戏模式,使得游戏具有了表现形式多样性和参与性的新特点。在文化层面上,《三国演义》在日本经历几百年的传播,已经被不断地内化和吸收,日本人也在这个过程中形成了自己独特的"三国观",所以我们在游戏中看到了打着日本"三国观"和世界观价值观的烙印,也便不足为奇。另外,不同的受众群体,也是导致差异产生的重要原因之一。

中国的游戏产业虽然在近年来取得了蓬勃的发展,出现了许多以中国传统文化为题材的电子游戏,但大多数游戏厂商都是由利益所驱使,并不注重游戏质量和内涵,导致游戏千篇一律、粗制滥造、趣味低下。这些游戏在某种程度上不仅没能对传播传统文化发挥积极的作用,反而糟蹋了传统文化,甚至误导了青少年玩家。而以日本光荣公司、任天堂为代表的一批国外游戏厂商却以中国的传统文学文化作品为依托,凭借先进的技术和严谨的态度推出了制作精良的游戏系列,并大获成功。以"真·三国无双"系列为代表的国外制作的游戏作品虽然以中国的传统文化经典为题材,但经历了跨越国家和文化的传播之后,必然打上异国文化的烙印,使这些游戏在有意无意间都渗透着他国的文化和价值观。

中国的传统文化被他国内化并用来向我们输出异国文化和价值观,其中透露的讽刺意味值得我们深思。中国国内的游戏厂商们在制作游戏时,除了经济利益的考虑,是否应该在政府的引导和社会的影响下,更多考虑如何更好地把电子游戏与传统文化相结合,不仅让我们中国的电子游戏能够更好地传播民族文化,更有力地吸引玩家,还能够让广大的青少年玩家在玩游戏的过程中受到中国传统文化的润泽,让传统文化能够在年青一代中得到进一步的传承和发展。

第九章

《西游记》的跨媒介对外传播

中国古代文学经典是中国古典文化的重要组成元素,《西游记》是中国古典文学中一部十分独特的作品。近年来,从官方到民间对建设国家文化"软实力"、发展文化产业的呼吁与努力都不断增加。考察中国古典文学作品,无论从范围、形式来看,还是从影响力来看,《西游记》都在中国古代文化的域外传播中独树一帜,且发人深思。究其原因,从文化传播的角度来看,主要有几个方面:首先,它是由《西游记》的自身特点决定的。我们很自然地能够在《西游记》中感受到宗教、英雄、传奇、丰富的想象等要素,这些容易为不同国家、不同民族的人们全部或部分地感知与理解。域外的《西游记》改编者正是挖掘出了类似的内涵才取得了成功。其次,传播受众的可通约是必不可少的方面。传播受众更易于接受与自己知识、文化背景中相同或类似的信息,对《西游记》中不同文化下的共性进行抽取与有效放大,是《西游记》被域外受众广泛接受的关键。最后,大众化、娱乐性的传播方式是《西游记》域外传播得以成功的重要手段。诚然,文化的传播应注意保护文化的精髓不被破坏,但目前,我们应更多地看到《西游记》的成功经验,以期对推动中华文化世界传播有所启示。

第一节 《西游记》的跨媒介改编

数百年来,《西游记》被翻译成多国文字,译本大多忠实于原著。影像时代开启后，影视大众传媒发挥了双面作用，综合的感官享受吸引了大量受众，同时激起了对继承还是变革原著精神的审美讨论。电子技术很大程度上只借用了《西游记》的外壳。审美媒介在对大众欲望的迎合中不断演变，但内容的虚幻正促使我们思考精神的回归。

《西游记》在国外的传播，展现出清晰的媒介演进脉络，伴随媒介演进，受众的审美感受也出现了复杂的变化，从纸质的小说文本到影像再到动漫、网络话语体系转换，跨越的不只是媒介，还有历史背景、文化风尚和审美风格的转换。

一、墨香纸白间的原著意味

纸质媒介在全球范围内持久、广泛的使用既固化了文字的形式，又固化了经典作品的原意。即使再大胆的译者也无法抛开原著重启新的篇章，翻译成为最忠实原著的跨文化传播手段。原著《西游记》以小说示人，主要依靠文字语言叙述事件、展开情节、描绘人物、表达情感和反映现实，需要受众具备相当程度的阅读、理解、想象和思考能力，以此再现作者的一切意旨。

《西游记》故事因其神魔色彩和小说的传奇性在海外译介颇丰，至今已有二十多种语言的译本，但以节译本为多，全译本较少。《西游记》在域外的传播，总体来说，东方的译本出现时间早，有着浓厚的佛教色彩；西方的译本出现时间晚，相对更倾向于对小说意蕴的理解。

由于地域及文化背景的原因，在东方文化圈内，日本、朝鲜、东南亚等多国，对《西游记》的爱好者多，接受程度高，理解和共鸣深。因此，《西游记》在东方世界的翻译，比西方早了100多年。早在日本飞鸟时期，即唐贞观年间，日本高僧道昭听说玄奘取经归国，即赴东土求学，在抄写经文的同时，也抄录了一些取经故事，传入日本，在密教的佛画中就有关于西天取经故事的描述。在日本，对应唐宋时期有关西天取经的故事翻译几乎都是由僧侣完成的。

1895年，最早的《西游记》英语片断译文出现，是塞缪尔·伍德布里奇（Samuel I. Woodbridge）翻译的《金角龙王，皇帝游地府》。1900年翟理斯（Herbert Allen Giles，1845~1935）所译的《西游记》第九十八回"猿熟马驯方脱壳，功成行满见真如"出版。译者在这段译文之前，还对《西游记》一书和唐僧、孙悟空等人物作了简要介绍。在《西游记》的传播过程中，在英语世界甚至是海外最有影响力的《西游记》节译本，当首推著名汉学家阿瑟·韦利（A. Waley）翻译的《猴》。韦利译本的问世标志着《西游记》的英文翻译质量达到一个新的水准。一部一百回的《西游记》经他手后，只剩下三十回。但译本仍然衔接较为连贯，文笔动人流畅，基本保持原作诙谐幽默的风格，在西方影响最大，声誉最高。此书自发行以来到1977年，总共再版五次。

最早的《西游记》英文百回全译本出现在1977年，美国芝加哥大学的文学和宗教学教授余国藩（Anthony C. Yu）首次出版了他《西游记》四卷全译本的第一卷，立即引起了西方评论界和读者的欢呼和好评，紧接着1978年出版第二卷，1980年出版第三卷，1983年出版最后一卷，这一浩大工程才宣告结束。余国藩教授在他的《西游记》每卷译本后的附录和所做的注释里，诗书经籍，广征博引。译本的第一卷，还写有一篇长达62页的介绍，详细介绍了《西游记》的历史源流、版本沿革、作者身世、主题思想、韵文风格以及西方学者的研究成果等，使得译本更多了一层学术上的价值，也是我国学者研究了解西方当代《西游记》研究成果的重要资料。

虽然由于译者个人理解不同、文学作品语言的艺术性和翻译过程的特殊性，《西游记》在域外的译本传播中产生一些宗教内容和中心人物的转换现象，但总体来看，《西游记》的译本基本保持了原著的内容和特点。下文重点对跨文化传播中的《西游记》影视、动漫和网游作品不同媒介下的审美特点进行考察。

二、综合感官下的心灵碰撞

小说改编成影视的过程，也就是文字语言走向影像语言的过程。最初，影像语言比较拘谨地表现着文字语言，或者是对文字语言的一种直译，即是将小说书面语言所述内容用对应的影像语言呈现出来，在思维方式上也是沿用文学作品的主要模式。然而，这种戴着镣铐的舞蹈终究不是影像语言的特长所在，对原著的过于拘泥造成影像表现的乏味与枯燥。影像语言毕竟与文字语言有着不同的特性，不同特性的语言之间的转换往往意味着变化。正如乔治·布鲁斯东在《从小说到电影》一书中所描述的："当人们从一套多变的、然而在一定条件下是性质相同的程式过渡到另一套程式的那一分钟起，变动就开始了；从人们抛弃了语言手段而采用视觉手段的那一分钟起，变化就是不可避免的。"[1]

逐渐地，影像语言开始对文字语言实行变异，开始运用影像语言的特有逻辑，对小说内容进行视觉化的重新显现。它不再以画面与影像一一对应的方式来表现小说内容，而是创造性地运用镜头语言来独立地表现思想。比如在日版《西游记》中，对于师徒四人历次战胜妖魔鬼怪的艰难过程，影像语言不可能像文字语言那样进行细致的打斗和心理描绘。于是，日版《西游记》每到双方对决的关

---

[1] ［美］乔治·布鲁斯东：《从小说到电影》，高骏千译，中国电影出版社1981年版，第5页。

键时刻就用中国式的京剧配音来渲染气氛，鼓舞斗志。这种京剧配音或急或缓，无不与故事情节的张弛发展紧密相关，使观众随之心潮起伏。这种京剧配乐，虽不著一字，却体现出文字语言无法达到的亲和力和感染力。米克·巴尔认为电影并非小说的一一对应，而是对小说意义的一种视觉再现："一部小说转换为电影不是故事要素向形象的一对一的转换，而是小说最为重要的方面及其意义的视觉操作。"①

进而，影像语言开始追求自己的独立的身份和全新的理解。它从小说文本获取故事和灵感，但为了表现影像语言的独特魅力，常常改弦易辙，寻找更适合影像语言表达特征的切入点。在美版《西游记》中，为了使电视剧更具吸引力和时尚感，对原著的内容有较大的改变，唐僧不再是和尚，而是一个担当着救世任务的普通美国人。剧中的妖怪也不再像原著中以传统的虫兽鬼怪为原型，而是现代社会中带有太空幻想色彩的各种怪兽，凶猛狰狞。影片中采用了很多现代特技场景来表现唐僧师徒和妖怪的打斗，以加强视觉感染力。在日版《西游记》中，为了表现唐僧师徒之间的伙伴情谊，在三藏法师的手杖上凭空创造出三个"铃铛"。这三个铃铛作为一种影像道具，象征着师徒一心。每当遇到妖魔时，三藏法师带着三个徒弟勇敢面对，铃铛伴随着师徒们坚定的脚步发出有节奏的声音。在三藏法师上天竺之前，三个徒弟因为妖怪的身份不能陪同，无奈之下三藏法师即将这三个铃铛分赠给三个徒弟。在这里，原著中没有出现的铃铛被改编成一种影像语言，形象地表达师徒合力所产生的勇气和力量。

影视语言的诱惑看来是难以抵挡的，而且我们有理由相信大家都喜欢这种方式，只不过程度有所不同。可是，在我们渐渐被影视包围并且赞美影视语言进步之时，也有人对此不屑一顾，法国作家兼批评家乔治·杜亚美这样评价电影及各种电子媒介："被奴役者的消遣，给那些愚昧无知、身心交瘁、惶惶不可终日的可怜虫们散心用的娱乐……一种既不需观众全神贯注也不需观众有多少智商的热闹场面……除了能给人带来有朝一日会成为好莱坞明星这一荒谬可笑的幻想外，它既不能拨弄出心中的火花也不能唤醒任何希望。"② 现在看来，杜亚美的评价是有些尖刻了，大众传播媒介与大众审美已经紧密联系起来，浸透到人们生活的方方面面，人们已经愉快地接受了它，并且，它不是不能"拨弄出心中的火花""唤醒任何希望"，有一些经典影片能够让人们鼓起生活的勇气、积极应对困难和感受幸福生活的美好。例如，好莱坞的《辛德勒的名单》是让人灵魂感到震颤的电影，激起人们对历史、战争、人性的深刻反省和思索；《阿甘正传》中那个智

---

① ［荷］米克·巴尔：《叙述学：叙事理论导论》，谭君强译，中国社会科学出版社2003年版，第196页。
② ［美］马克·波斯特：《第二媒介时代》，范静哗译，南京大学出版社2005年版，第4页。

商有些问题的阿甘已经成为美国传统价值观的象征性人物，让多少人坚持不懈地追寻自己的梦想；《勇敢的心》中主人公受刑而死前从内心深处喊出的一个最简单的词"freedom"（自由）成为震动人心的绝唱。港片《大话西游》成为受人喜爱的影视作品，不能不说是影视艺术在《西游记》传播中的胜利。这就证明，人们认识到，"语言并不天生就比别的媒介更具有丰富的审美精神……与此相反，影像则一开始就可以进入心灵，一开始就可以产生美的感动"。① 也就是说，影像媒介比语言媒介在文化传播方面具有一定的优势，可以更加直观地传播文化信息。

三、电子语境中的虚实交幻

电子世界的虚拟能力给了作品无限的创造空间，审美意象变幻无常，难以捉摸。在动漫、网络的传播过程中，经过再生产的作品影像意义与原著的小说叙事意义之间几乎找不到对应关系，完全以动漫、网络本身的开发和推广为本位，最多从变形化的人物和已然破碎的情节上分辨出原著的影子。动漫或网络作品在表现形式上充分发挥了电子化语言的独特优势，追求叙事效果的最大化。人物形象的夸张化、道具的现代化、时空的流动性、唯美的视觉效果，相对小说而言，这些表现形式都发生了颠覆性的变化。

与《西游记》的译本和影视传播比较而言，《西游记》的动漫、网络传播是与小说距离最大的传播方式。不仅在文本意义上与原著有较大的距离，在表现方式上更是体现出颠覆性的变化。这些动漫或网络作品虽然在名义或某些人物形象上仍然与《西游记》原著保持着若有若无的联系，但是实际上已经把文本抛在了一旁。如此决绝的做法使动漫或网络版的《西游记》从根基上脱离了原著作为特定时代小说文本的意义。对于《西游记》在域外的影视改编，批评家大多以不忠实原著、恶意篡改原著的罪名大加评论，而面对动漫或网络版的《西游记》，批评家感到语言的无力，对这些作品已经无法再以损害原著的名义进行讨伐了。因为在这些作品中，原著的意义被漠视、搁置，或者完全消解。

特技或动画效果给电子化改编带来了巨大的娱乐效果，声音效果则带来了听觉上的盛宴。动漫或网络中常常出现各种冲击视觉的场景处理：三藏驾驶着汽车从悬崖上滚落，汽车经过屡次360度的碰撞变了形，三藏却安然无恙；人物可以自由地在摩天大楼林立的现代城市和充满鸟语花香的人间仙境间活动。这样或惊险或唯美的镜头运用在动漫及网络作品中无处不在。甚至小说叙事中表现的情

---

① 蓝爱国：《好莱坞主义：影像民间及其工业化》，广西师范大学出版社2003年版，第184页。

绪、话语都可以用动画的方式形象地表现，就好像"愤怒"一词，动漫可以将它处理成眼睛里喷出的燃烧火焰，这时，抽象的形容词有了形象的体现。表示生气时头上冒出的白烟、害羞时心脏的怦怦跳动，甚至连喊叫时空气的震荡波也看得见……用动画的方式将抽象名词视觉化，进一步拉近了与观众的距离，显示出独特的亲和力和娱乐效果。动画版的《西游记》常常以现代流行音乐推进情节、抒发情感和展示环境。例如，日本动画《西游记》第一集中，女三藏与悟空的第一次相见就是以激烈的摇滚乐作为音乐背景，适当烘托出两位主人公的对立情绪。《最游记》中三藏、悟空、八戒、悟净四人第一次相遇的那个雨夜，以快节奏的打击乐为衬托，预示了事态的紧急和人物各自的急切心情。可以说，现代音乐元素很好地衬托出了动画版《西游记》的现代情节，与变异后的人物形象相契合，给人以听觉上的极大享受。

　　动漫、网络化亦使《西游记》所承载的文化元素得以在全球大众文化中传播，使世界上更多的人能够知道武艺高强的孙悟空，知道唐僧、悟空、八戒、沙僧的故事。而且网络、动漫由于虚拟程度高，信息量大，受到意识形态的干扰少，跨文化传播效果好。"网络传播更具有跨文化的意义，一个显著的特点就是淡化差异，强调多元文化的共享性和一致性。尽管不同国家、不同文化色彩的网络媒体依然'各自为政'，摆脱不了意识形态、价值观念等的束缚，但网络传播不以满足某类或某种文化观念为主导，它能够明晰而多样化地或者说比较均衡地呈现差异，而这恰恰是为了达到人们共同使用的目的，是一个注重'个性'共享的媒介。"① 可见，这种新的媒介形式虽然不能反映中国文化的实质，但是它激活了中国传统文化的元素，并且有效地促进了中国和其他国家、民族、地区之间的文化交流，丰富了世界文化资源。

　　与《西游记》十分不同的是，《三国演义》《水浒传》和《红楼梦》在跨文化影像改编的情况差异明显，这种差异本身就是值得深入研究的课题。《三国演义》在日本有动画版的改编，《水浒传》与《红楼梦》仅有中国版的海外发行，却没有国外的改编翻拍。具有典型意义的是日本动画版《三国演义》。这部动画片共三部：《英雄的黎明》《长江的燃烧》《辽阔的大地》，是日本东映动画制作史上的最大制作，耗资14亿日元，历时四年完成。动画经过在中国实地考察，后期精心制作，其播放后被誉为最忠实原著的三国卡通，无论是人物的形象还是地理地貌，都还原了当时的历史描述，连国内不少三国迷也不禁称好，最终荣获日本动画最高荣誉——动画金座奖。但是这样"忠实"原著的改编，却出现了其

---

① 孟威：《网络传播的文化功能及其运作》，见《新闻与传播评论（辑刊）》，武汉大学出版社2001年版，第64页。

他争议，由于它很多画面风格与20世纪50年代末60年代初上海美术出版社出版的连环画《三国演义》很相似，有些观众评价说它有"抄袭"的嫌疑。抄袭与否非本文的研究重点，我们关注的是，忠实于原著的改编在日本和中国同时得到了认同，这中间有令人深思的审美倾向问题。

如果说影视版或动漫版的改编我们尚能纠结作品与原著的联系，那么有一种变化发生时，我们忽然忘记了对原著的执着。这种变化就是网游的盛行。大型场景网络游戏似乎一夜之间就充斥了所有的电脑。网络游戏对中国古典名著的改编是个较新的研究课题。网游几乎具备影视动画作品的一切要素，但它又在很多方面完成了对传统影视动画作品的超越。由于加入了最先进的技术，网络游戏一开始就比动漫做得更"抢眼球"，从完全虚拟的角色设计，到邀请著名演员充当形象代言，或者干脆就是从某部影视作品中衍生出来。然而，网络游戏与传统影视作品最大的区别还不在于此，而在于——观众是可以直接"走进"影像并改变其情节进程的，就是说，这是一种互动的影视作品。

对网游审美态度的思考，对于研究跨文化语境下的中国古典名著影像改编有重要的意义。我们除了可以在社会学意义上反思网游使参与者的身份发生错位，以至走向"反现实社会"，还应该思考在影像技巧上越走越远的改编与跨文化改编是否让我们缺少了一些什么。"互动式多媒体留下的想象空间极为有限。像一部好莱坞电影一样，多媒体的表现方式太过具体，因此越来越难找到想象力挥洒的空间。相反地，文字能够激发意象和隐喻，使读者能够从想象和经验中衍生出丰富的意义。"① 甚至，网络游戏这种互动性极强的多媒体产物让受众投入其中的时候，受众根本就忘记了视觉与听觉上的享受，而是沉浸在了虚幻的个人成就之中。现实社会的浮躁以及影视、网游的虚拟性使我们越来越远离内心的宁静，在现实社会之外，视觉、听觉的极度刺激与虚拟的英雄气概消失之后，我们是不是出现了更深的内心空虚？在这个时候，静静地阅读一本书，再步入树林草地，看一看嬉戏的孩童，是不是恰好能弥补这种空虚，得到现实意义的审美愉悦？

回归语言与文字，是我们在讨论审美媒介之初未曾考虑到的问题，在绚烂夺目的声光电转换与令人震颤的镜头跳跃之下，当我们沉静下来，再次回顾这一发展历程，我们意料之外又意料之中地发现，原来文字并未离我们远去，《西游记》在日本、美国、韩国的跨文化改编从未脱离原著的影响，原著的精神一直在影响着影像。

---

① ［美］尼葛洛庞帝：《数字化生存》，胡泳、范海燕译，海南出版社1997年版，第17页。

第二节 《西游记》域外传播的特点

传播学四大先驱之一的拉斯韦尔1948年发表《社会传播的结构和功能》一文，提出了著名的五要素（五W）模式。拉斯韦尔认为一个传播过程包含五大要素：即传播者（Who）、传播内容（What）、传播方式（In Which Channel）、传播受众（Whom）和传播效果（With What Effect）。目前在《西游记》的异域传播中，传播者大多不是中国本土人士而是域外人士，也就是说，在异域比较有影响的《西游记》版本不是由我国主动推出，而是由他国传播者将我国的文化资源进行改编并在本国或全世界推广。域外人士何以将我们的文化资源传播得如此有效，并获得经济效益甚至社会影响上的成功，这与他们对"传播内容""传播受众""传播媒介"这三个关键要素的合理把握有着密切的关系，将《西游记》传播的"内容""受众""媒介"三要素放在域外的视域中展开进一步剖析，有助于挖掘借鉴《西游记》异域传播的成功经验，了解古典文学名著异域传播的特征和规律，进而能对中华文化的世界传播有所启示。

一、传播内容的开放性

一部作品的内容固然早已成形，但其意义并不是一成不变的。不同时代不同文化背景的读者可以在接受的过程中以自己的方式对它进行重新阐释，一个重要的原因便是其内容蕴含着一定的可开放性。一部文学作品的内容具有可开放性，一方面因为它保持并散发着具有本土特色和民族色彩的魅力，另一方面它又能够为不同文化背景的人们所理解和接受，能够满足人类某种共同的文化期待或现实需求。在异域传播中，由于要跨越文化的差异，面向更远距离的受众，尤其要求作品内容具有一定的可开放性。就《西游记》而言，其内容的可开放性不仅体现在带有佛教色彩的中国神魔故事中，还体现在它反映的人类共同主题中，比如人必须要经过千难万险才能获得最后的圆满和成功，人类有向往自由、逃脱束缚的本能等。放在21世纪来看，《西游记》还蕴涵着自我超越、团队精神等现代意蕴。一定程度上来说，一部文学作品的内容具备可开放性，既要求它能够保持我们的文化精神，还要求它尊重人类共同的文化需求。

优秀的文化资源总是吸引着世界的关注。《西游记》由于其自身的可开放性，也不断吸引不同国家和地区的人们自由演绎着对《西游记》的理解。2006年，日本富士通电视台播出了连续剧《西游记》,尽管这是日本人第四次以电视连续剧的形式将《西游记》搬上荧屏,该剧依然首集便创下了29.2%的收视率。制片人铃木吉弘介绍说,新版《西游记》主要描写师徒四人肩负重大使命踏上艰险的旅程,并在历练中共同成长的故事,向观众传达友谊、爱、勇气以及拥有坚信正义之心的重要性[①]。2001年美国NBC(美国全国广播公司)电视台制作了 The Monkey King(《猴王》),此剧对原著有很大改编,剧中虽然还保留着唐僧师徒四人以及众多的中国元素,但文化精神和价值追求已与原著相去甚远,完全是一个美国式的拯救故事。主人翁"唐僧"也不再是手无缚鸡之力的和尚,而是一个身怀绝技的美国个人英雄形象。

其实无论是日剧还是美剧,都对《西游记》原著的情节和人物形象有很大的改动,也因此让众多国内观众从情感上很难接受。但文化的传播有着其自身的规律,既然不是我们主动对自己的文化进行的对外推广,而是他国传播者进行的改写,自然会更多地带有他们自己的价值观念和审美理解,甚至因为想迎合观众的娱乐需求而让国人深感有"恶搞"嫌疑。但是日本富士版的《西游记》不仅赢得了日本国内市场,还卖到了韩国等其他亚洲国家和地区;美国最新版以孙悟空为主角的电影《龙珠:进化》也于2009年3月、4月在全球公演。美国对花木兰故事的改造提供了另一个佐证。中国的花木兰在全球化的视野中也有不小的变化。在大多数中国人看来,木兰从军是为了尽孝;但在好莱坞影片《花木兰》中,木兰不只是一个对父亲充满爱的孝女,更是一个个性张扬、有女性主义自觉的女英雄形象。迪士尼公司借助中国南北朝时期的《木兰诗》在全球赢得3亿多美元的票房和如潮的赞誉,原因之一是他们没有将木兰形象局限在中国的南北朝时期,而是保持了木兰形象的时空开放性。

可见,国外在对我国文化资源进行改编时,都充分考虑了传播内容的开放性,并尽可能遵循大多数人共同的文化需求,但对我国的文化精神就难免把握不当。因此,与其让国外文化产业集团将我们的文化资源改编成产品再转卖给我们,不如我们自己对自己的文化保持一种相对开放的心态,主动挖掘我们文化资源中的普遍价值,吸收世界优秀文化资源为我所用,创造出既蕴涵着中国文化精神,又能让不同国家观众都能看得懂并乐于接受的文化产品,我们的文化自然就能走向世界。

---

① 中华网:《日本出新版〈西游记〉,悟空八戒改头换面》,http://news.china.com/zh_cn/news100/11038989/20060616/13405643.html.

二、传播受众的通约性

托马斯·库恩（Thomas Samuel Kuhn）在其 1962 年出版的《科学革命的结构》中首次提出了"不可通约性"的概念，当时他从数学中借用这个概念，是为了说明科学革命的显著特征是新旧科学理论范式之间的难以相通①。我们今天说的传播受众的"可通约性"，正是借这个概念来说明不同的国家虽然风情各异，习俗迥然，但人类共同的情感体验与需求使人们在面对同一种文化时往往表现出一定的共通性。这就是为什么不同时代不同民族的人能被同一部优秀作品深深感动，这也是为什么歌德在读了我国清代《好逑传》《花笺记》《玉娇梨》等小说后大有感触，认为人类感情的相同之点超过了异国之情②。正是这些共同的情感体验或需求使得异域传播中的受众具备相同的情感倾向和文化需求。异域传播取得成功的要素之一，就是要寻找异质文化中人们相同的理解基础，寻找人与人之间共同的情感需求。

一般来说，传播受众之间可通约性程度的高低与传播距离有着一定的联系。地理距离相近的国家和地区容易形成文化接受上的接近性，比如，在东亚文化圈传播中国文化就远比在欧美文化圈容易。就《西游记》而言，最先传播到东方邻国的主要原因是共同的佛教传统。在日本，唐宋时有关西天取经的故事翻译几乎都是由僧侣完成的。早在日本飞鸟时期，即唐贞观年间，僧道昭闻听说玄奘取经归国，即赴东土求学，在抄写经文的同时，也抄集了一些取经故事，传入日本。在印尼、马来语的世界，最早关于《西游记》的翻译也几乎完全是一种宗教现象，显得十分兴盛③。距离造成的受众之间的可通约性程度之高由此可见一斑。但即便如此，同处于东亚文化圈的日本与韩国等国家的文化仍然与中国有着不小的差异，正如美国著名人类文化学家鲁思·本尼迪克特所说，在同一文化圈内部又存在着不同于其他的特殊的社会目标，因而会呈现出不同的"文化模式"，例如，"在任何群体中，我们都可以分辨出对挫折和悲痛持不同反应的人"。④。这是我们在进行异域传播过程中尤其要注意的地方。

同样，承认相同文化圈内的传播受众有着更多的文化相通性，不等于表明我们的文化与西欧文化圈就没有可通约之处。《西游记》在西方取得的传播效果说

---

① 李醒民：《论科学哲学中的"不可通约性"概念》，载于《辽宁教育学院学报》1993 年第 1 期。
② 黄霖：《中国古代小说与当今世界文学——黄霖教授在首尔国际学术会议上的讲演》，http://www.china.com.cn/book/txt/2008-02/04/content_9647965.htm.
③ 李舜华：《东方与西方：异域视野中的〈西游记〉》，载于《学术交流》2001 年第 1 期。
④ [美]本尼迪克特：《文化模式》，张燕、傅铿译，浙江人民出版社 1987 年版，第 243 页。

明《西游记》在西方传播还是大有可为的。一方面是因为西欧文化圈对外来文化有着更高的接纳性。有研究者对 40 个国家的不确定性规避价值观进行了考察,相比较日本 4 分的不确定性规避价值观,美国的不确定性规避价值观高达 32(低分表明这个国家或地区不喜欢不确定性;高分表明能够容忍不确定性)。研究还表明,瑞典、丹麦、爱尔兰、芬兰等都同美国一样,属于不确定性规避价值观分数高的国家。这些国家的人比较容易接受生活中的不确定性,对外来他物的容忍性更强[1]。另一方面是因为《西游记》中对个人奋斗精神的肯定,对终极价值的不懈追求等价值因素在西方世界能激起较强共鸣,同时体现一定现实意义,其东方背景的神魔色彩,也迎合了现代人对神魔小说的审美需求与期待等。因此,才出现了美国版甚至德国版的《猴王》,也因此,我们在《功夫之王》等影片中才能够看到孙悟空的形象。

虽然各国受众思维方式和接受特征迥异,但在传播中依然存在着一定的可通约性,这种可通约性是异域接受的前提条件,也是本土特色得以寄托和张扬的平台和基础。在异域传播中,我们需要寻找这种共同的基础,但也不能丧失了我们的文化精神。事实上,共同的接受基础和独特的文化精神两者是相辅相成的,中华文化在历史上曾经吸纳过来自域外的佛教文化、伊斯兰文化等,也因为其海纳百川的胸怀而勃发出独特的生机,成为世界上唯一从未中断、绵延古今的文化类型。

三、传播方式的接受性

传播学巨匠麦克卢汉曾经提出"媒介即文化",以强调传播方式对于文化传播的重要意义。《西游记》的故事经历了从历史故事、民间传说到文人创造的成书过程,很难想象,如果没有合适的传播方式,《西游记》故事如何能够成为经典名著并流传至今。也很难想象,在现代日新月异的生活方式中,如果没有被大家认可的多元的传播方式,《西游记》何以在大众中有如此大的影响。因此,在异域传播中,传播方式在不同国家不同文化下的可接受性是传播过程得以顺利完成的重要因素。

太过民族化的方式在域外传播中有时未必是最合适的传播方式,比如中国的京剧、评弹等曲艺方式虽然历史悠久、独具特色,但这种传播方式在东亚文化圈相对比较容易接受,在印度、阿拉伯、欧美文化圈显然就有接受障碍,即使接受也大多出于对异国情调的猎奇心理,或作为茶余饭后的消遣谈资,很难真正走入

---

[1] [美]拉里·A. 萨默瓦、理查德·E. 波特:《跨文化传播》,闵惠泉等译,中国人民大学出版社 2004 年版,第 77 页。

受众心灵。

　　一种文化要保持鲜活的生命力,必须得到大众的认可,一部作品是否成功传播,也要看能否唤起大众的热情。传播方式为大众所喜闻乐见有利于促进传播。不可否认,作为《西游记》最早也是最持久的传播媒介——书籍,在《西游记》异域传播中起到了首要的作用。但近年来,海外世界对《西游记》的改编大多倾向于电影、电视剧、动漫、网络制作层面。中国香港和日本对《西游记》的影视及动漫改编分别都达到了五六次之多。美国继 2001 年由 NBC 电视台制作的 The Monkey King(《猴王》)后,20 世纪福克斯公司推出了以孙悟空为主要人物的影片《龙珠:进化》。德国也于 2009 年元旦在 Super RTL(德国儿童电视频道)电视台播出与美国合作的《美猴王》,并赢得当地观众好评。可见,影视文化产品已超越报刊、书籍成为最受大众欢迎的传播方式之一。

　　传播应当保持文学作品及文化产品的文化性,但增加传播方式的娱乐性对有效传播亦十分重要。娱乐不仅是孩子的本性,也是成人世界的永恒需求,是贴近大众的最好方式。实践证明让文化走入大众的最好方式不是宣传而是娱乐。这就启示我们在中华文化世界传播的过程中,要尽可能地让传播方式具有娱乐性,不要因为强调文化性而减弱了趣味性。英国广播公司(BBC)曾经在 2008 年奥运会期间推出了一款以《西游记》为蓝本的动漫宣传片——孙悟空鸟巢取经,就因为娱乐性取得了很好的效果,在电视、广播、互联网及手机等各种平台上广为流传。中华文化要更好地推向世界,也应重视利用具有一定娱乐性的传播方式。但要注意不能矫枉过正,文化性与娱乐性两者应该互融共存,不要让娱乐的方式过度挤压文化的空间,正像人们不可能从物质的享受中得到真正的精神安宁,娱乐的过度化也会导致文化精神的萎缩。

第三节　《西游记》跨媒介对外传播的启示

　　近年来,从政府到民间弘扬中华文化的声音渐增,这既是综合国力提升的结果,也是综合国力继续提升的自然选择。文化产业、文化软实力、中华文化域外传播之类的语词在学术界已有细流成河之势,著作、论文、科研项目渐成体系。实业界,在西方文化产品丰厚回报的效应之下,在主流媒体对文化市场前景的描绘之中,正期待着盛世文化大发展大繁荣能够带来巨额的利润。一定程度上说,无论理论界还是实业界,无论官方还是民间,中华文化的弘扬显然不仅指向国内,还同时指向东西方的海外空间。

一、四大名著对外传播需要解决的问题

四大名著在国内的爱好者、研究者众多,影响之大无需讨论。不仅如此,从一些学者的研究来看,其海外传播时间早,译本多,影响大。近年来,"四大名著"的海外传播又有了一些变化与新特点,在中华文化的海外传播中有一定代表性,概括起来,大概需要关注以下五方面的问题:

(一)传播时间的先与后

中国古典小说的域外传播是一个非常重要的文化交流现象,它从一个侧面反映了中华文化世界传播和接受的程度。总体上说,我国古典小说的域外传播有着与国内传播不平衡的现象与特征,比如一些在国内影响较大的作品传播到域外后很少有人问津,一些在国内并不出名的作品如《好逑传》《玉娇梨》等在域外得到了更广泛的关注与更高的评价。在四大古典名著中,《西游记》在国内的地位并不突出,甚至没有出现像脂砚斋批《石头记》、毛宗岗批《三国》、金圣叹批《水浒》这样成熟、优质的文本批评,然而《西游记》在域外的传播却表现出较强的活力和领先的态势。

首先,《西游记》的印刷文本在国外传播时间较早,范围较广。以日本为例,《红楼梦》最早于1793年(清代乾隆58年)传入日本[1];而日本人湖南文山翻译的《通俗三国志》五十卷于1689~1692年在日本问世[2];最早的日文版《水浒传》是冈岛冠山翻译的《通俗忠义水浒传》,出版于1759年[3]。而《西游记》的有关故事则早在唐宋时期就传入日本。其次,随着20世纪末电影、电视等大众媒体的兴起,《西游记》的域外接受尤其是影视改编传播更表现出一路领先的态势。比如国外至今还没出现对《红楼梦》较有影响的影视改编,只在中国香港、台湾地区有《红楼梦》的影视改编版;《三国演义》在东方邻国像日本、韩国有较大的影响,出现了很多以"三国"为中心词命名的网站和网络游戏,但在欧美等西方国家的影响就远没有这么广泛;《水浒传》的异域影视传播更是影响甚微。而《西游记》在通过电子媒介进行的域外改编方面显然颇受欢迎,不仅在日本、韩国,而且在美国、德国都出现了对《西游记》的影视或动漫改编版本,英国广播公司(BBC)在北京奥运会期间还推出了一款以《西游记》为蓝本的宣传片。

---

[1] 宋柏年:《中国古典文学在国外》,北京语言学院出版社1994年版,第526页。
[2] 宋柏年:《中国古典文学在国外》,北京语言学院出版社1994年版,第380页。
[3] 王丽娜:《中国古典小说戏曲名著在国外》,学林出版社1988年版,第72页。

（二）传播区域的近与远

"四大名著"在海外东西方文化圈的传播有明显的不同。东方文化圈内，日本、韩国、东南亚多国，对"四大名著"的爱好者多，接受程度高，理解深，表现形式多样。最有代表性的是《三国演义》，日本的"三国热"不仅是热，而且形成了热潮。电影、电视、戏剧方面，上演有关"三国"的节目异彩纷呈；不少学者对《三国志》研究从纯学术转入应用研究，于是《三国志兵法与中国人》《三国志的英雄与日本最高领导人》《三国志——商业学的宝库》等书籍纷纷出版……在韩国、东南亚的马来西亚、新加坡、泰国、越南、菲律宾等国家，也几乎是凡有华人居住的地方就有关帝庙和武侯祠。① 相对而言，西方文化圈内对"四大名著"了解较深的通常是海外汉学学者，普通民众或大众媒体大多停留在表面或者只对其某一侧面有所了解。2006 年，刘心武赴美国哥伦比亚大学讲演《红楼梦》文化，谈及演讲《红楼梦》对中美的文化交流能起到什么作用时，刘心武形象地回答说："仿佛一滴雨水，落入浩瀚的大海。"② 可见，西方普通民众对《红楼梦》还是较难理解。近年来，在西方最具影响力的作品当数《西游记》，但大多侧重在《西游记》中的英雄主义、对终极价值的不懈追求等因素上，其东方背景的神魔色彩，也迎合了现代人对神魔小说的审美需求与期待。

（三）传播内容的变与不变

从传播内容上看，东方文化圈大多尊重或尽可能尊重"四大名著"的原貌，有的国产连续剧不经太多改编即能吸引众多观众。《红楼梦》《西游记》《三国演义》《水浒传》的电视剧一直是中国电视剧海外销售的主要力量，销售市场主要在日本、韩国和东南亚地区。在西方，对《红楼梦》《三国演义》《水浒传》的了解大多停留在较早时期与原著有不小差异的译本上。近年来，其影响不见明显扩大，甚至更加沉寂。《西游记》在西方虽然具有较大的影响，其改编也大都有离奇之处。以美国版《猴王》为例。此剧中依然还有唐僧师徒四人以及众多的中国元素，但情节内容完全是一个美国式的拯救故事。主人翁"唐僧"不再是手无缚鸡之力的和尚，而成为一个身怀绝技的美国救世主。这里的观音也大大颠覆了中国人心目中"观音"的圣洁形象，而是沿袭了希腊神话中人与神同形同性的传统，塑造了一个跟人类一样有着七情六欲的女神形象，甚至剧中还出现了唐僧与观音恋爱的情节。此外，德国于 2009 年元旦在 Super RTL 电视台播出与美国合作

---

① 何建新：《国外的三国演义热》，载于《华人时刊》1997 年第 5 期。
② 程岗、何申权：《中国四大名著在美国》，载于《环球时报》2006 年 9 月 8 日。

的《美猴王》,以及20世纪福克斯公司于2009年3月在全球推出的以孙悟空为主要人物的影片《龙珠:进化》,其作品内容都与原著有较大差异。

(四) 传播媒介的传统与现代

对于"四大名著",书籍的传播在特定的历史时期曾发挥过无可替代的作用,《红楼梦》《西游记》《三国演义》《水浒传》均有多种不同语言的译本。很难想象,如果没有书籍,四大名著何以流传至今。近年来,随着科技的快速进步,"四大名著"传播媒介变得丰富多样,一些新的传播媒介超越了文本传播的局限,得到东西方现代社会尤其是年轻人的认可。如影视剧、网络游戏、舞蹈剧、动漫,甚至漫画在"四大名著"传播中均有体现,并且已然超过文本传播的效应。《三国演义》是传播媒介运用成功、形式丰富的典型案例,其网络游戏开发与市场均一片红火,影视剧是中国电视剧输出东亚、东南亚市场的主要产品。根据中国国际电视总公司2005年提供的数字,电视剧《三国演义》在海外已经卖了将近600万美元。[①] 中日两国合拍的52集动画系列片《三国演义》也于2008年面世。《西游记》《水浒传》也均有漫画作品推向海外。中国大型原创舞剧《红楼梦》于2008年先后在加拿大多伦多和世界最大的艺术会场美国纽约林肯中心上演,观众颇多,说明《红楼梦》这样的作品作为通俗小说暂难为西方接受,抽象成另外的高雅艺术形式则效果不同。

(五) 传播价值的感观与精神

王岳川在《从文化拿来主义到文化输出》一文中指出:真正意义上的人类交流,可分为三个层面:思想文化、艺术文化、实用文化。实用文化,宣扬民俗和风情,仅仅是一般层次的交流。只有思想哲学层面的交流才能深入到文明的内部神经。[②] 实用文化更多地体现感观价值,思想文化更多地体现精神价值。"四大名著"近年传播的过程中,实用文化的感观价值与思想文化的精神价值之争越发激烈。如西方对《西游记》的改编保留了更多的感观层面。依托"四大名著"的某些现代作品,仅仅打着名著的旗号,利用名著的影响力,几乎已看不到真正的名著内容了。从民族主义的角度出发,大多数意见倾向于保护"四大名著"中的精神价值,否则是对中国文化的误读、异化、破坏。也有人主张应更多地适应海外市场的需要,主动求变,不用过多地附带民族感情色彩。

---

① 《2005年电视剧管理新政策鼓励向海外大举扩张》,载于《华商报》2005年4月7日。
② 王岳川:《从文化拿来主义到文化输出》,载于《美术观察》2005年第1期。

二、四大名著海外传播的途径与方法

近年来文化学术界与文化政策领域对中华文化海外传播有着不同的建议或看法。追寻理论的统一总是艰难的过程,而具体的个案研究,循序渐进地推进恰恰是可以量化的积累。从"四大名著"在海外传播的特点,看中华文化的海外传播得失,大致可以整理出一些策略性的要点。

(一) 重视调查,熟悉国际文化市场

中华文化源远流长,博大精深。较之自我陶醉,认真深入地研究海外市场显然对中华文化的对外传播更有帮助。目前国内文化经营方面的人才稀缺,懂影视文化产业制作、懂营销又熟悉国际文化市场,并且与国际发行渠道有着密切联系的国际文化贸易人才更是凤毛麟角。市场经济中的经验用于文化市场会有同样的作用,希望从海外文化市场获得回报的文化企业不妨增加一些对海外市场调查研究的人力、物力投入,尤其是具体文化产品的个案调研,使自己对海外市场的了解不仅仅停留在定式化的语言障碍、文化差异方面,而是有更具体的、更感性的认识。政府部门也可以有意识地选择一些有代表性的个案项目,协助或资助进行海外市场调查,聚沙成塔,或即小见大;还可以培养一些海外文化市场调查的中介机构和人才,或者吸引国外文化经纪机构进入中国市场,以拉动现有国内跨文化演出经纪机构的整体实力和水平,为没有能力开展海外市场调查的文化企业提供帮助,也许对中华文化的海外传播会产生深远的影响。

中华文化的海外传播,一方面需要我们有真正优秀的作品内容,另一方面也要有进入国际市场的各种渠道。日本的动漫作品之所以走遍世界,与日本的国际营销渠道很有关系。而日本版的《西游记》不仅卖到韩国、新加坡等多个亚洲国家,甚至欧洲、澳洲等一些国家也对该剧很有兴趣。美国迪士尼公司的《花木兰》更是在全球赢得3亿美元的票房,在我国也获得了1 000万元的票房。一般国外文化产品在进入我国市场之前,都对我国市场情况有详细的调研和具体的数据。而我国文化产品进入海外市场,目前大多通过两种渠道,一种是参加国际国内的各种文化博览会,另一种是依托国外的发行或经纪公司。依托国外代理的好处是风险小,不需要揣摩市场,不需要打通各种营销渠道。但显然在经济效益上也大打折扣,主要利润都被代理公司获取了。更为不利的是通过别人去触摸市场,永远隔着一层,难以培养对市场的敏锐感。所以第一步要调研市场,即以第一手的方式去接触市场。其次要在国际市场中建立自己的阵地。就是要在国外逐渐建立自己的发行渠道或经纪机构。只有建立自己的阵地,才能逐渐拓展我们在

海外市场的空间。2009年12月，中国港中旅集团所属天创国际演艺制作交流有限公司收购了美国第三大演艺中心密苏里州布兰森市的"白宫剧院"，驻场演出舞台剧《功夫传奇》；东上海国际文化影视集团出资收购了美国田纳西州的两家剧院，分别命名为"东上海剧院"和"宫殿剧院"，拟上演功夫剧《少林武魂》和舞剧《周璇》。这些信号让我们有理由相信，中国文化海外传播的进程，即将进入加速发展阶段。

（二）发展产业，加强文化产品输出

文化传播大体可以分为非产业性传播和产业性传播两种途径。与非产业性传播相比，产业性传播接受者的主动性和积极性要更大。所以在中华文化世界传播的过程中，我们要特别重视文化产业所发挥的作用。①《三国演义》与《西游记》中英雄形象对海外的影响较大，并非因为我们刻意强调了其中的价值理念或哲学内涵，而是它们本身固有着这样一种因素，能够反映人类共同的情感倾向和文化需求。我们可以用一种放松的、大度的心态对待海外对中华文化一些内容的改编。我们固然需要从民族利益的高度看待文化，但却应从对方可以接受、易于接受的文化产品的角度输出文化，巧妙地处理两者的关系，也可以称为一种方法，一种艺术，这一点，西方做得比我们好，近邻韩国也比我们做得好。主张从对方可以接受、易于接受的文化产品的角度输出文化，自然要使产品适应消费者的口味，这不是主张为了适应市场作低三下四的迎合，而是寻找和设计具有共同点的文化产品，如《三国演义》与《西游记》中的英雄形象、传奇色彩，作为文化产品便更应有意识地突出刻画。古典文学中表现的对国家的忠诚、对压迫的反抗，如《水浒传》，不仅是中华民族的精神也是其他民族的精神，若用对方熟悉的方式来表现类似有共同点的内容，既能增大易接受程度，也能减轻文化传播的压力。即便一定要在一些文化产品中传递复杂的、细致的、东方式的哲学理念，如能搭配大量的西方元素，用寓教于乐的方式比机械灌输的方式要好得多。

《西游记》近年来在海外的传播大都是通过产业化传播的方式。在日本，2006年由富士通电视台播出的连续剧《西游记》，首集便创下了29.2%的收视率。2007年又在暑期推出了电影版《西游记》，并在戛纳电影节上进行宣传。在美国，2001年由NBC电视台制作了 The Monkey King（《美猴王》），并由德国电视台在2009年元旦期间引进播放。好莱坞推出的大片《功夫之王》《龙珠：进化》等也出现了《西游记》的题材或人物。通过文化产品的形式推出《西游记》在海外已经形成了初步的受众基础，并取得了相当的经济收益。但是，目前《西

---

① 李庆本：《文化产业：中华文化世界传播的重要途径》，载于《文艺报》2008年7月3日。

游记》在海外传播的过程中，传播者大多不是中国本土人士而是域外人士，也就是说，在海外比较有影响的《西游记》版本不是由我国主动推出，而是由他国传播者将我国的文化资源进行改编并在本国或全世界推广。来自中国的素材和资源，经过异质文化的加工和改编，很自然地带有了不同的价值观念和文化，比如美国版的《西游记》中出现唐僧和观音谈恋爱的情节，日本版《西游记》的唐僧则是由女性扮演。最终这些带有他国价值观和文化观的影视作品，被投放到世界包括中国市场。一方面，我们花钱消费本属于我们的文化资源；另一方面，我们也要承受不同文化对我们文化的误读和改写。所以，发展我们自己的文化产业，用文化产品的方式推出我们的文化资源是当务之急，也是我们必须面对的重要课题。

（三）循序渐进，处理好东西文化圈的关系

从"四大名著"在东西方不同文化区域内的传播特点来看，由于相似的宗教或文化背景，或者说由于中华文化的长期影响，海外东方文化圈存在对中华文化的认同基础。有了文化认同，便更易于接受，反之，仅能刺激感观，便难深入心灵。中国目前仍是区域性的强国，理应首先在周边的东方文化圈增强影响力，更加有主动意识地重点研究东方文化圈的特点，挖掘中华文化的潜力，集中力量巩固、扩大在东方文化圈的分量。在我国颇受欢迎的古装韩剧《大长今》可以作为我们学习的范本。节奏缓慢、剧情冗长的韩国现代剧不仅在中国大陆获得了较高的收视率，也吸引了中国港台地区人们的眼球，值得我们深思。在主导东方文化圈的基础上，随着国家国际竞争力的不断提高，文化传播能力的加强，中华文化的影响自然能够逐步向西方文化区域渗透。在目前的情况下，把重点放在占领西方文化圈上是不现实的，平均分配对海外东西方文化圈的投入也是不合理的，舍近而求远，是把简单的问题复杂化，只可能带来事倍功半的结果。

在全球化的条件下，用产业化的方式推出我国的文化产品意味着必须要进行内容的创新。要挖掘我们的文化资源中能够反映人类共同的情感倾向和文化需求的部分，要让我们的文化作品保持一定的开放性。只有这样，我们的产品才能被更多的人接受，才能减少其他国家对我们文化的误读。《西游记》之所以能走向世界，正是因为其内容中的宗教、英雄、传奇、丰富的想象等要素，容易为不同国家、不同民族的人们感知与理解。当然，创造并设计出具有人类共同点的文化产品，不等于忽略我们的民族文化精髓。在世界都越来越重视文化产业的今天，各国在各种表现形式或操作技巧上互通有无并不难，但唯有对本国传统文化的挖掘与表现的能力，这是其他国家的文化创作者不可能与之相比的。中国有如此深厚的文化积淀，这是一笔无尽的财富，放弃我们的文化传统无疑是舍本求末。但

要对传统文化进行创新也并不容易，这需要对传统读解的深度和视野的广度，需要对文化资源扎扎实实地理解和把握能力，也需要对受众文化心理的研究能力。这些能力都非一朝一夕能成，需要舍去浮躁的"潜伏"精神。但有一点是肯定的，坚持我们的民族文化精髓，才能保持我们作品的生命力，才不至于在形式热闹的文化大潮中迷失自己。

（四）走向大众，中华文化海外传播的生命力所在

一种文化要保持鲜活的生命力，必须得到大众的认可和接受，一部作品是否传播成功，也要看能否唤起大众的记忆和热情。《红楼梦》居"四大名著"之首，在西方的影响不如《西游记》《三国演义》，原因之一便是《红楼梦》的文本语言、隐性哲理难以转化为西方大众能够迅速接受的信息符号。中华文化在中国已经深入人心，通过家庭与社会的言传身教，"和""仁""天人合一"的文化精神，以及"忠诚""奉献""家庭""包容"等道德伦理观念，内化为人们生活的一部分和社会的方方面面。其中，前者是中华文化特有的哲学思想，后者是东西方共有的观点理念。后者在海外的再现相对容易，前者则难得多，我们说"和"是"和平"，是"和谐"，是"和而不同"，是全世界都需要的东西，这些自然对，但它仍然是文本的阐释，是中文对中文的解释，在非中文国家里，类似的阐释缺少了让普通人接受的过渡。这种过渡，从形式上看，可以是更灵活的载体，如网络游戏，电视电影；从内容上看，是符合非中文思维方式的信息转换。推进中华文化的海外传播，仅有市场化的运作是不够的，通过多样的形式，高水平的文化"解码""编码"，寻找一整套使中华文化易于为海外大众接受的方法，是难点，也是中华文化走向世界的利器。

第三编

接受的现实

实证

第十章

国际中国文化研究的现状及趋势

21世纪海外汉学有着新的发展和各自的特色，汉学研究的百花齐放和中国的崛起密不可分。在当今世界，中国扮演着越来越重要的角色，经济贸易的吸引力同时带动了西方对中国文化深入了解的需求。在有着悠久汉学研究传统的国家，如法国、英国等，除了对中国古代思想以及诗词歌赋的翻译与研究之外，在新世纪更加关注当代中国学的研究。"海外中国研究环境的变化拓展了原有的研究，包容和吸纳当代中国研究。从近年来美国、法国、德国的汉学与当代中国研究的互动关系来看，对当代中国的研究正在成为各国汉学界关于中国研究的重要领域，同时关于当代中国研究的成果不断出现，影响不断扩大。"[①]

北美的中国学研究延续20世纪的发展态势，在新世纪取得了令人瞩目的成就，在传统汉学领域也是走在了西方的前列。随着近十几年新视角、新课题的涌现、文献资源数量的增加、中国与北美地区学术交流日益频繁，对这段时期的学术概况进行回顾并探究发展趋势是非常有必要的。在本章中，我们将对新世纪以来欧洲汉学研究、北美中国文学研究、东亚中国学研究的新情况进行梳理，选取重要国家、重点案例进行分析，从中透视国际中国文化研究的发展趋势，以期为读者提供一份该领域的研究概述和文献资源方面的参考。

---

① 施雪华：《国外中国学的历史、特色、问题与走向》，载于《上海行政学院学报》2013年第3期。

第一节 新世纪欧洲汉学研究的现状及趋势

汉学成为欧洲大学中独立的一门科学距今已经有 200 年的历史。新世纪前的汉学主要以中国古代哲学宗教思想、诗歌以及近现代的汉语创作为主要研究对象。新世纪孔子学院在欧洲各地如雨后春笋般建立起来，进一步推动了海外汉学的发展。法国作为传统的欧洲汉学研究中心，21 世纪的汉学研究多样化、多元化；德国则在对中国当代文学的翻译以及研究上取得了长足的发展；英国汉学重视汉语课程在国内的推广；西班牙、意大利等老牌汉学基地，虽然经历了停滞，但汉学热度不减；芬兰等欧洲国家，虽然汉学研究起步较晚，但是随着与中国的交往日益广泛与密切，汉学发展不断扩大。21 世纪的汉学研究呈现出百花齐放的新气象。

一、21 世纪法国汉学

法国的汉学研究有着悠久的历史，素有欧洲汉学中心之称，通常也认为汉学这门学问，是由法国人创立的。本篇对于法国汉学的概览，主要参考资料来源有《法国汉学之一瞥》《法国当代汉学与鲁迅》《浅谈法国当代汉学研究》《法国汉语教学的现状、教学标准、学科建设》等。法国的汉学经历了不同的时期，汉学起到的是东西方交流的作用，而成为这种交流媒介的最初是传教士。当然他们来到中国的目的主要是传教，但同时也被中国的文化吸引。历史上不乏欧洲各国的传教士撰写有关中国文化的著作，我们熟知的有利玛窦等的作品。当时的传教士对中国文化有较深的研究，有些甚至精通汉文与满文，他们的作品向欧洲介绍中国，这些著作流传甚广，特别是在法国，法国汉学也由此兴起。虽然这些研究中有些地方带有偏见，但是仍然起到了交流沟通的作用。最早的法国汉学研究还致力于探究中国哲学思想，其间翻译了"四书""五经"等著作。随后，汉学家们开始将领域扩展到文学方向，中国的小说和戏剧开始进入法国，元杂剧《赵氏孤儿》的改编，正是中国与欧洲跨文化阐释的一大创举，也证明了异国文化之间存在着互通、互相理解的可能。①

20 世纪中期，法国汉学处于鼎盛时期，法国创立了完备的汉学研究机构，

---

① 钱林森、齐红伟：《法国汉学之一瞥（上）》，载于《古典文学知识》1997 年第 4 期。

拥有大批精通汉语的汉学家。在专注于研究中国古代文化文学的同时,法国汉学也深入研究中国当代文学。21世纪的法国汉学研究的领域更加广泛,涉及古代、现代以及当代等诸多方面。法国国家科研中心研究员雷米·马蒂厄对于中国古代神话的研究颇有建树,他于2000年出版了关于晋代志怪小说《搜神记》的专著,对于作品的社会历史背景进行了阐述,并分析了作品中的神怪现象。同时对作品的叙事方式,叙事的主要内容等进行了分析。马蒂厄还在中国古代诗歌方面有所研究,他的研究主要集中在诗歌的起源方面。他翻译并注解了屈原、宋玉和其他同时代诗人的诗作,他翻译的《楚辞》于2004年出版。作为集体项目《中国诗选》的总负责人,他对先秦和楚汉时代的诗歌进行了编译。近些年,他转向了对儒家和道家思想的研究,并对《道德经》和《论语》进行了重新注译。

雷尼尔·朗塞勒在巴黎七大教授中国文学史、中国古典小说和戏剧课程,于2008年出版了《聊斋志异》的法文译本。斯蒂芬·费飏是新一代的汉学家,曾经在巴黎高师就读,研究涉猎北宋理学家张载和文学家苏轼,2004年出版了由他翻译的苏轼诗集,2008年发表有关苏轼的诗歌"隐喻"的论文,阐释其诗歌的美学特色。文森特是巴黎东方语言文化学院的老师,他的研究新颖独特,涉及中国古代小说、戏曲史,以及明清时代的文学与宗教。他的研究比较小众,2000年博士论文获得通过,主要分析了中国17世纪两部小说《扫魅敦伦东度记》和《曲头陀传》中达摩和济公的形象,试图揭示印度佛教在中国传播的进程以及对当时中国社会的影响。2008年他还出版了以此篇论文为基础撰写的学术专著《东方对话》。2007年他发表了一篇关于明末长篇通俗小说《禅真逸史》中"巫蛊"这一现象的论文,论述了中国古代的"巫蛊"文化。①

对于中国近代文学的研究,21世纪的法国汉学也有了不小的发展,以鲁迅译介为例,从20世纪80年代至今,法国共出版鲁迅译著10部左右,主要集中在小说上。2004年借中法文化交流年的契机,法国出版界推出了鲁迅小说《彷徨》的法译本。2010年,巴黎高师出版社推出了小说集《呐喊》。目前看来,法国对于鲁迅的译介集中在其小说作品上,对其散文的译介还有开发的空间。21世纪鲁迅研究的特点也更加具有理论依托,有些研究者运用现代甚至是后现代的手法来进行研究,开辟了新的视野。②

相较于文学,法国汉学界对于哲学领域更加关注,也涌现出众多有影响力的学者。谢和耐是老一辈的学者,对儒家学说有很深的研究。近年出版了《事之

---

① 张璐、吴泓缈:《浅谈法国当代汉学研究》,载于《法国研究》2013年第4期。
② 张静:《法国当代汉学与鲁迅》,载于《湖北工程学院学报》2013年第1期。

理：王夫之哲学评论》（2005）和《中国 16～18 世纪的社会与思想》（2007）。他的弟子程艾蓝 2007 年被任命为法兰西学院教授，从 2009 年起开设题为"再探孔子：旧文新讲"的课程。2007 年她主持编写了一部收集了谢和耐等汉学学者文章的著作《当代中国思想》。

曾执教于里昂人文科学高等师范学校的王论跃，现为巴黎东方语言文化学院教授，其研究领域涉及儒学和新儒学、哲学与文学话语分析、中国 16～18 世纪思想史等。2004 年他的博士论文《王廷相思想：对新儒学之省察》通过了答辩。2005～2008 年负责法国东亚研究所的课题"儒学与亚洲社会的关键问题"，2007～2008 年主持里昂人文科学高等师范学校的研究课题"中国哲学"。自 2009 年 9 月起开始负责东语学院汉学研究中心的研究课题"语言、儒学教育与文化身份的形成"，并主持编写了国际研讨会论文集《中国今日之选择：传统与西方》，与费飏共同主持编写了国际研讨会论文集《中国和东亚的新儒学》。

新世纪法国汉学界对于道家思想的研究也在继续。马蒂厄于 2008 年首次在法国对《老子》的三个版本（王弼本、马王堆本及郭店本）作了比较翻译；法国法家、道家的研究者勒维，是巴黎国家科研中心研究员，主要作品有《庄子别论》（2003）、《气论》（2004）、《道家大师庄子》（2006）、《老子附黄帝内经》（2009）、《庄子作品集》（2006/2010）、《庄子的小宇宙》（2010）等。马克是高等实验科学院教授，从 1999 年开始撰写关于早期道家文本中"冥想"活动和"帝王之术"之起源的博士论文，并于 2001 年在哈佛大学通过答辩，且于同年用法文通过了关于《管子》中"心术"篇的博士论文。他的主要著作有《庄子哲学故事》（2006）、《管子心术篇》的译注本（2011）、《传统道家的肉身》（2011）。主持编写的作品有《论权力》（2003）、《主体，自我，他人》（2004）、《由心到神："神"之概念考》（2007）等。[①]

法国现今有多所从事汉语教学与研究的机构，其中法兰西学院历史最为悠久。这是一所在世界范围内都极具特色的高等教研机构，于 1530 年由法王弗朗索瓦一世创立。法兰西学院在 19 世纪是法国唯一一所研究中国历史、文化的机构，如今是巴黎汉学研究的重地。2007 年开始，程艾蓝入选并负责"中国知识分子史"的讲席。高等实验科学院也从事汉学研究，主要研究方向有史学、语文学以及宗教科学。法国汉学研究所于 1920 年创建，从 1972 年起隶属于法兰西学院。值得一提的是该所拥有全欧洲最重要的汉学图书馆之一，现有藏书已超过 25 万册，可查阅中文期刊 1 300 种，其中 300 种是仍在继续出版的。馆内还有一批中文古籍，有的在中国都难以求得。除此之外，汉学研究所还常在各高校开

---

① 张璐、吴泓缈：《浅谈法国当代汉学研究》，载于《法国研究》2013 年第 4 期。

设汉学讲座,并出版了大量法文汉学著作,每年还会出版一到两部与汉学研究相关的优秀博士论文,收入《汉学研究所论丛》。法国国家科研中心,隶属于教育部,1939年成立,"东方语言与文明"属于其人文学科研究的一支,该中心有众多的优秀研究员,还为汉学研究员提供资助及出版津贴。其他的汉学研究场所还有巴黎东方语言文化学院、巴黎七大(特别是该校的东亚文化研究中心)、高等社会科学院、巴黎十大、四大和波尔多三大等。①

在汉语教学上,法国和其他欧洲国家一样,也对中国文化和汉语非常感兴趣。2003年和2005年是中法文化年,引起的反响非常强烈。法国汉语教学的规模在西方国家可以说是最大的,也有着悠久的历史。虽然中文的学习在法国不能和英语及其他拉丁语如西班牙语、意大利语比,但是也有了相当大的学习群体。1814年法国开始设立汉语教授席位,至今已经有200年了。20世纪50年代末,法国开始在中学开设中文课程,这在欧洲是第一次,并且中等教育的汉语教学规模很大,目的是让汉语成为法国的基础教育阶段的一个学科。虽然小学的汉语教学还不是很发达,但是目前已经有几十所小学开设了正规的汉语课程。

1999年,法国基础教育和中等教育学习外语学生人数的情况是英语最多,西班牙语第二,但和英语有很大的差距,第三是德语,又远远少于西班牙语,第四是意大利语,第五是俄语,第六是葡萄牙语,而汉语是第九。但在不到十年的时间里,汉语就超越了四个语言跃居第五,其中一个还是欧洲语言——葡萄牙语。2007年以来学汉语的人还在继续激增,比如中等教育学生人数同比增长了13%。法国的汉语师资非常紧张,在所有的科目中,汉语的终身职业教师所占比例是最少的,只有1/3,这里不包括孔子学院老师。法国教育部设有汉语助教或外语助教,2008年有61个名额;高等教育阶段,中文系专业课程可能要增加到28个,非专业的汉语教授岗位也有150个,学习汉语的大学生总数接近2万人。②

21世纪法国汉学在原有的基础上继续多方位地发展,无论是在文学领域还是哲学领域都取得了不小的成就。越来越多的汉学家脱颖而出,为中法的文化交流做出新的贡献。孔子学院在法国陆续成立,21世纪也迎来了学习汉语的热潮,法国的汉学研究与汉语教学正在迎接多样化和多元化的发展(见表10-1)。

---

① 张璐、吴泓缈:《浅谈法国当代汉学研究》,载于《法国研究》2013年第4期。
② 白勒桑:《法国汉语教学的现状、教学标准、学科建设》,载于《孔子学院》2013年第3期。

表10-1　　　　　21世纪欧洲孔子学院（法国）

孔院名称	城市	承办机构	合作机构	启动时间
普瓦提埃大学孔子学院	普瓦提埃	普瓦提埃大学	南昌大学	2005年7月31日
巴黎中国文化中心孔子学院	巴黎	巴黎中国文化中心	文化部	2005年12月29日
布列塔尼孔子学院	雷恩	布列塔尼大区议会、雷恩市政府	山东大学	2006年6月8日
拉罗谢尔孔子学院	拉罗谢尔	拉罗谢尔市政府、拉罗谢尔大学	北京语言大学	2006年5月12日
阿尔萨斯孔子学院	斯特拉斯堡	斯特拉斯堡大区议会	江苏省政府	2007年1月23日
巴黎狄德罗大学孔子学院	巴黎	巴黎狄德罗大学	武汉大学	2007年3月16日
克莱蒙费朗孔子学院	克莱蒙费朗	克莱蒙费朗政府	北京第二外国语学院	2007年12月11日
西巴黎·南戴尔·拉德芳斯大学孔子学院	巴黎	西巴黎·南戴尔·拉德芳斯大学	厦门大学	2008年2月6日
图卢兹孔子学院	图卢兹	图卢兹第一大学	天津外国语大学	2008年2月8日
阿尔多瓦孔子学院	阿拉斯	阿尔多瓦大学	南京大学	2008年2月28日
卢瓦尔孔子大学	昂热	昂热市政府、卢瓦尔大区议会、曼恩-卢瓦尔省、昂热大学、西方天主教大学	鲁东大学	2009年4月13日
留尼汪孔子学院	圣丹尼	留尼汪大学	华南师范大学	2010年5月5日

续表

孔院名称	城市	承办机构	合作机构	启动时间
洛林大学孔子学院	梅斯	洛林大学	武汉理工大学	2011年5月16日
法属波利尼西亚大学孔子学院	帕皮提	法属波利尼西亚大学	外交学院	2013年1月15日
蒙彼利埃孔子学院	蒙彼利埃	蒙彼利埃学区区长办公室、蒙彼利埃市政府、蒙彼利埃第一大学、蒙彼利埃第二大学，其中蒙彼利埃第二大学作为协会合作方及成员	成都电子科技大学	2013年4月26日
诺欧商学院商务孔子学院	鲁昂	诺欧商学院	南开大学	2013年10月17日
尼斯大学孔子学院	尼斯	尼斯大学	天津大学	2016年12月13日

注：资料来源于原国家汉办网站，查询于2016年11月12日。

二、21世纪德国汉学

德国汉学的建立比英国、法国、荷兰等国家要晚一些，通常认为1909年汉堡殖民学院设立汉学正教授职位是德国汉学的开端。本篇对于德国汉学的概览，主要参考资料来源有武汉大学谢淼博士论文《德国汉学视野中的中国当代文学（1978～2008）》、魏思齐撰写的《德国汉学研究的历史与现状》等。德国汉学在20世纪二三十年代经历了崛起与繁荣，"二战"期间大量资料被破坏并且众多汉学人员流亡，德国汉学遭到了重创，两德统一后，汉学成为了德国众多大学中的一门学科。德国汉学在新世纪的研究范围与研究程度不断扩和加深，研究的专业化趋势不断加强。德国汉学在对中国当代文学作品的翻译上有诸多成就，在译介与研究的过程中，逐渐形成对当代中国的了解与认识。在这些研究中，德国大学汉学系的教授做出了重要的贡献。不少大学都直接设有汉学系，同时拥有与汉学研究有关藏书的图书馆，有的还有自己创立的汉学杂志。

柏林自由大学设有汉学系，该系罗梅君女士是德国著名汉学家，曾就读于北京大学，目前是《北大史学》《中国研究》等多种杂志的编委，也是《柏林中国研究》丛书的主编，2007年获得了中国政府授予的"中华图书特殊大奖"。柏林洪堡大学汉学系的梅薏华潜心研究中国文学中的女性与当代文学主题，她把中国当代文学中的女性作为主要的授课、翻译及研究对象，撰写了一系列此方向的论文，她还是《中国文学辞典》的主要编撰者，并培养出了其他中国当代文学的研究者；波恩大学设有汉学系，汉学系主任顾彬2002年开始撰写《中国文学史》，延续了原主任强调中国思想与文化独特性的研究思路。波恩大学创办了两个小型文学刊物《袖珍汉学》和《亚洲文化研究》，重点刊载20世纪中国思想史和文学史方面的文章并研究有关亚洲文化问题。

德国最古老的大学海德堡大学设有汉学系，教授鲍吾刚的博士论文《中国人的幸福观》于2004年被译成中文出版。中国研究数字档案是海德堡大学汉学系欧洲中国研究数字资源中心图书计划的一部分，其目的是集存中国研究资料；爱尔兰根—纽伦堡大学、基尔大学、马尔堡大学、慕尼黑大学、明斯特大学、特里尔大学、图宾根大学都设有汉学系，均有中文藏书，书籍种类包括语言学、现代中国历史与政治、20世纪中国文学、中国科学与人文思想史等重要著作；波鸿大学设有东亚学院；设立东方学系或东方学院的德国大学还有弗莱堡大学、哥廷根大学。另外在法兰克福大学设有中国研究所，是由德国著名汉学家卫礼贤设立的，他也是中国经典古籍的翻译者。2001年韦荷雅教授担任所长以来，将现代中国和跨学科研究作为该所的科研发展方向。她本人的研究方向也十分广泛，在中德语言比较、中西跨文化沟通和20世纪中国文学等方面都有涉猎，还负责出版了法兰克福中国研究系列丛书。该所的其他研究员还对中国文学、戏剧、大众传媒等方面有所研究。汉堡大学设有亚非研究所，1954年创立期刊《远东：远东国家语言、学术和文化期刊》，由汉堡大学亚非研究所中国语言与文化部出版，发表有关中国文化思想史以及中国与东亚邻国交流史方面的论文，重点在于历史、文学、哲学、宗教、考古和艺术史研究。柏林大学起初名为腓特烈·威廉（Friedrich-Wilhelm）大学，从1949年以后改名为柏林洪堡（Humboldt）大学。《东方文学学报》创刊于1989年，由柏林洪堡大学亚洲与非洲研究所出版，主要刊登东方学方面的书评以及相关刊物的评价。在德国还有国家图书馆藏有与汉学有关的书籍，如巴伐利亚国家图书馆，重点收集中国文学、地方志及考古方面的书籍；柏林国家图书馆建立于1661年，其中东方部于1922年建立，藏有中国当代文学书籍9000册。德国的有关汉学研究的期刊还有《东亚文学期刊》，创刊于1983年，主要刊载中国、日本和韩国文学作品的译文以及相关消息和图书信息；《亚洲、非洲、拉丁美洲》1973年创刊，专门刊登分析亚洲、非洲、拉丁美洲的经济、哲学、法律、语言学和文学方面的研究报告和论文;《中国杂志》是德中协会的刊物,其主要内容为中国文化的历史与现状。①

除了大学汉学系以外,德国还有不少民间汉学机构为中德文化交流和汉学发展提供经济资助,中国当代文学的翻译和研究也因此受益匪浅。德国大学体系外的与中国当代文学传播有关的民间汉学机构有:德国汉学协会、德中协会、德国奥古斯丁华裔学志研究院、德意志学术交流中心、柏林文学论坛、歌德学院以及德中友协。除了这些民间机构还有不少自由翻译者致力于对中国当代文学的翻译与研究。随着时代的变迁,21世纪的译著也有了新的方向。德国的中国当代文学翻译以中国极具特色的文学时期紧密相连,从朦胧诗、伤痕文学、反思文学、改革文学到寻根文学、先锋实验、新写实、女性文学再到后朦胧诗、通俗文学、肉身写作,德国翻译学界将这些文学运动都囊括在其中。

21世纪德国翻译研究界对于中国后朦胧诗有诸多关注,如当代女性诗人翟永明,以及在欧洲定居以及游学的著名朦胧诗人张枣、肖开愚以及杨炼等。这些诗作以及相关研究的德文版本有韩东的《南方的诗:关于中国当代诗的一个比较研究》(2000)、王家新和张枣的《诗中的北京》(2002)、肖开愚的《沉默,沉默》(2001)、王家新的《孤独:片段》(2003)、西川的《鹰的话语西川诗文集》(2004)以及翟永明的《称之为一切》(2004)。

贾平凹、王朔等作家的通俗文学作品在德国也受到了关注,不乏推崇者。而散文这种文学读物在市场中也有自己的商业价值。21世纪以来通俗文学作品的德文翻译有黑马的《混在北京》(2000)、《孽缘千里》(2002);韩少功的《谋杀》(2001);扎西达娃的《系在皮绳上的魂:西藏小说家》(2004);阿来的小说《红罂粟》即《尘埃落定》(2004);余华的《许三观卖血记》(2000)、《余华的三部中篇和一个长篇——一份阅读报告》(2001);莫言的《酒国》(2005);余秋雨的"道士塔"和"西湖梦"作为《文化苦旅》中的短篇在2001年被翻译。

20世纪90年代中期,卫慧等一批以身体经验为叙事主题的作品也在新世纪被译成了德文,这些作品受到了褒贬不一的评价。被译成德文的作品有朱文的《段丽在古城南京》,见樊克编《生活在此时:中国的新小说选》(2003);卫慧的《上海宝贝》(2001)、《我的蝉》(2005);棉棉的《啦啦啦》(2000)、《糖》(2004);虹影的《背叛之夏》(2005)、《饥饿的女儿》(2006)、《孔雀的叫喊》(2007)。

从德国汉学对于中国当代文学的翻译中我们看到,在近些年的汉学研究中,德国汉学界试图通过更多元的、更全面的跨文化的对话方式,建构中国这个"他者"的形象。而对于选择翻译哪些文学作品,译者们有一些困扰。有些是通过熟识的国

---

① 谢淼:《德国汉学视野中的中国当代文学(1978~2008)》,武汉大学博士学位论文,2009年。

内作家的推荐而选择翻译。面对市场化的出版界，出版商通常都是观望中国文学在美国市场的接受情况来选择翻译的作品。目前中国文学的市场还不够强大，不少出版商只是将亚洲文学作为出版书目的装点。虽然德国汉学界的跨文化对话的道路任重而道远，但是从众多翻译的作品可以看出当代中国文学在德国有自己的一席之地。[①]

总体而言，德国汉学研究的机构是分散的，分布在全德国众多大学里。这些大学的汉学研究水平也不是很平衡。分散有利也有弊，总体来看，这种分散的模式有利于独立、健康竞争、弹性以及多样的发展方向。从在德国学习汉语的人数来看，和学习英语的人数相比，并不是很多，每年有500名学生开始读汉学。学习汉学无法影响到德国公共生活，它仍然是有一种异国风味的气氛。德国汉学界面临的挑战还很大，还需要更多的讨论以及规划。对于汉学毕业生来说，其中70%是女生，他们面临的就业状况不是很确定。目前，德国以及其他的国家都出现了经济汉学现象，就是不仅仅把汉学专业作为对中国地理、历史以及语文学方面的知识传授，同时还传授经济方面专业的知识，以保证汉学专业的学生有更好的就业形势。[②]

在德国出版了《孔子》《孟子》《老子》等书的汉学家顾彬提出要将中国优秀的文化传统用国际的方式予以表达，以利于进行国际传播。[③] 我们看到德国汉学在蓬勃发展（见表10-2），我们期待新世纪的德国汉学能够起到沟通两国文化的作用，互通互惠。

表10-2　　　　　　　21世纪欧洲孔子学院（德国）

孔院名称	城市	承办机构	合作机构	启动时间
柏林自由大学孔子学院	柏林	柏林自由大学	北京大学	2005年7月1日
纽伦堡-爱尔兰根孔子学院	纽伦堡	纽伦堡-爱尔兰根大学	北京外国语大学	2005年8月31日
杜塞尔多夫大学孔子学院	杜塞尔多夫	杜塞尔多夫大学	北京外国语大学	2006年6月2日
汉堡大学孔子学院	汉堡	汉堡大学	复旦大学	2006年6月7日
海德堡大学孔子学院	海德堡	海德堡大学	上海交通大学	2006年6月16日

[①] 谢淼:《德国汉学视野中的中国当代文学（1978-2008）》，武汉大学博士学位论文，2009年。
[②] 魏思齐:《德国汉学研究的历史与现状》，载于《世界汉学》2006年第4期。
[③] 程也、张丽丽:《没有接触无法创新文化——专访德国著名汉学家顾彬》，载于《孔子学院》2013年第3期。

续表

孔院名称	城市	承办机构	合作机构	启动时间
汉诺威孔子学院	汉诺威	汉诺威汉语中心	同济大学	2006年9月14日
莱比锡大学孔子学院	莱比锡	莱比锡大学	中国人民大学	2006年6月14日
杜伊斯堡-埃森大学鲁尔都市大学孔子学院	杜伊斯堡	杜伊斯堡-埃森大学	武汉大学	2007年5月18日
法兰克福大学孔子学院	法兰克福	法兰克福大学	复旦大学	2008年4月25日
特里尔大学孔子学院	特里尔	特里尔大学	厦门大学	2008年7月
弗莱堡大学孔子学院	弗莱堡	弗莱堡大学	南京大学	2008年9月1日
慕尼黑孔子学院	慕尼黑	慕尼黑东方基金会	北京外国语大学	2009年2月17日
埃尔福特应用科技大学孔子学院	埃尔福特	埃尔福特应用科技大学	浙江科技学院	2011年11月7日
哥廷根大学孔子学院	哥廷根	乔治—奥古斯特—哥廷根大学	北京外国语大学	2013年9月22日
不莱梅孔子学院	不莱梅	不莱梅科技大学	首都师范大学	2013年10月23日
帕德博恩大学孔子学院	帕德博恩	帕德博恩大学	西安科技大学	2014年6月11日
施特拉尔松德应用科学大学孔子学院	施特拉尔松德	施特拉尔松德应用科学大学	合肥学院	2015年11月11日
奥迪英戈尔施塔特孔子学院	英戈尔施塔特	英戈尔施塔特工业技术大学	华南理工大学	2016年10月6日

注：资料来源于原国家汉办网站，查询于2016年11月13日。

三、21世纪英国汉学

随着西方汉学研究中心从欧洲转到美国,英国汉学也实现了自己的转型:从欧洲古典模式向现代模式转换。本篇对于英国当代汉学的概览,主要参考资料来源于熊文华著《英国汉学史》。英国汉学的主要研究领域是近现代的人文科学领域,研究方法多样,逐渐形成了更为专业和国际化的汉学研究模式。随着中英两国之间的交流沟通以及理解的加深,对于汉学的研究在英国也有了更加客观的态度。①

英国的知名汉学家大都有在著名学府学习汉学的经历。杜德桥是英国汉学家,1985年被剑桥大学聘为汉学教授,1989年任牛津大学东方学院院长,他还先后兼任英国皇家学院院士、中国社会科学院名誉研究员、英国学术院中国组主席、当代亚洲研究委员会主席和《译丛》顾问等职务。他的研究方向包括中国古典文学、宗教、神话和中国社会史。新世纪的主要汉学研究包括:《中国中世纪失传的书》(2000)、《唐代总价文化研究源流考:问题和程序》(2001)、《关于说郛丛书的传承性:波德雷安中国书籍研究》(2004)、《一千年的中国书面叙事文学》(2004)。②

古克礼在伦敦大学的亚非学院学习中国古代天文学、数学和医学,获得了古汉语博士学位。后担任李约瑟研究所的所长,1995~2000年担任8集电视历史纪录片《龙腾》的高级顾问。2002年被中国科学院自然科学史研究所聘为名誉研究员,并且兼任国内多所大学的客座教授。他的主要研究成果有:《观象:东汉时期的黄道和赤道》(2000)、《拟构过去,想象未来:东亚在了解现代科学的发端与可能趋向中的基本作用》(2001)、《医案:中医文献的原始模式》(2001)、《中国有关月球的首次完备理论:刘虹的独创》(2002)、《学习刘徽:数学计算的另一途径》(2002)、《敦煌写本与重视的中国医学》(2004)、《筭数书译稿》(2004)。和其他将汉学研究集中在文学、历史等领域的汉学家不同,古克礼将视线集中在科学领域,同时他还积极与中国的自然科学界接触,2002年11月在中科院自然科学史研究所做《〈伤寒论〉和宋代名医许叔微》的报告,2004年5月在天津师范大学做《关于〈筭数书〉》的报告。他的研究开辟了海外汉学研究的新领域。

霍布恩出生于苏格兰,曾就读于爱丁堡大学和杜伦大学,在宁波大学教过英国文学,目前在中国香港理工大学担任翻译课教学工作。他的主要成就是译著:

---

① 熊文华:《英国汉学史》,学苑出版社2007年版,第2页。
② 熊文华:《英国汉学史》,学苑出版社2007年版,第145~146页。

《李清照：声声慢》（2000）、《未来美好的星球》（2001）、《翻译的限度》（2002）、《老外侃老外》（2003）、《水浒传苏格兰译本》（2004）等。

谈到英国汉学，不得不提及《剑桥中国文学史》，2013年该书的中文译本由三联出版社出版。虽然该书的两位作者均是美国学者，但是该书系剑桥大学出版社的系列国别文学史之一。《剑桥中国文学史》分为上下两卷，分别由宇文所安和孙康宜主编。宇文所安是哈佛大学特级讲座教授，任教于比较文学系和东亚语言文明系。主要研究领域是中国古典文学、抒情诗和比较诗学。他的研究以中国中古时代（200~1200）的文学为主。孙康宜现任耶鲁大学东亚语言文学系教授和东亚研究所主任，主要研究领域包括中国古典文学、传统女性文学、比较诗学、文学批评、性别研究、释经学、文化美学等多个领域。《剑桥中国文学史》上卷部分从公元前2000年末的中国书面语言和早期铭文等问题入手，直到十四世纪末叶；下卷部分以1375年前后形成的明代文化开篇，直到中华人民共和国成立之前的现代文学。由于该系列丛书的读者群为普通大众，因此注重可读性，同时兼顾学术性。因为该书的编者都置身于美国学术界，因此也给中国文学的研究带入了跨文化研究的新风。

谈及任何一个国家的汉学研究，都要谈论该国的汉语教育。因为掌握对象国的语言是研究的基础。2000年6月中华人民共和国教育部与英国教育就业部签署了一项教育联合框架协议，英国文化委员会开始实施中英两国学校在英国的汉语教学三年发展战略伙伴关系计划，并得到了英国教育就业部的拨款。此计划包含各校校长访华、教师互换、北京夏季汉语培训班、校际交流和网络课程开发项目等内容。2003年由英国汉学学会组织，庚款委员会资助，埃奇希尔高等教育学院高级讲师詹尼·克莱格执笔的一份调研报告《关于英国学校的汉语教学》，对2002年英国学校的汉语教学现状和用非汉语方式介绍中国国情等课程进行全面考察。此次调查源于1999年英格兰高等教育基金会的《汉学研究回顾》，当时的研究显示在大多数学校中仍然没有开设汉语课，这种情况可能会妨碍英国与正在飞速发展的中国之间的往来，而如果在学校课程中扩展对于中国的介绍，可以提高人们对于中国的兴趣，做好迎接新的机遇和挑战的准备。英国对于汉语专家的需求数量越来越大，而这方面的人才显然又十分紧缺，有些公司因为不懂汉语和不了解中国的文化而失去了很好的商业机会。英国汉学学会认为，英国应该从汉语教育入手，培养更多的了解中国社会、历史和文化的人才。为达到这个目标，就需要广泛地在学校开展汉学教学，增设汉语课程。

报告显示，英国虽然也开设了不少汉语课程，但是开设的规范性和规模参差不齐，很多课程主要是为华人子弟设置。教育部门计划增设有官方认可的语言学院的数量，但是真正规范开展汉语教学的院校还很有限。根据英国汉学学会的调查，学校教员77%都是兼职的。根据问卷分析，大部分英国学校主要是因为缺乏师资而没有开设汉语课程，而缺少生源以及经费是重要原因之一。在英国高校活跃的 57 000 位研究人员中，有 400 位曾经引用过与中国有关的著作，涉及医药和工程等学术领域，但是主要集中于亚洲研究、地理、经济、政治与国际研究、贸易和管理、会计以及历史。另外，值得注意的是断档问题，英国汉学界的研究人员一般年龄较大，不少人很快就到退休年龄，然而有足够资历接替老一辈汉学研究者工作的人才还十分缺乏。①

英国华人占全英少数民族人口总数第三位。这些华人鼓励子女学习汉语和中国文化，他们中涌现出许多著名学者和科学家，成为了汉学研究的重要参与者。虽然汉语教学在英国面临很多问题和实际的困难，但是英国的教育部门在不断地推动汉语学习的发展。2004 年 5 月，21 所大学协会参加投标英格兰高教基金会承办的"汉学研究和少数民族课程初步行动计划"。该计划是考虑到中国的高速发展给英国所带来的挑战而展开的。为了能在今后的贸易中得到更好的机会，就需要培养了解中国贸易、经济、政治和文化的人才。该计划最终决定在 5 年内为 7 所大学每年拨款 15 万英镑，稳定大学内的汉学研究中心并且增加相关课程。这 7 所大学是：剑桥大学、杜伦大学、利兹大学、纽卡斯尔大学、牛津大学、设菲尔德大学和伦敦大学亚非学院。② 从英国的孔子学院和孔子课堂的建立可以看出这些政府措施在逐步取得效果，英国拥有 29 所孔子学院和 108 座孔子课堂，是欧洲拥有孔子学院和孔子课堂最多的国家（见表 10 - 3）。

表 10 - 3　　　　　　　　21 世纪欧洲孔子学院（英国）

孔院名称	城市	承办机构	合作机构	启动时间
英国伦敦大学孔子学院	伦敦	伦敦大学亚非学院	北京外国语大学	2005 年 6 月 14 日
曼彻斯特大学孔子学院	曼彻斯特	曼彻斯特大学	北京师范大学	2005 年 7 月 15 日
爱丁堡大学苏格兰大学孔子学院	爱丁堡	爱丁堡大学	复旦大学	2005 年 12 月 15 日
伦敦商务孔子学院	伦敦	伦敦政治经济学院、汇丰银行、渣打银行、德勤会计师事务所、太古集团、英国石油公司	清华大学	2006 年 4 月 6 日

---

① 熊文华：《英国汉学史》，学苑出版社 2007 年版，第 193～203 页。
② 熊文华：《英国汉学史》，学苑出版社 2007 年版，第 6 页。

续表

孔院名称	城市	承办机构	合作机构	启动时间
谢菲尔德大学孔子学院	谢菲尔德	希菲尔德大学	北京语言大学、南京大学	2006年4月12日
UCL教育学院孔子学院	伦敦	UCL教育学院	北京大学	2006年10月18日
卡迪夫大学孔子学院	卡迪夫	卡迪夫大学	厦门大学	2007年4月2日
伦敦中医孔子学院（南岸大学）	伦敦	南岸大学	黑龙江中医药大学、哈尔滨师范大学	2007年5月24日
威尔士三一圣大卫大学孔子学院	兰彼得	威尔士三一圣大卫大学	北京联合大学	2007年3月12日
诺丁汉大学孔子学院	诺丁汉	诺丁汉大学	复旦大学	2007年9月12日
兰开夏中央大学孔子学院	佩斯顿	兰开夏中英大学	北京第二外国语大学	2008年4月28日
利物浦大学孔子学院	利物浦	利物浦大学	西安交通大学	2008年12月5日
苏格兰中小学孔子学院	苏格兰	苏格兰国家语言中心	天津市教委	2010年10月22日
兰卡斯特大学孔子学院	兰卡斯特	兰卡斯特大学	华南理工大学	2011年3月23日
格拉斯哥大学孔子学院	格拉斯哥	格拉斯哥大学	南开大学	2011年4月7日
南安普顿大学孔子学院	南安普顿	南安普顿大学	厦门大学	2011年5月25日
奥斯特大学孔子学院	贝尔法斯特	奥斯特大学	湖北师范学院	2011年7月14日

续表

孔院名称	城市	承办机构	合作机构	启动时间
伦敦大学金史密斯舞蹈与表演孔子学院	伦敦	伦敦大学金史密斯学院	北京舞蹈学院	2011年12月28日
纽卡斯尔大学孔子学院	纽卡斯尔	纽卡斯尔大学	厦门大学	2012年2月17日
班戈大学孔子学院	班戈	班戈大学	中国政法大学	2012年4月17日
利兹大学商务孔子学院	利兹	利兹大学	对外经贸大学	2012年8月10日
阿伯丁大学孔子学院	阿伯丁	阿伯丁大学	武汉大学	2012年10月31日
知山大学孔子学院	奥姆思科克	知山大学	重庆师范大学	2012年11月15日
德蒙福特大学孔子学院	莱斯特	德蒙福特大学	北京科技大学	2013年2月4日
赫瑞瓦特大学苏格兰商务与交流孔子学院	爱丁堡	赫瑞瓦特大学	天津财经大学	2013年11月5日
伦敦玛丽女王大学孔子学院	伦敦	伦敦玛丽女王大学	上海财经大学	2015年5月22日
牛津布鲁克斯大学孔子学院	牛津	牛津布鲁克斯大学	外语教学与研究出版社	2015年9月19日
赫尔大学孔子学院	赫尔	赫尔大学	天津师范大学	2016年1月29日
考文垂大学孔子学院	考文垂	考文垂大学	江西财经大学	2016年5月12日

注：资料来源于原国家汉办网站，查询于2016年11月20日。

四、21 世纪意大利汉学

意大利汉学有着悠久的历史，可以追溯到 13 世纪的马可·波罗，明末清初的意大利传教士利玛窦也是推动最初的汉学发展的重要人物。然而百年间，意大利汉学并没有更大的推进，从传教士汉学到专业汉学的过渡也较之其他欧洲国家要缓慢。直到 1970 年中意两国建交之后，意大利与中国的交往日益频繁，汉学才随之有了新的发展。本篇对于意大利汉学的概览，主要参考资料来源有《意大利汉学的演进历程及特征》《意大利孔子学院汉语教学的特色、问题与对策》等。20 世纪末到 21 世纪初，意大利境内的罗马第三大学、佩萨罗大学、佛罗伦萨大学和西耶那大学等大学陆续建立中文系所或开设中文课程，目前总数量达到 15 所大学，是此前数量的一倍多。学习的人数有三千人左右，还有近二十所中小学在教授中文。虽然与法国、德国、英国、荷兰出现的学习汉语的热潮相比还有较大的差距，但是在意大利国内，这样的现状已经是巨大的进步。

意大利的汉学教学研究机构中有三所高校最为著名：那不勒斯东方大学，威尼斯大学东亚学系和罗马大学东方研究学院，皆有中文本科、进修和硕博士学位。那不勒斯东方大学的历史最为悠久，是西方汉学研究机构的先驱。其前身是马国贤神父于 1732 年建立的那不勒斯中国学院。它是当今意大利汉学研究中心，设有人文学院、政治学院、现代语言学院和伊斯兰研究学院，开设文学、史学、哲学、语言学、宗教学、艺术考古学、地理学等多门课程。意大利一些著名的汉学家如高察、兰侨蒂、史华罗等都曾在该校任教。21 世纪活跃在意大利的一些汉学家有：师史达礼，他从 1999~2000 学年开始主讲满洲语言文学课程；那不勒斯东方学院教授卡萨加编纂有《意汉大辞典》；中国台湾辅仁大学意大利语文学系助理教授图莉安在意大利威尼斯大学获中文硕士学位，后又获得罗马大学中文系博士学位，2003 年主持辅仁大学意大利系"意大利汉学研究"课题，有《意大利汉学研究现状——在历史背景上的报告》等。由于其深厚的历史原因，意大利汉学对于古典中国学的研究有悠久的历史。随着新世纪的到来，中国在国际社会的地位越来越重要，许多的欧洲国家的研究出现了向现代的转向，意大利也不例外。但是意大利汉学的传统力量仍十分雄厚，很多年轻的汉学家依然致力于研究中国古代经典。①

意大利目前有 11 所孔子学院和 20 所孔子课堂（见表 10-4）。汉语教学多元化发展。意大利教育部推进国内的汉语教师不断提高自己的水平，与孔子学院联

---

① 陈友冰：《意大利汉学的演进历程及特征——以中国文学研究为主要例举》，载于《华文文学》2008 年第 6 期。

合组织教师培训。同时还推荐优秀意大利汉语教师赴中国进修，并且对中小学汉语教师进行选拔考试。在汉语教学中，也是本着满足不同程度的汉语学习要求开设课程，暑期班和日常班相结合。课程内容丰富，涵盖面广，包括会话、商务、文化等方面，满足学生多样的学习兴趣。授课任务由中国和意大利老师合作完成，同时还开发适于意大利为母语的学生教材。当然，意大利汉语教学和其他欧洲国家一样，也面临问题与挑战。比如高年级汉语课程学生流失较严重，相比较初级汉语课程，有时候高级课程无法达到开班上课的人数。这样的情况也导致汉语学习无法深入和持久。另外，汉语师资也比较匮乏，因为岗位是非固定或临时的，导致不少本土的汉语教师流失。这些问题是很多国家汉语教学遇到的问题，在今后也是急需解决和引起关注的问题。①

表 10-4　　　　　　　21 世纪欧洲孔子学院（意大利）

孔院名称	城市	承办机构	合作机构	启动时间
罗马大学孔子学院	罗马	罗马大学	北京外国语大学	2005 年 7 月 4 日
那不勒斯东方大学孔子学院	那不勒斯	那不勒斯东方大学	上海外国语大学	2007 年 7 月 19 日
比萨孔子学院	比萨	圣安娜大学	重庆大学	2007 年 12 月 11 日
都灵孔子学院	都灵	都灵大学	华东师范大学	2008 年 3 月 11 日
博洛尼亚大学孔子学院	博洛尼亚	博洛尼亚大学	中国人民大学	2008 年 7 月 18 日
威尼斯大学孔子学院	威尼斯	威尼斯大学	首都师范大学	2008 年 9 月 22 日
帕多瓦大学孔子学院	帕多瓦	帕多瓦大学	广州大学	2008 年 10 月 8 日
米兰天主教圣心大学孔子学院	米兰	米兰天主教圣心大学	北京语言大学	2009 年 7 月 20 日
马切拉塔大学孔子学院	马切拉塔	马切拉塔大学	北京师范大学	2011 年 3 月 11 日

---

① 李宝贵、金志刚：《意大利孔子学院汉语教学的特色、问题与对策——以米兰国立大学孔子学院为例》，载于《辽宁师范大学学报》（社会科学版）2016 年第 1 期。

续表

孔院名称	城市	承办机构	合作机构	启动时间
佛罗伦萨大学孔子学院	佛罗伦萨	佛罗伦萨大学	同济大学	2014年3月31日

注：资料来源于原国家汉办网站，查询于2016年11月22日。

五、欧洲其他国家汉学

本篇关于西班牙、芬兰当代汉学的概览，主要参考资料来源有张西平著《西方汉学十六讲》、北京外国语大学李颖博士论文《芬兰的中国文化翻译研究》等。西班牙汉学家对中国的传统文化以及中国现代社会产生的变化尤为感兴趣，许多中国古代文学的代表作品都已翻译成了西班牙语，如《西游记》《红楼梦》《儒林外史》《金瓶梅》《聊斋》"四书"《汉书》和《孙子兵法》等。在这些翻译作品中，不乏获奖佳作。《儒林外史》由劳雷亚诺·拉米莱斯译成西班牙文，该译本获得了西班牙国家翻译奖。阿利西亚·雷林克是格拉纳达大学中国语言与文学系的教授，她将中国古代文学最重要的评论著作之一——刘勰的《文心雕龙》翻译并加以注释。此外，她还致力于中国传统戏曲的翻译与传播，2002年翻译出版了《中国戏曲三种》，即《窦娥冤》《赵氏孤儿》和《西厢记》。这些中国古代作品的翻译证明西班牙新一代汉学家的水平正在不断提高。近些年来，西班牙汉学家也开始对中国近现代文学有所关注，鲁迅的《呐喊》和《狂人日记》，巴金的《家》，其他诸如《芙蓉镇》《男人的一半是女人》《向西朝圣》等小说作品相继被译介到西班牙。

西班牙语的汉语教学近年来也发展迅速。1988年巴塞罗那自治大学建立了西班牙第一个中国研究中心，1992年西班牙马德里自治大学成立东亚研究中心。设在巴塞罗那的"亚洲之家"是在西班牙政府制定的2000~2002年的亚太计划中应运而生的。自该机构成立以来，不断推动对中国的研究。巴塞罗那庞佩乌—法布拉大学在人文系开设了中国语言文化硕士班，格拉纳达大学设置了中国语言与文学系，阿利坎特大学也建立了东方研究中心。随着西班牙大学中国研究中心以及中国文学系的开设，吸引了一批对中国学感兴趣的学者，扩大了西班牙汉学研究的队伍。

近年西班牙也涌现出了在中国的专题研究方面的学者，庞佩乌—法布拉大学的欧阳平著有《想象中国：16世纪菲律宾有关中国的概念与策略》，该书可以说是对西班牙人认识中国历程的一部综述，书中引用了诸多鲜为人知的资料。萨拉戈萨大学的何塞·安东尼奥·塞维拉对高母羡的《辩正教真传实录》进行了深入的研究，2001 年完成了《东方的传教士科学》一书。与中国相关的课题在西班牙的研究会中也占有一席之地，2002 年 6 月 6～8 日，在西班牙太平洋研究协会举办的第六次代表大会上，涌现出了众多与中国相关的课题："中国经济展望"（恩里克·范胡尔），"16 至 17 世纪中国形象的塑造"（庞佩乌—法布拉大学多罗斯·福尔奇），"中国的前卫文化"（西班牙驻华使馆文化专员易玛），"有关东亚的伊比利亚规划（16 至 17 世纪）"（庞佩乌—法布拉大学欧阳平和西班牙太平洋研究会塞昂·雷塔纳），"中国的政治形势"（加利西亚国际分析与文献研究所胡利奥·利奥斯），"东亚的中国人"（布尔戈斯大学塞肯利）等。①

21 世纪芬兰的汉学蓬勃发展，对于中国经典文化的研究取得了新的成果。2001 年王为义翻译的《诗经》由他的后代整理出版。2001 年 Minna Maijala（明娜·玛依娅拉）翻译了芬兰语的《道德经》。新世纪出版社出版了《孙子兵法》（2005）、《诡道》（2007）、《古文观止》（2008）的芬兰语译本。新世纪芬兰十分重视中国传统戏曲方面的交流，在芬兰演出的剧目有昆曲《窦娥冤》（2000），越剧《梁山伯与祝英台》（2001），京剧《赵氏孤儿》（2003），京剧《张协状元》、《玉堂春》（2005），昆曲《怜香伴》（2010）。此外还有戏剧剧本被翻译成了芬兰语，如《窦娥冤》（2000），《霸王别姬》（2002），《赵氏孤儿》（2003）。

海外华人的作品是芬兰汉学翻译的重点，21 世纪翻译出版的作品有谭恩美的《接骨师之女》（2002）和《拯救溺水鱼》（2007）；罗令源的《中国代表团》（2009）；哈金的《等待》（2000）；戴思杰的《巴尔扎克与小裁缝》（2001）；岗安琪的《毛夫人》（2001）；张戎耗的《毛泽东》（2006）；薛欣然的《沉默的声音：中国女性命运》（2003）；郭小橹的《中英情人简明字典》（2007）等。当代小说被翻译成芬兰语的有：虹影的《饥饿的女儿》（2001）、《好儿女花》（2010）；杨二车娜姆的《娜姆：母亲国的女儿》（2003）；苏童的《碧奴：孟姜女哭长城的传》（2007）等。

新世纪的芬兰汉学，对于当代汉语文学的翻译有所增加，但是依然是出于猎奇的心理。芬兰的汉学研究有其自身特点，其翻译的作品转译的居多，也就是不是从中文原文翻译而成，而是通过英语、德语，乃至日语转译而来。这在被称作是小语种的翻译中是普遍的现象。这些国家的汉学起步较晚，但是发展速度很快（见表 10-5）。在翻译作品的选择中，更多集中在早期哲学宗教思想和诗词的翻译上。而对于当代的叙事文学的翻译，多出于猎奇、政治、意识形态以及获诺贝

---

① 张西平：《西方汉学十六讲》，外语教学与研究出版社 2011 年版，第 114～117 页。

尔文学奖的角度选择翻译。①

表10-5　　　　21世纪欧洲孔子学院（西班牙、芬兰）

国家	孔院名称	城市	承办机构	合作机构	启动时间
西班牙	马德里孔子学院	马德里	马德里自治大学、亚洲之家	上海外国语大学	2005年11月14日
西班牙	格拉纳达大学孔子学院	格拉纳达	格拉纳达大学	北京大学	2006年7月5日
西班牙	瓦伦西亚大学孔子学院	瓦伦西亚	瓦伦西亚	东北师范大学	2007年5月25日
西班牙	巴塞罗那孔子学院	巴塞罗那	巴塞罗那大学、巴塞罗那自治大学、亚洲之家	北京外国语大学	2008年6月3日
西班牙	加纳利斯拉斯帕尔玛斯大学孔子学院	加纳利斯拉斯帕尔玛斯	加纳利斯拉斯帕尔玛斯大学	长春师范大学	2010年11月8日
西班牙	莱昂大学孔子学院	莱昂	莱昂大学	湘潭大学	2011年5月20日
芬兰	赫尔辛基大学孔子学院	赫尔辛基	赫尔辛基大学	中国人民大学	2007年9月1日

注：资料来源于原国家汉办网站，查询于2016年11月26日。

第二节　新世纪北美中国文学研究的现状及趋势

19世纪到"二战"前，北美汉学不过是欧洲的附庸。自20世纪50年代以来，随着美国国家实力的增强和了解中国的需求日益迫切，北美学术界的中国研究迅速发展，无论从研究机构、资金投入还是科研成果，都后来居上，处于西方汉学研究的领先地位。此外，北美对中国的研究课题也超越了传统的"汉学"，

---

① 李颖：《芬兰的中国文化翻译研究》，北京外国语大学博士学位论文，2013年。

不再局限于文史语文为主的范围，学者们将传统汉学与社会科学相结合，关注近代，强调现实，研究范围几乎涵盖了人文社会学科的各个领域，形成了具有鲜明特色、以经世致用为目的的"区域研究"。

然而，以政治和经济为主要研究对象的"区域研究"的兴起并不意味着北美传统汉学研究固步不前。实际上，进入21世纪，北美的传统汉学研究同样走在了世界前列，其形势不能简单地用"蓬勃发展"来形容。除了学术机构、人才培养、文献服务等外部变化以外，北美汉学研究在内部学术道路上也出现了新变化：首先，从视角上讲，学者们开始转变以西方的立场来研究中国，逐渐变为以中国及中国文化为主体，讨论其内容与发展（虽然二元对立并没有完全消失）。从批评手法上看，受到了社会科学方法和后现代主义思潮的普遍影响，社会科学的术语和方法成了研究范式转换的明显标志。也就是说只要做文史研究，学者们都自觉自愿地阐明在社会科学理论上走的是哪一个途径，把家门路数报出来。其次，具有跨学科发展和应用之倾向，重视论题的多元化、材料与方法的多样性。学者们在选择研究对象的时候逐渐改变以帝王将相、国家制度、战争与外交、经典作品与大师为重点，开始关注平民日常生活、宗教的仪式、地方与边陲、个体欲望、物质文化的演变对文本接受的影响等多个方面，议题变得难以聚焦，并将研究对象置于更加广泛的思想和文化的背景下去考察，主题研究的时间跨度也愈来愈长。此外，新世纪以来，随着全球化的步伐加快，学术交流互动日益频繁，华裔学者数量显增，文献的数字化程度也大幅提高，这些新情况都值得我们去研究。因此对过去十几年间的北美传统汉学研究进行回顾总结，把握其总体发展状态并前瞻其趋势是十分必要的。

下面主要对过去十几年以来北美中国文学的研究的新形势进行考察。实际上新世纪以来，北美在这方面的政府支持已经不如20世纪70年代那么热情高涨，但是相关科研机构和人员仍然迅速增长，著述不断推陈出新，期刊文献尤其蔚为大观，因此掌握其文献资讯，追踪其发展动向仍是一个非常有价值的学术课题。但是由于篇章所限，本书对于北美中国文学的现状及趋势的观察非常有限，难以涵盖近十几年来发表的全部论文、著作和博士论文，因此可能有失偏颇。同样，本文也难以做到对提及的每部书都进行详尽的分析，因此关于每部著作的分析只能浅尝辄止。虽然集中于专著，但本文也会提及一些比较重要的论文，因为强调专著而忽视论文可能会导致不平衡，一些论题虽然尚未有专著问世，但已被各类文章充分讨论。总体上，我们希望在有限的篇幅之内对北美地区中文学的研究现状进行概括性介绍，揭示发展的潮流和趋势，以及面临的挑战，为研究者提供相关文献参考。

成文体例上，在不同的文学分期里，首先会提及一些通论型研究，例如文学通史，或专门对某个时代的从宏观角度进行整体研究的专著。然后再列举一些对作家、作品以及专题研究的研究成果。北美汉学家的中文名字和英文原名在第一次出现时都会被提及，其后只提及中文名称。其著作名称也一般提供中英两个书名。

一、21 世纪北美中国先秦两汉文学研究

新世纪以来，研究探讨先秦两汉文学的通论性专著寥寥。哥伦比亚大学的华兹生（Burton Watson）在半个世纪前所著的《中国古代文学》（Early Chinese Literature）① 仍是美国大学指定的重要参考书目。

新近的综述性探讨要参见 2010 年出版的《剑桥中国文学史》（Cambridge History of Chinese Literature）② 中的第一章 "早期中国文学：从上古到西汉"（"Early Chinese Literature: beginnings through Western Han"）和第二章 "从东汉到西晋"（"From the Eastern Han through the Western Jin"），分别由普林斯顿大学的柯马丁（Martin Kern）和华盛顿大学的康达维（David R. Knechtges）撰写。这里要着重指出，《剑桥中国文学史》是北美新世纪以来一部非常重要的中国文学史著作。该书分上下两卷，凡百余万字，由北美汉学家孙康宜（Kang－I Sun Chang）和宇文所安（Stephen Owen）主持编撰，作者涵括十几位美国汉学界的著名学者，论述了从口头文学、金石铭文到现当代中国文学三千年的发展历程。该书的特色在于它所反映的北美的学术风潮——文学文化史观，即把文学的发展置于相关文化史的背景下来介绍、论述和评价，而不是以文体或朝代分期为结构、偏重作家个体和作品的社会政治与文化背景分析的传统文学史模式，并且编写思路上还很重视物质文化发展对文学的影响，论述了手抄本文化、印刷文化、杂志与报纸副刊等在文学的演变中发挥过关键性的作用：如第一章的起讫为从上古到西汉——这不仅因为作者认为许多相传为夏商周三代或春秋战国的作品实际上是在西汉才整理编纂成形的，而且还有一个从口传到以简帛书写的一个文化的物质载体的变迁。又如，相对于对作家个体的强烈关注，本书则更注重文学史的有机整体性，及对一些思想倾向和潮流的梳理，因此对文学交流、文人结社、文学社团、地域身份认同等处多有着墨。

新世纪另一本文学通史是宾夕法尼亚大学的梅维恒（Victor H. Mari）主编的

---

① Burton Watson, *Early Chinese literature*. New York: Columbia University Press, 1962.
② Kang－I Sun Chang and Stephen Owen (eds.), *The Cambridge History of Chinese Literature*. Cambridge: Cambridge University Press, 2010.

四卷本《哥伦比亚中国文学史》（The Columbia History of Chinese Literature）①，本书共计五十五章，有超过四十位作者参与其中，可谓卷帙浩繁。和《剑桥中国文学史》不同，这是一部按照文体和主题划分章节进行编纂的著述，其读者对象也更为专业②。该著作的特点是发掘了一些经常被忽视的中国文学的某些元素，例如引起文人关注并启发灵感的超自然事物、汉族人和非汉族人之间的相互影响等。关于中古文学这一期，可以散见于其第一部分（"Foundation"）中的十三篇论述文章。此外，康达维和其夫人张台萍（Taiping Chang）合编《早期及中古时期中国文学参考词典》（Ancient and Early Medieval Chinese Literature: A Reference Guide）③于2014年完成了全部四卷本的出版。这是一部包括近800个条目的大型百科全书式手册，涵盖了从上古至唐代早期的中国作品，是早期中国文学研究的重要参考资料。

在《诗经》的研究方面，顾明栋2005年发表了一部与《诗经》和《周易》有关的阐释学专著《中国阅读和写作理论：一条通往诠释学和开放诗学之路》（Chinese Theories of Reading and Writing: A Route to Hermeneutics and Open Poetics）④。柯马丁以中文或者英文发表的系列研究论文，关注了"雅"和"颂"在中国古代礼仪和文化身份形成中的作用、出土文献中出现的《诗经》引文和对"国风"的早期解读等方面⑤。除了把《诗经》置于早期文化背景之下进行更深入的研究外，柯马丁还正在着手准备新的《诗经》英文全译本。此外，从其他角度的研究论述有宇文所安的《〈诗经〉中的繁殖与再生》⑥也同样从仪式的角度讨论了传统的延续性问题，即如何繁殖与再生。这一问题包括两个方面，一是社会生产和种族延续，二是社会结构与政治伦理的延续。在论文中，他讨论了四首诗，分别是《周颂·载芟》《大雅·生民》《大雅·下武》和《大雅·云汉》，

---

① Victor H. Mari (ed.), *The Columbia History of Chinese Literature*. New York: Columbia University Press, 2001.

② 孙康宜：《新的文学史可能吗》，载于《清华大学学报》（哲学社会科学版）2005年第4期。

③ David Knechtges and Taiping Chang (eds.), *Ancient and Early Medieval Chinese Literature: A Reference Guide*. Leiden: Brill, 2010.

④ Ming-dong Gu, *Chinese Theories of Reading and Writing: A Route to Hermeneutics and Open Poetics*. Albany: State University of New York Press, 2005.

⑤ Martin Kern, "Bronze inscriptions, the *Shangshu*, and the *Shijing*: The Evolution of the Ancestral Sacrifice during the Western Zhou," *Early Chinese Religion*, Part One: *Shang Through Han* (1250 BC to 220 AD), eds. John Lagerwey and Marc Kalinowski. Leiden: Brill, 2009: 143–200. Martin Kern, "Beyond the *Mao Odes*: *Shijing* Reception in Early Medieval China," *Journal of the American Oriental Society* 127.2 (2007): 131–142.〔美〕柯马丁：《从出土文献谈〈国风〉的诠释问题：以〈关雎〉为例》，载于《中华文史论丛》2008年第1期。

⑥ 〔美〕宇文所安：《〈诗经〉中的繁殖与再生》，载于《哈佛亚洲研究学报》2001年第2期。后收入《他山的石头记——宇文所安自选集》，田晓菲译，江苏人民出版社2003年版，第35~39页。

并认为人类文明的传统是一个用文字记录和保存的连续的知识系统。金鹏程（Paul R. Goldin）的《中国古代诗歌中的交欢意向》（*Imagery of Copulation in Early Chinese Poetry*）① 从性的角度对诗经中的一些文本进行解读，金鹏程认为，这些交欢意象实际上是人际关系的隐喻。加州大学的戴梅可（Michael Nylan）的《儒学五经》（*The Five "Confucian Classics"*，New Haven：Yale University Press，2001）一书中也以相当篇幅的专门一章讨论了处于中国经学史背景下的《诗经》文本。

北美的汉赋研究几乎完全可以用一个名字来概括——《文选》的英译者康达维（David R. Knechtges）。他是西方"赋"学甚至整个汉代文学研究的执牛耳者，其研究成就完全可以比肩中国学术界过去30年中研究"赋"的二三名顶尖学者。康达维教授在其1976年的著作《汉赋：杨雄辞赋研究》（*The Han Rhapsody：A Study of the Fu of Yang Hsiung*（53 B. C. – A. D. 18））中，首次提出用"rhapsody"作为汉赋的英文译名，得到了欧美汉学界的认同和接受。几十年后，随着康达维对"赋"的文体复杂性的进一步认识，在为龚克昌教授翻译其在华盛顿大学的汉赋研究讲稿②时，首次采用了"Fu"的译法。

2010年，在与蒋文燕的访谈中，他更明确地说明了放弃"rhapsody"的原因："因为我觉得应该让那些研究欧洲文学、美国文学的人知道Fu这个名词……而且，rhapsody用于指西汉的赋比较合适，因为它们都在宫廷中被朗诵，但是西汉以后我觉得不合适。"③

康维达以外，关于汉赋的论著为数不多。较为重要的有柯马丁在其文章中探讨了西汉赋中道德劝说的美学，分析了《史记·司马相如传》的真实性。④ 犹他大学的吴伏生（Fusheng Wu）重新确认了帝王的欣赏品味及扶持对汉赋与汉代铺陈表现技巧的影响。⑤ 此外还有一些博士论文关注汉赋，从整体上讲，对杨雄的研究远远超过了对其他赋作者的关注。

与《诗经》和"汉赋"相比较，《楚辞》研究到现在为止是北美汉学界研究着力最少的早期中国诗歌作品，新世纪以来也乏善可陈。经过英国汉学家克兰默·宾（Launcelot Cranmer Byng）、艾约瑟、林仰山（Frederic Sequier Drake）、

---

① 该论文的修改增补版列入 Paul R. Goldin, *The Culture of Sex in Ancient China*. Honolulu：University of Hawaii Press，2005：8 – 47.
② 龚克昌：《中国古代赋体研究总论》，载于《东方论坛》2001年第3期。
③ 蒋文燕：《穷研省细微、精神入画图——汉学家康达维访谈录》，载于《国际汉学》2010年第2期。
④ Fusheng Wu, "Western Han Aesthetics and the Genesis of the Fu," *Harvard Journal of Asiatic Studies* 63.2（2003）：383 – 437；Fusheng Wu, "The 'Biography of Sima Xiangru' and the Question of the Fu in Sima Qian's Shiji," *Journal of the American Oriental Society* 123.2（2003）：303 – 316.
⑤ Fusheng Wu, "Han Epideictic Rhapsody：A Product and Critique of Imperial Patronage," *Monumenta Seria* 55.1（2007）：23 – 59.

唐安石（John Turner）、白之（Cyril Birch）等不止一代学者的努力，以屈原作品为代表的《楚辞》，终于在英国读者面前呈现出较完整的面貌，而北美至今没有全译本诞生。在秦汉诗歌方面，柯马丁写有论文探讨了《史记》和《汉书》中诗歌的运用①。除此以外，里德学院（Reed College）的白瑞旭（Kenneth E. Brashier）发表了几篇关于东汉碑文的细致的文史研究。②

总体而言，建安以前的秦汉诗歌（不包括无名氏的"汉乐府"和"古诗"）的研究是有限的，部分原因是只有少数短诗可以确实地定位汉代作品。因此，这个领域的研究依然任重道远。

在论说（哲学）和历史散文方面，随着出土文献的增多，许多早期中国领域的汉学家（历史方向）也有一些重要研究成果，如历史学家夏含夷（Edward L. Shaughnessy）、倪德卫（David S. Nivison）、陆威仪（Mark Edward Lewis）等都有一些有影响的研究成果。但是，由于北美一些历史学家和思想史学家并没有经过特别的文学批评训练，他们常常从政治历史或传统语文学（如金石学、训诂学）的视角进行研究或翻译工作，所以导致这些文本中的文学特征容易被忽视（当然，历史视角研究的前提是大部分北美汉学家已经认可《左传》《国语》《史记》《战国策》这类作品是可批判接受的历史文献而不是什么逸闻汇编）。

也有一些学者从叙事和修辞角度来对这些历史文献进行研究。如李惠仪（Li, Wai-yee）的《早期中国史学里"过去"的可读性》（The Readability of the Past in Early Chinese Historiography）③ 和对《左传》着力最多的学者史嘉柏（David Schaberg）的著作《模式化的过去：中国古代史学的形式与思想》④（A Patterned Past: Form and Thought in Early Chinese Historiography）都认为只有真正考虑到历史文献的特别的书写形式，才能完全理解其中蕴含的中国传统史学思想。上述两位学者近年还有多篇论文发表，在此不再一一赘述。

就单个文本而言，受到北美学术界关注最多的还是《史记》。相关论著颇多，

---

① 这两篇论文是："The Poetry of Han Historiography," *Early Medieval China*, 10-11, 2004: 23-65;《汉史之诗：〈史记〉、〈汉书〉叙事中的诗歌含义》，载于《中国典籍与文化》2007 年第 3 期。

② Kenneth E. Brashier, "The Spirit Lord of Baishi Mountain: Feeding the Deities or Heeding the yinyang?" *Early China* 26 (2001): 159-231. Kenneth E. Brashier, "Text and Ritual in Early Chinese Stelae," *Text and Ritual in Early China*, ed. Martin Kern. Seattle: University of Washington Press, 2005: 249-284. Kenneth E. Brashier, "Eastern Han Commemorative Stelae: Laying the Cornerstones of Public Memory," *Early Chinese Religion*, *Part One*: *Shang Through Han* (1250*BC* to 220*AD*), eds. John Lagerwei and Marc Kalinowski. Leiden: Brill, 2009: 1027-1059.

③ Wai-yee Li, *The Readability of the Past in Early Chinese Historiography*. Cambridge: Harvard University Asia Center, 2007.

④ David Schaberg, *A Patterned Past: Form and Thought in Early Chinese Historiography*. Cambridge: Harvard University Asia Center, 2002.

主要集中于研究个别篇章的真实性、司马迁的写作意图、文本结构及司马迁的人格和世界观等方面。这一领域的领军人物是威斯康星大学的倪豪士（William H. Nien Hauser）和杜润德（Stephen Durrant）。迄今为止，北美尚无完整的《史记》译本，由倪豪士牵头的翻译小组计划完成一部九册的全译本，目前已经出版了五册。①

最后谈一下北美的中国神话的研究。受西方文学批评理论的影响，北美在这方面多采用人类学或原型研究的方法，也有的学者认为"神话即史"或"史即神话"，神话可以用来借鉴研究上古时期的传奇帝王，如20世纪80年代美国汉学家艾兰（Sarah Allan）在其著作《世袭与禅让：古代中国的王朝更替传说》中运用从神话学改造来的结构主义方法，分析直到西周初年的有关尧舜权力转移的历史记载。该书的中译本由北大出版社于2002年出版发行②。新世纪的研究成果是北美中国早期史学家陆威仪（Mark Edward Lewis）于2006年出版的《中国古代洪水神话》（*The Flood Myths of Early China*），③及2008年金鹏程发表的一篇关于中国神话的综述性研究论文。④

二、21世纪北美中国魏晋南北朝文学研究

从分期上说，魏晋南北朝直至初唐这段时期在西方论述中被称为"中古早期"，例如美国著名的汉学杂志《中国中古研究》（*Early Medieval China*）主要研究从汉末到初唐这段时期的文学历史。这个时期的通论性研究有柏士隐（Alan J. Berkowitz）的《不问世事的模式：中国早期中古对隐逸的实践与描写》（*Pattern of Disengagement: The Practice and Portrayal of Reclusion in Early Medieval*）⑤。该书通过分析一系列汉魏六朝文学、历史及宗教文本，探讨了魏晋南北朝隐逸话语的形成。和先秦两汉的研究成果一样，最新的成果当属《剑桥中国文学史》（见本文前一节）由田晓菲执笔的第三章，"从东晋到初唐（317-649）"，该章对这一时期的文学做出综合性论述，对许多文学史问题和现象进行了修正式的反思和探讨。目前，早期中古研究协会（Early Medieval China Group）在丁爱博（Albert E. Dien）、柏士隐、陈美丽和南恺时（Keith Knapp）四位学者的策划主持之下，正

---

① William H. Nienhauser, Jr. (ed.), *The Grand Scribe's Records*. Bloomington: Indiana University Press, 1994.
② Sarah Allan, *The Heir and the Sage: Dynastic Legend in Early China*. Issue 24 of Asian library series, Chinese Materials Center, 1981.
③ Mark Edward Lewis, *The Flood Myths of Early China*. Albany: State University of New York Press, 2006.
④ Paul R. Godin, *The Myth that China Has no Creation Myth. Monumenta Serica*, 56.1 (2008): 1-22.
⑤ Alan J. Berkowitz, *Patter of Disengagement: The Practice and Portrayal of Reclusion in Early Medieval*. Stanford: Stanford University Press, 2000.

在召集同行编撰一部定名为《六朝文本》(Six Dynasties Texts)的参考手册,旨在对六朝的主要文学、历史以及宗教文本进行逐一介绍,每部文本的介绍包括文本的内容、真伪、文本流传的情况、主要版本、笺注、译文,并附有简短的参考书目。

在乐府、"古诗"研究领域,传统观点一直认可无名乐府的"民间性"及其"汉代"分期。最近美国学者在这方面提出了质疑。易彻理(Charles Egan)在两篇论文里以"汉乐府"为聚焦点,针对"无名乐府乃是民歌、反映了人民生活"的看法做出了尖锐的批评。① 宇文所安所著的《中国早期古典诗歌的生成》(The Making of Early Classical Chinese Poetry)② 一书是海外乐府诗翻译与研究最深入完整的著作,在这部引言达22页、全书近四百页的著作中,宇文所安翻译了从《古艳歌》到《古诗十九首》、从刘彻到傅玄的百余首乐府诗,并且提出了一些颠覆性概念,例如,他认为汉魏乐府诗既然属于抄本时代文学,又经历了后世一再的重新编订,流传到现在未必是当初的原貌了,因此这些作品应该算是五六世纪文人群体留下的遗产,而不是什么"汉诗"。

在"东晋文学"的研究方面,我们可以看一下2005年由哈佛大学的田晓菲和早期中国思想史领域的专家普鸣(Michael Puett)组织策划的"东晋工作坊"(Workshop on the Eastern Jin)。这是近年来该领域比较重要的大型学术交流活动,体现了北美学者在东晋研究方面的跨作家、跨时代、跨文类、跨学科的研究趋势:如康儒伯(Robert Campany)把两位"宗教性思想家"葛洪与干宝放在多重语境里进行讨论③;宇文所安的论文《南下:对于东晋"平民"的想象》("Gone South: Fantasies of the Eastern Jin Plebeian"),提出东晋南渡的北人对江南的"殖民式"文化想象是"吴歌"建构的重要因素;康达维的论文对两晋之交刘琨、卢谌的作品进行了精彩的翻译和介绍④;田晓菲的论文通过对多种不同类型文本的综合分析,提出东晋时代盛行"观想话语",这一话语是理解所谓山水文学和山水画起源的关键。文章特别强调应该打破现代学科分界给研究视野带来的局限,而这也正是"东晋工作坊"旨在达到的效果⑤。

---

① Charles Egan, "Were Yueh-fu Ever Folk Songs? Reconsidering the Relevance of Oral Theory and Balladry Analogies," *CLEAR* 22 (2000): 31–66; "Reconsidering the Role of Folk Songs in Pre–T'ang 'Yueh–Fu' Development," *T'oung Pao*, 86.1 (2000): 47–99.

② Stephen Owen, *The Making of Early Classical Chinese Poetry*. Cambridge: Harvard University Asia Center, 2006.

③ Robert Campany, "Two Religious Thinkers of the Early Eastern Jin: Ge Hong and Gan Bao in Multiple Contexts," *Asia Major* 18.1 (2005): 175–224.

④ David R. Knechtges, "Liu Kun, Lu Chen, and Their Writings in the Transition to the Eastern Jin," *CLEAR* 28 (2006): 67–102.

⑤ Stephen Owen, "Seeing with the Mind's Eye: The Eastern Jin Discourse of Visualization and Imagination," *Asia Major* 18.2 (2006): 67–102.

此外，2007年，田晓菲和中国台湾中研院文哲所的刘苑如共同策划主持了题为"中国早期中古时代的游观"（Kinetic Vision in Early Medieval China）的国际学术研讨会，13位来自美国和中国台湾的学者在会上宣读了论文，部分论文收入刘苑如主编的《游观：中国中古传统的身体记忆》论文集，已经于2009年底在台北出版。

在六朝"志人与志怪"研究方面，2014年，以一人之力将《世说新语》翻译为英语的美国著名汉学家马瑞志教授（Richard B. Mather，1913～2014）逝世，享年101岁。前文提到的汉学杂志《中国中古研究》（Early Medieval China，年刊）第20期（2014年）推出《世说新语》的专辑，通过刊登若干学者对《世说新语》的新近研究成果来缅怀马瑞志教授。其实在2003年的时候，康达维与柯睿（Paul W. Kroll）就合编了《中国中古文学与文化史研究：马瑞志与侯思孟先生纪念文集》（Studies in Early Medieval Chinese Literature and Cultural History: in Honor of Richard B. Mather & Donald Holzman）①向马瑞志与另一位研究中古文学的著名研究者侯思孟教授（Donald Holzman）致敬，此书汇集了美国等地比较活跃的六朝文学研究者的十篇论文，从一个侧面反映了美国六朝文学研究的现状。

近年来关于《世说新语》的研究还有钱南秀（Qian Nanxiu）的《中古中国的神灵和自我：世说新语及其传统》（Spirit and Self in Medieval China: The Shih-shuo sin-yü and Its Legacy）。②宗教学者康儒柏还把葛洪《神仙传》译为英语并加以详尽的笺释与探讨③，在他看来，"志怪"并不是文学小说，而是纪实写作，反映了古代人们对世界的理解。

近年关于陶渊明的几本论著都展现出北美研究视野的宽度和广度，超越了以往文学研究只关注作家生平与创作为主体的套路，其切入角度可供国内学者借鉴。如，加州大学伯克利校区的罗伯特·阿什莫尔（Robert Ashmore）的《阅读之乐：陶潜时代的文本与理解》（The Transport of Reading: Text and Understanding in the World of Tao Qian）④在陶渊明研究中独辟蹊径，探索了陶渊明及其同时代人的阅读经验；哥伦比亚大学田菱（Wendy Swartz）的《阅读陶渊明：读者接受的模式转换》（Reading Tao Yuanming: Shifting Paradigms of Historical Reception，

---

① Paul W. Kroll & David R. Knechtges (eds.), *Studies in Early Medieval Chinese Literature and Cultural History: in Honor of Richard B. Mather & Donald Holzman*. Utah: T'ang Studies Society, 2003.

② Nanxiu Qian, *Spirit and Self in Medieval China: The Shih-shuo Hsin-yü and Its Legacy*. Honolulu: University of Hawaii Press, 2001.

③ Robert Campany, *To Live as Long as Heaven and Earth: A Translation and Study of Ge Hong's Traditions of Divine Transcendents*. Berkeley: University of California Press, 2002.

④ Robert Ashmore, *The Transport of Reading: Text and Understanding in the World of Tao Qian* (365–427). Cambridge: Harvard University Asia Center, 2010.

427 - 1900)① 是英语学术界第一本对陶渊明接受史的全面研究；田晓菲《尘几录：陶渊明与手抄本文化研究》（Tao Yuanming and Manuscript Culture: The Record of a Dusty Table）②则以陶渊明为个案，讨论了手抄本文化给古典文学研究特别是中古文学研究带来的问题，强调文本的流动性和抄写者/编者/读者参与了文本的创造。其回到文本、版本与异文并以此颠覆"原本""真本"的研究和批评策略，一方面显示了后现代文学理论的影响，另一方面也展现出完全彻底的语文学与后现代理论的殊途同归。

近年来对谢灵运的研究比较沉寂，值得一提的是《中国中古研究》（Early Medieval China）中的两篇文章，一篇是宇文所安在 2002 年康达维花甲纪念学术讨论会上宣读的《流放中的秘书监：谢灵运的文本山水》（The Liberarian in Exile: Xie Lingyun's Bookish Landscapes）③，和 2015 年田菱教授的《不如归去：谢灵运〈山居赋〉对其庄园的表现手法》（There's No Place Like Home: Xie Lingyun's Representation of His Estate in "haspsody on Dewelling in the Mountains"）④。

北美学人对宫体诗的研究，无论是褒还是贬，基本出发点是宫体诗以"女性和艳情"作为主题，但是田晓菲的最新力作《烽火与流星》（Beacon Fire and Shooting Star: The Literary Culture of the Liang）⑤援用"文学评论"与"文学研究"相结合的研究方法，通过对历史文献的重新梳理，以政治、文学、文化及宗教等文化背景为依托，着重论证了"以《玉台新咏》为代表的'宫体诗'并非是艳情诗"这一有别于既有观点的核心论点，传达出作者颠覆传统意义上的梁代文学史，重新评估这一时代的文化史以及文学史的研究意图。本书的中文版已由中华书局出版。

在《文心雕龙》的研究方面的领军人物是美国伊利诺伊大学华裔学者蔡宗奇。2001 年，斯坦福大学出版社出版了蔡宗奇主编的《中国文心：〈文心雕龙〉中的文化、创造和修辞学》（A Chinese Literary Mind: Culture, Creativity and Rhetorical in Wenxin Diaolong）⑥。书中汇集了多位活跃在美国学界的中国文学研究学

---

① Wendy Swartz, *Reading Tao Yuanming: Shifting Paradigms of Historical Reception*, 427 - 1900. Cambridge: Harvard University Asia Center, 2008.

② Xiaofei Tian, *Tao Yuanming and Manuscript Culture: The Record of a Dusty Table*. Seattle: University of Washington Press, 2005.

③ Stephen Owen, "The Librarian in Exile: Xie Lingyun's Bookish Landscapes," *Early Medieval China*, 10 - 11. 1（2004）: 203 - 226.

④ Wendy Swartz, "There's No Place Like Home: Xie Lingyun's Representation of His Estate in 'Rhaspsody on Dewelling in the Mountains'," *Early Medieval China* 21（2015）: 21 - 37.

⑤ Xiaofei Tian, *Beacon Fire and Shooting Star: The Literary Culture of the Liang*. Cambridge: Harvard University Press, 2007.

⑥ Zong-qi Cai（ed.）, *A Chinese Literary Mind: Culture, Creativity and Rhetorical in Wenxin Diaolong*. Standford: Standford University Press, 2001.

者的《文心雕龙》研究专论。蔡宗奇在该书的导言中提到，该书的编辑出版是美国的学者们为了弥补太平洋此岸（美国）在"龙学"研究方面令人遗憾的漏洞所做的共同努力。书中所收录的文章已不仅成为海外"龙学"研究的重大成果同时也为"龙学"研究整体提供了重要补充。因而该著作成为研究海外"龙学"成就时颇具有参考价值的学术论著。蔡宗齐先生本人对《文心雕龙》的研究用力甚勤，在他的中西诗学宏观和微观比较研究中都将《文心雕龙》作为最重要的理论资源和研究对象，2010~2011 年他又发表了两篇《文心雕龙》研究论文①，详论《文心雕龙》中的一些关键术语及概念在中国古代文史论中的体系性发展。

三、21 世纪北美中国唐代文学研究

对唐代文学的最新综合性通论是《剑桥中国文学史》由宇文所安执笔的第四章"文化唐朝"（The Cultural Tang 650 – 1020）。"文化唐朝"是《剑桥中国文学史》特别提出的新概念，以武则天的统治作为"文化唐朝"的开端，下延到宋初一甲子。而唐太宗时期的宫廷文化基本承自北朝，文学则受到南朝宫廷文学的影响，从各方面来说，初唐都属于南北朝时期的延续，因此放在《剑桥中国文学史》第三章"从东晋到初唐（317 – 649）"进行处理。总体而言，北美对唐文学的研究还是主要集中在诗歌和诗论方面。初唐文学方面，有康奈尔大学的丁香（Ding Xiang Warner）利用了 20 世纪 80 年代初期新发现的王绩集五卷本对王绩诗歌进行的论述：《野鹿与翔凤：王绩的对立诗学》（*A Wild Deer and Soaring Phoenixes: The Opposition Poetics of Wang Ji*）②。田晓菲的论文《误置：一位中古诗人别集的三个清抄本》（Misplaced: Three Qing Manuscripts of the Medieval Poet Wang Ji）③ 通过分析王绩集版本流变探讨庾信对王绩的深刻影响和中唐文学口味的改变。尽管北美学者做研究的视野比较宽广，但较少做文本考据和版本研究，所以田教授的这本著作尤为可贵。在唐诗通论方面，哈佛大学东亚中心于 2006 年出版了宇文所安的《晚唐：九世纪中叶的中国诗歌（827 – 860）》（*The Late*

---

① Zong-qi Cai, "The Early Philosophical Discourse on Language and Reality and Lu Ji's and Liu Xie's Theories of Literary Creation," *Frontiers of Literary Studies in China* 5.4（2011）：477 – 510. Cai Zong-qi, "Evolving Practices of Guan and Liu Xie's Theory of Literary Interpretation," *Interpretation*, *Literature and the World of Thought in early Medieval China*, eds. Chan Kam – Leung and Yuet – cheung Lo. Albany, NY: SUNY Press, 2010：103 – 132.

② Ding Xiang Warner, *A Wild Deer and Soaring Phoenixes: The Opposition Poetics of Wang Ji*. Honolulu: University of Hawai'i Press, 2003.

③ Xiaofei Tian, "Misplaced: Three Qing Manuscripts of the Medieval Poet Wang Ji," *Asia Major*, 20.2（2007）：1 – 23.

Tang: *Chinese Poetry of the Mid-Ninth Century*, 827 – 860),与其之前发表的《初唐诗》《盛唐诗》《中国"中世纪"的终结》构成完整的"唐诗四部曲",此外,其翻译的《杜甫全集》也即将面世。

在唐代文学研究界另一位做出极大贡献的学者柯睿(Paul W. Kroll),把自己多年来在唐代文学方面发表的众多论文集结出版为《中国中古文学与文化史论文集》①和关于李白诗歌中的道家意向和术语研究的《中古道教与李白诗歌论文集》(*Studies in Medieval Taoism and the Poetry of Li – Po*)。②

在探讨文本的产生和传播方面,研究中国文学和物质文化的著名学者倪健(Christopher M. B. Nugent)新近出版的《发于言、载于纸:唐代诗歌产生和传播》(*Manifest in Words, Written on Paper: Producing and Circulating Poetry in Tang Dynasty China*),还获得了2012年的"列文森中国研究图书奖",并引起了学界广泛的讨论,有学者甚至撰写了长达75页的书评与其论争。同类研究还有艾文岚(Sarah M. Allen)的一篇研究文章对唐传奇中同一个故事的不同"版本"进行了比较研究,揭示了唐代一个故事的数种笔录版本及其之前的口头流传形式,并以此提出"小说"概念是否适用于唐传奇研究的问题③。

唐研究的学术交流方面,2009年5月在纽约州立大学奥本尼分校(State University of New York at Albany)举行了庆祝唐研究学会(T'ang Studies Society)成立25周年的学术研讨会,大会议程和论文提要可参见唐研究会网站(http://www.tangstudies.org/),这里就不一一细述。

四、21 世纪北美中国宋金元文学研究

总体上讲,北美学者对于这段时期文学的关注要弱于之前的中古时期以及之后的明清研究,但是由于这段时期研究对象更为丰富和多元,因此学者们的研究兴趣和方向也就比较分散,论文著作不像对唐代的研究那样多集中于诗歌一种文体,而是分布于宋词、宋诗、元诗、诸宫调、元杂剧等多个领域。纵观这段时期的文学研究,还是可以看到一些大的潮流和趋势。近十年出版的论著展示了学界对文学史和文化研究的兴趣,学者们日益注重物质文本的生产和流传过程以及文

---

① Paul W. Kroll, *Essays in Medieval Chinese Literature and Cultural History*. Aldershot, England: Ashgate, 2009.

② Paul W. Kroll, *Studies in Medieval Taoism and the Poetry of Li – Po*. Aldershot, England: Ashgate, 2009.

③ Sarah M. Allen, "Tales Retold: Narrative Variation in a Tang Story," *Harvard Journal of Asiatic Studies*, 66.1 (2006): 105 – 144.

学在社会和文化语境中的功用（如印刷术），对"文学"的理解也表现了日益严格的历史主义倾向。很多学者都不再简单地以浪漫化的文艺观念来对待中古文学作品，而是考虑到产生这些文学作品的社会和文化语境与功能、作者对它们的应用，以及作者对他们的接受。在论著中做出跨作家、跨时代、跨文类、跨学科研究成为越来越常见的现象；很多学者即使在进行单一作家研究时，也并不满足于传统上对作家"生平""心态""为人""思想""艺术风格"的讨论，而是致力于找到新的出发点，看到更深层的文化和宗教的影响。一些年青一代学者，开始重视手抄本文化带来的问题，意识到在文学研究中，文本来源（sources）——比如说是别集、选本还是类书，是国史还是笔记——强烈地影响到文本的性质。文本的流动性使我们对很多文学研究的基本问题，比如作者身份、作品标题和文本内容本身，都不能再采取一种理所当然的态度。

  先看一下近年对宋词的研究。总体上讲，对两宋词的研究开展较晚，数量也较少。《剑桥中国文学史》中北宋南宋两章，用相当长的篇幅概括宋词的发展，第五章北宋（"The Northern Song 1020 – 1126"）是宋代文学专家艾朗诺（Ronald Egan）写的，第六章南宋（"North and South：the Twelfth and Thirteenth Centuries"）由华裔汉学家林顺夫教授（Lin Shuen-fu）和加州大学尔湾校区傅君劢教授（Michael Fuller）合著，可以算是英语著作中对宋词最完备的概论。艾朗诺在其新书《"美"的问题：北宋的美学思想及探索》一书中也有两章专门的词论研究（"The Problem of Beauty：Aesthetic Thought and Pursues in Northern Song Dynasty China"）[①]，主要分析了北宋期间词的地位如何逐渐提高。除对词的论述以外，该书从文化史的角度，对金石学、诗话、花谱等北宋新兴的审美活动和思想，以及由于传统儒家对拜物教的鄙视所导致的文人在对这些新事物追求过程中所产生的焦虑和自我辩说进行了研究。

  20世纪，著名学者如刘若愚（James J. Y. Liu）、孙康宜（Kang – I Sun Chang）、海陶玮（James R. Hightower）和叶嘉莹（Florence Chia-ying Yeh）有很多词方面的精美的翻译作品和精辟的评议。但是21世纪以来，词的研究，不如唐宋诗那样备受关注。究其原因，可能和词的独到的美学意境难以捕捉和翻译有关。最新的较为出色的研究成果是马里兰大学的安娜·希尔兹（Anna M. Shields）所著《〈花间集〉的文化背景与诗学实践》（Crafting a Collection：The Cultural Contexts and Poetic Practice of the Huajian ji）。[②] 虽然《花间集》严格意义上不能算是两宋词，但是作为目前所见到的第一本词集《花间集》与作为"词学滥觞"的《花

[①] Ronald Egan, The Problem of Beauty：Aesthetic Thought and Pursuits in Northern Song Dynasty China. Cambridge：Harvard University Press，2006.

[②] Anna M. Shields, Crafting a Collection：The Cultural Contexts and Poetic Practice of the Huajian ji. Cambridge：Harvard University Asia Center，2006.

间集·序》,北美学者对其文学史和文论史上的重要价值都给予了高度关注。该书对《花间集》成书时的文化背景到对重要词人词作的分析都很详细,并且显然也受到某些当代流行的文学研究模式的影响。作者强调认为,词的产生有其特定的背景,这包括了蜀地独特的地域文化、宫廷文化、唐代的浪漫文化,及更为具体的音乐与歌谣等样式,它们对词的风格、内容和修辞、叙事等都产生了重大影响,而"花间词"就是在这个土壤里生长出来的产品。与之相关,集中所体现的词学思想(poetics of lyrics)也应结合这一背景才能得以理解,二者是不可分割的。

在宋诗的研究方面,北美学者非常清楚自己作为文化外来者的劣势,因此他们并不像国内研究者那样,把研究重点放在传统语文学或者考察文学的演变,如把某个宋代诗人放在宋代诗史的时刻列表上来考察,或是追溯流派及风格的演变;而是更倾向于把某个诗人或者时期的诗歌放到一个更为广大的背景中来看,考察其与诗史之外的其他领域的关系,无论这样的关联是社会史的、宗教的、文化史或者视觉艺术的。例如管佩达(Beata Grant)在她的《重游庐山——苏轼生活与写作中的佛学》(Mount Lu Revisited: Buddhism in the Life and Writings of Su Shih)① 一书中,以整部书的篇幅研究佛教与苏轼生活和作品的关系。作者逐年追溯了苏轼生活中各个时期与佛教僧侣间的交往,诗人叩访寺院,写作佛经和理论的踪迹和活动。也有从道家思想层面来考察宋诗的,如傅君劢(Michael Fuller)的文章对南宋诗与道学运动的关系进行了研究,认为北宋末期到南宋时期的诗歌为道学探索内心体验提供了一个重要的平台②。

柯霖(Colin S. C. Hawes)的研究揭示了某些格调轻松幽默的作品所具有的唱酬答谢、交友游戏的功能。在其专著《北宋中期诗歌的社会流通——情感能量和文人修养》(The Social Circulation of Poetry in the Mid‐Northern Song: Emotional Energy and Literati Self‐Cultivation)③ 中,他以欧阳修和梅尧臣的作品为例,讨论了诗作对促进友谊、咏物诗帮助文人释怀遣兴、保持情感平衡的功能。

对宋诗做纯文学研究的专著是美国科罗拉多州州立大学的中国语言文学系的萨进德(Stuart Sargent)的《贺铸诗的体裁、语境和创意》(The Poetry of He Zhu (1052–1125): Genres, Contexts and Creativity)④。该书长达 500 页,对诗人所留

---

① Beata Grant, *Mount Lu Revisited: Buddhism in the Life and Writings of Su Shih*. Honolulu: University of Hawaii Press, 1994.

② Michael Fuller, "Aesthetics and Meaning in Experience: A Theoretical Perspective on Zhu Xi's Revision of Song Dynasty Views of Poetry," *Harvard Journal of Asiatic Studies*, 65.2 (2005): 311–356.

③ Colin S. C. Hawes, *The Social Circulation of Poetry in the Mid‐Northern Song: Emotional Energy and Literati Self‐Cultivation*. Albany: State University of New York Press, 2005.

④ Stuart Sargent, *The Poetry of He Zhu (1052–1125): Genres, Contexts and Creativity*. Leiden: Brill, 2007.

存的诗体作品做了极为细致的研究，有时几乎是逐行地进行诠释。在数以百计的诗作中，对每一首的文辞和韵律都进行了讨论分析。

有两部评述宋代士人思想的著作也相当精彩，一部是宇文所安的高足杨晓山的《私人领域的变形——唐宋诗歌中的园林和玩好》（*Metamorphosis of the Private Sphere: Gardens and Objects in Tang-Song Poetry*）①，本书和艾朗诺的《美的困扰——北宋中国的美学思想及追求》有异曲同工之妙，旨在说明唐宋诗中所描绘的私家园林和其中所罗致的玩好之物（比如珍禽、奇石）是如何成为文人们平衡社会责任与个人兴趣爱好、道德约束与精神舒适的中间地带。而这种可居可游的、充满诗意的私人文化审美领域又是如何在"修身齐家治国平天下"的文化结构中受到挤压并开始变形的。另一部为何复平（Mark Halperin）的专著《走出回廊——宋代中国对佛教的文人透视》（*Out of the Cloister: Literati Perspectives on Buddhism in Sung China, 960-1276*）②，作者以数百首文人应僧侣之邀而为僧院所题的庙记或寺记为对象，探讨了文人和佛教寺院的关系。这些碑文有的记录了文人对佛教问题的不解和困惑，有的记录了文人和佛教徒间的辩论，有的记录了文人对不同佛教流派的辨析，有的记载了皇室和寺庙间错综复杂的关系，有些碑文记录了文人关于寺庙的社会影响所做的评论。通过对碑文的研究来折射出宋代士人的宗教思想可谓立意新颖。

在金、元文学方面，对剧作、诸宫调和诗歌的研究一直以来是侧重作品翻译的，如柯润璞（J. I. Crump）在20世纪80年代对元杂剧的翻译。对文学史、文学分析评论方面的概论不多，在这种情况下，21世纪奚若谷为《剑桥中国文学史》所写的第七章"从金末到明朝早期的文学"（"Literature from the Late Jin to the Early Ming: c. 1230-c. 1375"）显得尤为重要。该论文不仅仅是对前人研究的概述，其所引用的很多资料是第一次出现在英语世界里。另外，运用现代传播学的理论与方法，研究戏曲作品独特的创作（生产）、改编、出版、流传、接受等整个流程，梳理古往今来"中国趣味"在中国本土和海外的传播通道，进而考察中国文化生生不息的魅力，已经成为北美地区中国古典戏曲研究的一大热潮。这类研究中，近年比较有影响的专著有俄亥俄州立大学夏颂（Patricia Angela, Sieber）的《欲望的戏剧：作者、读者及早期中国戏剧的复制生产，1300-2000》（*Theaters of Desire: Authors, Readers, and the Reproduction of Early Chinese Song-Drama, 1300-2000*）③，该书聚焦于印刷文化语境中文本的真实性和再生产等问

---

① Xiaoshan Yang, *Metamorphosis of the Private Sphere: Gardens and Objects in Tang-Song Poetry*. Cambridge: Harvard University Press, 2003.

② Mark Halperin, *Out of the Cloister: Literati Perspectives on Buddhism in Sung China, 960-1276*. Cambridge: Harvard University Asia Center, 2006.

③ Patricia Angela Sieber, *Theaters of Desire: Authors, Readers, and the Reproduction of Early Chinese Song-Drama, 1300-2000*. New York: Palgrave Macmillan, 2003.

题，解释了为何以及如何由臧懋循和其他明清时代的编辑者所生产出各种版本的"元杂剧"，及其中的文化意义。也有为数不多的博士论文涉足对这个时期的研究，如张帆（Fan Jeremy Zhang）的博士论文《戏剧维系精神：金元时期平阳的艺术、仪式和剧场，1150－1350》（"Drama Sustains the Spirit：Art, Ritual, and Theater in Jin and Yuan Period Pingyang, 1150－1350", Brown University, 2011），从社会历史、戏剧史现象的角度对元杂剧的包括后期改写、改编、传播、舞台演出等方面的社会学、文化学、传播学意义等方面的相关考察。

五、21世纪北美中国明清文学研究

北美对明清文学的研究主要侧重于小说。大部分小说已经（或即将）有了出色或至少可读的译本、专门的讨论，也有许多重要且有趣的作品未得到重视。比较研究和主题研究日趋流行，但数量还不多，而且通常局限于比较有限的几本小说，着重分析某个作者的作品中不同方面的相互联系的整体性研究也很罕见。对于明清传奇的研究，以主题、文体、修辞、互文等文学命题为研究对象或研究对象之一的成果仍占据很大比重。对于戏剧之研究集中于作家的主体精神诉求、舞台人物所折射的时代文化精神以及从历史宏观的角度去研究地方戏、京剧的兴起和发展等，但是对舞台艺术的研究较少。诗词研究方面，由于中国古典诗词领域的绝大部分学者一直热衷于此前时期的作品，因此明清诗文的研究在北美仍是一块未尽开发的处女地。总体上而言，由于明清时期文学存世较多，一手资料容易获取和阅读，文学的文体形式丰富，因此这段时期的研究成果丰硕，其数量相当于之前各阶段的总和。北美对明清文学研究的重视程度也可以从《剑桥中国文学史》的谋篇布局上反映出来。《剑桥中国文学史》的章节布局中，大多数朝代的文学只有一章的篇幅，占两章的朝代只有明代与清代（共计五章），连一向被视为重要的唐代文学也仅占一章的篇幅，唐代文学占全书正文1364页的94页，占全书比重的6.8%，明清两代文学部分占全书比重的25%。

首先来看一下小说领域的新进展。北美的明清文学研究长久以来有偏重白话小说的传统，在这一领域的前辈大家当属夏志清（Hsia Chih-sing）和韩南（Patrick Hanan）。韩南早期的研究关注17世纪之前的话本和白话小说。新世纪，他把对19世纪和晚清小说的一些研究成果收入《中国近代小说的兴起》（*Chinese Fiction of the Nineteenth and Early Twentieth Centuries*）①，又翻译了明清之际的小说

---

① Patrick Hanan, *Chinese Fiction of the Nineteenth and Early Twentieth Centuries*. New York: Columbia University Press, 2004.

《风月梦》(Courtesans and Opium: Romantic Illusions of the Fool of Yangzhou, 2009)①,并称之为中国第一部真正的城市小说。

美国加州大学尔湾校区的黄卫总(Martin W. Huang)也在该领域建树颇丰。他主要从小说中男女人物类型、情色、鸦片吸食与现代主体性、文学与精神分析理论等方面入手,近年来发表了《欲望与中华帝国晚期的小说》(Desire and Fictional Narrative in late Imperial China)② 和《晚清帝国时期的男子气概论说》(Negotiating Masculinities in Late Imperial China)③,并主编了关于各种续写小说的研究专集《续书,后传,改写和中国小说》(Sequels, Continuation, Rewritings, and Chinese Fiction)④。

对于《三国演义》《水浒传》《西游记》《红楼梦》以及《金瓶梅》的研究仍在继续,只是仅将小说作为单独文本去解读越来越少了。例如金葆莉(Kimberley Besio)和康斯坦丁·董(Constantine Tung)所编的文集《〈三国〉和中国文化》(Three Kingdoms and Chinese Culture)⑤ 从人类文化学入手,研究了更普遍的三国文化现象。葛良彦(Liangyan Ge)的《出自边缘:中国白话小说的兴起》(Out of the Margins: The Rise of Chinese Vernacular Fiction)⑥ 通过对水浒的研究和论述,指出了中国白话小说源自被边缘化的通俗文化与占统治地位的精英文化之间的长期互动与渗透。李前程(Qiancheng Li)的《启蒙之书:〈西游记〉、〈西游补〉和〈红楼梦〉研究》(Fictions of Enlightenment: Journey to the West, Tower of Myriad Mirrors, and Dream of the Red Chamber)⑦ 是一部主题研究著作,论述了启蒙思想和佛教对这三部作品的影响。此外还有裔锦声(Yi Jeannie Jinsheng)的《红楼梦:爱的寓言》(The Dream of the Red Chamber: An Allegory of Love)对《红楼梦》和西方文学中的一些寓言进行了比较研究。⑧

---

① Patrick Hanan, *Courtesans and Opium: Romantic Illusions of the Fool of Yangzhou*. New York: Columbia University Press, 2009.

② Martin W. Huang, *Desire and Fictional Narrative in late Imperial China*. Cambridge: Harvard University Asia Center, 2001.

③ Martin W. Huang, *Negotiating Masculinities in Late Imperial China*. Honolulu: University of Hawaii Press, 2006.

④ Martin W. Huang, *Sequels, Continuation, Rewritings, and Chinese Fiction*. Honolulu: University of Hawaii Press, 2001.

⑤ Kim-berley Besio, Constantine Tung (eds.), *Three Kingdom and Chinese Cultures*. Albany: State University of New York, 2007.

⑥ Liangyan Ge, *Out of the Margins: The Rise of Chinese Vernacular Fiction*. Honolulu: University of Hawaii Press, 2001.

⑦ Qiancheng Li, *Fictions of Enlightenment: Journey to the West, Tower of Myriad Mirrors, and Dream of the Red Chamber*. Honolulu: University of Hawaii Press, 2004.

⑧ Yi Jeannie Jinsheng, *The Dream of the Red Chamber: An Allegory of Love*. Paramus, NJ: Homa & Sekey Books, 2004.

芝加哥大学的芮效卫（David Tod Roy）对《金瓶梅》的研究可谓白首穷经，他所培养的博士的论文题目几乎都与《金瓶梅》有关。他所做全译加注的《金瓶梅》（*The Plum in the Golden Vase, or, Chin P'ing Mei*）①，算得上英语世界第一部全译本，共分五册，1993年出版了第一册，2013年完成了全集的翻译，是其心血之作。这一时期的白话小说译本还有美国贝茨学院（Bates College）的杨曙辉教授和杨韵琴夫妇合力完成的冯梦龙《三言》中的全部120篇故事。它们分别是《古今小说》，即《喻世明言》（*Stories Old and New: A Ming Dynasty Collection*）②、《警世通言》（*Stories to Caution the World: A Ming Dynasty Collection*）③、《醒世恒言》（*Stories to Awaken the World: A Ming Dynasty Collection*）。④

哥大教授商伟（Shang, Wei）的《礼与十八世纪的文化转折——儒林外史研究》（*Rulin Waishi and Cultural Transformation in Late Imperial China*，2003）⑤把吴敬梓的小说解读为对清初礼教的深刻批判，将问题的根源归结于作为理想社会模型的"礼"的概念与维护既有权力结构的"礼"的概念之间纠结不清的关系，亦即史华慈所说的"儒家礼仪秩序的二元性"（dualism of the Confucian ritualistic order）。《剑桥中国文学史》下卷第四章"文人的时代及其终结（1723-1840）"（"The Literati Era and its demise 1723-1840"）也是在此基础上提炼而成。

在《聊斋志异》等神仙志怪小说的研究方面，塔夫兹大学的蒋兴珍（Sing-chen Lydia Chiang）在其《自我觉醒：中华帝国晚期志怪故事中的身体和身份》（*Collecting the Self: Body and Identity in Strange Tale Collections of Late Imperial China*）⑥运用了弗洛伊德的理论来解读《聊斋志异》、袁枚的《子不语》和纪昀《阅微草堂笔记》中的一些故事。韩亚瑞（Rania Huntington）的《异类：狐与明清小说》（*Alien Kind: Foxes in Late Imperial Chinese Narrative*）⑦和康笑菲（Kang, Xiaofei）的《狐仙信仰：帝国晚期及现代中国的权力、性别及民间宗教》（*The*

---

① David Tod Roy (trans.), *The Plum in the Golden Vase or, Chin P'ing Mei*. Vol. 1-5. Princeton: Princeton University Press, 1993-2013.

② Shuhui Yang, Yunqin Yang (trans.), *Stories Old and New: A Ming Dynasty Collection*. Seattle: University of Washington Press, 2000.

③ Shuhui Yang, Yunqin Yang (trans.), *Stories to Caution the World: A Ming Dynasty Collection*. Seattle: University of Washington Press, 2005.

④ Shuhui Yang, Yunqin Yang (trans.), *Stories to Awaken the World: A Ming Dynasty Collection*. Seattle: University of Washington Press, 2009.

⑤ Wei Shang, *Rulin Waishi and Cultural Transformation in Late Imperial China*. Cambridge: Harvard University Asian Center, 2003.

⑥ Sing-chen Lydia Chiang, *Collecting the Self: Body and Identity in Strange Tale Collections of Late Imperial China*. Leiden: Brill Academic Pub, 2004.

⑦ Rania Huntington, *Alien Kind: Foxes in Late Imperial Chinese Narrative*. Cambridge: Harvard University Asia Center, 2004.

Cult of the Fox: Power, Gender, and Popular Religion in Late Imperial and Modern China)① 都关注了有关狐仙的文言小说、民间故事和传说。蔡九迪（Judith Zeitlin）在《中国 17 世纪小说中鬼魂与女性的形象》(*The Phantom Heroine: Ghost and Gender in Seventeenth - Century Chinese Literature*)② 中高屋建瓴，以文化人类学的理论视域来观照 17 世纪中国文学中女性鬼魂的"形塑"问题。此书的第四章集中探讨女性游魂如何在晚明清初的传奇创作中被表征与概念化，如何被移译为戏剧性的书面表述和演剧性的舞台表演，如何艺术地实现女性鬼魂在舞台上隐蔽性与能见度的统一，从而体现戏剧的价值观。

虽然看起来在传统的白话小说方面研究成果丰硕，但是还是存在着很多盲点。譬如迄今为止尚未有专著讨论 17～18 世纪的许多重要小说。而且这些研究通常局限于比较有限的几本小说。虽然大部分小说已经（或即将）拥有英文译本，许多其他重要且有趣的小说以及短篇故事仍未得到翻译。

《牡丹亭》和《桃花扇》作为传奇，也受到西方学界长久的关注。史恺悌（Catherine Swatek）的专著《〈牡丹亭〉400 年演出史》(*Peony Pavilion Onstage: Four Centuries in the Career of a Chinese Drama*)③ 涵盖了《牡丹亭》从最初的原始形式，到改编成昆曲，再到折子戏，以及 1999 年的全本复出的全部演出形式。史恺悌还为白之（Cyril Birch）的英译《牡丹亭》(*The Peony Pavilion: Mudan Ting, Second Edition*)④ 的修订本做了导言。宾夕法尼亚大学的吕立婷（Tina Lu）贡献了一部专著《人物、角色和思想：〈牡丹亭〉和〈桃花扇〉的身份认同》(*Persons, Roles, and Minds: Identity in Peony Pavilion and Peach Blossom Fan*)⑤，该书以两本传奇经典为研究对象，探讨二者探索"人何以为人"以及"人何以建构一己之身份"等古老哲学命题的不同方式。

明清诗文方面，最近欣见一批重要的专著和丛编。如加拿大学者白润德（Daniel Bryant）的《何景明丛考》(*The Great Recreation: Ho Ching-ming (1483 - 1521) and His World*)⑥ 提供了一部详尽的何景明传记和现存诗歌的译本，以

---

① Xiaofei Kang, *The Cult of the Fox: Power, Gender, and Popular Religion in Late Imperial and Modern China*. New York: Columbia University Press, 2005.
② Judith Zeitlin, *The Phantom Heroine: Ghost and Gender in Seventeenth - Century Chinese Literature*. Honolulu: University of Hawaii Press, 2007.
③ Catherine Swatek, *Peony Pavilion Onstage: Four Centuries in the Career of a Chinese Drama*. Michigan: University of Michigan Press, 2012.
④ Cyril Birch, *The Peony Pavilion: Mudan ting, Second Edition*. Bloomington: Indiana University Press, 2002.
⑤ Tina Lu, *Persons Roles, and Minds: Identity in Peony Pavilion and Peach Blossom Fan*. Stanford: Stanford University Press, 2002.
⑥ Daniel Bryant, *The Great Recreation: Ho Ching-ming (1483 - 1521) and His World*. Leiden: Brill, 2008.

及前七子的诗歌理论研究。李惠仪（Li Wai-yee）发表了许多她在17世纪诗歌各个方面的研究成果，如收入伊维德、李慧仪和魏爱莲合编的《清初文学中的创伤与超越》（Trauma and Transcendence in Early Qing Literature）①。梅尔清（Tobie Meyer-Fong）在她的《清初扬州文化》（Building Culture in Early Qing Yangzhou）②里探讨了清初合刻诗集在联系明遗民和清官吏中所起的作用。施密特（J. D Schemidt）出版了一部研究袁枚诗歌的大作，附有大量诗译：《随园：袁枚的生平、文学批评和诗歌》（Harmony Garden: The Life, Literary Criticism, and Poetry of Yuan Mei, 1716-1799）③。寇致铭（Jon Eugene von Kowallis）对清末诗人进行了梳理，著有《微妙的革命：清末民初的"旧派"诗人》（The Subtle Revolution: Poetry of the "Old Schools" during the Late Qing and Early Republication China）④，提出"旧派"诗人虽然运用传统的语言和诗歌形式，但是他们的作品表达了对于中国文化现代转型的思考，是对现代性的一种回应。

有关明清两代文章的论作比有关明清诗词的更少。尽管明清士大夫八股文铺天盖地，相关论著却只有为数不多的论文和章节。

散文方面，对明末清初的文学家张岱的研究有两部著作，分别是乔治城大学的菲利普·卡拉法斯（Philip A. Kafalas）的《清澄的梦：怀旧与张岱的明朝回忆》（In Limpid Dream: Nostalgia and Zhang Dai's Reminiscences of the Ming）⑤和史景迁（Jonathan D. Spence）的《前朝记忆——张岱的浮华和苍凉》（Return to Dragon Mountain: Memories of a Late Ming Man）⑥。

在过去的20年里，对明清两代女作家的研究兴趣日益增长。这既有中国研究界女性主义第三次浪潮的影响，也因为研究中国文学领域的女学者数量增加了。北美这一潮流的领军人物是孙康宜。孙康宜在解释《剑桥中国文学史》的编写理念——"文学文化史"时曾阐述过对女作家研究的重视："我们提出'文学

---

① Wilt L. Idema, Wai-yee Li, Ellen Widmer (eds.), *Trauma and Transcendence in Early Qing Literature*. Cambridge: Harvard University Asia Center, 2006.

② Tobie Meyer-Fong, *Building Culture in Early Qing Yangzhou*. Stanford: Stanford University Press, 2003.

③ J. D Schemidt, *Harmony Garden: The Life, Literary Criticism, and Poetry of Yuan Mei, 1716-1799*. Oxford: Routledge, 2016.

④ Jon Eugene von Kowallis, *The Subtle Revolution: Poets of the "Old Schools" during the Late Qing and Early Republication China*. Berkeley: Institute of East Asian Studies. University of California, 2006.

⑤ Philip A. Kafalas, *In Limpid Dream: Nostalgia and Zhang Dai's Reminiscences of the Ming*. Norwalk, CT: EastBridge, 2007.

⑥ Jonathan D. Spence, *Return to Dragon Mountain: Memories of a Late Ming Man*. New York: Viking Press, 2007.

文化史'的内在含义是什么呢？第一，我们很注重接受史，……再就是性别问题。到目前为止，好像中国文学史的著作中，女作家基本上被忽略，即使收入也是放在最后一个部分。"①

这个时期性别领域最近的重大进展是哈佛大学的李惠仪教授凭借《中华帝国晚期文学中的女性和国族创伤》(Women and National Trauma in Late Imperial Chinese Literature)② 赢得了 2016 年的列文森奖。在这本书中，作者主要研究了中国 17 世纪明亡清兴王朝更替时期的文学作品，特别是关注那些女性作者的作品，也包括那些以女性口吻或假装女性身份的男性作者的作品，还包括那些将女性作为一个符号，通过她们表达对崩溃的明王朝的悔恨、怀旧以及道德质询的作品。《西厢记》的译者伊维德（Wilt L. Idema）和管佩达（Beata Grant）所编的《彤管：中国帝制时代妇女作品选》(The Red Brush: Writing Women of Imperial China)③ 一书中，作者的挑选更为严格，所选作家的作品涵盖更广，文体上的覆盖面也较大，不但收录女作家的文章和戏剧，也包括弹词。长期关注佛教和佛教文学的管佩达，还出版了《名尼：17 世纪中国的禅门女大师》(Eminent Nuns: Women Chan Masters of Seventeenth-Century China)④，从存世的文章中收罗了一批 17 世纪女尼的传记，每篇传记还穿插了大量女尼诗文的节译。

加拿大学者方秀洁（Grace S. Fong）的《卿本作家：中华帝国晚期的性别、代理和写作》(Herself an Author: Gender, Agency and Writing in Late Imperial China)⑤ 主要考察了 18～19 世纪女作家的文学活动，包括女子自传性的诗歌、侍妾的诗、女子游记和女子所做的诗歌批评。

研究 17、18 世纪中国才女的文学活动的著作有曼素恩（Susan Mann）的《张家才女》(The Talented Women of the Zhang Family)⑥，通过常州张氏家族三代女性的人生经历，试图揭示 19 世纪清帝国政治、常州地域文化、女性文学、精英阶层家庭模式、社会地位与性别角色关系等问题。但是由于作者是社会历史学家，所以并不着意品评其中的文学作品。魏爱莲（Ellen Widmer）的《美人与书：19 世纪中国的女性与小说》(The Beauty and the Book: Women and Fiction in

---

① 孙康宜：《新的文学史可能吗》，载于《清华大学学报》（哲学社会科学版）2005 年第 4 期。
② Wai-yee Li, *Women and National Trauma in Late Imperial Chinese Literature*. Cambridge: Harvard University Asia Center, 2014.
③ Wilt L. Idema, Beata Grant (eds.), *The Red Brush: Writing Women of Imperial China*. Cambridge: Harvard University Asia Center, 2004.
④ Beata Grant, *Eminent Nuns: Women Chan Masters of Seventeenth-Century China*. Honolulu: University of Hawaii Press, 2008.
⑤ Grace S. Fong, *Herself an Author: Gender, Agency and Writing in Late Imperial China*. Honolulu: University of Hawaii Press, 2008.
⑥ Susan Mann, *The Talented Women of the Zhang Family*. Berkeley: University of California Press, 2007.

Nineteenth - Century China)① 以19世纪初女作家与白话小说的关系为题目,包含了对弹词作家侯芝和红楼梦续书《红楼梦影》作者顾春的论述。

歌谣和民间笑话研究方面,布朗大学的罗开云(Kathryn A. Lowry)的《16及17世纪通俗歌谣的锦图:阅读、效仿和欲望》(The Tapestry of Popular songs in 16th - and - 17th - Century China:Reading,Imitation,and Desire)② 对冯梦龙的《山歌》给予关注,徐碧卿(Hsu Pi - Ching)最新翻译了《广笑府》(Feng Menglong's Treasury of Laughs:A Seventeenth - Century Anthology of Traditional Chinese Humour)。③

对于明清说唱文学方面,伊维德的研究比较深入,做了一些版本研究和翻译工作,还有一些关于宝卷的研究,如《包公和法治:从1250年到1450年的八个说唱故事》(Judge Bao and the Rule of Law:Eight Ballad - Stories from the Period 1250 - 1450)④ 一书中翻译了关于包公故事的八种文本。另一部是《梁山伯与祝英台:梁祝传说的四种版本》(The Butterfly - Lovers:Legend of Liang Shanbo and Zhu Yingtai Four Versions and Related Texts)⑤。他在《孝行和自我救赎:观音和她的侍从》(Filial Piety and Personal Salvation:Two Precious Scroll Narratives of Guanyin and Her Acolytes)⑥ 一书中翻译了关于妙善公主的香山宝卷,这也是中国最早的叙事性宝卷之一。在《孟姜女哭长城:中国传说的十个版本》(Meng Jiangnu Brings down the Great Wall:Ten Versions of a Chinese Legend)⑦ 一书中,伊维德还翻译了一部19世纪关于孟姜女传说的宝卷。他翻译的另一部19世纪关于"白蛇"传说的雷峰宝卷则被收录在《白蛇和她的儿子:雷峰宝卷》(The White Snake and Her Son:A Translation of the Precious Scroll of Thunder Peak,With Related Texts)。⑧

---

① Ellen Widmer, *The Beauty and the Book:Women and Fiction in Nineteenth - Century China.* Cambridge:Harvard University Asia Center, 2006.

② Kathryn A. Lowry, *The Tapestry of Popular songs in 16th - and - 17th - Century China:Reading, Imitation, and Desire.* Leiden:Brill Academic Pub, 2005.

③ Hsu Pi - Ching, *Feng Menglong's Treasury of Laughs:A Seventeenth - Century Anthology of Traditional Chinese Humour.* Leiden:Brill Academic Pub, 2015.

④ Wilt L. Idema, *Judge Bao and the Rule of Law:Eight Ballad - Stories from the Period 1250 - 1450.* Singapore:World Scientific Publishing Company, 2009.

⑤ Wilt L. Idema, *The Butterfly - Lovers:Legend of Liang Shanbo and Zhu Yingtai Four Versions and Related Texts.* Indianapolis, IN:Hackett Publishing Company, 2010.

⑥ Wilt L. Idema (trans.), *Filial Piety and Personal Salvation:Two Precious Scroll Narratives of Guanyin and her Acolytes.* Honolulu:University of Hawaii Press, 2008.

⑦ Wilt L. Idema (trans.), *Meng Jiangnu Brings down the Great Wall:Ten Versions of a Chinese Legend.* Seattle:University of Washington Press, 2008.

⑧ Wilt L. Idema, *The White Snake and Her Son:A Translation of the Precious Scroll of Thunder Peak, Withe Related Text.* Indianapolis, IN:Hackett Publishing Company, 2009.

近年来，在北方八旗子弟中广为流传的子弟书也逐渐引起学者的注意，不过迄今为止对于子弟书的研究还没出现有影响的著述。对弹词的研究主要有马克·本德尔（Mark Bender）的《梅与竹：中国苏州弹词传统》（Plum and Bamboo：China's Suzhou Chantefable Tradition）。①

六、21世纪北美中国现当代文学研究概况

就现当代中国文学而言，过去这个部分对汉学家并没有很大的吸引力。原因有二：其一，冷战思维的影响犹在，西方一些汉学家，包括北美汉学家把1949年以前支持左翼及1949年以后与政府站在一起的作家视作是捞取政治资本的人，作品缺乏文学价值，经典作品少之又少。其二，由于中国对新闻出版严格的管控，导致对外交流不够。因此，以前权威的汉学家，几乎都是研究古典文学的。但是从80年代以来，形势丕变，20世纪文学，特别是当代文学的研究变得生机勃勃，文化研究也蓬勃开展，很多电影、电视、报纸和广告都被纳入了教学研究的范围，这也导致了北美教育科研机构里中国文学研究力量的重新划分，面对那些伴随互联网信息长大的一代学生，研究中国古代文学的教职一再被压缩，当代文学和文化研究的力量则得到了显著增强。此外，较之古代文学研究，在现当代领域中，人们还发现了更多华裔学者的身影。他们的论述抓住了一些中国正在发生的问题和现象，开拓了美国汉学的新领域。但是，或许受北美汉学传统的影响，他们的研究往往着眼于传统预设的角度，研究和问题意识都是美国大学的路数，对此学者张隆溪指出："中国留学生到美国研究汉学存在两个问题。一个是许多学生在国内是英文专业的，他们的英文比较好，容易申请到美国留学。而从中文系、历史系等其他专业出国留学的人相对就少些。这就导致了留学生中大多数人中国古代文化的底子较薄，在美国没有能力研究古代方面，而倾向于现代方面的研究，因为毕竟没有语言上的障碍。另一个问题就不仅限于英语背景的留学生了，而是在所有留学生中普遍存在，那就是学生缺乏很强的独立思考能力，又对自己的民族文化没有深入了解，很容易被美国大学课上教给的路数牵着鼻子走。"②张隆溪的批评确实反映了旅美学者当下存在的问题，值得我们反思。

首先来介绍一下新世纪以来北美关于这个时期的通论性著作：《剑桥中国文学史》中当代文学部分由王德威（Wang, David Der-wei）主笔第六章"1841至

---

① Mark Bender, *Plum and Bamboo*：*China's Suzhou Chantefable Tradition*. Champaign：University of Illinois Press, 2003.

② 王炎：《跨文化视阈：北美汉学的历史与现状——张隆溪教授访谈录》，载于《文艺研究》2008年第1期。

1937 年间的中国文学"("Chinese literature from 1841 to 1937"),奚密(Michelle Yeh)主笔第七章"1937 至今年的中国文学"("Chinese literature from 1937 to present"),同时王德威主编了一部《新编中国现代文学史》,2017 年出版,该书由 150 篇小文章组成,每篇不超过 2000 字,每一位写作者从某个时间点开始写,每篇文章包含一个引题或是引语,然后才是题目。对 20 世纪小说的通论性著作有:王德威所著的《历史与怪兽:二十世纪中国小说中的历史与暴力》(The Monster That is History: History, Violence, and Fictional Writing in Twentieth-century China)①,该书研究了 20 世纪中国文学对历史暴力的叙述。作者所言的"历史暴力"不仅是指历史上的天灾人祸、战乱瘟疫,还指现代化进程中种种意识形态、图腾禁忌对人们言行的制约,对身心的伤害,该书是王德威通过文学反思中国现代性的一部力作。桑禀华(Knight, Sabina)所著的《时间的心:20 世纪中国小说的道德介质》(The Heart of Time: Moral Agency in Twentieth – Century Chinese Fiction)②,考察了 20 世纪的中国小说叙述中人的道德能动性与悲观宿命论之间复杂的关系,认为 20 世纪中国文学似乎被强有力的宿命论所笼罩,而且这种"犹豫和沮丧"的特征正是西方读者不喜欢中国文学的重要原因之一。史书美(Shih, Shu-mei)著《现代的诱惑:书写半殖民地中国的现代主义,1917 ~ 1937》(The Lure of the Modern: Writing Modernism in Semi-colonial China, 1917 ~ 1937)③ 以五四作家群、京派和上海新感觉派为重点考察对象,研究了 1917 ~ 1937 年间中国现代主义的发展面貌,探讨了中国现代主义与西方和日本现代主义之间的联系。

　　一些文学选集是美国大学里文学课程的参考书,它们成为普及中国文学的有效方式。刘绍铭、葛浩文(Howard Goldblatt)选编的《哥伦比亚中国现代文学读本》(The Columbia Anthology of Modern Chinese Literature)④ 修改后进行了再版,入选作品以诗歌、小说为主,时空跨度涵盖自 1918 ~ 1990 年的中国大陆和港台地区,作品的译本多选自刘绍铭、夏志清、李欧梵编辑的《中国现代中短篇小说选》和《译丛》杂志,翻译质量较高。

　　专题研究方面,有伍梅芳(Ng, Janet)所著的《现代性的经验:中国二十

---

① David Der-wei Wang, *The Monster That is History: History, Violence, and Fictional Writing in Twentieth-century China*. Berkeley: University of California Press, 2004.

② Sabina Knight, *The Heart of Time: Moral Agency in Twentieth – Century Chinese Fiction*. Cambridge: Harvard University Asia Center, 2006.

③ Shu-mei Shih, *The Lure of the Modern: Writing Modernism in Semi-colonial China, 1917 – 1937*. Berkeley: University of California Press, 2001.

④ Joseph S. M. Lau & Howard Goldblatt (eds.), *The Columbia Anthology of Modern Chinese Literature*. New York: Columbia University Press, 2007.

世纪早期的自传》(*The Experience of Modernity*: *Chinese Autography of the Early Twentieth Century*)①。伍梅芳以陈衡哲、鲁迅、胡适、谢冰莹、萧红、张爱玲、郁达夫和沈从文的自传体著作为框架,审视了该时期的现代性新经验。克里斯多夫·柯韦尼(Keaveny, Christopher)著有《现代中国文学中的颠覆性自我:创造社对日本私小说的改造》(*The Subversive Self in Modern Chinese Literature*: *the Creation Society's Reinvention of the Japanese Shishossetsu*)②。"私小说"又称"自我小说",其实就是自传性叙述文体。该作论述这一文学形式对五四文学团体——创造社的影响。另外一部研究女性自传的是王玲珍(Wang, Lingzhen)所著《个人话语实践:二十世纪中国女性自传书写》(*Personal Matters*: *Women's Autobiographical Practices in Twentieth-Century China*)③。本专著将女性自传实践置放在20世纪中国历史文化的主流话语中,分析期间错综复杂的关系,揭示从秋瑾到王安忆以及陈染、林白一百多年来中国女性在社会历史变革中坚持个体话语实践的政治、历史以及文化意义。

鲁迅研究方面,保罗·福斯特(Foster, Paul B.)著《阿Q考古学:鲁迅、阿Q、阿Q子孙及20世纪中国的国民性话语》(*Ah Q Archaeology*: *Lu Xun*, *AhQ*, *AhQ Progeny and the National Character Discourse in Twentieth Century China*)④。

性别研究方面,有冯进(Feng, Jin)的《20世纪早期中国小说中的新女性》(*The New Woman in Early Twentieth-Century Chinese Fiction*, *West Lafayette*)⑤。文中作者提出一个有趣的观点,即现代男性知识分子通过对于新女性形象的塑造来创造和捍卫自己的"现代"身份。杜爱梅(Dooling, Amy D.)著有《20世纪中国女性主义文学》(*Women's Literary Feminism in Twentieth-century China*)⑥。该书认为,中国女性问题的产生及其际遇是在当时进行的为获得民族解放和经济公平的其他各种政治斗争中发展起来的,因此女性主义文学的写作策略是源于特定的社会政治环境。

---

① Janet Ng, *The Experience of Modernity*: *Chinese Autography of the Early Twentieth Century*. Ann Arbor: University of Michigan Press, 2003.

② Christopher Keaveny, *The Subversive Self in Modern Chinese Literature*: *the Creation Society's Reinvention of the Japanese Shishossetsu*. New York: Palgrave Macmillan, 2004.

③ Lingzhen Wang, *Personal Matters*: *Women's Autobiographical Practices in Twentieth-century China*. Stanford: Stanford University Press, 2004.

④ Paul B. Foster, *Ah Q Archaeology*: *Lu Xun*, *AhQ*, *AhQ Progeny and the National Character Discourse in Twentieth Century China*. Lanham, MD: Lexington Books, 2006.

⑤ Jin Feng, "The New Woman in Early Twentieth–century Chinese Fiction," *Clcweb*: *Comparative Literature and Culture* 6.4 (2004): 〈http://docs.lib.purdue.edu/clcweb/vol6/iss4/5〉.

⑥ Amy D. Dooling, *Women's Literary Feminism in Twentieth-century China*. New York: Palgrave Macmillan, 2005.

从译介的角度来看，作品被翻译成英文最多的是诺贝尔文学奖的获得者——莫言等。此外，像王安忆、余华、苏童近些年的一些作品也被翻译到北美，而且从作品面世至翻译出版的周期也越来越短。如莫言的《生死疲劳》（葛浩文译），从 2006 年面世至 2008 年翻译出版，只花了两年时间。《狼图腾》（葛浩文译）从 2004 年面世至 2007 年翻译出版，也只用了三年。但是这并不能说明在英语世界里中国小说突然变得大受欢迎，北美著名的翻译家葛浩文（莫言、萧红和王安忆作品的主要译者）于 2001 年 2 月在丹佛做题为"为什么中国小说在美国不好卖，为什么这可能有所改变"的演讲（"Why Chinese Fiction Doesn't Sell Well in America and Why That Might Be Changing"），指出北美一般读者对当代中国小说的接受度并不高。2014 年 4 月葛又在中国华东师范大学举行的"镜中之镜：中国当代文学及其译介研讨会"中指出："近十多年来，中国小说在美国英国等英语世界不是特别受欢迎，出版社不太愿意出版中文小说的翻译，即使出版了也甚少做促销活动。"

文化研究方法近些年以来方兴未艾，很多学者试图解释文本以外的广阔政治社会问题，研究视角从大众文化、政治、意识形态角度切入，然后再把对这些问题的理解带入对文学文本和美学实体的解释中。其中，华人学者对现当代文学的研究更倾向于走文化研究的路径，研究对象不囿于小说这一主要文学体裁，例如，陈小眉（Chen, Xiaomei）著有《正角登场：当代中国大众戏剧》（Acting the Right Part：Political Theater and Popular Drama in Contemporary China）。[1] 本书主要以中国话剧为研究对象，集中讨论了在这些话剧的生产、接受过程中，自我、主体、中介、国家革命和民族他者这几者纷繁复杂的关系。杨小滨（Yang, Xiaobin）著有《中国后现代：先锋小说的精神创伤与反讽》（The Chinese Postmodern：Trauma and Irony in Chinese Avant-garde Fiction）[2]，从精神分析学（弗洛伊德）、法兰克福学派批判理论（阿多诺）和结构主义（德·曼）的视角出发，解释了中国先锋小说叙事不确定性中隐含的对历史创伤的诉说，从而阐发了语言形式革命的政治意义。孔书玉（Kong, Shuyu）所著《消费文学：当代中国畅销书与文学生产的商业化》（Consuming Literature：Best Sellers and the Commercialization of Literary Production in Contemporary China）[3] 研究了当代中国畅销书产业的勃兴以及与之相伴生的种种文化现象。蓝诗玲（Lovell, Julia）著有《文化资本政治：中国对诺贝尔文学奖的追求》

---

[1] Xiaomei Che, *Acting the Right Part：Political Theater and Popular Drama in Contemporary China*. Honolulu：University of Hawaii Press, 2002.

[2] Xiaobin Yang, *The Chinese Postmodern：Trauma and Irony in Chinese Avant-garde Fiction*. Ann Arbor：University of Michigan Press, 2002.

[3] Shuyu Kong, *Consuming Literature：Best Sellers and the Commercialization of Literary Production in Contemporary China*. Stanford：Stanford University Press, 2005.

(*The Politics of Cultural Capital*: *China's Quest for a Nobel Prize in Literature*)① 。该著作时间跨度较大，事实上也可视为 20 世纪中国文学的概观。它对民族主义、全球化、现当代中国文学与文化中的身份认同等热点问题进行了分析。

北美对中国电影的研究兴起于 20 世纪八九十年代，至今发展迅速，新世纪以来，每年都有七八部学术著作面世，主要分为电影史研究，如加州大学圣地亚哥分校张英进（Zhang, Yingjin）的《中国百年电影史》（*Chinese National Cinema*)②；学术专题研究，如张英进的另一部著作，《影响中国：当代中国电影的批评性介入、电影重构和跨国想象》（*Screening China*：*Critical Interventions, Cinematic Reconfigurations, and the Transnational Imaginary in Contemporary Chinese Cinema*)③ 考察了过去 30 年间的中国电影（涉及 300 部），力图在西方学术界修正对中国电影的批评，其研究手法与霍米·巴巴、阿尔琼·阿帕杜拉伊（Arjun Appadurai）和詹姆斯·克里福德（James Clifford）等的文化研究理论有一定相似性；区域电影研究，如大卫·波德维尔（David Bordwell）的《行星香港：通俗影片与娱乐艺术》（*Planet Hong Kong*：*Popular Cinema and the Art of Entertainment*）④；还有一类是作家作品研究，如对王家卫的研究近年来是学术热点。

最后说一下北美现代汉诗的研究。从新时期以来，朦胧诗得到欧美世界很多的注意，这是一个过去很多年都没有发生的情况，因为朦胧诗代表一个新的发展方向，所以整个英语世界都对它很感兴趣，起码有好奇心，所以过去二三十年中给予了密切观察。从 2000 年到 2011 年在美国出版英译诗集达 37 本，很多都是先锋诗人和朦胧派诗人的最新作品。⑤ 但是比较而言，现代汉诗对英美诗歌还没有产生中国古典诗那种典范转移式的重要影响。在批评领域比较有建树的学者是华裔学者奚密，她用英文和中文在中美两国发表了很多她对中国新诗的观察和思考的文章，近年国内翻译出版了她的代表性著作《现代汉诗：一九一七年以来的理论与实践》（*Modern Chinese Poetry*：*Theory and Practice Since 1917*）⑥ 和《从边缘出发：现代汉诗的另类传统》⑦。

---

① Julia Lovell, *The Politics of Cultural Capital*：*China's Quest for a Nobel Prize in Literature*. Honolulu：University of Hawaii Press, 2006.
② Yingjin Zhang, *Chinese National Cinema National Cinemas Series*. London：Routledge, 2004.
③ Yingjin Zhang, *Screening China*：*Critical Interventions, Cinematic Reconfigurations, and the Transnational Imaginary in Contemporary Chinese Cinema*. Ann Arbor：Center for Chinese Studies, 2002.
④ David Bordwell, *Planet Hong Kong*：*Popular Cinema and the Art of Entertainment*. Cambridge：Harvard University Press, 2000.
⑤ 李德凤、鄢佳：《中国现当代诗歌英译述评（1935～2011）》，载于《中国翻译》2013 年第 2 期。
⑥ 奚密：《现代汉诗：一九一七年以来的理论与实践》，上海三联书店 2008 年第 1 版。
⑦ 奚密：《从边缘出发》，广东人民出版社 2000 年版。

七、北美中国文学研究学者群体、电子资源概况及问题

21世纪的今天,亚洲研究中心、研究院/系和学位课程,在美国主要学术机构普遍设立。据美国亚洲协会(Association for Asian Studies,AAS)网站显示,目前在美国大学有115个亚洲研究中心/系/课程、65个东亚研究中心/系/课程、16个中国研究中心/系/课程、42个东亚语言与文化/文明/文学系课程。①

更多的机构意味着更多的做中国学研究的学者和博士。其中,研究中国文学的学者也显著增加,他们不仅仅只是来自独立的美国大学的亚洲研究或东亚研究系,由于学科交叉越来越普遍,有的学者也来自诸如政治学系、人类学系、社会学系和艺术史和考古学系和一些独立的、能够提供经费支持教学和科研的亚洲研究中心(或东亚研究中心、中国研究中心)。但是,这里有一个短板一直未有太大改善,即精通汉语并掌握大量文学和历史资料的专家的数量未有实质性增长。实际上,早在1947年,约翰·波普(John A. Pope)在《哈佛亚洲学报》(*Harvard Journal of Asiatic Studies*)上就发文指出汉学家如果只掌握先进的研究方法和理念,而忽视深入学习研究对象的语言和文化是不可取的。他以中国艺术史研究为例,说:"不幸的是,以为自己既然是训练有素的艺术史家,就有资格检视任何现有的材料并书写任何艺术的历史,这样的想法,事实证明是缺乏根据的。"②如今半个世纪过去了,中国文史研究已经走出了传统的区域研究的系/院/所,开始和汉学之外的同行进行沟通和互动,但约翰·波普所指出的问题未有多大改变,精通汉语工具的专家还是数量不多。例如,2014年,汉学泰斗倪德卫(David S. Nivison)辞世,他生前同时受聘于斯坦福大学哲学系、宗教系和亚洲语言系,精通古文字、金石铭文。像这样的有语言功底的学者身后,并没有出现新一代的古文字学专家,北美对今后出土的简帛与铭文的研究,恐怕就得依赖于中国的誊本了。

当然,北美学者和中国本土学者的交流和合作一直以来非常密切,而且这种互动现在变得更为直接,其原因是另一新崛起的研究群体的出现——北美华裔学者。北美华裔学者多为80年代赴美留学的中国留学生,他们在美国学成博士学位,获聘教职。新世纪以来,华裔专家在从事中国研究的教授中的比例呈上升趋势,他们将成为美国目前和今后汉学研究以及大学教育的重要力量。他们的研究

---

① http://www.assianst.org/programs/main.html,2016-02-04.
② John A. Pope, "Sinology or Art History: Notes on Method in the Study of Chinese Art," *Harvard Journal of Asiatic Studies*, 10.3/4 (1947): 388-417.

会多大程度上影响北美中国文学乃至汉学的发展趋势？我们不得而知，但是我们可思考的是，鉴于他们仅仅是在美国接受学术训练，其文化底蕴还是在中国养成的，所以他们的研究算是"国学"还是"他者的眼光"呢？"东方主义"的概念是基于地域还是人种还是国籍呢？

这些问题我们拭目以待，但是大家都清楚北美中国文学研究仅仅靠和华裔学者的交流是不够的，倘若想在中国文学乃至汉学领域凭借对一手资料的研究产生更多的原创性成果，就必须加强西方学者的语言训练，还要对学术制度进行一定改正。目前美国的大学在终身教职的评审过程中，专门的翻译作品一般不作为评审条件，因此，普通教授并不热衷于翻译这一锻炼学者语言能力和学识修养的工作。这导致有一些研究中国古典文学的论文从不包括笺注和译文，也很少对诗句、文句进行具体阐释，致使学术研究日益忽略文本本身成为趋势。但是中国学界方面近年来热情高涨地翻译了大量英文出版物，这些英文学术作品正通过翻译获得第二次生命，本文提到的许多著作就已经被翻译成中文出版。不过，也有专家担忧日益增多的中英翻译交流可能使得海外汉学研究只局限于英语世界，从而减少和整个比较文学和世界文学领域之间的互动。

北美做中国研究的博士生数量新世纪以来呈现出日益增长的局面，这与美国相应的研究生课程增加成正比。但是相对而言，博士研究选题更偏向于1949年以后的中国的意识形态与政治、经济等社会学科方面。人文学科的博士论文的绝对数量也在增长，但是对于中国历史的兴趣要大于对文学研究的兴趣，而做中国文学研究的博士生，多选取以某一个作家为主、对其生平、时代与作品进行研究和介绍这样的题目，做文本研究的相对较少。此外论文所涉及的主题覆盖范围广泛，呈现出跨学科、综合研究的特点。这一跨学科的倾向不只是在中国文学研究方面有所体现，事实上是在整个美国的中国研究、区域研究领域都很明显。究其原因，这和美国大学的人才培养模式有关。美国大部分博士培养的过程中都要求学生在毕业前至少用一个学期修习研究方法论，且授课教师通常不是学生学术上的第一指导教授。这种做法使得年轻学者不受任何特定研究方法的局限，可以自由地选择最适合他们所使用的文献数据进行研究。1997年以后的绝大部分美国大学通过的博士论文题录信息和全文都可以在ProQuest学位论文库中查询和付费下载。

学术资源除了一手资料以外，主要由学术刊物和研究专著组成。就期刊而言，《国际乌尔里希期刊指南》（*Ulrich's International Periodical Directory*）共收录中国研究英文期刊125种，其中美国52种、加拿大1种，可见美国是出版英文中国研究期刊的主力，且新世纪以来期刊数量呈继续增长的状态。在一手文献资料和学术专著的资源方面，学者们主要依靠一些大学或者研究机构的东亚图书馆来获取。这些东亚图书馆，一般都是研究型图书馆，所选的图书基本上以社会科学和人文科学为主，收藏的内容和西方汉学紧密联系。它们主要集中在美国东北部，中西部零星分布，例如美国国会图书馆亚洲部、哈佛大学燕京图书馆、普林斯顿大学东亚图书馆。

新世纪以来，随着这些学术资源的逐渐被电子化，西方研究中国的方法和手段发生了重要变化。这也是北美中国文学研究的新趋势。大多数的学术期刊和大量的原始资料已经可以从网络获得，检索（searching）正在渐渐取代阅读（reading），成为研究过程中的主要行为。一些数据库如 ProQuest、JSTOR、EBSCOhost EJS 比较全面地收录了各种中国研究的期刊，极大地方便了科研工作。进入 21 世纪以后，JSTOR 数据库还将工作范围扩展到欧美地区的主要艺术博物馆、图书馆，将这些机构收藏的大量艺术品拍摄成数字照片，并在此基础上建立图像资料库 ARTstor。资料库的中国艺术图像来自纽约大都会艺术博物馆、旧金山的亚洲艺术博物馆、英国图书馆的国际敦煌项目等。

这里需要重点介绍一个亚洲研究、中国研究方面不可或缺的工具——《亚洲研究文献目录》。该目录由美国亚洲研究协会（Association for Asian Studies，AAS）主持编撰，尤其侧重人文和社会科学，是当今世界上最大的亚洲研究文献目录索引资源。该文献目录于 1998 年 7 月全部转换为集纸本资源与电子资源为一体的《亚洲研究文献目录数据库》（Bibliography of Asian Studies Online, BAS Online），又于 2011 年进行了界面和同一码的改造，目前共收录了 878 085 个索引条目，是了解西文汉学研究的重要工具[①]。

近年，还有一些小型的文献数字化工程，例如加州大学伯克利校区推出的中国石刻拓片数据库，以及加拿大麦吉尔大学图书馆与哈佛燕京图书馆联合完成的明清妇女著作全文数据库。同时，21 世纪以来，北美不少大学的图书馆也开始从中国购买一些重要研究材料的电子版本，如文渊阁《四库全书》全文检索系统。总之，近几十年来对中国文学著作的大规模重印以及新型的电子资源使得大多数种类的传统文学作品更易获取，但原始材料的爆炸性增长也大大增加了研究的复杂性，这一问题在明清文学研究中尤甚。此外，使用二手材料的研究成果（secondary scholarship）正呈指数性增长。这些作品在互联网上即可获得，因此研究者也必须查阅，致使研究者往往需要学习数以百计的同行的研究成果才敢推陈出新，使得汉学也变成一个充满"影响焦虑"的科研领域。

孙康宜教授在《谈谈美国汉学的新方向》一文中指出，在美国的大学中，汉学一般被归为"区域研究"，无论是中国语言、文学，还是中国历史、人类学，

---

① http://bmc.lib.umich.edu/bas/Help/about，2015-02-04。

都归为东亚系；独在耶鲁大学，汉学是按照"学科研究"被分在各个系中。例如，在耶鲁大学中，教中国文学和语言的人，如傅汉思及孙康宜本人都属于"东亚语言文学系"。教中国历史的人，如史景迁及余英时属于历史系；教社会学的戴慧思属于社会学系，而教人类学的萧凤霞则属于人类学系。孙康宜认为："这种以学科为主的教学方式也有它意想不到的好处"，它与"美国汉学这二十多年来的全球化趋势不谋而合"①。归纳一下，孙康宜所说的美国汉学新方向主要体现在以下三个方面：

第一，汉学研究的范围不断扩大。过去欧洲传统汉学是把中华文化当成博物馆藏品，以一种猎奇的态度来研究的，"汉学家们的学术著作只在汉学界的圈子里流行，很少打入其他科系的范围"②。但随着美国比较文学范围的扩大，约在20世纪80年代，美国汉学渐渐进入比较文学的研究领域，"有些汉学家一方面属于东亚系，一方面也成了比较文学系的成员"③。宇文所安就是这种情况。

第二，中西二元论模式被不断打破。过去所谓中西比较大多偏重中西本质"不同"的比较。例如研究中国文学是否也有西方文学中所谓的"虚构性"（fictionality）、"隐喻"（metaphor）、"讽喻"（allegory）等课题。"而近些年来，一些年轻的比较文学兼汉学家，则向这种'比较'的方法论提出挑战，他们认为，强调本质差异很容易以偏概全。"④

第三，美国汉学与中国国学的交流越来越紧密⑤。近年来，随着美国汉学与中国文学文化历史研究的联系越来越紧密，美国各大学的东亚系的人员组成也发生重大变化，华裔教授的比例越来越多。美国汉学与中国国学两者虽有中西之别，但同时也在出现新的融合。

可以预见，在北美中国文学研究的未来发展方面，必然会出现汉学与国学不断交融的趋势，这也必将推动北美中国文学研究的进一步深化，以及中国文学在北美地区的广泛传播。

第三节　新世纪东亚中国学研究的现状与趋势

东亚汉学以日本汉学与韩国汉学为代表。日本与中国一衣带水，在历史上有

---

①②③④　孙康宜：《谈谈美国汉学的新方向》，载于《书屋》2007年第12期。
⑤　李庆本：《宇文所安：汉学语境下的跨文化中国文学阐释》，载于《上海交通大学学报》（哲学社会科学版）2012年第4期。

着非常紧密的联系。与西方不同,"日本汉学"和"日本中国学"并非重叠或延续的概念,而是两门性质不尽相同的学问。在日本文化学术史上,把形成于14~15世纪、在江户时代(1603~1867)得到极大发展的对中国文化的传统研究称为"汉学";而把形成于20世纪初期、在近代文化层面上展开的对中国文化的研究称为"中国学"。日本传统汉学不仅把中国文化作为研究对象,而且更作为吸收对象,因而汉学本身亦是日本文化的组成部分。而日本中国学是在辩证地否定汉学的基础上发展起来的,研究者拥有客观的、世界性的学术眼光。

一、21世纪日本中国学研究概况与问题反思

21世纪的日本中国学研究涉及范围广阔,除了传统意义的文史哲之外,也涉及社会、政治、经济等社会科学研究。笔者能力有限,没有办法亦不可能面面俱到。此文仅就笔者管见所及,从传统中国学研究出发,以21世纪以来日本有关中国学研究的两个重要项目——"现代中国地域研究"以及"文化交涉学研究"为中心,结合笔者本身的日本汉学研究心得,谈谈21世纪日本中国学发展的趋势以及对日本中国学研究的反思。

(一)传统日本中国学研究的细致化

21世纪的日本中国学,在传统中国文史哲方面的专门性研究依然很多,这是20世纪日本中国学研究的持续。若从日本每年召开的学会来看,除了每年召开一次的,以研究中国传统哲学、思想、文学、语言学为主的名为"日本中国学会"的全国性综合学会以外,如秋田中国学会、东北中国学例会、北海道中国哲学会、筑波中国学会、京都大学中国文学会、国士馆大学汉学会等这样的地方性学会、大学性学会也层出不穷,不一而足。这里值得一提的是"日本中国学会"。这一学会可以说是日本国内中国学研究方面历史最长且规模最大的综合性研究学会。其发轫于1949年12月22日,首创者是在汉语、中国文学研究方面颇具影响力的仓石武四郎(1897~1975)。其学会刊物《日本中国学会报》已经是日本中国学研究方面的顶级刊物之一[①]。日本中国学会分为哲学、思想与文学、语学两个方面,研究成果颇为丰富。然而不可忽视的问题是,该学会虽然被称作是中国学研究方面的综合性学会,但从其本身构成来看,并未将中国历史方面的研究纳入在内。据参与学会创办的学者回忆,"仓石先生本身是想创办一个包括史学的综合性学会,但在临近学会开创时,史学方面的人员却退出了"。当初史学欠

---

① 有关日本中国学会沿革的详细情况,可参考『日本中國學會五十年史』(日本汲古书院、1998年)。

缺的原因如今尚无法查证，然而进入21世纪之后，虽然该学会及其学报依然是中国研究方面的头把交椅，为有志于中国研究的学者们提供着可靠的交流平台，但至今却仍未将中国历史研究纳入其中，这不能不说有些遗憾。

除了像日本中国学会这样的综合性学会，或者如"京都大学中国哲学会"等这种文史哲式的粗略划分之外，还有具体到某个时代，甚至某个人、个案的更细致化的、专门性、专题性质的学术研究会，如六朝学术学会、宋代诗文研究会、中唐文学会、闻一多研究会、明清文人研究会等。上文提到日本中国学会尚无历史方面的研究，但是确有如名为"中国古代史"，甚至是"中国秦汉史"等这样的专门性研究学会。除了学会的细致化之外，从每年出版发表的书及内容来看，具体到每个研究者、题目、个案本身也是事无巨细、五花八门。可以说，在中国传统文史哲的研究方面，日本学者已经日趋具体与细致。这一方面离不开近代以来学科体系的细分，也是日本一贯有之的"汉学趣味"的延续。

但是，值得注意的是，虽然从数量上来看，日本在中国文史哲研究方面规模日趋庞大，且其中不乏精致的文本细读，也不否认有个别深入且出众的研究；但笔者认为，从总体上来讲，日本这种趋于过分细致化、具体化的研究存在流于涣散与琐碎的倾向，甚至是不断重复或止于表面，普遍来说缺乏真知灼见及新视点、新角度与新方法。且从内容上来看，其研究多偏重于古典方面，而在近现代文学、思想、历史方面的研究相较稀少，重古代轻现当代这一点可以说是20世纪日本中国学研究的延续，而研究的细致化所带来的细碎化倾向在继承与发扬20世纪日本中国学的精进精神与宏大气势方面又尽显乏力，因而，在某种程度上，这种细致化倾向虽然是21世纪日本中国学在文史哲方面的走向，却不能构成21世纪日本中国学研究的新特点及新的问题意识。

笔者认为，新特点与新的问题意识一定是与新的形势、新的文化、政治、经济、社会发展息息相关，这既包括作为研究对象的中国，也包括日本本国。所以，与这种细致化、精致化的中国学研究相对，笔者认为，有关21世纪日本中国学的两种研究可能更值得关注。

（二）"现代中国地域研究"的内容

与新环境、新发展形势相呼应，"现代中国地域研究"可以说代表着21世纪日本中国学的新方向与问题意识。"现代中国地域研究"是日本若干大学及研究机构通力合作的项目。这项研究从2007年启动，2007年至2012年为第一期，2012年至2017年为第二期，目前属于第二期阶段。其研究目的及性质是："如何把握理解新兴大国——现代中国文化、社会、政治、经济等现状的综合性认识与理解。"

　　这一项目所涵盖的日本重要的研究机构及其研究题目分别是：（1）早稻田大学亚洲研究机构：中国持续发展的可能性；（2）京都大学人文科学研究所：人文学所见现代中国深层构造分析；（3）庆应义塾东亚研究所：中国的政治统治能力；（4）东京大学社会科学研究所：中国经济的成长与安定；（5）人间文化研究机构综合地球环境学研究所：中国的社会开发与环境保全；（6）东洋文库：现代中国研究资料的收集、利用的促进与现代中国资料研究的推进。

　　第二期，也就是现在进行的这一期，除了上述六个研究机构外，还加入了以下三个机构，且各个据点的研究总题目也有所变化，分别是：（1）早稻田大学亚洲研究机构：关于中国"超级大国"化论的研究；（2）京都大学人文科学研究所：中国近现当代史的多重构造；（3）庆应义塾东亚研究所：过渡期的政治、外交与安全；（4）东京大学社会科学研究所：中国及东亚的长期经济发展：工业化的轨迹与展望；（5）人间文化研究机构综合地球环境学研究所：中国环境问题的全球化与成熟型东亚社会构想探索；（6）日本现代中国资料的信息与研究中心：通过对资料的长期系统性分析解析当代中国的变迁；（7）爱知大学国际中国学研究中心：关于日中关系变化结构性变迁的实证性研究；（8）法政大学中国基层政治研究所：中国共产党的政治社会学——中南海研究；（9）神户大学现代中国研究据点：关于中国经济可持续发展的实证研究。

　　作为研究成果，这一项目举行过多次学术研讨会并以书物形成出版，并且发行了日本及英文版《日本当代中国研究》杂志，除此之外，该项目还出版了以《现代中国地域研究丛书》系列丛书为代表的一系列当代中国相关研究著作①。《现代中国地域研究丛书》到目前为止已出版了14册。为了更好地说明与评价这一项目的研究成果与特色，这里有必要先罗列一下这一丛书的具体出版书目以供参考：（1）徐显芬：《日本的对中ODA外交：利益·权力·价值之活力》；（2）松村史纪：《"大国中国"的消解：从军事任务到亚洲冷战》；（3）任哲：《中国的土地政治：中央的政策与地方政府》；（4）平川幸子：《"两个中国"与日本方式：外交困境的解决、起源与适用》；（5）松永光平：《中国的水土流失：历史展开与现代中国的转换点》；（6）武上真理子：《科学之人（Man of Science）孙文：思想史的考察》；（7）江藤名保子：《中国民族主义中的日本："爱国主义"的变迁与历史问题意识》；（8）张馨元：《中国玉米产业的展开过程》；（9）北蕾：《中国中小企业的创办、经营与人才管理：民营企业的多样化》；（10）森川裕贯：《政论家的矜

---

　　① 除了《现代中国地域研究丛书》之外，此项目的多个据点也各自出版了相关丛书，如庆应大学的《现代中国研究系列》以及东京大学的《现代中国研究据点研究系列》等。其中东京大学的这套系列丛书提供全文公开下载，可参见http://web.iss.u-tokyo.ac.jp/kyoten/research/issccs/。

持：中华民国时期章士钊与张东荪的政治思想》；(11) 土屋贵裕：《现代中国的军事制度：围绕国防费、军事费的党政军关系》；(12) 小池求：《20 世纪初的清朝与德国：多元国际环境下的双方向性》；(13) 俞敏浩：《国际社会中的日中关系：1978~2001 年的中国外交与日本》；(14) 上村威：《文化与国家身份认同的构筑："关系"与中国外交》。

（三）新世纪以来日本中国学的新特点

(1) 不论研究者国籍，展开共同、平等的学术讨论。这项研究虽然是日本各大学发起的，但其中也有中国方面的共同参与。其各个分支也都有中国方面的"海外共同研究者"。从前列研究著作来看，其中也不乏中国研究者之作。正如这一项目的代表者之一——毛里和子教授指出的，"面对'中国向何处去'这一问题，运用人文、社会、自然等各学科来对中国进行综合性研究。在此过程中，加强跨学科的研究固然重要，尤其有必要系统地推动与我们的研究对象——中国——的研究人员、研究机构的联合研究活动。"[①]

需要指出的是，不仅限于此研究项目，21 世纪日本的中国研究都有"研究对象——中国——的研究人员、研究机构"，甚至其他国家的研究者加入其中展开共同讨论的新趋向与特点。这里有一件事情值得一提。2014 年 3 月，东京大学举办了一场名为"现代日中关系的源流——对七十年代的再检讨"的国际学术研讨会，笔者有幸现场聆听了此会。这次会议将目前中日关系实际问题追溯到中日关系构建的起点，围绕 1972 年中日建交，在历史溯源中分析中日关系相关历史性纷争及问题的来龙去脉，在此基础上探讨目前可能的解决出路。这次会议除了日本学者外，还邀请了美国中国学家傅高义（Vogel）、中国学者共同参与，这些学者有些亲历亲述了中日建交及关系的变化发展，有些通过史料及地图等，在历史分析中探讨应该如何化解矛盾、共同发展。当然，会议并不是异口同声，或者取得了非此即彼的共识；不同知识背景、立场的学者反倒是观点冲突、摩擦不断，但就是在探讨、辩论、摩擦中，促进了相互了解与体认。此外，由中日两国高层共同发起，由中日两国学者共同参与的"中日历史共同研究"项目（2006-2009）也是如此。在此项目最后写成的研究报告中，从古代到近现代的每一个历史课题，皆由中日学者分别执笔展开论述。[②]

这样，通过中日学者及其他非日本学者的平等共同讨论，在观点的碰撞与冲

---

① 毛里和子「"動く中国"と"変わらない中国"——現代中国研究のパラダイム・シフトを考える」『アジア研究』第 55 卷第 2 号、アジア政経学会、2009 年、82 頁。
② 详情请参阅 北岡伸一步平编『「日中歴史共同研究」報告書（第 1 卷 古代・中近世史篇）』、『「日中歴史共同研究」報告書（第 2 卷 近現代史篇）』（勉誠出版社、2014 年）。

突中就促成了换位思考与共同反省的空间，为实际问题的深入研究及出路探索提供了更大的可能性。笔者认为这可以说是21世纪日本中国学的新特点与新趋势。

（2）打破地域囿限，关注多国互动与国际整体环境。21世纪的日本中国学，虽然研究对象还在"中国"，却不囿限于中国本土之事情，也不仅仅限于中国与日本两国之间的历史与相互关系，而注重在更广阔的国际整体环境与形势下，在中国、日本与其他国家的多边互动关系中探讨中国问题。上述在追溯中日关系的历史中，很多学者都注意将美国因素，即与中美、日美关系相结合进行分析探讨。在上面提及的《现代中国地域研究丛书》之《国际社会中的日中关系》（俞敏浩）中，作者更是关注改变中日历史关系的国际环境。而该丛书的另一本《20世纪初期的清朝与德国——多元国际环境下的双方向性》（小池求）也反映着这一倾向。此书虽然看似只讨论清朝与德国，但正如该书副标题所暗示的，书中通过对同时代中日、中美、日法、德美等等多边关系的检视，在国际大环境之中展开清朝与德国关系的研究，从而使得论点更具说服力，视野更加开阔。

就"中国地域研究"这一项目本身来讲我们也能看出这一趋势。与"中国地域研究"并列存在的还有"伊斯兰地域研究"与"现代印度地域研究"这两个项目。在"中国地域研究"第二期的开幕致辞中，该项目的推进中心主任小长谷有纪就说道："倘若我们现在还将研究对象仅仅局限于中国一个国家，我们将很难辨析和把握眼前的中国。因此有必要将加强各种区域研究之间的合作作为今后工作的一个重点，如可以考虑将中国与伊斯兰地区或者当代印度地区的相互作用作为研究课题。"① 由此可见，不管是对历史上的中国还是对现实中的中国的研究，21世纪的日本中国学具有强烈的打破地域囿限，通过对国家间、地域间相互关系的讨论，通过对更广阔的国际环境的关注来把握具体研究对象的强烈意识。这可以说是对20世纪以来，学术界所提倡的跨学科、跨文化研究的进一步升华，也是对日益增进的全球化趋势的呼应。

然而，21世纪的日本中国学研究虽然拥有在更广阔的国际环境下把握研究对象的强烈意识与趋势，且取得了一定的成果。但笔者认为这一方面尚未充分展开，前面所提及的"将中国与伊斯兰地区或者印度地区的相互作用作为研究课题"虽然具有敏锐高明的学术眼光，但具体的研究内容及研究成果还要拭目以待。

（四）"东亚文化交涉学"与对日本中国学的反思

"东亚文化交涉学"是日本文部省21世纪大型规划全球COE（Global Center

---

① 小长谷有纪「"现代中国地域研究第2期"の開始にあたって」『人間文化研究機構地域研究推進事業現代中国地域研究』第2版、现代中国地域研究拠点、2014年、2頁。

of Excellence，卓越研究中心计划）项目之一，具体由日本关西大学承担。日本关西大学拥有优厚的汉学、中国学研究条件以及东洋学研究传统。其汉学研究前身是日本历史上著名的汉学塾——从江户一直延续到近代的泊园书院。现在的关西大学除了拥有泊园书院的全部藏书之外，也很留意收购与积累中国学方面的相关书籍，日本近代著名汉学家内藤湖南文库就是其中的典型代表。关西大学的东洋学研究传统也为其承担"东亚文化交涉学"项目创造了必要条件。这一项目从2007年开始至2012年结束，项目结束后，作为成果之一，组建了东亚文化研究科文化交涉学专业，此专业是日本现在少有的打破文史哲分科界限，提倡文化交涉、综合研究的专业。

那么，东亚文化交涉学视野下的中国学研究有什么特点？这就在于"交涉"二字。那么，什么是交涉？在方法上，就是打破了对语言、思想、民族、宗教、文学、历史等各领域的个别叙述，而对中国本身进行综合性关照。这是基于以往的研究多倾向于"把同类事物用同一方法加以逐个研究，而未能对之进行多学科的交叉性考察"[①] 之反省。这一点也与前面所论"现代中国地域研究"的思想方法相呼应；然而"交涉"之视野还有更重要的一点值得关注，就是在对中国本身的这种关照中，其背后所呈现出来的地域意识与地域特色，亦即要"把握文化接触和变异的多样性"[②]，也就是说要关注中国文化在与东亚各地区接触后如何变容、转化为各地域自身的思想与文化，如何在不同的"汉学家"那里转化为不同的阐释与叙述方式，从而使其成为自身思想史的一部分。这其中不可忽略的当然是对历史社会背景的考察。

所以，笔者认为，21世纪的日本中国学纵使有上述新特点，但却对20世纪的日本中国学，尤其是20世纪前半期的日本中国学缺乏总体性的批判式反省。众所周知，在19世纪后半期到20世纪前半期，日本在经历明治维新、殖产兴业、富国强兵之后，最终在意识形态上走向近代国家主义天皇制，进而走向对外侵略与扩张的法西斯主义道路。所以，当我们用"文化交涉学"的视角与方法深入关注20世纪前半期，那些身处于此历史氛围，但同时又接受了以"客观性""实证性"为宗旨的现代学术观念的日本中国学家们的时候，我们发现，纵然这些中国学家们在与中国文学、历史等相关的纯学术研究方面有若干贡献，但一旦与其母国日本发生关系，他们对中国历史、思想的体认理解与评判就会自觉不自觉地受到本国历史文化、思想意识形态、社会境况等影响；甚至以中国思想为资源，进行服务于日本当时国体教义、国家主义的意识形态

---

①② 陶德民「作为"人学"的东亚文化交涉学——基于史学立场的一个倡言」『東アジア文化交渉研究』第5号、2012年、5頁。陶德民本人就是东亚文化交涉学项目的主负责人。

建设。这不仅发生在身处所谓与政府关系密切的东京帝国大学的中国学研究者，如井上哲次郎（1855～1974）、服部宇之吉（1867～1936）、宇野哲人（1875～1974）等身上，而且也发生在远离政治中心、提倡"朴学"的京都帝国大学中国学研究，即所谓汉学、东洋学"京都学派"中。以"京都学派"的开创者狩野直喜（1868～1947）为例，其虽然自诩"我是考证学"，并且主张"政治不能干预学术"，但深入分析其思想及言论，我们会发现，其中国学研究与阐释却不乏是在借儒学思想为日本近代表彰"忠君爱国""国体之上"的天皇制背书，甚至有鼓吹日本之东亚侵略的言论。然而，狩野直喜"京都学派"的弟子们，也就是活跃于20世纪后半期的第二代日本中国学中坚学者，非但没有对其前辈，也就是与日本历史社会政治意识形态多有瓜葛的、第一代日本中国学家的研究工作进行深入的批判性反省，反而给狩野们的中国学研究贴上了"实证主义""考据式"，甚至给自身所属的"京都学派"都贴上了"把中国当作中国"[①]的标签。看似其研究与中国本身具有亲缘性，是从中国的视角、脉络出发看问题，但其实狩野等并非这样，"京都学派"更非如此。这样一种"考据""实证""把中国当代中国"的标签，实际掩盖了包括"京都学派"在内的20世纪中国学本身的复杂性与多样性，阻碍了我们对20世纪日本中国学的深入了解、分析与批判。

所以，"文化交涉学"恰恰为我们提供了对20世纪的中国学进行深入研究、反思与批判的视角与方法，告诉我们要注意对那个时代整体背景氛围的关照，要注意本土社会文化、历史经验的影响；实际上也就为21世纪的日本中国学提出了必须对前一个世纪的日本中国学进行反思的要求。因此，对21世纪的日本中国学来说，如前所表，其在研究内容与研究方法上有所扩大，且研究姿态更加开放，但却更需要对20世纪日本中国学研究进行整体性反省，以回应21世纪日本中国学研究其自身所提出的"文化交涉学"的内在要求。

在海外汉学研究中有一句话经常被提到，那就是"他山之石，可以攻玉"。关注日本中国学，或者更大范围中的海外中国学，不仅仅是观察那个时代的中国的一面镜子，不仅仅为我们自己研究中国文化提供了多样参照，更对中国社会、政治的当下问题具有积极的历史性借鉴意义。以近代日本中国学为例，20世纪前半期的日本普遍利用儒学进行日本国家主义意识形态的塑造，我们关注到如今政府也在提倡优秀传统文化，那么如何使儒学、使我们的中国学在当代发挥积极作用，避免走日本国家主义的老路，作为学者应该如何思考、如何行动，这些或

[①] 吉川幸次郎（1904～1980）语。此人为狩野直喜之学生，是日本战后中国学研究方面的权威人物之一，有《吉川幸次郎全集》（全28卷）。

许也是日本中国学带给我们的需要深入思考的问题。

二、21世纪韩国的中国学研究特点与趋势

中韩自1992年建交以后,关系发展迅速,尤其是进入21世纪后,在许多领域都有重大发展,这也带动了韩国的中国学研究。对于当代韩国的中国学研究,目前韩国多数学者采用的方法是利用韩国国会电子图书馆①的网站进行数量统计。由于"中国学"的研究范围仍存在争议,因此,一般的研究方法是将所有与"中国"相关的主题都包括在"中国学"范围之内。然而,韩国国会电子图书馆收录的内容尽管最多,但太过驳杂,且无法对细部学科分类进行统计,因此本文还同时参考了韩国研究财团网站②的数据。大体来看,21世纪以来,韩国的中国学研究具有以下特点:

(一) 总量上开始领先他国,高质量研究数量不多

尽管中韩两国渊源深厚,但韩国真正意义上的"中国学"研究历史却不长。大体可分为三个阶段。第一阶段是从"二战"结束后到1979年中国改革开放前。这一期间的研究总体落后。一部分研究是留学中国台湾的韩国人进行的中国文学、语言、历史及哲学等传统领域的研究。一部分是自70年代起,随中美关系发展,尤其是中国回到联合国常任理事国前后,韩国逐步开始的对中国政治层面的研究。第二阶段是从1979年到1992年中韩建交前。出于对改革开放后中国变化的期待,韩国赴中国台湾地区的留学生急剧增加。这一时期,韩国新增了许多中国文学或语言相关专业,一些重要大学还成立了中国问题相关研究机构。第三阶段是1992年建交以后,尤其是进入21世纪后,两国在许多领域发展迅速,这也相应地带动了韩国的中国学研究。

通过对韩国国会电子图书馆网站的统计,我们可以发现,中韩建交后(第三阶段)韩国对中国的研究成果数量有明显增加,尤其是21世纪后增加更为迅速。2000~2016年的年平均成果数量是1993~1999年的3倍之多(见表10-6)。如进一步比较与韩国关系非常紧密的美国和日本,我们可以发现,从21世纪开始,韩国对中国的研究成果不仅开始位居第一,而且,十几年间的累积成果数量已经远远超过了美国和日本。

---

① 韩国国会电子图书馆网站:http://www.nanet.go.kr/main.jsp。
② 韩国研究财团论文检索网站:https://www.kci.go.kr/kciportal/po/search/poArtiSearList.kci。

表 10 - 6　　　　　韩国各阶段对中国的研究成果数量

检索项目	第一阶段	第二阶段	第三阶段	第四阶段
年度	1945~1979	1980~1992	1993~1999	2000~2016
总量	1 768	5 626	9 851	76 808
年平均	51	433	1 407	4 518

注：检索词："中国"；检索语言："韩国语"；检索内容：图书，硕博士论文，学术文章。研究成果主要包含图书（含一般图书、海外图书、研讨会资料集等）、硕博士论文、学术文章（在韩国所有学术期刊上发表的学术论文、学术报道、海外学术文章等）三部分。

如表 10 - 7 所示，可以看出：

表 10 - 7　　　　韩国各阶段对中、美、日的研究成果数量

检索结果	类型	1945~1979	1980~1992	1993~1999	2000~2016
中国	图书资料	260	992	1 264	7 108
	国内学术文章	1 395	4 033	7 395	51 449
	学位论文	113	601	1 192	18 251
	小计	1 768	5 626	9 851	76 808
美国	图书资料	390	794	872	3 645
	国内学术文章	6 557	7 512	6 283	31 345
	学位论文	259	1 005	913	3 404
	小计	7 206	9 311	8 068	38 394
日本	图书资料	343	1 285	1 473	5 890
	国内学术文章	6 478	10 295	8 924	41 151
	学位论文	152	881	1 193	5 762
	小计	6 973	12 461	11 590	52 803

注：检索词："中国""美国""日本"；检索语言："韩国语"；检索内容：图书，硕博士论文，学术文章。

在第一阶段（1979 年之前），韩国对美国的研究最多，约为中国的 4.1 倍。对日本的研究约为中国的 3.9 倍。在第二阶段（从 1980 年到 1992 年），韩国对日本的研究最多，约为中国的 2.2 倍。对美国的研究约为中国的 1.7 倍。从中韩建交后到 1999 年，韩国对中国的研究急剧增加，开始超过美国，逼近日本。进入 21 世纪，从 2000 年到 2016 年，韩国对中国的研究成果总量达到 76 808 件，约为日本的

1.5倍，数量上多出2.4万余件；约为美国的2倍，多出3.8万余件。

以上有几个需要说明的地方是：第一，图书部分不排除作者是外国人的情况，不排除非学术专著而仅仅是通识类读物的情况等；第二，鉴于2000年以后韩国急剧增长的中国留学生，因此，硕博士论文可能有一部分的作者是中国人；第三，学术文章在此处既包括学术论文，也包括在学术刊物上登载的非论文文章等。以上这些难以进行细部统计，尽管如此，这仍然可以在很大程度上反映出韩国学术界对中国的关注度。

尽管21世纪后，韩国对中国的研究成果增加迅速，但高质量研究的数量却不多。这一部分数据主要参照韩国研究财团网站收录的学术文章（包括学术论文和研究报告）。该网站的学术文章类似于中国A类和B类学术期刊的总和，韩国大学的职称评定基本不考虑在这一水平以下的文章。因该网站于2007年方投入使用，其收录的学术期刊在近年开始趋于稳定。因此，我们仅以2016年为例，与韩国国会电子图书馆进行比较。2016年，韩国国会电子图书馆收录的中国研究相关文章为3 886篇，而韩国研究财团网站仅为1 778篇，不足总量的一半。不过尽管如此，仍高于日本（1 276篇）和美国（721篇）。可见，就高质量文章来说，其数量就大打折扣了。

（二）传统人文学科总体仍占优势

韩国研究财团网站，按主题共分为八类，分别是人文、社科、自然科学、工学、医药学、农渔海洋、艺术体育、跨学科。通过统计，我们可以发现，21世纪后，在韩国研究中国的学术文章中，人文学科占44.9%，位居第一。

根据表10-8，我们可以发现：21世纪后，韩国的中国学研究中，人文（44.9%）和社科（41.2%）各占半边天；从2010年起，社科领域的研究开始超过人文，数量上位居第一；各领域发展不平均；值得注意的是，并非每个领域的研究都是逐年递增的，尽管该网站收录的期刊数量在逐年增加，但多数领域的数量峰值都出现在2016年之前。

表10-8　韩国研究财团2000~2016年按主题分类的"中国"相关学术文章

年度	人文	社科	自然科学	工学	医药学	农渔海洋	艺术体育	跨学科	总计
2000	22	2	0	1	1	0	1	0	27
2001	36	16	2	2	1	0	1	3	61
2002	268	133	13	14	3	12	19	8	470

续表

年度	人文	社科	自然科学	工学	医药学	农渔海洋	艺术体育	跨学科	总计
2003	344	186	29	7	9	11	15	7	608
2004	396	225	30	4	3	21	8	12	699
2005	400	280	41	9	7	19	26	8	790
2006	437	317	38	15	7	18	31	13	876
2007	458	381	31	8	12	15	35	10	950
2008	566	474	30	10	11	25	42	20	1 180
2009	567	546	33	10	11	23	54	28	1 275
2010	601	613	34	16	12	29	51	35	1 394
2011	626	639	27	20	21	26	78	47	1 484
2012	698	724	35	21	17	21	69	56	1 641
2013	645	739	34	24	23	19	95	58	1 637
2014	711	803	44	28	12	17	79	60	1 754
2015	785	796	41	39	7	21	111	62	1 862
2016	741	775	29	19	6	28	120	60	1 778
总计	8 301	7 649	491	246	163	306	835	487	18 486
百分比	44.9	41.2	2.7	1.3	0.9	1.7	4.5	2.6	≈100

注：检索方法："论文名"输入"中国"或"关键词"输入"中国学"后，按时间段分类检索。鉴于该网站 2016 年 12 月 31 日之后的数据仍有细微变化，因此特别声明，以下数据的检索日期为 2017 年 1 月 25 日。

在八大主题下的所有小分类中，人文学科中的"语言和文学"文章数量达到 5 266 篇，高居第一，且是第二的两倍之多。如表 10-9 所示，历史领域也位居第三。

表 10-9　2000~2016 年韩国研究财团对中国研究成果数量细部分类前六位

排名	细部研究领域	数量
1	语言和文学	5 266
2	经贸	2 226
3	历史	1 516
4	法学	1 327
5	地域	937
6	政治外交	738

注：数据来源：韩国研究财团；检索日期：2017 年 1 月 25 日。

具体来看，人文学科文章总数为8 301篇，从高到低又细分为中国语和文学（3 991）、历史（1 516）、韩国语和文学（897）、其他人文学（796）、哲学（242）、语言学（233）、文学（109）、日本语和文学（103）、佛教学（94）、宗教学（85）、基督教神学（49）、翻译（36）、儒教学（33）、英语和文学（31）、人文学（27）、德语和文学（15）、俄语和文学（12）、天主教神学（11）、其他东方语言和文学（9）、法语和文学（8）、西班牙语和文学（2）、词典学（2）、其他西方语言和文学（0）、西方古典语言和文学（0）。需要说明的是，各分类尽管在名字上有重叠，但在数量上并不重叠，即同一篇文章只属于一个类别。

不过，尽管人文学科研究成果最多，但仔细考查，我们可以发现：人文学科多数领域的成果数量峰值都出现在2016年之前。即21世纪后，尽管总量增加明显，但自2015年左右，已经开始趋于稳定。个别传统领域，如哲学，在21世纪后的十几年中并未一直增长，而是几度反复。占比最多的几项，如语言和文学类（63.4%）和历史（18.3%），除与其深厚的研究传统有关，还有一个重要的原因就是其实用性和研究便利性。如更进一步考查，在文学类研究中，关于中国当代文学的研究大大增加。随着人员往来和语言人才的需求增多，语言学的研究也大大增多。在历史方面，由于研究资料的增加和历史纷争问题，研究数量也比较多（见表10-10）。

表10-10 韩国研究财团2000~2016年人文学科部分领域成果数量分类统计

年度	语言和文学	历史	哲学	其他	人文总计
2000	17	4	0	1	22
2001	26	5	0	5	36
2002	199	48	7	14	268
2003	247	65	8	24	344
2004	262	93	14	27	396
2005	274	88	8	30	400
2006	293	86	22	36	437
2007	317	85	16	40	458
2008	351	115	18	82	566
2009	357	108	18	84	567
2010	386	118	15	82	601
2011	397	98	17	114	626
2012	408	123	27	140	698
2013	377	111	15	142	645

续表

年度	语言和文学	历史	哲学	其他	人文总计
2014	435	121	22	133	711
2015	483	117	16	169	785
2016	437	131	19	154	741
总计	5 266	1 516	242	1 277	8 301
百分比	63.4	18.3	2.9	15.4	100

注：检索方法："论文名"输入"中国"或"关键词"输入"中国学"；检索日期为2017年1月25日。

"语言和文学"一项合并了5小类，包括中国语和文学、韩国语和文学、语言学、文学、翻译。需要说明的是，尽管"语言和文学"已经包括了其中的5小类，但在未包括的项目中，如"日本语和文学""英语和文学"等类别中，从题目看，有部分文章也多少涉及汉语，但此处并未囊括。

（三）社科类研究急剧增加，但缺少"中国通"式的研究人才

21世纪后，韩国对中国社科领域的研究数量急剧增加，并于2010年后，超过人文，位居第一（见表10-8）。其中，数量最多的是以实用性为主的经贸、法学、地域、政治外交等领域。然而，由于缺少"中国通"式的研究人员，因此，难有高水平的文章。

具体来看，社科类文章总量为7 649篇（见表10-11），从高到低又细分为法学（1 327）、地域学（937）、贸易（844）、经营（742）、政治外交（738）、社会科学一般（601）、经济（599）、观光（372）、教育（320）、社会科学（304）、新闻传播（135）、其他社会学（133）、地理（101）、政策学（71）、社会学（60）、地域开发（59）、农业经济（41）、心理（36）、福祉（22）、军事（20）、人类学（16）。

本文仅选取占比超过10%的领域进行统计。

表10-11　韩国研究财团2000~2016年社会科学部分领域成果数量分类统计

年度	经贸	法学	地域学	政治外交	其他	总计
2000	0	0	1	0	1	2
2001	4	1	1	6	4	16
2002	30	23	3	24	53	133
2003	53	34	6	34	59	186
2004	54	33	12	50	76	225

续表

年度	经贸	法学	地域学	政治外交	其他	总计
2005	82	42	18	43	95	280
2006	99	58	31	33	96	317
2007	120	74	56	39	92	381
2008	130	100	64	50	130	474
2009	146	113	84	57	146	546
2010	161	118	89	58	187	613
2011	187	112	84	55	201	639
2012	210	113	101	69	231	724
2013	209	145	105	57	223	739
2014	249	124	108	66	256	803
2015	246	118	81	59	292	796
2016	246	119	93	38	279	775
总计	2 226	1 327	937	738	2 421	7 649
百分比	29.1	17.3	12.2	9.6	31.2	≈100

注：检索方法："论文名"输入"中国"或"关键词"输入"中国学"；检索日期为2017年1月25日。

经贸又包括四部分，按总量由高到低依次为贸易（844）、经营（742）、经济（599）、农业经济（41）。

21世纪以来，中韩经贸往来飞速发展。受此影响，经贸类研究占比将近30%，由于法律在经贸往来中的重要作用，法学类研究也较高，位居第二。此外，地域和政治外交研究也增加显著。

然而，尽管数量增加迅速，但却缺少高质量的文章。以韩国研究财团网站2016年社科领域的学术文章为例，多数文章题目偏大，介绍性成分多，分析性成分少，缺少深度。如："中国文化产业贸易与韩中关系""中国'十三五'规划的区域政策方向""韩中文化福祉政策比较研究""中国关于英国脱欧的评价及应对"。

也有利用社会科学的统计调查进行的比较细致的研究，但这类研究往往受抽样限制，导致调查结果不尽准确或难以具有代表性。如："中国消费者的感性消费价值对韩国化妆品牌的影响研究""中国观众的韩剧试听动机研究——以《来自星星的你》为例"。也有一些相对有深度的文章，不过也不乏作者是外国人的情况。究其原因：（1）韩国目前缺少"中国通"式的研究人员。韩国目前从事中国学研究的核心人员的特点是：多为20世纪80年代有过中国台湾地区留学经历的学者，即便后来有过中国大陆访学经历，但仍对中国大陆缺乏深入了解；多数学者出身于人文学科，有社科背景的人少。（2）韩国区域研究始于20世纪90年代，目前仍处于模仿发达国家研究成果的阶段，尚不成熟。（3）中国本身的复杂性。如发展快、地域广、差异大等。尤其是社科领域的许多研究需要进行数据调查，那么样本采集就是一个问题。

综上所述，21世纪后，韩国的中国学研究主要有如下几个特点：（1）总量急剧增加，但多数领域在2015年左右已趋于平稳；（2）由于研究人员多为人文学科出身，因此人文学科仍占据优势；（3）以实用性研究为主的社会科学类研究增加迅速，2010年后，已经开始超过人文学科，位居第一。

目前韩国的中国学研究急需解决的一个问题是，人文和社科的研究人员和成果数量失衡。即社科类研究数量多且增加显著，然而研究人员数量却不多，且缺少跨学科人才。许多韩国学者已经意识到这一问题。韩国外国语大学中国学研究所康埈荣教授指出，韩国的教育课程和研究者都偏重于语言文学，然而研究成果却是经济和政治领域优先；研究学会也存在着文史哲的人文领域和政治经济领域的分裂现象。社会科学领域的研究，除了从政治学以及经济学方面切入之外，还要从文化、哲学、历史等方面切入，即能够进行跨学科研究。[①]

其实，反观国内的韩国学研究和韩国相关报道，也存在同样的问题，甚至更加严重。与韩国相关的教育课程和研究人员多为人文学科出身，而其他领域的学者又缺少对韩国国民性、社会价值以及文化历史方面的了解。因此，这难免导致当中韩关系发生问题的时候，我们难以看到客观的、有深度的报道，有些文章更是造成了误导。

中韩关系的重要性毋庸置疑，韩国的中国学研究以及中国的韩国学研究都存在着极大的发展前景和空间。悠久的文化和历史纽带，使中韩之间有着特殊的联系和情感。然而，如果双方难以与时俱进，增进彼此了解和理解，这个纽带反而容易蒙蔽今天学者们的双眼，成为两国发展中的阻碍。

---

① ［韩］康埈荣：《韩国的中国学研究趋势和展望》，载于《学习与探索》2012年第1期。

第十一章

中华文化国际认知的实证研究

在历史的长河中，中华文化为人类历史与世界文明做出了重大贡献，中华文化对外传播的历史就是中华民族为世界文明贡献智慧的历史。中华文化之所以能够在世界上长盛不衰、发挥持久的影响力，最根本的原因是中华文化具有特殊魅力和人类共同价值。两者紧密相联，缺一不可。在研究中华文化对外传播的过程中，我们必须清醒地认识到：只强调中华文化的特殊性是无法正确揭示中华文化对外传播的一般规律的，是无法解释中华文化为什么会发生如此长久的世界影响力的。中华文化的对外传播与西方殖民主义时期的文化殖民、文化入侵是截然不同的。最重要的差别就在于，中华文化是在平等交流与对话的过程中逐渐走向世界的，是以"随风潜入夜，润物细无声"的形式发挥持久影响力的。习近平总书记提出的"人类命运共同体"及"一带一路"倡议，正是这种文化交流理念和方式的重要体现，可以作为中华文化走出去的指导方针和理论基础。

这就要求我们必须突破"文化中心主义""民族主义""民粹主义"的羁绊，站在整个世界格局的高度，用跨文化阐释的理念与方法来看待、来研究中华文化的对外传播，以对方能够接受和便于理解的方式来传播我们的中华文化。要做到这一点，显然需要首先了解国外民众对中华文化的认知现状。从这个意义上讲，开展中华文化国际认知的实证调研工作，其意义不言自明。

第一节　中华文化国际认知的调研报告

　　本次中华文化认知调研报告的调研范围涵盖了北美洲、欧洲、拉丁美洲和亚洲。

　　北美洲的调研地区为联合国总部和美国大华府地区。联合国总部位于美国纽约，是目前世界上最大的国际组织，在国际事务中发挥着非常重要的作用，中国是联合国五大常任理事国之一，汉语是联合国六大官方语言之一，联合国各类官员及工作人员对中华文化的认知，直接或间接影响着他们在处理与中国相关的事务乃至国际事务中的决策行为以及具体的工作方式。美国大华府地区，包括美国首都华盛顿特区、马里兰州南部和弗吉尼亚州北部，这里是美国的政治中心。在以上两个地区开展中华文化国际认知的调研工作，具有非常重要的意义和价值。联合国总部的调研在联合国语言部汉语组中进行，调研时间为2013年8月至2014年1月，美国大华府地区的调研时间为2013年8月至2016年8月。

　　欧洲的调研地区为英国的伦敦商务孔子学院和法国的克莱蒙费朗孔子学院。中国文化与欧洲文化，是世界重要文明，历来有很多交流与碰撞，因此，在英法两国的两所孔子学院中对汉语学习者不同中华文化类型的认知特征进行调研，对提高跨文化交际的有效性，以及对未来各国的经济政治交流，都有着一定的借鉴意义。调研时间为2015年10月至2017年3月。

　　拉丁美洲的调研地区为拉丁美洲四个国家的孔子学院，分别是古巴哈瓦那大学孔子学院、智利圣托马斯大学孔子学院、墨西哥奇瓦瓦大学孔子学院、哥伦比亚安第斯大学孔子学院。近年来，拉丁美洲地区的孔子学院和孔子课堂越来越多，拉丁美洲和中国相距甚远，对这一地区的中华文化教学状况和学员对中华文化的认知情况进行调研，可以为推广主体勾勒出拉美地区的中华文化教学轮廓，制定文化教学目标、内容和方法，达到方便决策者参考、教者操作、学习者受益的目的。调研时间为2014年1月至2015年2月。

　　亚洲的调研地区为中国北京语言大学汉语国际教育学部和中国杭州师范大学国际教育学院。调研时间为2014年3月至2018年7月。

　　调研采用了问卷调查法，调查工具采用了"中华文化认知"问卷的英语版和西班牙语版。问卷共有三大部分，包括60个问题：第一部分有6个单项选择题，是关于被调查者的个人信息；第二部分有6个单项选择题，是关于被调查者的汉语学习背景；第三部分是调查问卷的核心部分，有48个问题，其中，38个单项选择题，10个多项选择题，是有关中华文化认知的问题，内容包括物质文化认知和非物质文化认知两部分。调研内容涵盖"认知途径""认知程度""认知倾向"三个方面。

一、调查对象的个人信息分析

联合国总部的调查对象包括联合国各类官员、管理人员、信息技术人员、期刊编辑、图书馆馆员、翻译、速记员、国际事务监督员和律师等，共计116人。

美国大华府地区的调查对象包括弗吉尼亚州乔治梅森大学中文系本科生、乔治梅森大学孔子学院学生、马里兰大学孔子学院学生、北弗吉尼亚州伍德森高中学生、大华府地区"希望中文学校"的学生，共计232人。

英国伦敦商务孔子学院的调查对象包括在校大学生和大型跨国公司的商务人士，法国克莱蒙费朗孔子学院的调研对象包括广大市民，人员构成更加多元化，共计187人。

拉丁美洲四个国家孔子学院的调查对象包括各个孔子学院长期班的学员，共计273人。

中国北京语言大学的调查对象包括在北京语言大学就读的长期留学生、短期留学生和进修留学生等，中国杭州师范大学的调研对象包括在杭州师范大学就读的长期留学生、短期留学生和进修留学生等，共计2 090人。

调查对象的总人数共计2 898人。

（一）调查对象的性别分布

调查对象中，女性为1 817人，约占62.7%；男性为1 081人，约占37.3%。从调查结果看，女性比例明显高于男性（见表11-1）。

表11-1　　　　　　　　　调查对象的性别分布

项目	男	女
人数（人）	1 081	1 817
百分比（%）	37.3	62.7

（二）调查对象的年龄分布

调查对象中，年龄在20~29岁的人数最多，有1 733人，约占59.8%；其次为19岁以下的人数，有662人，约占22.8%；这两个年龄段的调查对象约占到总数的 82.6%。年龄在 50 岁以上的人最少，一共只占到 4.4%。从调查结果看，调查对象以年轻人为主（见表 11-2）。

表 11-2　　　　　　　调查对象的年龄分布

项目	19 岁以下	20~29 岁	30~39 岁	40~49 岁	50~59 岁	60 岁及以上
人数（人）	662	1 733	269	107	52	75
百分比（%）	22.8	59.8	9.3	3.7	1.8	2.6

（三）调查对象的学历分布

调查对象中，大学本科学历的人数最多，有 1 404 人，占近一半；大学以下学历的人数也较多，主要集中在拉美孔院，有 994 人，约占 34.3%；这与调查对象年轻化相对应。同时大学及研究生以上学历的总人数约占 65.7%（见表 11-3）。从调查结果看，调查对象的学历与年龄成正比，同时也看出调查对象的教育背景普遍较好。

表 11-3　　　　　　　调查对象的学历分布

项目	大学以下（高中/大专及其他学历）	大学	研究生及以上
人数（人）	994	1 404	500
百分比（%）	34.3	48.4	17.3

（四）调查对象的国籍分布

调查对象中，来自亚洲的人数最多，有 1 814 人，约占调查对象总数的 62.6%；其次是北美洲、欧洲和拉丁美洲，分别占 14.4%、10.3% 和 9.8%；来自非洲和大洋洲的人数比较少，只占到 1.9% 和 1%（见表 11-4）。

表 11-4　　　　　　　调查对象的国籍分布

项目	亚洲	欧洲	北美洲	拉丁美洲	非洲	大洋洲
人数（人）	1 814	299	417	283	56	29
百分比（%）	62.6	10.3	14.4	9.8	1.9	1

二、调研对象的汉语学习背景

（一）调查对象是否来过中国

调查对象中，来过中国的有 2 437 人，约占调查对象总数的 84.1%；没来过中国的有 461 人，约占调查对象总数的 15.9%（见表 11-5）。从调查结果看，来过中国的人占绝大多数。

表 11-5　　　　　　　　　调查对象是否来过中国

项目	是	否
人数（人）	2 437	461
百分比（%）	84.1	15.9

（二）调查对象学习汉语的时间

调查对象中，学习汉语半年以内的有 521 人，约占调查对象总数的 18%；学习汉语六个月到一年的有 658 人，约占调查对象总数的 22.7%；学习汉语一到两年的有 669 人，约占调查对象总数的 23.1%；学习汉语两年以上的人数最多，有 1 050 人，约占调查对象总数的 36.2%（见表 11-6）。从调查结果看，学习汉语时间长度各个时间段的人数比较均等，其中以学习两年以上的人为最多。

表 11-6　　　　　　　　　调查对象学习汉语的时间

项目	半年以内	半年到一年	一到两年	两年以上
人数（人）	521	658	669	1 050
百分比（%）	18	22.7	23.1	36.2

（三）调查对象汉语水平的自我评价

调查对象中，认为自己的汉语水平一般和较低的人最多，一共有 2 033 人，约占调查对象总数的 70.2%；认为自己汉语水平非常高的人最少，有 102 人，约占调查对象总数的 3.5%；认为自己汉语水平非常低和较高的人分别为 15.1% 和 3.5%（见表 11-7）。从调查结果来看，调查对象的汉语水平自我评价普遍不高。

表 11-7　　　　　　　　　调查对象汉语水平的自我评价

项目	非常高	较高	一般	较低	非常低
人数（人）	102	325	1 240	793	438
百分比（%）	3.5	11.2	42.8	27.4	15.1

（四）调查对象汉语学习兴趣的自我评价

调查对象中，表示对汉语学习非常有兴趣的有 1 190 人，比较有兴趣的有

1 070 人，二者约占调查对象总数的 78%；表示对汉语学习不太有兴趣和完全没有兴趣的人一共有 81 人，只占调查对象总数的 2.8%（见表 11-8）。从调查对象的自我评价结果看，尽管他们的汉语水平普遍不高，但是他们多数表示对汉语学习具有非常高和较高的学习兴趣。

表 11-8　　　　　　调查对象汉语学习兴趣的自我评价

项目	非常高	较高	一般	较低	非常低
人数（人）	1 190	1 070	557	43	38
百分比（%）	41.1	36.9	19.2	1.5	1.3

三、中华物质文化认知的调研结果

中华文化源远流长、博大精深，我们从中华物质文化和中华非物质文化（精神文化）两个层面分别进行了调研。物质文化是中华文化最直接外在的承载形式，我们从中选取了中国饮食文化、中国名胜、中国传统乐器等方面调查了他们对中华物质文化的了解和体验程度。

（一）中国传统饮食认知调查

饮食文化是中华文化的重要组成部分之一，为了了解调查对象对中国传统饮食的了解程度和体验程度，笔者专门针对中华饮食文化进行了调查。

从调查结果来看，在 2 898 名调查对象中，排名第一的是中国茶，喝过中国茶的人有 2 632 人，约占 90.8%；排名第二的是北京烤鸭，知道北京烤鸭的人有 2 346 人，约占 81%；其次为饺子和面条，吃过饺子和面条的人数分别是 2 196 人和 2 009 人，分别占被调查总人数的 75.8% 和 69.3%。吃过月饼、烙饼、馄饨和粽子的人都没有超过半数，其中吃过粽子的人最少，占被调查总人数的 37.4%（见表 11-9）。调查结果显示，被调查对象对中国传统饮食的认知度或体验度总体很高，中国茶非常受欢迎，北京烤鸭知名度很高，作为节日标志性食品的饺子、月饼和粽子认知度差异较大，饺子的认知度高，粽子的认知度较低，而且有近一半的被调查者表示并不知道"中秋与月饼""端午与粽子"的特殊关系。调查结果进一步验证了中国是一个有"民以食为天"文化传统的国家，"中华饮食"在国际上享有美誉，可以说具有国际影响力。

表 11-9　　　　　中国传统饮食认知调查结果

序号	名称	调查结果	
		吃（喝）过人数（人）	百分比（%）
1	粽子	1 085	37.4
2	面条	2 009	69.3
3	饺子	2 196	75.8
4	烙饼	1 129	39
5	馄饨	1 099	37.9
6	月饼	1 409	48.6
7	中国茶	2 632	90.8
8	北京烤鸭	2 346	81

（二）中国名胜古迹认知调查

从调查结果来看，认知度最高的是长城和天安门，分别占被调查总人数的94.6%和91.9%，其次是故宫、颐和园和兵马俑，分别占被调查总人数的85.7%、73.3%和72.1%，它们作为中华文化的传统标志得到了广泛的认知。敦煌的认知度远远低于其他名胜古迹，只占被调查总数的25.7%（见表11-10）。可以看出，中国名胜古迹的认知度和它本身的知名度以及国际宣传力度不无关系。通过调研，我们还发现，部分被调查对象对名胜古迹的认知主动性不高，不能深入理解人文景观、风光特色中所凝聚的中国传统文化，还有部分被调查对象表示不太喜欢或很不喜欢到中国各地旅游。

表 11-10　　　　　中国名胜古迹认知调查结果

序号	名称	调查结果	
		知道人数（人）	百分比（%）
1	兵马俑	2 089	72.1
2	敦煌	744	25.7
3	长城	2 742	94.6
4	故宫	2 485	85.7
5	颐和园	2 123	73.3
6	天安门	2 663	91.9

（三）中国传统乐器认知调查

从调查结果看，认知度较高的是古筝和二胡，分别占被调查总人数的36.7%

和 31.3%，认知度较低的是琵琶和笛子，分别占被调查总人数的 19.9% 和 17.5%，以上乐器都不知道的人最多，占 42.3%（见表 11-11）。民乐和中国传统乐器是中华文化的重要组成部分，但是，被调查对象对中国传统乐器的认知程度整体不高，其中有近一半的人完全不知道中国四大传统乐器，这远低于他们对中国传统饮食和中国名胜古迹的了解程度。

表 11-11　　　　　　　　中国传统乐器认知调查结果

序号	名称	调查结果	
		知道人数（人）	百分比（%）
1	二胡	906	31.3
2	古筝	1 064	36.7
3	琵琶	577	19.9
4	笛子	508	17.5
5	都不知道	1 228	42.3

四、中华非物质文化认知的调研结果

中华非物质文化包括文学艺术、宗教哲学、政治体制、民俗节日等精神文化层面的内容，承载了中华文化的潜在内涵，我们从中选取了中国传统节日、中国传统艺术、中国古代文学家、中国古代哲学家、中国现当代作家、中国古典名著等方面，深入了解和考察了调查对象对中华非物质文化的认知现状，希望对海外学习者和来华留学生认知中华文化的深度和广度进行全面有效的调研和分析。

（一）中国传统节日认知调查结果

从调查结果看，在所调查的中国最重要的八个传统节日中，有七个节日的认知度都比较高，对春节的认知度最高，达到 78.8%，其次为端午节、国庆节、元宵节、七夕节，这几个节日的认知度都超过 50%；只有一个节日（重阳节）的认知度低，对重阳节的认知度只占到 19.4%（见表 11-12）。调查中还发现，在华留学生对"端午节""七夕节""国庆节""清明节"的认知明显高于海外被调查者，究其原因，一是"端午节""国庆节""清明节"等节日，中国的学校会停课放假，社会活动与商业活动众多，学生直接感受明显；二是"端午节"等节日蕴涵的文化符号明显，在学习中华传统文化时，间接了解较多。比如讲解屈原等历史人物时，老师会提到"端午节"等；三是"七夕节"等节日与西方本土的节日高度同质,易于被接受。相比之下,"重阳节"等独具中国特色又缺乏宣传的节日较少被了解。

概括来讲,被调查对象对于节日名称有所认知,但是对相关的风俗和深层文化的认知不足,有相当比例的受访者表示并未听说过"守岁拜年"等节日风俗,他们对中国节日的了解,仍表现出直接性与浅层化的特征。

表 11-12　　　　　　　　中国传统节日认知调查结果

序号	名称	调查结果	
		知道人数(人)	百分比(%)
1	春节	2 285	78.8
2	元宵节	1 563	53.9
3	清明节	1 448	50
4	端午节	1 851	63.9
5	中秋节	1 335	46.1
6	七夕节	1 483	51.2
7	国庆节	1 737	59.9
8	重阳节	563	19.4

(二) 中国古代哲学家认知调查结果

从调查结果看,对孔子的认知度最高,有 2 373 人知道孔子,占被调查对象总数的 81.9%,对老子的认知度也比较高,占被调查对象总数的 51.6%,超过半数;对孟子和庄子的认知度明显低于孔子和老子,但是也能够达到 31.7% 和 25% (见表 11-13)。可见孔孟老庄之智慧,可以说是全人类共有的文化遗产。总体来讲,调查对象对儒家文化的认知多于道家文化,但是他们的认知还比较模糊,并不能详细阐释各家的具体思想,也不能多方列举各个流派的代表人物。不少被调查者表示愿意进一步了解中国的传统宗教与哲学。

表 11-13　　　　　　　　中国古代哲学家认知调查结果

序号	名称	调查结果	
		知道人数(人)	百分比(%)
1	老子	1 495	51.6
2	庄子	724	25
3	孔子	2 373	81.9
4	孟子	919	31.7

（三）中国古代文学家认知调查结果

从调查结果看，对李白的认知度最高，占被调查总数的 45.6%，其次是杜甫，占被调查总数的 32%，对屈原的认知度是 13.4%，对陶渊明和曹雪芹的认知度较低，分别是 7.8% 和 6.3%（见表 11-14）。可以看出，除了李白和杜甫以外，调查对象对中国古代文学家的认知程度不高，大概因为理解他们的作品，需要读者有更多的中国文化积淀。

表 11-14　　　　　　　中国古代文学家认知调查结果

序号	名称	调查结果	
		知道人数（人）	百分比（%）
1	屈原	388	13.4
2	李白	1 321	45.6
3	杜甫	928	32
4	曹雪芹	182	6.3
5	陶渊明	225	7.8

（四）中国现当代作家认知调查结果

从调查结果看，中国现当代作家中现代作家鲁迅的知名度最高，认知比例为 28.5%，其次是现代作家老舍、当代作家莫言和现代作家张爱玲，认知度分别为 22.9%、10.6% 和 10%，其余作家认知度都低于 10%，按照认知度的高低分别为巴金、韩寒、梁晓声、郭沫若、王蒙、贾平凹（见表 11-15）。

对比以上调查结果发现，调查对象对中国古代文学家的认知度普遍高于中国现当代文学家，对中国现代文学家的认知度略高于中国当代文学家，呈现出从古到今递减的趋势。

表 11-15　　　　　　　中国现当代作家认知调查结果

序号	名称	调查结果	
		知道人数（人）	百分比（%）
1	鲁迅	827	28.5
2	郭沫若	174	6
3	巴金	200	6.9
4	老舍	664	22.9

续表

序号	名称	调查结果	
		知道人数（人）	百分比（%）
5	张爱玲	292	10
6	王蒙	170	5.9
7	莫言	307	10.6
8	贾平凹	81	2.8
9	梁晓声	183	6.3
10	韩寒	196	6.8

（五）中国古代文学作品"四大名著"认知调查结果

从调查结果看，"四大名著"中，调查对象对《三国演义》和《西游记》的认知度最高，分别为 42.6% 和 42.1%，国人奉为经典的《红楼梦》排名第三，认知度 31.4%，《水浒》认知度最低，为 20.1%（见表 11 - 16）。调查结果显示，外国人对"四大名著"的认知结果，和其在中国国内的知名度排序略有不同，可见文学作品的对外传播，应该有其自身的规律。

表 11 - 16　　　中国古代"四大名著"认知调查结果

序号	名称	调查结果	
		知道人数（人）	百分比（%）
1	三国演义	1 234	42.6
2	水浒	582	20.1
3	西游记	1 219	42.1
4	红楼梦	910	31.4

（六）中国古代经典作品认知调查结果

从调查结果看，在中国古代经典文化作品中，知道《论语》的人最多，认知度为 44%，随后依次为《周易》《三字经》和《本草纲目》，认知度分别为 22.5%、16.4% 和 10.3%，《本草纲目》的认知度最低（见表 11 - 17）。

对比以上调查结果发现，调查对象对中国古代"四大名著"的整体认知度高于对中国古代经典文化作品的认知度，但是对中国古代经典作品中的《论语》认知度最高，这和调查对象对儒家文化的认知较高相呼应。

表 11-17　　　　　中国古代经典文化作品认知调查结果

序号	名称	调查结果	
		知道人数（人）	百分比（%）
1	周易	652	22.5
2	三字经	474	16.4
3	论语	1 276	44
4	本草纲目	298	10.3

五、中华文化认知途径和认知倾向的调研结果

（一）中华文化的认知途径

为了了解调查对象对中国传统文化的认知途径和认知渠道，我们把中华文化的认知途径分为汉语教师、报纸、影视、杂志、书籍、朋友和网络七类进行了调查，调查结果如表 11-18 所示。

表 11-18　　　　　中华文化认知途径调查结果

序号	名称	调查结果	
		知道人数（人）	百分比（%）
1	汉语教师	2 180	75.2
2	报纸	666	23
3	影视	1 570	54.2
4	杂志	730	25.2
5	书籍	1 250	43.1
6	朋友	1 530	52.8
7	网络	1 437	49.6

从调查结果看，中华文化的认知途径按照从高到低的顺序分别是汉语教师、影视、朋友、网络、书籍、杂志和报纸。可以看出，最主要的认知途径是汉语教师，占比 75.2%，其次是影视和朋友，分别占比 54.2% 和 52.8%，认知途径最低的是杂志和报纸，分别占比 25.2% 和 23%。

（二）中华文化的认知倾向

本次调查中，我们还采用了李氏（Likert）五级量表的形式，选择了中华传

统艺术文化中比较具有代表性的非物质文化项目，如中医、中国书法、中国功夫、中国歌、传统服饰、京剧、中国历法和生肖八项，调查了对于中国非物质文化的认知倾向，即被调查者想了解或想学习中国非物质文化的内在心理倾向如何。每个测试题目的满分是 50 分，最低分是 10 分，被调查对象的平均得分是37.6 分。可以看出，对中华传统文化的认知倾向整体较高，对于了解中华非物质文化的内在动机属于比较强烈的范畴。

六、结论与建议

通过本次对联合国总部、美国大华府地区、英国伦敦商务孔子学院、法国克莱蒙费朗孔子学院、拉丁美洲四个国家的四所孔子学院以及北京语言大学和杭州师范大学的来华留学生共计 2 898 人进行的中华文化认知调研的结果，我们可以得出以下基本结论：

（1）本次调查对象以年轻人为主，其中大部分是学生（包括大、中、小学生），教育背景普遍较好，这一方面跟我们的调查范围有关，另一方面也可以看出中国语言和中国文化在年轻人中的影响力更大，世界各国年轻人对中华文化的认知程度和认知倾向越来越高，这是一个好的趋势。

（2）本次调查对象对自己汉语水平的自我评价普遍不高或很低，但是他们表现出的汉语学习兴趣较高或非常高，也就是说在较高的汉语学习兴趣和较低的汉语水平之间出现一个有趣的落差，这一方面说明汉语对于外国学习者而言是一门较难的语言，另一方面也说明他们的汉语学习及对中华文化的认知才刚刚起步，方兴未艾，还有很大的发展空间。

（3）汉语水平的高低对于中华物质文化的认知度影响较小，但是对于中华非物质文化，特别是深层文化的认知度影响较大，汉语水平越低，调查对象对中华非物质文化的认知越低，而随着汉语水平的提高，他们对文学、哲学、政治、体制等非物质文化中的深层文化的认知明显提高。调查对象的汉语学习兴趣也与物质文化认知和非物质文化认知的程度都呈现显著正相关，可以看出，在汉语教学和中国传统文化传播过程中，注重兴趣的培养非常重要。

（4）调查对象对物质文化的认知普遍高于对非物质文化的认知。中华物质文化中，对与日常衣食住行相关的中国传统饮食和中国名胜古迹的认知度高，对与精神艺术领域相关的中国传统乐器的认知度低；中华非物质文化中，对中国传统节日的认知度远高于对中国文学哲学、经典名著等的认知度。由此可见，调查对象对中华传统文化的认知总体呈现浅层化、碎片化、感官化、体验化、娱乐化和偶然性的倾向，而且认知的主动性不高，普遍不能认知中华传统物质文化和中华传统精神文化之间的深层关系，不能理解"岁月失语，惟石能言"意境下，传统物质文化共筑精神家园的力量。不过从另一方面看，这也是文化传播过程中的必然阶段。

（5）调查对象对中华传统精神文化的认知，呈现出显性文化现象认知度高、隐性文化价值认知度低的层级状态。对中华非物质文化中诸如文学、哲学、伦理、政治等深层文化的认知普遍较低，但是其中也情况各异。对孔子、《论语》等儒学思想标志性人物和著作的认知度高，对孟子、庄子和其他经典作品认知度低；对中国文学家以及文学名著、经典名著的认知度普遍不高，而其中对中国古代经典，包括传统典籍、古代名著、古代哲学家、文学家等的认知度要高于对现当代经典、现当代名家的认知度。由此可见，调查对象对中华传统文化具有一定的鉴赏力，对传统文化中的精髓认知倾向较高，这一方面说明人类智慧、文化有相通性，经典的东西是人类共同的财富，另一方面也说明既要认可中华传统文化中精华部分的传播工作并继续加强，又要更多重视中国现当代文化的普及和传播工作，现当代中国文化需要进一步走向世界。

（6）调查对象对中国文化的认知度与中国文化本身的知名度并非总呈现正比关系。以四大名著为例，在中国家喻户晓的《红楼梦》及其作者曹雪芹，在调查中认知度都颇低，远低于《西游记》《三国演义》和其他文学家。国粹京剧，认知度低于普通影视作品。颇有文化内涵且在中国无人不知的食品粽子，在调查中知名度不如馄饨甚至烙饼，在中国传统饮食中排名最低。可见发现和尊重文化传播的自身规律相当重要。

（7）建议针对海外及来华的中国语言文化学习者，在继续加强真实的文化体验活动的同时，根据他们对中华文化认知途径的顺序，更大发挥汉语教师的作用，开设专门的文化课程，既包括文化体验课程，又包括以文化注释和文化展示的方式讲授中华文化要素内容的课程，以及中华文化专家的文化讲座等。此外，多利用影视、网络等现代传媒方式，加强中华文化的传播。

第二节　国外主流媒体"中国文化走出去"报道分析报告

我们利用自主研发的"外媒报道分析系统"，实时抓取国外55家主流媒体英文网站中的涉华报道。依据其数据，首先对"中国文化走出去"总体的报道情况进行分析，然后依次从近年来重要的文化输出渠道"一带一路"、汉文化宣传大使的"孔子学院"、一直以来文化输出的主要载体"影视书籍"，以及近年来中国热门"娱乐软件"输出这几个方向进行分析。

一、西方主流媒体对"中国文化输出"的报道情况

本部分是对近年来西方主流媒体对"中国文化输出"相关报道情况的分析,数据来源于北京语言大学外媒报道分析中心的数据研究工作室。

针对中国文化输出的报道,外媒并未出现一边倒的局面,在分析数据中发现,持肯定态度的大约占60%、怀疑态度的占40%。

(一)肯定"中国文化输出"的外媒主要观点

(1)中国文化输出产品数量及其种类逐渐增多:从2004年第一家孔子学院建立起来,到2020年,中国已在全世界160多个国家建立了548所孔子学院和1 193个孔子课堂;随着一些高质量的国产影视剧纷纷"出海",中国制造的影视作品身价也在逐年上升,不少业内人士认为,中国产影视剧已经迎来"出海"黄金期;海外电影行业以及艺术行业产品中出现越来越多的中国元素;在海外的中国餐馆数量也非常之多。

(2)肯定过去和现在中国文化输出所取得的成功。20世纪30年代,京剧大师梅兰芳在世界各地巡回演出;二十年后点亮了好莱坞荧幕的李小龙,留下的中式武侠片遗产给西方国家留下了深刻的印象;张艺谋导演因其备受好评的《红高粱》(1987)和《英雄》(2003)赢得了无数国际奖项;2012年莫言获得了诺贝尔文学奖;国际性的高级时装秀中,中国出生的设计师扩大了中国时尚在世界各地的影响力。

(3)分析中国文化输出成功的原因。一方面,中国实施文化走出去战略,通过国际对话,文化交流和文化援助来建设中国品牌;另一方面,中国式创新的出现——群众动员,当中国在2008年举办奥运会时,世界看到了一个中国创造力的例子:大量的人齐心协力;中国的创造力是过程创新或对现有技术的重新利用,这种能力可以超越现有的最佳技术而不会拖累旧的传统系统。

(二)怀疑"中国文化输出"的外媒主要观点

(1)文化交流不平等。即使中国同外部世界的经济关系成倍增加,中国传统和现代的艺术作品一直难以在国外获得与西方作品在中国相同的接受度。部分怀疑论者倾向于认为,目前中国的文化输出仅仅是自2007年以来,中国政府致力于"文化强国"官方努力的副产品。即使中国政府实现了全球范围内的文化存

在，接受度也不高，至少怀疑论者是不接受的。

（2）政府的过度干预。类似于中国电影必须由监管机构通过，经国家新闻出版署、广播电影电视总局的批准，基本没有改变剧本的空间。审查制度对叙事艺术的影响最大，小说往往比绘画更具说服性和直接性，这就是中国视觉艺术比文学、戏剧和电影更快速发展的原因。

（3）金钱仍然是中国软实力向国外推动的核心所在。虽然中国拥有丰厚的财政资源，但仍未实现其创造潜力，文化输出的创新性成果需要的是时间而非金钱。当代中国文化的关键词是：发行量、点击率、收视率、票房、码洋、广告经营额和旅游人次。当代美国软实力的关键词是：好莱坞电影、有线电视、流行音乐和快餐业——中国满足于关注度和统计数字的增加，而美国一下下实打实地击中全世界的软肋。

（4）汉语教师资源的匮乏。现在摆在孔子学院面前的难题是，随着汉语热的升温，"汉语师源荒"变得格外醒目。目前中国获得对外汉语教师资格证书的约3 000人，国内专职教师和兼职教师共计约6 000人，但海外的汉语学习者已将近4 000万人，远非现有师资力量所能满足。

二、西方主流媒体对"孔子学院"舆情分析报告

2018年11月外媒报道分析中心以2004年11月21日成立的孔子学院为议题，统计各个年份孔子学院数量及分布国家的数量、世界各国孔子学院数量（截至2017年12月31日），分析孔子学院的分布情况。然后利用计算机模型分析系统收集了西方主要媒体（英语）对于孔子学院的报道内容，通过对其报道数量、内容、类型、分布、观点等的自动检索收集、统筹计算得出的数据，分析外媒对孔子学院报道舆情的特点、值得注意的倾向性问题、舆情发展趋势预测，以及未来孔子学院对外宣传工作的对策及建议。

（一）孔子学院分布情况说明

从表11-19、图11-1各个年份孔子学院数量及分布国家的数量来看，孔子学院从2004年成立以来，其数量一直呈现较快的增长，到2017年短短的十几年时间，孔子学院的数量已达到了525所。并且孔子学院分布国家的数量保持平稳增长，到2017年达到了146个。孔子学院持续快速的发展引起了外国人的广泛关注。

表 11-19　各个年份孔子学院数量及分布国家的数量

年份	孔子学院数量（所）	分布国家的数量（个）
2004	6	6
2005	35	21
2006	122	49
2007	226	66
2008	249	78
2009	282	88
2010	322	96
2011	358	105
2012	400	108
2013	440	120
2014	471	125
2015	500	135
2016	511	140
2017	525	146

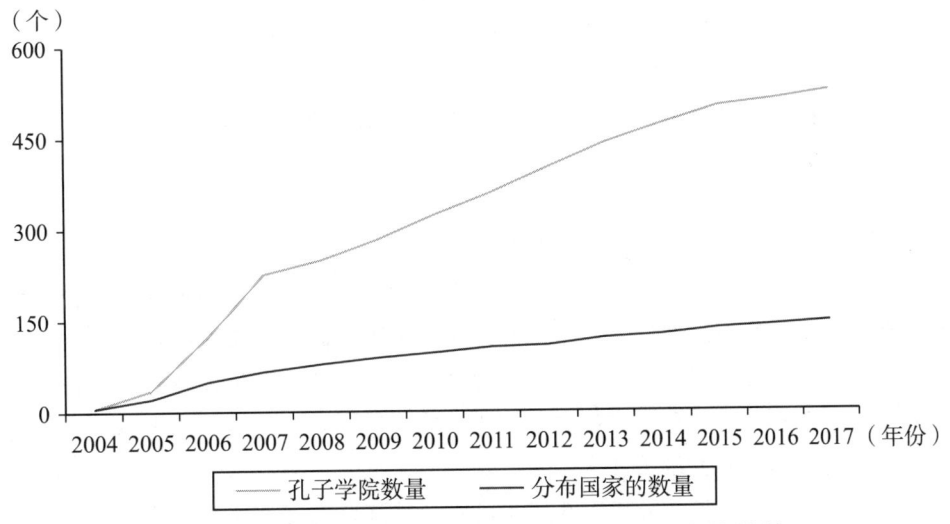

图 11-1　各个年份孔子学院数量及分布国家的数量

从表 11-20、图 11-2 来看，截至 2017 年 12 月 31 日，亚洲 33 个国家或地区有 118 所孔子学院，非洲 39 个国家或地区有 54 所孔子学院，欧洲 41 个国家或地区有 173 所孔子学院，美洲 21 个国家或地区有 161 所孔子学院，大洋洲 4

个国家或地区共 19 所孔子学院。欧洲、美洲、亚洲孔子学院数量占比居前三，分别达到了 33%、31%、22%。世界各洲孔子学院的数量对我们分析西方主流媒体对孔子学院舆情分析有一定的指导意义。

表 11-20　世界各洲孔子学院数量统计（截至 2017 年 12 月 31 日）

各个洲	亚洲	非洲	欧洲	美洲	大洋洲	总计
孔子学院数（所）	118	54	173	161	19	525
所在国/地区（个）	33	39	41	21	4	146

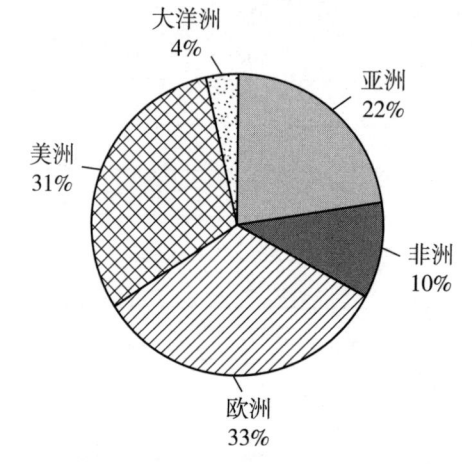

图 11-2　世界各洲孔子学院占比统计（截至 2017 年 12 月 31 日）

（二）外媒对孔子学院报道舆情特点

总体来看外媒对孔子学院报道舆情具有及时、客观、大量的特点。随着我国互联网、经济的快速发展以及我国国际地位的不断提高，外媒对孔子学院的报道呈现出及时、客观的特点。自孔子学院建立，孔子学院的数量保持着逐年快速增长的趋势，孔子学院分布国家的数量同样不断地增长，其影响力越来越大，引起了外媒对孔子学院的大量关注。

从政治的角度分析，外媒对孔子学院报道持怀疑态度的居多。孔子学院为当地学校提供办公和教学场所，中国提供师资和办学资金。孔子学院的这一举措受到了非常大的争议。一些人认为孔子学院是推广汉语、传播中国文化的机构，另外有人认为孔子学院被中国用来加深其影响并对他国或民主构成严重威胁。据外媒报道，美国大学教授联合会曾呼吁近 100 所大学取消或重新谈判与中国孔子学院之间的协议。他们的主要理由是，孔子学院是中国教育部下属的国家汉语国际推广领导小组办公室资助的，因此认为孔子学院是中国共产党的宣传分支，目的是传播中国共产党的意识形态，因而违背学术自由。非洲的孔院数在五大洲中占到了10%，非洲地区对孔子学院持客观态度的居多。中国为当地孔子学院提供资金这一举措在几年的时间里使非洲大学的教学条件得到了明显改善。

1. 值得注意的倾向性问题

首先，孔子学院教授的内容及产生的影响一直是外媒关注的核心问题。孔子学院与当地的教育机构合作，学生根据当地的需求来学习中医、纺织、职业教育和中国音乐等。通过学习实用的技能提高自己的核心竞争力，抓住就业的机会。加州大学洛杉矶分校（UCLA）孔子学院执行主任简苏珊（Susan Jain）认为，语言课程是为美国年轻人提供有竞争力的未来的关键。

其次是孔子学院的教学质量问题。除了常规语言课程外，孔子学院还提供各种中国文化课程，包括传统绘画、书法、乐器演奏、剪纸和武术，孔子学院课程涵盖广泛，需要很多专业的老师，孔子学院中仍然存在着汉语教师数量明显不足，汉语教师的教学质量不高等问题。随着孔子学院的发展，孔子学院教材的数量和种类都急速增长，教材出版中存在选题重复、良莠不齐的现象。对孔子学院的教学质量有一定的影响。孔子学院的教学质量问题引起了外媒的广泛关注。

2. 舆情发展趋势预测

通过对西方主要媒体关于孔子学院的报道内容的分析，外媒对孔子学院的评价褒贬不一。孔子学院文化的影响是外媒关心的核心问题。目前虽然一些国家对孔子学院持怀疑的态度，有些外媒甚至会歪曲孔子学院办学的意图，但是随着孔子学院的不断发展，外媒会更加客观地对待孔子学院。从就业来看，外媒对孔子学院的就业情况非常看好，孔子学院可以缓解当地的就业压力，给更多的人提供好的工作平台。孔子学院的数量在短短的十几年的时间里不断地增大，覆盖范围越来越广。孔子学院未来的规模会不断扩大。随着孔子学院数量的增多以及影响力的扩大，越来越多的外媒会参与到孔子学院的报道中，外媒对孔子学院的报道数量会呈现更快的增长。

3. 未来孔子学院对外宣传工作的对策及建议

（1）改进机构管理：孔子学院在一些国家遭受了过度的审查和毫无意义的指责，孔子学院应该不断地努力来证明自己并获得世界的理解与信任。与此同时，孔子学院应改进机构管理，调整整体布局。制定相应的政策规范，指导、统筹、协调和检查海外孔子学院的质量保障行为。同时，在办学管理上要把握我国的教育主权，在评估汉语教科书、教学内容和教学方法时应该根据各国的需求和政策差异，加强我国汉语教师教学质量的检查评估。

（2）提高教材的品牌化和个性化：孔子学院总部应该制定基本的教材实施标准，重点打造几个品牌的教材。同时需要考察孔子学院所在地的各种情况，组织一些专家有针对性地对教材和教辅材料进行编写。在保持核心内容的前提下，开发适应该国文化背景和不同人群的个性化的教材。师资同样是孔子学院重视的一个问题，孔子学院应该不断地加强师资力量的建设，不断地引进专业人才，并对他们进行适当的跨文化培训，使他们认识到不同的国家和地区文化和思维方式上的差异。这不仅需要孔子学院不断地调整，而且也需要教师自身的不断摸索和适应。

三、西方主流媒体对"一带一路"的报道情况

文化输出是"一带一路"的重要组成部分，下文针对国外主流媒体对"一带一路"的报道情况进行分析，数据来源于北京语言大学外媒报道分析中心的数据研究工作室。

外媒基于"一带一路"的相关报道，从报道倾向来看，总体报道倾向比较客观，事实报道居多，但也掺杂着部分政治臆测性报道；从报道内容来看，除了政治经济等报道之外，关于中国文化软实力的报道数量较之往年有较大幅度提升。

以下是基于现有的外媒报道数据的核心观点。

（1）互联网为"文化一带一路"的主要媒介。在互联网上运行的内容具有强烈的文化特征，全球运营的互联网公司必须关注当地情况，并将内容和服务本地化。

（2）文化价值观也有助于推动"一带一路"。儒家"仁"的思想观念，中国是一个"和平崛起"的国家的言论，以及习近平总书记在新的国际合作关系方法的声明中都很明确，中国过去的文化输出形象为"一带一路"奠定了基调。

（3）"一带一路"推进了中国文化产业的发展。

中国漫画走向全球。作为中国动漫产业的先驱之一，奥飞（Alpha）公司截至2018年已经与20多个国家进行了交流，这些国家参与了动漫广播、玩具销售、知识产权授权、项目研究和开发等领域的"一带一路"倡议。

冰艺杂技向世界展示黑龙江。黑龙江省杂技团充分发挥其地理优势，将中国传统杂技与冰雪表演融为一体。近年来，该剧团已在阿拉伯联合酋长国、美国、日本和葡萄牙巡回演出，其表演在各个国家都很受欢迎。

世界更好地了解中国茶文化。安徽祁门红茶公司决定不仅提供红茶产品，而且还要讲述茶叶背后的故事，在未来，得益于"一带一路"倡议的政策支持，该公司将与更多的国家和地区的同行进行更多的商业和文化交流。

中国传统手工艺术的崛起。近年来，中国坚持工艺精神，通过创新和高质量

产品的制造来推动制造业的发展。作为这种精神的实践者，中国本土文化企业着眼于全球市场，并计划参与"一带一路"倡议的更多国家和地区合作。

复兴传统丝绸文化。国际时尚元素和中国的丝绸锦缎元素的融合，将中国的时尚理念推向全球。中国本土生产丝绸的中小企业，积极响应"一带一路"倡议。丝绸产品在许多正式外交场合被作为礼品赠送给其他国家，让全世界更多地了解中国锦缎文化和整个行业。

（4）"一带一路"政策暴露的问题。即使"一带一路"的倡导已经取得不错的成就和进展，但也暴露了不少实施期间的问题。

某些项目的实施过于仓促，没有充分考虑其长期经济效益。在许多情况下，这些项目过分依赖政府和政策的支持。

一些国家虽然对"一带一路"持积极性态度，但在实施期间不愿意做出本国的贡献，他们理所当然地认为，中国应该支付大部分费用，因为中国非常热衷于推动"一带一路"，并且希望从中获益。

无力偿还贷款的国家给中资银行带来压力。伙伴国面临重大债务负担风险，并将关键国家资产转让给外国控制。虽然中国的贷款不包括意识形态条件，但它们往往包括接受中国工人和承包商的承诺。批评者也强调了腐败问题。

（5）负面声音。一些外媒认为，"一带一路"可能会伤害印度。印度处于丝绸之路经济带的关键地理位置——任何进入非洲（通过印度洋）或中亚的重大发展都需要印度的投入。部分外媒就中印在"一带一路"合作中发生的问题，大力鼓吹"印度应该提防中国"，正如亚洲时报文章"中国一带一路在南亚丢失光彩"。更有外媒认为"一带一路"有可能改变现有的国际格局，威胁现在的国际大国地位，如美国。

四、西方主流媒体对"影视书籍"报道情况

2018年间，外媒报道分析中心利用计算机模型分析系统收集了西方主要媒体对于我国影视书籍的报道内容，通过对其报道数量、内容、观点等的检索计算，发现近些年来，我国影视书籍作品方面的文化输出有着明显提高，外媒对此也基本持肯定态度。

（一）外媒对"影视作品输出"的主要观点

1. 传播中国语言与文化

随着《甄嬛传》《人民的名义》的大火，各国人民掀起了观看中国影视剧的热潮，观众通过影视剧作品，了解学习中国的语言与文化。中国制作的电视剧和

电影在海外越来越受欢迎。例如在越南，这股"华流"席卷年轻人圈子，掀起汉语学习热。据新加坡《联合早报》网站报道，越南人民对中国电视剧非常期待，越南有很多的字幕翻译小组，而且效率很高，中国电视剧晚上在中国播出，一小时后就能配好越南语字幕，供越南网民收看。欧洲时报网报道，中国电视剧《延禧攻略》不仅在国内取得了成功，也在其他国家大受欢迎。

2018年9月6日，在意大利威尼斯，导演张艺谋携影片《影》亮相第75届威尼斯电影节，并获颁"积家电影人荣誉奖"。至9月12日为止的6家外媒评价中，有5家媒体给出好评，仅有一家给出差评。如《好莱坞报道》：这可能是张艺谋迄今为止最惊艳的作品。又如《电影舞台》（*The Film Stage*）：如果《长城》是一部令人失望之作，那么《影》召唤了一个全新的张艺谋。这是一部形式精美的历史剧，是他最吸引人的作品之一。这部电影能获得如此高的评价，是由于他的灵感源泉是中国上下五千年的传统文化，传播的是中国传统的道德观和价值观。这体现了国际对中国传统文化本质上的认可，是影视文化输出的成功。

2. 传播中国软实力的重要载体

《红海行动》在2018年电影春节档的异军突起，不仅引发国人热议，也引来了不少外媒的关注。外媒也对《红海行动》的热映进行了各种解读，就一点达成了共识：越来越多中国人的英雄故事登上大银幕，这昭示着一个大国的崛起。外国媒体普遍认为，电影正成为中国在全球范围内传播软实力的重要载体。新加坡《联合早报》指出，主旋律电影走商业化路线、讲述中国崛起的故事，正成为中国国产电影创作的一个新方向。"外界相信，中国未来会调拨更多资源制作爱国主义的电影电视，展现中国新时代的成就和实力，提升全球话语权和国际地位。"

美国广播公司（ABC）表示，近年来，中国元素正越来越多地出现在好莱坞电影中。从科幻电影《降临》中扭转局势的中国将军，到《火星救援》中营救麦戴蒙的中国科学家，再到《地心引力》中拯救桑珊·迪娜布洛的中国太空人，《花木兰》也是中国古代的一个经典故事，中国故事正在逐渐被大家接受。

3. 存在电影海外销售收入低的问题

电影海外销售收入仅为国内票房1/10，造成这种现象的主要原因有：

（1）部分电影故事空洞、徒有其表。

《长城》在北美上映期间，票房惨淡，七家媒体均给出差评，《今日美国》评价该片无聊、痛苦地令人感到毫无启发、堆砌漂亮的面孔。女性战士令人瞠目结舌地纵身一跃去参加战斗，这个场面令人感到奇怪而又搞笑。这警示我们在影视文化输出过程中，一定要选择优质的作品。

（2）语言文化差异。

（3）发行渠道稀缺。

（二）外媒对"文学作品输出"的主要观点

1. 从莫言到曹文轩——中国文学迈向"可持续输出"

从 2012 年莫言捧回诺贝尔文学奖，到 2014 年刘慈欣凭借科幻小说《三体》荣获世界科幻文坛最高荣誉雨果奖，再到 2016 年曹文轩摘得儿童文学的"诺贝尔奖"——国际安徒生奖的桂冠……一个又一个中国人，在国际文坛实现"零的突破"，成为多个全球权威文学奖项的"中国第一人"。中国作家频频拿奖，在某种程度上大大提高了中国文学的"国际能见度"，吸引了更多国际目光，让世界看到更多优秀的中国文学作品。2018 年 8 月 13 日据阿联酋《海湾新闻报》网站报道，中国犯罪小说近年来不断进入国际市场，周浩晖是最新一位赶上这波浪潮的作家，侦探故事和警匪小说更容易跨越文化鸿沟。美国波嘤波嘤（BoingBoing）网站 2018 年 9 月 12 日发表文章，原题：这是中国科幻小说的黄金时代。报道称随着中国作家正成功将其著述输出到英语世界，他们近年来就一直在报道中国科幻小说的不断崛起。

2. "金庸热"现象——中国文学受到世界尊重

2018 年 2 月，金庸的作品《射雕英雄传》被翻译成英文面向全球发行，受到了很多媒体的关注，开启了武侠文化对外传播的大门。2018 年 10 月 30 日金庸离世，至 31 日有 12 家外媒进行悼念，其中包括美联社和英国《卫报》等。《卫报》称金庸的作品是人们对中国产生热情的绝佳启蒙。美国《纽约客》杂志在其官方推特上悼念金庸，并转发了该杂志在 4 月刊发的一篇关于金庸的文章。这篇文章介绍称，金庸在中国的文化价值，大约相当于《哈利·波特》加《星球大战》在西方的地位。各外媒的报道表达了对金庸的悼念、尊重，对中国文学作品的认可。中国的高质量文学作品正在被更多的人发现、看见、承认。

五、西方主流媒体对"娱乐软件"报道情况

谈及娱乐软件的相关报道，不得不提到中国的一家互联网公司——字节跳动科技有限公司。它靠大约 750 亿美元的估值，步入了初创企业巨头行列。这个公司开发了今日头条、抖音等知名软件。美国有线电视新闻网（CNN）称，在短短两年时间里，抖音的用户数已累计超过 5 亿，其中包括 40% 的海外用户。随后，字节跳动不断拓展其全球市场，开发了抖音的海外版——TikTok。移动应用数据分析平台 Sensor Tower 提供给美国消费者新闻与商业频道（CNBC）的数据显示，2018 年上半年，TikTok 在苹果应用商店的下载量超过 1.04 亿次（见图 11-3）。这意味着它超过了 Facebook（脸书）、YouTube（优兔）和 Instagram（照片墙），

成为当时全球下载次数最多的 ios（苹果公司移动操作系统）应用程序。TikTok 在 9 月的安装量比上月增长约 31%，而与 2017 年 10 月相比，TikTok 在美国的安装量增幅达 237%。目前 TikTok 覆盖全球 150 多个国家和地区，它的发展保持着明显的上升趋势。

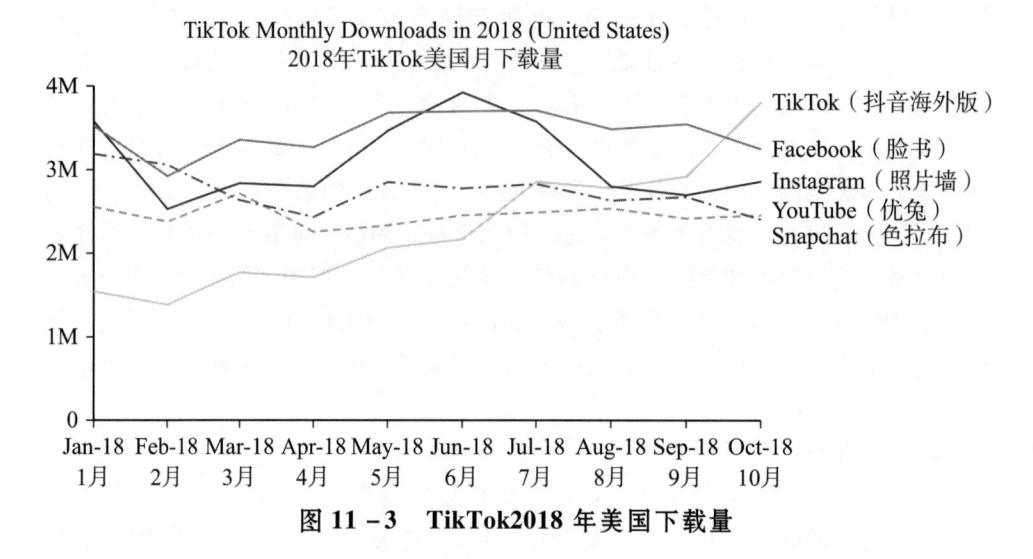

图 11 – 3　TikTok2018 年美国下载量

CNN 报道称，字节跳动缔造的视频王国日益坚固，据 Sensor Tower 统计，就总下载量来看，字节跳动已经是世界第五大软件制造公司。2018 年第三季度，TikTok 的下载量比去年同季度增长 4 倍多。深刻挖掘该软件流行起来的原因，可以促进其他方面的中国文化选择更合适的方式输出。

18 年间，统计分析外媒对于 TikTok 的报道，普遍认为该软件火爆由于以下几点：

1. 积极营销

据《大西洋月刊》（The Atlantic）报道，TikTok 快速发展的一个原因在于积极营销。字节跳动在 8 月份与 Musical.ly（音乐短视频社区应用）合并，此后，字节跳动在年轻人聚集的地方不断做宣传：TikTok 的广告在 Snapchat（色拉布）和 YouTube 上随处可见。在纽约布鲁克林的布什维克社区，甚至有一整面贴有 TikTok 标志的墙。合适的营销，可以让更多的群体了解软件。

2. 交友平台

TikTok 中传播的内容主要包括跳舞、对口型、宠物、搞笑视频等，《大西洋月刊》报道它最大的魅力在于为广大普通用户提供了一个表达自我、认识新朋友的平台。这些元素都是吸引青少年的地方，所以在发展其他方面的文化输出时也可以采取生动有趣的方式。

3. 巨大利润空间

CNN 称，视频类软件巨大的利润空间源于它吸引了众多青少年受众。字节跳动还通过收益共享机制赚钱。例如，TikTok 的用户可以购买虚拟货币（抖币），然后赠送给其他用户，公司可以从中分成。

TikTok 也存在一些问题，这些问题如果不想办法解决可能会威胁其后续的发展。《纽约时报》表示 TikTok 有硬伤。软件的快速发展带来了巨大的挑战，抖音、TikTok、Musical.ly 被人长期诟病的内容问题始终没有解决，包括色情信息、低俗内容、违法违规视频等。2018 年 7 月，就是因为不良内容的问题导致 TikTok 在印度尼西亚被封。

为了更好地输出国产软件产品，一定要尽力解决现存问题。

50 家国外媒体覆盖欧洲、北美、大洋洲、亚洲各国。其中，美国媒体为 25 家，占总量的 50%；英国媒体为 11 家，占 23%；加拿大和澳大利亚的媒体各 3 家，占 6%；此外还包括法国、德国、新加坡、日本的媒体（见表 11-21）。

表 11-21　　　　本书所涵盖的国外 50 家媒体列表

媒体名称	地域分布	国别分布	媒体类型
澳大利亚广播公司	大洋洲	澳大利亚	电视网
澳大利亚人报	大洋洲	澳大利亚	日报
悉尼先驱晨报	大洋洲	澳大利亚	日报
新西兰先驱报	大洋洲	新西兰	日报
日本放送协会	亚洲	日本	国际广播
朝日新闻	亚洲	日本	日报
日本时报	亚洲	日本	日报
新加坡海峡时报	亚洲	新加坡	日报
韩国时报	亚洲	韩国	日报
德国镜报	欧洲	德国	日报
法国国际广播电台	欧洲	法国	国际广播
英国广播公司	欧洲	英国	国际广播
天空电视台	欧洲	英国	电视网
英国经济学家	欧洲	英国	周刊
金融时报	欧洲	英国	日报
卫报	欧洲	英国	日报
泰晤士报	欧洲	英国	日报

续表

媒体名称	地域分布	国别分布	媒体类型
每日电讯报	欧洲	英国	日报
镜报	欧洲	英国	日报
独立报	欧洲	英国	日报
哨兵报	欧洲	英国	日报
路透社	欧洲	英国	通讯社
莫斯科新闻报	欧洲	俄罗斯	日报
圣彼得堡时报	欧洲	俄罗斯	日报
瑞士资讯网	欧洲	瑞士	网站
美国广播公司	北美	美国	电视网
哥伦比亚广播公司	北美	美国	电视网
有线电视新闻网	北美	美国	电视网
福克广播公司	北美	美国	电视网
全国广播公司	北美	美国	电视网
洛杉矶时报	北美	美国	日报
芝加哥论坛报	北美	美国	日报
纽约时报	北美	美国	日报
今日美国	北美	美国	日报
华盛顿邮报	北美	美国	日报
华尔街日报	北美	美国	日报
美国新闻与世界报道	北美	美国	周刊
新闻周刊	北美	美国	周刊
时代周刊	北美	美国	周刊
美国之音	北美	美国	国际广播
波士顿环球报	北美	美国	日报
基督教科学箴言报	北美	美国	日报
多伦多明星报	北美	加拿大	日报
温哥华太阳报	北美	加拿大	日报
尼日利亚卫报	非洲	尼日利亚	日报
阿拉比亚电视台	亚洲	沙特	国际电视
利雅得报	亚洲	沙特	日报

续表

媒体名称	地域分布	国别分布	媒体类型
半岛电视台	亚洲	卡塔尔	国际电视
中东报	欧洲	英国	日报
今日埃及报	非洲	埃及	日报

50家国外主流媒体包括25种日报、10种新闻周刊、7家国际广播电台、8家电视网（见图11-4）。根据世界报业协会第60届年会的报告，全球每天有超过5.15亿人购买报纸，读报人口超过14亿，报纸"保持了作为数亿人首选媒介的巨大活力"。鉴于此，本研究选择的媒体类型以日报为主，达到媒体总量的50%，同时兼顾新闻周刊和电视网（台）、国际广播电台。

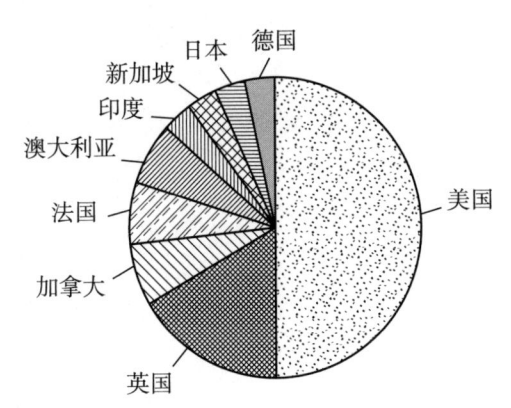

图11-4 50家国外主流媒体分布

第四编

实践的反思
建议

第十二章

中华文化对外传播的深层思考与对策建议

近年来，随着中国综合国力的提升，中国国际影响力已取得显著提高，其他国家公众了解中国的需要也越来越迫切。这为中国文化走出去提供了良好的契机。然而，在中国整体国际影响力中，文化影响力依然难以差强人意。从目前所显示的中外文化交流数据以及本课题组所做的中华文化跨文化认知的调研来看，国际上对中国文化的了解依然很有限，中外文化交流"逆差"现象并没有从根本上改观，文化影响力与我国的经济实力依然存在着失衡的现象。这必然会带来一种后果，就是经济、军事等硬实力越发达，就越会引起其他国家的担忧，抵制力量就越来越大。我们要消除这种担忧，就必须要重视中华文化的对外传播，要让国外民众普遍认识到，中华文化走出去是为了加深不同文化之间的相互理解，而不是文化侵略。

第一节 中华文化对外传播的理由

谈论中华文化为什么要对外传播这个问题似乎很多余。其实学界的认识并不一致。有不少学者觉得，现在讲中华文化对外传播，是否会让人觉得我们在搞文化入侵？为何要大张旗鼓地讲中华文化的对外传播？会不会引起外国的恐慌和敌视？所以我们讲中华文化的对外传播，一定要首先将为什么传播的问题讲清楚。

一、传播是文化的本性

这里涉及两个概念：什么是文化？什么是传播？按照我们的《现代汉语字典》："文化是人类在社会历史发展过程中不断创造的物质财富和精神财富的总和。"这个定义主要是强调文化的结果。我们认为还应该从文化的原因和功能上强调一下，所以加上了"为满足自身的需要"这句话。完整的定义就是：文化是人类在社会历史发展过程中为满足自身的需要而不断创造的物质财富和精神财富的总和。从古至今，人类所创造的文化的结果或成果是很多的，不太容易把握。但人的基本需要还是能够讲清楚的，如吃穿住行之类。我们理解以往的文化遗产，从功能上解释就好理解了。如中国古代青铜器很多，其中的鼎，就是煮肉用的，后来用于祭祀。所以知道了它的功能，就能够理解这件器皿。

当然文化的定义是很多的。不同的人完全可以从自己的角度来给文化下定义。我们这样来定义文化，也是有我们的角度的。我们的定义服务于文化传播的目的。世界上存在着不同的民族文化，千差万别，各呈特色。可是如果不同文化之间只有差异，没有共同性的话，文化之间就没有办法交流、对话，甚至都没有办法理解。我们说人类在历史上创造的物质财富和精神财富丰富多彩，各民族各具特色，但这些物质财富和精神财富无非都是为了满足人类自身的物质需要和精神需要。满足需要的不同方式和手段决定了文化的差异性，人类需要的共同性则决定了不同文化的相通性。比如吃饭的需要是人类共同的需要，但是不同地区、不同民族的人们却可以通过不同的文化形式来实现这一过程。我们可以用刀叉将食物送到嘴中，也可以用筷子把食物送到嘴中，这是不同的文化形式。再比如穿衣，是人类的共同需要，但具体穿什么衣服则千差万别，由此形成了各民族不同的服饰文化。这些不同的服饰文化各具特色，没有高低贵贱之分。我们不能说穿西装就一定比穿中山装更有文化。

如果说吃、穿、住是人类三种基本的物质生活需要的话，那么智、意、情则是人类三种最基本的精神生活需要。智就是理智，意就是意志，情就是情感。什么东西可以满足这三种基本的精神需要呢？那就是真、善、美这三种文化价值形态。真，是合规律性，是主观符合客观；善，是合目的性，是客观符合主观；美，是合情感性，是主客观的统一。真，往往体现于哲学与科学；善，则往往体现于伦理与宗教；美，往往体现于文学与艺术。智情意，是人类共同的精神需要，任何民族、任何文化都有对真、善、美的追求。但由于各自的历史传统不同，会形成不同地看待和表达真善美的方式，并由此形成不同的思维模式、行为模式和情感模式。

文化形式和方式的差异性和文化内容的相同性、相通性是交织在一起的。正是这一点形成了各民族文化之间的差异性和相通性，也造成了不同民族文化之间交流、对话和理解的可能性，当然也为文化传播提供了可能性。

什么是传播？汉语中的"传播"一词，对应英语 communication，可以翻译为"交流、交际、传播"等，是信息发送者通过渠道把信息传给信息接受者，以引起反应的过程，是共享意义的过程。传播有六个基本要素：信息，发送者，编码，渠道，接受者，解码。它包含三个环节：发送者对信息的编码，传播渠道，接受者对信息的解码。成功的传播必须有信息反馈与互动。如果接受者对信息没有进行解码，没有进行信息反馈，那么，传播就是不完整的，或者至少是不成功的。这就说明传播是双向的，是要互动的。就文化传播而言，传播者在进行文化传播的时候，一定要考虑接受者的可理解性问题。如果所传播的文化信息，接受者完全不理解，就会造成传播的中断和失败。另外，文化信息从发送者到接受者的运动，并不可能是一成不变的，接受者总是基于自己的"前理解"来理解所接受的文化信息，总会基于自己的文化立场来对所接受的文化信息进行变异，进行一种主观的价值判断。我们常说一千个读者的眼中有一千个哈姆雷特，就是这个道理。所以，文化传播在一定程度上是不同于客观知识的传播的。从这个角度上说，发送者与接受者的关系，不是主体与客体的关系，而是主体与主体之间的关系，是一种"主体间性"。在文化传播的过程中，还有一种情况是值得注意的。那就是接受者在接受发送者的文化信息的时候，存在着"理解"和"认同"两个层面的问题。在很多情况下，接受者即使能够理解你所传播的文化信息，也并不能证明他对你的文化价值完全认同。理解了但不认同，这也是经常发生的现象。不过，话又说回来，理解是前提，如果连理解都谈不上，就更没有认同的问题了。文化传播首先要让对方理解你，在此基础上，如果能够认同你的文化价值观念，则证明文化传播进入了一个更深的层次。

梁漱溟先生在1922年出版的《东西文化及其哲学》中认为，文化包括三个方面："（一）精神生活方面，如宗教、哲学、科学、艺术等是，宗教、艺术是偏于情感的，哲学、科学是偏于理智的。（二）社会生活方面，我们对于周围的人——家族、朋友、社会、国家、世界之间的生活方法都属于社会生活一方面，如社会组织伦理习惯政治制度及经济关系是。（三）物质生活方面，如饮食、起居种种享用，人类对于自然求生存的各种是。"① 在这三个层面的文化结构中，精神层面是最稳定的深层结构，物质层面是最活跃的表层结构。文化传播，最先和最容易得到传播的是物质层面的文化，其次是制度层面的文化，最后才是精神

---

① 梁漱溟：《中国人：社会与人生——梁漱溟文选（上）》，中国文联出版公司1996年版，第12页。

层面的文化。在中华文化的对外传播史上，最先传播和输出的往往是中国的物产和技术发明。比如丝绸以及养蚕缫丝和织造技术，很早就传播到许多国家，这些国家的人民首先是通过丝绸来了解中国的。再例如后来的瓷器以及制瓷技术、中国的"四大发明"等，一旦输出到国外，便很快在广阔的范围得到传播、应用和推广。因此，物质文化和技术文化的传播，在中华文化的对外传播中，起到了先锋作用。相比之下，艺术文化、制度文化的传播和接受要缓慢些，传播的力度也相对弱一些；而作为文化核心内容的价值观和意义体系，其传播和影响受到的限制就更多一些了。日本学者源了圆指出："新奇的东西、优秀的东西、方便的东西，总会很快地越过国境传播开去。在文化传播上，（1）存在着较易传播的部分和较为困难的部分，如科学技术是前者的代表，而形而上学则是后者的代表。与此似乎矛盾的是（2），文化包含着如下倾向，即某一要素一旦被接受，它便会超越接受者的意愿，作为文化的整体而传播。"① 文化不同组成部分不可能被完全割裂开了。物质文化和技术文化的传播，必然会影响人们的精神生活，因为这些物产和技术的发明，体现了创造者、发明者的精神理念、审美趣味和价值追求。因此，物质文化的传播必然会带动精神文化的传播。反过来讲，精神文化的传播也必然会促进物质文化的传播。

传播是文化的本性。文化只有在传播和交流中才能生存。一种文化如果要保存其勃勃生命力，除了传播、交流，别无其他法门。我们之所以要对外传播中华文化，就是由文化的传播本性决定的。这是第一点。

二、中华文化具有独创性与包容性

中华文化是中华民族共同创造的物质财富和精神财富的总和，是中华民族共有的精神家园。中华文化既包括中华古典文化，也包括中国现代文化。英国历史学家汤因比认为，在近6 000年的人类历史上，出现过26个文明形态，但是在全世界只有中国的文化体系是长期延续发展而从未中断过的文化。这说明中华文化具有极强的生命力。

在人类历史上，中华文化曾为世界文明做出过突出贡献。有研究者曾指出："在世界文化总体格局中，中华文化不是在一个历史时期、一个发展阶段上占据重要的地位，发挥文明中心的作用，而是在全部世界文化史上，在所有的发展阶段上都充当着主要的、不可忽略的和具有重大影响的文明之源。"② 中国的丝绸、

---

① ［日］源了圆：《日本文化与日本人性格的形成》，北京出版社1992年版，第8页。
② 武斌：《中华文化海外传播史》，陕西人民出版社1998年版，第13页。

瓷器、茶传播海外，深受各国人民的喜爱。造纸术、印刷术、火药、指南针"四大发明"，是中华民族贡献给世界并改变了整个人类历史进程的伟大技术成果，对文化的传承、对人类征服世界能力的提高，乃至对世界历史的演变，都具有特别重要的作用和巨大的影响。此外，中国古代在天文学、地学、数学、生物学、化学、医药学、冶金技术、建筑技术等一系列领域都曾取得了举世瞩目的伟大成就。英国著名科技史学家李约瑟在《中国科学技术史》中曾列举了中国的科学技术向西方传播的项目，包括：龙骨车，石碾和水力在石碾上的应用，水排，风扇车和簸扬机，活塞风箱，水平织机和提花织机，独轮车，弓弩，风筝，船尾舵，火药，磁罗盘，瓷器，等等，并指出了中国的这些发明在时间上的领先地位。①

除了发达的科技文化和物质文化之外，中华文化在哲学、艺术、历史、文学等人文社会思想方面也取得了辉煌的成就。中国的上古神话，堪与古希腊、古罗马神话相媲美；西安的兵马俑号称世界"第八大奇迹"，蔚为壮观，反映了极高的雕塑艺术水平；中国的音乐、书法、绘画艺术，更是独树一帜，美不胜收，反映了中国人丰富的情感世界和人文传统；中国的诗歌、散文、小说和戏剧，在很早的时候就达到了极高的艺术水平，成为世界性的宝贵的文学艺术遗产；中国的园林艺术更是早入佳境，令人叹为观止。在学术领域，中国有发达的史学和治史传统，一部卷帙浩繁的"二十四史"，集几代人的集体智慧，完整地记录了中华民族的历史足迹，是世界公认的历史奇观。以孔子儒学为主要代表的中国哲学，包含了极高的人生智慧，闪烁着人类文明的理性之光。在典章制度方面，中国的科举制度、分权制度、监察谏议制度等，都曾是中国古代在制度文化方面的重要创造，体现了中华文化中包含的政治智慧，并为海外许多国家所推崇、所借鉴。

进入近代以来，西方科技文明突飞猛进，对全球文明产生了极大的影响，对我国传统文化产生了极大的冲击。针对这种情况，中国近代知识分子开始认真反省，虚心学习西方先进的科学文化。中华民族经过一番艰苦卓绝的努力，实现了中华文化的现代化转型。当然，在这一过程中，中国知识界也曾出现过"全盘西化"的呼声，甚至出现过"民族虚无主义"的倾向。不可否认，西方文化有其独特的价值，为人类文化做出了巨大贡献。但任何文化都不可能是完美无缺的。近代西方文化中强调个人至上，导致极端的个人主义，人与人关系疏离，对自然的征服欲望导致了生态环境的恶化，这些都是西方文明受到的严峻挑战。而以中国文化为代表的东方文化对于解决西方文化所面临的困境，消除和缓和西方文化的内在矛盾具有重要的借鉴意义。

---

① ［英］李约瑟：《中国科学技术史》第1卷，科学出版社、上海古籍出版社1990年版，第252页。

目前，生态问题是全世界所面临的一个严峻问题。科学技术发展一方面促进了经济的发展，但另一方面也造成了资源的大量开采、环境的严重污染和生态系统的严重破坏。20 世纪以来人类耗费资源的总量超过了过去几千年的总和，而且有许多资源是不可再生资源。人类发展过程中出现的生态与环境危机，有相当程度与西方文化传统中所谓的"人类中心主义"有关。他们主张"人是万物之灵""人可以主宰世界"，主张自己是历史文明的创造者，而自然不过是为人类服务的场所。而中华传统文化中"天人合一"的思想则有助于解决目前世界普遍存在的生态与环境危机。这是因为，"天人合一"追求人与自然的和谐，而不是对抗。主张人类不应该违背自然，不能超越自然界的承受能力去改造自然，征服自然，破坏自然。只能在顺从自然规律的条件下利用自然、调整自然，使之符合人类的需要，也使自然界的万物都能生长发展。随着 1992 年里约热内卢联合国环境和发展大会的召开，说明国际社会越来越关注环境问题。而"天人合一"的思想，对于解决当今世界由于工业化和无限制地征服自然而带来的环境污染、生态平衡遭到破坏等问题，显然具有重要的启迪作用。①

过去，有人认为中国传统文化是阻碍经济发展的主要因素，但 20 世纪后半叶，东亚经济的腾飞充分证明，东方文化不仅不是阻碍经济现代化的罪魁祸首，相反当它完成了现代转型之后，完全可以成为经济现代化的助推器。关于这一点，著名经济学家、诺贝尔经济学奖得主阿马蒂亚·森在《亚洲价值观与经济发展》一文中指出："从最近数十年东亚在经济领域取得的引人注目的发展来看，这一地区整个的经济仍然给人留下了深刻的印象。这一成功使关于亚洲文化在经济成功与政治确认上发挥作用的新理论产生了……这一成功的取得部分地，甚至可以说大部分应归功于亚洲文化的价值观，特别是儒家价值观。"② 这是因为儒家学说对市场经济下个人主义导向有一定程度的抑制作用，强调血缘关系的亲近和家庭道德的巩固，强调人际关系的和谐，而对物质欲望无止境的追求有遏制作用。所有这一切，都有利于形成促进经济发展的文化和道德氛围。如日本和韩国，都注意在社会、家庭和企业中，推行儒家伦理中的一些规范，来化解现代化所引起的矛盾和问题，都取得了较好效果。

这当然不能使我们盲目自大，将中华文化封闭割裂开，拒绝与西方文化的交流和对话。我们应该认识到，尽管中华文化与西方文化存在巨大的差异性，中华文化具有独特魅力，但也有着与西方文化的共通之处。中华传统文化中至少有三条核心价值理念可以成为全人类的普遍价值。一条是"己所不欲，勿施于人"，

---

① 参见张骥、刘中民：《文化与当代国际政治》，人民出版社 2003 年版，第 418 页。
② ［印］阿马蒂亚·森：《亚洲价值观与经济发展》，载于《参考消息》1998 年 10 月 29 日。

这条原则也被西方人奉为黄金定律（golden rule）。《圣经》中《新约·马太福音》第 7 章第 12 节中的耶稣箴言："你们愿意人怎样待你们，你们也要怎样待人。"① 中国古代许多思想家也认为存在人类先天固有的道德律。《诗经·大雅·烝民》曰："天生烝民，有物有则，民之秉彝，好是懿德"；《论语·卫灵公》："己所不欲，勿施于人"；《孟子·告子上》："仁义礼智，非由外铄我也，我固有之也。"朱熹也认为道德律是人性所固有的普遍原则，"人物各循其性之自然，则其日用事物之间，莫不各有当行之路，是则所谓道也。"② 另一条是"老吾老以及人之老、幼吾幼以及人之幼"（《孟子·梁惠王上》）的推己及人的原则，这一条被西方人看成是人道原则，就是康德所讲的"不以人为手段，而以人为目的"③ 这一理念。还有一条是"和而不同"的理念，它与联合国教科文组织 2005 年通过的《保护和促进世界文化多样性公约》中的理念是一致的，而这一条也应该成为处理国际关系的重要原则。由此可见，中国文化完全可以为当前迫切需要的全球治理提供中国智慧。

三、提升中华文化软实力的需要

"软实力"（soft power）这个概念是由美国前助理国防部长、哈佛大学肯尼迪政府学院教授约瑟夫·奈提出来的。1990 年，他分别在《政治学季刊》和《外交政策》杂志上发表了《变化中的世界力量的本质》和《软实力》等一系列论文，并在此基础上出版了《美国定能领导世界吗》（Bound to Lead：The Changing Nature of American Power）一书，提出了"软实力"的概念。约瑟夫·奈指出，一个国家的综合国力既包括由经济、科技、军事实力等表现出来的"硬实力"，也包括以文化和意识形态吸引力体现出来的"软实力"。他认为，硬实力和软实力都很重要，但是在信息时代，软实力正变得比以往更为突出。按照他 2004 年的著作《软实力：世界政治中的成功之道》（Soft Power：The Means to Success in World Politics）一书的观点，软实力包括三要素：一、文化；二、意识形态、政治价值观；三、外交、对外政策。

改革开放 40 多年来，我国经济发展突飞猛进，取得了举世公认的伟大成就。2018 年我国国内生产总值已经达到 900 309 亿元，比上年增长 6.6%。按照美国

---

① 《圣经·新约全书·马太福音》，香港圣公会 1996 年版，第 7~8 页。
② 朱熹：《四书章句集注》，浙江古籍出版社 2014 年版，第 17 页。
③ 康德指出："在全部被造之中，人所愿欲的和他能够支配的一切东西都只能被用作手段；唯有人，以及与他一起，每个理性的创造物，才是目的本身……这就是说，决不把这个主体单纯用作手段，若非同时把它用作目的。"见康德：《实践理性批判》，韩水法译，商务印书馆 2009 年版，第 95 页。

中情局网站《世界概览》提供的年平均汇率换算，2018年中日德美四个国家的国内生产总值（GDP）为：中国13.4万亿美元，日本5.07万亿美元，德国4.03万亿美元，美国20.51万美元。中国已经上升为世界第二大经济强国，对世界经济格局也产生了深刻影响，据《人民日报》报道，2018年新兴市场国家和发展中国家对世界经济增长的贡献率达到80%，按汇率法计算，这些国家经济总量占世界的比重近40%，按这样的发展速度推算，10年后这些国家经济总量将接近世界总量的一半。①

尽管中国的经济实力有了极大的提高，但在文化上，相对于欧美强势文化而言，中华文化目前仍然属于弱势文化。中华文化在历史上曾经为世界文化做出过突出贡献，但近代以来，中华文化受到了西方文化的强烈冲击，在世界上的影响力明显减弱了。

新中国成立以后，特别是改革开放以来，随着我国政治地位和经济地位的上升，我国的对外文化影响力也日趋上升。2002年，党的十六大报告提出要"积极发展文化事业和文化产业""完善文化产业政策，支持文化产业发展，增强我国文化产业的整体实力和竞争力"。2007年底，党的十七大报告又进一步发出了"推动社会主义文化大发展大繁荣"的号召，不仅论述了文化大发展大繁荣的必要性，而且也明确地论述了如何实现文化发展和繁荣的战略途径。诸如"实施重大文化产业项目带动战略""加快文化产业基地和区域性特色文化产业群建设，培育文化产业骨干企业和战略投资者"，所有这一切都无疑会大大增强我国文化产业的国际竞争力，提升我国的文化软实力。2017年，习近平总书记在党的十九大报告中指出："推动文化事业和文化产业发展。"发展文化事业和文化产业是丰富人民精神文化生活、保证人民文化权益的必然要求，也是激发全民族文化创新创造活力、推动文化繁荣兴盛的应有之义。党的十九大报告强调"满足人民过上美好生活的新期待，必须提供丰富的精神食粮"，并推动文化事业和文化产业发展做出重大部署。

近年来，文化创意产业在经济增长和结构调整中发挥了积极作用。"2005~2014年中国文化创意产业规模年均复合增长率达到21.3%，2014年全国文化及相关产业增加值23 940亿元，比上年增长12.1%，比同期GDP增速高3.9%，占GDP的比重为3.76%，比上年提高0.13%。"② 根据国家统计局2020年的统计数据，2020年全国文化及相关产业增加值为44 363亿元，比上年增长7.8%（未扣除价格因素），占GDP的比重为4.5%，比上年提高0.02个百分点。近年

---

① 张蕴岭：《在大变局中把握发展趋势》，载于《人民日报》2019年3月15日。
② 中国产业信息网：《2016年中国文化创意产业发展概况》，http://www.chyxx.com/industry/201607/431903.html。

来，北京、上海、广东、湖南、云南等地的文化产业增加值已超过 GDP 的 5%。我们可以预期在不久的将来，全国文化产业的产值将达到 GDP 的 5%，文化产业将成为战略产业和经济的新增长点。

目前，全国已形成六大文化创意产业群：（1）以北京为主导的首都区，包括天津与河北省；（2）以上海为主导的长三角区，包括杭州、苏州、南京；（3）以广州和深圳为代表的珠三角区；（4）以昆明、丽江和三亚为代表的云南和海南地区；（5）以重庆、成都和西安为代表的四川和陕西地区；（6）以武汉和长沙为代表的中部地区。

"最重要的是，创意经济是个体经济渴望表现其本身的一种经济模式；它是建立在个体寻求世界的意义，并希望对世界产生影响的基础上的。"[①] 城市是创意经济和文化产业发展的主要空间。20 世纪，服务业的发展、文化产业的振兴、经济增长的转型、产业结构的调整，为某些城市向世界城市的转变创造了合适的条件。

世界或全球城市通常被认为是全球经济体系中的重要节点。1998 年，来自英国拉夫堡大学的庞弗斯达克（Jon Beaverstock）、史密斯（Richard G. Smith）和皮特·泰勒（Peter J. Taylor）建立了"全球化与世界城市研究网络"（GaWC）。最初，该网络为了提供世界城市的分类，试图使用数据来定义城市的类别。1999 年，"全球化与世界城市研究网络"根据从国际公司和高级生产商服务（包括供应与制造、会计、广告、金融和法律）中提取的数据分析，发布了世界城市分类和排名。该排名确定了一个具有三个级别和多个子级别的世界级城市，从高到低，从 Alpha（包括四个子级别：Alpha + +、Alpha +、Alpha 和 Alpha −）、到 Beta（包括三个子级别：Beta +、Beta 和 Beta −）再到 Gamma（包括三个子级别：Gamma +、Gamma 和 Gamma −）。还有一个类别就是"自给型城市"，该类别表明这些城市能否提供充足的服务并且对其他世界城市是否有明显的依赖。在 2020 年的排名中，伦敦和纽约被定义为 Alpha + + 城市，香港、新加坡、上海、北京、迪拜、巴黎和东京作为 Alpha + 城市（具体参见 GaWC 官方排名）。也就是说，在排名为 Alpha + + 和 Alpha + 的 9 个城市中，有 6 个城市在亚洲。上海是增长最快的城市，排名从 2016 年的第 9 位增长到 2020 年的第 5 位。

近年来，随着城市的产业转型，北京的高科技、高端制造业与服务业发展迅速，提供了良好的技术支持，为文化创意产业的发展创造了巨大的市场需求。据北京市统计局调查，2012 年，北京市居民人均消费支出为 24 046 元，同比增长

[①] John Howkins, "Foreword to Creative in China," in Michael Keane, *Created in China: The Great New Leap Forward*. London and New York: Routledge, 2007: xi.

9.4%。其中，2012 年人均教育文化娱乐服务支出为 3 696 元，比 2011 年的 3 307 元增长 11.8%，占全部消费支出的 15.4%。同期农村居民人均文教娱乐产品和服务支出 1 153 元，增长 14.8%，占全部消费支出的 9.7%（其中文化娱乐消费 363 元，增长 34.9%）。这些数据显示，北京的文化创意产业正在快速发展。2004 年至 2011 年，文化创意产业年均增长率接近 19.5%，比中国的 GDP 增长率高 4.3 个百分点，也高于同期年均增长率为 17.6% 的金融业。2014 年，北京文化创意产业增加值 2 826.3 亿元，占区域经济总量的 13.2%。截至 2014 年底，全市文化企业数量达到 17.1 万家，同比增长 15.8%。这些数字表明文化创意产业在中国城市的经济发展中发挥着越来越重要的作用。

从全球文化产业的发展趋势来看，亚洲正迅速成为世界上城市化程度最高的地区之一。新的城市群提供了大量的资金、商品、技术、服务，形成了文化产业的主要群体和主要市场。作为新兴市场，亚洲城市正以各种专业理念推动经济发展。

国际文化创意产业的发展创造了更多的就业机会，其对经济的贡献也日益得到认可。2006 年，前英国财政大臣戈登·布朗指出，25 年前英国顶级公司的市值完全基于实体资产，而今天的市值是实体资产的 5 倍，这证明了知识、理念与创新所具有的经济实力。2015 年 12 月，联合国教科文组织（UNESCO）、国际作家与作曲家联合会和安永会计师事务所（EY）联合发表了题为《文化时代：第一份全球文化创意产业地图》的报告。据报道，"截至 2013 年底，全球文化创意产业市场规模已达到 2.25 万亿美元，员工人数达到 2 950 万。亚太地区是发展最快的区域之一，总收入为 7 430 亿美元，员工人数为 1 270 万，成为世界上最大的文化创意产业区。拉丁美洲和加勒比地区也增长迅速，达到 1 240 亿美元，雇用员工数达 190 万。非洲和中东的文化创意产业已达到 580 亿美元和 240 万个就业岗位。"① 这表明全球文化创意产业的空间布局发生了深刻的变化，东西方之间的失衡正在被打破，非西方国家的文化产业经济潜力正在稳步上升。

我国文化产品和服务"走出去"工作虽然取得了很大成绩，但规模和影响与我国的国际地位还不相称。从目前文化贸易状况看，我国文化产品在与欧美发达国家文化产品的竞争中始终处于劣势，文化贸易进口尤其是国外知名文化品牌输入后可获得高额回报，而我们输出的文化产品和服务则获利甚微甚至无利可获。根据《美国新闻与世界报道》发布的《2018 最佳国家报告》（"Best Countries 2018"）显示，虽然我国的经济总量排名世界第二，但文化影响力排

---

① EY, "Cultural Times：The First Global Map of Cultural and Creative Industries," http：//www.ey.com/es/es/home/ey-cultural-times-the-firstglobal-map-of-cultural-and-creative-industries.

名仅为第21位（见表12-1），显示出我国经济实力和文化软实力的不平衡状态。

表12-1　　　　　　2018年最有影响力的国家排名

排名	国家	企业家精神	冒险精神	公民责任感	文化影响力	传承	迁移者	营运开放度	权力	生活质量
1	瑞士	5	17	2	7	27	28	2	17	6
2	加拿大	7	18	4	11	40	32	7	12	1
3	德国	1	58	10	14	21	35	19	4	10
4	英国	4	40	11	5	11	51	20	5	13
5	日本	2	38	19	6	12	5	26	7	14
6	瑞典	6	20	5	10	37	42	5	19	3
7	澳大利亚	13	11	8	9	28	22	14	16	5
8	美国	3	33	16	2	22	29	43	1	17
9	法国	14	14	14	2	4	47	27	6	16
10	荷兰	9	15	7	12	24	53	21	21	8
11	丹麦	11	35	3	16	39	58	4	27	2
12	挪威	10	26	1	22	44	37	8	26	4
13	新西兰	19	7	9	18	43	11	10	35	9
14	芬兰	15	30	6	25	49	38	6	42	7
15	意大利	21	2	20	1	1	30	45	18	22
16	新加坡	8	34	23	13	32	3	13	24	18
17	奥地利	18	23	12	24	17	69	16	29	11
18	卢森堡	17	45	13	27	51	67	1	31	12
19	西班牙	22	3	17	4	2	49	32	23	19
20	中国	16	57	38	21	10	4	33	3	21

这说明我们提升中华文化软实力的空间还是很大的。而要做到这一点，当然需要我们加强中外文化交流，促进中华文化的对外传播。

市场是需要培育的，文化市场尤其如此。由于文化需求不同于一般的物质需求，它是一种较为高雅的精神需求，这种需求并不是特别迫切的。人们可以不看电影、不欣赏音乐，但不可以一天不吃饭。所以从消费的角度，文化消费需要特别的培养，特别的呵护。对于海外文化市场而言，就更是如此。中华文化的对外传播，其实也肩负着这样的作用，即培养海外观众对中华文化的兴趣和修养，增加他们对中华文化的了解，从而培育出他们对中华文化的需求，培育出他们对中国文化产品的消费能力。

除此之外，还有一种情况值得我们注意，那就是国外文化企业对中华文化资源的开采和利用。1998 年的迪士尼动画电影《花木兰》火爆美国欧洲等地，在美国取得了 1.2 亿美元票房的好成绩，在我们国内票房虽然不佳，但也达到了 1 000 万美元票房。2006 年，日本富士电视台推出了电视剧《西游记》，收视率超过了 20%。其他，《美猴王》《功夫熊猫》所取得成功也都能说明问题。这就促使我们思考这样的问题：作为中国人，我们为什么不能开发和利用好自己的这份宝贵的文化资源？

四、为了满足世界渴望了解中国的需要

随着中国的崛起，世界了解中国的愿望是非常强烈的。但事实上，国外对中国情况的了解是非常不全面的，歪曲甚至丑化的情况时有发生。例如，"中国威胁论"就是其中很明显的一个例证。这里就必然涉及国家形象的问题。

形象学研究，即研究一个国家在另一个国家的形象，一直是比较文学研究的重要话题。早在 19 世纪，法国学者伽亚就已经把研究一国文学中的外国形象置于比较文学研究的中心，提出比较文学在注重事实联系的同时，更应当注重研究"各民族间、各种游记、想象间的相互诠释"[①]。这说明异国形象研究一定会涉及异国文化在本国介绍、传播、影响、诠释的问题，因而一定跟文化传播有关。不过，比较文学法国学派所强调的形象学研究仍然局限在文学研究之中。而在全球化背景下的今天，随着文化交流的日趋频繁，国家形象已经远远超出文学研究的范畴，而上升为一个国家文化软实力的战略高度。

什么是国家形象？美国政治学家布丁（Boulding, K. E.）认为：国家形象是一个国家对自己的认知以及国际体系中其他行为体对它的认知的结合；它是一系列信息输入和输出产生的结果，是一个"结构十分明确的信息资本"。[②] 布丁的定义强调国家形象是自我认知与国际认知的结合，是信息输入与输出的结合，这自然没有错。但对于我们对外文化工作而言，国家形象则主要是指其他国家（包括个人、组织和政府）对我国的综合评价和总体印象，即外国对我国的看法。因此这类的国家形象主要跟信息输出、跟对外文化传播有关。

---

① ［法］伽亚：《〈比较文学〉序言》，转引自《比较文学概论》，杨乃乔主编，北京大学出版社 2006 年版，第 235 页。

② Kenneth. E. Boulding, "National Images and International Systems," *Journal of Conflict Resolution* 3.2 (1959): 120–131.

那么这是否意味着我们向外国输出、传播什么信息，外国就一定接受什么信息呢？显然不是如此。英国学者雷蒙·道森在《中国变色龙》一书中，系统地分析和总结了中国形象在欧洲的历史演变，他发现"欧洲人对中国的观念在某些时期发生了天翻地覆般的变化。有趣的是，这些变化与其说反映了中国社会的变迁，不如说更多地反映了欧洲知识史的进展。"① 这说明文化传播与国家形象存在着一定程度的非对应关系。尽管我们不能说国家形象的形成完全与该国的现实无关，但更多的情况是，就我国在他国的形象而言，往往是出于那些阐释中国的人自身的需要来选择甚至虚构信息来建构中国形象，具有很大的想象性。最极端的例子便是中国威胁论与中国崩溃论两种截然相反的论调竟然可以并行同时出现。近些年来，美国国防部发布每年一度的《中国军力报告》，报告以所谓"不太清楚中国实现目标的具体策略和计划，以及为适应安全环境变化所进行调整的方式和方向"为借口，强调"一些中国领导人无法控制的因素可能会影响未来的国家战略选择，甚至使中国从和平发展道路上转移开来"，反复从多个角度要证明中国走和平发展道路还存在不确定性。该报告甚至将中国的经济发展成就、能源需求上升、国际影响力提高、扩大联合国维和行动范围等，均有意无意地贴上"中国威胁论"的标签，似乎只有中国不发展、不强大才不会有威胁。美国国防部这样做的动机昭然若揭，无非是想借中国军力的威胁，为自己扩大军费开支制造借口。

由于国外普通民众对中国情况所知甚少，又听任少数人的蛊惑，使中国的国际形象一度受到极大损坏。

有人说世界上最大的法不是宪法，而是看法。这一条非常适用于国际关系。如果国家形象不好，事事都会受到阻挠；而好的国家形象则可以为我们的对外工作带来各种便利，即使有些事情不尽如人意，也可以得到谅解。因此，为了在国际上树立良好的国家形象，满足世界各国人民渴望了解中国的需要，驳斥国外甚嚣尘上的"中国威胁论"，纠正国外普通民众对中国的错误认知，就必须加大传播中华文化的力度。要使世界各国人民都能够认识到：中华民族是爱好和平的民族，中国的崛起不会对任何国家任何人产生危害。正像英国大哲学家罗素所言："中国虽然人口众多，资源丰富，但却不会对外国造成威胁。"② "中国人不像白人那样，喜欢虐待其他人种……如果在这个世界上有'骄傲到不屑打仗'的民族，那就是中国。中国人天生宽容而友爱，以礼待人，希望别人也投桃报李。只要中国愿意，他们可以成为天下最强大的国家。但是他们所追求的只是自由，而

---

① ［英］雷蒙·道森：《中国变色龙》，常绍民等译，时事出版社1999年版，第16页。
② ［英］罗素：《中国问题》，秦悦译，学林出版社1996年版，第151页。

不是支配。"① 他还说:"中国至高无上的伦理品质中的一些东西,现代世界极为需要。这些品质中我认为和气是第一位的。以公理为基础而不是以武力去解决争端。"② 所有这些论断,值得我们反复说明,广泛传播。

第二节 中华文化对外传播的对策建议

从现实角度来看,中国文化走向世界可以通过三个方面来实现:孔子学院的普及性工作,通过学术出版而达到的高层次对话以及与国际汉学界的合作共同推介中国的文化学术。而在具体方面,则不仅应在国际中国研究领域发挥领军作用,同时也应对一些具有普世意义的基本理论问题的研究发出中国学者的独特声音。此外,对外国文化学术的研究也要至少达到与其同行平等讨论和对话的境地。如果在上述三个方面都有所突破的话,中国文化软实力的提升就不是一句空话了。

对于莫言获得诺贝尔文学奖之于中国文学的重大意义,国内外已有不少人讨论了,这里不想再重复。③ 我们想特别指出的是,莫言的获奖所产生的重大意义远远不只是文学上的,而更是从另外一个方面提高了我们中华民族的文化自觉和自信:中国文化作为世界文化的一部分,不再甘心囿于一隅,而是要以积极的姿态大踏步地走出国门,融入世界,不仅要得到世界的承认,同时也更要对世界文明和文化的建设作出应有的贡献。在这方面,中国文学的创作走在了人文学术研究的前面,对于我们从事文学和文化研究的学者来说,无疑是一种激励和鞭策。

一、经济繁荣与文化软实力的提升

毋庸置疑,最近几年来,伴随着中国经济的腾飞和综合国力的强大,"中国文化走出去"的呼声也日益高涨,但对于中国文化究竟应该如何走出去,或者说,通过我们的努力奋斗,中国文化确实已经走出国门了,但是走出去以后又如何融入世界文化的主流并对之产生影响,国内的学界却远未达成共识。有人天真地认为,中国的经济若是按照现在这个态势发展下去将变得更加强大,自然就会

---

① [英] 罗素:《中国问题》,秦悦译,学林出版社1996年版,第153~154页。
② [英] 罗素:《中国问题》,秦悦译,学林出版社1996年版,第167~168页。
③ 参考王宁:《翻译与文化的重新定位》,载于《中国翻译》2013年第2期;王宁:《世界主义、世界文学与中国文学的世界性》,载于《中国比较文学》2014年第1期。

有外国人前来找我们，主动要求将中国文化的精髓译介到世界，而现在，我们自己则没有必要花这么大的力气去向世界译介中国文化。这种看法虽不无天真，但听起来倒似乎有几分道理。然而我要提醒他们的是，在当今的中国学界，能够被别人"找到"并受到邀请的文化学者或艺术家恐怕寥寥无几，绝大多数人只有像"等待戈多"那样在等待自己的作品被国际学界或图书市场"发现"。这实在是令人悲哀的事情。另一种观点则认为，中国文化是一种民族文化，因此越是民族的就越是世界的，我们无需费力推进中国文化走向世界，最好的结局是让世界文化来到中国，或者说让外国人也都用中文发言和著述。毫无疑问，这在现阶段还不太实际。我们只要看一下这样两种截然不同的标准就会觉得这种想法的荒谬了：中国学者若要去英语国家进修，必须通过严格的英语等级考试，要去英语世界的高校讲学更要具备用英语讲授的能力，否则便得不到邀请；而我们所邀请来中国任教的专家是否也要通过汉语水平考试呢？非也。我们是否也要求他们用汉语授课呢？更是不可能。因此对这种天真的看法根本无须反驳。

我们这里想指出的是，不管中国的经济在今后变得如何强大，中国文化毕竟是一种软实力，也即外国人可以不惜花费巨大的代价将你的先进科学技术成果引进，甚至对于一些针对当代的社会科学文献也会不遗余力地组织译介，而对于涉及价值观念的人文学科和文化著述，则会想方设法挡住你的文化进入他们的国家。对于这一点，莫言倒是有着清醒的认识，因此他认为，文学的最大用处就在于无用①。李泽厚也认为，要想让世界全面了解中国文化至少要等上 100 年。②像李泽厚这样过于悲观的看法也要不得，实际上，李泽厚本人的《美学四讲》收入英语世界最具权威性的《诺顿理论批评文学》（第二版）(*The Norton Anthology of Theory and Criticism*, 2010)，无可辩驳地证明了他的著作已经跻身世界文学理论的经典之中。可以预言，随着他的更多著作翻译成英文，他在西方思想界和学术界的影响会越来越明显地显示出来。因此，只要我们努力去提升中国文化的软实力，中国文化真正走向世界就不一定需要那么长的时间。但是究竟该如何去努力提升我们的文化软实力呢？这正是本书所要探讨的。

众所周知，中国政府为了在海外推广中国语言和文化，在世界各国建立了 400 多个孔子学院和更多的孔子学堂。我们现在不难从海外建立孔子学院的一些成败得失中得出一些经验和教训。我们在海外建立孔子学院的尝试还是取得了一定的效果，因为它毕竟使得中国文化走出了国门，进入了国外，尤其是进入了长

---

① 参见《莫言诺奖晚宴致辞：无用令文学伟大》，中国青年网，http：//news.youth.cn/gj/201212/t20121211_2700610.htm。
② 参阅《文化重量与海外前景——王岳川与李泽厚在美国的学术对话（上）》，载于《中华读书报》2010 年 7 月 21 日。

期以来被"西方中心主义"的思维模式主导的西方国家,从而使得越来越多的西方国家的大学生开始选修中文课,甚至在一些中学,也开始有青年学生选修中文并尝试来中国实习了。仅在美国的一些主要大学,选修中文的学生已经超过了选修日文的学生。但是需要我们去思考的是,这些青年学生中将来究竟会有多少人把精力放在对中国文化的研究和传播上?据调查,他们中的大部分人只是想通过学习中文来进一步研究中国的政治、经济和社会,或掌握基本的中文知识后立即改学商科,以便将来和中国做生意。因此许多人只学了中国语言文化的一点皮毛就迅速地进入了其他专业领域,而真正愿意花费毕生心血潜心研究中国文化者实在是寥寥无几。因此实际上,目前活跃在世界各地的孔子学院尚未真正进入在高层次推进中国文化在全世界传播的境地,而只是在相当的程度上处于普及中国语言和文化基础知识的层次。①

另一个令人深思的问题就是,尽管迄今中国政府通过国内的高校已经在世界上建立了数百个孔子学院,但是公认的世界一流大学,如哈佛、耶鲁、牛津、剑桥等,为什么不积极配合我们建立孔子学院呢?众所周知,在这些世界名校,中国问题研究的系科实力很强,学者的学术档次也很高,他们的研究成果对国际学界同行常常起着某种导向的作用。例如,仅在哈佛大学这一所学校,从事中国研究或与中国问题相关的教学和研究的教师就多达 300 人,几乎是全欧洲所有大学的中国问题教学和研究者数量的总和,因此哈佛大学若是建立一所孔子学院,肯定是世界一流的,但是其结果如何呢?所遭到的抵制也是最为强烈的。这其实也并不奇怪,在西方学界的不少人看来,建立孔子学院是中国政府试图推进文化输出和文化侵略的一种手段,因此他们的内心是抵触的,怎么可能去积极配合我们推广中国文化呢?有些大学虽然建立了孔子学院,却是"花中国政府的钱,做自己想做的事",根本不受国家汉办的约束。

如果说,孔子学院在海外宣传和推广中国文化只是起到一种普及作用的话,那么出版界与国外出版机构的合作,则有可能将中国人文社会科学的优秀著作推向世界。这应该是我们今后在世界上推广中国文化的一个实质性的战略目标。但是由于种种原因,目前的合作出版现状并不尽如人意。我们都知道,尽管中国的不少一流出版社大量购买国外学术著作的版权,但相比之下,国外的一流学术出版社购买中国学术著作的版权者却很少。即使出于文化学术交流的目的,它们不得不象征性地购买一些中国出版社出版的图书的版权,但大多数都是一些基础性的或普及性的读物,因为这些图书也许会有一定的市场价值。而那些专业性很

---

① 这里值得一提的是,由南京师范大学和美国北卡罗莱纳州立大学合办的孔子学院于 2013 年 10 月 25~26 日与美国人文中心合作举办了高层次的国际研讨会:"中国与世界:文明的对话与跨文化交流",但尽管如此,由于中国发言者的语言障碍,一些在学术上造诣深厚的中国学者在英语世界仍未得到认可。

强、学术价值很高的中国文化研究方面的著作却很少被译介成世界的其他主要的语言，更谈不上在国际权威出版社出版了。显然，国外的学术出版社有着自己的选择，他们不愿被动地把中国已经出版的学术专著译成外文在国外出版，倒更乐意在中国国内或国外物色那些可以直接用外文著述的学者，按照他们的选题计划来撰写他们所需要的中国文化方面的学术著作。这当然无可厚非，但是却造成了输出和输入的极不平衡的状态：西方的非主流的汉学家的著作大多可以在中国找到译本，甚至在中国学界受到盲目的追捧，中国的一些出版社的做法通常是组织人忠实地将其译成中文在中国出版，有时甚至不惜花钱去购买他们著作的中文版版权。出于学术交流的目的，国内一些大学需要邀请一些国外学者前来出席学术会议或演讲，常常由于邀请者自身外语水平的局限，他们会邀请一些汉学家前来国内的重点高校讲学并出席高层次的学术会议。而中国的一些公认的一流人文学者却很难有这样的机会，走出国门去和国际学界的主流学者进行高层次的交流。

从这些事实我们不难看出，中国学界对国外，尤其是西方学界的了解确实大大多于后者对我们的了解。就比较文学界而言，我的不少西方同行连鲁迅是何人都不知道，而且也丝毫不以此为耻。

尽管如此，我们也不能全然忽视中国学者在国际学界的越来越重要的地位，中国人文社会科学界的少数佼佼者，已经具备了用外文著述并在国际权威出版社或学术期刊上发表著述的水平，并可以得到高规格的国际学术会议的邀请作主题发言，从而在国际学界发出越来越强劲的中国的声音；而相比之下，西方的汉学家能用中文著述或演讲者却寥寥无几。因此，在对外学术交流中，要等待这些为数极少的"非主流的"汉学家来"发现"我们的研究成果，并将其译介出去实在是不切实际的。越来越多的事实证明，在将中国文化推向世界的过程中，我们首先要以一种积极的姿态和主动的努力，其次才可依赖国外汉学界的帮助。

二、汉学的助力与本土学者的努力

我们都知道，西方学界之所以会出现对东方以及东方文化的"东方主义"式的偏见，与西方的东方学学者的歪曲性误读和建构不无关系。同样，西方学界对中国以及中国文化的"汉学主义"式的偏见也与那些汉学家的建构不无关系。对此已有学者对所谓的"汉学主义"作了批判。① 实际上，随着中国本身的变化，西方的汉学界对中国的看法也在发生着变化，这里可以从美籍香港学者丹尼尔·乌

---

① 对汉学主义的批判，海外华裔学者顾明栋（Ming Dong Gu）发表了大量著述，参阅他的中文论文：《什么是汉学主义？——探索中国知识生产的新范式》，载于《南京大学学报》2011 年第 3 期；以及英文专著 Sinologism: An Alternative to Orientalism and Postcolonialism. London and New York: Routledge, 2013.

科维奇（Daniel Vukovich）的专著《中国和东方主义：西方的知识生产和中华人民共和国》（*China and Orientalism*：*Western Knowledge Production and the P. R. C.*）中对中国的描述见出端倪。在乌科维奇看来，当代中国的形象在西方媒体及学术著作中已经发生了某种质的变化：

> 那么，为什么又是中国呢？让我们首先假设诸如东方主义这种对立和认识论上的挑战，它们三百年来一直包含了中西方的关系。让我们现在假设它们依然存在，并且在理论上与中国有关……因此，同样让我们回顾一下，"我们"与中国的关系几乎一直是一种经济的（同时也是政治的）关系。中国的崛起，他作为"下一个"超级大国的地位，作为世界性的制造业者，新的亚洲霸主，世界历史的消费市场，美元的不得已的最后买家，第二大经济体，等等。①

当然，这也不一定是乌科维奇本人的看法，但是从这一描述中，我们确实再也看不到曾被人描述为"东亚病夫"的贫穷落后、远离文明中心的旧中国，而是一个被"神化了"的新中国。这一新的形象自然与中国作为世界第二大经济实体的地位不无关系。莫言的获奖也使得中国的文化大国的地位开始浮出地表。莫言获得诺贝尔文学奖，美国汉学家葛浩文的卓越的翻译以及海外汉学界的评论和推介起到了极大的作用，这已经被越来越多的人所认识，因而葛浩文在中国受到追捧就不是偶然的。就这一点而言，我们在主张中国学者自己努力译介和著述的同时，也不能忽视另一股强有力的力量，也即海外汉学家的助力，可以说如果没有他们的加盟和帮助，我们要促使中国文化走向世界的难度就会大得多。但是，究竟如何通过与国外汉学家的合作促进中国文化走出去，则是我们需要认真思考的。

首先，国内不少学者依然抱有这样的看法：将中国文化，包括文学作品和理论著作，译成外文，应该是所在国的译者的任务，如果他们有这种需求就会花大力气去翻译我们的著作，这一点中国学者是无法做到的，因此我们只有被动地等待国外汉学家去翻译我们的著作。当然就语言的道地而言确实如此，但是如果认为这一看法不可颠覆的话，那么我们将等到何年何月呢？又会有多少人甘愿牺牲自己的宝贵时间和精力甚至财力去翻译中国人文学者的著作呢？恐怕愿意者寥寥无几。当然，文学作品的翻译也许会有一定的市场，例如葛浩文翻译的莫言的作品随着莫言获得诺贝尔文学奖而一下子变得"洛阳纸贵"，但在此之前，葛浩文却收益甚少，他有时也不得不靠翻译一些能够畅销的小说来支持这些精英文学作

---

① Daniel F. Vukovich, *China and Orientalism*：*Western Knowledge Production and the P. R. C.*. London and New York：Rouledge, 2012：142.

品的翻译，此外，他的夫人一直在大学任教，其收入还可以补贴家用，直到最近才辞去教职专门配合葛浩文从事文学翻译。被公认为一流的英文翻译家葛浩文尚且如此，更不用说那些初出茅庐的青年汉学家了。刚刚毕业获得博士学位的青年汉学家首先面临的就是要在上好课的同时，在有限的几年时间内将自己的博士论文修改成专著找一家大学出版社出版，此外还要在学术期刊上发表几篇论文，这样，他们才能顺利地拿到终身教职。他们还会有时间从事文学或学术著作的翻译吗？即使出于个人爱好可以翻译一些书的话，又如何去寻找市场呢？即使有一定的市场，所出版的译著也不能用于帮助他们申请终身教职。因此，指望他们显然是不现实的。我们必须更多地依靠自己的力量，尽快地培养一支精通两种语言并且有着深厚的文化底蕴和理论造诣的翻译队伍，将中国的文学和文化学术理论翻译成外文。当然，这方面译文的最后定稿，还得请我们的外国朋友帮忙，但较之从头开始翻译，则要容易得多，并不会占用他们过多的时间和精力，在他们修改润色之后我们国内的译者再对照原文校阅，这样经过几个回合，我们才能确保译文的质量和可读性，最终有效地将中国文化的精髓传达给国外读者和同行。

其次，根据西方出版界和图书市场的动向，我们也不可忽视另一支潜在的力量：一批曾在国外留学多年并获得学位然后回国任教的中青年学者，他们有着深厚的中外文造诣和文化理论功底，完全可以直接用外文著述，将（包括他们自己在内的）国内学者的最新研究成果通过评述和总结的方式介绍给国际学界。再加上那些毕业后仍留在国外大学任教的华裔文学和文化研究者的努力著述，中国文化至少在国际文化学术界不至于"失语"，而且还可以发出日益强大的声音。即使他们的外文著述的初稿在经过国际同行审读后需要修改，他们也可以自己去独立完成，而不必先写出中文，然后再请译者帮忙了。对于这一股力量的潜在作用我们绝不可低估。而且实际上，西方世界的一些主流出版机构把更多的目光和希望放在这批学者的身上，而不是被动地听任国内出版社的推荐。① 他们往往有着自己的独立眼光来选择应该翻译的著作，并有着自己的选题和出版计划。对中国感兴趣的这些出版社有着强大的编辑力量和财力，并掌握图书市场的需求情况，因此将自己的著述交给它们去编辑出版，既能保证质量同时也能确保进入主流的流通渠道，对此我们切不可视而不见。

再者，也许是最重要的一点，就是出版发行机构的助力。为了更为有效地推进中国文化走出去的进程，我们需要有一批高质量的学术理论著作或论文在国际学界发表，而要达到这样一个目标，我们就应该首先瞄准国际著名的出版社或学

---

① 下列西方的主流出版机构有着出版中国研究丛书的计划，并且已经开始实施这样的计划，仅以英语出版物为例，就有这样一些出版社：Princeton University Press, Routledge, Palgrave, Brill, Springer, Blackwell, 等等。

术期刊，因为它们已经有效地占据了图书和期刊的流通和发行渠道，知道广大读者或学界同行需要什么样的著作，因此经过它们的推介也会省去我们自己出版并推广所耗费的时间和精力。但令人遗憾的是，国内一些人文社会科学学术期刊的主编以及一些高校的科研主管部门却对国际权威的数据库"社会科学引文索引"（SSCI）和"艺术与人文引文索引"（A&HCI）都不太知道，认为这只是图书馆的编目，并不具备评价的功能。既然连这两大数据库对期刊的遴选标准都一无所知，怎么能够指导并帮助中国的人文社会科学学者在国际学界发出声音呢？[①] 因此我们一方面要借助于国际学术期刊发表中国学者的论文，另一方面也要不断完善我们自己的中文刊物，使其早日跻身国际权威的引文数据库。只有跻身其中，才能融入国际学界并发挥应有的影响。

100多年前，苏联在十月革命后诞生，曾经有一段时期在经济上和科学技术上有过突飞猛进的发展，引起了西方世界的瞩目。但是，西方世界一方面加大力度研究苏联的政治、经济和科学技术成果，想方设法通过各种途径搜集这方面的情报；而另一方面，他们却对苏联的文学和文化理论加以抵制，因而长期以来，在西方学界，不少学者只知道那些持不同政见的苏联作家，或者19世纪以前的俄罗斯作家，而对那些占据主流且著述甚丰的作家和理论家的著作则很少了解。既然我们不希望这样的情形发生在当今的中国作家和人文知识分子身上，那我们就应该以积极主动的姿态努力提升中国的文化软实力，并使我们的学术研究融入国际学术界，通过与国际同行的交流和对话，使得中国文化为更多的人所了解，同时也使得中国的人文社会科学研究在国际学界占有更重要的地位。就这方面而言，我们确实任重而道远，任何盲目自大或妄自菲薄的看法都是无济于事的。

三、全球文化语境中中国的声音

2011年，美籍日本裔学者和思想家福山在和中国学者俞可平的对话中称，中国是全球化的最大赢家，[②] 这在某种程度上代表了西方主流思想界的一种看法。在当今这个全球化的时代，中国确实是最大的受益者之一，这一点已经得到全方位的体现：经济的、政治的、文化的和文学艺术的。但是中国人文学者在国际学界的声音又如何呢？中国的人文社会科学学者在国际学术期刊上发表的论文和出版的著述无论在数量上还是在质量上都不甚理想：数量上远远落在欧美国家的后

[①] 关于中国高校在人文社科领域的国际期刊上发表论文的情况及相关分析，参阅王宁：《世界主义与人文社会科学的国际化》，载于《探索与争鸣》2012年第8期。

[②] 参见《俞可平与福山的对话：全球化、当代世界和中国模式》，载于《北京日报》2011年3月28日。

面,即使有不少论文发表在国际期刊上并收入了 SSCI 或 A&HCI 数据库中,但是其中的刊物档次并不高,而且他引次数也很少。在国际学术会议上,虽有一些中国学者应邀作大会发言或主题发言,但受邀的中国学者的数量与国内从事这方面研究的庞大队伍并不能成正比。绝大多数国内的学者仅仅满足于一种"自娱自乐"式的内循环式的学术研究:研究中国问题的学者并不能对国际中国问题研究产生影响,研究西方学术的人则更是羞于与国际学术同行进行讨论和对话,仅仅满足于向国内的外行人士作一些普及介绍性的工作,虽然这也很有必要,但并不能代表中国学术的发展方向。毛泽东在《纪念孙中山先生》一文中曾说过,中国应当对人类有较大的贡献。在新中国刚刚屹立在世界的东方之际,他就发出了这样一种具有博大世界主义胸怀的号召,确实具有很大的胆识、魄力和理论的前瞻性。作为人文社会科学学者的我们,究竟应该奉献给国际学界什么呢?

首先,作为中国学者,我们必须首先在国际中国研究领域内掌握主动权和必要的话语权。在过去的漫长岁月里,即使是在国际中国学研究领域内,我们中国学者也没有任何话语权,一切听任海外汉学家的判断。近十多年来,情况发生了较大的变化,国外的,尤其是西方的汉学界,本身也发生了较大的变化,一大批在国外获得博士学位的中国留学生加盟新的汉学,或曰中国研究,给传统的"西方中心主义"占主导地位的汉学带来了新鲜血液。就目前的状况而言,在国际学界,随着越来越多的研究中国问题的学术期刊的问世和学术丛书的出版,相当一批中国学者或外籍华裔学者跻身作者队伍或编辑的行列,极大地改变了国际中国研究学界长期以来的"西方中心主义"格局,为中国学者争得了应有的话语权。但是这与中国庞大的人文社会科学研究者队伍相比仍是极不相称的。因此,我们在这方面还要进一步掌握主动性,以便达到引领国际中国问题研究潮流和方向的境地。

其次,作为一个大国的人文社会科学学者,仅仅在国际中国研究领域里发声还远远不够,我们还要就一些具有普世意义的理论话题提出我们自己的议程和话题,从而获得在国际学界探讨基本理论问题的话语权并发出中国的声音。在这方面,我们曾提出一个"全球人文"(global humanities)的概念,但现在看来仅仅是全球人文还不够,还应该涉及社会科学的一些具有普世意义的话题,例如在当下的国际学界颇受关注的"世界主义"问题、生态理论和生态文明,我们中国学者所发出的声音就很小,因而造成的印象是我们就一些基本的理论问题常常只能做到"自说自话"式的讨论,很少对国际学界产生任何实质性的影响。我想这一现状应该得到根本的改变。

最后,作为一个开放的文化大国,中国学界在译介国外,尤其是西方学术理论和文化思潮方面确实有着"拿来主义"的开阔胸襟,因而近代以来的各种主要的国际性的理论思潮的代表性著作都有了不止一种中译本。但令人遗憾的是，中国学者对这些国外重要理论思潮的研究并未达到国际领先水平，因而很少被邀请到这方面的国际性的专题研讨会上作主题发言，或在相关领域内的权威国际期刊上发表论文。而相比之下，国外汉学界对中国各个时期的文化学术的研究却受到国内学界的高度重视，在各种国际性的学术研讨会上，他们都会受到邀请作主题发言，而不管其发言的内容是否达到了前沿水平。因此，即使在对国外学术的研究方面，我们也至少要达到与国际同行平等讨论和对话的水平。

如果能在上述三个方面做到极致的话，至少说明我们的研究已经得到国际同行的承认，反之只能是低层次的重复。总之，中国的文化学术必须走向世界并且对世界文化和人类文明作出较大的贡献，作为人文学者的我们责无旁贷。

参 考 文 献

[1] [意] 安伯托·艾柯等：《诠释与过度诠释》，生活·读书·新知三联书店 2005 年版。

[2] 安平秋、安乐哲主编：《北美汉学家辞典》，人民文学出版社 2001 年版。

[3] [俄] 米哈伊尔·巴赫金：《文本、对话与人文》，河北教育出版社 1998 年版。

[4] [法] 白乐桑：《法国汉语教学的现状、教学标准及其学科建设》，载于《世界汉语教学学会通讯》2013 年第 2 期。

[5] 蔡先金：《孔子诗学研究》，齐鲁书社 2006 年版。

[6] 蔡祥元：《外与内的游戏——德里达如何解构索绪尔的结构主义思想》，载于《现代哲学》2012 年第 1 期。

[7] 蔡新乐、郁东占：《文学翻译的释义学原理》，河南大学出版社 1997 年版。

[8] 曹海东：《朱熹经典解释学研究》，湖北人民出版社 2007 年版。

[9] 陈海飞：《解释学基本理论研究》，中共党史出版社 2005 年版。

[10] 陈建中：《翻译即阐释——〈名实论〉之名与实》，载于《外语与外语教学》1997 年第 6 期。

[11] 陈叙：《"有道"和"无道"——〈论语〉经传与理雅各的"辩经权译"》，载于《中国文化研究》2013 年第 1 期。

[12] 成中英：《从中西互释中挺立——中国哲学与中国文化的新定位》，中国人民大学出版社 2005 年版。

[13] 邓建：《辞格中的同与异——一场比较文学学者与汉学家之间的论争》，载于《四川大学学报（哲学社会科学版）》2009 年第 5 期。

[14] 邓建华：《反思新"欧洲中心主义"——一位汉学家对"文化相对主义"的批判》，载于《文艺理论与批评》2010 年第 3 期。

[15] 东方朔：《荀子伦理学的理论特色——从"国家理由"的视角说起》，载于《文史哲》2020年第5期。

[16] 方铭：《楚辞全注》，人民文学出版社2019年版。

[17] 冯斗、许玫：《从阐释学视界融合理论看〈离骚〉的复译》，载于《电子科技大学学报（社会科学版）》2009年第1期。

[18] 付瑛瑛：《"传神达意"——中国典籍英译理论体系的尝试性建构》，苏州大学博士学位论文，2011年。

[19] 付永、戈玲玲：《浅议〈易经〉中文化负载词"三"的翻译方法》，载于《长春理工大学学报（社会科学版）》2011年第9期。

[20] 傅惠生：《〈汉英对照大中华文库〉英译文语言研究》，载于《外语教学理论与实践》2012年第3期。

[21] 傅惠生译：《周易——汉英对照》，湖南人民出版社2008年版。

[22] ［德］汉斯-格奥尔格·伽达默尔：《真理与方法》，商务印书馆2007年版。

[23] 高亨：《周易古经今注》，清华大学出版社2010年版。

[24] 高淮生：《王国维〈红楼梦〉研究的评价与反思述论》，载于《红楼梦学刊》2005年第6期。

[25] 高越月：《新历史主义视角下的〈花木兰〉游戏》，载于《理论与当代》2012年第7期。

[26] 葛朝霞：《赏析屈原英汉〈离骚〉诗中"香草美人"的意象表达》，载于《时代文学（下半月）》2008年第12期。

[27] ［法］葛兰言：《古代中国的节庆与歌谣》，赵丙祥、张宏明译，广西师范大学出版社2005年版。

[28] 耿晓谕：《自然、生态与政治——论加里·斯奈德的诗学》，北京外国语大学博士学位论文，2013年。

[29] 关萍萍：《互动媒介论——电子游戏多重互动与叙事模式》，浙江大学博士学位论文，2010年。

[30] 管恩森：《传教士视阈下的汉籍传译——以理雅各英译〈易经〉为例》，载于《周易研究》2012年第3期。

[31] 郭晖：《典籍英译的风格再现——小议〈楚辞〉的两种英译》，载于《中国诗歌研究动态》2004年第5期。

[32] 郭建中：《翻译中的文化因素：异化与归化》，载于《外国语（上海外国语大学学报）》1998年第2期。

[33] 郭磊：《首位"四书"英译者柯大卫生平诸事考述》，载于《北京行政

学院学报》2013 年第 6 期。

[34] [德] 马丁·海德格尔:《存在与时间》,生活·读书·新知三联书店 1987 年版。

[35] [德] 马丁·海德格尔:《存在论:实际性的解释学》,人民出版社 2009 年版。

[36] 何芳川:《古今东西之间:何芳川讲中外文化》,广西师范大学出版社 2008 年版。

[37] 何立芳:《传教士理雅各中国经典英译策略解析》,载于《外国语文》 2011 年第 2 期。

[38] 何卫平:《解释学之维》,人民出版社 2009 年版。

[39] 何文焕:《历代诗话》,中华书局 1981 年版。

[40] [美] E. D. 赫施:《解释的有效性》,王才勇译,生活·读书·新知三联书店 1991 年版。

[41] 洪汉鼎:《当代哲学诠释学导论》,五南图书出版股份有限公司 2008 年版。

[42] 洪汉鼎:《理解的真理——真理与方法解读》,山东人民出版社 2001 年版。

[43] 洪汉鼎:《诠释学——它的历史与当代的发展》,人民出版社 2001 年版。

[44] 洪汉鼎编:《理解与解释——诠释学经典文选》,东方出版社 2001 年版。

[45] 胡朴安:《周易古史观》,上海古籍出版社 2005 年版。

[46] 黄俊杰:《中国孟学诠释史论》,社会科学文献出版社 2004 年版。

[47] 黄药眠、童庆炳:《中西比较诗学体系》,中国文联出版公司 1988 年版。

[48] 黄中习:《典籍英译标准的整体论研究:以〈庄子〉英译为例》,苏州大学博士学位论文,2009 年。

[49] 霍跃红:《典籍英译:意义、主体和策略》,载于《外语与外语教学》 2005 年第 9 期。

[50] [美] 克利福德·吉尔兹:《地方性知识:阐释人类学论文集》,中央编译出版社 2004 年版。

[51] 蒋伯潜:《十三经概论》,上海古籍出版社 1983 年版。

[52] 金丹元、张大森:《"颠覆"后的另一种解读——从〈生命中不能承受之轻〉到〈布拉格之恋〉的思考》,载于《中国比较文学》2003 年第 4 期。

[53] 金景芳、吕绍纲:《周易全解》,上海古籍出版社2005年版。

[54] 金学勤:《〈论语〉英译之跨文化阐释》,四川大学出版社2009年版。

[55] 金元浦:《文化创意产业概论》,高等教育出版社2010年版。

[56] 金元浦:《文学解释学》,东北师范大学出版社1997年版。

[57] 柯大诩:《英译〈易经〉》,载于《读书》1985年第6期。

[58] 孔祥龙:《孔子的现象学阐释九讲》,华南师范大学出版社2009年版。

[59] 赖贤宗:《佛教阐释学》,北京大学出版社2009年版。

[60] 赖贤宗:《道家诠释学》,北京大学出版社2010年版。

[61] 赖贤宗:《儒家诠释学》,北京大学出版社2010年版。

[62] 蓝仁哲:《〈易经〉在欧洲的传播——兼评利雅格和卫礼贤的〈易经〉译本》,载于《四川外语学院学报》1991年第2期。

[63] 乐黛云、陈任编选:《北美中国古典文学研究名家十年文选》,江苏人民出版社1996年版。

[64] 李洪卫:《早期儒家思想之道、王关系的变迁——从传统政治文化的"阴阳结构"论起》,载于《齐鲁学刊》2021年第2期。

[65] 李会玲:《讽寓·语境化·规范性——综论欧美汉学界〈诗经〉阐释学研究》,载于《武汉大学学报(人文科学版)》2016年第4期。

[66] 李镜池:《周易探源》,中华书局1978年版。

[67] 李镜池:《周易通义》,中华书局1981年版。

[68] 李珺平:《中国古代抒情理论的文化阐释》,北京大学出版社2005年版。

[69] 李兰生:《中外文化关键词的语义清理与跨文化阐释》,载于《中南大学学报(社会科学版)》2003年第2期。

[70] 李清良:《中国阐释学》,湖南师范大学出版社2001年版。

[71] 李庆本:《跨文化阐释的多维模式》,北京大学出版社2014年版。

[72] 李庆本:《跨文化阐释与世界文学的重构》,载于《山东社会科学》2012年第3期。

[73] 李庆本:《跨文化美学:超越中西二元论模式》,长春出版社2011年版。

[74] 李庆本:《跨文化视野:转型期的文化与美学批判》,中国文联出版社2003年版。

[75] 李松:《中国现代文学研究的范式危机:美国学界的论争及其反思》,载于《武汉大学学报(哲学社会科学版)》2020年第5期。

[76] 李天纲:《跨文化的诠释——经学与神学的相遇》,新星出版社2007

年版。

[77] 李秀英：《20世纪中后期美国对外文化战略与〈史记〉的两次英译》，载于《大连海事大学学报（社会科学版）》2007年第1期。

[78] 李学勤主编：《十三经注疏》，北京大学出版社1999年版。

[79] 李岩、陈元生编：《木兰传说》，武汉出版社2014年版。

[80] 李玉良、罗公利：《儒家思想在西方的翻译与传播》，中国社会科学出版社2009年版。

[81] 李玉良：《〈诗经〉英译研究》，齐鲁书社2007年版。

[82] ［法］保罗·利科：《解释的冲突》，商务印书馆2008年版。

[83] ［法］保罗·利科：《诠释学与人文科学》，河北人民出版社1987年版。

[84] 栗梦卉：《象似性理论指导下许渊冲〈离骚〉英译对比分析》，载于《长春工业大学学报（社会科学版）》2014年第1期。

[85] 连劭名：《帛书周易疏证》，中华书局2012年版。

[86] 廖名春：《〈周易〉经传十五讲》，北京大学出版社2012年版。

[87] 林庚：《诗人屈原及其作品研究》，古典文学出版社1957年版。

[88] 林庚：《楚辞研究两种》，清华大学出版社2006年版。

[89] 刘剑：《文化软实力与典籍外译之话语权研究》，载于《河南社会科学》2012年第7期。

[90] 刘梦溪：《传统的误读》，河北教育出版社1996年版。

[91] 刘宓庆：《文化翻译论纲》，湖北教育出版社1999年版。

[92] 刘巍：《读与看：我们这个时代的文字与图像》，中国社会科学出版社2013年版。

[93] 刘巍：《文学的图像接受及其意义之流转》，载于《文学评论》2013年第3期。

[94] 刘耘华：《诠释学与先秦儒家之意义生成——〈论语〉、〈孟子〉、〈荀子〉对古代传统的解释》，上海译文出版社2002年版。

[95] 刘耘华：《诠释的圆环：明末清初传教士对儒家经典的解释及其本土回应》，北京大学出版社2005年版。

[96] 陆振慧、崔卉：《信于本，传以真——论理雅各的儒经翻译观》，载于《河北工程大学学报（社会科学版）》2012年第4期。

[97] 罗新璋：《翻译论集》，商务印书馆1984年版。

[98] 罗益民、宋欣蓝：《尽善尽美——诗歌翻译中译者主体性的发挥》，载于《重庆邮电大学学报（社会科学版）》2011年第2期。

[99] 马红军：《从文学翻译到翻译文学——许渊冲的译学理论与实践》，上海译文出版社 2006 年版。

[100] 马俊华、苏丽湘编：《木兰文献大观》，河南人民出版社 1993 年版。

[101] 马祖毅、任荣珍：《汉籍外译史》，湖北教育出版社 2003 年版。

[102] ［美］厄尔·迈纳：《比较诗学》，王宇根等译，中央编译出版社 1998 年版。

[103] 麦永雄：《多元之美与文化博弈：当代国际视野中的东方美学》，载于《中南民族大学学报（人文社会科学版）》2011 年第 1 期。

[104] 毛宣国：《"讽寓"概念论争与汉代〈诗经〉的讽寓阐释》，载于《华中师范大学学报（人文社会科学版）》2011 年第 6 期。

[105] 蒙文通：《经学抉原》，上海人民出版社 2006 年版。

[106] ［美］孟德卫：《奇异的国度：耶稣会适应政策及汉学的起源》，陈怡译，大象出版社 2010 年版。

[107] ［荷兰］约斯·德·穆尔：《阐释学视界——全球化世界的文化间性阐释学》，麦永雄、方顾玮译，载《外国美学》第 20 辑，商务印书馆 2012 年版。

[108] 南怀瑾：《易经系传别讲》，复旦大学出版社 2002 年版。

[109] 南怀瑾：《易经杂说》，复旦大学出版社 2002 年版。

[110] 欧阳友权：《数字传媒时代对图像表意与文字审美》，载于《学术月刊》2009 年第 3 期。

[111] 欧阳友权：《数字媒介下的文艺转型》，中国社会科学出版社 2011 年版。

[112] 欧阳友权：《网络文学本体研究》，四川大学博士学位论文，2004 年。

[113] 潘文国：《译入与译出：谈中国译者从事汉籍英译的意义》，载于《中国翻译》2004 年第 2 期。

[114] 彭公亮：《审美理论的现代诠释——通向澄明之境》，武汉出版社 2002 年版。

[115] 彭家海、沈晶晶：《霍克思〈离骚〉英译本对原文风格的再现》，载于《湖北工业大学学报》2021 年第 6 期。

[116] ［美］约翰·皮泽：《比较文学与世界文学：建构建设性的跨学科关系》，刘洪涛、刘倩，载于《中国比较文学》2011 年第 3 期。

[117] 钱锺书：《管锥编》，中华书局 1979 年版。

[118] 饶龙隼：《上古文学制度述考》，中华书局 2009 年版。

[119] 任增强、王小萍：《论北美汉学界中国古代文论研究中的"两种取向"》，载于《南昌大学学报（人文社会科学版）》2011 年第 6 期。

[120] 任增强：《美国汉学家论〈诗大序〉》，载于《贵州师范大学学报（社会科学版）》2010年第5期。

[121] 尚秉和：《周易尚氏学》，中华书局1980年版。

[122] 沈岚：《跨文化经典阐释：理雅各〈诗经〉译介研究》，苏州大学博士学位论文，2013年。

[123] 施建业：《中国文学在世界的传播与影响》，黄河出版社1993年版。

[124] 施忠连：《儒风华雨润异域：儒家文化与世界》，山东教育出版社2011年版。

[125] 束舒娅：《〈诗〉非诗：论毛诗的讽寓解释》，载于《南京航空航天大学学报（社会科学版）》2011年第3期。

[126] 宋柏年：《中国古典文学在国外》，北京语言学院出版社1994年版。

[127] [美] 苏源熙：《关于比较文学的对象与方法》，何绍斌译，载于《中国比较文学》2004年第3期。

[128] [美] 苏源熙：《关于比较文学的时代》，刘小刚译，载于《中国比较文学》2004年第4期。

[129] [美] 苏源熙：《中国美学问题》，卞东波译，江苏人民出版社2009年版。

[130] [美] 苏源熙：《世界文学的维度性》，生安锋译，载于《学习与探索》2011年第2期。

[131] 孙大雨：《屈原诗选英译》，上海外语教育出版社1996年版。

[132] 孙康宜：《谈谈美国汉学的新方向》，载于《书屋》2007年第12期。

[133] 谭载喜：《西方翻译简史》（增订版），商务印书馆2004年版。

[134] 汤一介：《再论创建中国解释学问题》，载于《中国社会科学》2000年第1期。

[135] 唐昊：《媒介融合时代的跨媒介叙事生态》，载于《中国出版》2014年第24期。

[136] 汪榕培、任秀桦译：《英译易经》，上海外语教育出版社2007年版。

[137] 汪耀楠：《外国学者对〈楚辞〉的研究》，载于《文献》1989年第3期。

[138] 王翠：《韦勒克〈比较文学的危机〉对当下中国比较文学发展的启示》，载于《长城》2014年第8期。

[139] 王东波：《理雅各对中国文化的尊重与包容：从"译名之争"到中国经典翻译》，载于《民俗研究》2012年第1期。

[140] 王东风：《翻译文学的文化地位与译者的文化态度》，载于《中国翻

译》2000年第4期。

[141] 王建平主编：《中西方文化比较与交流》，南京出版社2003年版。

[142] 王建勤：《美国国家语言战略与我国语言文化安全对策》，载于《国际汉语教学动态与研究》2007年第2期。

[143] [美] 王靖献：《钟与鼓》，四川人民出版社1990年版。

[144] 王丽耘、朱珺、姜武有：《霍克思的翻译思想及其经典译作的生成——以〈楚辞〉英译全本为例》，载于《燕山大学学报（哲学社会科学版）》2013年第4期。

[145] 王丽耘：《大卫·霍克思汉学年谱简编》，载于《红楼梦学刊》2011年第4期。

[146] 王丽耘：《中英文学交流语境中的汉学家大卫·霍克思研究》，福建师范大学博士学位论文，2012年。

[147] 王宁：《比较文学与中国文学阐释》，台湾淑馨出版社1996年版。

[148] 王宁：《文化翻译与经典阐释》，中华书局2006年版。

[149] 王宁：《翻译研究的文化转向》，清华大学出版社2009年版。

[150] 王宁：《比较文学：理论思考与文学阐释》，复旦大学出版社2011年版。

[151] 王宁：《翻译与跨文化阐释》，载于《中国翻译》2014年第2期。

[152] 王群：《许渊冲〈离骚〉英译本特点刍议》，载于《中国电力教育》2012年第1期。

[153] 王晓路：《西方汉学界的中国文论研究》，巴蜀书社2003年版。

[154] 王晓路：《中西诗学对话——英语世界的古代文论研究》，巴蜀书社2000年版。

[155] 文军、刘瑾：《国内〈楚辞〉英译研究综述（1992-2012）》，载于《外文研究》2013年第1期。

[156] 闻一多：《离骚解诂》，上海古籍出版社1985年版。

[157] 吴保和：《花木兰，一个中国文化符号的演进与传播——从木兰戏剧到木兰电影》，载于《上海大学学报（社会科学版）》2011年第1期。

[158] 吴钧：《论〈易经〉的英译与世界传播》，载于《周易研究》2011年第1期。

[159] 吴钧：《论理雅各的〈易经〉英译》，载于《湖南大学学报（社会科学版）》2013年第1期。

[160] 吴佩芳：《文学经典在跨文化阐释中的接受与变异——论〈双城记〉在汉语外国文学史的经典化》，载于《语文学刊》2011年第1期。

[161] 吴松林：《从〈离骚〉英译看楚文化中植物意象的形变》，载于《绥化师专学报》2002 年第 4 期。

[162] 吴新云：《双重发声 双重语意——译介学视角下的中国女性主义文学批评》，复旦大学博士后学位论文，2004 年。

[163] 吴义勤主编：《文学制度改革与中国新时期文学》，文化艺术出版社 2013 年版。

[164] 夏传才：《〈诗经〉研究史概要》，万卷楼图书有限公司 1993 年版。

[165] 夏传才：《略述国外〈诗经〉研究的发展》，载于《河北师院学报（社会科学版）》1997 年第 2 期。

[166] 萧兵：《楚辞文化》，中国社会科学出版社 1990 年版。

[167] 萧公权：《中国政治思想史》，联经出版社 1982 年版。

[168] ［法］谢和耐：《中国文化与基督教的冲撞》，于硕等译，辽宁人民出版社 1989 年版。

[169] 谢淼：《德国汉学视野中的中国当代文学（1978—2008）》，武汉大学博士学位论文，2009 年。

[170] 熊十力：《新唯识论（壬辰删定本）》，中国人民大学出版社 2006 年版。

[171] 熊谊华、占慧芳：《传播学视角下的〈周易〉翻译研究——理雅各与卫礼贤两种译本的翻译对比》，载于《湖北函授大学学报》2011 年第 12 期。

[172] 徐金龙、黄永林：《论美国动漫〈*Mulan*〉对中国木兰传说的创造性转化》，载于《思想战线》2012 年第 1 期。

[173] 徐金龙：《"六化"：民俗文化资源到动漫产业资本的发展路径》，载于《民族艺术》2015 年第 1 期。

[174] 徐金龙：《从资源到资本——民间文学与国产动漫的整合创新研究》，华中师范大学出版社 2013 年版。

[175] 许钧：《文学翻译的理论与实践——翻译对话录》，译林出版社 2001 年版。

[176] 许渊冲、赵凤兰：《人生处处皆翻译——许渊冲访谈》，载于《名作欣赏》2021 年第 19 期。

[177] 许渊冲：《典籍英译，中国可算世界一流》，载于《中国外语》2006 年第 5 期。

[178] 许渊冲：《翻译的艺术》，中国对外翻译出版公司 1984 年版。

[179] 许渊冲：《诗书人生》，百花文艺出版社 2003 年版。

[180] 许渊冲：《喜读〈鲁迅诗歌〉英译本》，载于《外语教学与研究》

1981年第3期。

[181] 许渊冲：《续忆逝水年华》，湖北人民出版社2008年版。

[182] 许渊冲：《有中国特色的文学翻译理论》，载于《中国翻译》2016年第5期。

[183] 许渊冲：《追忆逝水年华》，生活·读书·新知三联书店1996年版。

[184] 许渊冲译：《楚辞》，中国对外翻译出版公司2008年版。

[185] 严平：《走向解释学的真理——伽达默尔哲学述评》，东方出版社1998年版。

[186] 阎纯德：《"和而不同"与殊途同归——试论中国文化的普适价值》，载于《中国政法大学学报》2009年第1期。

[187] 阎纯德：《中国的发展与汉学的未来》，载于《江西社会科学》2010年第4期。

[188] 杨成虎：《典籍的翻译与研究——〈楚辞〉几种英译本得失谈》，载于《宁波大学学报（人文科学版）》2004年第4期。

[189] 杨成虎：《中国诗歌典籍英译散论》，国防工业出版社2012年版。

[190] 杨国燕、张新民：《从周易的文体特点看阐释性翻译》，载于《社会科学论坛》2005年第5期。

[191] 杨武能：《阐释、接受与再创造的循环——文学翻译断想》，载于《中国翻译》1987年第6期。

[192] 杨晓伟：《"化性起伪"中的政治诉求——荀子伦理政治思想中的难题》，载于《社会科学辑刊》2015年第4期。

[193] 杨雅丽：《〈礼记〉语言学与文化学阐释》，人民出版社2011年版。

[194] [德] 汉斯·罗伯特·姚斯等：《接受美学与接受理论》，辽宁人民出版社1987年版。

[195] [德] 汉斯·罗伯特·姚斯：《审美经验与文学解释学》，上海人民出版社2006年版。

[196] 姚文放：《文化政治与德里达的解构理论》，载于《江苏社会科学》2011年第2期。

[197] 姚振军：《"典籍""机译"初探》，载于《中国英汉语比较研究会第七次全国学术研讨会论文集》，2006年。

[198] 叶嘉莹：《古典诗词讲演集》，河北教育出版社1997年版。

[199] 叶舒宪：《〈诗经〉的文化阐释》，湖北人民出版社1994年版。

[200] [美] 叶维廉：《中国诗学》，生活·读书·新知三联书店1992年版。

[201] 殷鼎：《理解的命运——解释学初论》，生活·读书·新知三联书店

1989年版。

[202] 尹锡康、周发祥等编:《楚辞资料海外编》,湖北人民出版社1986年版。

[203] [美] 宇文所安:《他山的石头记》,田晓菲译,江苏人民出版社2003年版。

[204] [美] 宇文所安:《中国文论:英译与评论》,王柏华、陶庆梅译,上海社会科学院出版社2003年版。

[205] 袁行霈、孟二冬、丁放:《中国诗学通论》,安徽教育出版社1994年版。

[206] 岳峰:《〈易经〉英译风格探微》,载于《湖南大学学报(社会科学版)》2001年第2期。

[207] 岳峰:《架设东西方的桥梁——英国汉学家理雅各研究》,福建人民出版社2004年版。

[208] 岳峰:《试析〈周易〉英译的失与误》,载于《山东科技大学学报(社会科学版)》2001年第1期。

[209] 张邦卫:《媒介诗学导论》,浙江大学博士学位论文,2005年。

[210] 张才刚:《数字化生存与文学语言的流变》,华中师范大学博士学位论文,2011年。

[211] 张成权、詹向红:《1500-1840儒学在欧洲》,安徽大学出版社2010年版。

[212] 张继文:《西方〈周易〉译介史论》,载于《开封大学学报》2012年第1期。

[213] 张隆溪:《道与逻各斯:东西方文学阐释学》,江苏教育出版社2006年版。

[214] 张隆溪:《讽寓》,载于《外国文学》2003年第6期。

[215] 张隆溪:《同工异曲:跨文化阅读的启示》,江苏教育出版社2006年版。

[216] 张隆溪:《中西文化研究十论》,复旦大学出版社2005年版。

[217] 张玫:《西方译学研究的开拓与创新》,载于《重庆工商大学学报(社会科学版)》2006年第6期。

[218] 张琴:《简述许渊冲的诗歌翻译理论及其应用》,载于《黑龙江教育学院学报》2014年第7期。

[219] 张汝伦:《意义的探究——当代西方释义学》,辽宁人民出版社1986年版。

[220] 张若兰、刘筱华、秦舒：《〈楚辞·少司命〉英译比较研究》，载于《云梦学刊》2008 年第 6 期。

[221] 张爽：《文化翻译视域下看〈芒果街上的小屋〉译文的注释》，载于《科技信息》2011 第 28 期。

[222] 张松：《荀子思想中的政治与道德》，载于《国际儒学论丛》2016 年第 1 期。

[223] 张蔚磊：《美国 21 世纪初外语教育政策述评》，载于《外语界》2014 年第 2 期。

[224] 张西平：《〈易经〉在西方早期的传播》，载于《中国文化研究》1998 年第 4 期。

[225] 张西平：《传教士汉学研究》，大象出版社 2005 年版。

[226] 张西平：《建立中国自己的翻译理论：许渊冲的翻译实践及其价值》，载于《北方工业大学学报》2021 年第 5 期。

[227] 张西平编：《欧美汉学研究的历史与现状》，大象出版社 2006 年版。

[228] 张政烺：《论易丛稿》，中华书局 2012 年版。

[229] 张政文：《马克思主义文学阐释观的哲学研究》，黑龙江人民出版社 2005 年版。

[230] 张智圆：《跨文化文学阐释的理论与实践》，载于《求是学刊》1996 年第 5 期。

[231] 张智中：《毛泽东诗词英译比较研究》，中国社会科学出版社 2008 年版。

[232] 张智中：《误几回天际识归舟——论国内许渊冲翻译研究的误区与不足》，载于《中国文化研究》2017 年第 3 期。

[233] 章启群：《意义的本体论——哲学诠释学》，上海译文出版社 2002 年版。

[234] 赵彩丽、张轶前：《诗歌翻译中的创造性叛逆——以〈见或不见〉的翻译为例》，载于《河北联合大学学报（社会科学版）》2013 年第 3 期。

[235] 赵法生：《荀子的政制设计与学派归属》，载于《哲学研究》2016 年第 5 期。

[236] 赵娟：《汉学视野中卫氏父子的〈周易〉译介与研究》，载于《周易研究》2010 年第 4 期。

[237] 赵逵夫：《屈原与他的时代》，人民文学出版社 2002 年版。

[238] 赵沛霖：《兴的起源》，中国社会科学出版社 1987 年版。

[239] 赵文源：《关于典籍英译过程中的考辩——兼与卓振英和杨秋菊两位

先生商榷》,载于《中国地质大学学报(社会科学版)》2006年第5期。

[240] 赵长江:《19世纪中国文化典籍英译研究》,南开大学博士学位论文,2014年。

[241] 赵长江:《译儒攻儒、传播福音:〈四书〉的第一个英译本评析》,载于《天津外国语大学学报》2012年第5期。

[242] 周发祥:《〈诗经〉在西方的传播与研究》,载于《文学评论》1993年第6期。

[243] 周广庆:《中国古典解释学导论》,中华书局2002年版。

[244] 周红民:《中国古典诗歌翻译:究竟为谁而译?——从诗译批评说起》,载于《外语研究》2014年第4期。

[245] 周领顺、强卉:《"厚译"到底有多厚——西方翻译理论批评与反思之一》,载于《外语与外语教学》2016年第6期。

[246] 周宁:《世界是一座桥:中西文化的交流与建构》,广西师范大学出版社2007年版。

[247] 周庆华:《文学阐释学》,里仁出版社2009年版。

[248] 周晓琳、胡安江:《寒山诗在美国的传布与接受》,载于《西南政法大学学报》2008年第2期。

[249] 周啸天:《诗经楚辞鉴赏辞典》,商务印书馆国际有限公司2012年版。

[250] 周裕锴:《中国古代阐释学研究》,上海人民出版社2003年版。

[251] 周振甫:《周易译注》,中华书局1991年版。

[252] 朱伯崑:《易学哲学史》,昆仑出版社2005年版。

[253] 朱光潜:《诗论》,安徽教育出版社1997年版。

[254] 朱徽:《中国诗歌在英语世界——英美译家汉诗翻译研究》,上海外语教育出版社2009年版。

[255] 朱健平:《翻译:跨文化阐释——哲学诠释学与接受美学模式》,湖南人民出版社2007年版。

[256] 朱兰珍:《文化全球化语境下的文学翻译策略》,载于《作家》2012年第10期。

[257] 朱睿达:《古代"阴阳两仪"思维与中国诗学范畴论》,中国古文献出版社2013年版。

[258] 朱振武、袁俊卿:《中国文学英译研究现状透析》,载于《当代外语研究》2015年第1期。

[259] 卓振英、杨秋菊:《典籍英译中的疑难考辨——以〈楚辞〉为例》,

载于《中国翻译》2005 年第 4 期。

[260] 卓振英译：《楚辞》，湖南人民出版社 2006 年版。

[261] 卓振英、来伟婷、江庆：《楚辞英译若干问题的商榷》，载于《云梦学刊》2011 年第 5 期。

[262] 卓振英：《汉诗英译论纲》，浙江大学出版社 2011 年版。

[263] 左岩：《〈诗经〉英译的类型研究》，载于《广东外语外贸大学学报》2020 年第 3 期。

[264] 左岩：《许渊冲、汪榕培〈诗经〉英译本比较研究》，载于《语文学刊》2019 年第 4 期。

[265] Anthony, Carol K. *A Guide to the I Ching*. Stow, Mass：Anthony Pub. Co, 1988.

[266] Anthony, Carol K. *The Philosophy of the I Ching*. Stow, Mass：Anthony Pub. Co, 1998.

[267] Appiah, Kwame. "Thick Translation." *The Translation Studies Reader*. Ed. Lawrence Venuti. London：Routledge, 2000：417 – 429.

[268] Austin, J L. *How to Do Things with Words*：*The William James Lectures Delivered at Harvard University in* 1955. London：Oxford University Press, 1962.

[269] Bassnett, Susan, and Andre Lefevere. *Constructing Cultures*：*Essays on Literary Translation*. Shanghai：Shanghai Foreign Language Education Press, 2002.

[270] Bassnett, Susan. *Translation Studies* (*third edition*). London：Routledge, 2002.

[271] Binsbergen, W. M. J. van "Towards an Intercultural Hermeneutics of Post – '9/11' Reconciliation：Comments on Richard Kearne's 'Thinking After Terror：An Interreligious Challenge'." *Journal of Interdisciplinary Crossroads* 2. 1（2005）：60 – 72.

[272] Birdwhistell, Anne D. *Transition to Neo – Confucianism*：*Shao Yung on Knowledge and Symbols of Reality*. Stanford：Stanford University Press, 1989.

[273] Blofeld, John E. C. *I Ching* (*the Book of Change*)：*A New Translation of the Ancient Chinese Text with Detailed Instructions for Its Practical Use in Divination*. New York：Arkana, 1991.

[274] Cheang, Alice W. "The Master's Voice：On Reading, Translating and Interpreting *The Analects of Confucius*." *The Review of Politics* 62. 3（2000）：563 – 582.

[275] Damrosch, David. *What Is World Literature?* Princeton：Princeton University Press, 2003.

[276] Dening, Sarah. *The Everyday I Ching*. New York: St. Martin's Griffin, 1997.

[277] Eihmanis, Kaspars. "Rethinking the Methodological Approaches of Cross-Cultural Hermeneutics." *Scientific Papers University of Latvia*, 2004: 273–277.

[278] Empson, William. *The Structure of Complex Words*. London: Chatto & Windus, 1951.

[279] Fletcher, Angus J. S. *Allegory, the Theory of a Symbolic Mode*. Ithaca: Cornell University Press, 1964.

[280] Gentzler, Edwin C. *Contemporary Translation Theories*. London: Routledge, 1993.

[281] Girardot, Norman J. *The Victorian Translation of China: James Legge's Oriental Pilgrimage*. Berkeley: University of California Press, 2002.

[282] Hacker, Edward A, Steve Moore, and Lorraine Patsco. *I Ching: An Annotated Bibliography*. New York: Routledge, 2002.

[283] Hawkes, David. *Ch'u Tz'u: The Songs of the South: an Ancient Chinese Anthology*. Oxford: Clarendon Press, 1959.

[284] Hawkes, David. *The Songs of the South: An Ancient Chinese Anthology of Poems by Qu Yuan and Other Poets*. London: Penguin Books, 1985.

[285] Hawkes, David. *Classical, Modern and Humane: Essays in Chinese Literature*. ed. John Minford, and Siu-kit Wong. Hong Kong: The Chinese University Press, 1989.

[286] Huang, Alfred. *The Complete I Ching: The Definitive Translation*. Rochester: Inner Traditions, 2010.

[287] Huang, Kerson. *I Ching: The Oracle*. Singapore: World Scientific, 1984.

[288] Iser, Wolfgang. *The Range of Interpretation*. New York: Columbia University Press, 2000.

[289] Kahl, Werner. "Intercultural Hermeneutics – Contextual Exegesis." *International Review of Mission*. 89. 354 (2000): 421–433.

[290] Karlgren, Bernhard. *Glosses on the Kuo Feng Odes*. Stockholm: Museum of Far Eastern Antiquities, 1942.

[291] Karlgren, Bernhard. *The Book of Odes*. Stockholm: Museum of Far Eastern Antiquities, 1950.

[292] Karlgren, Bernhard. *Cognate Words in the Chinese Phonetic Series*. Stock-

holm: Museum of Far Eastern Antiquities, 1956.

［293］ Kashiwa, Ivan. *Spirit Tokens of the Ling Qi Jing*. New York: Weatherhill, 1997.

［294］ Lefevere, Andre. *Translation, Rewriting, and the Manipulation of Literary Fame*. Shanghai: Shanghai Foreign Language Education Press, 2007.

［295］ Legge, James. *The Yî King or Book of Changes*. Oxford: Clarendon Press, 1882.

［296］ Li, Qingben and Jinghua Guo. "Rethinking the Relation between China and West: A Multi-Dimensional Model of Cross-Cultural Research Focusing on Literary Adaptations." *Cultura International Journal of Philosophy of Culture and Axiology* 9.2 (2012): 45-60.

［297］ Li, Qingben and Jinghua Guo. "Translation, Cross-cultural Interpretation, and World Literatures." *CLCWeb: Comparative Literature and Culture* 15.6 (2013): 5-9.

［298］ Li, Qingben. "Cross-Cultural Studies and Aesthetics Discursive Transformations in China." *International Journal of the Humanities: Annual Review* 11 (2013): 113-122.

［299］ Li, Qingben. "China's Micro Film: Socialist Cultural Production in the Micro Era." *Cultura International Journal of Philosophy of Culture and Axiology* 13.2 (2016): 67-75.

［300］ Li, Qingben. *Rethinking the Relation between China and West through a Focus on Literature and Aesthetics*. Newcastle upon Tyne: Cambridge Scholars Publishing, 2018.

［301］ Liao, Wenkui. *The Complete Works of Han Fei Tzǔ: A Classic of Chinese Legalism*. London: Arthur Probsthain, 1939.

［302］ Liu, James J. Y., and Richard J. Lynn. *Language—Paradox Poetics: A Chinese Perspective*. Princeton: Princeton University Press, 1988.

［303］ Lynn, Richard J. *The Classic of Changes: A New Translation of the Yi Jing As Interpreted by Wang Bi*. New York: Columbia University Press, 1994.

［304］ Manus, Ukachukwu C. *Intercultural Hermeneutics in Africa: Methods and Approaches*. Nairobi: Acton Publishers, 2003.

［305］ McKenna, Terence, and Dennis McKenna. *The Invisible Landscape: Mind, Hallucinogens and the I Ching*. New York: Harper Collins Publishers, 1993.

［306］ Marotta, Vince. "Intercultural hermeneutics and the cross-cultural subject." *Journal of Intercultural Studies* 30. 3 (2009): 267 – 284.

[307] Nord, Christiane. *Translating As a Purposeful Activity: Functionalist Approaches Explained.* New York: Routledge, 2014.

[308] Nylan, Michael. *The Canon of Supreme Mystery: a translation with commentary of the T'ai hsüan ching.* Albany: State University of New York Press, 1993.

[309] Owen, Stephen. *Traditional Chinese Poetry and Poetics: Omen of the World.* Madison: University of Wisconsin Press, 1985.

[310] Pearson, Margaret. *The Original I Ching: An Authentic Translation of the Book of Changes.* Tokyo: Tuttle, 2011.

[311] Plaks, Andrew H. *Archetype and Allegory in the Dream of the Red Chamber.* Princeton: Princeton University Press, 1976.

[312] Rutt, Richard. *The Book of Changes (Zhouyi): A Bronze Age Document.* London: Routledge, 2002.

[313] Saussy, Haun. *The Problem of a Chinese Aesthetic.* Stanford: Stanford University Press, 1993.

[314] Saussy, Haun. *Great Walls of Discourse and Other Adventures in Cultural China.* Cambridge: Harvard University Press, 2001.

[315] Shaughnessy, Edward L. *I Ching: The Classic of Changes.* New York: Ballantine Books, 1997.

[316] Smith, Richard J. *The I Ching: A Biography.* Princeton: Princeton University Press, 2012.

[317] Venuti, Lawrence. *The Translation Studies Reader.* London: Routledge, 2012.

[318] Walters, Derek. *The T'ai Hsüan Ching: The Hidden Classic.* Wellingborough: The Aquarian Press, 1983.

[319] Watson, Burton. *Han Fei Tzu. Basic Writings. Translated by Burton Watson.* Columbia University Press: New York & London, 1964.

[320] Ariarajah, S. Wesley. "Intercultural Hermeneutics—a Promise for the Future?." *Exchange* 34. 2 (2005): 89 – 101.

[321] Whincup, Gregory. *Rediscovering the I Ching.* New York: St. Martin's Griffin, 1996.

[322] Wilhelm, Hellmut, and Richard Wilhelm. *Understanding the I Ching: The Wilhelm Lectures on the Book of Change.* Princeton: Princeton University Press, 1995.

[323] Wilhelm, Richard, Cary F. Baynes, C. G. Jung, and Hellmut Wilhelm. *The I Ching or Book of Changes*: *The Richard Wilhelm Translation*. Princeton: Princeton University Press, 1967.

[324] Wilhelm, Richard, and Carl G. Jung. *The Secret of the Golden Flower*: *A Chinese Book of Life*. New York: Harcourt, 1962.

[325] Wyatt, Don J. *The Recluse of Loyang*: *Shao Yung and the Moral Evolution of Early Sung Thought*. Honolulu: University of Hawai'i Press, 1996.

[326] Yeh, Michelle. "Metaphor and *Bi*: Western and Chinese Poetics." *Comparative Literature* 39. 3 (1987): 237 – 254.

[327] Yu, Pauline. *The Reading of Imagery in the Chinese Poetic Tradition*. Princeton: Princeton University Press, 1987.

[328] Yuan, T'ung – li. *China in Western Literature*: *A Continuation of Cordier's Bibliotheca Sinica*. New Haven: Far Eastern Publications, 1958.

[329] Zhang, Longxi. "The Letter or the Spirit: The Song of Songs, Allegoresis, and the Book of Poetry." *Comparative Literature* 39. 3 (1987): 193 – 217.

后　记

本书为李庆本教授主持的教育部哲学社会科学重大课题攻关项目"中华文化的跨文化阐释与对外传播研究"的最终成果。该成果得到北京语言大学和杭州师范大学两家支持单位的大力支持，也得到曾繁仁、严绍璗、阎纯德、张西平、冯天瑜、王宁、姚文放、杜卫、张政文、彭修银、王杰、王德胜、张辉、方铭、陈戎女、顾钧、任大援、周阅、高金萍、于小植等许多专家学者朋友的大力帮助，谨此表示衷心的感谢！

自立项以来，项目组全体成员根据预期研究计划，采取分工协作的方式，稳步推进研究工作，顺利圆满地完成了预定的研究任务。阶段性成果方面，共出版学术专著2部，发表英文学术论文13篇（其中AHCI收录9篇），中文学术论文19篇（其中被CSSCI收录14篇）。

这些研究成果在国内外学界产生了不小的影响。李庆本的英文著作 *Rethinking the Relationship between China and the West through a focus on Literature and Aesthetics* 得到哈佛大学大卫·达姆罗什教授及其他相关专家的高度评价，李庆本的英文论文"Cross-Cultural Studies and Transformation of Aesthetic Discourse in China"，被美国共地（COMMON GROUND）基金会评为当年度人文学科优秀论文一等奖，郭景华的英文论文"The Multi-dimentional Model of Cross-cultural Interpretation as an Anti-centralist Tool in World Literature Perspective"，获内蒙古自治区第七届哲学社会科学优秀成果政府奖二等奖。

在调研方面，完成了"中华文化国际认知调研报告"6篇分报告，分别是《来华留学生中华文化认知调研报告》（黄展、孙迎春）、《联合国总部中华文化认知调研报告》（柴省三）、《美国大华府地区中华文化认知调研报告》（李婷）、《英法孔子学院中华文化认知调研报告》（李萍、武桂杰）、《拉丁美洲四国孔子学院中华文化认知调研报告》（于培文），此外还完成了《中华文化国际认知的深度访谈》（李庆本、曼娜、林符芳盈）。在阶段性成果的基础上，完成最终成果《中华文化的跨文化阐释与对外传播》（40万字）以及《中华文化国际认知调研总报告》和《国外主流媒体"中国文化走出去"报道分析报告》2篇调研咨询报告。

为了保证高质量完成本项目,课题组还专门成立了以严绍璗教授为主任的专家咨询委员会,常备咨询请益,课题组内部召开经常性工作会议,保持联系畅通。除此之外,以课题组成员为主体,还先后召开了多次国际学术研讨会和学术讲座,如"跨文化论坛2014:海外汉学与比较文学研究新方向""鉴真东渡与中华文化海外传播研讨会"等。

该项目所取得的主要成绩包括:在跨文化阐释学理论研究方面,探讨和总结中华文化的跨文化阐释的历史经验,进行理论的提升,从而为中华文化的对外传播提供坚实的学术支持;在中华文化经典外译与跨媒介传播研究方面,选取代表性古典名著《易经》《诗经》"四书"《离骚》等作品,探讨其英译版本的流变情况,分析其翻译目的、翻译策略和翻译风格,并通过对《花木兰》《三国演义》《西游记》的跨媒介影像改编现象的分析,揭示跨媒介跨文化传播的深层机制,从而为中华文化对外传播提供历史经验和参照;在国际中国文化研究的现状及发展趋势研究方面,选取北美中国文学研究、欧洲汉学和日韩为代表的东亚汉学作为重点,探讨新世纪以来国际中国文化研究学界对中国文化的认识、评价以及他们所采用的研究方法或接纳态度,并探寻他们的价值判断和批评方法对中国学界所产生的影响,从而寻找中西文化未来平等对话与交流的途径;在中华文化国际接受的实证研究方面,对来华留学生、海外孔子学院学员对中国文化的认知进行了实地调研,分析国外主流媒体对"中国文化走出去"的报道,掌握了大量中华文化国际接受的实证材料,从而为中华文化对外传播的研究提供了坚实的实证基础;在中华文化对外传播的深层思考与政策建议方面,重点探讨了中华文化对外传播的理由,并结合目前中华文化对外传播的现状,对中国文化的对外传播提出切实可行的对策建议,提出中国文化走向世界可以通过三个方面来实现:孔子学院的普及性工作,通过学术出版而达到的高层次对话以及与国际汉学界的合作共同推介中国的文化学术。

以往国内外学界研究文化对外传播往往采用"影响研究"的模式。就比较文学研究而言,这是法国学派所创建的研究模式,其特点是注重实证材料的历史研究,注重探究一个国家、民族的文学对另一个国家或民族文学的影响。但这种研究模式有一个很大的局限性,就是研究者在从事影响研究的时候,往往会产生一种文化优越感,甚至带有某种程度的文化中心主义倾向。因此,这种研究模式受到抵制也是情有可原的。本书力图打破这种"影响研究"的模式,采用"跨文化研究"的模式,从跨文化阐释学的角度来研究和探讨中华文化的对外传播,注重中外文化之间的平等对话和双向互动,提倡文化之间的双向变异和互相参证,从而为中华文化对外传播提供重要的理论支撑和学术支持。

从跨文化阐释的角度研究中华文化的对外传播，可以认真总结中华文化对外传播的历史经验，为目前中华文化走出去的国家战略寻找切实可行的文化传播途径，从而提升中华文化软实力，扩大中华文化影响力和竞争力；可以深入挖掘中华文化包涵的普遍价值，使中华文化在全球化背景下保持其勃勃生命力；可以促进中外文化的平等交流与对话，满足世界了解中国意愿的需要，有利于构建世界和谐新秩序；可以有力驳斥"中国威胁论"和"中华文化入侵论"，打消人们对中华文化走出去的不必要的疑虑，减少中华文化走出去的阻力。

以往文化对外传播研究的重点放在文化传播方较多，而对接受方则相对忽视。本课题研究的主要内容包括中华经典外译、海外新汉学的发展、留学生对中华文化的接受等。这些内容都或多或少地涉及中华文化的接受，如海外汉学家、留学生、中华经典的外国译者和影视改编者既是中华文化的传播者，更是中华文化的接受者。本课题研究的大部分内容是关于中华文化接受方的研究，不仅研究中华文化对他们所产生的影响，同时也研究他们在接受中华文化时所特有的文化立场和接受机制。这种研究内容创新的价值在于，在中华文化对外传播的过程中，所传播的内容并非原封不动地传播出去，而会遇到某种抵制、选择、挪用、变异、误读等情况，我们只有充分了解了对方的文化立场和接受机制，才能够使中华文化顺利地传播出去，而不至于受到抵制。

以往中华文化对外传播的研究手段比较注重文献文本的研究，而相对忽视实证调查的研究。本课题研究将留学生跨文化认知的信息采集与分析作为研究重点，采用留学生综合问卷调查、教学机构调查、留学生个案访谈、留学生社区调查、国内HSK（汉语水平考试）考点考生调查等手段和方式，有计划有步骤地将实地调查分为调查内容、实施调查、数据采集、数据分析四个阶段来进行，以获取大量鲜活的数据，为中华文化的对外传播提供实证依据。

由于来自不同国家和地区的留学生在学习汉语和中华文化的时候，有着不同的目的和要求，而自身又有着不同的文化习惯，在采集留学生跨文化认知信息的时候，还会受到诸多主观因素的干扰。因此，如何获得客观真实的跨文化认知信息是十分困难的。本课题组在"中华文化国际认知实证研究"方面投入了大量人力和财力，但仍然难以掌握中华文化国际认知的全面而准确的信息，这是本课题研究存在的最大问题。

本课题阶段性成果目录如下：

1. 李庆本（Qingben Li）：*Rethinking the Relationship between China and the West through a focus on Literature and Aesthetics*，Cambridge Scholar Publishing，2018.

2. 李庆本：《跨文化阐释的多维模式》，北京大学出版社2014年版。

3. 李庆本（Qingben Li）& 郭景华（Jinghua Guo），"Cross-cultural Interpreta-

tion and Chinese Literature": A Book Review Article on Owen's Work in Sinology, *CLCWeb: Comparative Literature and Culture*, 15 (1), 2013. A&HCI.

4. 李庆本 (Qingben Li) & 郭景华 (Jinghua Guo), "Translation, Cross-cultural Interpretation and World Literature", *CLCWeb: Comparative Literature and Culture*, 15 (6), 2013. A&HCI.

5. 李庆本 (Qingben Li), "Yin – Yang Mode and the Ancient Oriental Thought of Eco – Aesthetics", *DEDALUS*, N. 18 – 2014, V. 2, pp. 1321 – 1336.

6. 李庆本 (Qingben Li), "Cross – Cultural Studies and Aesthetics Discursive Transformation in China", *The International Journal of Humanities: Annual Review*, Volume 11, 2013.

7. 李庆本 (Qingben Li), "Intersemiotic Translation: Zen and Somaesthetics in Wang Wei's Poem Dwelling in Mountain and Autumn Twiligh". *Journal of Comparative Literature and Aesthetics*, Volume: XXXVI: Nos. 1 – 2: 2013: 131 – 142.

8. 郭景华 (Jinghua Guo), "Electronic Literature in China", *CLCWeb: Comparative Literature and Culture*, 6 (5), 2014. A&HCI.

9. 郭景华 (Jinghua Guo), "The Muti-dimensional Model of Cross – Cultural Interpretation as an Anti-centralist Tool in World Literature Perspectives", *Cultura. International Journal of Philosophy of Culture and Axiology*, 12 (1), 2015: 197 – 210. A&HCI.

10. 李庆本 (Qingben Li), "The Original Confucianism and Establishment of Chinese Classical Aestehtics", *Dedalus – Revista Portuguesa de Literatura Comparada*, N. 19, 2015: 191 – 206.

11. 郭景华 (Jinghua Guo), "Marginocentric Hong Kong: Archaeology of Dung Kai-cheung's Atlas", *Cultura. International Journal of Philosophy of Culture and Axiology*, 13 (1), 2016: 107 – 24. A&HCI.

12. 李庆本 (Qingben Li), "China's Micro Film: Socialist Cultural Production in the Micro Era", *Cultura: International Journal of Philosophy of Culture and Axiology*, 13 (2) /2016: 67 – 75. A&HCI.

13. 郭景华 (Jinghua Guo), "Adaptation of Shakespeare to Chinese Theatre", *Cultura. International Journal of Philosophy of Culture and Axiology*, 13 (2), 2016: 27 – 42. A&HCI.

14. 李庆本 (Qingben Li), "Marginocentric Beijing: Multicultural Cartography and Alternative Modernity", *Cultura. International Journal of Philosophy of Culture and Axiology*, 14 (1), 2017: 19 – 28. A&HCI.

15. 李庆本（Qingben Li），"Cultural Industries in China and their Importance in Asian Communities"，*CLCWeb：Comparative Literature and Culture*：，20（2），2018. A&HCI.

16. 王宁：《文化软实力的提升与中国的声音》，载于《探索与争鸣》2014年第1期，CSSCI 收录。

17. 王宁：《翻译与跨文化阐释》，载于《中国翻译》2014年第2期，CSSCI 收录。

18. 朱睿达：《康雍乾三帝在18世纪欧洲人眼中的"他者"形象》，载于《贵州大学学报》2014年第3期。

19. 李庆本：《阐释与跨文化阐释学》，载于《文学理论前沿》第13集，清华大学出版社2015年版，第42~64页，CSSCI 收录。

20. 李庆本、吴娇：《美国汉学家苏源熙对〈诗经〉的跨文化阐释》，载于《汉学研究》第18集，CSSCI 收录。

21. 王宁：《前见、立场及其他理论概念辨析》，载于《学术月刊》2015年第5期，CSSCI 收录。

22. 李庆本：《禅宗、身体美学、王维的诗及其翻译》，载于《中国文化研究》2015年第3期，第20~28页。

23. 于培文：《英语世界的〈四书〉英译研究》，载于《苏州大学学报》2016年第5期，CSSCI 收录。

24. 李庆本：《中国微电影与微时代的社会主义文化生产》，载于《福建论坛》2016年第8期，CSSCI 收录。

25. 李庆本：《百年中国文艺理论的回顾与展望》，载于《中州学刊》2017年第1期，CSSCI 收录。

26. 李庆本、臧晓雯：《鸟巢图兰朵：从文学作品到文化产品》，载于《批评理论》2017年第1期。

27. 李庆本、凌淑珍：《"强制阐释论"的回应与思考》，载于《中国社会科学院研究生院学报》2017年第5期，CSSCI 收录。

28. 李庆本、康宁：《北美汉学家卜正民对塞尔等地图的跨文化书写》，载于《汉学研究》第22集，学苑出版社2017年版，CSSCI 收录。

29. 于培文：《汉语在近代欧洲的传播》，载于《河北大学学报（哲学社会科学版）》2017年第3期。

30. 李庆本：《强制阐释与跨文化阐释》，载于《社会科学辑刊》2017年第4期，CSSCI 收录。中国人民大学书报资料中心复印报刊资料《文艺理论》2017年第10期全文转载。

31. 李庆本、李彤炜：《谈华美协进社在梅兰芳访美演出中的作用》，载于《戏剧》2018 年第 5 期，CSSCI 收录。

32. 李庆本：《汉学国际认知实证研究》，载于《汉学研究》第 24 集，2018 年第 1 期（春夏卷），北京学苑出版社 2018 年版，CSSCI 收录。

33. 李庆本、孙辉：《丰子恺〈护生画集〉的生态美学价值》，载于《山东理工大学学报》2019 年第 1 期。

34. 李庆本：《鉴真东渡与中华文化的海外传播》，载于《山东社会科学》2019 年第 1 期，CSSCI 收录。

35. 黄晨、孙迎春：《来华留学生中华文化认知调研报告》，载于《汉学研究》第 24 集，2018 年第 1 期（春夏卷），北京学苑出版社 2018 年版，CSSCI 收录。

36. 柴省三：《联合国总部中华文化认知调研报告》，载于《汉学研究》第 24 集，2018 年第 1 期（春夏卷），北京学苑出版社 2018 年版，CSSCI 收录。

37. 李婷：《美国大华府地区中华文化认知调研报告》，载于《汉学研究》第 24 集，2018 年第 1 期（春夏卷），北京学苑出版社 2018 年版，CSSCI 收录。

38. 李萍、武桂杰：《英法孔子学院中华文化认知调研报告》，载于《汉学研究》第 24 集，2018 年第 1 期（春夏卷），北京学苑出版社 2018 年版，CSSCI 收录。

39. 于培文：《拉丁美洲四国孔子学院中华文化认知调研报告》，载于《汉学研究》第 24 集，2018 年第 1 期（春夏卷），北京学苑出版社 2018 年版，CSSCI 收录。

本书写作过程的执笔情况如下：

前言：李庆本；

第一章：李庆本；

第二章第一节：李庆本，第二节：王宁，第三节：李庆本、于培文；

第三章：朱睿达；

第四章：吴娇；

第五章：于培文；

第六章：石珊；

第七章：张欣、郭景华；

第八章：杨海涛；

第九章：李萍；

第十章第一节：郑雯，第二节：孙亚鹏，第三节：胡珍子、蔡柯欣；

第十一章第一节：李婷，第二节：罗智勇；

第十二章第一节：李庆本，第二节：王宁；

后记：李庆本。

最后由李庆本、郭景华、朱睿达统稿。

教育部哲学社会科学研究重大课题攻关项目成果出版列表

序号	书名	首席专家
1	《马克思主义基础理论若干重大问题研究》	陈先达
2	《马克思主义理论学科体系建构与建设研究》	张雷声
3	《马克思主义整体性研究》	逄锦聚
4	《改革开放以来马克思主义在中国的发展》	顾钰民
5	《新时期 新探索 新征程——当代资本主义国家共产党的理论与实践研究》	聂运麟
6	《坚持马克思主义在意识形态领域指导地位研究》	陈先达
7	《当代资本主义新变化的批判性解读》	唐正东
8	《当代中国人精神生活研究》	童世骏
9	《弘扬与培育民族精神研究》	杨叔子
10	《当代科学哲学的发展趋势》	郭贵春
11	《服务型政府建设规律研究》	朱光磊
12	《地方政府改革与深化行政管理体制改革研究》	沈荣华
13	《面向知识表示与推理的自然语言逻辑》	鞠实儿
14	《当代宗教冲突与对话研究》	张志刚
15	《马克思主义文艺理论中国化研究》	朱立元
16	《历史题材文学创作重大问题研究》	童庆炳
17	《现代中西高校公共艺术教育比较研究》	曾繁仁
18	《西方文论中国化与中国文论建设》	王一川
19	《中华民族音乐文化的国际传播与推广》	王耀华
20	《楚地出土戰國簡册［十四種］》	陈伟
21	《近代中国的知识与制度转型》	桑兵
22	《中国抗战在世界反法西斯战争中的历史地位》	胡德坤
23	《近代以来日本对华认识及其行动选择研究》	杨栋梁
24	《京津冀都市圈的崛起与中国经济发展》	周立群
25	《金融市场全球化下的中国监管体系研究》	曹凤岐
26	《中国市场经济发展研究》	刘伟
27	《全球经济调整中的中国经济增长与宏观调控体系研究》	黄达
28	《中国特大都市圈与世界制造业中心研究》	李廉水

序号	书名	首席专家
29	《中国产业竞争力研究》	赵彦云
30	《东北老工业基地资源型城市发展可持续产业问题研究》	宋冬林
31	《转型时期消费需求升级与产业发展研究》	臧旭恒
32	《中国金融国际化中的风险防范与金融安全研究》	刘锡良
33	《全球新型金融危机与中国的外汇储备战略》	陈雨露
34	《全球金融危机与新常态下的中国产业发展》	段文斌
35	《中国民营经济制度创新与发展》	李维安
36	《中国现代服务经济理论与发展战略研究》	陈 宪
37	《中国转型期的社会风险及公共危机管理研究》	丁烈云
38	《人文社会科学研究成果评价体系研究》	刘大椿
39	《中国工业化、城镇化进程中的农村土地问题研究》	曲福田
40	《中国农村社区建设研究》	项继权
41	《东北老工业基地改造与振兴研究》	程 伟
42	《全面建设小康社会进程中的我国就业发展战略研究》	曾湘泉
43	《自主创新战略与国际竞争力研究》	吴贵生
44	《转轨经济中的反行政性垄断与促进竞争政策研究》	于良春
45	《面向公共服务的电子政务管理体系研究》	孙宝文
46	《产权理论比较与中国产权制度变革》	黄少安
47	《中国企业集团成长与重组研究》	蓝海林
48	《我国资源、环境、人口与经济承载能力研究》	邱 东
49	《"病有所医"——目标、路径与战略选择》	高建民
50	《税收对国民收入分配调控作用研究》	郭庆旺
51	《多党合作与中国共产党执政能力建设研究》	周淑真
52	《规范收入分配秩序研究》	杨灿明
53	《中国社会转型中的政府治理模式研究》	娄成武
54	《中国加入区域经济一体化研究》	黄卫平
55	《金融体制改革和货币问题研究》	王广谦
56	《人民币均衡汇率问题研究》	姜波克
57	《我国土地制度与社会经济协调发展研究》	黄祖辉
58	《南水北调工程与中部地区经济社会可持续发展研究》	杨云彦
59	《产业集聚与区域经济协调发展研究》	王 珺

序号	书名	首席专家
60	《我国货币政策体系与传导机制研究》	刘 伟
61	《我国民法典体系问题研究》	王利明
62	《中国司法制度的基础理论问题研究》	陈光中
63	《多元化纠纷解决机制与和谐社会的构建》	范 愉
64	《中国和平发展的重大前沿国际法律问题研究》	曾令良
65	《中国法制现代化的理论与实践》	徐显明
66	《农村土地问题立法研究》	陈小君
67	《知识产权制度变革与发展研究》	吴汉东
68	《中国能源安全若干法律与政策问题研究》	黄 进
69	《城乡统筹视角下我国城乡双向商贸流通体系研究》	任保平
70	《产权强度、土地流转与农民权益保护》	罗必良
71	《我国建设用地总量控制与差别化管理政策研究》	欧名豪
72	《矿产资源有偿使用制度与生态补偿机制》	李国平
73	《巨灾风险管理制度创新研究》	卓 志
74	《国有资产法律保护机制研究》	李曙光
75	《中国与全球油气资源重点区域合作研究》	王 震
76	《可持续发展的中国新型农村社会养老保险制度研究》	邓大松
77	《农民工权益保护理论与实践研究》	刘林平
78	《大学生就业创业教育研究》	杨晓慧
79	《新能源与可再生能源法律与政策研究》	李艳芳
80	《中国海外投资的风险防范与管控体系研究》	陈菲琼
81	《生活质量的指标构建与现状评价》	周长城
82	《中国公民人文素质研究》	石亚军
83	《城市化进程中的重大社会问题及其对策研究》	李 强
84	《中国农村与农民问题前沿研究》	徐 勇
85	《西部开发中的人口流动与族际交往研究》	马 戎
86	《现代农业发展战略研究》	周应恒
87	《综合交通运输体系研究——认知与建构》	荣朝和
88	《中国独生子女问题研究》	风笑天
89	《我国粮食安全保障体系研究》	胡小平
90	《我国食品安全风险防控研究》	王 硕

序号	书名	首席专家
91	《城市新移民问题及其对策研究》	周大鸣
92	《新农村建设与城镇化推进中农村教育布局调整研究》	史宁中
93	《农村公共产品供给与农村和谐社会建设》	王国华
94	《中国大城市户籍制度改革研究》	彭希哲
95	《国家惠农政策的成效评价与完善研究》	邓大才
96	《以民主促进和谐——和谐社会构建中的基层民主政治建设研究》	徐 勇
97	《城市文化与国家治理——当代中国城市建设理论内涵与发展模式建构》	皇甫晓涛
98	《中国边疆治理研究》	周 平
99	《边疆多民族地区构建社会主义和谐社会研究》	张先亮
100	《新疆民族文化、民族心理与社会长治久安》	高静文
101	《中国大众媒介的传播效果与公信力研究》	喻国明
102	《媒介素养：理念、认知、参与》	陆 晔
103	《创新型国家的知识信息服务体系研究》	胡昌平
104	《数字信息资源规划、管理与利用研究》	马费成
105	《新闻传媒发展与建构和谐社会关系研究》	罗以澄
106	《数字传播技术与媒体产业发展研究》	黄升民
107	《互联网等新媒体对社会舆论影响与利用研究》	谢新洲
108	《网络舆论监测与安全研究》	黄永林
109	《中国文化产业发展战略论》	胡惠林
110	《20世纪中国古代文化经典在域外的传播与影响研究》	张西平
111	《国际传播的理论、现状和发展趋势研究》	吴 飞
112	《教育投入、资源配置与人力资本收益》	闵维方
113	《创新人才与教育创新研究》	林崇德
114	《中国农村教育发展指标体系研究》	袁桂林
115	《高校思想政治理论课程建设研究》	顾海良
116	《网络思想政治教育研究》	张再兴
117	《高校招生考试制度改革研究》	刘海峰
118	《基础教育改革与中国教育学理论重建研究》	叶 澜
119	《我国研究生教育结构调整问题研究》	袁本涛 王传毅
120	《公共财政框架下公共教育财政制度研究》	王善迈

序号	书　名	首席专家
121	《农民工子女问题研究》	袁振国
122	《当代大学生诚信制度建设及加强大学生思想政治工作研究》	黄蓉生
123	《从失衡走向平衡：素质教育课程评价体系研究》	钟启泉 崔允漷
124	《构建城乡一体化的教育体制机制研究》	李　玲
125	《高校思想政治理论课教育教学质量监测体系研究》	张耀灿
126	《处境不利儿童的心理发展现状与教育对策研究》	申继亮
127	《学习过程与机制研究》	莫　雷
128	《青少年心理健康素质调查研究》	沈德立
129	《灾后中小学生心理疏导研究》	林崇德
130	《民族地区教育优先发展研究》	张诗亚
131	《WTO主要成员贸易政策体系与对策研究》	张汉林
132	《中国和平发展的国际环境分析》	叶自成
133	《冷战时期美国重大外交政策案例研究》	沈志华
134	《新时期中非合作关系研究》	刘鸿武
135	《我国的地缘政治及其战略研究》	倪世雄
136	《中国海洋发展战略研究》	徐祥民
137	《深化医药卫生体制改革研究》	孟庆跃
138	《华侨华人在中国软实力建设中的作用研究》	黄　平
139	《我国地方法制建设理论与实践研究》	葛洪义
140	《城市化理论重构与城市化战略研究》	张鸿雁
141	《境外宗教渗透论》	段德智
142	《中部崛起过程中的新型工业化研究》	陈晓红
143	《农村社会保障制度研究》	赵　曼
144	《中国艺术学学科体系建设研究》	黄会林
145	《人工耳蜗术后儿童康复教育的原理与方法》	黄昭鸣
146	《我国少数民族音乐资源的保护与开发研究》	樊祖荫
147	《中国道德文化的传统理念与现代践行研究》	李建华
148	《低碳经济转型下的中国排放权交易体系》	齐绍洲
149	《中国东北亚战略与政策研究》	刘清才
150	《促进经济发展方式转变的地方财税体制改革研究》	钟晓敏
151	《中国—东盟区域经济一体化》	范祚军

序号	书名	首席专家
152	《非传统安全合作与中俄关系》	冯绍雷
153	《外资并购与我国产业安全研究》	李善民
154	《近代汉字术语的生成演变与中西日文化互动研究》	冯天瑜
155	《新时期加强社会组织建设研究》	李友梅
156	《民办学校分类管理政策研究》	周海涛
157	《我国城市住房制度改革研究》	高 波
158	《新媒体环境下的危机传播及舆论引导研究》	喻国明
159	《法治国家建设中的司法判例制度研究》	何家弘
160	《中国女性高层次人才发展规律及发展对策研究》	佟 新
161	《国际金融中心法制环境研究》	周仲飞
162	《居民收入占国民收入比重统计指标体系研究》	刘 扬
163	《中国历代边疆治理研究》	程妮娜
164	《性别视角下的中国文学与文化》	乔以钢
165	《我国公共财政风险评估及其防范对策研究》	吴俊培
166	《中国历代民歌史论》	陈书录
167	《大学生村官成长成才机制研究》	马抗美
168	《完善学校突发事件应急管理机制研究》	马怀德
169	《秦简牍整理与研究》	陈 伟
170	《出土简帛与古史再建》	李学勤
171	《民间借贷与非法集资风险防范的法律机制研究》	岳彩申
172	《新时期社会治安防控体系建设研究》	宫志刚
173	《加快发展我国生产服务业研究》	李江帆
174	《基本公共服务均等化研究》	张贤明
175	《职业教育质量评价体系研究》	周志刚
176	《中国大学校长管理专业化研究》	宣 勇
177	《"两型社会"建设标准及指标体系研究》	陈晓红
178	《中国与中亚地区国家关系研究》	潘志平
179	《保障我国海上通道安全研究》	吕 靖
180	《世界主要国家安全体制机制研究》	刘胜湘
181	《中国流动人口的城市逐梦》	杨菊华
182	《建设人口均衡型社会研究》	刘渝琳
183	《农产品流通体系建设的机制创新与政策体系研究》	夏春玉

序号	书名	首席专家
184	《区域经济一体化中府际合作的法律问题研究》	石佑启
185	《城乡劳动力平等就业研究》	姚先国
186	《20世纪朱子学研究精华集成——从学术思想史的视角》	乐爱国
187	《拔尖创新人才成长规律与培养模式研究》	林崇德
188	《生态文明制度建设研究》	陈晓红
189	《我国城镇住房保障体系及运行机制研究》	虞晓芬
190	《中国战略性新兴产业国际化战略研究》	汪 涛
191	《证据科学论纲》	张保生
192	《要素成本上升背景下我国外贸中长期发展趋势研究》	黄建忠
193	《中国历代长城研究》	段清波
194	《当代技术哲学的发展趋势研究》	吴国林
195	《20世纪中国社会思潮研究》	高瑞泉
196	《中国社会保障制度整合与体系完善重大问题研究》	丁建定
197	《民族地区特殊类型贫困与反贫困研究》	李俊杰
198	《扩大消费需求的长效机制研究》	臧旭恒
199	《我国土地出让制度改革及收益共享机制研究》	石晓平
200	《高等学校分类体系及其设置标准研究》	史秋衡
201	《全面加强学校德育体系建设研究》	杜时忠
202	《生态环境公益诉讼机制研究》	颜运秋
203	《科学研究与高等教育深度融合的知识创新体系建设研究》	杜德斌
204	《女性高层次人才成长规律与发展对策研究》	罗瑾琏
205	《岳麓秦简与秦代法律制度研究》	陈松长
206	《民办教育分类管理政策实施跟踪与评估研究》	周海涛
207	《建立城乡统一的建设用地市场研究》	张安录
208	《迈向高质量发展的经济结构转变研究》	郭熙保
209	《中国社会福利理论与制度构建——以适度普惠社会福利制度为例》	彭华民
210	《提高教育系统廉政文化建设实效性和针对性研究》	罗国振
211	《毒品成瘾及其复吸行为——心理学的研究视角》	沈模卫
212	《英语世界的中国文学译介与研究》	曹顺庆
213	《建立公开规范的住房公积金制度研究》	王先柱

序号	书 名	首席专家
214	《现代归纳逻辑理论及其应用研究》	何向东
215	《时代变迁、技术扩散与教育变革：信息化教育的理论与实践探索》	杨 浩
216	《城镇化进程中新生代农民工职业教育与社会融合问题研究》	褚宏启 薛二勇
217	《我国先进制造业发展战略研究》	唐晓华
218	《融合与修正：跨文化交流的逻辑与认知研究》	鞠实儿
219	《中国新生代农民工收入状况与消费行为研究》	金晓彤
220	《高校少数民族应用型人才培养模式综合改革研究》	张学敏
221	《中国的立法体制研究》	陈 俊
222	《教师社会经济地位问题：现实与选择》	劳凯声
223	《中国现代职业教育质量保障体系研究》	赵志群
224	《欧洲农村城镇化进程及其借鉴意义》	刘景华
225	《国际金融危机后全球需求结构变化及其对中国的影响》	陈万灵
226	《创新法治人才培养机制》	杜承铭
227	《法治中国建设背景下警察权研究》	余凌云
228	《高校财务管理创新与财务风险防范机制研究》	徐明稚
229	《义务教育学校布局问题研究》	雷万鹏
230	《高校党员领导干部清正、党政领导班子清廉的长效机制研究》	汪 曦
231	《二十国集团与全球经济治理研究》	黄茂兴
232	《高校内部权力运行制约与监督体系研究》	张德祥
233	《职业教育办学模式改革研究》	石伟平
234	《职业教育现代学徒制理论研究与实践探索》	徐国庆
235	《全球化背景下国际秩序重构与中国国家安全战略研究》	张汉林
236	《进一步扩大服务业开放的模式和路径研究》	申明浩
237	《自然资源管理体制研究》	宋马林
238	《高考改革试点方案跟踪与评估研究》	钟秉林
239	《全面提高党的建设科学化水平》	齐卫平
240	《"绿色化"的重大意义及实现途径研究》	张俊飚
241	《利率市场化背景下的金融风险研究》	田利辉
242	《经济全球化背景下中国反垄断战略研究》	王先林

序号	书　名	首席专家
243	《中华文化的跨文化阐释与对外传播研究》	李庆本
	……	